한국의 복지정책 결정과정

역사와 자료

나남
nanam

나남신서 1315

한국의 복지정책 결정과정

역사와 자료

2008년 8월 15일 발행
2014년 8월 5일 2쇄

지은이_ 양재진 外
발행자_ 趙相浩
발행처_ (주) 나남
주소_ 413-120 경기도 파주시 회동길 193
전화_ 031) 955-4601 (代)
FAX_ 031) 955-4555
등록_ 제 1-71호 (1979. 5. 12)
홈페이지_ www.nanam.net
전자우편_ post@nanam.net

ISBN 978-89-300-8315-7
ISBN 978-89-300-8001-9 (세트)

책값은 뒤표지에 있습니다.

나남신서 · 1315

한국의 복지정책 결정과정

역사와 자료

양재진 · 김영순 · 조영재
권순미 · 우명숙 · 정흥모

나남
nanam

Policymaking Process of the Korean Welfare Policy

History and Qualitative Data

by

Jae-jin Yang · Yeong-soon Kim · Young-jae Jo
Soon-mee Kwon · Myung-sook Woo · Heung-mo Jeong

nanam

머리말

이 저서는 한국학술진흥재단의 지원으로 연구된 〈한국복지국가의 태동, 성장, 재편에 관한 질적 기초자료 수집연구〉(이하 기초자료수집연구, KRF-2005-078-BS0009)의 결과물이다. 한국복지국가 기초자료 수집연구는 해방 이후 김대중 정부 말까지 우리나라의 핵심 사회보장제도(공공부조, 산재, 의료, 연금, 그리고 고용보험)의 탄생과 발달에 관한 1차 문헌자료와 관련 참여자의 육성증언을 모으는 작업이었다. 총 12명의 연구진(연구원 6인과 연구보조원 6인)이 2005년 9월부터 2007년 8월까지 2년간 열심히 자료를 모으고 이를 디지털화(*digitalization*)하여 데이터베이스(DB)를 구축하였다.

이 책은 새롭게 수집·정리된 풍부한 기초자료와 증언을 바탕으로 한국 복지정책의 결정과정을 실재에 가깝게 재구성하고자 기획되었다. 한 권의 책으로 세상에 나오기까지 부족하나마 최선을 다했다. 그동안 수차례에 걸친 자체 세미나를 통해 글을 가다듬었고, 2007년 봄과 여름 전국규모학술대회에서 발표하여 최종 담금질까지 마쳤다. 이후 지난 6개월 동안, 구축된 DB의 자료들을 재검토하면서 수정·보완작업을 반복했다. 워낙 방대한 자료와 오랜 기간을 포괄하고 있기에, 원고를 들여다볼 때마다 보완해야 할 점들이 눈에 띄지만, 더 붙잡고만 있을 수는 없어 용기를 내어 출판에 이르게 되었다.

이번 연구를 통해 새로운 위대한 발견을 했다거나 기존의 학설을 뒤집는 일은 없었다. 하지만, 그간 명백한 증거 없이 가정으로 정설화되었거나 추정되었던 부분들을 최대한 입증하고, 묻혀두어서는 안 되는 소중한 일화들을 퍼즐 맞추듯이 하나둘 모아, 한국 복지정책 결정과정을 '있는 그대로' 드러내었다는 데 연구의 의의를 두고자 한다. 물론 연구자의 시각에 따라, 눈에 보이는 것이 다를 것이다. 하지만 2년간 호흡을 맞춰온 6명의 연구자들이 서로의 감시자가 되어 최대한 객관적으로 역사적 실체에 접근하게끔 서로를 격려하고 비판하였다.

그러나 이 책은 역사서가 아니다. 사회과학자들이 엮은 책으로, 명시적으로 이론을 앞세우지 않을 뿐, 한국복지국가를 바라보는 이론적 시각과 세밀한 분석을 밑바탕에 깔고 있다. 저자들은 해방 이후 남북대결과 6·25 한국전쟁, 그리고 권위주의 정권을 거치면서 복지정책결정과정에서 핵심적인 역할을 해온 정부(대통령을 정점으로 한 집권엘리트와 고위 관료집단)의 역할에 주목하고 있다. 따라서 명시적으로 드러내지는 않고 있으나, 기본적으로 국가론적 시각을 바탕으로 하고 있으며, 특히 한국의 국가성(*stateness*)을 드러내는 국가이론인 발전국가론에 대한 이해를 함께하고 있다. 이와 동시에 1980년 중반 이후 민주화되고 세계화되는 격변의 시기를 통찰하기 위해 서구 복지국가이론에 대한 이해를 바탕으로 거버넌스 이론과 정책망 이론 등을 동원하여 적용하고 있다. 그리고 정책결정과정에 대한 분석은 역사적 제도주의의 관점에서 프로그램별로 중대국면(*critical juncture*)에 집중되어 있다.

이 책은 크게 2부로 구성되어 있다. 제1부에서는 4대 사회보험(산재보험, 의료보험, 국민연금, 그리고 고용보험)과 공공부조(생활보호제도와 국민기초생활보장제도)의 정책결정과정에 대한 시기사적 재조명이 프로그램별로 이루어져 있다. 그리고 각 논문 말미에는, 후속연구를 위해 연구자들이 반드시 검토해야 할 핵심 기초문헌자료 및 증언내용들을 요약·정리해 놓았다. 제2부는 이 책의 모태가 된 한국복지국가 기초자료 수집연구 결과로 만들어진 방대한 DB의 내용이 프로그램별로 그리고 시기별·자료유형별로 정리되어 있다. 새롭게 발굴된 기초자료를 바탕으로, 프로그램별 정책결정과정에 대한 저자들의 결론은 다음과 같다.

첫째, 공공부조정책의 결정과정은 민주화 이후 한국의 복지정치가 크게 변화하고 있음을 보여준다. 민주화 이전 생활보호법을 비롯한 공공부조 정책결정과정은 일반적으로 행정부가 정책을 입안하면 집권당이 주도하여 국회에서 법을 제정하는 형태로 이루어졌다. 반면, 기초생활보장법은 시민운동단체가 문제제기와 의제형성, 정책대안의 제시에 이르기까지 주도적 역할을 하여 법제정을 성사시키는 과정을 밟았다. 이는 사실상 '복지정치'라고 부를 만한 것이 존재하지 않았던 권위주의 시기와 비한다면 실로 괄목할 만한 변화였다. 그러나 이렇게 시민운동단체가 복지정치의 주역으로 떠오르게 된 것은 민주화에도 불구하고 정당과 국회가 이익결집을 통한 정책입안 기능을 제대로 수행하지 못했기 때문인데, 이는 역설적으로 과거와의 연속성을 보여주는 부분이라고 할 수 있다. 또한 법제정과정에서 대통령의 결정적 역할, 시행령·시행규칙 제정과정에서의 관료정치의 역학에 따른 기초법의 자유주의적 변형은 민주화 이후에도 과거 발전주의 국가의 가치와 행위자 간 세력관계, 그리고 정책결정관행이 행정부 내에 뿌리 깊게 잔존하고 있음을 의미하는 것이라고 할 수 있다.

둘째, 의료보험(건강보험)의 경우도 공공부조정책의 정책결정과정에서 나타나는 변화와 연속성을 확인할 수 있다. 한국 의료보험은 세 번의 커다란 변화를 수반하며 변화하였다. 1963년 의료보험법의 제정, 1976년 의료보험법 2차 전면개정, 1999년 국민의료보험법제정 등이 그것이다. 이 변화는 의료보험 발전과정에서 결정적 국면을 이룬다. 이 결정적 시기에서 각각의 정책과정은 전혀 다른 사회, 경제, 정치적 기반하에 이루어졌다. 초기에는 대통령과 행정부 주도로 이루어진 반면, 후반으로 갈수록 아래로부터의 압력이 수반되는, 다양한 사회적 행위자들의 역할이 중요해졌다. 특히 의료보험의 통합과정에서 농민, 노동자, 시민단체, 의료단체 등 사회세력이 의보연대라는 단일한 연합조직으로 결집함으로써 의료보험 정치의 중심으로 자리매김하였다. 이는 권위주의의 민주화라는 정치적 변화를 반영한 것이기도 하지만, 다른 한편으로 의료보험 제도 자체가 창출한 이익갈등이 빚어낸 제도적 효과이기도 했다.

셋째, 국민연금의 정책결정과정도 공공부조와 의료보험과 크게 다르지 않다. 현행 국민연금의 모태가 된, 1973년의 국민복지연금법 제정과정은 시민사회의 미발달로 인해 청와대와 경제기획원/KDI가 앞장서서 추진하고 보건사회부가 주무부서로서 참여하는 양상을 보이고 있다. 중화학공업화의 자금동원 차원에서 대통령이 연기금에 관심을 보이자 급속하게 입안되었고, 대통령의 긴급조치 명령으로 시행이 유보되는 우리나라 특유의 '대통령 중심성'이 여실히 나타나고 있다. 전두환 대통령의 국민연금 시행 약속으로 세상에 빛을 다시 보게 된 국민연금은 김대중 정부에 이르러 김영삼 정부의 이원화론 그리고 IMF와 World Bank의 민영화 압력을 이겨내고, 보편주의를 지향하며 기존 일원모형을 도시자영자에게도 확대하고 연기금 운영의 민주화를 단행하였다. 과거와 달리 활발해진 연금정치, 그리고 참여연대 등 친복지 시민단체와 민노총의 연금정책망 내 영향력 확대가 눈에 띄게 드러났다.

넷째, 전 국민을 대상으로 하기에 민주화 이후 '복지정치'의 양상이 뚜렷하게 나타난 의료·연금·공공부조와는 달리 산재보험은 전체적으로 산재보험의 도입과 변천에서 관련집단들의 이해관계가 크게 대립되지 않은 특징을 보이고 있다. 다른 사회보험들에 비해서 사업의 성격이 분명하고, 수혜자의 근로의욕 저하의 문제가 심각하지 않으며, 고용주의 재정책임으로 보험의 기금이 마련되기 때문이다. 물론 우리나라 산재보험 도입의 정책결정과정은 서구사회에 비해서 훨씬 더 폐쇄적으로 이루어졌다. 도입 시기에는 다양한 집단들의 의견 개진이 이루어질 수 있는 사회경제적 조건이 무르익지도 않았었고, 정치엘리트와 정부의 주무부서는 소수의 관련 인사들을 중심으로 정책을 결정하였지 밑으로부터의 의견 수렴을 허용하지 않았다. 이후 권위주의 시기 산재보험제도는 산업화와 함께 지속적으로 확장되었고 1977년 직장의료보험 시행이 결정되는 시기까지 일반 노동자 대상의 유일한 사회보험이기도 했으나, 산업재해보상의 전면적 확대는 이루어지지 않았기 때문에 재해보상에서도 노동자 복지는 매우 제한적이었다. 민주화 이후 산재보험의 정책결정과정은 노동조합운동의 성장과 노사정위원회의 출범으로 사회적 합의가 강조되는 변화가 엿보였으나, 노사정의 조정 역할의 강화에도 불구하고 역동적인 행위자간의 관계변화를 찾아보기는 어렵다.

다섯째, 고용보험의 정책결정과정도 의료와 연금보다는 산재보험 쪽에 가깝다고 할 수 있다. 고용보험은 민주화 이후 한국 복지정책 결정과정의 변화를 잘 보여줄 수 있는 제도였으나, 핵심 정책행위자로 구성된 정책 네트워크 내 행위자간의 역동적인 관계가 뚜렷하다고 보기는 어려웠다. 오히려 도입기와 확대기에 고용보험 정책결정과정의 특징은 주요 인물의 핵심적인 역할에 있었다. 1970년대 당시 직업안정과장이었던 조순문 과장의 문제의식이 도입기 고용보험정책 입안과정에서 결정적인 역할을 하였다. 그리고 고용보험제도의 확대기 때는 이기호 노동부 장관이 먼지 나시시 이를 추진하였다. 또한 고용보험도입 정책결정과정에서 정부부처간 그리고 노동계와 경영계 간 갈등의 특징은, 다소의 이견은 있었으나 도입에 모두 찬성하였다는 것이다. 고용보험제도의 도입기와 확대기에 노사정은 상호간 갈등·대립적 관계를 견지했다기보다는 갈등·협력적 관계를 발전시켰으며, 정부는, 노사의 타협과정에서 주도권을 쥐고 정책입안을 조율해왔다. 외환위기 이후 고용보험의 확대과정에서 노사정과 IMF와의 관계도 고용보험제도와 관련해서는 상당히 협력적이었다. 1987년 민주화 이후, 그리고 김대중 정부의 출범 이후에도 고용보험제도의 정책결정과정은, 정책 네트워크의 변화를 강조하는 입장과는 달리, 주로 정부주도성이 강하며, 몇 인물들의 역할이 핵심적이었던 특징을 보여준다.

저자들이 이 책을 완성할 수 있었던 데는 성실하게 연구보조에 임해준 조교들이 있었기에 가능했다. 황태연, 정의룡, 조근식, 남윤민, 박호준, 정재열 군과 조유선 그리고 조아라 양에게 고마움을 전한다. 그리고 오랜 시간 인터뷰에 응해주고 귀중한 자료들을 선뜻 기증해 주신 심강섭 선생님, 두 박스 분량의 개인소장 자료를 내어주신 정무권 교수님을 비롯하여 인터뷰와 자료협조에 응해주신 여러 선생님들께도 감사를 드린다. 안병영 교수님을 비롯하여 기꺼이 자문에 응해주신 여러 선생님들 그리고 연세대 사회과학연구소 장동진 소장님과 오명전 간사는 물론 연구계획 성안시 큰 역할을 해주었던 주은선 교수님의 도움도 잊을 수 없다. 그리고 우리 연구자들은 모두 한국복지국가연구회 회원으로서, 2003년부터 '복지국가'를 화두로 함께 공부해온 손호철, 강명세, 마인섭, 안재흥, 정무권, 신광영, 안상훈 교수님과 일일이 다 열거할 수 없는 동료 회원들에게 감사의 뜻을 전한다. 2년 동안 연구지원을 해준 학술진흥재단에게, 그리고 어려운 여건 속에서도 출판을 약속해주신 나남출판의 조상호 사장님과 방순영 편집장 그리고 세심한 편집과 디자인에 힘써주신 윤인영 씨, 이정은 과장에게도 깊은 감사를 드린다.

마지막으로 한 가지 아쉬움을 피력하자면, 우리 연구팀이 만든 한국복지국가 DB가 저작권 문제 때문에 애초 계획과 달리 Web에서 제공이 안 되는 점이다. 학술진흥재단에서 조속히 이 문제를 해결해, 우리 연구 외에도 다수 진행되어온 많은 기초자료 수집연구의 결과물들이 사장되지 않고 후속연구에 활용되기를 바랄 뿐이다. 그리고 최근 학진의 연구지원방향이 공동연구에서 개인연구로 비중이 옮아가고 있고, 기초자료 수집연구에 대한 지원도 줄고 있다. 아쉬운 일이 아닐 수 없다. 이제는 우리나라도 세계적으로 인정받는 사회과학계의 고전을 만들어 낼 단계에 와 있다. 대한민국 자체가 사회과학계의 거대한 실험실로서, 근대역사상 손꼽히는 급속한 경제성장, 민주주의의 성취, 그리고 복지국가로의 성장 등 모든 것이 국제 사회과학계의 관심거리가 되고 있다. 따라서 장기적인 시계에서 우리 자신에 대한 기초자료 수집연구가 계속되기를 바란다. 그리고 이렇게 수집된 소중한 1차 연구자료들이 제대로 활용되어 많은 논문과 묵직한 저서들이 탄생될 수 있기를 기대하는 바이다.

2008년 7월

저자들을 대표하여 연구책임을 맡았던 양 재 진

나남신서 · 1315

한국의 복지정책 결정과정

역사와 자료

차 례

제1부

한국의 복지정책 결정과정

제1장 산재보험제도 | 우명숙

제2장 건강(의료)보험제도 | 조영재

제3장 국민연금제도 | 양재진

제4장 고용보험제도 | 정흥모

제5장 공공부조제도 | 김영순 · 권순미

제 1 장

산재보험제도

우명숙

1. 서론

이 글은 산재보험의 원리나 체계를 기본적으로 이해하기 위한 것이 아니라, 현재의 산재보험제도가 어떤 주요 이슈를 중심으로 변천과정을 밟아왔는지에 관한 '발달사'를 제공하기 위한 것이다. 산재보험 관련 정부부처, 즉 노동부에서 발행해온 몇 권의 발달사는 산재보험의 변천을 모든 법령과 시행령 등의 제·개정에 근거하여 기록하고 있다. 그러나 여기서는 변천의 내용 중 제도확대(적용대상 확대)의 주요 전환점을 중심으로 기술하고자 한다. 무엇보다 산재보험의 제정과, 제정 이후 제도변천의 정책결정과정을 최대한 이해할 수 있도록 서술한다. 그리고 이 글의 가장 주요한 목적은 이런 기본적인 발달사의 이해를 위해서 필요한 주요 자료들을 해제하여 제공하는 것이다. 즉, 이 글은 발굴한 자료를 단순히 병렬적으로 소개하는 것이 아니라, 이러한 기초자료가 생산된 맥락과 정책결정과정을 이해할 수 있도록 안내하고자 한다. 물론 산재보험제도라는 독특한 프로그램의 특성상, 제정시기를 제외하고는 제도변천의 주요 전환점과 그 전환점에서의 정책결정과정의 역동적 모습을 찾아보기 어렵다. 다만 바로 그러한 점진적 변화의 과정이라 하더라도 그 시기의 주요한 사회경제적 변화와 관련 행위자들이 제기한 주요 이슈들을 중심으로 변화의 주요인과 정책결정과정의 특징을 제시해보고자 한다.

2. 산재보험제도 발달사의 시기구분과 자료수집의 초점

산재보험은 서구에서도 가장 오래된 사회보장제도로서, 업무상 재해와 직업병으로 인한 소득상실을 보전하고 요양서비스와 재활서비스를 제공하는 것을 목적으로 하고 있다. 산재보험은 산업재해에 대한 고용주 책임(*employer's liability*)을 사회보험화한 것으로 볼 수 있다. 산업화로 인해 대규모 작업장에서 노동자 재해가 늘어남에 따라 산재에 대한 보상체계가 발전하게 되었는데, 서구사회에서는 민법에 의한 산재보상에서 고용주책임주의로, 이 고용주책임주의가 독일식의 사회보험법이나 미국식의 노동자보상법(*Workmen's Compensation Act*)을 근거로 한 산재보상제도로 발전하게 되었다. 산재보상제도의 발전은 재해의 책임소재를 가리는 데 드는 비용을 최대한 줄이고 피해 노동자가 재해에 대한 보상을 보다 확실하게 받을 수 있는 방향으로 변천되는 특징을 가지고 있다(이인재 외, 2002).

한국에서도 서구사회의 산재보상체계의 발전경로와 유사한 순서로 산재보상체계의 발전이 이루어졌다. 1953년 근로기준법이 제정되기 이전까지는 민법에 의한 보상이나 단체협약에 의한 사업장 단위의 보상이 이루어졌고, 1953년 근로기준법이 제정되면서 재해보상은 고용주의 개별책임주의 방식으로 이루어졌다. 고용주책임주의에 따른 산재보상이 드디어 1963년에 산업재해보상보험법이 제정되면서 무과실주의 원칙(피해 노동자에 대한 손해배상이 사용자의 과실을 요건으로 하지 않고 이루어진다는 원칙, 즉 산업재해 피해자인 노동자는 사용자의 고의나 과실을 증명하지 않고도 손해배상을 받을 수 있다는 원칙)에 따른 산재보험에 의한 산재보상제도로 발전하게 되었다. 1964년부터 시행하게 된 산재보험은 1964년 500인 이상의 광업과 제조업 사업장을 대상으로 출발하여 2000년에 이르면 1인 이상의 전 사업장으로 확대적용되었다(박찬임, 2001). 현재까지 산재보험은 근로기준법상의 근로자를 고용하는 사업장만을 포괄하고 있어 근로기준법상의 '근로자'(근로자-사용자 관계) 범주로 정확하게 분류되지는 않지만 근로자성을 가지고 있는 취업인구는 배제되어 있다.

산재보험의 초기 형성시기(1960~1969) 자료수집의 초점은 산재보험법의 제정시점을 전후로 한 정책결정과정에 있다(〈표 1-1〉 참조). 초기 형성기 이후 산재보험은 최근에 이르기까지 대체로 큰 정치적 쟁점을 동반하지 않고, 업종별/사업장 규모별로 점진적으로 확대되었기 때문에 자료수집의 초점을 특정 전환점이나 정책결정과정에 두기가 어렵다. 다만 초기 형성기 이후 시기 자료수집의 초점은 제도 변화의 주요 이슈들을 찾고, 그런 주요 이슈들이 제기되었던 사회경제적 맥락이 무엇이었는지, 이러한 이슈들이 제도변화의 내용에 어떻게 반영되었는지를 검토해봄으로써 변화의 주요인과 정책결정과정의 특징을 도출해내는 데 맞춰질 것이다. 산재보험의 발전과정의 시기사적 구분에 따른 자료수집의 초점을 표로 정리하면 〈표 1-1〉과 같다.

〈표 1-1〉 산재보험 발달사의 시기구분과 자료수집의 초점

시기구분	연 도	주요 제도적 변화	자료수집의 초점	주요 행위자
초기 형성기	1963	· 산재보험법 제정	· 산재보험 도입의 정치적 성격 규명 · 산재보험 도입과정에서의 주요 행위자들간의 상호작용과 갈등양상 · 산재보험 도입에 반영된 사회적 이해관계	· 최고회의 · 문사위 · 보사부(노동청) · 사보심
	1964~1969	· 산재보험 시행 (500인 이상 사업장~16인 이상 사업장 확대)		
점진적 변화기	1970~1987	· 1970년 산재보험법 제1차 개정 · 1986년 시행령 개정으로 근로기준법 적용대상인 5인 이상 전 사업장의 업종별/규모별 점진적 확대 결정	· 제도변화의 사회경제적 맥락 · 기업과 노동조합의 이해관계 · 정부와 노동조합/경제단체 사이의 상호작용과 갈등양상	· 노동(청)부 · 한국노총 · 경총
확대 · 재편기	1988~현재	· 1991~1998년까지 금융, 증권, 보험업, 교육서비스, 보건 및 사회복지사업 5인 이상 사업장으로 확대 · 2000년도에는 적용범위가 1인 이상 근로자를 고용하는 전 사업장으로 확대 · 2000년 이후는 비정규직/특수형태근로자 등 근로자 개념의 재정의 논의 등 포괄적인 적용대상자 확대 논의 진행	· 제도변화의 사회경제적 맥락 · 노동조합의 영향 · 노사의 상호작용과 갈등양상 · 노사정의 정책결정의 상호작용 양상	· 노동부 · 경총 · 한국노총 · 노동연구원 · 노사정위원회

3. 산재보험 제정 및 초기 형성시기(1960년대)

1) 제정시기의 사회경제적 배경[1)]

1961년 5월 16일 군사쿠데타를 통해 전면에 등장한 군부세력은 비상계엄을 선포하고 6대 혁명공약을[2)] 발표하였으며, 국회를 해산하고 '군사혁명위원회'를 '국가재건최고회의'(이하 최고회의)로 바꾸어 새로운 통치기구를 정비하게 되었다. 새로운 통치기구를 정비한 군부세력은 무엇보다 장면정부에서 그 시행이 계획되어왔던 제1차 경제개발5개년계획을 1962년부터 전면적으로 시행하기로 결정하였다. 이 계획은 "자립경제 달성을 위한 기반구축에 목표를 두고 농업생산력 증대, 사회간접자본 확충, 전력·석탄 등 에너지원 확보, 비료·시멘트·철강 등 기초산업과 정유·화학섬유 등의 신규산업 건설을 추진"하기 위한 것이었다.

산재보험 제정시점인 1963년 전후시기는 산업화가 본격적으로 추진되기 전이었기 때문에 당시 산업노동자의 비중은 매우 낮은 상태였다. 산업별 취업자 수를 비교해보면, 농림어업 부분의 종사자가 전체 취업인구의 63%를 차지하고 있었고, 광공업 부

---

1) 이 글에서 제정 및 변천시기의 사회경제적 배경은 한국노총에서 발간한《한국노총 50년사》(2003)와 고려대 노동문제연구소에서 발간한《한국노동운동사 4: 정부수립기의 노동운동/1948~1961》(2004),《한국노동운동사 5: 경제개발기의 노동운동/1961~1987》(2004),《한국노동운동사 6: 민주화 이행기의 노동운동: 1987~1997》(2004)을 참조하여 간략하여 정리하였다.

2) 6대 혁명공약
① 반공을 국시의 제1의로 삼고 지금까지 형식적이고 구호에만 그친 반공태세를 재정비 강화한다. / ② 유엔 헌장을 준수하고 국제협약을 충실히 이행할 것이며 미국을 위시한 자유우방과의 유대를 더욱 공고히 한다. / ③ 이 나라 사회의 모든 부패와 구악을 일소하고 퇴폐한 국민도의와 민족정기를 다시 바로 잡기 위하여 청신한 기풍을 진작시킨다. / ④ 절망과 기아선상에서 허덕이는 민생고를 시급히 해결하고 국가자주경제 재건에 온 힘을 다한다. / ⑤ 민족적 숙원인 국토통일을 위하여 공산주의와 대결할 수 있는 실력배양에 전력을 집중한다. / ⑥ (군인) 이와 같은 우리의 과업이 성취되면 참신하고도 양심적인 정치인들에게 언제든지 정권을 이양하고 우리들의 본연의 임무에 복귀할 준비를 갖춘다. (민간) 이와 같은 우리의 과업을 조속히 성취하고 새로운 민주공화국의 굳건한 토대를 이룩하기 위하여 우리는 몸과 마음을 바쳐 최선의 노력을 경주한다.

문의 종사자는 8.7%였다. 높은 비중의 농업부문 취업자 비중은 제 1, 2차 경제개발 계획의 시행을 통한, 1960년대의 전면적인 산업화 과정에서 50% 아래로 줄어든다. 연평균 9.9%의 경제성장률을 보여준 60년대 산업화 과정은 빠른 속도로 한국 산업구조와 노동자 구성을 바꾸어 놓았다. 한편 생존비 이하의 저임금구조, 세계최장의 노동시간과 산업재해의 급증이 60년대 산업노동자들의 일반적인 생활상을 말해준다.

이 시기에 사회정책적인 변화도 컸다. 근로기준법을 개정(1961)하고 노동행정 강화를 위해 보건사회부의 노동국을 폐지하고 보다 독립적인 노동행정을 담당할 노동청을 보사부 내 설치하였다. 근로기준법 준수를 위해서 꼭 필요했던 근로감독관에 관한 시행령도 이때서야 마련되었다. 또한 노동관계법을 개정하여 무엇보다 노동쟁의와 노동조합 운영에 국가가 적극적으로 개입할 수 있게 되었다. 군사정부의 정책방향에 순응할 수 있도록 노동조합과 경제단체도 재정비되었다. 한국노총(한국노동조합총연맹)은 5·16 이후 바로 해체되었다가 보수적 성향의 간부를 중심으로 노동조합 재건위원회를 구성하여 다시 결성되었다. 한편 경제단체는 군사정부가 이병철 등 당시 재벌총수를 구속했다가 풀어주면서 새로운 경제단체를 설립하도록 권고하여 '경제재건촉진회'(1961.7)가 만들어지고 이는 이후 '한국경제인협회'(1961.8)로 바뀌었다가, 1968년에 '전국경제인연합회'로 다시 변경되었다.

1963년 최고회의의 기관지 〈최고회의보 26〉(1963.11.20 발행)에 실린 사회보장심의위원회의 전문위원인 민부기의 글은 당시 군사정부가 공식적으로 내세웠던 산재보험의 의의와 핵심원칙을 짚어주고 있다. 이는 군사정부가 얼마나 그러한 의의와 원칙에 동의하고 이를 실현하기 위해 노력할 의지를 가졌던지와는 별도로 군사정부가 산재보험 도입을 결정하는 데 고려했던 중요한 원칙들을 말해준다.

민부기는 산재보험 제정의 의의를 다음과 같이 정리하고 있다.

"노동자의 업무상 위험사고를 보험대상으로 하는 산재보험제도가 제정실시케 되었다는 것은 노동보험의 효시라는 점에서 그 의의가 자못 큰 것이라 아니할 수 없으며 이것이 하나의 거점이 되어 우리 사회에도 멀지 않아 〈나면서부터 무덤에 묻힐 때까지〉 그 최저생활이 국가적으로 보장될 수 있는 복지사회가 이루어질 것이다"(p.73).

이어 일본의 산재보험법을 모방한 한국의 산재보험의 큰 원칙들을 다음의 몇 가지로 정리하고 있다.

"첫째로, 근로기준법 제 8장에서 규정하고 있는 재해보상의 원칙을 그대로 책임보험화하는 것을 원칙으로 하였고, 둘째로, 현 근로기준법에서는 명확히 되어있지 않은 업무상의 재해의 범위를 본 보험에서는 이요건주의〔업무수행중에, 업무로 인하여(*arising out of and in the course of employment*) 발생한 사고로 인한 인적 재해에 대해서만 고용주의 책임을 묻는다는 원칙〕로 채택할 것을 규정했으며, 셋째로, 보험료를 결정하는 보험료율을 적용하는 데 있어서는 재해실적에 따라 사업종목별로 차이를 두는 실적주의를 채택"했다는 것 등이다(p. 76).

이러한 산재보험은 정부, 노동자, 사용자 모두에게 긍정적 역할을 할 것이라는 점도 지적하고 있다. 정부, 노동자, 사용자들에게는 다음과 같은 긍정적 효과가 있을 것으로 평가하고 있다.

"국가적인 면의 효과는 첫째, 노동자의 노동재해로 인한 불안이 제거될 수 있으므로 어느 정도의 사회안정을 기하게 되어 정치적인 효과를 거둘 수가 있고, 둘째, 사회보험제도 중의 하나인 산재보험제도의 실시는 요구호대상자로 전락하는 자를 방지하는 방빈책(防貧策)이 되므로 결과적으로 생활보험법에 의한 국가부담을 상대적으로 경감시키는 효과를 가져올 것이며, 셋째, 국가노동력이 보전될 수 있으므로 산업발전에 기여하게 될 것이다. 넷째, 신속정확한 요양보상이 실시되고 또한 직업병, 장해처리 및 기타 산업재해에 대한 제반시설을 공동처리하게 되므로 노동자 복지의 효율적인 발전과 소요비용의 경감을 가져올 수 있고, 다섯째, 재해발생 상황을 정확하게 파악할 수 있으므로 과학적인 재해예방이 가능할 것이며, 여섯째, 현행근로기준법에 대한 사회적인 불신도가 해소될 수 있으므로 법의 권위와 정책위신을 높이는 결과를 가져올 것이다"(p. 79).

"노동자에 대한 효과는 첫째로, 사용자의 재력부족으로 인한 재해보상의 불능이 해소되므로 신속한 보상이 확보될 것이며, 둘째로는, 사용자의 무성의, 또는 고의적(노동자의 무지 이용 및 기타)인 불이행이 예방되므로 정확한 노동자의 권익이 보장될 것이다"(p. 79).

"사용자에 대한 효과는 첫째로, 우발적인 대사고로 인하여 불의에 지출하게 되는 다액의 일시적인 부담의 위험원리에 의하여 분산하게 되므로 기업의 정상적인 운영에 기여할 수 있을 것이며, 둘째로는, 노동자에 대한 업무상의 재해보상이 신속정확하게 또는 완전한 결부(結付)가 실시됨으로써 노동력의 보전과 정신적인 안정은 물론 노동능률의 향상으로 기업발전에 도모하는 결과가 될 것이다"(p. 79).

이 시기 전체에서 특히 최고회의의 통치시기(1961~1963)는 많은 한계에도 불구하고 한국 복지제도 역사에 있어서 중요한 시기라 할 수 있다. 1963년까지 근대적인 복지 관련법들이 한꺼번에 탄생했기 때문이다. 이 시기 탄생한 복지관련법에는 사회보장에 관한 법률(1963), 산업재해보상보험법(1963), 의료보험법(1963), 공무원연금법(1961), 군인연금법(1963), 그리고 생활보호법(1961)이 포함되어 있다. 이 중 공무원연금법과 군인연금법은 바로 시행되었고, 산재보험도 다음해인 1964년부터 바로 시행되었다.

2) 산재보험법 제정 및 변화

1963년 산업재해보상보험법이 제정되면서 무과실주의 원칙에 따른 산재보험에 의한 산재보상제도가 발전하게 되었다. 1964년부터 시행하게 된 산재보험은 1964년 광업과 제조업의 500인 사업장 64개 사업장 8만여 명 노동자를 대상으로 출발하여 1960년대는 1965년 산재보험 시행령 제1차 개정을 시작으로 1968년 제5차 개정을 통해 60년대 말까지, 적용 예외 대상이 아닌 50인 이상 사업장까지 적용범위가 확대된다.

3) 제도도입의 정책결정과정

산재보험법 제정은 거의 전적으로 군사정부 최고회의의 지시 아래 이루어졌고 산재보험법 제정과정에는 제한된 극소수만이 참여했다. 따라서 산재보험제도의 입법과 도입과정은 매우 폐쇄적이었으며, ① 최고회의, ② 최고회의의 분과위원회의 하나인 문교사회위원회, ③ 보건사회부(이후 보사부), ④ 보사부 산하의 연구기관인 사회보장제도심의위원회(이후 사보심), ⑤ 기타 관련 정부부처 사이에서만 의견조정이 이루어졌다. 노동자단체나 사용자단체의 참여는 '의견조율'의 수준에서만 이루어졌다.

(1) 사보심 창설의 사회적 분위기와 군사정부의 역할

산재보험 결정과정에 있어서 중요한 출발점은 보사부 내 사회보장제도심의위원회(사보심)의 설립이다. 1963년의 산재보험법 제정에 있어 보사부의 산하연구기관으로서 보사부 공무원들이 아닌 전문위원들(별정직 공무원)이 중요한 역할을 했기 때문이다. 왜 이들이 중요한 실무를 담당하게 되었을까? 사보심의 연구활동이 1962년 3월부터 시작되었는데 왜 그 시점에서 시작하게 되었을까? 당시 사보심 참여자들과 후속 연구는 사보심 전문위원들의 역할에 대한 상세한 기록을 남겨놓고 있다. 사보심 활동에 관한 최천송(1977, 1991)과 손준규(1981, 1983)의 기록에 따르면, 최고회의 통치시기 사보심의 결성에는 4·19 이후 한국 사회에서 사회 전반에 걸친 개혁의 목소리들이 대두되었던 상황이 중요한 역할을 했다는 것을 알 수 있다.

〈표 1-2〉 민주당의 사회분야 정강·정책 및 선거공약 내용

구분	내용
정강·정책	농어민, 노동자 기타 노동대중의 권익옹호로 사회정의 실현 폭력 엄중 단속
7·29 선거공약 (1960년)	**사회복지제도 확립** 실업자의 일터마련(공공건설, 중소기업, 수출품 생산 등) 노동운동의 건전한 발전(단결권, 단체협약권, 파업권 등 보장)
개혁정책	노동운동의 자주적 발전 보장 점진적으로 **실업보험, 건강보험 기타 각종 사회보장제도 창설** 근로자 우대 후생정책 확대 등의 복지정책 수행 빈부격차 완화로 중산계급 성장

자료: 송종래, 2004, p.454.

〈표 1-3〉 자유당의 사회분야 정강·정책 및 선거공약 내용

구분	내용
선언과 강령	협동사회건설 남녀평등실천
정책	노동법의 기본제정 노동자의 기본생활 보장 노동자의 이익균점법* 제정 실시 **전적 취업의 보장과 사회보장제 실시**
선거공약	**사회보장제도 확립** 복지사회 건설

자료: 송종래, 2004, p.454〔원 자료출처는 중앙선거관리위원회(1973)〕.

* 이익균점법: 1948년 제헌헌법은 이익균점권을 보장하고 있는데, 이익균점권은 "기업체 운영에 있어서 노동자합작을 전제로 하여 기업체의 순이윤을 노동자에게 균등히 배당"하는 것을 의미한다. 그러나 이승만 정부 시기, 제헌헌법에 보장된 이익균점권을 토대로 〈이익균점법〉을 입법화하려는 시도는 좌절되어, 헌법상의 이익균점권 보장은 결과적으로 유명무실하게 되었다(송종래, 2004, pp.143~151).

4·19 이후 장면 과도정부시기에 사회제도 개혁에 대한 요구들이 분출되었고, 이것이 갑작스럽게 5·16 군사쿠데타에 의해 단절되었긴 하지만, 군사정부는 이러한 사회적 분위기를 완전히 무시하고 군사정부가 혁명공약으로 내세웠던 〈시급한 민생고의 해결〉을 이행한다고 내세울 수는 없는 상황이었다. 1962년 군부세력이 민정이양을 위한 대통령 선거에 참여하기로 한 이상 4·19 이후 1960년 총선에서 대두되었던 사회분야 각 정당정책들을 '계승'할 필요가 있었다(〈표 1-2, 〈1-3〉 참조). 최고회의는 4·19 이후 보사부 내 설립이 건의되었던 사회보장심의위원회 설립을 허가하게 된다(1962년 3월 20일 각령 제469호로 위원회 설치를 위한 사회보장제도심의위원회규정 제정).

당시 사보심 참여 전문위원들, 그리고 일부 최고위원과 보사부 장·차관 등의 고위직 관료들은 사회보장제도 연구에 상당한 '자부심'과 '사명감'을 가지고 있었다. 이들이 자부심과 사명감을 가질 수 있었던 것은, 사회보장제도 연구를 군사정부의 혁명공약의 실천의 일환이자, 당시 공무원 사회의 무사안일주의를 넘어서는 '사회개혁'의 중요한 실천방안으로 보았기 때문이었다. 결국은 이러한 일련의 변화는 이승민 정권과 장면 정권에 이르기까지 제대로 실천되지 못했던, 사회정책에 있어서의 새로운 변화를 가져왔다. 즉, 사회제도 발전을 위해 '국가가 뭔가 해야 한다'는 것이 허용되는, 사회개혁을 위한 열린 공간이 생겼다는 점을 말해준나(심상섭 인터뷰, 2006.2.14; 조만제 인터뷰, 2006.8.14).

심강섭 인터뷰, 조만제 인터뷰를 통해 본
5·16 이후 사회개혁 분위기와 사보심 전문위원들의 개혁의지

사보심 위원들이 혁명공약의 실천자로서 가진 자부심이 이들이 쿠데타 세력에 동조했기 때문에 생겨난 것은 아니라고 할 수 있다. 이들이 자부심을 가질 수 있었던 것은 이승만 정부시기와 4·19 이후 잠깐 동안 반이승만 진영의 집권기에도 사회개혁에 결정적인 진전이 없었던 것에 반해 군사정부가 혁명공약을 전면에 내세우면서 사회보장에 있어서도 획기적인(제한적이나마) 개혁의 분위기를 만들어 주는 것을 잘 활용하여 사회개혁에 직접 참여할 수 있었기 때문이라고 할 수 있다. 인터뷰 대상자의 한 사람인 조만제 선생님의 경우 전혀 군사정부에 동조할 수 있는 인사가 아니었으며 5·16 쿠데타의 희생자가 되었던 분이다. 조만제 선생님은 4·19 이후 오랜 일본 생활 후 귀국하

여 장면의 민주당 관련활동을 하고 있었고, (일제 식민지시기 민족주의 운동의 하나인 삼균주의의 창시자인 조소앙 선생님의 조카라는 이유 등으로) 과거 이승만 정부로부터 계속 감시를 받아왔다. 결국 5·16 직후 바로 조만제 선생님은 군사재판에 회부되었다. 그러나 조만제 선생님은 우여곡절 끝에 사보심 전문위원이 되었고, 군사정부가 사회개혁의 실천의 하나로 내세우는, 사회보장제도 확립에 사보심 전문위원으로 참여할 수 있었던 것에 대한 자부심을 부인하지 않았고, 그 일을 추진했던 분들이 대단한 사명감과 자부심을 가지고 있었던 것으로 회고했다. 반대로 당시 일반 공무원들은 이러한 사회보장제도 사업을 추진하는 사보심 활동에 대체적으로 냉소적이고 부정적이었다고 한다. 물론 군사정부가 만들어 주었던 개혁의 분위기는 쿠데타 세력의 잠깐 동안의 '선부른' 혁명의지 때문에 가능했던 것으로 볼 수 있을 것이다. 군사정부가 일련의 개혁조치가 필요하다는 의지만을 밝혔던 것이지 뚜렷한 정책내용과 방향을 지시할 수는 없었다는 것은 사실이다. 그러나 신문지면이나 대중연설을 통해 밝힌 사회보장제도 사업에 대한 당시 박정희 최고의장의 의지가 단지 '정통성을 확보'하기 위해서라고 하더라도, 우리는 다만 군사정부가 이러한 의지를 밝혔고, 그리고 그 의지를 실천하려는 작업을 지시했다는 '그 정도'로 군사정부의 개혁의지를 인정할 수 있을 것이다.

---

(2) 1962년 최고회의 의장의 지시각서에서부터 1963년 최고회의 상임위원회 산재보험법의 통과까지

① 산재보험법 연구와 실시 결정

1962년 3월 결성 이후 연구를 착수해왔으나, 박정희 의장의 지시각서(1962년 7월 28일)가 내각에 하달된 이후 보사부 사보심 전문위원들은 보다 본격적으로 연구를 착수하게 되었다. 1962년 3월 사보심 결성 이후 사보심은 종합반, 공적부조반, 의료보험반, 노동보험반으로 나누어 연구를 진행했다. 산재보험법에만 주목해보면 노동보험반에서 우선 실업보험을 연구할 것인가 아니면 산재보험을 먼저 연구할 것인가에 대한 결정이 필요했고, 결국 산재보험을 우선 추진하도록 결정하게 된다. 제도상으로는 1953년 제정된 근로기준법에 의한 재해보상이 근로기준법 적용 사업장에 적용되고 있었고, 단체협상을 통한 재해보상이 대규모 사업장에서는 이루어지고 있다는 판단하에 사실 1962~3년 이전까지 보사부에서는 실업보험에 관한 연구는 간헐적으로 이루어지고 있었지만 산재보험에 관한 연구는 이루어지지 않고 있었다.

1960년과 61년에 보사부 노동국에서는 〈실업보험관계노동실태조사보고서〉(1960, 보사부 노동국 조사지도과), 〈일본의 실업보험법 및 특별회계법〉(1961, 보사부 노동국 조사지도과), 〈실업보험제도의 현실적 적용문제에 대한 연구〉(1961, 보사부 노동국) 등 산재보험보다는 실업보험에 관한 연구보고서를 작성하고 있었다(이인재, 1987). 심강섭의 기록(노동부, 2004: 15)에 따르면 “당시 보건사회부(노동국)의 청사가 있는 을지로 사거리는 매일 실업문제의 해결을 연호하는 시위군중들로 가득 메워져 있었다”고 한다. 또한 4·19 뒤의 총선에서 민주당과 사회대중당 등의 정당들은 특히 실업자 대책을 중심으로 한 근로자 권익 향상과 사회보장의 창설에 대한 주장을 신문에 게재하기도 했다(〈조선일보〉, “민주당: 정당내각을 실현시키자”, 1960.7.6; 〈조선일보〉, “민주당: 근로자의 권익향상과 사회보장제도의 창설”, 1960.7.19; 〈조선일보〉, “사회대중당의 선거공약”, 1960.7.22).[3] 그러나 대중적인 요구나 정당의 정책에서도 재해보상제도에 대한 논의는 이루어지지 않고 있었다. 해방 이후 한국 경제는 지속적으로 양산되는 실업자들을 여전히 흡수하지 못하고 있었기 때문에 미취업자들에 대한 대책이 ‘빈곤자 구제정책’의 하나로서 해결되어야 할 긴급한 상황이었다(송종래, 2004: 81~82).

그러나 1962년부터 63년 사이 사보심의 노동보험반에서 실업보험과 산재보험을 동시에 추진하기는 역부족이었던 상태에서 실업보험보다는 산재보험을 먼저 추진하기로 결정한 데에는 산재 노동자의 피해는 “훨씬 더 큰 육체적, 정신적 고통을 수반한다”는 사보심 노동보험반 전문위원들의 판단이 작용했다(심강섭 인터뷰, 2006.2.14). 또한 무엇보다도 근로의욕 저하 등 실업보험에 대해서 갖는 정책결정자들의 우려가 산재보험에서는 크게 나타나지 않을 것이라는 기대가 있었기 때문이다.[4]

---

3) 심강섭 씨는 이때 자신이 민주당 당사에 직접 찾아가 실업보험에 대한 어떤 구체적인 계획이 있는지를 물어봤다고 한다. 그러나 민주당에서는 신문에 공고된 그 내용 이상은 준비되어 있지 않았다고 답변했다고 술회하기도 했다. 이는 심강섭 씨와의 비공식적 대화에서 본인이 들은 내용이다.

4) 2006년 5월 10일 연세대 사회과학연구소에서 있었던 유길상 전 노동연구원 연구위원과의 인터뷰에서 유길상 박사는 자신이 경제기획원의 사무관으로 있었을 당시 1980년대에도 실업보험 도입에 대해서는 대통령(전두환 대통령), 경제기획원, 경제부처, 노동부 장관과 관료들 모두 근로의욕 저하문제 때문에 실업보험을 도입해서는 ‘안된다’는 완강한 태도를 보였다고 증언하고 있다(유길상 인터뷰, 2006.5.10). 당시 통치자와 정책입안자들은 실업보험을 사람들을 “놀고 먹게” 하는 제도로 인식하는 수준이었다고 한다. 80년대 당시의 정책결정자들의 태

당시 사보심 노동보험반의 전문위원인 민부기는 당시 그 도입이 논의되었던 다른 제도들과 비교해서 산재보험이 먼저 착수된 연유를 다음과 같이 설명하고 있다.

> 노동자재해를 보험대상으로 하는 산업재해보상보험과, 국민의료를 보다 효율적으로 향상시키기 위한 의료보험, 그리고 실업보험제도를 우선 창설하는 방향으로 일단 합의가 되었으나 연구가 계속되는 도중 우리나라의 국가재정적, 경제적, 또는 사회적 현실로 보아 실업보험제도는 좀더 연구하는 과제로 돌이고〔돌리고〕 이것을 현재 근로기준법에 규정되어 있는 퇴직금제도를 합리적으로 보완하는 퇴직금공제제도로 우선 발족시킬 것에 결론을 지었던 것이다. 그리고 산업재해보상보험제도의 창설은 그 중에서도 우선순위가 제 일번으로 추진할 것을 보건사회부와 최고회의 문사위원회의 기본정책으로 결정하고 눈부신 활동이 전개되었다"(민부기, 1963: 76).

최고회의 시정방침, 박정희의 지시각서, 내각비

최고회의 의장이었던 박정희는 63년 사회복지정책의 시정방침으로 "광범한 사회보장제도 실시의 일환으로서 의료보험과 노동자를 위한 재해보험제도를 발족(發足)시킬 것을 기약하는 바입니다"라고 밝히고 있었다(국가재건최고회의 의장 63년도 시정방침발췌, 1963. 1. 5). 이미 63년 시정방침을 전달하기 이전인 1962년 7월 28일 박정희 최고회의 의장은 내각수반에 〈사회보험제도확립〉에 대한 지시를 내려, "이미 생활보호법을 공포하여 요구호자에 대한 부조를 실시하고 있지만, 국민과 기업주, 정부가 함께 참여하여 연대적으로 국민생활을 보장하는 항구적인 사회보장제도가 경제개발과 병행하여 추진되어야 할 것이며, 사회보장제도의 중요한 부분인 사회보험 중 그 실시가 비교적 용이한 보험을 선택하여 착수하고 이 시범사업을 통하여 우리나라에 적합한 제도를 연구발전시켜 종합적인 사회보장제도를 확립토록 지도할 것"을 촉구하고 있었다〔국가재건최고회의, 문사(文社) 제683호, 1962년 7월 30일〕, "최고회의로부터 지시된 바와 같이 국민소득을 증진시키고, 실업, 질병, 노령 등 생활위협으로부터 국민을 보호하기 위하여 우리나라에 적합하고 용이한 보험을 채택, 착수하고 본 시범사업을 통하여 우리나라에 적합한 제도를 연구, 발전시키기 바람"을 내각에 지시하였다〔내각수반 비서1

도에 비추어 볼 때, 60년대 관료들의 태도가 크게 다르지 않을 것이라고 짐작할 수 있다.

실, 비서관 이홍기, 내각비(內閣秘) 제573호, 1962.7.30].

---

② 사보심의 연구와 전문위원들

사보심 노동보험반 심강섭/민부기 등이 산재보험과 관련하여 작성한 조사보고서 자료들 중 현재 남겨진 자료들로는, 〈산재 및 실업보험, 의료보험실시를 위한 현지조사보고서 — 62.8.20~8.30〉(1962), 〈노재보험실시에 관한 제안〉(1962.12), 〈산재보험실시에 관한 제안〉(1963.2), 〈산업재해보상보험사업에 관한 연구〉(1963.7), 〈사회보험(산재보험, 의료보험) 실시계획〉(1963.7) 등이 있다. 무엇보다 사보심 내 각 반(종합반, 노동보험반, 의료보험반, 공적부조반)의 전문위원들의 역할이 중요했음은 손준규 논문(1981) 이후 후속 연구자들의 일관된 주장이었다. 특히 산재보험의 경우 심강섭 당시 사보심 노동보험반 전문위원이 매우 주도적인 역할을 했음은 분명해 보인다(손준규, 1981; 심강섭 인터뷰, 2006.2.14; 조만제 인터뷰, 2006.8.14).

1960년대 당시 관계부처의 공무원들은 무관심과 부정적인 태도를 보일 뿐 정책결정에 전혀 관여하지 않았다. 일부 공무원들은 장·차관이 전문위원들만을 상대하며 격려함으로써 이들을 질투했으며, 심지어 사상이 불온하다고 몰아붙이기도 했다는 사실이 당시 전문위원들의 인터뷰에서 진술되고 있다. 최고회의 통치기간 동안의 사보심 전문위원들의 역할, 이후 사보심에 남아 한국의 사회보장제도 연구를 지속했던 이들의 역할을 후속 연구자들은 높이 평가하고 있다. 심강섭 전문위원 본인의 진술에 의하면(심강섭 인터뷰, 2006.2.14) 당시 사보심 내 노동보험반의 전문위원이었던 심강섭은 사보심 내 의료반이나 공공부조반의 전문위원들과의 상호관계는 거의 없었다고 진술했다. 다들 각자가 알아서 준비했다는 것이다. 즉, 조사연구는 각 반에서 개별적으로 이루어졌다고 볼 수 있다. 그러나 당시 초기 사보심 활동에 참여했던 종합반의 조만제 전문위원의 인터뷰에 의하면 개별적 연구가 이루어지면 전체 회의에서 '격렬한' 토론을 하였으며 이때 노동보험반의 심강섭 전문위원과 의료반의 최천송 전문위원이 가장 해박한 전문지식을 가지고 토론을 주도하였다고 한다. 당시 조만제 전문위원은 사보심 전문위원들이 사회보장제도를 확립하는 데 참여하게 되었다는 사실에 매우 자부심과 열정을 가지고 있었다고 회고했다(조만제 인터뷰, 2006.8.14).

의료반의 최천송 전문위원은 프랑스에서 사회보장제도를 연구하고 돌아와 한국노총과 한독당 활동에 관여해온 사회활동가이자 연구자였고, 노동보험반의 심강섭 전문위원은 오랫동안 노동행정을 담당해온 공무원이었고, 종합반의 조만제 전문위원은 사회활동가로, 이승만 정부가 '간첩'으로 낙인을 찍어 일본에서 귀국하지 못하고 있다가 4·19 이후 장면의 민주당에 관여하고자 귀국하였으나 5·16 이후 군사혁명재판소에 회부되었다 이후 무죄로 석방되었던 경험을 가진 인물이었다. 공적부조반의 한상무 전문위원은 어떤 연고로 사보심에서 활동했는지 확인되지 않았으며, 공적부조반이 63년까지 별반 성과가 없었다는 점에서 공적부조반의 전문위원들의 실질적인 역할을 찾아보기는 어렵다. 한편 최천송 전문위원과 조만제 전문위원은 일제시기 민족주의 운동의 한 갈래인 '삼균주의' 사상을 수용하고 있었다는 점은 사보심 일부 전문위원들의 사회정책 지향을 짐작할 수 있다(최천송, 1991; 조만제 인터뷰, 2006.8.14). 또한 심강섭 전문위원은 일본에서 노동법을 공부한 후 공무원으로서 해방 전부터 부산에서 구호사업과 노동자 재해에 관련된 노동조합활동에 관여해온 경험을 가지고 있었다. 즉, 그들의 연구와 활동은 사회개혁에 대한 나름대로의 자발적인 개혁의지를 담아내고 있었다고 평가할 수 있다.

③ 산재보험 법안심의 과정: 주요 인물들의 역할을 중심으로

사보심에서 마련한 산재보험법안은 일련의 심의과정(사회보장제도심의위원회 심의 ⇒ 보사부 장관 결재 ⇒ 정부 관계부처(상공부, 체신부, 경제기획원 등) 협의와 법제처 심의 ⇒ 차관회의와 각의 심의 ⇒ 문교사회위원회 심의 ⇒ 법제사법위원회 심의 ⇒ 최고회의 상임위원회 심의)을 거쳐 최종적으로 1963년 10월 8일 최고회의 상임위원회에서 통과된다.

1962년 7월 28일 박정희 의장이 내각수반에 〈사회보험제도확립〉에 대한 지시를 내린 것은 분명 사회보장에 관한 연구를 추진하고 결국 최고회의에서 산재보험법안이 통과되는 데 결정적인 역할을 했다. 문헌자료들과 인터뷰 자료들에 근거해볼 때, 당시 박정희 의장의 지시는 절대적으로 중요했다고 볼 수 있다. 그럼에도 불구하고 정책결정 전 과정에서 특히 산재보험에 관해서 박정희 의장 개인이 직접적으로 영향력을 행사했다는 증거는 없다. 박정희 의장 본인도 특별히 어떤 형태의 산재보상이어야 하는가에 대한 구체적인 상을 가지고 지시를 내린 적은 없었고, 산재보험제도 제정과정에 직접적이고 개인적인 영향을 미친 것은 없었다(심강섭 인터뷰, 2006.2.14). 당시 박정희 의장은 지시각서를 직접 하달했다는 점에서 사회보장제도 확립에 큰 기여

를 했다고 볼 수 있는 한편, 실질적으로 일선에서 이 과정을 지도한 사람 중에서 가장 큰 영향력을 미쳤던 사람은 홍종철 문사위원이었고, 정희섭 보사부 장관은 주무장관으로서 '호의적' 태도로 산재보험법안 통과를 지원했다. 또한 한국진 보사부 차관 등도 사보심의 위원장으로서 전문위원들을 '격려'했던 것으로 평가될 수 있다. 즉, 사회보장제도 연구에 관여했던 인사들은 앞선 연구들(손준규, 1981)에서 밝혀진 대로 제도시행에 지원세력이 되었던 것이다.

전체적으로 의사결정 단계에서 다른 관련정부 장·차관들은 호의적이지는 않았고, 정희섭 보사부 장관과 홍종철 문사위원은 이러한 호의적이지 않거나 무관심한 관료들을 설득하여 산재보험법안이 각 단계의 심의를 통과하는 데 큰 지원자 역할을 했다. 그러나 정희섭 보사부 장관은 산재보험 통과에 매우 우호적인 인사 중 한 사람이었음에도 불구하고, 주무부서 결재 전에 사보심 전문위원에게 민영화 건을 검토하라는 지시를 했다(노동부, 2004; 심강섭 인터뷰, 2006. 2. 14). 또한 마지막 법안 통과는 순탄하리라는 예상과는 달리 최종 최고회의 심의과정에 참여한 위원들은 산재보험법안 통과에 부정적 태도를 보였다. 이는 최고회의 의장의 '의중'이 지시각서를 통해 내각이나 최고회의 위원들에게 전달되었다 하더라도 법안 통과는 상당히 유동적인 상태에 놓여 있었다는 것을 말한다.

그런데 누구보다 홍종철 위원이 특히 사회보장제도 중 공공부조나 특정 계층에 한정되는 복지제도가 아닌 사회보험제도 도입에 각별한 관심을 처음부터 계속 보여주면서 연구를 격려했는데, 이것이 사회보험제도(산재보험뿐만 아니라 의료보험제도)가 우선적으로 시범적으로 정착되어야 할 제도로서 이 시기에 추진될 수 있었던 큰 이유 중의 하나일 것이다(조만제 인터뷰, 2006. 8. 14). 이렇게 사회보험제도에 개인적으로 관심을 보여주었던 홍종철 위원은 끝까지 회의적이었던 최고회의 위원들의 반대에도 불구하고 최고회의 위원들을 설득하고 심강섭 전문위원에게 산재보험의 필요성과 현실화 가능성을 여러 번 확인하면서 산재보험의 조기시행에 적극적인 관심을 보였다(심강섭 인터뷰, 2006. 2. 14; 심강섭, 1979). 홍종철 위원이 사회보장제도에 관심을 가졌던 것이 특별하게 개인적인 정치적 의도를 가지고 있었기 때문으로 보기는 어렵고, 홍종철 위원은 사보심 전문위원들과의 개인적 연고 때문에, 그리고 사회보장의 필요성에 대한 개인적인 관심이 있었기 때문에 적극적인 역할을 했다고 볼 수 있다. 그렇다면 산재보험제도 도입이 이 시기에 꼭 시행될 수 있었던 것은 아니었지만, 무엇보다 적극적으로 사회보장제도에 관심을 가졌던 홍종철 문사위원 개인의 적극적인 관심 때문에 가능했다는 점도 눈여겨볼 부분이다. 이건 당시의 사회경제적 조건이나 군사정부의 행정능력 등의 논의와 별도로 특정 개인의 역할이 산재보험 도입결정에 중요했음을 의미한다.

107차 최고회의 상임위원회 회의록 (1963.10.8)

107차 최고회의 상임위원회 회의록은 사회보장에 관한 법률(안)과 산업재해보상보험법(안)이 통과되었던 최고회의 상임위원회의 회의 내용을 기록하고 있다. 107차 최고회의 상임위원회 회의록은 원본이 어디에 소장되어 있는지 아직 확인되지 않았다. 발굴한 회의록은 안기부가 소장하고 있었던 회의록을 심강섭 당시 전문위원이 안기부(국가안전기획부)에 신청하여 그 사본을 얻었고, 그 사본이 데이터베이스화되었다.

회의록의 주요 내용들은 《산재보험40년사》(노동부, 2004)의 제정사 부분에 소개되어 있다. 산재보험제도 도입에 관한 최고회의 위원들의 회의적 질문들에 대해서 산재보험법안 추진자들(당시 회의에 참여한 보사부 강봉수 기획조정관, 사보심 심강섭 전문위원, 홍종철 문사위원)은 주로 근로기준법상의 고용주책임을 묻는 방식보다 산재보험제도가 고용주의 책임부담을 완화하면서도 실적주의를 통해 고용주가 실질적으로 직접적인 산재보상에 대한 부담 이상의 비용을 지불하지 않아도 된다는 점을 산재보험 도입의 필요성으로 주장하였다. 또한 민간보험회사를 통한 산재보험보다도 정부주도의 강제형 산재보험이 산재보상의 보다 안정적 방법이 될 것이라고 주장하고 있다. 결국 정부운영의 사회보험제도가 오히려 고용주, 노동자, 정부에게 이득이 될 수 있다는 점으로 최고회위 위원들을 설득할 수 있었다.

몇 가지 회의 내용을 살펴보면 다음과 같다.

기업부담과 관련된 논의

○위원장대리(이주일) : "지금 시내에서는 큰 기업체에서도 어떤 데는 월급을 두 달인가 못 주었다고 합니다. 그런 것을 우리가 실정을 알아가지고 근로자를 옹호하는 것은 좋습니다. 좋은데 우리 현실의 기업이라는 것이 정상적으로 움직이느냐 이것을 우리가 기업주도 고려해야 되겠지요. 법을 만들어서 거기에 대해서 체납처분을 한다. 결국 기업이 정상적으로 움직이려면 기업주가 자기 기업에 대해서 의욕을 가지고 정상적으로 움직여서 … 그래야만 기업근로자에 대해서 혜택도 가는 것입니다. 만일 기

업주가 기업에 대해서 의욕을 상실했다 이렇게 되면 근로자에게도 이익이 있을 수가 없어요. 지금 500명 이상이라고 하면 큰 기업인데 실지 월급을 제대로 내주고 있는 회사가 몇 개가 있느냐 하는 것도 대단히 의심스럽습니다"(pp. 80~82).

○사회보장심의위원회 전문위원(심강섭): "지금 월급은 못주고 고리채를 내는 한이 있더라도 빨리 자기네 일을 하다가 공상을 입었다는 사람에 대해서 그것은 보상 안 해주는 사람은 거의 없습니다. 그것을 그 비용을 늘리는 것이 아니고 여태까지 100만원 내던 공장을 100만원 받아가지고 정확하게 내주자 이것입니다"(pp. 83~84). "상공부 측에서 이에 대해 좌담회도 가졌습니다마는 물론 그중에서는 오해를 하는 분도 있습니다만 심지어 회장이 수라장이 될 일이 있었습니다. 저희들이 〈브리핑 차트〉에다가 몇 시간 〈브리핑〉을 하고 나니까 이해가 되어서 그렇게 되었습니다"(pp. 88~89).

○보건사회부기획조정관(강봉수): "근로기준법에 의해서 업무상 재해를 위해서 지원하게 된 것을 그 재원을 〈풀〉 시킴으로써 기업주는 동시에 큰 액이 안 나갈 것이며 근로자는 적시에 그것을 받을 수 있는 것이 확보가 된다는 의미가 있지만 실질적으로 이것 때문에 돈이 다소 지원하는 데 선후는 있겠습니다마는 기업주에게 더 피해가 가거나 근로자에게 더 이익이 가거나 그런 것은 아니겠습니다"(p. 95).

○재정경제위원장대리(박현식): "대단히 좋은 법이라고 내걸어 가지고 만약에 나갔을 적에 대부분의 기업주들은… 혁명정부는 우리를 살리려고 하는 것이냐 죽이려고 하는 것이냐 그래서 그런 것이 만일 있다고 하면 안 하는 것이 좋겠습니다"(p. 111).

○보건사회부기획조정관(강봉수): "상공부에서 기업주들을 전부 불렀어요. 그래가지고 갔는데 이것이 충분히 이해가 가지 않고 지금 여기에서도 염려하시는 바와 마찬가지로 기업주들은 이것은 또 하나의 부담이 아니냐 이런 식으로 된 것입니다"(p. 113).

○보건사회부기획조정관(강봉수): "근로자, 기업주 쌍방이 다 이익이 된다는 것이 저희(보사부)의 신념입니다. 그리고 이것은 업무상재해이기 때문에 사실 기업주들도 이 지원에 대해서는 봉급 이상으로 관심을 가지고 있는 문제입니다"(p. 121).

예산확충/정부운영에 관한 문제

○위원장 대리(이주일): "말년도 예산이 작년도 예산보다 25억인가 주는 것을 알고 있지요? 대충자금〔미국의 원조 물자를 정부가 나라 안에서 팔아 생긴 돈" 또는 "제2차 세계대전 후 미국의 대외원조 물자를 수원국정부(受援國政府)가 국내에서 팔아서 얻은 대금(代金)을 적립한 것〕은 확실히 줄었습니다. 국방비는 늘었습니다. 그래서 일반경비하고 국방비하고 기타 경비하고 세 가지로 나누는데 일반경비라는 것은 왜 느느냐 이것은 우리 정부기구가 혁명 후에 방대하게 늘었습니다"(p. 98).

○보건사회부기획조정관(강봉수): "이것을 특별회계를 만들어서 이것 자체가 그 수입

가지고 인건비도 늘게 됩니다. 그러면 당초 2년 동안을 정부에서 인건비만을 보충해서 쓰고 2년 지나서는 국고에서는 돈 한 푼도 더 안냅니다. 그러면 그 인건비는 어디에서 나오느냐 하면 이 보험에서 나오게 됩니다. 그러면 그 보험에서 나오는데 실지 기업주가 보험료만 지원하는 것이 아니라 인건비까지 내니까 더 과중하지 않느냐 이론상으로 그렇게 됩니다마는 이것이 〈풀〉 되어서 금리문제와 또 사회자체가 할 일이 넘어옴으로써 실지 기업주도 그 운영을 특별회계에서 한다고 해서 더 과중한 부담은 되지 않는다, 이렇게 보고 있습니다. 그래서 인건비문제는 저희 방침이 2년 동안 이 보험이 완전히 될 때까지 국고에서 보조를 해주지 보험이 커지면 그 비율에 의해서 하지 국고에서 더 부담이 커지는 것은 아닙니다"(pp. 99～100).

○박두선위원: "대단히 좋은 법인데 꼭 보사부에서 맡아서 할 것이 아니라 이것이 필요하다고 하면 각 기업체에서 실시하도록 그런 방법도 있지 않느냐 이렇게 생각됩니다"(pp. 101～102).

○보건사회부기획조정관(강봉수): "보사부가 이것을 꼭 맡으려고 하는 것은 아닙니다. 저희 장관께서도 이것을 민간보험회사에다가 위탁을 줄 수 없느냐 그래서 여러 가지로 논의를 해가지고 이것은 보건사회부가 맡을 수밖에 없다고 결론이 났고 차관회의에서도 똑같은 결론이 났고 각의에서도 똑같은 결론이 나와서 역시 이것은 보사부가 관장할 수밖에 없다 그렇게 된 것입니다"(pp. 102～103).

---

④ 사용자단체와 노동자단체: 근로기준법 등의 재해보상제도와 산재보험제도

사용자단체나 노동자단체는 정책결정과정에 직접적으로 참여하지는 않았고 다만 정부는 상공부가 주최한 좌담회 또는 대한상공회의소가 주최한 집회에서, 추진되고 있는 산재보험제도의 개요와 사업계획을 노동조합과 경제단체에 알리는 정도의 노력만 했을 뿐이었다. 이 시점까지 사용자단체나 노동자단체 모두 산재보험에 대해 어떤 요구를 한 적도 없었고, 대체로 산재보험 도입에 대해서 부정적이었으나 정부부처 내심의 단계에서 이들이 정부에 설득되었던 것이다(심강섭 인터뷰, 2006. 2. 14; 노동부, 1997; 노동부, 2004). 기업뿐만 아니라 노동자단체 어느 집단도 산재보험에 관심을 가지지 못했던 것은 당시 단체협상에 의한 산재보상과 근로기준법상의 고용주책임주의가 제도적으로는 확보되어 있었던 상황과 연관되어 있었다.

단체협상에 의한 산재보상은 미군정시기 군정법령(1946년 7월 23일 〈노동문제에 관한 공공정책 공포 및 노동부 설치〉)에 의해 처음으로 단체협상에 노동재해에 관한 보상

문제를 포함할 수 있도록 했다. 그러나 경성전기주식회사 대 대한노총총연맹경전노동조합(1947년 8월 15일 체결, 유효기간 6개월)의 단체협상이 재해보상조항을 포함하는 등 단체협상을 통한 재해보상이 어느 정도 성과도 있었지만, 미군정시기 노동조합운동은 기본적으로 기업별 노동조합운동이었기 때문에 미조직 사업장, 특히 중소·영세기업체의 노동자의 재해보상문제는 전혀 해결될 수 없었다.

1953년 근로기준법의 제정과 이에 근거한 재해보상의 개별사용자 책임주의를 법제화한 것은 제도적으로는 더 많은 노동자 재해를 보호해줄 수 있는 방법이었다. 이는 산재에 대한 고용주책임주의를 강화하는 것이기 때문이다. 그러나 당시 이 근로기준법은 한국전쟁이 미처 끝나기 전인 1953년 4월에 제정되어 공포되었고(1952년 4월 15일 국회 본회의 통과), 고용주의 근로기준법 준수를 감독할 근로감독관에 대한 시행령도 만들지 못했다는 사실은 근로기준법상의 고용주책임주의 도입의 근거가 충분히 논의되지 않았다는 점을 잘 보여준다. 따라서 대부분 고용주들은 근로기준법상의 재해보상을 잘 알고 있지도 못한 상황이었으며, 한국전쟁 이후에는 대부분의 공장이 가동되지 않거나 고용주가 임금지불도 제대로 하지 못하는 형편이었기 때문에, 근로기준법상의 산재보상에 대해서 노동자, 노동조합, 고용주 모두 제대로 알고 있지 못했다(심강섭 인터뷰, 2006. 2. 14). 물론 대규모 사업장에서는 근로기준법상의 고용주책임주의는 노조가 산재보상을 포함한 단체협상을 체결하는 데 있어 중요한 근거가 될 수는 있었다. 그러나 이도 마찬가지로 대규모 사업장을 제외한 전 사업장 노동자들의 재해문제를 해결할 수는 없었다.

1961년 근로기준법 개정과 근로기준법 준수를 감독할 근로감독관 규정이 공포되었으나, 근로기준법 적용이 재해보상을 보증하기 어렵다는 논의들이 나름대로 설득력을 가질 수 있었다. 실업자 과잉상태라 노동자들이 절대적으로 불리한 조건이었고, 미가동 공장과 임금체불문제가 매우 큰 사회적 문제로 대두되는 상황에서 산재보상에 대한 사용자책임을 개별적으로 물게 하는 것이 어느 정도까지 가능할 것인가에 대해 매우 회의적이었다. 이러한 한국적 상황에서 산재보험법안이 꼭 필요하다는 논의가 설득력을 가질 수 있었던 것이다. 산재보험법안의 필요성에 대해 〈최고회의보 26〉에 민부기 당시 노동보험반 전문위원은 다음과 같이 설명하고 있다(민부기, 1963: 76).

> 공법상으로 재해보상의 책임을 사용자에게 부과하고 또한 행정상의 감독으로 그 이행

> 을 강제한다 하더라도 사용자가 노동자에게 재해보상을 불이행하는 이유가 "사용자의 부당한 태도"일 때에는 엄격한 처벌로서 그 시정이 가능하나 그 이유가 "사용자의 재력 부족"일 경우에는 그 실시는 사실상 불가능한 것이다.
>
> 가능하다 하더라도 노동재해가 일시에 대량으로 발생한 경우에는 사용자의 다액의 출비가 불가능하게 되어 때로는 사업운영의 존립문제에까지 위험성을 초래하게 될 경우가 상상되는 것이다.
>
> 여기에서 이와 같은 제모순을 지양하고 원만하고도 합리적인 방법으로 그 이행의 만전을 기하여 노동력을 건전하게 보존하고 또한 사용자에게 있어서도 그 위험성을 합법적으로 피하게 하고자 모색한 것이 오늘날 선진제국에서 실시되고 있는 노동자재해보상보험제도인 것이다. 그러므로 우리나라에 있어서도 이와 같은 제도를 모방해야 할 단계에 있는 것이다.

노조간부들은 정부가 산재보험을 운영해서 산재보상을 제대로 해줄 수 있을 것인가에 대해서 의문을 제기하고 오히려 단체협상에 의한 산재보상을 선호하는 형편이었다. 한편 고용주들도 단체협상이나 근로기준법상의 법적 책임을 지고 있는 입장에서 정부관리의 보험사업에 대해서 처음에 탐탁해하지 않았다. 자신들이 재정적인 책임을 지는 것이라면 재해 노동자들에게 고용주가 직접 책임지는 방식이 재해보상에서 고용주 기여를 훨씬 더 가시화할 수 있기 때문이었다. 다만 노조는 산재보험을 영세사업장까지 점차 확대할 것이라는 정부의 입장을 확인한 후, 그리고 사업주는 산재보험이 사업주의 위험부담을 분산시키는 보험방식이라는 것을 확인한 후 양자 모두 크게 반대하지는 않게 되었다. 결국 이익집단들은 기본적으로 처음 한국사회에서 처음 도입되려는 사회보험에 대해서 잘 알고 있지 못했고 정부의 사업계획에 관한 설명을 들은 후에는 매우 실용주의적 관점에서 제도 도입을 수용하였다.

물론 이후 기업의 재정부담에 대한 우려는 산재보험법안이 심의되는 최고회의 상임위원회 회의에서 다시 제기되었다. 현재의 근로기준법이 적용되고 있는 상황에서 산재보험법이 이중으로 사용자들에게 부담을 줄 것이라는 우려가 다시 제기되었던 것이다. 그러나 당시 보건사회부 기획조정관 강봉수는 "이것(산재보험)은 어디까지나 근로기준법에 의해서 업무상 재해를 위해서 지원하게 된 것을 그 재원을 〈풀〉 시킴으로써 기업주는 동시에 큰 액이 안 나갈 것이며 적시에 그것을 받을 수 있는 것이 확보가 된다, 이런 의미가 있지만 실질적으로 이것 때문에 돈이 다소 지원하는 데 선후는 있겠습니다만 기업주에게 더 피해가 가거나 근로자에게 더 이익이 가거나 그런 것은 아니겠습니다"(최고회의 상임위원회 회의록, 1963: 95)라고 발언했다. 즉, 이 발언은 산재보험제도가 근로기준법상의 고용주책임을 사회보험화하는 것으로서 현재보다 더 큰 기업주의 부담이 없으면서도 대량사고로 인한 기업의 파산을 막고, 노동자에게는 재해보상을 보장해줄 수 있다는 점을 거듭 강조하는 것이었다.

또한 강봉수 보사부 담당자는 "당초 2년 동안을 정부에서 인건비만을 보충해서 쓰고 2년이 지나서는 국고에서는 돈 한 푼도 더 안 냅니다"를 강조함으로써 최고위원들의 정부예산 증대에 대한 우려를 덜어 줄 수 있었다(최고회의 상임위원회 회의록, 1963: 99~100). 최고회의 심의통과 후 인건비를 위한 예산지원도 어려워지자 정희섭 보사부 장관은 보사부 부녀국의 예산을 산재보험 사업비로 일부 충당하는 등의 임시변통을 제시하고서야 산재보험 사업이 시작될 수 있었다(심강섭, 1979: 26~30). 즉, 산재보험은 정부에게나 기업에게 전혀 새로운 재정적 부담을 주지 않는 방식으로 제기되었고, 더구나 광업과 제조업의 500인 이상 사업장에게 우선적으로 적용되는 점진적 적용이라는 다소 편의주의적 방식으로 채택되었다.

(3) 사회보험으로서의 산재보험제도 도입 결정

무엇보다 당시 담당자들이 정부의 능력과 의지에 부합하는 형태의 산재보험제도를 설계하려는 데 들인 매우 현실적인 노력 때문에 산재보험이 1964년부터 시행될 수 있었던 것은 분명하다. 물론 산재보험의 제도적 성격이 사회보험 중 산재보험이 먼저 도입되었던 것과 또한 밀접하게 관련된다고 볼 수 있다. 서구사회에서도 산재보험의 도입이 다소 용이했던 것은 다른 사회보험에 비해서 보험의 목적이 상대적으로 명확하며 도덕적 해이나 사회보험을 둘러싼 정치적 논쟁이 발생할 여지가 매우 적고, 산재보상은 고용주의 위험부담을 분산시키는 효과가 있다는 점에서 '고용주 친화적'인 성격의 보험제도이기 때문이었다. 물론 고용주의 자율권이 더 부여될 수 있도록 국가강제형 사회보험제도가 아닌 민간위탁방식의 보험제도가 허용되는 등의 국가별 차이가 나타나지만(미국의 경우), 재해보상을 사회보험화하는 것은 고용주와 노동자의 자유로운 계약관계를 훼손한다든지 등의 문제를 발생할 여지가 훨씬 적다. 더구나 당시 한국에서는 기업의 인사관리능력이나 재정적 능력의 형편상 노사의 자율적 단체협상을 통한 재해보상이나 근로감독관의 감독 강화를 통한 근로기준법상의 재해보상이 제대로 작동할 수 있는 제도적 기반이 전혀 갖춰져 있지 않았기 때문에, 당시 담당 실무자들은 다른 형태가 아닌 정부운영 강제형 산재보험 방식이 꼭 필요하다고 보았다. 그들은 산재보험 운영에서 정부나 고용주의 부담을 최대한 줄일 수 있는 방법을 고안해냈고, 산재보험이야말로 산업화 추진과정에서 발생할 수밖에 없는 재해문제를 효율적으로 해결할 수 있는 방안이라고 관련집단들을 끈질기게 설득했다. 따라서 당시 담당실무자들과 이를 지원한 몇몇 인사들의 노력이 산재보험의 도입에 결정적 역할을 했음을 확인할 수 있다.

4) 1964년 이후의 변화: 1970년 1차 법령개정 이전까지

〈최고회의보 26〉에서 민부기 사보심 전문위원은 이 시기 사회보장에 관한 법률과 산업재해보상보험법의 제정을 다음과 같이 평가한다.

> 〈사회보장에 관한 법률〉의 제정은 복지국가를 지향하는 우리나라에 있어서 그 기본 방향을 보다 적극적으로 제시한 것이며, 〈산업재해보상보험법〉의 제정은 사회보장의 모법이 되는 전자에 의존해서 사회보장사업을 적극적으로 현대화하려는 시도라고 볼 수 있다(민부기, 1963: 73).

물론 근로기준법상에 있었던 개별적 고용주책임주의를 사회보험화한 것은 근로자 복지의 범위에서 크게 변한 것은 없다. 다만 산재보험법이 사회보장에 관한 총괄적인 법률과 같이 통과되었고, 그러한 법률에 근거하게 됨으로써 사회보장제도의 첫 사업으로서의 의미를 공식적으로는 가지게 되었던 점에서 큰 의의가 있을 것이다. 그러나 이러한 제도가 제대로 정착될 수 있는가에 대해서는 사업 초기부터 불안했으며 정치적 돌발변수에 의해서 사실 무효화될 수는 있는 그런 상황이었다. 1962~63년 산재보험법안 작성과정에서 지속적으로 제기되었던 산재보험 관장기구의 문제, 즉 정부가 관장할 것인가, 아니면 민간기구에 위탁할 것인가의 문제는 사회보험으로서의 산재보험 사업이 시작된 이후에도 불안요소로 남아 있었다. 1964년 산재보험 시행이 확정된 이후 자동차손해배상보장법 시행에 대한 운수업자들의 반대로 이 자동차손해배상보장법 시행이 유보되기도 하고 정부가 공포한 선원보험법이 갑자기 유보되는 한편, 1965년 3월 10일자 〈한국일보〉에는 민간보험회사의 "'근로자재해보상책임보험 개업'에 관한 광고"가 실리기도 했다(〈한국일보〉, 1965. 3. 10). 실무 담당자들이 산재보험의 민영화에 대해 크게 우려할 수밖에 없을 만큼 산재보험 사업이 안정적으로 진행되는 데 여전히 불안한 상황이었다(심강섭 인터뷰, 2006. 2. 14). 1960년대 후반까지도 경영계는 산재보험을 한국에 최초로 마련된 사회보험이라는 점을 인정하면서도 점차 "민영화로의 추구"가 필요하다고 보고 있었다(윤능선, 1968: 13~14).

그럼에도 불구하고 이렇게 불안했던 정부운영의 산재보험이 60년대를 거쳐서 하나의 사회보험제도로서 정착됨으로써 산재보험은 정부관료, 전문가집단, 노동자단체나 사용자단체 등에 향후 사회보장제도를 위한 하나의 '모델'을 제공하게 되었다. 1965년 산재보험 시행령 제 1차 개정을 시작으로 1968년 제 5차 개정을 통해 60년대 말까지, (적용예외 대상이 아닌) 50인 이상 사업장까지 적용범위가 확대됨으로써 산재보험은 사회보험제도로서 안정화되어 갔다.

4. 산재보험의 점진적 변화시기(1970~80년대의 변화): 산업화의 심화와 산재보험의 점진적 확대

1) 사회경제적 배경

1970년대와 1980년대는 박정희 정권의 유신체제와 전두환 정권에 의한 군부세력의 정치적 계승으로 한국에서 민주주의가 지속적으로 억압되었던 시기다. 이는 1980년대 말, 즉 1987년 6월항쟁을 통해 밑으로부터의 거센 민주화 운동에 의해 군부세력이 결정적으로 '붕괴'되기 전까지 이어졌다. 이 시기 동안 의회의 기능은 매우 약화되었고, 정부정책결정은 행정부 중심, 특히 대통령 중심으로 더욱 집중화되었다.

한편 이 시기는 산업화의 심화시기이다. 제 1차, 2차 경제개발계획의 성공으로 산업화가 본궤도에 오르게 되었고, 60년대 말과 70년대 초의 오일쇼크 등의 영향으로 1972년에는 경제성장률이 제 1차 경제개발계획 추진 이후 최저인 5.8%까지 떨어졌지만, 70년대는 매년 17.8%씩 성장하는 제조업의 급속한 성장에 힘입어 연평균 9.6%의 성장률을 보였다. 1970년대는 정부가 본격적으로 중화학 공업화를 추진하고 이러한 중화학 공업화의 성공을 위해 보다 적극적으로 대기업을 지원하게 되자 한국 경제구조는 이 시기를 통해 대기업중심으로 전환되었다. 1979년 제2차 오일쇼크의 영향으로 한국 경제는 80년대 초반에 급기야 마이너스 성장을 보이면서 거침없이 이어졌던 경제성장의 속도가 주춤해졌다. 80년대 중반까지 경제성장률은 연평균 7.18%를 보였다.

매우 빠르게 성장해온 제조업 부문으로 취업자들이 몰려 전체 취업자 중 제조업 취업자는 1975년 18.6%에서 1987년 27.0%로 크게 늘어났다. 노동자의 임금은 지속적으로 개선되었지만 최저임금제가 도입되지 않은 상태에서 저임금구조는 기본적으로 계속 이어졌다. 열악한 작업환경과 장시간 노동으로 인한 산업재해와 직업병도 계속 증가하여, 선진국에 비해서 높은 산업재해율을 유지했다.

높은 경제성장에도 불구하고 정치적으로 민주주의 제도는 발전하지 못했고, 노동자 임금이나 작업환경 등의 노동조건의 질적 향상이 더디게 진행되었던 것은 기본적으로 정부의 노동정책이 노동조합의 단체교섭과 단체행동권을 강하게 제약하고 있었기 때문이다. 정부는 노동조합을 강력하게 통제하는 한편 기업 내 노사협의회 등을 통해 노사협조를 장려하여 노동생산성 향상을 고취시키고자 했다. 1977년에는 노동자 복지개선의 한 방편으로 직장의료보험이 시행되었다. 한편 노인의 '복지'보다는 자금동원에 초점을 둔 국민복지연금은 노사의 반대와 사회단체들의 반대에도 불구하고 1973년에 제정되었으나 1973년 오일쇼크의 영향으로 무기한 연기되었다. 1980년대는 노동조합이 기업노조체제로 전환되고 노동조합가입률은 1980년대 중반까지 지속적으로 하락한 반면, 기업 내 노사협의회는 지속적으로 그 수가 늘어났다.

2) 제도변화의 주요 내용

(1) 1970년 제1차 법률개정과 시행령 개정과 이후 변화

1960년대에 어느 정도 산재보험 사업이 실패하지 않고 운영되는 성과를 내게 되면서 산재보험제도는 1970년 제1차 법률개정과 시행령 개정을 통해 좀더 안정적인 사회제도로 바뀌게 된다. 당시 노동청 산재보험담당관 부이사관인 이상윤은 "개정 산재보험법은 근로자의 업무상 재해보상면에서 종래보다 높은 수준의 급여를 행할 수 있게 되었으며, 이러한 결과는 산재보험에 가입된 사업장의 근로자는 근로기준법의 적용만을 받는 산재보험 미가입사업장 근로자보다 재해보상면에서 있어서 높은 수준의 보호가 보장되게 된 것이며, 종래 근로기준법이 근로자의 업무상 재해보상의 일반적인 기준으로서 단일 수준을 표시하여 왔으나 이번의 산재보험법 개정으로 또 하나 새로운 재해보상의 기준과 체계가 마련되었다고 볼 수 있으며, 이는 우리나라 근로자 재해보상제도 발전과정에 있어서 획기적인 의의를 가진다고 할 것이다"(노동부, 2004: 91)라고 70년 법률개정의 의의를 밝히고 있다. 정부는 단순히 재해에 대한 금전적 보상뿐만 아니라 재활사업과 휴양시설의 개선 등을 통해 재해노동자를 치료하고 다시 노동능력을 회복할 수 있도록 지원하는 보다 적극적인 사회보장제도로서의 기능을 추가하는 것을 개정법률의 목적으로 제시하고 있다(ibid. : 91).

1970년 제 8차 시행령 개정(제 1차 법률개정에 따른 시행령 개정)을 통해 상시 30인 이상의 근로자를 사용하는 광업, 제조업, 전기가스업, 운수창고업과 개인용역서비스업 및 도급금액이 2천만 원 이상인 건설공사에 적용이 확대되었다. 적용확대와 함께 보험급여(휴업급여)에 '임금변동순승률제'를 도입하여 재해 당시의 평균임금을 기준으로 하여 지급되는 휴업급여가 장기 요양자에게 실효적인 생계보장을 제공하지 못하는 점을 인정하여 임금상승을 급여에 반영하고자 했다(노동부, 2004: 306).[5)]

◆제 2차 법률개정에 따른 시행령 개정(1973년 9차, 1975년 10차 시행령 개정)으로 상시 16인 이상으로 적용대상이 다시 확대되었다.

◆1977년 제 4차 법률개정은 모든 보험급여에 임금변동순응률제를 적용시키고, 저임금근로자의 평균임금을 노동청장이 정하도록 하여 저임금근로자의 보험급여 수준을 향상시키도록 한다. 즉 최저보상산정기준고시제도를 신설하게 되었다. 따라서 평균임금이 낮은 근로자에 대해서는 노동청장이 고시하는 금액을 기준으로 모든 보험급여를 인상지급하게 되었다. 또한 근로자에 의한 중대과실의 보험급여 지급제한 규정을 삭제한다.

5) 임금변동순응률제도: 전반적인 임금인상으로 인하여 급여수준이 하락하는 것을 방지하기 위해 급여산정의 기초가 되는 평균임금을 개정하는 제도.

◆제 5차 법률개정에 따른 시행령 개정(13차, 1982)으로 상시 10인 이상으로 적용대상이 확대되었고, 제 8차 법률개정에 따른 시행령 개정(16차, 1986)으로 상시 근로자 5인 이상으로 연차적으로 확대한다는 시행령을 공포하게 되었다. 다만 광업, 제조업 중 화학, 석탄, 석유, 고무, 플라스틱은 1976년부터 5인 이상 사업장에 적용하였다.

◆1981년 제 5차 법률개정으로 요양급여 및 휴업급여를 지급하지 아니하는 요양 또는 휴업기간을 '7일 이내'에서 '3일 이내'로 단축하여 보상시기를 늘리게 되었다. 업무상의 재해인정 범위를 판단하는 기준이 업무수행성과 업무기인성이라는 이요건주의에서 업무상 사유로 일요건화하여 재해보상이 보다 용이해졌다.

《산재보험15년사》(1981), 《산재보험33년사》(1997), 《산재보험40년사》(2004)로 이어지는 산재보험 발간사는 산재보험법률과 시행령의 변화를 자세하게 기록하고 있다. 다만 세 발간사 모두 제정사의 기록은 포함하고 있지만, 제정 이후 변화에 대해서는 사회경제적 변화와 정책결정과정에 대한 일절 언급 없이 법령과 시행령 개정내용과 개정이유들을 상세하게 정리하고 있다.

여기서 정리한 것은 이러한 변화의 내용 중에서 제도확대와 산재보상의 질적 개선에 있어 중요한 법률과 시행령 개정내용들이다. 기술적, 행정적인 문제를 제외하고 노사의 이해가 대립하거나, 노동조합 또는 사용자단체가 개선을 지속적으로 요구해온 내용들을 중심으로 정리했다. 노동조합과 사용자단체의 사업보고서에 있는 건의내용들, 그리고 노동부 기관지 〈노동〉지에서 노사와 정부대표들이 만나 대담한 내용들(특별좌담회 등)을 참고로 하여 노사와 정부의 주요 관심사, 그리고 이에 대응한 제도변화를 정리했다.

1970년대와 1980년대 중반까지 있었던 제도변화는 크게 적용확대와 급여나 서비스의 질적 향상에 따라 요약할 수 있다. 첫째, 1980년대 중반까지 적용범위는 상시 10인 이상의 근로자를 고용하는 사업장으로까지 확대되었고, 5인 이상은 1976년부터 사고위험률이 높은 업종인 광업, 제조업 중 화학, 석탄, 석유, 고무, 플라스틱에는 우선적으로 먼저 적용되었고, 1986년 시행령 개정으로 점차적으로 5인 이상의 모든 업종으로 적용범위를 확대하기로 하였다. 둘째, 급여수준의 변화에서는 저임금노동자의 보상수준을 개선하고, 장기 요양자에게 임금인상을 반영한 급여를 지급할 수 있도록 제도를 개선하였고, 재해노동자에게 가능한 빠르게 보상이 이루어질 수 있도록 유예기간을 단축하고 업무상 재해인정범위를 확대하는 개선이 이루어졌다.

(2) 주요 이슈들 : 노사의 건의내용을 중심으로

산재보험의 변화는 주요한 이슈를 중심으로 제도발전의 주요 전환점이 생기는 경로를 따르지 않았다. 제도시행 초기부터 제도의 점진적 확대와 점진적 서비스 개선에 대해 노사, 그리고 정부가 '합의'하고 점진적인 변화를 추진했다. 다만 노동조합과 사용자단체가 어떤 문제들을 더 중요시했는가는 다르며, 이를 살펴보면 어떤 이해대립이 있었는지를 알 수 있다.

그 기간 동안에 노사의 건의내용들과, 이에 상응하는 제도변화의 내용들을 비교해 보면, 제도변화에 노사의 건의가 어떻게 반영되었는지를 살펴볼 수 있다. 그러나 산재보험의 성격상, 또한 당시 정치적 상황과 정책결정구조의 특성상, 산재보험을 둘러싸고 노사의 이해가 크게 대립되는 양상을 보이지 않았다. 제도변화의 내용을 보면 노사의 건의사항이 대부분 반영되었다. 따라서 이슈화된 쟁점들을 찾기는 어렵다. 이는 당시 한국의 높은 산업재해 위험률과 산업현장에서 일반 노동자들이 느끼는, 턱없이 모자라는 재해보상의 수준과 수혜범위와는 별개로, 오직 점진적인 개선을 목표로 노사와 정부의 의견조정이 이루어졌음 말해준다. 아래에서 정리된 노사의 건의내용들은 '공식적인' 노사의 건의내용들이지만, 1980년대에는 한국노총의 건의내용을 하나도 찾아볼 수 없다는 점이 특이하다.

① 노동조합의 건의내용

〈표 1-4〉 노동조합 건의내용

	입법 및 정책 건의 활동(한국노총, 각년도 사업보고서)
1968	한국노총, 사업보고서, 〈산재보험관계법령의 개정 및 운영합리화 활동〉, 123~124 · **평균임금을 근로기준법상의 평균임금과 일치시킬 것** · 인상된 임금을 기준으로 보상금 인상 · 보험금 급여의 제한 삭제(중대한 과실을 이유로 보험급여를 제한할 수는 없음) · 유족연금과 장해연금제 삭제하고 일시급여제를 채택할 것. 단 급여기준을 현실적으로 인상하고 등급과 장해의 범위를 대폭 확대할 것. 현행등급과 기준으로는 장해노동자에 대한 보상이 불충분하여 민법상의 손해배상 청구가 빈발하는 실정임
1969	한국노총, 사업보고서, 〈산재보험법 개정에 관한 건의〉, 67 · 노동자의 대과실에 관한 예외규정 모순을 시정할 것 · **재해보상의 기준을 근로기준법상의 최저기준보다 월등하게 현실화할 것** · 산재보상의 기준을 손해보상의 기준선까지 현실화할 것

	· 보상금의 연금제지급은 최저생활보장선으로 할 것 ☞ 노동청으로부터 참작하겠다는 답변
1970	한국노총, 사업보고서, 〈산재보험개정에 관한 건의〉, 68~69 · **임금인상의 비율에 따라 요양자의 평균임금을 조정케 할 것** · 신체장해의 범위를 확대하고 그 등급의 기준을 대폭 인상할 것 · 유족특별급여제도를 신설하지 말고 유곡보상을 2000일분으로 인상할 것
1972	한국노총, 사업보고서, 〈산업재해보상보험제도의 운영개선활동〉, 83~84 ◆1970년 법개정과 시행령 개정 후 건의 · 시행령 주요 개정내용: 적용범위 확대, 장해보상의 등급 확대와 급여액의 인상, 유족특별급여제도의 신설, 보상금의 임금변동순응을 적용, 보상금의 위임수령제 신설 ◆한국노총의 산재보험제도 개선방안 · 적용범위 확대 · 보험가입자는 당해 사업의 사업주로 · **당사자의 귀책사유에 대한 보험급여 지급의 제한은 부당** · **보상기준의 현실화(더욱 인상할 필요성)** · 연금제 지급의 재고 필요 · 운영상의 문제점 개선(간소화와 신속화 등) · 해원보험법이 제정 공포되었으나 시행령의 미공포로 해원근로자들을 차별대우하는 점 시정
1976	한국노총, 사업보고서, 〈산업재해보상보험법 개정요구〉, 182 · 업무상 재해의 이중요건의 폭을 넓히는 것이 좋겠음 · 지정의료기관의 진단에 따른 비용은 사용자의 부담으로 함이 타당함
1977	한국노총, 사업보고서, 〈산업재해보상보험법 개정요구에 대한 노동청의 의견〉, 215~126 ◆노동청으로부터의 답변내용 정리 · 업무상 재해의 범위 확대에 관하여: 현행법으로는 법개정이 불필요함. 현행법 하에서 대체로 업무상 재해를 포괄할 수 있음 · 장해연금 및 연금 대상범위 확대에 관하여: 관계부처와 협의 중 · 최저보상제 실시에 대하여: 저임금 근로자의 보험급여 수준을 향상시키기 위한 법개정안을 이미 관계부처와 협의중임 · 산재보험 적용확대에 대하여: 상시 5인 이상 근로자를 사용하는 사업장까지 산재보험을 확대적용시키기 위한 법개정안을 관계부처와 협의중

② 사용자단체의 건의내용

〈표 1-5〉 사용자단체 건의내용

	입법 및 정책 건의 활동(경총, 각년도 사업보고서)
1970.9.7.	경총, 사업보고서, 〈산업재해보상보험법 개정에 관한 건의〉, 59~61 ◆개정안에 대한 의견 · 민사상 이중청구의 배제, 국고보조조항의 신설, 장해등급의 세분 합리화, 보상지급 제한의 철폐 등 경영계나 노동계에서 요청해 온 점들이 70년 산재재해보상보험법의 개정안에 반영되어 있어 환영 ◆개선방안

	· 업무상 재해를 업무수행상과 업무기인성의 2개 요건을 동시에 충족시켜야 되는 것으로 규정되고 있으나 **하나의 요건만으로 업무상 재해**로 볼 수 있도록 명문화 할 것 · 보험의 적용대상을 산재의 위험이 현실적으로 현재화될 가능성이 큰 데 중점을 두고 그 가능성이 희박한 공장 또는 사업장에서 멀리 떨어진 본사 등 단순한 사무직원과 아울러 상법상 경영주의 범주에 속한다고 볼 수 있는 임원은 제외하거나 임의가입제도로 하는 것이 타당함 · 유족급여, 일반 장해급여에도 민사상의 청구가 발생할 수 있음에 비추어 장해급여의 현실화, 노사화해 추진 등 **실질적으로 이중청구를 방지할 수 있는 보완조치의 필요성** · 보험급여액의 징수사유 중 '보험가입자의 고의 또는 중대한 과실로 인하여 발생한 재해'도 그 대상으로 하고 있는 것은 불합리하므로 삭제. 민사상손해배상의 사유가 되는 만큼 이중청구가 발생함 · '보험가입자로부터 보험급여액의 징수'를 의무로 규정화하고 있으나 이는 임의규정으로 하여 "전부 또는 일부를 보험가입자로부터 징수할 수 있다"로 함이 소망스러움
1973.1.	경총, 사업보고서, 〈67 · 68년 사무직에 관한 산재보험료 추징철회 요망〉, 84~85 · 64년 7월 1일 산업재해보상보험법의 시행으로 "각령으로 정하는 사업은 예외로 한다"는 규정에 의하여 본사 사무직 근로자는 산재보험 적용대상에서 제외되어 있었음. 그런데 사무직 근로자도 동법 시행과 동시 당연히 산재보험관계가 성립된다는 감사원의 지시로 본사 사무직에 대해서 과거분을 소급한다는 것은 부당함.
1975.5.7.	경총, 사업보고서, 〈산업재해보상보험법 및 시행령 개정 요망 의견〉, 109 · 신속한 지급 · **민법상의 손해배상에 따른 이중부담을 배제** · 연체요율의 합리화 · **불황업종의 일시적 재정부담 가중에서 오는 경영곤란을 경감케 할 것**
1981.9.6.	경총, 사업보고서, 〈산재보상보험제도의 개선을 위한 의견〉, 186~188 · **적용범위를 항시 10인 이상의 근로자를 사용하는 사업으로 확대할 것** · 요양급여 및 휴양급여의 대상이 되는 산업재해를 4일 이상의 요양 또는 휴업을 요하는 재해로 확대할 것 · 증가분 보험요의 징수기준을 완화할 것 · 보험가입자의 고의 또는 중대과실에 대해서는 민사상 및 형사상의 책임을 별도로 묻고 있어 **징수금을 벌과금(罰科金)으로 부과한다고 할 경우에도 이중적인 책임을 과하는 불합리**를 결과 · 산재보험급여를 지급한 경우는 민사상의 손해배상청구가 제기되지 않도록 제도장치를 마련할 것. 산재가 발생한 경우 재해자는 보험급여를 지급받더라도 이에 만족치 못하고 민사상의 손해배상소송을 법정에 제기하는 경우가 빈번하여 보험가입자는 보험료를 납부하더라도 면책되지 못하고 소송에 따른 시간과 비용의 낭비를 초래하고 있는 실정임.
1982.6.8.	경총, 사업보고서, 〈산재보상보험법 개정안에 대한 의견〉, 206~207 · **민사분쟁을 방지하기 위하여 장해 특별급여제를 신설하는 법개정 추진** · 적정한 근로조건의 확보 문구를 삭제할 것 · **장해특별급여의 지급대상인 장해를 확대**하고, 장해자의 연령 · 장해등급별로 차등을 둘 것 · 보험가입자의 고의 또는 중대과실로 인하여 발생한 재해에 대하여 보험급여의 30%를 보험가입자로부터 징수하는 제도를 삭제할 것. 징수금을 벌과금으로 부과한다고 할 경우에도 이중적인 책임을 과하는 불합리를 결과함 · 민사소송의 경우 산재에 대하여 민법, 기타 법령에 의한 배상을 지급한 보험가입자에게는 보험급여에의 대위권(代位權)을 인정할 것
1982.7.1.	경총, 사업보고서, 〈산재보험의 장해 및 유족특별급여 차등지급 방법에 관한 의견〉, 210~212 · 피해자의 연령 및 장해등급별 차등지급 방안
1983.3.31.	경총, 사업보고서, 〈산업재해보상보험법 시행령 개정안에 대한 의견〉, 224~225 · 임금변순응요제의 적용기준은 현행대로 10%로 할 것. 매년 조정해야 하는 번잡함과 요양기간의 장기

	화 우려 · 재해발생일 이전 삼개월간의 평균임금과 매월 노동통계조사보고서 상의 생산직 근로자의 평균임금 중 높은 임금을 적용토록 하고 있으나 이같이 하여 평균임금을 산정한 경우 진폐근로자의 해당 사업자에서 현재 근로하는 근로자의 임금보다도 높은 보상을 받는 경우가 생기게 되어 형평성에 반하는 결과가 초래 · 장해보상연금은 이를 4등분하여 분기별로 지급토록 할 것
1983.11.18	경총, 사업보고서, 〈산재보험요율 적용 변경 및 운영개선을 위한 의견〉, 241~242 **· 출 · 퇴근 도중 재해의 업무상 재해 인정 범위를 확대할 것** · 산재보험요율 적용에 있어서 화학제품 제조업에 분류되고 있는 화학섬유제조업을 섬유제품제조업으로 변경토록 해야 함(화학섬유 제조업체는 재해발생률이 낮을 뿐만 아니라 산재발생 요인이 거의 없음)
1986.6.26.	경총, 사업보고서, 〈산업재해보상보험법 시행령 개정에 관한 의견〉, 286~287 ◆산재보험법 개정법률 공포에 따른 건의안 · 사용자가 보험관계 성립신고를 한 당일, 신고 이후에 산재가 발생한 경우에는 동 사용자를 보험급여액의 징수 대상에서 제외시키는 예외 규정을 둘 것 · 부득이한 사유로 사용자로부터 보험급여의 수급권자가 보험급여의 상당액을 지급받은 경우에는 사용자와 보험급여 수급권 자간에 당연 위임관계가 성립된 것으로 인정하여 사용자가 직접 산재보험에 동 상당액의 지급을 청구할 수 있도록 인정할 것
1987.4.30.	경총, 〈산업재해예방공단 설립에 관하여〉, 301~303 · 공사 설립에 따른 노사의 추가부담이 없도록 하고, 공단(公團)의 업무 수행에 있어 산재예방 활동에 대한 사업주의 자율성을 보장해야 함 · 기존 산재보험적립금 중 출연금에 대하여는 일정 한도액을 정하여 공단 설립에 따른 사용자의 과중한 추가부담은 피하는 것이 바람직함

3) 제도변화의 주요인과 정책결정과정의 특징

산재보험의 적용확대는 특정 정치적 변화에 영향을 받지는 않았고, 산업화의 추진에 따라 광업과 제조업 부분의 비중, 산업노동자의 비중, 산업재해 위험 등이 빠르게 증가하자 산재의 위험도가 높은 광업과 제조업부터, 그리고 업종 내 사업장규모별(큰 규모부터)로 점차적으로 확대되어 왔다. 주로 정부의 시행령 개정을 통해서 적용확대가 이루어졌기 때문에 산재보험 시행 초기부터 적용확대는 노사의 특별한 의견대립 없이 이루어질 것으로 예상되었던 부분이다. 기업측에서도 오히려 영세사업장의 적용확대를 요구할 정도로 산재보험 적용확대는 산업화과정에서 필요한 부분이었다. 다만 노동조합은 보상수준의 확대 등 보상과 서비스의 질적 개선에 주된 관심을 보였고, 기업은 징수체계가 기업에게 부담을 주지 않도록 최대한 노력해줄 것을 정부에게 건의하고 보상수준의 확대에 적극적이지 않았다. 특히 사용자측은 이중부담에 대한 불만들(산재보험의 비용부담과 산재보험 보상 수준의 미흡함으로 인해 제기되는 민간소송에 따른 책임부담)을 계속해서 제기해왔다. 노동청(노동부)은 이러한 각 노사의 건의를 반영하여 법개정과 시행령 개정을 추진해왔다.

정당 개입이나 정치적 요인들은 제도변화의 주요 요인은 아니었다. 이 시기 정책결정은 행정부 중심으로 이루어졌고, 노사관계는 노동자의 권리보호가 아니라 노동력 동원만이 주로 강조되는, 노동자에게 절대적으로 불리한 구조였기 때문에, 노동조합의 단체행동뿐만 아니라 정책결정의 참여 자체가 매우 제한적이었다. 따라서 산업화가 가져오는 노동자 재해문제를 해결하려는 정부와 노사의 점진적인 개선 노력이 당시 산업현장의 높은 재해위험에 노출되어 있었던 노동자들을 적절하게 보호하는 데에는 현실적으로 큰 한계가 있었다.

5. 산재보험의 확대와 재편시기(1988~김대중 정부): 민주화 이후 산재보험의 변화

1) 사회경제적 배경

1987년 6월항쟁 이후 한국의 민주화는 절차적 민주주의를 회복해가는 과정을 밟아갔다. 1987년 대통령 직선제는 평화적 정권교체의 시작을 알렸고, 1988년 총선은 여소야대의 정당구조를 창출하여 여당과 정부에 대한 야당의 견제능력을 빠르게 키워나갔다. 노태우 정부에 이은 '문민정부' 김영삼 정부, 그리고 '국민의 정부' 김대중 정부는 한국의 민주주의가 과거의 권위주의로 회귀하는 것은 가능하지 않다는 확신을 심어주었다. 급속한 정치적 상황의 변화와 함께 한국의 경제적 상황도 크게 변화했다. 1980년대 중반까지 1차 산업의 비중이 축소되는 가운데 2차 산업의 비중이 빠르게 확대되어 왔던 한국의 산업구조는 2차 산업의 비중이 축소되는 가운데 3차 산업의 비중이 점차 확대되는 구조로 전환하게 되었다. 이는 노동시장의 변화와 함께 관련된 노동정책, 노사관계정책의 변화를 빠르게 초래했다. 산업구조의 빠른 변화와 함께 세계시장의 개방압력이 점차 커졌고, 김영삼 정부시기에는 1996년 한국의 경제협력개발기구(OECD) 가입으로 상징되는 경제의 세계화 과정이 본격적으로 진행되었다.

1997년 외환위기는 이러한 경제의 세계화가 가져올 수 있는 불안정성을 매우 강도 높게 보여준 경험이었다.

서비스업이 전체 취업자의 3분의 2를 넘어서는 가운데, 1988년 이후 제조업 취업자 비중은 점차 감소하여 1986년 25.6%에서 1997년 21.4%로 축소되었다. 1986년 이래 연간 2.6%의 실업률은 외환위기 이후 8%대로 크게 확대되었다가 다시 줄어들었다. 대체로 낮은 실업률에 비교해볼 때 지속적으로 증가해온 비정규직 문제는 점차 사회적 이슈가 되기 시작했다. 물론 1987년 노동자대투쟁 이후 노동조합운동이 활성화되면서 노동자들의 노동조건과 생활조건은 큰 폭으로 개선되었고, 무엇보다 임금수준이 크게 향상된 것도 사실이다. 그러나 이와 동시에 기업규모간 임금격차는 오히려 확대되었고, 외환위기 이후 비정규직 비중의 지속적 증가는 고용형태에 따른 소득격차를 크게 악화시켰다. 한편 노동조건의 전반적인 개선의 일례로 산업재해 발생률도 계속 감소하는 추세를 보였다. 그러나 전반적인 재해율의 감소에도 불구하고 아직까지 한국의 산업재해는 선진국들에 비해 2배나 많이 발생하고 있으며, 또한 사망재해를 비롯한 중대재해는 선진국의 3배 이상이며 1990년대에 이러한 중대재해는 오히려 증가해왔다.

민주화의 진척에 따라 노동조합의 자율성이 많이 보장되었으나, 제3자 개입금지 조항유지, 복수노조 불인정, 교원・공무원의 단결권 부인, 노조정치활동 금지 등 노동조합법에 대한 규제조항들이 1990년대 후반까지 유지되어 노조활동의 자율성은 여전히 크게 제한을 받았다. 1997년 노동법 개정으로 복수노조 금지, 제3자 개입금지, 노조의 정치활동 금지 등 이른바 '3금'조항이 철폐되어 단결권이 신장되고 노동조합의 활동이 자유롭게 되었다. 그러나 동시에 이 노동법 개정은 새로운 노동조합 활동에 대한 규제조항이 추가되었을 뿐만 아니라 정리해고제와 변형근로시간제, 근로자 파견제의 도입으로 노동시장의 유연성이 크게 확대되었다.

한국노총의 제2의 탄생이라고 볼 만큼 한국노총은 정부의 직접적인 간섭으로부터 자율성을 얻을 수 있는 노력을 기울이게 되었다. 반면 전국적인 노동자 대표단체로서 한국노총과 노동운동노선에서 차이를 선언한 민주노총(전국민주노동조합총연맹)이 1995년 결성되어 노동조합운동의 이념과 전략에서 한국노총과 일종의 경쟁관계를 형성하였고, 특히 1997년 노동법 개정과 외환위기를 계기로 노동운동을 주도하는 발전을 보여주었다.

1988년에는 국민연금제도와 최저임금제, 의료보험제도의 확대실시가 결정되었고, 이후 기업복지도 강화되었다. 1995년 고용보험 시행까지 다소 주춤했던 사회복지제도 발전은 외환위기 이후 고용보험의 적용확대, 의료보험 통합, 국민연금 확대, 그리고 국민기초생활보장법의 탄생 등으로 새로운 전환점을 맞이하였다.

2) 제도변화의 주요 내용

1970년대와 1980년대 초반까지 기본적인 뼈대가 갖추어진 산재보험제도는 1990년대에는 산재보험의 전면적인 확대를 어디까지 할 것인가를 결정해야 하는 과제를 안고 있었다. 이 문제와 함께 임금상승에 따른 보상수준의 증가와 적용확대에 따른 보상급여 지출증가로 인한 재정문제 등이 노사정이 논의하는 주요 쟁점이 되었다.

(1) 1988년 이후 변화의 주요 내용

◆1989년 제 9차 법률개정

- 사무집행비를 일반회계에서 부담하도록 하고 보험사업에 소요되는 비용을 국고에서 지원할 수 있도록 함으로써 보험재정의 건전성을 확보할 수 있도록 제도적 장치를 마련하고 보험급여를 현실에 맞게 상향 조정하여 산재근로자 및 유족에 대한 보호를 강화한다.
- 산업재해보상보험의 적용범위를 근로기준법의 적용을 받는 사업장으로만 하던 것을 모든 사업장으로 확대하여 영세사업주도 보험에 가입할 수 있도록 한다.
- 휴업급여의 수준을 평균임금의 100분의 60에서 100분의 70으로 상향조정한다.

☞ "산재보험은 사업주의 무과실책임주의에 따라 국가가 보험관장자가 되어 산업재해근로자와 그 가족을 보호하려는 사회보험제도이나 그동안 5인 미만 영세사업장들을 적용시키지 않고 가입을 제한함으로써 1988년 9월 현재 총 취업자 1,732만 명 중 560만 명만이 적용되어 총 취업자수 대비 가입률은 약 32.1% 수준에 불과하다. 이러한 점을 감안할 때 산재보험 적용범위는 모든 사업으로 하되 영세사업장의 보험료 부담능력을 감안하여 영세사업주는 의무적으로 가입시키지 않고 희망에 따라 가입할 수 있도록 함은 바람직한 일이다(1988. 12. 13, 국회 제144회 제12차 노동위원회 전문위원 검토보고)"(노동부, 2004: 147).

◆제9차 법률개정에 따른 시행령 개정(17차, 1991)으로 산재보험을 농업, 임업, 도·소매업, 부동산업 등 법의 적용대상에서 제외되었던 업종에 적용하되 사업의 규모에 따라 연차적으로 적용하게 되었다.

◆제10차 법률개정에 따른 시행령 개정(19차, 1994)으로 적용대상사업에 교육서비스사업, 보건 및 사회복지사업, 연구 및 개발업을 추가하여 1996년부터 적용한다.

◆99년 제14차 법률개정

- 산재보험 적용사업장을 전 사업장으로 확대할 수 있는 법적 근거를 마련한다.
- 보험급여의 최저, 최고 보상한도를 설정하여 급여 수준의 형평성을 제고한다. 휴업급여가 최저임금액에 미달할 경우에는 그 최저임금액을 당해 근로자의 1인당 휴업급여 지급액으로 하도록 한다. 일정연령 이상인 근로자에 대하여는 휴업급여를 감액하여 지급하여 노동능력의 상실에 상응하는 휴업급여가 지급될 수 있도록 한다.
- 장의비 지급액의 최고·최저한도를 정함으로써 근로자 사망시 적절한 수준의 장의비가 지급될 수 있도록 한다.

◆제14차법률개정에 따른 시행령 개정(25차, 2000)

- 적용대상에서 적용되었던 5인 미만 근로자를 사용하는 사업장에 산재보험을 적용한다.
- 최고보상기준금액을 설정한다. 최고보상기준금액을 과거 3년간의 전 근로자의 임금수준과 임금상승률 등을 고려하여 정하도록 하였다.
- 고령자에 대한 휴업급여 감액한다.

이 시기의 변화를 요약하면 첫째, 적용범위는 1998년까지 근로기준법 적용사업장인 5인 이상 사업장까지 전면 확대되었고, 이후 2000년까지 1인 이상 사업장 적용확대가 빠르게 이루어졌다. 둘째, 보상수준 등에서 보면, 1989년에는 63년 산재보험 제정 이후 처음으로 휴업급여가 평균임금의 70%로 인상되었다. 이후 특별한 급여인상은 없었고, 사용자단체는 급여 축소의 문제를 지속적으로 제기해왔다.

(2) 주요 이슈들 : 노사의 건의내용을 중심으로

① 노사 건의 비교

가. 급여 수준

한국노총은 1989년 청원활동을 통해 휴업급여를 평균임금의 70%로 인상하는 데 성공했다. 그러나 이후 사용자단체인 경총(한국경영자총협회)은 근로기준법상의 보상수준인 60%를 요구해왔다. 게다가 휴업급여가 과다하게 지급되고 있다는 점을 지적하며, 특히 고령자의 휴업급여를 60%로 하향조정해야 할 필요성을 제기해왔다. 또한 특수업종 일용노동자의 휴업급여를 조정하고, 특별급여제도 문제를 개선할 것을 요구하는 등 급여수준과 급여의 형평성 문제를 제기해왔는데, 기본적으로 급여 지출증가 문제에 주된 관심을 보여왔다.

한편 한국노총은 최저보상의 개선을 요구해온 반면, 경총은 최고보상의 한도를 요구해왔다. 이에 대해 최저보상의 수준을 개선하되 최고보상의 한도를 설정하는 것으로 양자의 요구사항은 타결되었다.

나. 적용확대 외

한국노총의 4인 이하 사업장 적용확대 요구에 대해서 기업은 기업의 재정부담과 영세사업장의 미가입 사업장에 대한 급여제한 규정이 누락되어 보험재정수지가 크게 악화될 상황을 이유로 유보적 입장을 취해왔으나, 1999년 노사정 위원회에서 결국 4인 이하 사업장 적용확대가 결정되었다.

재경부의 민영화 방안 검토에 대해서 한국노총은 기본적으로 민영화 방안에 반대해왔으며, 경총은 적극적인 의견개진을 하지 않았다.

② 노동조합의 건의

〈표 1-6〉 노동조합 건의내용

	입법 및 정책 건의 활동(한국노총, 각년도 사업보고서)
1988	한국노총, 사업보고서, 〈산업재해보상보험제도 개선에 관한 건의〉, 161~162 · 통근재해도 "업무상의 재해"로 명백하게 포함시켜 줄 것 · 통근재해에 대해서 공무원에게는 보상이 되고 있지만 민간피용자에게는 포상이 되지 않고 있음. 인적적용범위의 형평유지를 위해 민간피용자에게도 보상이 실시되어야 함.
1995	한국노총, 사업보고서, 〈4인이하사업장 근기법 및 산재법 전면 적용에 관한 정책건의〉, 103~111 · **4인 이하 사업장의 근로기준법과 산재보험 적용 요구**. 89년 이후 7년 동안 시행령 개정을 하지 않아 산재보험 적용확대가 이루어지지 못했음. · 4인 이하 소규모 사업장 근로조건 및 산업재해 현황 보고
	한국노총, 사업보고서, 〈산재보험의 효율적 운영방안에 관한 정책건의〉, 634~638 · 사업주의 산재은폐 문제 · 적용범위 확대(4인 이하 사업장) · 업무상재해인정범위 확대(과로사인정문제, 통근재해인정문제) · 휴업급여 인상 · 재활훈련 ☞ 근로복지공단 회신: 적용확대는 작업 중. 노동부에서 검토하겠음.
1997	한국노총, 사업보고서, 〈산재보험민영화 반대활동〉, 799~804 · **재정경제원의 산재보험 민영화 검토에 대한 반대**
1999	한국노총, 사업보고서, 〈산업재해보상보험법 개정에 대한 의견제출〉, 598~599 · **생활보장 가능 수준의 보험급여 유지**를 위해 노동부에 의견서 개진
2000	한국노총, 사업보고서, 〈산업재해보상보험법 개정활동〉, 672~676 · 요양급여의 현실화 · 급여 감액 논의 근절 및 급여의 현실화 · 자동임금슬라이드제 도입 · **최저보상기준제도 확대 및 개선** · 산재 인정범위 확대 및 입증책임의 경감 · 운영상 각종 위원회에 노사정이 동수로 참여할 필요 · 근로복지공단 운영 및 각종 사업에 노사참여 확대 · **보험재정의 부족분에 대한 정부 지원 확대**: 적용범위 1인 이상 사업장으로 확대된 시점에서 산재보험재정의 불안정이 명확함. 이를 이유로 산재보험 지급수준을 하향조정토록 해서는 안 되며 보험재정의 부족분은 정부의 지원으로 대체하는 것이 바람직함.
2003	한국노총, 사업보고서, 〈특수고용직종사자의 산재보험적용에 대한 의견개진〉, 890~891 · **특수고용직 종사자의 산재보험적용에 대한 의견 개진**

③ 사용자단체의 건의

〈표 1-7〉 사용자단체 건의내용

	입법 및 정책 건의 활동(경총, 각년도 사업보고서)
1989.6.30	경총, 사업보고서, 〈산재보험사무조합 활성화를 위한 의견〉, 380~381
1989.12.22	경총, 사업보고서, 〈산재보험사무조합 운영에 관한 경영계 의견〉, 390~391 · 산재의 적용대상 사업장이 5인 이상으로 확대에 따른 사무조합 운영에 관한 의견
1992.8.24	경총, 사업보고서, 〈산재 초과(超過)보험제 도입에 대한 경영계 의견〉, 206~208 ◆산재 초과보험에 대한 반대 의견 · 정부는 기존의 산재보험보상보험에 가입하여 일정 수준의 추가보상이 지급되는 산재초과보험제를 도입코자 이를 민영손해보험사로 하여금 판매토록 인가(92.8.14)함 · 사회보험방식으로 꾸준히 개선되어 왔는데 또 다른 보험을 도입한다는 것은 그간의 산재보험제도의 제도발전이란 점에서 불리함 · 기존 산재보험에 무조건 부가적으로 지급되는 산재초과보험의 도입 필요성에 대한 재검토 · 산재초과보험의 당초 도입취지인 소송건수의 감소는 크게 기대할 수 없음 · 노사관계상 오히려 긍정적 요인보다는 부정적으로 작용할 우려가 있음. 산재초과보험은 사적보험으로 비록 그 가입이 강제되는 않는다 해도 노사관계의 측면에서 볼 때 인근기업 또는 경쟁기업의 가입을 이유로 도입을 노조측에서 강력히 요구해 올 경우, 그 요구를 수용치 못할 사정이 있는 기업에는 부담요인이 됨 · 각종 급여 및 복지수준의 상향요구 및 이에 따른 사회전반의 기대 인플레 유발
1992.11.2	경총, 사업보고서, 〈93년 산재보험요율(안)에 대한 경영계 의견〉, 215~219 · 정부의 산재보험료율을 18.6% 인상시킬 계획에 대한 불합리성 지적 · 기업의 경쟁력강화정책과는 크게 상반된 결정 · 산재보험이 모든 근로자에 대한 업무상 재해를 보상하기 위한 공적보험이라는 성격을 감안하여 89년 산재보상보험법 개정시 경상운영비를 정부가 부담토록 법제화되었으나 정부의 출연금은 경상사업비의 절반수준에 그치고 있음 · 산특기금을 재정투융자특별회계에 예탁코자한다는 정부의 구상은 기업의 보험료가 가중시키는 조치로서 지양되어야 함 · 출퇴근시 교통사고에 대한 업무재해 인정범위 확대요구에 대해서는 보험재정이 보다 건실해진 시점에서 도입여부를 신중히 검토해야 함
1994.9.7	경총, 사업보고서, 〈산업재해보상보험법 개정에 관한 경영계 의견〉, 226~234 · **산재보험에 의한 휴업급여(평균임금의 70%)를 근로기준법에 의한 휴업보상과 동등한(평균임금의 60%)으로 조정하거나 노동부장관의 별도의 휴업급여 상한액을 정하도록 해야 함** · 산재보험기금의 재정자금에의 예탁은 지양되어야 함 · 심사위원회의 전문성과 대표성을 제고하기 위하여 동 위원회에 근로자 및 사용자대표 위원을 포함토록 해야 함
1998.4.2	경총, 사업보고서, 〈산재보상보험제도 개선에 관한 경영계 의견〉, 113~114) · **휴업급여의 과다지급을 개선(70%에서 60%로 조정)** · 특수업종 일용근로자의 휴업급여 지급기준을 조정 · 퇴직연령 재해근로자의 급여를 개선 (근로능력 퇴화에 따른 휴업급여 수준을 하향조정하는 방안 마련 요함) · 요양급여제도의 개선 · 산재환자의 고령 사망시 유족급여를 제한해야 함

	· **급여제도의 최고상한제를 도입해야 함** · 특별급여제도 개선 (만사소송과 같이 특별급여제도에도 과실상계를 인정하여 급여액을 조정할 수 있도록 제도 개선이 필요함)
2000.4.17	경총, 사업보고서, 〈산업재해보상보험법 시행령 개정(안)에 대한 경영계 의견〉, 147~149 ◆산재보험 당연적용 범위를 5인 미만 사업장으로 확대하는 산재보험법 시행령 개정(안) 입법예고 · 5인 미만 사업장 확대에 따른 행정 보완 대책 및 재정 안정에 관한 구체적인 대안이 제시되지 않고 있기 때문에 산재보험 기금 재정 부실화와 기존 산재보험 가입 사업장의 보험료 부담증가가 우려. 근로복지공단의 관리운영 행정력의 부족으로 보험 가입률 저하, 도덕적 해이에 의한 부정급여 급증 등의 부작용. · 보험 미가입 사업장에 대한 급여 제한 규정이 누락되어 보험재정수지가 크게 악화될 것으로 우려 · 산재보험료를 전액 부담하는 사용자 대표가 재정운영의 투명성, 공정성을 감시할 수 있도록 산재보험기금운용위원회를 신설하고 제도 운영의 비효율성 및 낭비요소를 견제할 수 있도록 공단운영에 실질적인 참여권을 보장해야 함 · 5인 미만 사업장의 보험가입률이 80%에 이르기까지는 한시적으로 보험 미가입 사업장에 대한 보험급여 제한 규정을 마련해야 함 · **5인 미만 근로자에 대한 보험급여는 한시적으로 산재보험기금과 정부재원에서 50:50으로 분담**해야 함 · 고령자 휴업급여 감소대상을 55세로 낮추고 휴업급여도 평균임금의 60% 이하로 하향 조정
2003.9.9	경총, 사업보고서, 〈산업재해보상보험법 개정(안)에 관한 의견〉, 181~182 · 산업재해예방사업의 재원은 산재보험료와 정부의 일반회계 지원금으로 충당되고 있으나, 정부의 지원규모는 산업안정공단의 관리운영비에도 크게 미치지 못하고 있어 기업의 보험료가 효율적으로 운영되고 있지 못함. 이러한 상황에서 동 개정안은 정부의 예산지원 확대를 배제한 채, 사업주의 부담을 가중시키는 것으로 판단됨

3) 제도변화의 주요인과 정책결정과정의 특징

민주화 이후 노동운동의 성장으로 노동조합의 정책참여가 보다 활발해졌다. 한국노총의 직접적인 활동으로 산재보험 제정 이래 처음으로 휴업급여를 인상하게 된 일은 이 시기 노동조합 활동의 가장 큰 성공사례로 언급된다(박수만 인터뷰, 2006. 7.19). 1989년 한국노총의 청원활동이 급여인상에 큰 영향을 미쳤던 것이다(박수만, 1999; 윤조덕, 1999). 적용확대의 큰 변화는 1999년 4인 이하 사업장의 확대에서 찾아볼 수 있다. 근로기준법이 적용되는 5인 이상 사업장은 1986년 시행령 개정에서 점진적으로 확대하겠다고 결정되어 있었던 반면, 4인 이하 사업장 적용은 산재보험 적용사업장을 전 사업장으로 확대할 수 있는 새로운 법적 근거를 마련해야 했다. 1999년에 이르러서야 4인 이하 사업장 적용확대를 위한 법적 근거가 마련되었는데, 1997년 외환위기 이후 사회적 안전망 확충작업으로 사회보험의 적용확대를 적극적으로 추진하게 되었던 환경적 변화와 함께 노사정 위원회의 출범도 큰 영향을 미쳤다(이호근 인터뷰, 2006.5.22).

산재보험에 관한 보다 체계적인 연구는 한국노동연구원을 중심으로 1990년대 이후 이루어져 왔기 때문에 산재보험 변천의 전 시기를 놓고 볼 때 산재보험의 체계적인, 전문적인 연구활동은 90년대에 들어서서야 활발해졌다고 볼 수 있다. 또한 보다 근본적인 산재보험의 제도개선을 위한 활발한 연구활동은 1998년 김대중 정부 이후 시기에서 이루어졌다.[6] 산재보험 적용의 사각지대나 미적용 사업장에 대한 논의도 김대중 정부와 같이 출범한 노사정 위원회 내에서 지속적으로 이루어져 왔다고 볼 때 민주화는 산재보험의 확대 개편에 의미 있는 영향을 미쳤다고 볼 수 있다(이호근 인터뷰, 2006.5.22). 최근에는 비정규직 노동자, 특수형태근로종사자, 재해위험에 노출되어 있는 자영업자 등을 포괄하는 산재보험의 전면적인 적용확대 문제가 중요한 쟁점이 되고 있다. 물론 얼마나 이 문제가 사회적 합의를 통해서 해결될 수 있는가는 아직 전망하기 어렵다. 그러나 그 결과를 떠나서 김대중 정부시기 이후 노사정 위원회 내의 논의들은 정책결정과정에서 노사의 사회적 합의가 하나의 중요한 정책결정의 변수로 등장하게 되었다는 사실을 보여주고 있다.

6. 결 론

1) 산재보험 정책결정과정의 특징

산재보험은 그 제도적 특징 때문에, 즉 산재보험이 다른 사회보험(의료보험, 실업보험, 연금, 공공부조 등)에 비해서 사업의 성격이 분명하고, 수혜자의 근로의욕 저하의 문제가 심각하지 않으며, 고용주의 재정책임으로 보험의 기금이 마련되기 때문에 전체적으로 산재보험의 도입과 변천에서 관련 집단들이 매우 대립적인 이해관계를 가지기는 어렵다. 1977년 직장의료보험 시행이 결정되는 시기까지 산재보험은 일반 노동자 대상의 유일한 사회보험이었지만, 시민권에 근거한 복지국가 논의와는 별 상관없

6) 한국노동연구원의 산재보험 연구도 1998년 이후에 크게 증가한다.

이 재해노동자의 보상이라는 매우 제한적인 의미로만 운영되었고 적용대상자도 제한적이었다. 따라서 산재보험의 도입과 변천의 정책결정과정은 노사정 위원회의 역할이 강화되기 시작한 가장 최근의 시점에 이르기까지도 역동적인 행위자간의 관계를 보기는 어렵다. 사회보험의 통합 등 전체 사회보장제도의 개혁문제가 본격적으로 논의되기 시작한 김대중 정부시기 이후에 노사의 사회적 합의가 강조되는 등 정책결정과정의 변화가 엿보이기 시작했다.

1960년대 초기 산재보험의 형성시기 후 1970~80년대에는 산업화의 성과가 본격적으로 나타나면서 산재에 대한 노사, 그리고 정부의 관심이 커질 수밖에 없는 상황이었다. 만약 1963년에 산업재해보상보험법이 제정되지 않아 산재보험 사업이 시행되지 않았더라면 분명 1970년대가 산재보험 탄생의 시점이 되었을 것이다. 1970년대 이후 산재보험 변천의 정책결정과정에는 정부제안과 노사의 의견개진 외에 특별히 역동적인 모습이 발견되지는 않는다. 정당들의 주도적인 역할은 거의 없었고, 정당별 차이가 드러난 적도 없다. 국회회의록을 보면, 1990년대에 가서야 국회의원들의 의안발의가 이루어지기 시작하지만 대체적으로 제안한 의안이 폐기되거나 대안의안이 제안되어 통과되는 형태를 띠고 있어 정당의 역할이 부각되지는 않는다. 점진적인 적용확대는 산재보험 제정시기부터 이미 예정된 것이었기 때문에, 점차적으로 재해율과 기업부담을 고려해서 확대하는 데에는 노동조합이나 사용자단체가 기본적으로 동의하고 있었다. 다만 정부가 자금을 운영하고 있었기 때문에 적용을 빠르게 확대하는 데에 정부는 보수적인 입장을 취하고 있었고 기업은 경제불황 등으로 기업의 경제적 부담이 우려될 경우에는 확대에 유보적 태도를 보였다.

1987년 이후 90년대 민주화의 영향은 산재보험의 적용대상 확대에 중요한 역할을 했다고 볼 수 있다. 1989년 근로기준법 개정을 통해 근로기준법 적용 사업장이 5인 이상 사업장으로 전면 개편되면서 산재보험의 적용자도 크게 확대되었고, 1999년 외환위기 이후에는 노사정의 합의를 통해 산재보험의 적용자를 4인 이하 사업장까지 확대하기로 결정한 것은 분명 민주화의 영향이라고 볼 수 있다. 물론 산재보험제도는 노사정 위원회가 출범하는 가장 최근의 시기까지 적극적인 '노동자의 복지' 또는 '노동자의 권리'의 측면에서 제도개선이 이루어졌다고 보기 어렵지만, 노동자의 업무상의 재해에 대한 보상이니만큼 한국에서는 60년대 이후 가장 오래된 노동자 복지의 중요한 제도로서 인정할 수는 있다. 그럼에도 불구하고 최근에 이르기까지도 정부는 산재보험 사업의 관리운영비 지원에도 소홀한 형편이며, 여전히 기획예산처 등 경제부처 등은 정부의 재정지원에 완강히 반대해왔다(이호근 인터뷰, 2006.5.22). 업무상 재해 보상의 범위를 확대하고, 산재보험의 사각지대를 해결하고, 더 나아가 서구사회에서 나타난 변화처럼, 경제활동을 하는 모든 대상자들에게 산재보험제도를 개방하는 방향으로 산재보험의 제도가 개선되기 위해서는 정부의 재정적 지원이 적극적으로 요구된다. 한국에서는 산재보험의 탄생에서부터 현재에 이르기까지 산재보험이 적극적인 노동자의 복지나 노동자의 권리, 더 나아가 시민권의 하나로 자리 잡고 있지는 못하다. 노사정위원회나 정치정당의 '정책정당' 역할강화 등이 향후 산재보험 변천의 정책결정과정에 중요한 영향을 미치게 된다면 산재보험의 제도개선은 상당히 다른 방향으로 이루어질 수 있을 것이다.

2) 자료수집 연구의 평가와 향후 과제

(1) 자료보관과 자료확보

다른 사회보장제도와 마찬가지로 산재보험 관련자료들도 그동안 체계적으로 관리되어 오지 않았다. 이는 무엇보다 관련 담당공무원의 잦은 교체 때문이다. 산재보험 담당공무원은 짧게는 6개월, 길어야 2년마다 교체되었다. 유일하게 노동청에서 상대적으로 장기간 산재보험을 담당했던 분은 바로 산재보험 제정의 산파 노릇을 했던 심강섭 선생님이었다. 다행히도 심강섭 선생님이 사보심 노동보험반에서 작성한 대부분의 보고서와 1960년대의 노동청 내부자료들(당시 노동청의 내부자료 모두라고 할 수는 없지만)을 아직까지 소장하고 계셔서 이 자료들을 입수할 수 있었다. 〈최고회의 제107차 상임위원회 회의록〉도 심강섭 선생님을 통해서 그 복사본을 입수할 수 있었다. 국회도서관에 마이크로필름 형태로 소장되어 있는 최고회의 회의록은 1961~1962년 자료만을 포함하고 있었다. 특히 60년대 자료는 공식기관에 전혀 보관되어 있지 않아 심강섭 선생님이 개인적으로 보관해왔던 자료들을 확보할 수 있었던 것이 가장 큰 성과라고 할 수 있다.

한편 대부분 정부가 공식적으로 발간했던 70년대 이후의 산재보험 관련자료들은 국회도서관에 보관되어 있다. 근로복지공단은 대부분 1995년 이후의 자료들, 주로 제도개선을 중심으로 한 연구자료와 실무자료들을 소장하고 있고, 노동부 자료실 자료는 크게 도움이 되지 못했다. 한국노총과 경총의 자료실에는 한국노총과 경총의 사업보고서 외의 다른 산재보험 관련자료들은 보관되어 있지 않았다.

(2) 자료수집의 방향

산재보험의 정책결정과정의 '단조로움'으로 인해 제도변천의 정책결정과정을 보여줄 수 있는 자료는 매우 제한적이다. 산재보험의 자료수집 연구의 초점이 초기 형성기에 있었던 만큼 60년대의 기초문헌자료를 확보하고 증언자를 확보하는 데에는 처음부터 큰 제한이 있었다. 그러나 최대한으로 이 시기의 가능한 자료들과 증언자를 확보하는 성과가 있었다. 70년대 이후 산재보험 변천은 큰 쟁점을 동반하지 않았기 때문에 특정 전환점이나 시기에 자료수집의 초점을 맞출 수가 없었고, 또한 전반적인 정책결정과정에 오랫동안 관여해왔던 분들을 찾을 수 없었기 때문에 증언자를 확보하는 것이 불가능했고, 증언자를 확보하는 것에 큰 의미를 두기가 어려웠다. 즉, 여러 통로를 통해 자문을 구해본 결과 산재보험에 국한해서만 산재보험의 발달사, 특히 정책결정과정을 면밀하게 증언해줄 분을 찾기 어렵다는 사실이 확인되었다. 산재보험제도 변천이 단조롭게 진행된 것은 산재보험제도 자체의 특징 때문이기도 하지만, 또한 중요하게는 정부주도의 정책결정과정이 논의할 쟁점들을 최소화할 수 있었던 권위주의적 정치체제 때문이기도 하다.

참고문헌

노동부. 1981. 《산재보험15년사》. 노동부.

______. 1997. 《산재보험33년사》. 노동부.

______. 2004. 《산재보험40년사》. 노동부.

민부기. 1963. "산재보험제도의 창설." 〈최고회의보〉 26권(11월호) : 73~79. 국가재건최고회의.

박수만. 1999. "산업재해보상에 관한 연구." 숭실대 박사학위논문.

박영기 · 김정한. 2004. 《한국노동운동사 3: 미군정기의 노동관계와 노동운동/1945~1948》. 고려대 노동문제연구소. 지식마당.

박찬임. 2001. 《산재보험 적용확대 방안 연구: 자영업자, 특수고용관계 종사자를 중심으로》. 한국노동연구원.

손준규. 1981. "한국의 복지정책 결정과정에 대한 연구." 서울대학교 박사학위논문.

______. 1983. 《사회보장 · 사회개발론》. 집문당.

송종래(대표집필). 2004. 《한국노동운동사 4: 정부수립기의 노동운동/1948~1961》. 고려대 노동문제연구소. 지식마당.

심강섭. 1979. "산재보험제도 실시 15주년 회고: 그 전야(全夜)에 있었던 일들, 특집 산재보험사업 15년에 본다." 〈노동〉 제13권 제3호: 26~30. 노동청.

윤능선. 1968. "산재보험과 그 문제점." 〈경협(經協)〉 54(9월호) : 13~15. 한국경제인연합회.

윤조덕. 1999. 《산재보험과 노동운동 : 우리나라와 독일의 비교를 통하여》. 한국노총 중앙연구원.

이원보. 2004. 《한국노동운동사 5: 경제개발기의 노동운동/1961~1987》. 고려대노동문제연구소. 지식마당.

이인재. 1987. "한국산업재해보상보험제도 변천과정에 있어서 관련집단들의 영향력에 관한 연구." 서울대 사회복지학과 석사학위논문.

이인재 외. 2002. 《사회보장론》. 나남출판.

최천송. 1977. 《한국사회보장론》. 산경문화사.

______. 1991. 《한국사회보장연구사》. 한국사회보장문제연구소.

한국노동조합총연맹. 2003. 《한국노총 50년사》. 한국노동조합총연맹.

부록 1 주요 자료 해제

1. 산재보험 주요 발간사 세 권. 《산재보험15년사》(1981), 《산재보험33년사》(1997), 《산재보험40년사》(2004)

각 발간사의 제정사 부분은 산재보험 제정시기의 정책결정과정에 관해 당시 제정에 직접 관여했던 심강섭 전문위원이 상세하게 기록해두고 있다. 역사적 증언 자료로서의 가치가 크다. 《산재보험15년사》와 《산재보험40년사》의 제정사 부분을 보완적으로 활용하면 도움이 될 것이다. 이 두 권은 DB로 구축되어 있다. 《산재보험33년사》와 《산재보험40년사》의 제정사 부분은 동일하기 때문에 최근의 법령 개정까지 정리되어 있는 최근 발간사를 보는 것이 더 좋다. 발간사 앞부분의 제정사를 제외하고 다른 모든 면은 개정법률과 시행령, 시행규칙 등을 시기별로 정리하고 있다. 간략하게 개정이유 등이 같이 소개되어 있어 법령 변화를 이해하는 데 도움이 된다.

2. 〈107차 최고회의 상임위원회 회의록〉(1963.10.8)

107차 최고회의 상임위원회 회의록은 사회보장에 관한 법률(안)과 산업재해보상보험법(안)이 통과되었던 최고회의 상임위원회의 회의 내용을 기록하고 있다. 산재보험 관련자료 중 가장 중요한 자료이다. 107차 최고회의 상임위원회 회의록의 원본은 어디에 소장되어 있는지 아직 확인되지 않았다. 안기부(국가안전기획부)가 소장하고 있었던 회의록을 《산재보험33년사》(1997) 발간사 작업을 위해 심강섭씨가 안기부에 신청하여 그 사본을 얻었고, 그 사본이 DB자료로 만들어졌다. 한편 회의록의 주요 내용들은 《산재보험40년사》(노동부, 2004) 제정사 부분에 쟁점별로 간략하게 정리되어 소개되어 있다.

3. 〈산업재해보상보험사업에 관한 연구〉(1963.7)

이 보고서는 64년부터 시행하려고 계획한 산업재해보상보험제도를 총괄적으로 설명하고 있다. 산업재해보상보험법안의 개요(제안이유, 기본원칙, 기본방향 등)와 산재보험년차계획이 자세히 나와 있다. 그중에는 산재보험관리기구에 관한 연구가 있는데, 산재보험의 정부운영 방식과 민간보험 위탁을 비교하고 그 타당성을 검토하고 있다. 결론으로 선진국에서는 민간보험에 위탁하는 사례가 발견되지 않으며, 민간회사는 영리를 목적으로 하고 있기 때문에 공신력과 강제성이 부족하고, 이 때문에 사회보장의 본질과 모순된다고 제안하고 있다.

4. 〈사회보험(산재보험, 의료보험) 실시계획〉(1963.7)

이 보고서에 별첨자료로 첨부되어 있는 문서들에 주목할 필요가 있다. 각 별첨자료의 원본을 획득하지는 못했다. 모두 당시 사회보장제도 확립과 관련된 최고회의 자료로서 중요한 문서들이다.

별첨자료1: 국가재건최고회의. 문사 제683호(제목: 사회보장제도 확립). 의장 육군대상 박정희. 1962.7.28.

별첨자료2: 내각수반 비서실. 내각비 제573호(제목: 사회보장제도 확립). 내각수반 명에 의하여 비서관 이홍기. 1962.7.30.

별첨자료3: 국가재건최고회의 의장 63년 시정방침 발췌: 사회복지정책. 1963.1.5.

☞ 최고회의 박정희의 지시각서/내각비/시정방침발췌

① 국가재건최고회, 문사(文社) 제683호, 1962.7.28: "이미 생활보호법을 공포하여 요구호자에 대한 부조를 실시하고 있지만, 국민과, 기업주, 정부가 함께 참여하여 연대적으로 국민생활을 보장하는 항구적인 사회보장제도가 경제개발과 병행하여 추진되어야 할 것이며, 사회보장제도의 중요한 부분인 사회보험 중 그 실시가 비교적 용이한 보험을 선택하여 착수하고 이 시범사업을 통하여 우리나라에 적합한 제도를 연구발전시켜 종합적인 사회보장제도를 확립토록 지도할 것."

② 내각수반 비서실, 비서관 이홍기, 내각비(內閣秘) 제573호, 1962.7.30: "최고회의로부터 지시된 바와 같이 국민소득을 증진시키고, 실업, 질병, 노령 등 생활위협으로부터 국민을 보호하기 위하여 우리나라에 적합하고 용이한 보험을 채택 착수하고 본 시범사업을 통하여 우리나라에 적합한 제도를 연구발전시키기 바람."

③ 국가재건최고회의 의장 63년도 시정방침발췌, 1963.1.5: "광범한 사회보장제도 실시의 일환으로서 의료보험과 노동자를 위한 재해보험제도를 발족(發足)시킬 것을 기약하는 바입니다."

5. 〈최고회의보 26〉(1963), 〈경협 54〉(1968), 〈노동공론 2/11〉(1972), 〈노동 13/3〉(1979)

60년대 제정과 변천 내용에 대한 정부와 노사의 입장을 단편적이나마 살펴볼 수 있다.

6. 〈노동〉 기관지(노동청) 자료들

70년대부터 1980년대 중반의 한국의 산업화시기 동안 산재보험 운영 과정에서 발생하는 문제점들에 대한 정부와 노사의 의견과 개선 방안들에 대한 논의들을 살펴볼 수 있다.

7. 한국노총 사업보고서 각년도

한국노총의 산재보험 개선 활동 자료로서 노동조합의 관점에서 주로 제기한 제도 개선의 내용을 보고하고 있다.

8. 경총 사업보고서 각년도

사용자단체의 산재보험 개선 활동 자료로서 기업의 관점에서 주로 제기한 제도 개선의 내용을 보고하고 있다.

9. 손준규. 1981. "한국의 복지정책 결정과정에 대한 연구." 서울대학교 박사학위논문

산재보험 제정과정에 참여한 행위자들 간의 관계와 정책결정과정을 매우 상세하게 연구하여 논문으로서, 특히 제정 참여자들에 대한 심층 인터뷰에 근거하고 있어 이 시기 연구에서 독보적이다.

10. 윤조덕. 1999. 《산재보험과 노동운동: 우리나라와 독일의 비교를 통하여》. 한국노총 중앙연구원; 박수만, 1999. "산업재해보상에 관한 연구." 숭실대 박사학위논문

이 자료들은 90년대 노동조합(한국노총)의 산재보험 개선 활동을 잘 정리하고 있다. 두 연구에서 한국노총 활동에 관한 자료는 거의 일치한다. 박수만 한국노총 산업환경연구소 연구위원은 한국노총의 산재보험 개선 활동에 직접 참여한 경험을 바탕으로 두 연구에서 제시된 한국노총 활동 자료 정리에 직접 관여하였다고 설명하였다. 박수만 연구위원은 특히 평균임금의 70%로의 산재급여(휴업급여) 인상을 가져온 89년 산재보험법 개정에서의 한국노총의 역할을 강조했다. 박수만 연구위원과의 인터뷰는 자료수집의 사전작업으로 이루어졌으나 심층인터뷰로 이어지지는 않았다.

부록 2 인터뷰 요약

<table>
<tr><td>초기
형성
시기</td><td>심강섭 (인터뷰 날짜: 2006.2.14)
산재보험의 제정시 보사부 사보심의 전문위원(노동보험반)으로 제정 실무 담당. 이후 노동청의 직업안정국장을 역임하여 60년대 산재보험 초기 형성기에 실무를 담당.

법제정에서의 역할은?
사보심 위원 이전에 노동행정 공무원으로서 산재보상에 관여했던 경험, 노동법을 전공했던 경험 등을 바탕으로 일본자료들을 참고하여 법안 작성에 참여 / 노동보험반 전문위원으로서 정부와 최고회의 의사결정과정에 실무적 지원자로 직접 참여.
결정적으로 중요한 역할을 한 행위자는?
최고회의 의장인 박정희는 사회보장확립에 대한 지시를 내림 / 문사위원회의 홍종철 위원의 역할이 결정적으로 중요함 / 정희섭 보사부 장관도 주요한 지원자.
다른 주요 행위자들의 역할은?
최천송 외 다른 사보심 위원들은 전문성을 잘 갖추고 있지는 못했고, 조사연구는 개별적으로 이루어졌음 / 이익집단의 역할은 미비했고 역할을 수행할 여러 가지 조건이 갖춰져 있지 못했음.
산재보험 시행의 의의는?
산재보험은 한국 사회보험의 시범모델로서의 중요한 의미를 가짐 / 근로기준법</td></tr>
</table>

<table>
<tr><td></td><td>상의 재해보상은 탁상법률에 불과 / 민영 방식은 한국적 현실에 맞지 않음 / 민간은 정부에 의존적이었고, 관주도의 정책결정이 이루어졌음.</td></tr>
<tr><td></td><td>조만제 (인터뷰 날짜: 2006.8.14)
산재보험 제정 당시 보사부 사보심 전문위원(종합반), 7개월 정도 근무

사보심에 참여하게 된 경위와 역할은?
일제 식민지시기 삼균주의를 주창한 조만제 선생의 조카라는 이유로 이승만 정부로부터 감시의 대상이었고, 1961년 5 · 16 쿠데타 이후 혁명재판소 재판 이후 석방되었다가 연고를 통해 사보심에 참여함 / 삼균주의 사상의 영향으로 사회보장제도에 관심을 가지고 있었고 이를 가지고 혁명정부에 선처를 구해 석방됨 / 사보심 종합반에서 큰 역할은 없었고 전체 회의에 같이 참여함.

사보심의 역할, 분위기는?
전문위원들이 사명감을 가지고 참여했음 / 최천송과 심강섭이 가장 학자적 지식을 가지고 연구를 주도함 / 실업보험을 먼저 하려했으나 산재보험으로 결정함.</td></tr>
<tr><td>재편 시기</td><td>이호근 (인터뷰 날짜: 2006.5.22)
현재 노사정 전문위원으로 산재보험발전위원회 전문위원으로 활동

노사정의 출범이 정책결정과정에 가져온 변화는?
외환위기 이후 김대중 정부시기에 1인 이상 사업장까지 산재보험 적용 대상자를 확대하는 데에는 노사정의 합의가 매우 중요함. 이러한 확대 추세로 특수고용직 종사자들의 적용 타당성을 검토하게 됨 / 노사정의 출범은 제한적이지만 노사의 합의를 중시하는 새로운 정책결정과정의 변화를 가져오고 있음. 민주노총의 참여가 필요.

노사정 위원회 산재보험제도개선에 참여하는 노동부, 경제부처, 사용자단체, 노동자단체 등의 입장과 입장 차이의 원인은?
현재의 산재보험제도 개선에 대한 논의는 산재보험제도의 질적인 변화를 가져올 만한 중요한 것이며 따라서 쟁점들이 첨예하고 포괄적임 / 특수직종사자의 근로자성의 인정 문제, 산재보험 대상자 확대에 따른 재정 문제 등이 첨예한 문제 / 정부의 예산 지원이 제한적이라 산재보험 기금은 전적으로 사용자의 보험료 납부에 의존하고 있어, 현 산재보험은 대상자의 전면적 확대와 재해보상의 질적 수준의 향상을 가져오는 데에 제도적으로 한계를 가짐.</td></tr>
</table>

제 2 장

건강(의료)보험제도*

조영재

1. 서론

정부가 지원하는 의료보험(*government-sponsored health insurance*)은 현대 복지국가의 핵심지주 중에 하나이다(Hacker, 1998). 의료보장과 소득보상이라는 복지국가의 두 가지 목적 중에 의료보험은 의료보장을 실현하는 핵심적인 제도이기 때문이다. 따라서 의료보험제도에 대한 연구는 현대 복지국가의 발전을 규명하는 데 필수적이다. 이 점은 한국 복지국가 연구에서도 동일하다. 한국 복지제도 중에서 의료보험은 연금과 함께 전 국민을 포괄하고 있으며 복지재정 중에서 가장 많은 비중을 차지하고 있다(강명세, 2006). 게다가 의료보험은 제도의 형성, 발전, 재편과정에서 한국 복지국가의 특징적 요소들을 그대로 드러내고 있다. 즉, 의료보험은 다른 복지프로그램들과 마찬가지로 권위주의체제 하에서 태동하였고, 발전과정에서는 급속한 제도적 확장과 낮은 급여수준이라는 특징을 갖추었으며, 신자유주의적 세계화 과정에서 재편의 압력에 시달리고 있다. 따라서 의료보험제도는 한국 복지국가의 태동, 성장, 재편의 기본성격을 규명하고, 향후 복지국가의 발전경로를 예측하는 데 없어서는 안 될 프로그램이다.

* 이 장은 "한국 복지정책과정의 특성에 관한 연구"(〈한국정치학회보〉, 2008)를 토대로 하여 자료를 보완한 것이다.

이 글에서는 한국 의료보험제도의 발달과 정책과정의 변화에 대해 주요 자료를 통해 살펴보고자 한다. 한국에서 의료보험제도에 대한 연구는 다른 복지제도들에 비교해볼 때 풍부한 편이다. 오랜 제도적 역사를 지니고 있으며 수혜자의 범위가 가장 넓기 때문에 많은 관심을 받아온 결과이다. 하지만 연구가 상대적으로 많이 진행되었다는 것이 연구가 충분했다는 것을 의미하는 것은 아니다. 기존의 연구는 다음과 같은 문제점을 안고 있다. 첫째, 다른 복지제도와 마찬가지로 초기 제도발달과 정책과정에 대한 자료들이 충분치 않았다. 정책결정의 배경과 정책결정자들의 역할에 대한 불확실한 추측이 주를 이루는 것도 이 때문이다. 이 글에서는 1차 자료를 활용하거나 당시 정책결정참여자들의 인터뷰를 통해 보완하고자 했다. 둘째, 기존의 연구는 특정시기에 국한되어 있다는 점이다. 긴 제도적 발전과정과 수많은 논쟁점들로 인해 전체과정을 다루기 힘들었기 때문이다. 하지만 이로 인해 의료보험제도의 발전과정에서 나타난 제도적 연속과 단절, 경로의존성을 통시적으로 보는 데 많은 한계가 있었다. 이 글에서는 의료보험제도의 태동, 발전, 변화를 전체적으로 정리함으로써 이를 보완하고자 했다.

2. 의료보험제도 발달사의 시기구분과 자료수집의 초점

한국 의료보험제도는 1963년 의료보험법이 제정된 이래 약 40여 년 동안의 급격한 정치적, 사회적, 경제적 변화를 배경으로 하여 형성되고 발전되어 왔다. 〈표 2-1〉은 의료보험제도의 발달사를 각 시기별로 주요 제도변화, 쟁점 및 행위자를 중심으로 요약한 것이다.

이처럼 의료보험제도는 10년을 주기로 크게 변화하였으며, 이 과정에서 매우 복합적인 요인들에 의해 영향을 받았다. 의료보험제도의 발전이 다양한 사회적·경제적·정치적 변화와 연계되었기 때문이다. 게다가 다음과 같은 의료보험의 고유한 특성들로 인해 정책과정의 복합성은 더욱 두드러지게 나타났다.

첫째, 다른 사회보험제도와 마찬가지로 의료보험의 정책적 이슈는 본질적으로 격렬한 재분배 갈등을 수반하였다. 가장 첨예하고 지속적인 갈등요인은 재분배되는 자원(의료보험재정)을 어떻게 조달하고, 이를 누구에게 얼마만큼 배분(수혜자의 범위와

〈표 2-1〉 의료보험제도의 시기적 구분, 제도변화, 주요 쟁점 및 행위자

구분	연도	주요 제도적 변화	주요 쟁점	주요 행위자
법률적 도입기	1963.12	의료보험법 제정	· 4 · 19, 5 · 16 등 정치적 격변과 의료보험법 제정의 관계 · 군부엘리트와 복지전문가의 역할	· 최고회의 · 사보심
	1964.06	의료보험법 시행령 제정		
	1970.08	의료보험법 1차 개정		
실질적 도입기	1976.12	의료보험법 2차 개정	· 중화학공업화/안보상황/권위주의체제 정당화와 의료보험 시행의 연관성 · 주요 행위자들의 역할	· 대통령 · 복지관료 · 전경련 · 의사협회
	1977.07	의료보험 실시(500인 이상 사업장)		
제도 확대기	1977.12	공무원 및 사립학교교직원 의료보험법 제정	· 급속한 확대 배경 및 통합논쟁과의 연관성 · 저급여구조 형성의 맥락 · 의보수가를 둘러싼 재분배갈등구조 · 확대과정에서 주요 행위자의 입장과 역할 · 민주화와 의료보험 확대의 관계	· 대통령 · 관료 · 정당 · 경제단체 · 의사협회 · 농어민단체
	1979.01	공무원 및 사립학교교직원 의료보험 적용		
	1979.04	의료보험법 3차 개정(요양기관 강제지정)		
	1981.04	의료보험법 4차 개정(직종/지역조합 설립)		
	1981.12	의료보험법 5차 개정		
	1987.02	한방의보실시		
	1988.01	농어촌지역 의보실시		
	1989.07	의보확대(도시자영자-전국민의보실시)		
재편 또는 통합기	1997.12	국민의료보험법제정	· 의료보험통합 논의 발전과정 · 정권교체와 의료보험통합	· 관료 · 정당 · 경제단체 · 노동단체 · 시민단체 · 의사협회 · 약사협회 · 보험자단체 · 전문가
	1998.10	국민의료보험관리공단 출범(지역조합과 공교공단 통합)		
	1999.02	국민건강보험법제정		
	2000.07	국민건강보험 통합실시 의약분업실시		

급여종류) 할 것인가이다.[1] 이로 인해 대부분의 국가에서 의료보험정책과정은 다양한 이익집단들 사이의 격렬한 갈등을 수반한다(Hacker, 1998). 이해관계자들의 갈등으로 인해 전국민의료보험의 도입이 지연되고 있는 미국의 사례에서처럼, 한국의 의료보험제도는 확대와 재편을 둘러싸고 이데올로기적으로 대립하는 집단들에 의해 오랫동안 격렬한 갈등을 수반하였다.[2]

1) 자원을 조세에 의존할 것인가 아니면, 수혜자가 부담할 것인가. 양자 모두가 부담한다면 그 비율을 어떻게 결정할 것인가. 그리고 소득과 수혜정도가 다른 다양한 집단에게서 어떠한 방식으로 재원을 추출할 것인가 하는 것은 의료보험 영역에서 기본적인 갈등이슈라 할 수 있다.

2) 미국의 사례를 보면 의료보험의 도입을 찬성하는 집단과 반대하는 집단은 이데올로기적으로

둘째, 정책을 둘러싼 갈등의 양상에 있어서 다른 재분배 사회정책과 달리 더욱 증폭되는 메커니즘을 가지고 있다는 점이다. 의료분야의 정책결정은 그 자체만으로 정책집행을 보장받지 못한다. 정책집행에 필요한 전문적 지식과 자원을 의사집단이 독점하고 있기 때문에 이들의 협력 없이는 정책집행이 불가능하다. 게다가 대부분의 경우 의사집단은 의료보험제도의 도입에 핵심적인 거부집단(*veto group*) 중 하나다(Eckstein, 1960; Immergut, 1992; Rimlinger, 1971). 대부분의 선진자본주의 국가에서 상이한 조건에도 불구하고 의사들은 전국민의료보험의 도입이 자신들의 직업적 독립성을 저해할 것이라고 보았다. 왜냐하면 의료보험은 의료서비스에 대한 대가를 집단적 자원으로 지불함으로써 의료시장을 확대시키지만, 동시에 국가가 의료직을 통제할 유인요인을 지니기 때문이다. 따라서 의료전문가가 사적으로 조직되어 있는 사회에서 의료보험제도의 도입은 저항에 직면해왔다.

마지막으로 의료보험정책과정의 또 다른 특성은 이슈자체가 지니고 있는 '기술적 난해성'에서 비롯된다. 의료보험제도는 의료서비스 공급자인 의사들의 의료행위를 둘러싼 관행과 방식, 기술적 조건, 의료자원 등 의료영역뿐만 아니라, 소비자인 국민들의 의료소비행태와 소득 및 재산상태 등과 같은 사회·경제적 영역, 그리고 의료공급자와 의료소비자를 집합적으로 관리할 수 있는 조직과 기술이라는 행정적 영역을 포괄하고 있다. 따라서 의료보험은 이러한 다층적인 영역에 대해 전문적인 지식과 경험을 가진 프로그래머를 필요로 한다(Roberts, 2004). 어느 사회에서나 의료보험제도의 발달과정에서 복지전문 연구자나 복지전문관료의 역할이 중요한 이유이다.

이와 같이 의료보험 정책은 재분배 이슈를 둘러싼 전사회적 갈등, 의사집단의 비토권 소유, 정책전문가의 중요한 역할 등을 특징으로 한다. 하지만 그 방식과 결과가 항상 동일한 것은 아니다. 각 나라마다 의료보험정책이 놓여 있는 사회적·경제적·정치적 맥락에 따라 다르다. 예컨대 1930년대 미국의 의사들이나 1960년대와 70년대 한국의 의사들은 의료보험에 반대하지 않았다. 하지만 이는 의료보험정책의 일반적

정반대의 입장을 취했으며, 같은 주장이 동일한 행위자에 의해 반복되었다. 찬성하는 집단에는 AFL-CIO와 노동조직들, 다양한 공공복지조직, 흑인의사집단인 전국의사협회(National Medical Association), 북부민주당원 등이 포함된다. 반대하는 집단에는 미국의사협회(American Medical Association)를 비롯하여, 보험산업, 미국상공회의소와 같은 기업집단, 공화당원, 남부 민주당원 등이 포함되어 있다(Ripley and Franklin 1976: 128~132).

특성에서 벗어났다기보다는, 사회·경제·정치적 맥락을 통해 설명되어야 할 요소인 것이다.

이 글에서는 의료보험의 제도적 변화와 그 복잡한 과정을 모두 다루지는 않을 것이다. '제도 도입과정'과 '제도 통합과정'을 중심으로 살펴볼 것이다. 의료보험의 도입과 '통합'은 의료보험제도 발전과정에서 질적 변화에 해당되며, 그 나머지 과정은 제도의 양적 확대와 성숙과정에 지나지 않기 때문이다. 구체적으로 제도 도입과정은 다시 1960년대 초 의료보험법이 제정된 시기와 1970년대 후반 의료보험법의 2차 개정과 함께 제도가 실질적으로 시행된 시기로 구분된다. 반면 '통합'과정은 보다 연속적이고 장기적인 과정을 수반한다. 구체적으로 통합과정은 1980년대 초 보사부 관료를 중심으로 통합문제가 제기된 시점을 시작으로 하여, 1980년대 후반 통합실패, 1990년대 후반 의료보험통합 및 건강보험이 시행되었던 시기를 포함한다.

이 글에서는 이러한 의료보험정책 변화과정을 '결정적 국면'(*critical juncture*)이란 개념을 통해서 살펴볼 것이다. 이 개념은 콜리어부부에 의해 체계화되었으며, 관행이나 제도의 중대한 변동을 설명하기 위해 고안되었다.[3] 그들에 따르면 결정적 국면은 중대한 변화가 일어난 시기로, 이후 새로운 관행과 제도가 작동할 수 있도록 독특한 유산(*distinct legacy*)을 남긴다. 이를 도입하면, 한국의 의료보험정책은 세 번의 결정적 국면을 경험하였다. 1963년 12월 의료보험법이 제정된 시기, 1976년 의료보험법 2차 개정시기, 그리고 1999년을 전후로 한 의료보험 통합시기가 그것이다. 이 시기들은 각각 이전의 제도적 관행에서 벗어나 급격한 변동이 일어났던 시기이며, 이후 새로운 결정적 국면에 이르기까지 제도적 지속성과 안정성, 심지어 변화까지 설명할 수 있는 독특한 유산을 남겼다.

---

3) '결정적 국면'(*critical juncture*)이라는 개념은 립셋·로칸이 처음 사용한 이후, 콜리어부부(Collier and Collier)가 라틴아메리카에서 국가-노동관계를 분석하며 핵심적 방법론으로 발전시켰다. 본 연구에서는 의료보험제도의 중대한 변화와 그로 인한 새로운 관행과 제도의 지속을 설명하기 위해 차용하였다. 콜리어 부부의 개념정의와 분석틀에 대해서는 콜리어부부(Collier and Collier 1991: 27~39)를 참조하시오.

3. 결정적 국면 1 : 1963년 의료보험법의 제정

1) 과거의 유산

의료보험 발전과정에서 첫 번째 결정적 국면은 1963년 12월 의료보험법이 제정된 시기이다. 그 이유는 한국에서 '사회적 기원'이 없었던 의료보험이 '느닷없이' 정치적으로 도입되었고, 이후 지속적인 정치적 의제로 자리하게 되었으며, 직역에 따른 수익자부담이라는 비스마르크적 의료보장의 제도적 설계라는 유산을 남겼기 때문이다.

서구적 경험에 비추어 볼 때, 한국의 의료보험이 사회적 기원을 가지지 않았다는 것은 특징적인 현상이다. 대부분의 유럽국가들에서 자본주의 이전부터 보험성격을 지닌 길드가 존재하여 질병이나 불구가 된 동료들과 그 가족들에게까지 보조하였으며, 자본주의 산업화가 진행되는 19세기에는 일정한 기금을 모아 질병에 걸린 노동자를 도와주는 질병보험(*sickness insurance*)이 급속히 퍼져 있었다(Roemer, 1993: 128~129). 한국에도 전혀 없었던 것은 아니었다. 1955년 부산지역에서 한 독지가에 의해 "사단법인 부산노동병원"이 건립되어 일종의 의료보험형식으로 운영한 경험이 있기는 하다(손준규, 1981: 18; 최천송, 1991: 17; 한국의료보험연합회, 1997: 18). 하지만 의료보험이 도입되기 20년 전인 1850년대까지 수백 개의 자생적인 질병금고들이 기업별, 지역별로 다양하게 조직되었던 독일에 비할 바 아님은 분명하다.

한국 의료보험이 사회적 기원을 가지지 않았다는 것은 시사하는 바가 크다. 그것은 해외 사례에 대한 학습을 통해서건 또는 관념적 구성을 통해서건 간에, 전적으로 '정책적 고안물'이라는 것을 의미하기 때문이다. 한국의료보험의 정책적 고안자들은 의료보험도입 4년 전인 1959년 10월 당시 보건사회부 의정국 주관 아래 결성된 "건강보험제도 도입을 위한 연구회"로 알려져 있다(손준규, 1981: 19~22; 최천송, 1991: 17). 보건사회부관료와 민간전문가들로 구성된 이들은 의료보험을 비롯한 한국 사회보장제도의 최초 설계자들이라 할 수 있다. 이들은 건의를 통해 이후 한국 사회정책과 사회보장제도의 산실이라 할 수 있는 "사회보장제도심의제위원회"(이하 사보심)를 보건사회부 내에 구성함으로써 정부기구 속에 안착하게 된다.

2) 정책결정과정

이러한 과정은 1963년 의료보험법 제정이라는 결정적 국면의 전사(前史)라 할 수 있다. 실제 의료보험법 제정에 이르는 정책결정과정은 군사정부 아래서 사회적 요구나 압력, 그리고 정치적 갈등과 철저히 격리된 채 진행되었다.

정책결정 당시 사회·경제·정치적 환경은 다음과 같다. 1963년 산업별 취업인구의 구성은 농림수산업의 1차산업 인구가 63.1%에 달했으며, 의료보험 초기 대상자라 할 수 있는 광공업 종사자는 8.7%에 불과한 전형적인 1차 산업중심의 농업사회구조를 보이고 있다.[4] 산업화의 논리(*logic of industrialization*)를 뒷받침할 상황이 아니었던 것이다. 그리고 사회적·정치적 압력은 거의 전무했다. 군사정부의 권력기구인 '국가재건최고회의'(이하 최고회의)는 1961년 5월 21일 구호, 학술, 종교단체를 제외한 모든 정당·사회단체의 해산을 명령했으며, 의료보험에 이해를 가질 수 있었던 노동조직과 의사조직은 군사정부의 지도하에 재구성되었기 때문이다(한국노동조합총연맹, 1974; 대한의학협회, 1993). 그리고 정당 역시 정치정화법, 정당법 등과 같은 제약조건들과 내부 분열, 그리고 민정이양논란, 대통령선거 등으로 인해 정상적인 활동이 불가능했다(김정원, 1984).

위와 같은 사회적·정치적 조건 속에서 의료보험정책과정은 보사부관료조직과 군사정부의 최고 권력기구인 최고회의 내부회로를 통해 진행되었다. 그렇다면 사회와 정치로부터 격리된 국가기구 내에서 어떻게 의료보험정책이 도입될 수 있었는가? 1차적으로 주목할 수 있는 것은 군사정부의 정책의지라 할 수 있다. 최고회의 박정희 의장은 1962년 시정연설에서 '복지국가건설'을 기본정책으로 공표하였으며, 특히 1962년 7월 28일 내각 수반에게 "사회보장제도확립"이라는 지시각서(사회보장지시각서)를 보냈다.

이 지시각서는 이후 의료보험법뿐만 아니라 사회보장에 관한 법률, 산재보상보험법률을 입법화하는 과정에서 결정적 역할을 수행하였다(손준규, 1981: 36; 문옥륜, 1991: 71). 이어 1963년 시정연설에서 박정희 최고회의 의장은 "광범한 사회보험제도 실시의 일환으로서 의료보험과 근로자를 위한 재해보험제를 발족시킬 것을 기약"하였다.

---

4) 수치는 한국은행(1976)을 참조하시오.

박정희 최고회의 의장의 지시각서

국가재건 최고회의

문사제 683호 1962. 7. 28
수 신 내각수반
제목 사회보장제도확립

① 국민소득을 증가시키고 실업, 질병, 노령 등의 생활위협으로부터 국민을 보호하여 복지국가를 조속히 이룩함은 우리의 궁극적 목표임.
② 이미 생활보호법을 공표하여 요구호자에 대한 부조를 실시하고 있지만, 국민, 기업주, 정부가 함께 참여하여 연대적으로 국민생활을 보장하는 항구적인 사회보장제도가 경제개발과 병행하여 추진되어야 할 것임.
③ 사회보장제도의 중요 부분인 제 사회보험 중 실시에 비교적 용이한 보험을 선택하여 착수하고 이 시범사업을 통하여 우리나라에 적합한 제도를 연구발전시켜 종합적인 사회보장제도를 확립토록 조치할 것. 끝

의장 육군 대장 박 정 희

모든 사회적·정치적 통로가 차단된 상황에서 거듭되는 최고권력자의 정책의지가 의료보험제정에 결정적인 동인이었음은 두말할 나위 없다. 다만 그 동기가 무엇인지에 대해서는 연구자들에 따라 판단이 다르다. 하나는 군사정부의 정책적 이념이 구체화된 것으로 보는 것이다(이두호 외, 1992: 256; 박정호, 1995). 다수가 채택하고 있는 또 다른 해석은 정당성을 결여한 군사쿠데타 세력들이 정당성의 빈곤을 메우기 위한 것이라는 것이다(손준규, 1981; 김연명, 1989; 강명세, 2006). 전자의 해석에는 무리가 따른다. 군사쿠데타 세력들이 표방했던, 부정부패 척결을 비롯한 다른 청교도적인 사회정책들도 자신들이 저지른 부정부패 행위에 의해 정책적 지향성을 의심받기에 충분하기 때문이다. 후자의 해석은 비록 설득력은 있지만, 의료보험정책도입을 설명하는 단일한 요인으로 보기는 어렵다. 왜냐하면 사회보험, 그중에서 특히 의료보험은 면밀

한 사전검토와 전문적인 지식을 필요로 하는데, 쿠데타를 주도한 젊은 군부엘리트들이 그러한 식견을 갖고 있을 리 만무하기 때문이다. 이에 대한 해답은 의료보험법안을 준비했던 보사부 사보심의 활동을 통해 얻을 수 있을 것이다.

의료보험에 대한 공식적인 논의는 박정희 의장의 사회보장지시각서가 내려오기 전인 1962년 3월 보사부 자문기구인 사보심이 설치되고, 위원회 내부의 의료보험반에서 의료보험에 관한 연구·조사활동을 시작하면서 부터이다(손준규, 1981: 최천송, 1991: 37).[5] 사실 이들의 활동이 있기 전까지 최고회의의 사회정책에 대한 입장은 매우 제한적인 것이었다. 이는 당시 손창규 최고회의 문사위원장의 글을 통해서도 확인할 수 있다. 그는 〈국가재건을 위한 전제와 사회문화정책의 방향〉이란 글을 통해 다음과 같이 주장하였다.

> "한국과 같은 극도의 빈곤, 무수한 실업, 사회적 불만과 불안이 있는 곳에서 … 산업화를 통한 근대화가 적극 추진되어야한다. 따라서 보건사회정책의 목표는 산업화 추진이라는 대전제에 상치되지 않는 범위 내에서 추진되어야 한다"(의료보험연합회, 1997: 31).

이러한 상황에서 사보심의 정책전문가들은 의료보험제도 설계에 필요한 사전 조사와 연구를 진행시키는 한편, 최고회의 위원들과 접촉을 통해 사회정책 및 의료보험제도의 의미와 필요성에 대해 지속적으로 설명하고 홍보했던 것으로 보인다. 사실 의료보험을 비롯한 사회보장제도 입법에 결정적인 영향을 미쳤던, 박대통령의 지시각서 작성에도 사보심 위원이었던 손창달 씨가 참여했었다(손준규, 1981: 37). 이처럼 사보심의 정책전문가들은 의료보험제도의 도입을 위해 제도의 설계라는 실무적인 작업에서부터 최고권력기구인 최고회의 구성원들의 사회정책에 대한 인식을 제고시키는 활동에 이르기까지 다차원적인 활동을 하는 '정치적 기획자'(*political entrepreneur*)의 역할을 수행하였다.

---

5) 이 사회보장제도 심의위원회는 일부 보사부관료들과 민간 전문가들이 함께 한 '건강보험도입을 위한 연구회'(1959년)에 뿌리를 두고 있다. 동연구회의 민간전문가인 엄장현과 양재모는 이후 보사부 의정국의 연구원으로 위촉되어 군사쿠데타 이전에 이미 일본을 비롯한 유럽 각국의 의료보험제도를 연구하고, 한국에서의 의료보험도입을 위한 제도적 설계를 상당부분 진행하고 있었다(엄장현, 1961; 의료보험연합회, 1997: 19~20).

그러나 이들의 활동이 지닌 한계는 뚜렷하였다. 최고회의의 의료보험에 대한 인식을 제고시키는 데 어느 정도 성공하였지만, 근본적으로 바꾸지는 못했다. 최고회의에서 이루어진 최종적인 정책결정과정은 이 점을 뚜렷이 보여준다. 최고회의 회부에 앞서 사보심의 의료보험법안은 보사부안으로 확정되었으며, 다시 차관회의를 거쳐 각의의 의결까지 마쳤다. 하지만 최고회의 상임위원회의에서 사회보험의 핵심요건인 "강제조항"이 삭제된 것이다. 이로써 2년여에 걸친 의료보험정책과정은 한국의료보험의 제도적 골격만 초안한 채로 실효성이 없는 법안을 남긴 채 종결되었다.

이러한 과정을 염두에 두면, 의료보험의 법률적 도입에 대한 경쟁적인 설명들의 실효성은 분명해 보인다. 실질적 도입의 실패라는 점에서 산업화의 논리나 사민주의적 설명은 부분적인 타당성이 있다. 이들에 따르면 의료보험제도가 도입되기 위해서는 일정정도 산업화가 진행되어야 하며, 강력하게 조직된 노동세력과 그들에게 우호적인 사민주의정당이 존재해야 되기 때문이다. 하지만 법률의 도입이라는 가시적인 결과에 대한 인과적인 설명을 제공하주지 못하며, 실질적 도입의 실패라는 점에 대해서도 기껏해야 은유나 유추를 통해 짐작할 수 있을 뿐이다. 보다 적실성이 있는 설명은 국가중심적인 제도주의적 설명에 있다. 사회와 단절된 채 폐쇄회로로 구성된 관료기구(사보심)와 최고권력기구(최고회의)의 내부적 배열과 역학에 의해 보다 잘 설명되기 때문이다. 이 점에서 1963년 의료보험법의 제정은 (정당성이 결핍된) 군사정부의 열린 공간을 사회정책 전문가들이 적극 활용하여 얻은 결과라고 설명하는 강명세(2006)의 연구는 주목할 만하다.

4. 결정적 국면 2 : 1976년 의료보험법 2차 개정

1) 의료보험법 제정이 남긴 유산

의료보험제도 발전의 두 번째 결정적 국면은 1976년 12월 의료보험법 2차 전면개정과 1977년 7월 동법이 시행된 시기이다. 이 시기가 결정적 국면을 이루는 이유는 강제가입조항을 삽입함으로써 비로소 사회보험제도로서 자리를 잡게 되었다는 점에서 과거와 결정적으로 구분될 뿐 아니라, 이 시기 이후로 의료보험제도가 창출해낸 다양한 이익갈등과 균열에 기초한 한국 특유의 '의료보험 정치'가 가능해졌기 때문이다.

첫 번째 결정적 국면인 의료보험법의 제정 이후 중요한 변화와 유산은 의료보험이 지속적인 정치적·정책적 의제로 자리하게 되었다는 점이다. 그것은 법률의 핵심적 취약점인 임의가입조항의 폐지와 법률적 규정인 임의사업·시범사업을 둘러싼 것이었다.

먼저 임의가입에 따른 문제를 해소하기 위해 몇 차례 입법활동이 이어졌다. 시행과정에서 기업들의 기피현상 등을 막기 위해 정부는 1966년 강제적용을 내용으로 하는 의료보험법 개정안을 국회에 제출하였으나 국회 임기만료와 더불어 자동폐기되었다(김순양, 1995: 421). 이어서 1967년 총선에서는 공화당이 선거공약으로 의료보험의 실시를 내세우면서 법개정의 필요성은 더욱 높아졌다(손준규, 1981: 69). 그리고 1970년 7월 마침내 근로자, 군인, 공무원을 대상으로 강제가입 조항을 도입하여 의료보험법 1차 개정을 이루었다. 물론 이는 시행령과 시행규칙의 미비 그리고 후속적인 집행노력의 부재로 실시되지 못했으나, 강제가입에 의한 의료보험의 실질적 실시는 의료보험정책결정의 핵심사안임을 다시 한 번 확인한 셈이었다.

임의사업·시범사업이 남긴 효과는 다소 복잡하다. 의료보험법 2차 개정이 이루어지기 전까지 피용자 의료보험조합(제 1종)이 5개, 자영자 의료보험조합(제 2종)이 22개로 모두 27개의 의료보험조합이 전체 인구의 0.46%인 16여만 명을 포괄하고 있었다(의료보험연합회, 1997: 61~62). 이들 의료보험조합들의 실패나 재정적 곤란, 불안정성은 정치적·사회적 여론의 관심사가 되었으며, 정책당국에 부담으로 작용하였다. 다른 한편으로 이들 조합은 의료보험의 존재와 의의에 대해 대중적인 관심사를 불러일으키는 계기가 되었다. 단적인 예로 1970년대에 들어와서는 비록 승인을 받지 못하였지만, 적지 않은 의보조합 설립신청이 있었다는 점이다. 게다가 지역공동체나 기독계를 중심으로 유사의료보험조합이 자생하기 시작하였다(손준규, 1981: 88; 의료보험연합회, 1997: 61).

의료보험의 법적 도입이 남긴 또 하나의 유산은 이익집단, 특히 의료집단의 행동에 커다란 영향을 미쳤다는 것이다. 가장 먼저 영향을 받은 것은 의사집단이었다. 1963년 의료보험법이 제정되자 '대한의학협회(의협)'에서는 1964년 협회 내에 '의료보험연구위원회'를 구성하고 일본 의료계 인사를 초청하여 세미나를 개최하는 등 의료보험에 대한 연구를 개시하였으며, 시범사업이 시작되자 의협은 1966년 '의료보험위원회'를 상설기구로 설치함으로써 의료보험 전반에 대한 대응을 본격화하기 시작했다. 이어서 1970년 의료보험이 강제보험으로 전환되자, 그 이듬해 의료보험 시행에 대비하여 '의료보험 특별위원회'를 구성하게 된다. 의료자본을 대표하는 '대한 병원협회(병협)' 역시 1970년 의료보험법 개정을 전후로 하여 의료보험연구를 중심사업의 하나로 설정하고, 적극적인 의사표명에 나서게 된다. 이들보다 다소 늦었지만, 1974년 들어 대기업집단의 이익집단인 전경련 또한 의료보험에 강한 관심을 표하며 적극적인 의지를 표명하기에 이르렀다.

1963년 제정된 의료보험법의 유산이 남긴 흔적은 1960년대와 70년대를 거치면서 진행되었던 사회·경제적 변화와 맞물리면서 더욱 강화되었다. 2차례에 걸친 경제개발계획의 성공과 산업화의 진전으로 인해, 의료보험의 1차적 대상이라 할 수 있는 피용자들의 규모가 크게 확대되었다. 그리고 그에 따른 도시화와 빈곤, 의료 수요가 가파르게 증대하고 있었으며, 병의원을 중심으로 하는 의료시장 역시 급격히 팽창하고 있었다.

2) 정책결정과정

의료보험제도의 두 번째 결정적 국면은 이와 같은 사회·경제적 변화와 함께, 첫 번째 결정적 국면이 남긴 유산의 흔적 속에서 발생하였다. 1976년 의료보험의 전면적 개정이 이루어진 것이다. 하지만 정책적 조건이 성숙되어가고 있다는 것과 구체적인 정책의 결정이 이루어진다는 것은 다른 문제이다. 그렇다면 의료보험제도 발전의 또 다른 결정적 국면을 초래한 의료보험의 전면적 개정은 어떻게 해서 이루어 진 것인가? 가장 손쉬운 설명은 산업화의 논리, 즉 급속한 산업화와 그에 따른 피용자의 증대, 도시화, 소득불평등의 확대를 의료보험법의 개정과 기능적으로 연관 짓는 것이다. 하지만 이러한 설명이 갖는 근원적인 한계는 인과성을 충분히 설명할 수 없다는 것이다. 그렇다면 누가, 왜, 언제, 어떠한 과정을 통해서 의료보험제도를 전면적으로 개정하였는가?

의료보험법 2차 개정은 1976년 10월 정부안이 국회에 제출된 이후 별다른 큰 논란이 없이 통과되어 그해 12월에 공포되었다. 다시 말해 정책과정의 중심은 최종 결정을 했던 의회가 아니라 원안을 만들었던 행정부였던 셈이다.

행정부 내에서 정책결정과정은 어떠했는가? 그 단초는 주무 부처인 보건사회부에서 찾아 볼 수 있다. 1970년 대 중반 당시 보건사회부 내에서 의료보험을 비롯한 사회복지정책과정에서 유의미한 행위자는 다음과 같다. 기관장인 보건사회부 장관, 연구 및 자문기구인 사회보장심의위원회, 실무주무부서인 사회보험국이 그것이다.[6)]

국면의 전환을 알리는 가장 큰 변화는 주무장관이었던 보건사회부장관의 교체와 그에 따른 입장변화에서 찾을 수 있다. 1975년 말까지 보사부 장관으로 재임했던 고재필 장관은 주무부서인 복지연금국과 자문기구인 사회보장 심의위원회의 수차례 건의에도 불구하고 부정적인 견해를 피력하였으며, 1975년 11월 정기국회에서도 의료보험실시에 뜻이 없음을 분명히 밝혔다(최수일 인터뷰; 손준규, 1981: 93; 의료보험연합회, 1997: 77). 그러나 이러한 주무장관의 태도는 1975년 12월 신현확 신임장관의 부임을 계기로 크게 바뀌었다. 이에 대해 가장 일반적으로 받아들여지고 설명은 의료보험 실시를 염두에 둔 박정희 대통령의 인선결과라는 것이다.[7)] 당시 대통령비서실장이었던 김정렴은 다음과 같이 회고하였다.

> 〔1975년 12월 개각 당시〕 특히 의료보장제도의 실시, 노사문제, 그리고 근로자의 권익옹호와 처우개선 등 어려운 문제가 많은 보사부장관의 후보 인선에 각별히 신경을 써달라는 분부가 있었다.… 박 대통령은 신임 신현확 장관에게 의료복지정책을 쓰되 국방력 강화와 경제의 고도성장이 계속해서 요긴한 우리 현실에 비춰 우리 실정에 맞는 건전한 제도를 마련해 주기를 특별히 당부하였다(김정렴 1990: 309).

이후 박정희 대통령은 1976년 1월 연두기자회견에서 국민의료제도의 확립을 밝힌데 이어, 동년 2월 보사부 연두순시에서 거듭 의료보험실시 검토를 지시하게 된다.

---

6) 사회보험국은 1970년대 초반 연금제도 추진을 위해 사회보험과로 출발하였다. 그 이후 연금실시가 결정됨에 따라 복지연금국으로 개편되었으며, 1974년 연금제도 시행이 유보되고 그 이후 의료보험의 실시가 결정이 되자 의료와 연금을 함께 관장하기 위하여 사회보험국으로 직제가 조정되었다(최수일 당시 사회보험국장 인터뷰, 2006. 6. 9). 이러한 변화는 당시 한국 복지정책과정 변모과정을 특징적으로 보여준다.

7) 의료보험개정 및 실시 당시 보사부 주무국장이었던 최수일 사회보험국장은 다른 견해를 가지고 있다. 그에 따르면, 주무장관이었던 신현확의 주도와 설득에 의한 것이라고 증언한다(최수일 인터뷰, 2006. 6. 9 참고).

이처럼 주무장관의 교체에서부터 주무부처에 대한 의료보험 실시검토로 이어지는 짧은 시기에 이미 의료보험제도의 도입에 관한 핵심적인 정치적 결정은 내려진 셈이었다. 물론 이 과정에 정치적 힘을 실어 준 것은 박정희 대통령이었다. 하지만 대통령의 정책적 의지가 시기를 결정할 만큼 뚜렷하지는 않았던 것으로 보인다. 1976년 9월 의료보험에 대한 최종적인 대통령의 재가를 받기 전까지 보사부의 의료보험실시 계획은 경제기획원을 비롯한 경제부처의 도전을 받았기 때문이다(의료보험 연합회, 1997: 82). 청와대 참모진과 보건부 실무국장까지 참석한 청와대 회의에서 격론을 거쳤으며, 의료보험이 국가경제에 결코 부담을 주지 않고 성공을 거둘 수 있다는 보건부의 확고한 태도에 따라 최종적인 정부안이 결정되었기 때문이다(최수일 인터뷰, 2006. 6. 9).

1976년 의료보험법 개정과 실시에 대한 증언

◆최수일(당시 보사부 사회보험국장) 인터뷰

장관의 임명과정에 대해서는 알 수 없으나, 의료보험 등 특정문제를 위한 임명이 아닌 것은 분명하다… 의료보험 실시가 가능하다는 부처 최고책임자(신현확 장관)의 확고한 결심을 기반으로 하여 제도내용 및 시행을 박정희대통령에게 건의하여 실시하게 된 것이다. 이때 박정희 대통령은 어려운 제도이니만큼 신중을 기하여 단계별로 확대 실시하여 시행에 차질이 없도록 하라는 지시가 있었다. … 사실상 의료보험 실시에 대하여 그때 상황은 관련부처, 기관 등이 반대 입장이었으며 어려운 상황이었으나, 박정희 대통령은 신현확 장관의 건의 내용에 따라 실시를 지시 결정한 것이다. 이때 국민의 의료보장 이외의 어떠한 문제(북한관의 관계, 유신체제에서의 국민의 저항무마, 78년 선거대비용 등)도 고려되지 않았다(2006. 6. 9).

◆김종대(당시 보사부 의료보험관리과장) 인터뷰

당시 사회상황을 보면 돈이 없어 병원을 전전하다 사망하는 경우가 빈번했고 크게 사회문제화 됐다. 그리고 남북문제도 중요했다. 당시 북한 선전문구를 보면, "우리는 병원에 가면 무료로 모든 것을 해결해 준다"는 것을 강조했고, 이는 커다란 압박요인이었을 것이다. 이러한 상황을 배경으로 하여, 당시 경제기획원의 남덕우 총리는 의료보험을 하지 말자는 쪽이었고, 신현확 장관은 시행하자는 쪽이었다. 박정희 대통령은 신현확 장관의 손을 들어 준 것이다. … 찬반 논쟁과정에서 박대통령에 대한 신현확 장관의 설득이 주효했다고 본다. 박대통령이 먼저 결정하고 신현확 장관이 이를 집행하는 것은 아니었다고 확신한다. 어디까지나 보사부관료들의 생각이 반영되었으며, 신현확 장관의 사회정책에 대한 철학이 박대통령을 설득하는 힘이었다(2006. 6. 15).

의료보험 실시라는 정치적 결정 못지않게 중요했던 것은 의료보험의 관리운영방식에 관한 정책적 결정이었다. 보건사회부 의료보험 실무진들은 직장 별로 의료보험조합을 구성하는 방식을 채택했다. 이는 이전의 의료보험방식과 일본의 의료보험제도를 참고한 것이다.[8] 이 방식은 의료보험의 확대과정에서 매우 갈등적인 이슈로 전환되었는데, 당시에는 별다른 저항이 없이 실무적으로 결정되었다. 비록 의료보험법 개정 막바지에 경제기획원의 반발이 있었으나, 흐름을 바꾸지는 못했다.[9]

기획원과 보사부의 갈등에 관한 기록

◆김입삼(당시 전경련 부회장)

신현확 보사부장관이 아침 일찍 내 집으로 전화를 했다. …"오늘 오후 청와대에서 의료보험에 대한 회의가 있을 예정이오. 경제수석이 사회를 보는데, 안건은 기업의료보험을 국가보험으로 하자는 안이 제기되고 있소. 경제기획원은 국가보험을 주장하고 있으니 보사부로서는 난감하오. 그러니 김 부회장이 바로잡아 주시오."… 회의가 진행됨에 따라 기획원, KDI와 보사부가 전면 대립하게 된다. 보사부가 힘 있는 기획원 주장에 밀리게 된다. … 김재익 기획국장과 KDI의 의료보험 담당자가 하도 강하게 정부보험을 주장하기에 나는 정색을 하고 말했다. "… 내가 경험한 바로는 처음부터 의료를

---

8) 조합방식을 채택하는 데는 일본의 영향이 컸다. 1963년도 제정 당시부터 일본의료보험은 참고대상이었으며, 1976년 의료보험 개정 당시에도 일본에 조사파견을 나갔다. 대신 일본이 8개의 보험관리형태로 구분되는 데 비해 우리나라는 조합으로 일원화하였다(최수일 인터뷰; 김일천 인터뷰). 이러한 직장별 조합방식을 선택한 이유에 대해 단순히 학습효과를 넘어서, 노동시장구조와의 조응관계를 통해서 분석한 연구로는 강명세(2006) 참조.

9) 경제기획원은 조합방식의 운영체계 부실과 재정결손 등을 낳을 가능성이 크다고 보았으며, 따라서 이를 방지하기 위해 국가가 관장하는 방식을 주장했다(손준규, 1981: 96; 전경련, 2001: 372).

국가보험으로 하는 것은 위험천만이라고 생각하오." … 이와 같이 격론 끝에 기업체는 기업주도로 의료보험을 성사시킬 수 있었다. (김입삼, 2003: 34~78).

이 시기 정책결정이 행정부를 중심으로 이루어진 것은 사실이지만, 의료보험법 제정 당시처럼 사회로부터 절연된 채 진공상태에서 이루어진 것은 아니었다. 정책이해관계자 중에서 노동단체의 반응과 요구는 거의 없었지만, 의사집단과 기업집단의 개입은 상대적으로 활발하게 이루어졌다(손준규, 1981: 95; 의료보험연합회, 1997: 86~90). 의사집단을 대표하는 의협은 의료보험 자체에 반대하기보다는 의료보험을 의사집단에 유리한 방식으로 전환하기 위한 압력활동에 주력했다. 이 과정에서 자신들의 핵심적인 요구사항인 보험수가와 보험약가를 인상하고, 보험심사기구에 의사대표를 참여시키는 성과를 달성하였다. 이들이 의료보험제도를 근본적으로 거부하지 않는 것은 그들의 대표기구인 의협이 조합주의적 통제하에 있었다는 이유도 있지만, 의료보험 시행으로 인한 의료시장의 확대에 대해 긍정적으로 바라보았기 때문이다.

의사집단에 비해 기업대표 조직인 전경련은 보다 우호적이었다. 전국의료보험협의회를 구성할 때는 인력과 장소를 지원하면서 적극적으로 결합하였다.

전경련이 적극적으로 나선 이유는 경제적 이해관계 때문이라는 설명이 유력하다. 당시 상당수의 기업들이 노동자들에게 의료보조를 하고 있었으므로 추가적 비용이 들지 않았을 뿐 아니라, 의료보험 부담금을 손비로 인정받을 수 있게 된다는 것이다. 덧붙여 기업별로 구성된 의료보험 재정은 그대로 기업의 관할하에 있게 된다는 점도 지적할 수 있을 것이다. 하지만 기업들이 처음부터 협조적이거나 적극적으로 지지하지는 않았다. 경제적인 손실이 없을 뿐 아니라 많은 이득이 존재한다는 것을 보사부 관료들이 지속적으로 설득하고 교육했던 결과이기도 하다.

전경련의 입장과 역할에 대한 증언과 기록

◆김일천(당시 보사부 수리조사과장) 인터뷰

전경련은 적극적으로 도와 줬다. 전경련이 아니었으면 이렇게 쉽게 할 수 없었다.

도와 달라는 것은 다 도와 줬다. 뿐만 아니라, 전경련이 돈을 대서 의료보험협의회를 만들었다. 이게 연합회의 전신이다. … 정말 적극적으로 찬성했다.

◆전경련

1976년 8월 보사부로부터 의료보험 기본요강에 대한 설명과 함께 정식 협조요청을 받게 되자 … (의료보험을) 활발히 추진하였다. … 1977년 1월 13일 의료보험협의회의 창립총회가 본회(전경련) 회의실에서 개최됐다. … 명예회장에 김용완 (전경련) 회장, 회장에는 김입삼 (전경련) 부회장을 선출했다. 그리고 부회장에는 박인환 경방사장, 강신호 동아제약 사장, 정세영 현대자동차 사장을 선출하였다. … 의료보험협의회는 삼일로빌딩의 본회(전경련) 부설 '경제 · 기술조사센터'에 사무실을 설치하고 그간 의료보험협의회 설립준비작업에 투입되었던 인력과 추가로 보충한 인력으로 의료보험협의회 사무국을 새로이 구성하였다. … 의료보험협의회의는 보사부와 공동으로 지체없이 기업단위조합설립을 추진한다. … 본회(전경련)를 비롯해 대한상공회의소, 한국경영자협의회 등 경제단체와 협의하여 의료보험조합 설립대상 사업장을 확정한 다음, 의료보험조합 설립준비에 필요한 지침서 자료들을 제작, 설립준비요원에 대한 교육을 추신한다 (전경련 2001: 368~370).

요약컨대, 1976년 의료보험법의 전면 개정은 의회나 사회집단으로부터 오는 거부권(*veto point*)이 없는 상태에서 최고 권력자인 대통령과 보건사회부 관료들을 중심으로 진행되었다. 거부집단이 없는 이유는 부분적으로 정부가 주요 사회집단을 권위주의적이고 조합주의적인 방식으로 통제했기 때문이기도 하지만, 다른 한 편으로는 이들에게 경제적 유인을 제공할 수 있는 관료들의 능력에도 기인한다. 이는 앞선 시기와 마찬가지로 국가중심주의적 제도주의를 통해 설명될 수 있음을 의미한다. 물론 사회경제적 배경으로서 이른바 산업화 논리를 고려해야만 할 것이다. 그리고 권력기구와 관료들의 정책의지나 의도에 대한 설명들, 즉 남북한 체제경쟁이 작용했다거나 유신체제 하에서 정당성을 보완하려는 시도였다는 설명들에 대해서는 추가적인 검증이 필요하다.

5. 결정적 국면 3 : 1999년 국민건강보험법 제정

1) 의료보험법 2차 개정이 남긴 유산

의료보험제도 발전의 세 번째 결정적 국면은 의료보험의 조직과 재정에 대한 통합 방침을 최종적으로 확인했던 1999년 12월 건강보험법 개정시기라 할 수 있다. 이 시기는 1977년 의료보험 실시 이후 지속적인 갈등이슈를 제공해왔던 의료보험조합조직을 해체하고 새로운 보험자조직인 건강보험관리공단을 조직했다는 점에서 이전 시기와 구별되며, 이 국면을 통해 한국의 의료보험 정치는 새로운 방식으로 전개되었다. 의료보험 재정책임, 다른 사회보험과의 통합문제, 민간의료보험의 도입 등이 주요한 정책적 갈등요인으로 새로 등장한 것이다.

두 번째 결정적 국면이 남긴 유산 중에서 핵심적인 것은 한국의료보험의 관리방식에 있었다. 2차 개정 당시 정부는 기업들의 반발을 무마하고, 의료보험에 대한 재정부담을 최소화하기 위한 목적으로 개별조합에게 관리운영의 자율성을 부여하는 조합주의 방식을 채택한 것이다. 다시 말해 보험료, 보험급여, 보험재정을 조합단위에서 자율적으로 결정하고 책임지는 것이다. 이 유산은 법 개정 이후 다음과 같은 두 가지 정치·사회/경제·제도적 요인에 따라 매우 폭발력을 지닌 이슈로 변모하였으며, 이러한 상황은 세 번째 결정적 국면에 의해 의료보험 정치의 지형이 바뀔 때까지 지속되었다.

이전 국면이 남긴 유산에 영향을 미친 첫 번째 요인은 정치적인 것이다. 한국은 1977년 의료보험 실시 이후 세계에서 유례를 찾기 힘들 정도로 빠른 시간 내에 제도를 팽창시켜왔으며, 불과 12년 만에 전국민의료보험을 실시하게 되었다.

이러한 급속한 확대 속도가 정치적 요인에 의한 것이란 점은 명확하다. 쿠데타에 의해 등장한 신군부정권은 1980년 8월 18일 실질적인 권력기구인 국보위를 통해 의료보호와 의료보험의 대대적 확대를 공표하고, 그 세부작업을 보건사회부에 지시하였다(의료보험연합회, 1997: 221~224). 그리고 당초 1990년대 초로 계획했던 전국민의료보장의 일정을 대폭 앞당겨 1989년까지 실시할 것을 결정한 "국민복지증진대책"(1986. 9. 1) 역시 보건사회부 복지관료들의 합리적 정책결정과정에서 나온 것이 아

〈표 2-2〉 한국의료보험의 확대과정

시 기	의료보험확대	의료보험 적용인구(%)
1977	의료보험의 실시	8.8
1979	공 · 교 의료보험 실시	21.2
1981	제 1차 지역의료보험시범사업 직종의료보험 실시	29.7
1982	제 2차 지역의료보험시범사업	35.1
1988	농어촌 지역의료보험 실시	69.5
1989	도시지역의료보험 실시	94.2

자료: 통계청(1995: 517).

니었다. 이는 1985년 2월 총선에서 당시 집권당이었던 민정당이 1987년까지 전국민 의료보험을 실시하겠다는 공약과 그에 따른 후속 정책과제 공표에 기인한 바 크다(의료보험연합회, 1997: 424). 이처럼 정치적인 요인에 의해 급속하게 의료보험을 확대하는 과정에서 조합주의 방식이 그대로 복사되어 적용됨에 따라, 제도 내에 유산으로 남겨져 있던 갈등 요소는 전 국민을 포괄하게 되었다.

이전 국면이 남긴 유산에 영향을 미친 또 다른 요인은 사회·경제적인 것이었다. 1970년대 후반 중화학 공업화를 거치면서 한국사회는 확연히 산업사회의 전형적인 산업구조로 변모하였으며, 도시화가 급속히 진전되었다. 이미 1981년에 노동인구의 비율을 보면 3차산업 53.1%, 2차산업 31.3%, 1차산업 15.6%로 농업사회의 산업구조를 벗어나 있었다. 의료보험 실시 당시 주요 대상이었던 2차산업 노동자, 영세농업에 종사하는 농민, 그리고 주로 도시에서 자영서비스산업에 종사하는 도시민들의 생활수준, 소비행태, 의료소비방식 등이 매우 달라졌음은 두말할 나위 없었다. 이러한 조건에서 2차산업 노동자들에게 적용되었던 조합주의방식의 의료보험을 농민과 도시 자영계층에게 동일하게 적용하는 데는 많은 어려움이 따랐다.

2) 정책결정과정

그렇다면 조합주의 방식으로 운영되던 의료보험이 어떻게 의료보험의 통합이라는 새로운 결정적 국면에 도달할 수 있었는가? 이 과정에서 드러나는 정책결정과정의 특성은 무엇인가?

이른바 조합주의와 통합주의간 갈등[10]이라 일컬어지는 한국의료보험의 정치는, 권위주의체제하에서 보건사회부관료들에 의해 촉발되었다. 의료보험 시행 초부터 소규모로 운영되는 조합에서 재정 및 관리운영의 불안정성이 끊임없이 문제가 되어 왔으며, 이로 인해 보사부는 3천명 미만 조합에 대한 대대적인 통폐합에 나서게 되었다. 이 과정에서 1980년 11월 보사부는 의료보험조합을 전적으로 통합하는 '의료보험 통합일원화' 방침을 결정하였다(차흥봉, 1996: 181). 이 같은 결정은 부총리와 총리에게까지 결제를 얻었으나, 청와대에서 번복되고 만다. 이때 대통령이 거부하는 데 결정적 역할을 수행한 것은 다름 아닌 청와대에 파견근무 중이던 보사부관료들이었다.[11]

이어 1982년에도 보사부 장관은 의료보험의 통합을 위해 집권당인 민정당 원내총무, 국회보사위원장과 함께 '의료보험 통합일원화 방안'에 대해 대통령께 보고하였으며, 청와대 비서실의 복지관료들과 격론을 벌였다. 이때 보사부와 당쪽의 핵심 논리는 의료보험의 통합을 통해 정부재정 투입을 최소화함과 동시에 의료보험의 확대를 꾀할 수 있다는 것이었다(이규식, 2000:57~58). 반면 반대 측 복지관료들은 근로자, 자영자, 농민들에게 하나의 잣대로 보험료를 부과할 수 없으며, 통합이 되더라도 보험료 징수의 어려움 등으로 인해 정부의 부담과 책임이 더욱 증대될 것이라는 것이었다(김종대, 2000: 88~90). 한마디로 양측 모두 의료보험을 확대하는 과정에서 정부의

10) 조합주의와 통합주의는 의료보험의 운영체제에 대한 입장의 차이에 근거하고 있다. 다음은 두 가지 운영체제에 대한 특징을 요약한 것이다(차흥봉, 1996:180).

구분	조합방식	통합방식
조직구성	직역, 직장, 지역별로 조직	전국민 단일조직
자격관리	조합별로 자격관리	전국일원적 자격관리
보험료부담	각 조합내 소득 비례 차등부담	전국민 계층간 소득비례 차등부담
보험급여	법정급여는 균등 부가급여는 조합별 차등	법정급여의 균등화
보험재정	조합별 독립재정 -위험분산기능의 제한	보험재정의 통합운용 -위험분산기능의 확대

11) 이들은 정무2수석비서관실에 근무했던 윤성태 비서관과 김종대 행정관이었다(신동아 5월호).

통합논쟁의 기원 및 초기과정에 대한 증언

◆김종대(당시 청와대 행정관) 인터뷰

〔통합논쟁의 기원에 대해〕(제도 시행 초기에) 500~600명 근로자를 가진 곳은 위험이 컸다. 이런 문제가 시행한 이후 생겼다. 그래서 일본의 자료를 보니 가입자가 2000~3000명은 되어야 안정적 운영이 가능했다. … 그래서 이른바 '통폐합'에 들어간 것이다. 같은 계열끼리 묶고, 같은 계열이 아닌 것은 인근 기업들끼리 묶었다. 그래서 직장의료보험이 안정단계에 들어갔다. 이에 따라 적립금이 쌓였다. 이때부터, 농어민, 자영업자는 어떻게 하냐는 얘기가 나왔다. 이 문제가 핵심과제로 등장했다. 그래서 81년부터 옥구, 구리, 홍천 등 6곳에서 1차 시범사업을 시행했다. 이 과정에서 지역의료보험, 당시 농어민의료보험을 어떻게 하면 되겠느냐는 문제가 있었다. 그래서 통합을 하면 된다는 의견이 나왔다. 근로자의 적립금 중에 남은 것을 가지고 쓰면 농어민, 자영자의 의료보험을 시행할 수가 있다. 이것이 통합의 출발점이었다. 통합의 출발은 전국민의료보험 확대방안의 하나로 일어난 것이다.

〔1982년 청와대 논쟁에 대해〕82년 11월 2일 오후 3시였다. … 그때 대통령 주재의 회의에 당에서는 최영철 보사위원장, 이종찬 원내총무가 참석하고 보건복지부에서는 김정래 장관이, 청와대는 김태호 수석, 윤성태 비서관이 참석했다. 이종찬 총무가 의료보험 통합을 해야 한다는 내용의 보고를 했다. 농어민, 자영자 의료보험문제 해결과 과다한 관리비의 절감을 위해 의료보험의 통합이 필요하다는 주장을 했다. 그리고 이렇게 해야 전국민의료보험 확대가 용이하다고 주장했다. 다음으로 청와대는 윤성태 비서관이 보고했다. … 그 보고서의 핵심은 통합일원화를 하면 안 된다는 것이었다. 그 이유는 첫째, 지역은 지역대로, 직장은 직장대로 의료보험을 실시하는 것이 비용이나 이런 면에서 가장 현실적이다. 둘째, 실질적으로 보험료 부과 기준을 만들 수가 없다. … 이런 여러 가지 논리와 거기에 대한 반대 논리 중에서 가장 핵심적인 논리는 자치와 자율이라는 문제, 관리·운영의 비효율을 가져온다는 것이다. … 이런 주장에 대해 전두환 대통령이 당에서 공부를 더 해오라, 청와대의 말이 구구절절이 맞지 않느냐 이런 얘기를 했다. 그래서 의료보험 통합에 관한 문제가 일단락되었다. 이것이 하나의 큰 분수령이었다(2007. 8. 1).

재정지원과 책임의 최소화를 추구하였으며, 차이는 단지 방법론적인 것에 불과했다. 하지만 이러한 논쟁 역시 당시 전두환 대통령이 보사부 출신 파견 관료들의 손을 들어줌으로써 종결되었다. 이후 보사부 내에서 통합을 찬성하던 일부 관료들이 이른바 '보사부파동'을 통해서 물러나게 되자, 보사부는 1990년대 후반 통합이 이루어지기 전까지 가장 강력한 조합주의 옹호그룹의 일원으로 남았다.[12)]

통합을 둘러싼 갈등은 1988년 농어촌 의료보험 확대를 둘러싸고 본격적으로 재연되었다. 하지만 이때부터 갈등의 양상은 근본적으로 달라졌다. 1977년 의료보험 실시 이후 권위주의 정부는 세계에서 유래가 없을 정도로 빠른 속도로 의료보험 적용대상 인구를 확대했다. 이 과정에서 1988년 1월 농어촌지역의료보험이 실시되면서 전국적으로 의료보험에 대한 농어민들의 불만이 고조되어 갔다. 도시 직장인에 비교해 볼 때, 보험료 부과의 형평성 문제와 열악한 의료 인프라 및 진료권 설정에 따른 의료이용의 제한 등이 불만의 핵심이었다.

> 1988년 1월부터 농어촌 의료보험을 시작하자마자 전국 방방곡곡에서 심각한 문제가 제기되었다. "보험료를 부담할 수 없다", "보험료가 불공평하다", "의료기관 이용에 차별을 둔다"는 등의 불평이 한꺼번에 터진 것이다. … 그 불평불만의 준거집단이 농촌지역사회의 내부에 있는 것이 아니라 그 외부에 있다는 사실을 알 수 있다(차홍봉. 1988: 89).

그 결과 전국각지에서 보험증을 반납하거나 보험료고지서를 불태우는 등 직접적인 행동에 들어갔다.[13)] 농민들의 자발적 저항이 계속되자 이번에는 1987년 민주화 이후 조직된 보건의료단체들이 이 문제에 개입하기 시작했다. 농민단체와 보건의료단체는 '의료보험통합일원화, 국고지원 50%로 확대, 의료보호확대실시'를 주장하며, 1988년 6월 전국 48개 단체가 참가한 '전국의료보험대책위원회'를 결성하기에 이르렀다(의보연대, 1998: 948). 의료보험정책이 최초로 정부조직의 폐쇄회로를 벗어나, 사회적 갈

12) '보사부파동'이란 보사부 내의 통합파인 이두호 기획실장, 차홍봉 의료보험제도과장, 오근식 사무관이 독직 등을 이유로 면직된 사건을 말한다. 이후 보사부 내에서 통합을 주장하는 세력이 크게 약화되었다(원석조, 2006: 165).

13) 시행 초기에 집회나 시위를 한 지역은 전국 12개 군에 달했으며, 전국 40개 군에서 의료보험대책위원회를 구성하기에 이른다(의보연대회의 1998: 947).

등과 압력에 직면한 것이다. 이후 사회단체들은 의료보험 통합논의와 갈등과정에서 핵심적인 역할을 수행하였다.

> … 동 위원회〔전국의료보험대책위원회〕는 〔1988년〕 9월 10일 대전에서 개최한 정책토론회를 거쳐 통합의료보험법안을 입안하였다. … 여야 4개 정당에 모두 보내진 이 "국민의료보장법안"은 전문 8개장 91개조 부칙 7조로 의료보호까지 포함한 통합일원화, 국가책임성강조, 소득만을 대상으로 한 누진보험료율, 보인부담금 10%이내 등 그 후 야당법안의 주요골자가 되는 내용들을 대부분 망라하고 있었다(의료보험연합회, 1997:520~21).

이후 일련의 갈등과 대립과정에서 나타난 찬성·반대 그룹의 목록은 다음과 같다. 통합에 반대하는 집단 중에는 청와대를 비롯한 보사부관료들의 정책적 영향력이 컸다. 조합조직의 연합체인 의료보험연합회와 이들을 지원하고 후원해온 경제단체(전경련과 경총)는 통합에 반대할 경제적 유인을 가진 영향력 집단이었다. 통합을 하면 기존 조합의 적립금을 새로운 통합기구로 이전해야 하며, 따라서 개별조합이나 기업들은 자신들이 누려왔던 적립금 운용에 따른 모든 이권을 잃게 되기 때문이다(김연명, 2000: 91~92). 여기에는 보수적인 언론도 커다란 역할을 하였다. 〈경향신문〉이나 〈한겨레〉를 제외한 대부분의 언론들은 의보통합논란 초기부터 일관되게 반대여론을 조성하였다. 학계에서도 보건학, 경제학, 경영학을 전공하는 일부 전문가들은 조합주의를 옹호하는 입장이었다.

의료보험의 통합에 찬성하는 집단의 목록은 다음과 같다. 정당들은 정도와 시기의 차이가 있었지만, 여야를 막론하고 통합을 지지하는 주요 세력이었다(〈신동아〉, 2001년 5월호). 이들은 1987년 민주화 이후 선거 때마다 정치적 지지를 획득하기 위해 통합을 내걸었으며, 그 결과 통합문제는 지속적인 정치적 의제로 다시금 불려오게 되었다. 의사들 역시 통합에 찬성하는 집단에 속한다. 의료구매자인 조합조직의 통합이 의료판매자들인 의사와 병원에 대한 통제를 가져올 가능성이 큼에도 불구하고 소극적이나마 일관되게 찬성하였다. 그 이유는 적자조합의 진료비체불 등과 같은 문제를 해결하기 위한 경제적 문제 때문이었다(김연명, 2000:96~97; 김종대 인터뷰).

농민조직들과 노동조직들은 의료보험 통합을 지지하는 핵심이었다. 의보통합으로 인해 보험료 부담을 낮추고 급여범위를 확대시킬 수 있다고 보았기 때문이다. 이 중에서 특히 지역의보 노조는 1980년대 후반부터 전체 의보통합을 이끌어오는 핵심적인 사회세력이었다.[14] 그리고 1990년 이후 결성된 수많은 시민단체들 역시 통합지지의 한축을 형성하였다. 1994년 4월 이들은 '의보연대회의'에 집결하였으며, 통합결정이 이루어지던 1998년에는 노동 · 농민 · 여성 · 시민사회단체 등 77개 단체와 6개의 지역연대회를 망라하게 되었다(의보연대, 1998: 8).

이러한 찬 · 반집단은 1989년 '국민의료보험법'의 통과를 둘러싸고 최초로 격돌하였다. 농민들의 자발적 저항으로부터 시작한 의료보험 통합시도는 여소야대 국면과 맞물리면서 급물살을 타게 된다. 야당인 평민당과 민주당은 1989년 2월 의료보험 통합을 골자로 한 '국민의료보험법'을 제출하였으며, 이 법안은 농민들의 격렬한 반발을 의식한 여당의 찬성으로 1989년 3월 9일 본회의에서 만장일치로 통과하였다.[15] 그러나 이 법안은 언론들의 반대 선전과 직장의보의 격렬한 반대를 배경으로 노태우 대통령이 거부권을 행사함으로써 무산되었다. 대통령의 거부권 행사 이후 통합지지세력들의 격렬한 저항에도 불구하고 사태를 뒤집지는 못했다.

하지만 조합주의적으로 설계된 의료보험이 안고 있는 갈등의 요소는 사라지지 않았다. 정치민주화와 함께 대거 조직된 시민단체들까지 의보연대를 중심으로 통합을 요구함에 따라 사회적 여론은 통합론으로 더욱 기울게 되었다(원석조, 2006: 171).

> 민주노총준비위원회는 노동법 개정과 의보통합을 95년 2대사회 개혁과제로 설정하고, 3월 말부터 시작될 임금교섭과 단체협약에 의료보험 통합문제를 결합하기로 했다. 전국농민회 총연맹은 95년의 중점사업인 '농정대개혁투쟁'에 의보통합투쟁을 첫머리에 올려두고 있다. … 총 195명을 대상으로 조사한 의료보험제도에 대한 전문가 의견에서는 의료보험의 현 조합방식 관리운영체계에 대해 10.7%만이 찬성하고 다른 방식으로 바뀌어야 한다는 의견이 89.3%였다. 대한 의학협회도 지난해 4월 통합일원화 시행을

---

14) 다만 통합이 진행되는 과정에서 형성된 직장의보노조와 그들이 속해 있던 한국노총은 통합을 반대하는 핵심세력으로 전환하게 된다.

15) 당시 통합을 반대했던 핵심관료에 따르면, 민정당이 통합을 찬성한 것은 아래로부터 압력과 정치적 일정을 고려해 마지못해 한 것이었다고 한다. 당시 민정당 김윤환 원내총무는 보사부장관(문태준)과 보사부공보관(김종대)과의 면담에서, "대통령에 대한 중간평가만 치르고 나면, 의료통합을 다시 번복하겠다"고 약속했다는 것이다(김종대 인터뷰, 2006.8.10).

결의했다(정종주, 1995: 121).

농어촌 의료보험 실시 이후 통합론의 배경에 대한 증언

◆김용익(당시 의보연대회의 집행위원장 인터뷰

그 전(지역의보 실시 이전) 의료보험 통합 논쟁에서 조합주의는 따로 운영해야 우리 조합의식이 생겨서 비용절감이 된다는 것이었고, 통합주의는 통합을 해야 관리자 수도 줄고 그래야 비용절감도 된다는 주장이었다. 이런 식의 비용논쟁이 주였다. 이는 지역 의료보험을 만들고 있던 상황에서 선험적인 논쟁이었다. 94년에는 운영을 어느 정도 한 상태였기 때문에 논리를 다시 만들 필요가 있었다. 운영한 자료들을 분석한 결과를 보면, 경기도 연천이나 강원도 철원, 전라도 함평 등은 가난한 사람들만 모여서 조합을 운영한 것이었다. 농촌지역의 사람 수는 점차 줄어들고, 노인 등 없는 사람들만으로 운영하고 있었다. 그렇게 되면 risk pooling(위험분산)이 안 된다. 그중에 암환자 한 명만 생기면 조합 자체가 통째로 거덜 나는 상황이었다. 그런데 강남구 조합의 경우는 사람도 많고, 병이 잘 안 걸렸다. 그래서 조합 재정이 풍부했다. 더군다나 현대, 삼성 등은 조합원들이 젊어서 적립금이 수백억 원씩 쌓여 있었다. 부자조합과 빈자조합의 격차가 벌어져 있었는데, 조합으로 벽을 쳐 놓으니 돈이 흐르지 않는 것이다. … 그것을 다 합치면 risk pooling이 간단히 될 텐데, … 그걸 하나하나 조합을 해놓으니 그걸로 먹고 사는 사람들이 있었다. 당시 군 장군 출신들이 조합장을 했었다. 그래서 통합할 생각이 없었다. 또한 의료보험조합 연합회가 있어서 그걸로 먹고 사는 사람들이 있었다. 내가 보기에는 관리운영비가 너무나 비대해 보였다. 그리고 여러 비리가 있었다. 조합장마다 자가용, 사무실이 하나씩 있었다. 그리고 회사에 있는 조합비는 회사 입장에서 보면 구분이 안 되는 것이었다. 적립금은 회사에서 갖다 쓰고 다시 갚는 것으로 얼마든지 쓸 수 있었다. … 결과적으로 농촌지역 의료보험가입자들 입장에서 보면 보험료는 상대적으로 비싸게 내면서 급여는 떨어지는 늘 불안정한 상태였다. 직장조합과 부자조합은 돈이 남는데 급여확대가 안되니까 노동자들에게는 아무 혜택이 가지 못했다. 그리고 여분으로 남아있는 것은 회사 측에서 가져가 쓸 수 있었다. 그러니까 굉장히 계급적인 문제가 발생하는 것이다. 그 논리를 개발을 했다. 그래서 합쳐야 이득이 된다는 논리를 주장한 것이다. (의보연대) 조직사업을 할 때 그걸 만들어서 강연을 다녔다. 울산, 거제, 구로 등 중요한 사업장은 다 다녔다. 참여연대, 경실련 등등을 다녔다. 전국에 강연을 수십 차례 다녔다(2007. 8. 27).

이를 의식하여 당시 여당이었던 신한국당은 통합법안을 마련하였으며, 대통령선거 입후보자들 역시 한목소리로 의보통합을 지지하였다. 그 결과 김영삼 정부 말기인 1997년 11월, 마침내 공무원 및 사립학교 교직원 의료보험공단과 지역건강보험을 통합하는 것을 골자로 한 국민건강보험법이 여야 만장일치로 국회를 통과하였다. 이어 최초로 선거를 통해 정권을 교체한 김대중 정부는 의보통합을 대통령인수위 100대 과제로 선정하였으며, 사회협약기구인 노사정위에서 1998년 2월 의료보험통합에 합의함에 따라 의료보험통합은 거스를 수 없는 대세가 되었다.

하지만 저항의 흐름도 적지 않았다. 초기 통합논쟁부터 적극적으로 조합주의를 지지해왔던 전경련과 경총 같은 대기업 단체들은 통합에 적극적으로 반대하였다. 대기업들은 단독으로 조합을 구성할 수 있었으며, 그 결과 의료보험 적립금에 대한 통제권을 확보할 수 있기 때문이다.[16] 여기에 더하여 개별 조합의 연합체인 의료보험연합회 역시 대기업 단체들과 함께 조합주의를 고수하는 핵심에 서 있었다. 하지만 마지막까지 격렬하게 반대한 것은 직장 의보노조와 한국노총이었다. 1998년 의보통합이 본격화되자, 직장조합에 직장 의료보험 노조가 만들어지고 이들이 한국노총에 가입하면서 한국노총은 명시적으로 통합반대를 선언하였다. 반대 근거는 도시 자영자와 도시노동자들 간에 소득역진 문제가 발생하기 때문이라는 것이었다.

> 한국노총은 … 노동자의 소득이 도시자영자에게 흘러가는 소득역진현상이 발생하지 않도록 자영자 소득파악률이 80% 이상이 될 때까지 보험료부과 체계는 현행과 같이 이원화시켜야함을 분명히 밝힘 … 또한 정부의 국고 지원액이 현지역조합 재정의 50% 수준이 될 때까지 직장, 지역, 공교의보의 3개 직역재정은 분리(적립금 역시 현체제 유지)되어야 함 … 이러한 요구가 수용되지 않는 상태에서 … 한국노총은 의료보험 통합을 저지할 것임(한국노총사업보고서, 1999:105).

하지만 직장의보노조의 반발은 본질적으로 통합과 그에 따른 구조조정에서 발생하는 이해관계에서 비롯되었다. 통합은 필연적으로 직장의보의 조직축소와 고용불안정

---

16) 이 적립금을 은행에 예치하면 그 10배까지 대출을 받을 수 있었다. 1995년 당시 적립금은 삼성그룹이 964억 원, 현대그룹이 570억 원에 달하는 등 적지 않은 규모였다. 만약 조합이 해체되고 의보가 통합된다면, 이 적립금에 대한 대기업의 통제권은 사라지게 된다(정종주, 1995; 김연명, 2000).

을 야기시키기 때문이다. 한국노총의 태도 역시 직장의보의 한국노총가입으로 인한 것이었다(김연명, 2000: 99).

이처럼 통합과정은 찬반을 둘러싸고 다양한 사회세력이 격돌하는 진통을 겪으면서 진행되었다. 그러나 1999년 1월 직장건강보험까지 통합하는 것을 골자로 한 국민건강보험법이 제정되고 2000년 7월 통합이 일단락됨으로써, 1976년 제도적 설계의 유산인 조합주의는 비로소 역사의 배면으로 사라지게 되었다. 이후 한국 의료보험정치는 의료보험재정문제, 다른 사회보험과의 통합, 그리고 민간의료보험의 도입 등을 중심 의제로 하는 새로운 정치영역으로 전환되었다.

요약하자면, 의료보험통합결정과정은 비록 복지관료 내부의 갈등으로부터 출발하였지만, 곧바로 전 사회·정치 세력을 포괄하는 격렬한 사회·정치적 갈등을 수반하였다. 의료보험 정책과정이 국가관료들 중심의 폐쇄회로에서 벗어난 것이다. 이 과정에 대한 설명으로서 산업화의 논리는 그다지 설득력이 없음은 물론이다. 의보통합결정에 중심적인 역할을 수행한 것이 노동세력을 비롯한 사회집단이었으며, 최종적으로는 이들에 우호적인 정당이 권력을 잡음으로써 가능했다는 점에서 사민주의적 설명이 부분적으로 타당해 보인다. 하지만 노동세력의 조직화와 상대적으로 친 노동적인 정권의 등장만으로 1999년 의보통합을 설명하는 것은 무리가 따른다. 가장 커다란 비토그룹일 수도 있었을 의사집단의 통합지지, 정치적 득표를 의식한 보수여당의 통합찬성, 그리고 자신들의 경제적 이해로 인해 통합에 적극 반대했던 직장의보노조와 한국노총의 존재 등은 통합결정과정에서 중요한 역할을 했음에도 사민주의적 설명으로는 해석할 수 없기 때문이다. 의보통합과정을 살펴보는 데 있어서, 1976년의 결정적 국면이 남긴 조합주의적 의료보험의 유산과 그로 인한 경로의존적인 영향, 권위주의에서 민주주의로의 이행이라는 정치적 변화, 집권당과 반대당 및 국가관료기구의 제도적 배열, 계급으로 환원되지 않는 다양한 이익집단의 존재 등을 종합적으로 고려해야만 하는 이유이다.

6. 결론

1) 정책과정의 특징

국민연금제도와 함께 전 국민을 포괄하고 있으며 복지재정 중에서 가장 많은 비중을 차지하고 있는 의료보험은 그 자체로 한국 복지국가의 핵심적 지주 제도임과 동시에 한국 복지국가 태동기부터 역사적 기원을 같이 해온 제도이다. 따라서 의료보험제도의 발전에 관한 연구는 한국 복지국가의 성장과 변화를 추적하는 데 있어서 많은 시사점을 준다. 그 특징은 다음과 같이 정리할 수 있을 것이다.

첫째, 한국 의료보험은 세 번의 커다란 변화를 수반하며 변화하였다는 것이다. 1963년 의료보험법의 제정, 1976년 의료보험법 2차 전면개정, 1999년 국민의료보험법제정 등이 그것이다. 이 변화는 의료보험발전과정에서 결정적 국면을 이룬다. 이 결정적 시기에서 각각의 정책과정은 전혀 다른 사회, 경제, 정치적 기반 하에서 이루어졌다. 초기에는 대통령과 행정부 주도로 이루어진 반면, 후반으로 갈수록 아래로부터의 압력이 증대되었으며 다양한 사회적 행위자들의 역할이 중요해 졌다는 점이다. 그럼에도 불구하고 각 국면들은 다음과 같은 특징을 공유하고 있다.

둘째, 세 번의 결정적 국면 모두 과거의 유산으로부터 출발하였다는 점에서 공통적이다. 서구경험에 비춰 볼 때, 한국의 의료보험제도는 사회적 기원을 가지고 있지 않았다. 이는 의료보험법의 내용이 왜 소수 정책전문가의 고안물일 수밖에 없는가를 설명해 준다. 이때 강압적인 군부세력의 등장으로 인해 의료보험 정책과정은 정책전문가와 최고권력기구간의 폐쇄회로 속에 갇히게 되었다. 1976년 의료보험법의 개정과정도 마찬가지이다. 1963년 제정된 의료보험법에 따라 시범사업이 실시되었으며, 그로 인해 새로운 사회적·정치적·정책적 긴장이 증대되었다. 1976년 의료보험법 개정은 이러한 긴장 속에서 진행되었다. 게다가 동법이 유산으로 남겼던, 지역과 직역에 기초한 보험자부담이라는 비스마르크적 제도설계에서 크게 벗어나지 못했다. 1999년 의료보험 통합은 1976년 개정법률의 조합주의적 유산에 내재해있는 제도적 갈등으로 인해 촉발된 것이다.

셋째, 결정적 국면이 과거의 연속선상에 있는 것은 명확하지만, 단순히 점증적인 자기강화(*self-reinforcing*) 과정이 아니라는 점이다. 의료보험정책과정은 3번의 결정적 국면을 통해 과거와는 명백한 단절을 이루었다. 첫 번째 국면에서는 의료분야에서 최초로 사회보험의 논리를 도입했으며, 두 번째 국면에서는 사회보험의 원리를 적용시켰다. 세 번째 국면에서는 이전의 제도적 유산인 조합주의적 방식을 완전히 폐지시킨 것이다.

넷째, 결정적 국면과 그 다음 결정적 국면 사이에는 꾸준하고 점증적인 경로의존적 과정이 존재한다는 것이다. 1963년과 1976년 사이에는 지속적인 시범사업의 정책적 실패와 사회보험으로서 의료보험에 대한 인식의 제고과정이 있었다. 그리고 1976년과 1999년 사이에는 조합주의적 의료보험에 대한 저항과 갈등이 지속적으로 반복되고 있었다. 이 과정은 한편으로는 자신을 재생산하는 자기강화과정임과 동시에 스스로의 붕괴를 촉진하는 과정이기도 했다. 경로의존적 과정의 양면성을 보여준 것이다.

다섯째, 결정적 국면을 초래하는 역사적 요인 또는 사건들은 한 가지로 귀착되지 않는다는 점이다. 1963년 의료보험법의 제정과정에서는 군부쿠데타가 결정적 사건이었으며, 1999년 국민건강보험법 제정과정에서는 민주화로 인한 정권교체가 중요한 역할을 했다. 반면 1976년 의료보험법 개정과정은 여전히 확증되지 않는 가설들의 영역이다.

여섯째, 의료보험정책과정의 변화에 대한 특정한 설명논리가 모든 시기에 대해 설명적합성을 지니고 있는 것이 아니라는 점이다. 산업화의 논리는 1963년의 실질적 도입실패와 1976년의 제도 시행에 대해 부분적인 설명력을 지니지만, 정책과정의 인과관계를 설명하지 못한다. 사민주의적 설명 역시 노동과 친노동정당이 부재했던 현실을 고려해볼 때, 한국 의료보험정책변화를 설명하는 데 매우 제한적이다.

이 글에서 보듯이, 세 번의 결정적 국면은 각기 다른 권력관계, 제도적 배열, 정치적 환경 속에서 각기 다른 행위자들의 상이한 역할 속에서 형성됐음을 알 수 있다. 이에 대한 보다 보편적인 설명은 한국에서의 다른 사회보험 정책과정의 변화에 대한 비교분석을 통해서, 그리고 다른 국가들과의 사례비교 연구를 통해서 구체화될 수 있을 것이다.

2) 건강(의료)보험 자료수집의 평가와 향후 과제

자료 수집 영역은 크게 관료영역과 사회영역으로 구분되며, 자료수집 방식은 문서 및 공식 기록의 조사방식과 정책참여자들의 개별 증언 조사방식으로 나뉜다. 이들을 조합하면 〈표 2-3〉과 같은 4가지의 유형이 도출된다.

이번 연구에서 동원된 자료 수집 유형은 의료보험의 발전시기마다 중심점을 달리하였다. 1960년대 의료보험법제정과정은 전적으로 관료영역의 폐쇄회로에서 진행되었으므로, A유형과 C유형을 중심으로 진행하고자 했다. 하지만 많은 어려움이 있었다. 관료영역의 공식기록은 최고회의 일부 문서와 기록만이 남아 있을 뿐이었다. 이를 보완할 수 있는 것은 관료참여자의 사적 기록과 증언이라 할 수 있는데, 이 또한 고령과 사망 등을 이유로 자료 수집이 용이치 않았다. 따라서 1960대의 자료들은 이 시기를 연구했던 특정 연구자료나 논문에 의존할 수밖에 없었다.

1970년대의 기록 역시 관료영역이 중심이었으며, 공식적 기록을 확보하는 데는 많은 어려움이 있었다. 하지만 당시 정책관련 실무자들이 생존해 있으며, 이들의 증언과 사적 기록(C유형)으로 인해 공식적 정책과정의 주요흐름을 복원할 수 있었다. 또한 이 시기는 의사협회나 전경련 등 사회영역의 세력들이 일정부분 정책과정에 참여하였는데, 이들에 대한 기록은 각 단체에서 발행하는 기관지나 단체의 역사를 정리한 기록물들(B유형)을 통해 부분적으로 확인할 수 있었다. 하지만 여기에도 문제가 없는 것은 아니다. 각 행위자들의 증언이나 사적 기록물들은 자신들이 처한 위치와 입장에 따라 종종 커다란 차이를 보였다. 이에 대한 추가적인 확인과 검증과정을 거치는 것이 필요하다.

의료보험제도의 확대와 통합과정에 대한 자료수집 및 연구의 조건은 앞 시기보다 양호하다. 1980년대와 1990년대는 이전과 달리 관료 사회 내부의 폐쇄회로를 벗어나, 다양한 사회적 행위자들이 정책결정과정에 결합하고 있다. 관료사회의 내부의 공식적 기록과 증언들(A유형과 C유형)도 다수 확보할 수 있었을 뿐 아니라, 사회적 행위자들의 기록(B유형과 D유형) 역시 풍부하다. 특히 1990년대 통합과정을 이끌었던 의보연대는 활동관련 기록과 신문기사 등을 방대하게 집적하여 자료집으로 남기고 있다. 그리고 이 시기는 의료보험 전문 연구자들이 직접 논쟁과 갈등의 한 축을 형성하고 있어서, 이들의 주장과 논리를 담고 있는 당시 연구논문과 기록들을 확보하는 것

〈표 2-3〉 자료수집 유형

		조사방식	
		공식 기록	참여자의 사적기록
조사영역	관료영역	A	C
	사회영역	B	D

은 그다지 어렵지 않다. 따라서 이 시기는 자료의 부족보다는 자료들이 지니고 있는 사회·정치·경제적 맥락을 재구성하고, 그에 따라 자료의 중요도와 의미를 판별하는 것이 보다 중요한 과제가 될 것이다.

결론적으로 의료보험 정책과정에 대한 자료수집 및 연구는 다음과 같은 두 가지 문제에 직면해있다고 할 수 있다. 첫째, 초기 정책과정에 대해서는 핵심관료들의 행위와 기록에 대한 추가적인 수집이 필요하며, 일부 존재하는 증언과 자료들에 대해서도 추가적인 검증이 필요하다. 둘째, 후기 정책과정에 대해서는 자류가 풍부한 대신, 자료의 맥락을 재구성하고 중요도와 의미를 판별하는 작업이 요청되고 있다.

참고문헌

강명세. 2006. “한국 복지국가의 기원: 의료보험제도의 기원과 변화.” 〈사회과학연구〉. 제 14집 1호.

김순양. 1995. “의료보험 정책과정에서의 참여자의 특성변화에 관한 연구.” 〈한국행정학보〉. 제 29권 제 2호.

김순양. 2006. “보건의료 정책형성 과정의 동태성.” 〈한국정책학회보〉. 제 15권 3호.

김연명. 2000. “의료보험 통합의 이해관계 · 의의와 향후과제.” 이종찬 외. 《한국의료 대논쟁》. 소나무.

김정렴. 1990. 《한국경제정책30년사: 김정렴 회고록》. 중앙일보사.

김정원. 1984. “군정과 제 3공화국: 1961~1971.” 김성환 외. 《1960년대》. 거름.

김태성 · 성경륭. 2000. 《복지국가론》. 나남출판.

대한의학협회. 1993. 《대한의학협회 85년사》.

손준규. 1981. “한국의 복지정책 결정과정에 대한 연구.” 서울대 정치학 박사논문.

송호근 · 홍경준. 2006. 《복지국가의 태동: 민주화, 세계화 그리고 한국의 복지정치》. 나남출판.

양재진. 2005. “한국의 산업화시기 숙련형성과 복지제도의 기원.” 〈한국정치학회보〉. 38집 5호.

엄장현. 1961. “한국 의료보험제도 도입에 관한 견해.” 〈대한 의사협회지〉.

원석조. 2006. “건강보험통합의 전개과정에 관한 연구.” 〈사회복지정책〉. 25권.

의보연대회의. 1997. 〈의보연대회의활동보고서: 의보통합 10년 투쟁사〉.

이규식. 2000. “의보통합 논리의 변화와 문제점.” 이종찬 외. 《한국의료 대논쟁》. 소나무.

전경련. 2001. 《전경련 40년사 1, 2, 3》. 전경련.

정무권. 1996. “한국 사회복지제도의 초기형성에 관한 연구.” 〈한국사회정책학회〉. 제 3집.

정종주. 1995. “의료보험 통합일원화를 가로막는 보사부 마피아.” 〈사회평론 길〉. 3월호.

조영재. 2008. “한국복지정책과정의 특성에 관한 연구.” 〈한국정치학회보〉. 42집 1호.

차흥봉. 1988. “의료보험의 발전적 개선방향.” 보사부. 〈의료보험의 발전적 개선방향에 관한 공청회 보고서〉.

차흥봉. 1996. “의료보험의 정책결정과정.” 〈사회복지정책연구〉. 제 3집.

통계청. 1995. 《통계로 본 한국의 발자취》. 통계청.

한국노동조합총연맹. 1979. 《한국노동조합운동사》. 한국노동조합총연맹.

한국노동조합총연맹. 1999. 《한국노총사업보고서》. 한국노동조합총연맹.

한국은행. 1976. 《경제통계연보》. 한국은행.

한국의료보험연합회. 1997. 《의료보험의 발자취》. 한국의료보험연합회.

최수일 인터뷰(1996. 6. 9).
김일천 인터뷰(1996. 6. 14).
김종대 인터뷰 1차(1996. 6. 15), 2차(1997. 8. 10).
김용익 인터뷰(1997. 8. 27).

Collier, R. B. and D. Collier. 1991. *Shaping the Political Arena.* Princeton University Press.

Hacker, Jacob. 1998. "The Historical Logic of National Health Insurance: Structure and Sequence in the Development of British, Canadian and U.S. Medical Policy." *Studies in American Political Development 12* (Spring 1998): 57~130.

Pierson, Paul. 2001. *The New Politics of the Welfare State.* Oxford University.

Pierson. Paul. 2000. "Increasing Returns, Path Dependence, and the Study of Politics." *American Political Science Review.* June. 94(2).

Rimlinger, G. V. 1971. *Welfare Policy and Industrialization in Europe, America and Russia.* John Wiley and Sons. 한국사회복지학연구회 역. 《사회복지의 사상과 역사》. 한울.

Ripley, Randall B. and Grace A. Franklin. 1976. *Congress, the Bureaucracy, and Public Policy.* Homewood: The Dorsey Press.

Roberts, J. Marc et al. 2004. *Getting Health Reform right: A Guide to Improving Performance and Equity.* Oxford University Press. 신영전 역. 2005. 《보건의료개혁의 정치학》, 한울.

Roemer, Milton. 1993. *National Health System of the World II.* Oxford University Press. 강민선 외 옮김. 《세계의 보건의료제도》. 한울아카데미.

부록 1 주요 자료 해제

1. 손준규. 1981. "한국의 복지정책 결정과정에 대한 연구." 서울대학교 정치학 박사학위논문

한국 복지국가 태동기라 할 수 있는 1960~70년대 의료보험 정책결정과정을 연구하는 데 있어서 가장 중요한 문헌 중에 하나이다. 1960년대 의료보험 입법과정에서 민간 복지전문가들의 역사적 배경과 당시 권력기구인 최고회의에서 그들이 어떠한 역할을 하였는가, 그리고 1976년도 의료보험법 개정과정에서 대통령과 복지관료 및 이익집단들이 어떠한 역할을 하였는가를 살펴보고 있다. 또한 의료보험정책결정과정이 1960년대와 1970년대에 어떻게 변화하였는가에 대한 비교분석을 담고 있다. 의료보험 태동기에 대한 객관적 자료가 빈약한 현실에서, 당시 복지전문가와 복지관료들의 증언을 담고 있다는 점에서 사료적 가치를 포함하고 있다.

2. 의료보험연합회. 1997. 《의료보험의 발자취》, 의료보험연합회. 2000. 《의료보험의 발자취 추록자료집》

보험자단체인 의료보험연합회가 발간한 이 두 권의 저서는 의료보험의 정책결정과정과 그 제도적 변화에 대해 1,000쪽이 넘는 지면에 가장 방대한 자료를 집약한 문헌들이다. 10년에 가까운 자료수집과 복지관료, 학계, 보험자단체 및 의료보험 이해관계자 단체(한국노총, 경총, 의협 등)의 자문을 거쳐 저술되었으며, 의료보험에 관한 각종 통계 및 업무내용에 대한 자료를 포함하고 있어 사료적 가치가 높다. 아쉬운 점은 보험자 단체의 시각에서 서술하고 있다는 점이다. 특히 의료보험의 통합과정에서 시민단체 등 아래부터의 압력에 대한 기술이 누락되어 있다.

3. 의보연대회의. 1999. 《의보연대회의 활동보고서: 의보통합 10년투쟁사》

1994년 결성된 의보연대회의는 노동자, 농민, 시민단체, 보건의료단체를 망라한 연합단체로써, 의료보험 통합과정에서 아래로부터 압력을 이끌어 냈던 핵심적인 행위자였다. 대중 수준에서 의료보험통합 운동이 본격화되기 시작한 1988년부터 통합의 가닥이 잡힌 1998년까지 연대회의를 중심으로 사회세력들의 활동기록을 담고 있다. 각종 주요 일지, 회의자료, 성명서, 보도자료, 신문기사, 입법자료, 소식지, 홍보물 등을 1,200쪽에 가까운 방대한 분량으로 집적한 1차 자료의 보고이다.

4. 강명세. 2006. "한국 복지국가의 기원: 의료보험제도의 기원과 변화." 《사회과학연구》 제14집 1호

이 논문은 의료보험제도의 도입과정을 통해 한국 복지체제의 연원과 특성을 설명한다. 저자는 태동기 한국의료보험제도가 수요자 부담 중심의 지위차별적인 비스마르크 모델과 유사한 특성을 가지게 된 이유에 대해 다양한 사회경제적 요인과 행위자의 전략적 선택을 통해 설명하고 있다. 정

통성 부족을 보완하려는 군사정부의 의도, 복지전문 엘리트들의 정책적 노력, 자본가의 경제적 이해, 노동시장의 구조 등이 복합적으로 검토된다. 복지수요가 미약한 상황에서 왜 군사정부는 의료보험을 강제적으로 도입하였으며, 그 결과 이후 의료보험제도의 발전에 어떠한 영향을 미쳤는가에 대한 분석적인 아이디어를 제공해 준다.

5. 김순양. 1995. "의료보험 정책과정에서의 참가자의 특성변화에 관한 연구." 〈한국행정학회보〉. 29권 2호

이 글은 의료보험 정책 영역의 5가지 사례를 비교분석한다. 1963년 군사정부 하에서 법제정, 3공화국에서의 1차 개정, 4공화국에서의 2차 개정, 5공화국에서에 의보시범지역내 의약분업, 6공화국에서의 국민의료보험법 제정이 분석대상이다. 이 글을 통해 의료보험 정책변화과정에서 주요 참여자들의 목록과 그 특성들에 대해 확인할 수 있다.

6. 이규식. 2000. 〈의료보험통합 논리의 변화와 문제점〉. 《한국의료대논쟁》. 소나무. 김연명. 2000. 〈의료보험 통합의 이해관계 · 의의와 향후 과제〉. 《한국의료대논쟁》. 소나무

이 두 글은 40년 의료보험의 역사에서 후반부 20년을 특징지워 온 의료보험 통합논쟁을 대변한다. 전자는 조합주의를 옹호하는 입장에서, 후자는 통합주의 입장에서 각자 바라보는 상황인식과 논리를 정리하고 있다. 특히 전자는 논쟁의 주요 쟁점과 전개과정, 그리고 통합주의 논리의 문제점에서 대해 정리하고 있는데 반해, 후자는 양쪽 지지집단의 경제적 · 정치적 이해관계에 대해 상세히 분석하고 있다.

부록 2 인터뷰 요약

실질적 도입기	**최수일 (인터뷰 날짜: 2006.6.9)** 보사부 초대 사회보험국장으로 의료보험제도 설계 및 시행 주도 1976년 보사부가 의료보험 실시로 급선회한 이유는? 이전부터 실무자들의 연구는 진행되어 왔으나, 실시에 대해서는 대부분 시기상조라는 의견이 지배적이었음. 그러나 신현확 장관 취임이후 의료보호의 실시와 더불어 의료보험의 실시를 대통령에게 건의하게 된 것임.

의료보험 실시결정과정에서 대통령과 복지관료의 관계는?

의료보험의 실시가 가능하다는 신현확 장관의 확고한 결심이 선행되었음. 그 후 박정희 대통령에게 건의하여 실시하게 됨. 이때 대통령은 신중을 기하여 단계별로 실시할 것을 지시하였음.

의료보험실시에 대한 경제계의 입장은?

경제계는 연금제도의 선례(적립금의 중화학공업화에 전용계획 등) 때문에 많이 경계하였음. 그러나 제도의 핵심인 보험료 갹출과 관리, 의료급여의 실시관리 등에 있어서 기업이 독립된 재정을 유지하는 자치조직인 인가조합에 위임함으로써 동의를 이끌어 냄. 특히 전경련은 시행초기에 적극적으로 협조하였음.

의료보험 실시에 대한 의료계의 입장은?

법개정 당시에 의료계와 커다란 갈등사항은 없었음. 그러나 실시에 있어서 의료계의 최대 관심사인 의료수가수준에 관해서는, 관행수가의 65%수준에서 제정되자, 개원의를 비롯한 의료단체의 반발로 인한 커다란 진통이 있었음.

의료보험 실시에 대한 노동계의 입장은?

시행 추진시 사업장의 근로자들을 대상으로 의견을 종합한 바 있음. 이때 근로자는 전부 찬성하였으며, 한국노총 또한 아무런 이의제기가 없었음.

김일천 (인터뷰 날짜: 2006.6.14)

의료보험 실시 당시 보사부 수리조사과장으로 실무 참여

의료보험제도 설계의 기술적 핵심 사안인 수가와 요양급여 기준 설정과정은?

수가와 요양급여기준이 없이는 의료보험 시행이 불가능함. 하지만 이에 대한 경험이나 준비는 전혀 없었고, 심지어 의사들도 몰랐음. 신현확 장관의 지시로 1976년 말 일본을 방문해 그곳 관료들과 의료계를 순회하며 배우고 참고했음.

보험료율을 결정할 때 경제계의 반응은?

전경련은 적극적으로 도와줬음. 전경련이 아니었다면 이렇게 쉽게 할 수 없었을 것임. 도와 달라는 것은 다 도와줬음. 의료보험 연합회도 전경련이 돈을 내서 만들었다. 정말 적극적으로 찬성했음.

김종대 (인터뷰 날짜: 2006.6.15)

의료보험 실시 당시 보사부 의보관리과장으로 실무참여

의료보험 실시에 있어서 북한과의 체제경쟁 요인은?

의료보호제제도의 시행이 북한 요인과 관련되어 있음. 의료보험은 어쨌든 소득이 있는 사람을 대상으로 한 것임. 먼저 소득이 없는 사람부터 보장을 하는 것이 필요했음. 북한은 돈이 없어도 공짜로 가는 현실에서, 의료보호제도 도입은 체제 경쟁이 한 요인이 되었음.

의료보험 실시에 따른 경제계의 역할과 태도는?

김입삼(당시 전경련부회장) 씨의 역할이 지대했음. 이것도 신현확 장관과 최수일 국장의 설득이 주효했음. 김입삼 씨는 회원사를 설득하고, 초기 의료보험 연합회가 일을 할 수 있도록 공간을 제공해 주는 등 많은 일을 함.

의료보험 실시에 따른 의료계의 역할과 태도는?

당시 의료계는 의료보험에 대해 정면 발발하는 것은 아니었으며, 못마땅하게 생각하는 정도였음. 여기서 신현확 장관이 경제계와 마찬가지로 의료계를 설득했음. 신장관이 공식적으로 제도도입에 반대하지 말라고 설득했음. 그러나 그 후 수가에 대한 반발이 있었음.

의료보험 실시 당시 경제부처의 반응은 어떠했나?

경제기획원은 의료보험 운영체제에 관해 단지 아이디어 수준에서 논의가 오감. 독일과 일본 체제를 따랐기 때문에 크게 반대하지는 않음. 하지만 1981년 지역의료보험 시범사업을 시행한 이후 의료보험이 확대되면서 기획원과 논쟁이 첨예했음. 기획원은 광역화를 주장하고, 우리는 기초단위로 해야 한다는 입장이었음.

통합기

김종대 (인터뷰 날짜: 2007.8.10)

통합갈등 초기부터 청와대 행정관, 사회보험국장, 정책관리실장, 청와대 경제비서관 등을 역임

1982년 청와대 통합 논쟁 경위는?

대통령 주재 하에 1982년 11월 보사부 김정래 장관, 민정당 이종찬 원내총무, 보사위원장 최형철, 청와대 정무2수석 김태호, 비서관 윤성태 등이 참석. 내가 통합불가 내용의 보고서를 썼음. 2시간여 논쟁 끝에 대통령이 청와대 비서진의 손을 들어 줬음. 이로 인해 초반 통합논쟁은 일단락 됨.

1988년 통합논쟁 재개 과정은?

88년 농어민, 89년 도시의료보험이 시행되는 것을 계기로 통합에 대한 논쟁이 보사부에서 시작됨. 88년 3월 차관실에 모여서 관련국장의 논쟁이 있었음. 나는 보험은 자치적 결정이 중요하다고 주장하며, 통합거부의사를 명확히 했음. 그 결과 보험과 무관한 곳으로 인사이동 되었음.

1989년 통합의료보험법이 통과된 경위는?

89년 선거에서 여소야대가 되었음. 이 선거에서 모든 정당이 통합을 주장했음. 통합하면 농어민과 도시 영세민은 보험료를 안내던지 경감한다고 유세했음. 그래서 선거후 1989년 3월 22일 법안이 통과되었음.

1989년 통합법안에 대한 대통령 거부권 행사 배경은?

법안 통과 후 언론의 문제제기가 대단했음. 그 근거 중에 하나는 내가 공보관으로 언론에 제공했던 자료(도시근로자가 2.8배 더 내게 된다는 것)에 따른 것임. 그때 청와대에서 관계장관 대책회의를 했고, 여기서 거부권 행사결정이 이루어졌음.

1980년대 후반 당시 의사집단의 태도는?

찬성하는 쪽이었음. 국가 통제로 가는 것이었음에도 불구하고, 조합이 여러 개로 나뉘어 져 있는데 따른 불편함 때문이었음. 즉 연합회로 보험료를 청구하면 돈이 늦게 나왔는데, 통합하면 돈이 즉시 나오는 줄 알고 그렇게 한 것임.

김용익 (인터뷰 날짜: 2007.8.27)

의보연대회의 집행위원장으로 사회단체활동과 정부 정책수립과정에 참여

1988년 통합갈등의 배경은?

88년 농촌지역의료보험 때문에 농민의 저항이 심했음. 인의협, 약사, 치과의사 단체들이 농민운동과 결합하여 운동을 펼쳤음. 하지만 노태우 대통령이 지역가입자에 대해 정부가 50%를 지원한다는 양보안을 내놓음으로서 결말이 났음. 의료정책이 사회운동과 결합하였다는 점에서 중요한 분기점이 되었음.

의보연대 결성 배경과 수행했던 역할은?

1994년 김영삼 정부 때 지역의료보험이 끊임없는 재정위기에 봉착할 수밖에 없는 상황에서 현행 의료보험 제도를 고쳐야 한다는 말이 다시 나왔음. 당시 복지부는 부유한 조합에서 공동기금을 만들어 적자조합을 지원하는 재정조정안을 원했음. 이러한 방식은 근본적인 한계가 있어서 주변 사람들과 협의한 후, 복지부 기자실에서 권영길, 양건모 씨와 함께 통합론을 주장했음. 이를 위해 의보연대를 만들었으며, 민주노총, 참여연대 등이 공동대표를 맡고 내가 집행위원장을 맡게 됨. 이 과정에서 통합에 대한 주요 논리를 개발했음. 그리고 울산, 거제, 구로 등 주요한 사업장과 참여연대, 경실련 같은 사회단체를 다니면서 전국적으로 수십 차례 강연을 했음. 조직화 사업의 일환이기도 했음.

의료보험 통합과정에서 의보연대의 역할과 의미는?

의료보험 통합작업은 88년 시작하여 12년이 걸렸음. 이 과정에서 중요한 것은 정부주도가 아니라 민간주도로 한 것이며, 세계적으로 흔치 않는 사례임.

제 3 장

국민연금제도

양재진

1. 서론

국민연금제도는 한국 복지국가의 사회정책 네트워크, 정책결정과정의 역동성, 그리고 복지정치를 이해하는 데 있어, 그 어느 프로그램보다 중요한 창(窓) 역할을 한다. 이미 한국의 연금제도는 김대중 정부가 국민연금의 도시지역 확대 결정을 내렸을 때, "국민연금파동"이라 불릴 정도로 사회·정치적 갈등을 빚었고, 노무현 정부하에서도 여·야간, 또 사회세력 간에 연금개혁이 큰 정치적 쟁점이 되었다. 한국의 연금제도의 역사는 서구에 비해 상대적으로 짧지만, 그럼에도 불구하고 서구 복지국가에서 볼 수 있는 '연금정치'가 한국에서도 일상화가 되고 있는 것이다. 한편, 1988년에 시행된 국민연금은 2008년에 20년 보험료 납부로 연금수급권을 확보한 연금생활자를 처음으로 배출하게 된다. 연금이 한층 더 우리생활 가까이에 다가온 것이다. 연금수급자가 시행 20년을 계기로 급증하게 됨으로서 연금지출도 함께 늘게 되어, 서구에서처럼 사회보장프로그램 중 가장 많은 지출을 담당하는 제도로 자리잡기 시작했다.

이 글은 한국 복지국가의 복지프로그램 중에 가장 비중이 크다고 할 수 있는 공적연금제도의 발달사를 정리하고 관련자료들을 체계적으로 정리하고자 한다. 공적연금제도는 공무원연금 등 특수직역연금은 물론 크게 보면 퇴직(연)금도 포함해야하나, 본장에서는 논의의 초점을 국민연금의 기원과 발달에 두고자 한다. 국민연금의 기원과 발달에 대해서 크게 세 개의 시기(1970년대 국민복지연금법의 제정과 시행유보기, 1980년대 중반~1990년대 중반 국민연금제도의 시행과 점진적 확대기, 1997년 이후 구조적 개혁 논쟁과 도시지역확대기)로 나누어 살펴볼 것이다. 이는 박정희 정부에서 전두환·노태우·김영삼 정부를 거쳐 김대중 정부에 이르는 시기가 된다. 본 연구는 시기별로 당시의 연금정치와 정책결정과정의 단면들을 제공해주는 기초자료와 정책결정참여자의 증언은 물론 기존 연구 성과를 종합하여 우리나라 국민연금의 발달사를 재구성하고자 한다. 되도록 2차 자료보다는 1차 자료에 의거하고자 하며, 후속 연구에 도움을 주기 위해 주요 자료에 대한 설명도 이 글 말미에 담고 있다.

2. 국민연금 발달사의 시기구분과 자료수집의 초점

국민연금제도의 발전사는 크게 3가지 시기로 구분하여 살펴보고자 한다. 첫째 시기는 1973년 박정희 시대 국민복지연금제도의 형성과 유보를 다룬다. 비록 시행이 유보되었으나, 국민복지연금제도는 1988년에 시행된 국민연금의 모태가 되는 중요한 의미를 지니고 있다. 둘째 시기는 1984년부터 1995년까지의 시기로 국민연금의 시행과 농어촌 지역까지의 확대를 다룬다. 민주화에 대한 열망과 사회경제적 성숙에 힘입어 시행된 국민연금은 우루과이라운드(UR) 등 농어촌구조조정을 앞두고 농어촌 지역으로 확대된다. 이는 1999년 도시지역 확대의 기본틀로 기능하는 제도적 유산을 낳는다. 셋째 시기는 1997년부터 2000년까지의 시기로, 도시지역확대를 앞두고 국민연금의 구조적 개혁이 시도되었던 시기이다. IMF경제위기 이후에는 세계은행 등 국제금융기구의 개혁압력이 작동하고 이에 시민단체와 노동계가 선확대를 주장하고 연기금 운용의 민주화를 추구하는 등 연금정치가 본격화되고 일상화된 시기라 할 수 있다.

현행 국민연금제도는 1973년 제정된 국민복지연금법에 직접적인 연원을 두고 있다. 그러나 제1차 오일쇼크로 어려워진 경제사정을 배경으로 그 시행이 무기한 연기되었고, 현재의 국민연금제도는 1986년 국민연금법의 제정을 통해 1988년 도입되게 다. 도입당시 10인 이상 사업장 근로자를 대상으로 실시하였고, 1992년 5~9인 사업장 근로자를 대상으로 확대적용되었다. 1995년에는 군 지역에 있는 미가입 계층인 농어민, 자영업자, 그리고 5인 미만 사업장 근로자 등을 대상으로 적용되는 등 점진적인 확대가 이루어져 왔다. 1997년 김영삼 정부에서 국민연금제도개선기획단이 발족된 후, 국민연금의 구조적개혁과 도시지역 확대가 논의되었고, 김대중 정부의 등장 이후 1999년 1월에 국민연금법이 개정되면서 급부수준을 생애평균소득의 60%로 하향 조정되었고, 수급연령도 65세로 연장하는 개혁이 단행되었다. 그리고 동년 4월에는 도시지역에 있는 5인 미만 사업장에 속한 근로자와 자영업자를 대상으로 국민연금 적용이 확대되어 명실 공히 전국민연금시대를 열었다.

그러나 고령화 사회의 도래와 함께 저부담-고급여의 확정 급부방식 연금제도의 구조적 문제로 인해 이후 개혁압박이 가중되고 있다. 따라서 외환위기시 김대중 정부는 IMF의 권고로 범정부적인 공·사연금제도개선실무위원회를 구성하여 개혁안을 마련한 바 있으며, 노무현 정부도 재정안정화를 목표로 연금개혁을 추진하였다. 연금은 한국 복지국가의 핵심적인 정치적·정책적 쟁점사안이 되고 있는 것이다.

〈표 3-1〉 연금제도의 시기사적 구분 및 자료수집의 초점

<table>
<tr><th>구분</th><th>연도</th><th>주요 제도적 변화</th><th>자료수집 초점</th><th>주요 행위자</th></tr>
<tr><td rowspan="2">법제화 및 초기 형성기</td><td>1973.12</td><td>국민복지연금법 제정, 공포</td><td rowspan="2">· 국민복지연금법의 제정과 시행유보의 맥락
· 1988년 시행된 국민연금제도에 미친 영향</td><td rowspan="2">· 대통령/경제기획원
· 보사부
· 사보심/KDI</td></tr>
<tr><td>1974.1</td><td>국민복지연금의 시행유보</td></tr>
<tr><td rowspan="5">제도도입 및 점진적 확대기</td><td>1986.2</td><td>국민연금법 변경 공포</td><td rowspan="2">· 민주화운동의 영향
· 특수직역연금제도와의 관계 및 영향
· 저부담-고급여체제의 형성 맥락
· 영세사업장 배제의 맥락</td><td rowspan="2">· 대통령
· 보사부/경제기획원
· KDI
· 경총/한노총</td></tr>
<tr><td>1988.1</td><td>국민연금법 시행</td></tr>
<tr><td>1992.1</td><td>5인 이상 사업장까지 확대실시</td><td rowspan="3">· 단계적 적용확대의 맥락
· 재정경제원의 연기금 운영의 맥락
· 공공관리자금예탁과 관련된 부처 간 갈등
· UR과 농어촌지역 확대의 관계</td><td rowspan="3">· 대통령
· 보사부/경제기획원
· KDI/보사연
· 경총/한노총/농민단체</td></tr>
<tr><td>1994.7</td><td>공공관리자금기금 예탁시행</td></tr>
<tr><td>1995.7</td><td>농어촌 지역 확대</td></tr>
<tr><td rowspan="3">도시지역 확대 및 제도 개혁기</td><td>1997. 6~12</td><td>국민연금제도개선기획단 활동</td><td rowspan="3">· 김영삼 정부하 국민연금의 구조적 개혁추진 맥락
· 김대중 정부 성립과 김영삼 정부의 개혁안 폐기 배경
· '국민연금 파동'의 원인과 전개과정
· IMF경제위기와 세계은행의 한국연금제도 개혁추동과 영향</td><td rowspan="3">· 대통령
· 보사부/재경원
· KDI/보사연
· 여야정당
· 청와대
· 전경련/경총/노동단체 /농민단체
· 시민단체
· IMF/세계은행</td></tr>
<tr><td>1999.4</td><td>도시지역 확대실시 (전국민연금시대)</td></tr>
<tr><td>1999.12~ 2000.12</td><td>공사연금제도개선 실무위원회 활동</td></tr>
</table>

3. 국민복지연금의 법제화 및 초기 형성기[1)]

1) 국민복지연금법 제정 추진 배경과 의제 형성

(1) 복지연금제도도입의 사회 · 경제적 차원

사회보장제도 도입의 사회경제적 배경으로 산업화, 도시화 그리고 특히 연금의 경우 고령화가 주요 요인으로 지목된다(Wilensky, 1975; Cutright, 1965; Flora and Alber, 1981; Rimlinger, 1971). 국민복지연금제도 추진 당시인 1972년은 1차, 2차 경제개발5개년계획의 성공적 추진으로 인해, 산업화에 동반된 도시화와 핵가족화가 가시화되는 시기였고, 서서히 고령화 문제가 제기되었다. 하지만, 1970년 취업자 중 52.3%는 아직도 농어민이었고, 1인당 GDP(불변)가 223달러에 불과할 정도로 사회경제적인 발전 수준은 높지 못하였다. 그리고 65세 이상 노인인구도 전체인구의 3.3%(1973년)에 불과한 상황으로, 영국의 1911년 고령인구가 5.2%(공적연금 도입시기는 1908년), 미국이 1930년에 5.4%(사회보장법, 1935년), 그리고 독일이 1890년 5.1%(노령연금법, 1898년)에 이르렀던 것을 감안하면 아직도 매우 '젊은' 국가였다(국민연금관리공단, 1998; 손준규, 1981). 따라서 사회경제적 혹은 인구구조의 변화로 1973년 국민복지연금제도의 추진을 설명하기는 어렵다.

그렇다면, 복지연금제도의 도입을 추진한 직접적인 원인은 무엇일까? 당시 유신 이후 박정희 정부가 의욕적으로 추진한 중화학공업화사업의 재원마련의 방안차원에서 시작되었다는 분석이 가장 설득력이 있다. 1972년 10월 유신 단행 직후, 박정희 대통령은 "10월 유신에 대한 중간평가는 수출 100억 달러 달성에 달려있다"고 말하고 "행정, 생산양식, 농민생활, 국민의 사고방식, 외교, 문교, 과학기술 등 정부의 모든 정책 초점을 100억 달러 수출목표에 맞추어 총력을 집중하라"고 지시를 내린다(오원철, 1999: 489~491).

이에 연말쯤 되자 중화학공업 건설 계획의 윤곽과 함께 조선공업 육성방안(1972.12), 일반기계공업 육성방안(1972.12), 호남화학공업단지 계획(1972.12), 정밀기계공업 육성방안(1973.1), 전자공업 장기육성방안(1973.1), 기계소재공장 건설

---

1) 이 부분은 양재진(2007)을 수정 · 보완하여 작성되었다.

및 철강재 수출계획(1973. 1), 비철금속제련단지 계획(1973. 1) 등이 쏟아져 나왔다. 문제는 중화학공업화를 추진할 재원마련이었다. 필요재원의 규모와 이의 무게를 당시 중화학공업기획단 단장이었던 오원철은 다음과 같이 기록하고 있다.

> 〔중화학공업 건설추진을 위한〕 브리핑이 끝나자 박 대통령은 "중화학공업 건설에 소요되는 자금은 얼마나 되지?"라고 질문했다. "내·외자 합해 약 100억 달러가 소요됩니다"라는 답을 받은 대통령은 동석했던 남덕우 재무부장관에게 "돈을 댈 수 있소?"라고 했다. 남 재무는 "액수가 너무 커서…"라며 말을 잇지 못했다(주: 〔한해 총수출액이〕 18억 달러 하던 당시 100억 달러라는 금액에서 받은 느낌은 1,400억 달러 수출하고 있는 현 시점(1997년)에서 7,000억 달러 투자규모에 대한 충격과 같다고 생각하면 된다). 그러자 대통령은 "내가 전쟁을 하자는 것도 아니지 않느냐. 이 정도의 사업에 협조를 안 해주어서야 되나"라며 최종단안을 내렸다(오원철, 1999: 37).

이에 따라 경제부처는 여러 가지 재원조달 방안을 경쟁적으로 마련하고 이를 추진하였다. 재무부에서는 부가가치세의 도입준비에 박차를 가하고, 국민투자기금법을 '극비리'에 준비하였다.[2] 그리고 경제기획원은 IBRD, AID 등으로부터 공공차관을 확보하고, 한편으로 연기금을 통해 내자를 동원하는 방안을 추진하였다.

경제기획원의 연기금 동원전략은 당시 KDI원장이었던 김만제 박사가 서강대 이승윤 교수의 AID 연구용역과제, "A Feasibility Study of Compulsory Retirement Scheme in Korea"라는 보고서에서 힌트를 얻고, KDI 박종기 박사에게 연구를 지시하면서 시작되었다. 박종기 박사는 위스콘신대학의 Raymond Muntz교수를 비롯한 미국제도학파 출신 학자들과 미국사회보장청의 Paul Fisher박사, 하버드대학의 재정학계의 거장 Musgrave 교수 등을 두루 면담하고, 〈사회보장연금제도를 위한 방안(잠정)〉으로 명명된 대외비 보고서를 작성하였다. 이 보고서가 작성된 날은 1972년 11월 25일이었으며, 작성 당일 김만제 원장과 박종기 박사는 태완선 부총리겸 경제기획원장관을 방문하여 그 구체적 내용을 설명하였다. 11월 30일에는 김만제 원장이 청와

---

2) 극비리라 함은, 재무부는 각 부처에 산재된 기금을 통합하여 중화학공업화에 필요한 투자재원으로 삼는 작업을 추진함에 있어, 법안이 성안될 때까지 소관부처인 경제기획원 예산국과 일절 의사소통이나 조율 없이 작업을 하였기 때문이다(이형구 당시 경제기획원 서기관 증언, 2006. 5. 25).

대에서 박정희 대통령과 그 자리에 배석한 몇몇 경제장관에게 그동안의 연구결과를 보고하면서 연금제도 도입의 필요성을 설명하였다. 특히 연금제도의 잠재적 혜택과 비용을 비교·분석하고 이의 저축 및 투자효과를 구체적으로 제시하였다. 김만제 원장은 사회보장연금제도의 도입은 국내저축의 제고뿐만 아니라 국가재정을 위한 투자재원의 조달에도 크게 기여할 수 있다는 것으로 보고를 끝냈다. 장시간의 토론 끝에 박대통령은 제도도입의 가능성을 시사하는 결론을 내렸다. 그리고 KDI가 책임지고 그 구체적인 방안을 계속해서 연구개발해 나가도록 지시하고 관련부터의 협조를 얻도록 당부하였다(민재성 인터뷰, 2006.5.24; 국민연금관리공단, 1998: 64; 전남진, 1982; KDI, 1973; Park, 1975).[3)]

여러 정황으로 보아, 박정희 대통령은 김만제 원장의 아이디어를 매우 긍정적으로 수용하였던 것으로 보이며, 마침내 1973년 1월 12에 있었던 연두기자회견에서 박정희 대통령이 직접 연금제도 도입을 천명하여 국민복지연금제도의 도입이 공식화되었다.

(2) 복지연금제도 도입의 정치적 차원

그러나 연금제도가 정부차원에서 중화학공업화의 필요에 따라 처음 논의된 것은 아니며, 박정희 대통령이 경제적 관점에서만 연금제도의 도입을 천명한 것도 아니었다. 이미 보건사회부는 산하 사회보장심의위원회(이하 사보심)의 연구위원들을 중심으로 4대사회보험(산재, 노령, 질병, 실업)에 대한 구상이 일찍이 1960년대 초부터 논의가 되어 왔었다. 1963년 11월 사회보장에 관한 법률제정 공포와 더불어 '양노연금사업'이 구체적으로 구상되었고, 이를 위한 조사와 연구사업이 시작되었다. 그 외 노인복지사업계획, 장애자 복지사업계획, 그리고 노인복지법 시안, 장애자복지기본법 시안 등이 지속적으로 입안되었다(민재성 인터뷰, 2006.5.24; 최수일 인터뷰, 2006.5.18). 이러한 노력이 보다 구체적으로 결실을 맺은 것은 〈연금제도 도입을 위한 장기계획: 72~81년도〉가 발표된 1972년 10월이라 할 수 있다. 이 계획에 의하면, "1974년부터 연금제도를 실시하되 1976년에는 500인 이상 사업체 근로자 30만명을 가입시키고 1981년까지 단계적으로 확대적용하여 30명 이상 근로자 200만명을 연금에 가입하도록 하고 노령퇴직자에게는 월생계비를 정기적으로 지급하여 노후생활을 보장"하도록

3) KDI의 구상과 연구결과는 KDI(1973)와 Park(1975)를 참조하기 바란다.

되어있었다(국민연금관리공단, 1998: 7). 이와 함께 양로연금제도의 기본요강과 양로연금법 시안도 마련되어 있었다.

따라서 이미 1972년 10월 유신 직후 문화공보부에서 배포한 〈내일의 조국: 10월 유신, 100억 달러 수출, 1,000달러 소득〉이라는 대국민 홍보자료를 보면, 유신정부는 국민소득이 늘어나고 나라가 부강해질 1970년대 말부터 본격적으로 사회복지사업을 실시할 것을 약속하고 있으며, 3대 과제로 연금제도인 양로보험제도의 실시, 전국민의료보험, 중학교 의무교육을 제시하고 있다. 나아가 "〈요람에서 무덤까지〉라고 하는 복지사회의 이상을 이 땅 위에 실현"할 것을 천명하고 있다(문화공보부, 1972: 55). 결국 경제개발의 수단 차원에서 KDI와 경제기획원이 연금제도 도입을 추진하기 이전부터 연금제도는 정부 내에서 이미 연구가 진행되고 있었고, 집권엘리트 차원에서는 연금은 정치적 지지수단으로 활용이 되고 있었던 것이다.

이러한 맥락에서, 1972년 2월 27일에 유신헌법에 의해 치러질 제 9대 국회의원선거를 한 달여 앞둔 시점에서 실시된 유신 후 첫 대통령 연두기자회견(1월 12일)을 새롭게 해석할 필요가 있다. 김신범(1993: 128)의 지적처럼, 제 9대 총선은 "유신쿠데타 및 간접선거에 의해 종신직 대통령에로의 길에 접어든 직후 … 유신에 대한 최초의 정치적 평가"이며 "그가 유신 전에 경험했던 마지막 총선(8대)에서 그의 집권 이후 가장 낮은 지지만을 획득했었다는 점을 염두에 둘 때, 9대 국회의원 총선을 상당히 고려"하지 않을 수 없는 상황이었다. 따라서 박정희 대통령은 사회복지적 수사(修辭)로서 "정부는 정년퇴직 근로자와 심신장애자와 유족들에게 일정한 연금을 지급하는 사회보장연금제도를 도입할 준비에 들어갔다"라고 공식적으로 선포하고, "10월 유신의 목적도 다름 아닌 우리민족 전체가 다 같이 잘사는 복지사회의 건설에 있는 것"이라며 복지사회에 대한 비전을 제시하였다(〈조선일보〉, 1973. 1. 13).

이러한 선거주기적 해석(Tufte, 1978; Schneider and Ingraham, 1984)은 유신정부의 예산운용에도 부합하는 것으로 나타난다. 세출예산 중 복지비가 차지하는 비중이 1971년 4.0%, 1972년 3.5%에서 선거가 있던 1973년에는 4.7%로 급증한 것이다(서봉섭, 1997: 101~102).

종합하면, 박정희 시대에 국민복지연금제도가 중화학공업화를 위해 경제기획원에서 추진한 사업이었다는 단순한 해석보다는 좀더 정치경제학적인 맥락에서 이해할 필요가 있다. 즉, 국민복지연금제도는 유신 전에 중장기 사회개발계획의 일환으로 논의가 되던 것을 10월 유신 이후 국가적 중대과제가 된 중화학공업화의 실현을 위한 내자동원 수단으로써, 그리고 유신 후 처음 실시되는 9대 총선을 의식한 지지동원 카드로써 대통령의 관심을 끌었고, 결국 이의 도입이 결정되었다고 보인다.

2) 국민복지연금의 정책결정과정 I: 경제기획원과 보사부의 경쟁

(1) 보건사회부의 참여

앞서 지적했듯이, 국민복지연금제도가 정권차원의 국가 어젠다로 부상한 것은 KDI와 경제기획원의 노력이 컸다. 그러나 그 이후 기획원이 절대적 우위를 차지하며 경제기획원의 의도대로 정책결정과정을 주도했다고 볼 수는 없다. 당시 연금제도의 주무부처임을 자임하던 보건사회부에서는 경제기획원/KDI와는 별도로 1973년 1월 23일 예정된 대통령의 연두순시에서 연금제도의 도입을 주요정책과제로 보고하기로 결정한다. 이를 위해 사회복지적 시각에서 연금제도 도입방안을 체계화한 “우리나라 연금보험제도 수립을 위한 연구”(서울대학교 행정대학원 석사학위 논문)를 작성한 민재성 씨가 이경호 장관에 의해 사보심의 국장급 연구위원으로 영입이 되고, 대통령 보고 준비에 박차를 가한다(민재성 인터뷰, 2006. 5. 24). 마침내 장관은 보사부 연두순시에서 〈국민복지연금(안)〉을 박 대통령에게 보고하고, 대통령은 “이 제도가 복지사회건설에 필수적인 중요한 사업이므로 경제기획원과 한국개발원을 함께 참여시켜 종합안을 마련하여 1974년부터 실시하도록 지시”를 하였다(국민연금관리공단, 1998: 64).

이미 KDI 김만제 원장의 보고를 통해, 연금제도 도입의 필요성을 이해하고 있었으며 연두기자회견을 통해 연금제도의 실시를 국민들에게 밝힌 바 있는 박정희 대통령으로서는 보건사회부의 국민복지연금제도에 대해 긍정적이었다. 하지만 적용대상, 보험료율, 급부수준, 그리고 징수조직 등에 있어 KDI의 안과 차이가 많이 있었으므로, 양 부처가 조율해 1974년부터 시작하라고 지시를 내렸다.

대통령의 지시에 따라, 1월 23일 당일 청와대에서는 KDI의 김만제 원장, 박종기 박사, 김주남 경제기획원 차관보, 정소영 경제수석비서관, 그리고 보사부 김원규 기획관리실장 등이 참여한 실무준비를 위한 회의가 열리고, 1973년 1월 31일 태완선 부총리겸 경제기획원장관이 연금법의 초안을 마련하기 위한 실무작업팀을 공식 발표하기에 이르렀다. 작업팀은 경제기획원과 보건사회부를 필두로 재무부, 총무처, 노동청, KDI 그리고 사보심에서 파견된 연금관련 범부처 책임자들로 구성되었다. 하지만 기본요강의 작성과정은 보건사회부/사보심과 경제기획원/KDI에서 각각 마련한 두 개의 안을 놓고 서로 절충해나가는 방식으로 진행되었다.

(2) 주요 쟁점 및 최종결과

주요 쟁점 중 적용대상과 범위, 급부종류와 연금액의 수준과 산정방법 등에서는 보사부안이 받아들여졌다. 그러나, 보험료율과 관리 및 징수주체 그리고 기금운용위원회의 소관부처 문제는 최종안 마련까지 난항을 겪었고 절충안을 통해 최종합의에 이를 수 있었다.

보험료의 경우, 보사부는 5%(피용자 2%, 사용자 3%)를, 기획원/KDI는 10%를 고수하였다. 기획원에서 10%안을 고수한 이유에 대해, 실무작업반에 참여한 이형구 당시 경제기획원 서기관은 "싱가포르의 예를 보더라도 기여율이 10%였고, 기금축적의 규모증대, 적정 수준의 급여지급을 위해 좀 높은 기여율로부터 시작하는 것이 필요하다 판단"하였다고 증언하고 있다. 이에 대해, 최수일 당시 보사부 보험과장은 "기획원은 사회보장 측면보다는 국민복지연금제도를 통한 내자동원에 관심을 가지고 있었기에 최초도입시기부터 감내하기 힘든 높은 수준의 보험료에 대해 양보를 하지 않았다"라고 증언하고 있다. 마침내 보험료를 둘러싼 양부처의 의견대립은 "태완선 경제부총리의 개입으로 양쪽이 조금씩 양보하여 10%와 5%의 중간 수준인 8%(사용자 4%, 피용자 4%)안으로 일차 조정"되게 된다(최수일 인터뷰, 2006.5.18).

관리와 징수기관 논쟁의 핵심은, 징수권한의 소재였는데, 경제기획원과 KDI의 주장대로 국세청으로 하였고, 보건사회부에서 제도설계와 관리업무를 담당하는 것으로 결론이 내려졌다. 그러나 내자동원에 있어 핵심인 기금운용에 관한 사항은 보사부의 주장대로 보건사회부장관 소속하에 국민복지연금기금운용위원회를 두고 여기서 심의결정하도록 하였다. 보사부의 주장대로, 보사부장관이 위원장이 되고 사용자, 가입자, 그리고 공익대표를 포함한 7~11인으로 구성토록 법제화된 것이다. 기금의 운용방법은 국민투자기금법에 의한 채권의 인수 또는 국민투자기금에의 예탁, 대통령령으로 정하는 기금증식사업 또는 국민복지증진사업 등으로 규정하여, 중화학공업화 등 경제개발사업은 물론 복지사업에도 투자할 수 있게 만들었다(국민복지연금특별회계법, 1973.12.1; 보건사회부, 1974).

〈표 3-2〉 주요 쟁점 및 최종합의결과

구 분	보건사회부(안)	경제기획원/KDI(안)	최종합의안
적용대상 및 범위	1. 만18세 이상 60세 미만의 남녀 근로자. 단 광부, 선원 등 특수 근로자 및 여자는 55세	1. 만18세 이상 60세 미만의 남녀근로자. 단, 여자는 55세	보건사회부(안)
	2. 30인 이상 사업체, 단, 1977년부터는 10인 이상의 사업체로 확대	2. 10인 이상의 사업체에 종사하는 피용자. 다만, 1974~ 1976년은 30인 이상의 사업체에 종사하는 피용자	보건사회부(안)
	3. 자영자에 대하여는 임의적용	3. 현행사업소득세 면세점(월 1만 5천 원) 이상의 소득을 갖는 자영자의 경우 강제적용.	보건사회부(안)
보험료	1. 피용자: 2% 2. 사용자: 3% 3. 자영자: 정액제 4. 갹출을 위한 표준급여 등급 피용자하한: 월 7,000원 피용자상한: 월 150,000원 자영자: 월 900원 정액	1안 2안 3안 1. 피용자: 3% 4% 5% 2. 사용자: 3% 4% 5% 3. 자영자: 5% 6% 7% 4. 갹출을 위한 최고소득 기준액 피용자: 월 150,000원 자영자: 월 250,000원	* 강제적용대상인 사업체 종사자의 경우는 경제기획원/KDI안과 보건사회부안을 절충(사용자 4%, 피용자 4%). * 임의적용대상인 자영자는 보건사회부(안)대로 월900원 정액.
급부수준과 연금액 산정	1. 최종 5년간 평균합계의 40% 수준 지급 2. 기본연금산정방법: 정액부분 + 비례부분 · 정액부문: 정액×불입기간의 월액 · 비례부분: 최종 5년간 평균 월급여의 1% × 가입기간의 월수	1. 최종 5년간 평균합계의 30% 수준 지급 2. 기본연금산정방법: 소득비례방식 적용	보건사회부(안)
관리 및 보험료 징수	1. 보건사회부: 제도, 총괄, 기획, 관리, 급여업무 2. 징수는 노동청 지방사무소를 활용	1. 보건사회부의 협조 하에 국세청이 보험료 징수 및 이와 관련된 사무 관장 2. 징수는 국세청 지방사무소 활용	경제기획원/KDI안대로 징수는 국세청이 담당. 단, 제도기획, 자격관리와 급여 업무는 보건사회부.

자료: 보건사회부(1974)를 토대로 발췌 정리.

종합컨대, 정부 내 부처간 권력관계에서 비대칭적인 우위에 서 있는 경제기획원이 국민복지연금제도의 형성과정에서 주요한 역할을 행한 것을 알 수 있다. 그러나 경제기획원이 주무부처인 보건사회부를 압도하였다고 보기는 힘들다. 연금보험료의 수준이 보사부와의 타협에 의해 결정된 것이나, 기금운용위원회의 소관이 보사부로 결정된 것 등을 볼 때 그러하다. 우리나라의 발전국가시대에 장기적인 시계에서 경제기획을 담당했던 경제기획원이 의제형성을 주도하는 경향을 보이나, 사회정책분야의 경우 세부적인 정책은 주무부처인 보건사회부와 타협이 이루어져야 했다는 점을 알 수 있다.

3) 정책결정과정 II: 권위주의체제의 여론수렴

(1) 여론의 동향

국민복지연금제도의 시안을 만드는 '기본요강' 마련과정은 관계부처로 구성된 실무작업반에서 이루어졌다. 기획원과 보사부가 합의를 보지 못한 미해결 쟁점은 1973년 5월 18일 열린 관계장관 회의와 일본·필리핀·싱가포르·홍콩 등의 시찰 후 재토의 과정을 거쳤다. 그리고 1차 기본요강이 나온 후, 이를 가지고 학계 및 언론계(6월 21일), 노·사단체 대표(6월 22일), 경제과학심의회(6월 29일), 사회보장심의회(6월 30일), 그리고 당정정책협의회(7월 9일)를 거쳤다. 이 과정에서 "내자동원의 인상을 준다. 국민의 오해를 받기 쉽다"(학계, 언론계, 당정정책협의회), "관장기구는 보사부 주관이 당연하다"(경제과학심의회의), "경제기획원에서 주도하는 것보다 보사부에서 주도 관장함이 타당"(피용자대표), "기금관리는 경제기획원과 재무부등에서 관리함은 부당… 정부·노·사의 3자관리가 요구된다"(피용자대표), "기금관리는 증식과 복지운영에 만전을 기해야 한다"(사회보장심의회) 등의 비판을 받았다(보건사회부, 1974). 이는 보사부안과 경제기획원/KDI안이 팽팽하게 맞서는 쟁점사항에 대해, 보사부안에 유리한 방향으로 여론이 조성되었음을 의미하며, 앞 절에서 지적되었듯이 경제기획원/KDI(안)이 후퇴하게 되는 데 영향을 주었다(최수일 인터뷰, 2006.5.18).

국민복지연금제도에 대한 최종안이 마련된 이후, 1973년 9월 20일 경제기획원 장관과 보사부장관이 공동으로 '국민복지연금제도의 실시에 대한 기본요강과 제도에 대한 설명'을 국민에게 발표하였다. 그러나 이 발표 과정에서,

… 이제 우리는 60년대의 성과를 마무리하여 중화학공업의 건설과 농어촌의 획기적인 발전을 통하여 알찬 조국의 미래상을 실현시키는 데 온 국민이 혼연일체 되어야 할 것이며 … 국민복지연금제도의 기본방향은 … 셋째, 사회보장제도의 확충을 통하여 조성되는 자원은 중화학공업을 중심으로 하여 생산적으로 운영함으로써 고용의 기회를 증대하며 경제발전에 기여케 하려는 데 있습니다(국민복지연금제도 실시에 관한 기본요강, 보건사회부, 1974: 53~54에서 재인용).

라고 중화학공업화를 위한 내자동원적 성격이 포함되어 있음을 명문화하여 발표하는 바람에, 비판적 여론을 크게 불러일으키게 된다. 예를 들어, 〈조선일보〉는 1973년 9월 22일자에서 이례적으로 사설란을 모두 차지한 "국민연금을 보는 눈: 그 요강의 철저한 재검토를 촉구"에서,

정부는 … 근로자들과 사용자들이 내게 되는 갹출금을 앞으로 본격화시킬 중화학공업 건설자금으로 활용할 수 있다고 해서 이야말로 일석이조의 의의를 지니는 것이라고 크게 흐뭇해하고 있는 것 같다. 그럼 어째서 국민일반은 이에 대해 표정이 없는가 … 우선 요강에 나타나 있는 복지연금제도가 근로자들의 오늘의 여건에도 가혹하고 미래의 수요에도 충분히 대비해주지 못하는 것으로 되어 있다는 것을 들 수 있다 … 제발 무리인 줄 알면서 잘못을 범하지 않도록 거듭 당부하고 싶다.

또 "복지냐 강제저축이냐"라는 제하로 위 사설과 나란히 실린 기획기사에서도,

국민복지연금제도의 시행계획은 급기야 충격적인 반발을 불러일으키고 있다. 전화세, 하수도세 등 신세의 설정과 국민출자기금법, 농어촌저축 1조원 계획 등을 하반기 들어 잇달아 발표된 일련의 자금동원방안이 한결같이 중산층, 특히 월급쟁이를 겨냥하고 있다는 데서 충격의 폭은 넓고 크다. 복지연금에 대한 반발의 내용은 '복지냐? 강제저축이냐?'는 의문으로 집약된다. '복지-사회보장-소득재분배'라는 상식적인 이해와는 거리가 먼 '새로운 부담'이라는 사실은 입안한 당국자들조차 굳이 부인하지 않고 있는 만큼, 새 연금에 대한 기업이나 봉급생활자들의 반발도 그만큼 호소력이 강하다.

이러한 비판기사는 〈조선일보〉에만 한정된 것이 아니었다. "연금제도의 실시는 시

기상조"(〈동아일보〉, 9월 22일자), "내자조달의 방편"(〈동아일보〉, 9월 26일자), "공무원, 군인연금제도와 차별을 두는 것은 형평의 원칙에 위배 … 20년 이상 적립한 원금과 이자가 전부 근로자들에게 돌아올 가능성은 적다"(〈중앙일보〉, 9월 21일자), "중화학공업 투자재원의 수단으로 전용될 우려 … 근로자 기여부담이 크다"(〈한국일보〉, 9월 21일), "세금인상을 강하게 풍기고 … 일방적인 희생만 강요"(〈경향신문〉, 9월 21일), "저소득층을 위한 소득이전적 연금제도를 마련해야"(〈서울신문〉, 9월 21일) 한다는 등 모든 신문이 제도도입 자체를 부정하기까지 하는 비판적인 기사로 일관하였다. 야당인 신민당도 "서민부담을 가중시키는 것으로 … 중소기업에도 압력을 주는 것"이라는 이유로 반대 입장을 명확히 하였다(〈조선일보〉, 1973년 9월 22일자).

(2) 여론수렴과정

기본요강에 대한 비판여론이 높음에 따라 정부에서는 국무총리의 지시(1973. 9. 28)로 기본요강 재조정 실무작업반을 긴급조직하여 여론 분석과 보완작업을 실시하였다. 핵심은 기본골격은 유지하되 국민의 보험료 부담을 경감하는 것으로, 보험료율을 8%에서 7%(사용자 4%, 피고용자 3%)로 인하한 것이다. 이에 더하여 박정희 대통령의 특별 지시로 저소득자에 대한 부담경감 방안이 마련되어, 월 급여가 15,000원에서 8,000원 사이인 저소득자에게는 국가보조 1%가 부가되어 피용자 부담이 2%로 추가 경감되었으며, 8,000원 미만의 최저소득자는 보험료가 면제되게 되었다(보건사회부, 1974: 83).

한편, 최종안을 국무회의에 상정하기에 앞서 정부는 문화공보부장관을 위원장으로 하여 '국민연금제도 홍보대책위원회'를 구성하고 홍보자료(2만부), 설명책자(30만부), 표어(3종, 20만부), 포스터(20만부)를 제작·배포하고, 경제계와 노동계(10월 8일) 그리고 신문, 방송, 통신사 편집국장과 대학총장 간담회(10월 31일) 등을 개최하여 대국민 홍보에 나섰다(〈조선일보〉, 1973년 11월 8일자; 보건사회부, 1974: 80). 정부의 최종안은 1973년 11월 11일 국무회의에서 의결되고, 국민복지연금법안과 국민복지연금특별회계법안은 동년 11월 17일 국회에 제안되었다. 11월 20일에 보건사회위원회에 회부되어, 이후 4차례의 심의 끝에 동년 12월 1일 국회 본회의에서 가결 통과되었다.

종합컨대, 우리나라 정치사에서 가장 권위주의적이었던 유신정권이지만 국민복지연금제도는 정부 내 관련부처의 의견수렴은 물론 노·사·학계·언론계 등 국민여론수렴을 거치고 최종대안이 마련되었던 것을 확인할 수 있다. 이 과정에서 애초 원안에서 많이 후퇴한 최종시행안이 국회를 통과하였다. 기금형성에 중요한 보험료율이 1%p 추가로 인하되고, 저소득자에게는 2%p 그리고 최저소득자는 보험료가 면제가 된 것이다. 그리고 유신정부는 대국민 홍보활동에도 적극 나섰던 것을 알 수 있다. 물론 민주화이후 정책결정과정과 이후 집행과정에서 보여주는 역동성에는 못 미친다고 할 수도 있겠으나, 한 가지 분명한 사실은 정책결정과정이 폐쇄적·경직적이거나 일방적으로 하향적이지만은 않았던 것이다. 그리고 이 당시 정책과정의 역동성이 민주화 이후보다 떨어지는 것도, 아래 증언대로 상당 부분은 권위주의체제의 폐쇄성 때문이라기보다는 시민사회의 미성숙과 복지정책에 대한 지적 수준이 떨어져 있는 데서 찾아야 할지도 모른다.

> 당시 시민단체 등이 전무하여 정부가 논의 대상으로 삼을 수 있는 곳은 한국노총과 전경련, 대한상공회의소, 그리고 경영자협회뿐이었다. 그나마 사안이 중요성 때문에 공청회를 열어도 〔연금〕을 제대로 알고 질문하는 사람이 많지 않았다. 학계에서도 자발적인 연구와 논의는 전혀 없었다(최수일 인터뷰, 2006. 5. 18).

> 노총간부들을 대상으로 설득하는 게 제일 어려웠습니다. 연금제도에 대한 이해도가 매우 낮았고, 보험료를 세금 내는 것으로만 인식하고 있어 연금에 대해 부정적이었습니다. 경제계 인사들도 근시안적으로 연금은 노동비용상승 때문에 절대 받아들일 수 없다는 입장을 시종일관 견지하였습니다(민재성 인터뷰, 2006. 5. 24).

4) 국민복지연금제도의 시행유보: 1973년 오일쇼크와 북한과의 체제경쟁

국민복지연금법과 국민복지연금특별회계법이 1973년 국회를 통과함에 따라, 정부는 시행령을 마련하고 보건사회부에 복지연금국을, 국세청에 연금징수국을 신설하여 직제까지 마련하는 등 제반 준비작업을 완료하였다. 그러나 1974년 1월 14일 대통령의 긴급조치 3호로 국민복지연금법의 시행이 갑자기 유보되었다.

정치적인 이유로 공포된 다른 긴급조치와는 달리 "국민생활의안정을위한대통령긴급조치"라 이름붙여진 이 긴급조치 3호는, 오일쇼크로 인한 경제난을 덜어주는 데 주목적이 있어 소득세 인하부터 수백 개의 품목에 대한 물품세의 인하를 규정하고 있다. 해당 품목의 특별인하세율을 세세히 규정하고, 정부예산조정과 부칙까지 마련된 총 7장 35조의 방대한 법으로, 상당한 준비기간을 요하였다. 그러나 이 긴급조치3호가 발표될 때까지 주무부처인 보사부는 물론 경제기획원도 복지연금의 유보 조항이 포함되었다는 사실을 모르고 있었다. 단지 발표 수일 전 경제기획원 장관만이 청와대에서 몇몇 경제부처 장관들과 함께 통보를 받은 것이 전부였다(이형구 인터뷰, 2006. 5. 25; 민재성 인터뷰, 2006. 5. 24).[4]

왜 그랬던가? 긴급조치 3호는 김정렴 비서실장을 주축으로 한 청와대 경제팀의 작품으로, 긴급조치 3호에 국민복지연금의 시행유보가 포함된 데 대해 김정렴 씨는 1973년 말에 불어 닥친 제1차 오일쇼크와 뒤이은 경제불황 및 물가불안을 지적하고 있다. 국민복지연금제도에 대한 국민적 여론이 우호적이지 않은 상황에서 경제계가 직·간접적으로 계속 반대의사를 강하게 밝혀 온 것이 크게 작용하였다(김정렴, 전화 인터뷰, 2006. 5. 10). 이미 1972년 8월 2일 재계의 건의를 받아 들여 사채동결을 위한 초헌법적인 8·3조치까지도 단행하였던 정부로서, 기업의 반대를 무릅쓰고 이를 단행하기란 매우 어려웠을 것이다.[5]

게다가, 북한이 1973년에 소득세를 폐지하겠다고 방침을 정하고 실제로 1974년 3월 최고인민회의에서 이를 공식화하고 대대적으로 선전하여 체제경쟁이 가속화된 점도 중요하게 작용하였다. 연금보험료는 이름만 보험료일 뿐 사실상 7%짜리 새로운 세금의 신설로 국민들에게 여겨지는 상황에서, 북한의 소득세 폐지예고는 박정희 정권에게 '악재'였다. 이에 대해 김종인은 다음과 같이 증언하고 있다(2006. 6. 9).

> 73년은 오일쇼크도 문제가 되겠지만 73년 여름에 북한에서 직접세를 없애버렸어요. 그래서 북한에서 '북한은 세금이 없는 낙원'이라는 대남방송을 했어요. 유신 이후로 통치도 잘 안 되는 것 같고, 학생 소요는 계속 일어나고 사회적으로 불안해지는 마당에 73년 11월에 오일쇼크가 나니 3배나 기름 값이 오르고 물가가 오르니까 그 이후로 어떻게 정치·사회적으로 안정을 시키면서 경제 발전을 이룩해 나갈 것인가 하는 문제

---

4) 국민복지연금제도의 구상과 설계에 큰 기여를 했던 민재성 당시 사보심 연구위원은 급작스런 시행유보의 충격을 이기지 못하고 사표를 던지고 보사부를 떠나기까지 했다고 한다.

5) 8·3조치의 준비와 시행과정의 비화에 대해서는 김정렴(1990) 참조.

> 에 대해 심도있게 검토를 했던 것 … 그래서 당시 소득세 면세점이 한 달 1만 6천원이었는데 … 74년 1.14 긴급조치로 면세점을 5만원으로 올렸어요. 이 조치로 인해 우리나라의 소득세 납세인원이 85%가 없어져 버린 겁니다. … 〔북한을 의식해〕 면세점을 5만원으로 파격적으로 올리는 상황에서 복지연금보험료를 새롭게 부과할 수는 없고 그래서 폐지된 것입니다.

결국 청와대에서는 직접세를 낮춘 상태에서 우리나라 세수능력을 배가시킨 부가가치세의 도입을 서둘렀다. 김정렴 비서실장은 회고록에서 조세저항 가능성이 상대적으로 낮은 간접세를 통해 세수를 극대화하는 방안을 선호했음을 밝히고 있다.

> 당시의 우리나라 세제는 고세율구조의 직접세에 치중한 결과, 세제운영에 있어서 많은 조세마찰을 일으켰으며 … 간접세제는 미비한 상태였다. 조세마찰과 조세저항을 없애면서 경제개발에 필요한 막대한 재정자금과 매년 증가되는 사회복지용 재정수요를 원활히 충족시키기 위하여는 저소득층의 부담경감과 고세율구조의 완화를 통한 소득세부담의 경감분을 충분히 보완할 수 있는 간접세제, 즉 낮은 세율로서 간편하고 세부담감없이 많은 재정수입을 올릴 수 있는 새로운 간접세의 도입이 절실했다(김정렴, 1990: 291).

연금보험료 7%의 부과는 곧 직접세가 7%p 증가되는 상황이므로, 간접세 중심의 세제개편을 준비하던 청와대에서는 연금을 비판적인 여론에도 불구하고 끌고 나갈 이유가 없었던 것이다.

한편, 경제계의 반대와 국민여론이 비판적인 상황에서 복지연금제도를 강행할 만큼 내자동원 수단으로서의 효용이 높지 않았다고 청와대 경제팀에서 판단한 것도 중요한 유보사유였다. 즉, 김정렴 비서실장을 정점으로 상공부와 재무부를 주축으로 한 청와대 경제팀에게 있어 연금은 다양한 재원조달 방안 중에 하나였을 뿐이었다.

> 만약 연기금이 중화학공업의 재원마련에 있어 필수불가결한 수단이었다면, 박정희 대통령은 기업이나 여론의 반대에 상관없이 밀어 붙였을 것입니다. 기업이 공식·비공식적으로 청와대에 우려를 호소하는 상황에서, 굳이 시행하지 않아도 될 만큼 다른 대안들이 있었기 때문이었지요(이형구 인터뷰, 2006.5.25).

1960년대 성공적인 경제개발의 성과에 따라 1970년대에는 IBRD, AID 등으로부터 공공차관의 도입이 전보다 용이해져 재원확보에 숨통이 터 있는 상황이었고(이형구 인터뷰, 2006.5.25; 민재성 인터뷰, 2006.5.24), 1973년 재무부에서 마련한 국민투자기금법은 2003년 청산될 때까지 23조 1415억을 조달하여 중화학공업화에 큰 기여를 하였다(한국은행, 2003).

중화학공업을 위한 내자동원의 수단으로서의 국민복지연금제도 도입 여부에 관한 증언

◆이형구 인터뷰

국민복지연금제도의 도입이 꼭 내자동원을 위한 수단이었다고 보지는 않는다. 우리 경제발전 상황상 국민복지연금제도 도입을 고려해봐야 하지 않느냐는 사회적 동의가 형성되어 있었기 때문에, 연금 제도 도입이 논의되었다고 생각한다. 그 당시의 상황은 경제를 비롯하여 조세 제도 등 새로운 정책이 많이 생겨나는 등 사회 전반이 굉장히 빠르고 새롭게 돌아가는 상황이었다. 그래서 이런 맥락에서 국민복지 연금도 등장하지 않았을까 싶다. 1972년도의 8·3 조치와 1974년의 1·14 조치의 어간에 국민복지연금제도가 나와서 이것이 중화학 지원에 대한 수단이 아닌가라는 의견이 나오는 것 같지만 난 그렇게 생각하지 않고 있다. 왜냐하면 당시 우리나라 조세 정책 구조는 종합소득세와 부가가치세가 내자동원체제의 주요 수단이 되는 틀로 갖추어진 체제이기 때문이다. 즉 부가가치세의 시행과 국민투자기금법, 이 두 가지가 중화학 공업을 위한 내자 동원의 정책 취지를 지니고 있었기 때문에 굳이 국민복지 연금을 통한 중화학 공업의 지원이 필요하지는 않았다.

◆민재성 인터뷰

내자동원을 위해 국민연금 및 복지연금을 대체했던 제도는 바로 VAT였다. 아웅산에서 순국한 김재익 박사가 70년대 후반에 기획국장 시절 부가가치세 제도로 세제개편을 구상하였는데 이것의 목적은 중화학공업 재원조달을 위한 것이었다. 이러한 제도개편으로 인해 조세부담능력이 배가 되었다. 또한 1차~3차 경제계획의 성공으로 국제금융 등의 상업차관 활성화로 재정상황이 호전되었다. 연기금에 의존하지 않아도 중화학공업을 육성할 수 있는 능력이 배양된 것이다. 많은 이들이 연금제도가 중화학공업 육성을 위해 이용된 것처럼 이야기하지만(물론 시작 단계에서는 연금제도의 추진배경에 있어서 중화학공업 재원조달을 위한 고려도 있었겠지만) 이러한 과정을 통해 결과적으로

는 변환된 것이다.

반면에, 〈표 3-3〉에서 보듯이, 연기금의 예상규모가 국민투자기금을 통해 중화학공업분야에 투자된 액수보다 훨씬 못 미치는 것을 알 수 있다. 복지연금법안 마련과정에서 보건사회부의 주장과 여론이 많이 반영되어 애초 KDI안보다 보험료율이 많이 인하되고 급여수준은 올라가 기금규모가 격감한 결과이다. 게다가 기금운영위원회마저 보사부의 소관이 되는 등, 청와대 경제팀의 입장에서 연금제도 자체가 크게 매력적인 제도가 되지 못한 점도 시행유보에 영향을 미쳤다.

종합컨대, 중화학공업화의 재원은 각 경제부처에서 다양한 방안을 통해 조달되었고, 연금을 통한 내자동원은 단지 하나의 대안이었을 뿐이었다. 박정희 대통령의 지시에 의해 경제기획원에서 의욕적으로 추진하였지만, 보건사회부의 개입과 여론수렴과정에서 내자동원수단으로서의 기능은 축소되었고 제계의 반대와 여론의 역풍을 감안하여 시행유보 결정을 내린 것이다.[6]

기존의 연구는 복지연금제도의 시행유보를 오일쇼크에 따른 경제상황의 악화 때문으로만 이해되고 있다. 그러나, 국민복지연금제도의 시행유보를 이해함에 있어, 오일쇼크라는 환경적 측면보다는 복지연금제도가 애초 기대와는 달리 내자동원력이 상대적으로 취약했다는 점이 부각되어야 할 것이다. 복지연금은 애초 KDI의 원안과는 달리 보사부와 여론수렴과정에서 기금규모가 1/4로 대폭 축소되었다. 그리고 재무부에서 마련한 국민투자기금의 형성 규모와 비교해볼 때는 1/10 수준밖에 안 되는 규모

---

6) 전격적인 시행유보 과정에서 주목할 만한 사실이 있다. 김정렴 실장을 수장으로 재무부와 상공부를 주축으로 구성된 청와대 경제팀이 주도적 역할을 하였다는 것과 경제기획원이 시행유보 논의과정에서 배제되어 있었다는 사실이다. 청와대의 묵인하에 재무부는 소관부처인 경제기획원 예산국과 한마디 상의도 없이 국민투자기금법을 만들고, 세재개편을 주도하였다. 국가주도산업화 단계에서 경제기획원을 정점으로 주요 정책들이 조율되고 이끌어져 왔다는 기존의 연구결과와 배치되는 사례로 기록될 수 있겠다. 이는 박정호(1997)의 지적대로, 적어도 중화학공업화 추진과정에서는 재무부와 상공부가 중심이 된 청와대 경제팀이 실권을 쥐고 있었으며, 각 경제부처는 협력 못지않게 경쟁과 긴장관계에 놓여 있었다는 것을 보여준다. 당시 중화학공업화 과정과 부처 간 협력과 갈등 양상에 대해서는 강성남(1992) 참조. 당시 중화학공업화 추진의 실권을 쥐고 있었던 청와대 중화학공업기획단과 경제기획원의 관계에 대해서는 강욱모(1993)와 오원철(1996) 참조.

〈표 3-3〉 연기금과 국민투자기금의 규모비교

(단위: 억 원)

	1976	1977	1978	1979	1980	1981
복지연기금 (KDI 원안)	1,816	2,853	4,072	5,539	7,289	9,458
복지연기금 (정부최종안)	273	607	1,018	1,523	2,140	2,868
국민투자기금 (중화학공업분야 투자액)	3,458 (1,927)	5,368 (3,405)	8,638 (5,672)	12,284 (8,417)	15,355 (10,417)	-

자료: KDI(1973: 9), 보건사회부(1974: 243), 재무부(1982).

였다. 여기에 공공차관과 부가가치세 등 다양한 재원조달 방안이 가시화되었다. 한마디로 국민복지연금제도는 내자동원의 효과는 크지 않으면서, 국민 일반은 물론 기업에 직접적인 부담을 지워 유신정권에 대한 지지를 떨어뜨리는 정책이 되고 만 것이다. 게다가 체제경쟁이 한창이던 1970년대 초반 상황에서 북한의 소득세 폐지 방침과 선전은, 남한에서 연금보험료라는 사실상의 새로운 세금의 신설에 매우 조심스러울 수밖에 없는 상황을 연출했다. 따라서 청와대의 통치의 정당성까지 고려해야 하는 청와대의 입장은 내자동원차원에서 국민복지연금제도의 도입을 추진한 경제기획원과는 달랐다. 결국 경제기획원을 의사결정과정에서 배제한 채, 긴급조치의 형식을 밟아 시행유보를 단행한 것이다.

4. 제도 도입 및 점진적 확대기

1) 국민연금 시행의 배경과 의제 형성

(1) 국민연금 시행의 사회경제적 배경

국민복지연금법이 1986년 국민연금법으로 개정되면서 시행을 맞이한 1980년대 중반은 10여 년 전인 1970년대 초반과는 사회경제적 배경에 차이가 컸다. 급격한 경제성장과 사회·경제구조의 변화에 질적인 차이가 있었던 것이다. 민재성·박재용(2003)은 이를 다음과 같이 평가하고 있다.

첫째, 인구구조에 있어 이른바 서구형의 소산소사(小産小死)형의 인구구조가 두드러지고 있었다. 즉, 평균수명의 연장과 출산율 및 사망률의 저하로 노령화 속도가 급속히 진행됨에 따라 60세 이상[7] 노령인구의 비중은 1973년 5.2%에서 1986년에는 6.8%로 증가했고, 이러한 증가추세는 앞으로도 계속돼 1990년 7.3%, 2000년 10.1%, 2040년 26.6%까지 급증할 것으로 예상되었다. 노령인구의 증가에 따라 노후생계보장의 욕구는 매우 커져가는 반면 이에 대한 개인차원, 정부차원의 현실적 대책은 크게 미비한 실정이었고, 경제성장에 의해 핵가족이 보편적인 가족유형으로 정착되는 반면 노인 부양의식은 점차 약화되고 있었다. 그런가 하면 노후소득을 공적연금에 의존하는 외국의 경우와는 달리 우리나라는 개인 혹은 자녀의 소득에 대부분 의존하고 있어 이에 대한 정부의 적극적인 대책이 요구되었다.

둘째, 급속한 경제성장에 따른 사회적 부작용이 여러 측면에서 직·간접적으로 발생하기 시작하였다. 예컨대, 인구의 도시집중에 따른 주거환경의 악화, 교통수단의 복잡화, 계층간 소득불균형 등과 같은 사회적 폐해는 물론 이것의 자연스런 결과로 각종 질병·사고 등의 사회적 위험이 크게 증가하였다. 또한 산업구조의 중심축이 1차산업에서 2차, 3차산업으로 이전함에 따라 생활을 임금에 의존하는 봉급생활자의 수를 급격히 증가시켰다. 따라서 실업이나 퇴직·교통사고·산업재해 등과 같은 예기치 않은 위험들로 인한 소득상실의 우려가 커졌고, 이에 따라 임금근로자의 사회적 보호에 대한 관심이 사회안정과 국가발전이라는 거시적 안목에서 크게 부각되었다.

셋째, 연금제도 실시를 위한 제반 여건이 성숙해졌다. 보험원리를 핵심원리로 삼고 있는 연금제도는 그것의 장기적 발전을 도모함에 있어 무엇보다도 재정계획의 안정적 수립을 중요시한다. 이를 위해서는 필연적으로 연금가입자의 규모와 연령구조, 급여내용과 급여수준, 그리고 소득수준과 물가상승률 등 제 변수들을 충분히 고려해야 한다. 그런데 우리나라의 경우 국민소득이 그동안 지속적인 경제성장으로 인해 급속히 상승(1986년 현재 2,568달러)함에 따라 사회보장에 대한 국민가계의 부담 능력이 크게 제고되었고, 1980년대 초반부터 정부가 지속적으로 추진해오던 안정화정책으로

7) 당시의 일반적인 퇴직연령은 55~60세였음.

물가상승률은 이전 시기에 비해 크게 둔화되었다(1970년대의 연평균 상승률 16.2%에서 1982년 이후에는 2~4% 수준에 머묾). 또한 취업계층의 연령구조를 감안할 때 1960년대의 베이비 붐(*baby boom*) 세대가 1980년대 중반부터 노동시장에 본격적으로 참가하고 있어, 이들의 평생저축기간을 제도에 수용할 수 있는 적기가 1980년대 중반이라고 평가되었다(민재성・박재용, 2003).

이와 같이 연금제도 실시를 위한 사회경제적 여건은 성숙되어 갔으나, 여건 성숙이 곧바로 제도의 시행을 낳는 것은 아니었다. 일례로, 제 5차 경제사회개발5개년계획(1982~1986)의 '원안'에는 사회경제적 여건 성숙을 배경으로 연금제도를 1982년부터 1986년 사이에 단계적으로 추진하는 내용을 두서너 줄 담고 있는 정도였고, 이마저도 5차 5개년계획수정안에서는 보류되어, 단지 국민복지연금실시준비작업만을 동 기간 중에 완료하는 것으로 후퇴한 점을 보아서도 알 수 있다(대한민국정부, 1981; 오정수, 1987, 145). 이는 연금제도와 같이 사회복지프로그램 중 가장 규모가 크고, 경제에 미치는 영향이 막대한 프로그램의 경우 정치적인 측면을 간과하고는 이해할 수 없음을 뜻한다.[8)]

(2) 국민연금 시행의 정치적 배경

국민복지연금법의 시행이 전격 유보되었지만, 보사부는 연금기획과를 존치시키고 연금제도와 관련된 직제를 개편하면서 내부적으로 법의 시행을 준비해왔다. 정치적 결단이 내려지면 시행할 수 있도록 최소한의 대비는 하고 있던 것이다. 그리고 앞서 언급했듯이, 시행여건이 성숙되어가자 정부는 제 5차 사회경제발전5개년수정계획에 의거해 1984년 8월 16일 국민복지연금실시준비위원회를 구성하였다. 이 위원회는 보사부장관을 위원장으로 경제기획원, 재무부, 국방부, 문교부, 노동부, 총무처, 보사부의 7개 관계부처 차관과 노사대표 2명, 기타 위촉된 인사 5명으로 구성되었으며, 그 산하에 실무조정위원회를 두었다. 실무조정위원회는 기획원 차관보를 위원장으로 하고 6개 부처 기획관리실장, 노사대표 5명, 기타 위촉된 인사 6명으로 구성되었으며

8) 경제사회발전5개년계획에 국민연금의 시행이 등장한 것은 제 6차 계획(1987~1991) 때이다. 이는 1986년에 대통령 지시에 의해 시행이 확정된 이후 발간된 제 6차 경제사회발전5개년계획을 보면 알 수 있다. 제 5차 계획 때 3줄 언급에 그쳤던 국민연금은 제 6차 계획서에 4쪽에 걸쳐 자세히 제도개요와 시행계획 그리고 기금전망까지 다루고 있다(대한민국정부, 1986).

산하에 실무작업반 2개를 두었다. 실무작업반은 보사부 내의 실무작업 1반과 기획원 내의 실무작업 2반이었으며 각 부처의 입장에서 연금제도모형개발을 위한 구체적인 실무작업을 추진하였다(오정수, 145). 하지만 "이 위원회는 실무작업반 회의만을 몇 차례 가졌을 뿐 방대한 조직으로 많은 인원이 동원되고 있으나 준비위원회다운 활동을 제대로 하지 못한 채 유명무실하였다"(국민연금관리공단, 1998). 단지 한 가지 중요한 역할이 있었다면, 1985년 1월에 KDI에 〔국민연금개편구상과 경제·사회 파급효과 분석〕을 연구의뢰한 점이다. 이 KDI보고서 작업을 통해 구체적인 정책대안이 마련되고 정부 내외에 연금정책망이 형성되었으며 사회적인 분위기 제고가 이루어졌기 때문이다. 이 KDI 보고서는 서상목 부원장(연구책임자)을 필두로 민재성·김중수·이덕훈 박사 등 KDI연구진은 물론 이혜경 연세대 교수 등 외부 학자 그리고 경제기획원 및 보건사회부의 실무진 등이 참여하고, 경총·노총·언론계 등 각계의 의견을 수렴하여 작성하였으며, 이후 1986년 6월에 "국민연금제도의 기본구상과 그 경제 사회적 파급효과"라는 주제로 공청회를 개최하였다(민재성·박재용, 2003: 234~235).[9] 이 공청회에 참석한 각계의 인사들은 대부분 국민연금제도 실시의 필요성과 당위성, 그리고 실시여건에 대해 공감을 표시하고 제도의 조속한 실시를 희망한바(국민연금관리공단, 1998: 111), 1973년 당시와는 달리 연금제도 실시에 우호적인 여론이 조성되고 있음을 알 수 있었다.

---

9) 이 공청회에는 정부와 학계, 언론계 및 노·사단체가 참여하였는데 여기에 참석한 인사들은 다음과 같다(국민연금관리공단, 1998).

- 정부: 정덕조(보건사회부 사회보험국장), 강봉균(경제기획원 경제기획국장), 한병익(노동부 근로기준국장)
- 학계: 박종기(인하대 경상대학장), 신수식(고려대 경영학과 교수), 김수곤(경희대 경영학과 교수), 이혜경(이화여대 사회사업학과 교수)
- 사회단체: 이용준(한국노총 사무총장), 윤능선(한국 경영자총협회 부회장), 구석모(한국경제인연합회연구원 부원장), 최천송(사회보장문제연구소 소장), 박재간(한국노인문제연구소 소장)
- 한국개발연구원: 안승철(원장), 서상목(부원장), 연하청(연구위원), 민재성(연구위원), 김중수(연구위원), 이덕훈(연구위원)
- 언론기관: 강황백(동아일보 논설위원), 김성두(조선일보 논설위원), 박노경(경향신문 논설위원), 호영진(한국경제신문 논설위원)

국민복지연금실시준비과정에 대한 증언

◆박능후 인터뷰

84년부터 차근히 준비해왔다고는 했지만, 막상 그렇지는 않았다. 국민복지연금법이 만들어진 후 긴급 조치 등으로 2번 연기 되었다가 특히 75년 이후 무기한 연기되었다. 73년 이후 86년까지 연금기획과 하나만 남겨졌다. 이 연금기획과는 계속 지속되어 왔으나 제도가 없는 조직이었기 때문에, 준비 작업이나 다른 부서의 업무만 도와서 하고 있었다. 그 이후 84년에 실시준비위원회가 구성되었지만, 이때는 막상 실시할 것이라는 비전이 있었다고는 보기 힘들었던 것 같다. 그런데 보사부에서 KDI에 연금 실시에 대한 연구 프로젝트를 맡겼던 것이 큰 계기가 되었던 것 같다. 그 후 대통령의 86년 하계 기자회견에서 연금제도에 대한 약속 뒤, 이것이 분수령이 되어, 연금제도에 대한 준비가 바빠졌다. 대통령이 연금에 대해 지시하게 된 것은 유럽 순방 때 사공일 청와대 경제수석이 KDI 보고서를 기초로 하여, 대통령에게 연금에 대한 건의를 했고, 이것이 긍정적으로 받아들여져서 연금제도가 도입되었다는 이야기를 들었다. 이렇게 대통령의 긍정적인 검토가 있은 후, 그 이후로는 빠르게 준비위원회가 구성되고, 업무가 재빨리 진행되었다.

하지만, 그럼에도 불구하고, 보사부나 기획원 등 부처 차원에서는 국민복지연금의 실시는 6차 5개년계획기간(1987~1991) 중에 이룰 것을 계획하고 있었으나, 아직 실시 시기도 확정하지 못한 상황으로 1988년 실시안 또는 1989년 실시안을 양면으로 검토하고 있는 정도였다(전만복, 1987: 49).

이렇듯, 유동적이던 국민연금제도의 실시는 당시 최고정책결정권자인 전두환 대통령의 1986년 8월 하계기자회견을 통해 국민 앞에 약속이 되고 이후 준비작업은 급물살을 타게 된다. 전두환 대통령은 이 하계기자회견을 통해 국민연금의 실시는 물론 전국민의료보험의 실시와 최저임금제도입을 천명하여 이른바 '복지3대입법'을 약속하였다. 대통령의 결심을 촉발하게 된 데는 여러 설명이 존재한다. 첫째는 김만제 경제기획원 부총리와 사공일 청와대 경제수석비서관 등 핵심 경제라인 측근들의 '경제발전단계 부응론'적 설득이다. "당시 정부의 정책 당국자들과 대통령(전두환)은 1977년부터 실시된 의료보험제도가 매년 적자재정을 발생시키고 있어 사회보장제도 도입에 대하여 부정적이었는데 구라파 5개국 순방과정에서 김만제 부총리와 사공일 청와대 경제수석비서관이 경제·사회균형발전 전략이 앞으로의 국가발전에 필요하다고 설득함으로써 대통령이 연금제도 도입을 결심하게 되었다"는 것이다(국민연금관리공단, 1998, 111).[10] 이 일화에 대해 사공일 전 경제수석은 기억을 하지 못하나, 본인을 포함해 경제라인에서 국민연금제도의 실시가 필요함을 대통령께 건의한 것은 인정하고, 그 이유로 "우리나라 경제가 한 단계 더 도약하기 위해서는 사회안전망이 확충되어야" 한다고 판단했음을 증언하고 있다. 그리고 대통령의 결심이 국민연금 시행의 결정적인 요인이었음은 부인하지 않으며, "전두환 대통령이 물가안정을 최고의 치적으로 여기고 이를 훼손하는 정책은 거부감이 심했으나, 물가안정 기조가 확인된 1980년대 중반에서는 입장을 바꾸기 시작"했음을 증언하고 있다(사공일 인터뷰, 2007.8.17).[11]

---

10) 국민연금10년사 편찬에 주도적인 역할을 한 민재성은 다음과 같이 증언하고 있다. "87년의 대통령 구라파 5개국 방문 시 동행했던 청와대 경제수석(사공일), 부총리(김만제) 등은 경제학자이고 KDI 출신으로 국민복지연금 기초 시에 참여했던 정부 엘리트로서 5시간 이상을 기내에서 경제·사회의 균형발전과 연금제 실시를 설득했다고 한다. 그리고 귀국 후 3대 복지정책(연금제, 최저임금, 고용보험)을 발표하게 되었다. 이러한 배경에는 박정희 대통령 시대부터 추진되어 왔던 경제개발5개년계획이 전두환 대통령 시대의 5차계획에서는 경제·사회개발발전계획으로 변경된 것과도 무관하지 않다. 당시 오일 쇼크 이후의 경기가 좋아지기 시작했고, Baby boom 세대의 노동시장 진입으로 이들의 대책이 늦어지는 것은 큰 문제가 될 수 있었다. 또한 고령화의 속도와 인구구조 등의 질적 변화가 이루어짐으로 인해 경제사회의 균형발전이 요구되는 상황이었다. 〈저자 주: 민재성 선생님은 87년 유럽 5개국 방문 때로 인터뷰에서 밝히고 있으나, 실제로는 유럽 4개국 방문이었으며 86년 4월 5일부터 17일 동안 영국, 서독, 프랑스, 그리고 벨기에를 순방한 것이었다. 4월 순방이후 약 4개월 후인 8월에 하계기자회견을 통해 국민연금의 실시를 약속하였다〉.

11) 전두환 대통령의 5공화국은 정권적 명운을 걸고 물가안정으로 대표되는 경제안정화 조치에 매진하였다. 물가안정의 핵심적 조치로 긴축재정을 강하게 밀어붙였는데, 1981년 21.9%에 달했던 예산증가율은 1984년 0%를 기록할 정도였다. 참고로 1962~1969 국가예산의 연평균 증가율은 28.9%, 1970~1979년 기간은 28.1%이었다. 재정긴축을 위해 행정개혁 및 공무원 감축을 통해 경상비 지출을 최소화하였고, 양곡기금과 비료기금을 통한 농촌 보조금 축소도 단행하였다. 1970년대 매년 평균 20%씩 증액된 추곡수매가가 1981년 14%, 1982년에는 0%로 동결되었고 30개가 넘는 각종 산업 및 수출진흥기금이 통폐합되고 공기업합리화를 통해 인원도 대폭 감축하였다.

1968년 8월 하계기자회견에서 전두환 대통령이 3대 복지입법(최저임금제도입, 전국민의료보험, 국민연금실시)을 천명하게 된 이유와 배경에 대한 증언

◆사공일 인터뷰

시대적 배경을 이해해보면, 이때는 경제개발에 한참 박차를 가하던 시기였다. 1960년대 초반에 우리 국민 소득은 80달러 정도였다. 1962년 경제개발 1차년 계획이 시작되었는데, 이 당시 우리나라는 미국 원조에 도움을 받아 수출을 하고 했는데, 수출은 주로 철광석, 텅스텐, 오징어 등을 수출하였다. 이처럼 지금과는 달리 그 시대에는 매우 가난한 국가였기 때문에, 성장을 하는 데 집중하기 시작하였다. 이때부터 우리의 소득 분배는 쿠즈넷의 역유자형 커브를 따라 형성되게 되었다. 즉 경제개발초기에는 소득 불평등이 심화되지만, 어느 시점 이후부터는 분배가 개선된다는 것이다. 따라서 중화학 공업 등 경제개발이 본격적으로 시작된 70년대는 분배가 조금씩 악화되었다.

그런데, 80년대 들어오자 그동안의 경제의 구조적인 문제 때문에, 만성적인 인플레이션을 잡는 것이 문제가 되었고, 물가를 잡기 위해서 긴축정책을 할 수 밖에 없었다. 따라서 정부가 솔선수범하여 지출을 줄이기 시작하였다. 84년 선거 전 공무원 임금 동결 등이 그 예이다. 그 결과 물가 잡는 것에는 성공했다. 이런 배경이 있다 보니, 우리가 실제 국민 복지 지출과 관련해서는 미흡했던 것이 사실이다. 우리 경제 수준에 있는 다른 개도국과 비교해서도 미흡했었다.

그래서 이런 문제의식이 제 4차 경제개발5개년계획에 반영되어 경제개발계획의 명칭이 제 4차 경제사회발전계획이라고 바뀌게 되었다. 80년대가 되어 소득수준이 어느 정도 올라가게 되자, 이제 절대빈곤이 아닌 상대적 빈곤의 문제를 조명하게 되었고, 상대빈곤을 해결하고자 하는 움직임 내지 문제의식을 이때부터 가지게 되었다. 그런데 80년대 들어와서도 물가를 잡는 데 집중하다보니 복지 지출을 늘리지 못하고 있었다. 그러다가 물가를 잡는 데 성공하고, 86년 경상수지에서 처음으로 흑자를 낸 후, 경제에 여유가 생기자, 지금까지 못해온 사회정책이나 상대적 빈곤에 신경을 써야겠다는 문제의식을 가지고 복지 강화를 시작하였다.

그리고 자본주의 시장체제가 시장실패를 가지고 있기 때문에, 시장기능이 해결하지 못하는 문제는 사회적으로 해결하고, 치유하도록 하기 위해 복지 문제를 신경 써야 하는 것이다. 경제성장을 통해 국민 복지를 성장시키는 것이 경제 정책의 목표이지만, 그것이 골고루 가지 않고 상대적인 차이가 발생할 경우, 국민 복지는 물론 지속적인 성장을 위해서, 이런 문제를 해결해 주어야 한다. 따라서 경제가 어느 정도 발전하고, 안정을 찾은 80년대 들어와서 이 문제를 살피게 된 것이다.

둘째 설명은 보다 정치적이다. 이른바 위의 '경제발전단계 부응론'의 입장에서 국민연금의 실시를 주장한 경제라인의 설득 못지않게, 1980년대 중반에 고양되기 시작한 민주화 요구에 정권차원에서 대응하지 않을 수 없었고, 1987년 집권당인 민정당 후보에게 정권이양을 앞두고 민심을 사기 위해 복지정책을 강화하였다는 것이다. '3대 복지입법'이란 정책패키지로 하계기자회견이라는 방식을 통해 대통령이 직접 국민에게 약속한 것이 그 증거라는 것이다(김태성 · 성경륭, 2006: 13장; 정무권, 2007). 당시 국민복지연금실시준비위원회의 보사부 준비반에 실무진으로 참여했던 박능후는 "정치가의 입장에서 국민들의 민주화와 근로자들의 요구를 들어주어야 하는 상황"이었다고 회고하며 당시 분위기를 전하고 있다.

민주화 요구에 대한 사회복지적 대응으로서의 국민연금 도입에 관한 증언

◆사공일 인터뷰

국민연금도입은 대중의 인기를 위한 정치적인 목적이라기보다 경제발전을 위한 목적의 일환으로 볼 수 있다. 즉, 사회계층 간의 소외감, 형평성 등의 상대적 소외감이 존재할 경우, 경제발전에 장애가 되기 때문에, 이를 해소하기 위한 경제적 목적이었다고 볼 수 있다. 상대적 빈곤감이 일어날 경우, 국민 내부의 불만이 일어날 수 있기 때문에, 이를 해결해 주고자 하였던 것이며, 그런 이유로 '제4차 경제개발계획'도 '제4차 경제사회개발계획이'라고 이름을 바꾸었던 것이다.

◆박능후 인터뷰

사회복지제도 발달 과정에서 가장 먼저 수급이 이루어지는 대상이 현업근로자라고 생각한다. 86년, 87년은 현업근로자들이 노동운동에 대한 조짐도 있었고, 또 이런 이들의 움직임에 대해 반대급부로서 복지적 측면에서의 혜택을 주어야 한다는 생각이 자리잡고 있었다. 그 당시 경제기획원에서 향후 우리나라가 발전해 나갈 방향은 복지를 강화해야 한다는 생각이 제4차 5개년계획에서 자리잡고 있었다. 즉, 노동자들의 노동쟁의에 대한 우려와 복지에 대한 의식 상승이 어우러져 있었던 시기에, 이를 정치가들이 먼저 국민에게 먼저 국민의 요구를 들어줌으로 해서 정치적인 입장을 확고히 하고자 하는 생각에서 복지 제도를 강화해 나가기 시작했던 것으로 보인다.

종합컨대, 대통령을 비롯한 정권 수뇌부는 경제안정화 조치가 성과를 내어 물가안정 기조가 자리를 잡고 경상수지 흑자도 기록하는 등 경제성장에 대한 자신감을 배경으로, 국민대중의 민주화와 사회경제적 정의에 대한 요구를 일정부분 수렴하는 차원에서 국민연금의 실시를 약속한 것으로 이해할 수 있겠다.

2) 국민연금시행관련 정책결정과정

대통령의 결심이 있자, 이후 실시 준비 과정은 일사천리로 진행이 된다. 1986년 9월 1일부터 수차례의 당정연석회의와 1986년 9월 6일부터 9월 23일까지 5차례에 걸쳐 이루어진 개정안 보고(〈표 3-4〉 참조)를 통해 제도의 기본적인 틀을 이루는 기본요강을 발표(1986. 9. 29)하였고 이를 토대로 국민복지연금법 개정안이 확정(1986. 9. 30)되었다. 이 기본요강은 보건사회부의 내부 검토안에 한국개발연구원의 연구내용을 대부분 받아들여 성안된 것이었다.

개정안 마련 과정에서 보사부와 기획원의 입장 차이가 존재하였다. 첫째, 연금 산정이 소득비례부분의 산정기초기간에 있어 보사부는 최종가입기간 3년으로 할 것을 주장한 반면, 기획원은 가입자의 전가입기간으로 할 것을 주장하였다. 둘째, 반환일시금 지급조건에 있어 보사부는 60세로 한정한 반면 기획원은 자격상실 후 1년이 경과한 경우를 포함토록 주장하였다. 이 회의 결과 기획원의 입장이 수용되고 9월 하순에는 보사부안이 확정되었으며 9월 30일에 7개부처간 협의를 위한 회의가 개최되었다. 이 회의의 주요 이슈는 국민연금기금 운용위원회의 위원장을 정하는 문제였는데, 보사부는 국무총리를 기획원은 경제기획원장관을 내세웠다.[12)]

12) 보사부의 9월 개정시안에서 국무총리를 위원장으로 제안한 것은 경제기획원안에 대한 타협으로서 보사부장관이 실질적인 권한을 갖는 형태이다. 이 쟁점은 그 후 최종법률에서 기획원의 안이 반영되어 경제기획원장관이 위원장을 맡도록 확정되었다.

〈표 3-4〉 국민복지연금법 개정안 내용

구 분	국민복지연금법	개정(안) 내용	개정사유
가입 대상	-18세 이상 60세 미만의 국내 거주 국민(단, 기존 특수직역 연금 수혜자는 제외)	-좌동	-여건 · 급속한 노령화와 핵가족화에 따라 노후생활안정 대책이 요구됨 · 물가안정 및 소득수준향상에 따라 실시 여건 성숙 -접근방법 · 임금 및 소득실태 파악 가능 사업장과 자영자부터 단계적 적용 · 농어민 등 지역주민 임의 가입 형식(국민개연금제의 실시기반 마련)
가입 종류	-제 1종 가입자 : 30인 이상 사업장의 근로자와 사용자 -제 2종 가입자 : 농어민과 자영자 등	-사업장 가입자 · 당연적용가입자: 10인 이상 사업장의 근로자와 사용자 · 임의적용가입자: 10인 미만 사업장의 근로자와 사용자 -지역가입자 · 당연적용가입자: 의사, 변호사 등 국가인정자격취득자 · 임의적용가입자: 농어민 등 지역주민	
관리 운영 조직	-보건사회부: 제도기획, 자격관리, 급여 -국세청: 보험료 징수	-보건사회부: 제도기획, 지도감독 -국민연금관리공단: 자격관리, 보험료 징수, 급여 · 임원: 이사장, 상임이사 3인, 이사 3인, 감사 1인 · 임면권자: 보사부장관	-관리의 전문성 및 운영의 효율성 도모 · 최소 1국 4과 필요(연금제도, 수리조사, 기금관리, 급여심사)
연금액 산정 기준	-기본연금액: 균등부분+소득비례부분 · 균등부분: 평균보수월액×2.4 · 소득비례부분: 최종 3년간 평균보수월액×2.4(가입기간 20년 초과 시 일정률 가산)	-기본연금액: 균등부분 + 소득비례부분 · 균등부분: 평균보수월액×2.4(가입기간 20년 초과 시 일정률 가산) · 소득비례부분: 전가입기간 중 평균월액×2.4(가입기간 20년 초과 시 일정률 가산)	-소득재분배 효과
노령 연금	-가급연금액: 연금수습권자의 배우자, 자녀(모든 연금에 가족수당조로 가산)	-가급연금액: 연금수급권자의 배우자, 자녀, 부모(정액)	-전통가족제도장려
	-감액노령연금 · 자격: 10년 이상 20년 미만 가입자가 60세 도달 시 · 급여: 기본연금액의 45%이상	-감액노령연금 · 자격: 15년 이상 20년 미만 가입자가 60세에 도달할 때 · 급여: 기본연금액의 75% 이상 100% 미만	-기금의 장기적 안정 및 노후의 생계 안정 도모
	-재직자노령연금 · 자격: 20년 이상 또는 10년 이상 20년 미만 가입자 · 급여: 기본연금액의 40% 또는 45% 이상 · 기간: 60~65세	-재직자노령연금 · 자격: 20년 이상 또는 15년 이상 20년 미만 가입자 · 급여: 기본연금액의 50% 이상 또는 37.5%이상 · 기간: 좌동	-기금의 장기적 안정 유도 -가입자 기득권 인정 및 문제점 시정

		-조기노령연금(신설) · 자격 : 20년 이상 또는 15년 이상 20년 미만 가입자 · 급여: 기본연금액의 75% 이상 또는 56.26% 이상 · 기간: 55세부터	-가입자의 기득권 존중 및 조기퇴직시의 생계안정 도모
	-특례노령연금 · 자격 : 법시행 당시 40세 이상 55세 미만인자 · 급여: 기본연금액의 45%	-특례노령연금 · 자격: 법시행 당시 45세 이상 60세 미만 · 급여: 법시행 당시 45~60세는 기본연금액의 25%이상, 55세 이상자는 반환 일시금 또는 5년범위 내 임의계속가입허용	-법시행 당시 연령상 불이익 최소화
장해연금	-자격: 1년 이상 가입 후 장해발생시 -급여(기본연금액기준) · 1급장해: 100% · 2급장해: 50% · 3급장해: 30%	-자격: 좌동 -급여 · 1급장해: 기본연금액의 100% · 2급장해: 기본연금액의 80% · 3급장해: 기본연금액의 60%	-장해자에 대한 생계안정 도모
유족연금	-자격: 1년 이상 가입자 또는 연금수급권자 사망시 그 유족(배우자, 자녀, 부모, 손자녀, 조부모) -급여: 기본연금액의 40% 이상 50% 미만	-자격: 좌동 -급여: 기본연금액의 40% 이상 60% 미만	-유족의 생계안정
반환일시금	-자격: 10년 미만 가입자가 60세에 달할 때 -급여: 본인부담분 보험료총액×일정률	-자격: 15년 미만 가입자가 자격상실 후 1년이 경과한 때 -급여 : 본인부담분과 퇴직급여충당금(전환분총액)×재형저축이자율	-강제적용에 따른 불이익 최소화 및 제도정착에 기여
보험료	-제1종 가입자: 표준소득 월액 대비(%) · 합계: 5~7% · 근로자: 2~3% · 사용자: 3~4% (단, 월 15,000원 미만의 근로자는 국고에서 1%부담) -제2종 가입자: 표준보수 월액 등급 기준 월정액(월900원)→자부담	-사업장가입자: 표준보수월액 대비(%) '88~'92 '93~'97 '98이후 근로자 1.5 2.0 3.0 사용자 1.5 2.0 3.0 퇴직금 전 환 - 2.0 3.0 합 계 3.0 6.0 9.0 -지역가입자: 표준소득월액의 일정비율 전액 자부담	-연금재정의 장기적 안정운영과 시행초기부담주체의 부담능력을 고려 · 연차적 상향조정 · 근로자기준법 제 28조의 퇴직급여충당금 중 일부조정
국고부담	-운용자금 및 관리운영비의 전부 또는 일부 -제 1종 가입자 중 월 15,000원 미만의 자에 대한 기여금 중 1% -연금급여액: 조세 및 공과금 면제	-공단운영관리비 전액 -연금급여액: 좌동 -연금가입자: 부담분 보험료 소득세 공제 -사용자 부담분 보험료: 손비 인정	-선진복지국가의 경험을 토대로 재정 중립적인 제도로 운영 -국가는 필요한 최소비용만 부담 -근로자의 부담 경감 -사용자의 신규부담에 따른 저항 완화

자료: 국민연금관리공단(1998).

핵심 정책사안이 모두 기획원의 입장을 반영하여 정리된 이후, 보사부는 민간기관 단체의 관계자를 소집하여 개정시안에 대한 의견제출을 의뢰하였으며, 경총과 한국노총이 10월중에 건의안을 제출하였으며, 한편 정부관계부처의 의견들도 조정되었다. 이때, 경총과 한국노총이 팽팽히 맞섰던 핵심 쟁점사안은 퇴직금제도의 존치 문제였다. 경총은 퇴직금에 대한 부담을 기업이 그대로 지면서 연금보험료를 부담하는 것은 이중부담이라며 강하게 반대하였고, 노동계는 퇴직금은 후불임금적 성격으로 사회보장과는 관계가 없는 것으로, 두 개의 제도 모두 병립해야 한다고 주장하였다. 따라서 정부는 절충안으로서 국민연금의 기여율이 올라가는 만큼 기업의 퇴직금 부담을 경감시키는 '퇴직금 전환제'를 제시하고 입법화하기에 이른다. 그 내용을 살펴보면 1993년부터 국민연금 기여율을 6%로 올리고 고용주 2%, 근로자 2%, 그리고 전환금 2%로 나누어 분담하기로 하였다. 그리고 1998년 이후 연금보험료가 9%로 인상되면 고용주 3%, 근로자 3%, 그리고 전환금 3%로 분담하는 것으로 결정되었다.

일부 퇴직금의 국민연금전환에 대한 각계의 입장

정부 및 학계: 퇴직금은 그 원천이 어떻든 간에 실제로 노동자의 실업 또는 노후보장에 대비하는 기능을 가지므로 사회보장비적인 성격을 지니고 있음. 퇴직금은 일시금으로서 노후생활보장 기능이 미흡하고, 사외적립이 강제화되어 있지 않기 때문에 지급보장에 문제가 있으며, 누적퇴직금이 기업의 부담능력을 넘어서고 있고, 퇴직금제도는 저임금생산직보다는 고임금사무직에게 보다 유리함. 따라서 소득재분배 성격을 가지고 있는 국민연금제도가 도입되어야 하며, 사회보장적인 성격을 지닌 퇴직금의 일부가 국민연금으로 흡수되어야 함. 특히 우리와 같이 퇴직금제도를 가지고 있던 일본의 경우도 공적연금인 후생연금이 도입되면서 퇴직금제도가 임의제도화 하였음 〈한국노총 사업보고서, 1992, "'86년 법제정 당시의 주요 논의사항과 노총의 주장" 中〉.

노총: 퇴직금은 대법원 판례와 학계의 다수설과 같이 후불임금이자 노동자의 기득권이므로 국민연금이 도입된다 하여도 그대로 존속되어야 하며, 일부퇴직금을 국민연금으로 전환하게 될 경우 노동자가 사용자보다 더 많이 갹출료를 부담하게 되므로 사회보장비의 노사간 균등부담 또는 사용자 우선 부담 원칙에 어긋남. 다만 국민연금제도가 정착되면 퇴직금의 기업연금화는 가능할 것임.

사용자: 퇴직금은 장기근속에 대한 근로보상적인 것으로 사용자 부담이며, 퇴직금은 퇴직이 발생할 때 지급하지만, 퇴직금전환금은 퇴직하지 않더라도 국민연금으로 정기적으로 전환하여야 하므로 사용자는 퇴직금과 국민연금 양쪽을 모두 부담하게 되며, 따라서 이중부담을 없애기 위해 퇴직금제도를 없애야 함. 따라서 법정퇴직금제도를 없애고 국민연금제도로 일원화하여야 함.

보사부는 10월 4일 국민연금법(안)을 입법예고하고 1988년 1월 1일부터 시행함을 공포하였다.[13] 이후 보사부는 10월 22일 차관회의, 10월 23일 당정회의에서 수정 없이 통과된 동법안을 11월 초에 확정하였으며, 11월 7일 법제처의 심의를 통과하고 11월 14일 장관회의를 통과한 후 대통령의 재가를 받아 11월 22일에 국회에 제출하였다. 이어서 11월 24일 제131회 국회본회의에 상정된 국민복지연금법 개정법률안은 12월 10일의 국회 보사분과위원회의 심의를 거쳐 12월 17일 국회본회의를 통과하였으며 1986년 12월 31일사로 공포되었다.

국민연금법 공포를 전후하여 준비되어온 동법 시행령은 1987년 3월에 이르러 보사부에 의하여 거의 마련되었다. 이 시행령 제정과정에서의 주요 이슈는 국민연금기금운용위원회의 간사를 정하는 문제, 산재보험과의 조정문제, 물가연동제 등이었다.

우선 국민연금기금 운용위원회의 간사문제는 위원장을 정하는 문제와 같은 맥락에서 보사부 기획원의 입장이 상충하였으나, 결국 보사부와 기획원의 실무담당국장이 공동간사를 맡는 것으로 귀결되었다. 이 시행령은 1987년 4월 16일에 입법예고되었으며 4월 하순과 5월 초순에 걸쳐 관련 사회기관·단체의 의견을 듣고 그 일부를 다음과 같이 반영하였다.

첫째, 노총은 시행령안 제5조와 관련하여 표준보수월액 최고상한선을 200만원으로 한정한 것은 연금제도의 소득재분배원칙에 반하므로 상한선의 철폐를 건의하였으나, 보사부는 "상한선을 두지 않을 경우 고소득자는 갹출료 납부액에 비하여 연금지급비율이 너무 낮게 되어 저소득층에 비하여 상대적으로 큰 불이익을 받게 된다"는 이유로 이 건의안은 수용되지 않았다.

13) 입법예고 직후 한국복지정책연구소는 동년 10월 20일에 이 안에 대한 공청회를 개최할 예정이었으나 사정에 의하여 이를 실시하지 못하기도 하였다.

둘째, 중소기업협동조합중앙회는 시행령안 제19조와 관련하여 당연적용사업장의 범위를 상시 16인 이상의 근로자를 사용하는 사업장을 대상으로 적용할 것을 건의하였는데, 이는 국민연금실시에 따른 중소기업주의 부담을 줄이려는 의도였으나 이와 같은 적용범위 축소건의는 수용되지 않았다.

셋째, 노총은 연금을 매년 소비자 물가변동에 따라 자동조절토록 건의하였으나, 소비자물가가 10%이상 변동시에 그 변동률만큼 일괄 조정하도록 한 원안대로 결정되었다.

넷째, 중소기업협동조합중앙회는 국민연금에 의한 장해급여, 유족급여는 전액지급하고 산재보험의 장해급여, 유족급여는 감액 지급함으로써 산재보험료율인하를 통한 사업주부담이 경감되도록 건의하였으나, 이를 수정하여 산재보험에 의한 장해급여, 유족급여를 받을 수 있는 경우에는 장해연금액 또는 유족연금액은 그 1/2에 해당하는 액을 지급하도록 결정하였다.

이어서 관계부처간 협의를 거친 시행령안은 1987년 7월 10일 경제장관회의, 이후 법제처심의, 동년 7월 30일에 국무회의 심의를 거쳐 동년 8월 대통령의 재가를 받아 8월 14일에 관보에 게재함으로써 공포되었다. 그리고 1987년 7월에 마련된 동법 시행규칙안도 시행령공포 이후 제정되었다(오정수, 1987).

3) 국민연금의 점진적 확대(농어촌지역확대)

(1) 연금적용확대 배경

1988년 1월에 국민연금제도는 10인 이상 사업장 근로자부터 적용되었다. 새롭게 출범한 노태우 정부는 1988년 제6차 경제사회발전5개년계획(1987~1991)을 수정하여 5~9인 사업장 종사자에 대해서도 1990년대 초까지 당연적용하는 것을 목표로 삼고, 1992년 1월 1일부터 당연적용의 범위를 5인 이상 사업장까지 확대하였다. 그리고 1995년 7월에는 농어촌지역으로 국민연금의 당연적용이 확대되었다. 도시지역을 제외한 농어촌지역에 우선 적용하게 된 배경은 농어촌지역의 인구 고령화와 도·농간 소득격차의 심화에 대한 사회보장적 대책의 측면이 자리잡고 있었다.

농촌지역의 60세 이상 노령인구비율은 1980년에는 10.5%이었으나 1992년에는 21.7%로 크게 증가하였다. 이는 1992년 현재 전국민 노령인구비율이 8.1%이었던 것에 비하여 극히 높은 수준이었다. 어촌의 노령인구비율 역시 14.3%로 도시지역에 비해 높은 편이었다. 또한 1980년에서 1985년까지의 5년간 노령인구증가율은 3.3%임에 비해 1985년에서 1990년까지의 5년간 증가율은 5.0%로 가속화되고 있었으며, 이에 따라 2000년경에는 농어촌 지역의 노인인구의 비율이 22.4%로 높아질 것으로 추정되었다. 이와 같은 농어촌지역 인구고령화의 급진전에 따라 노인복지시책에 대한 수요가 빠르게 늘어나게 될 것이며, 특히 가족유대관계의 와해, 농어촌지역 청·장년층의 도시이주 등으로 노후생활안정을 위한 정부의 책임이 더욱 가중되고 있는 실정이었다(문형표·김용하, 1994). 그리고 도시근로자가구대비 농가의 소득비율은 1980년에는 95.9%였으나 1992년에는 89.7% 수준으로 낮아졌으며, 지출비율도 1980년의 97.0%에서 1992년에는 89.7% 수준으로 떨어지고 있어 도·농간 소득격차가 오히려 심화되고 있는 실정이었다. 또한 대다수의 농민들이 아직도 영세적 수준을 벗어나지 못하고 있는 것으로 나타나고 있었다. 경지규모별로 볼 경우 1.0ha 미만 농지를 가진 농가의 비율이 60.2%나 되고 소득수준도 1992년 도시근로사 평균소득의 77.1~86.1%에 불과하며, 2.0ha 이상 경지규모를 가지는 농가비율은 전체농가의 10.7% 수준에 지나지 않고 있었다. 이와 같이 농가와 도시근로자가인구의 상대적 소득격차가 커지고 있었으며 대부분의 농가들이 아직도 영세성을 크게 벗어나지 못하고 있어 농어민을 위한 후생복지차원에서의 정책적 지원의 필요성이 크게 대두되었다(문형표·김용하, 1994).

한편, 우루과이라운드(UR)협상타결 및 WTO체제 출범으로 인한 농수산품의 교역자유화 및 국내시장개방으로 농·어업생산기반이 타격을 받게 될 것이 예상되어 농어업 생산성 증대 및 농업구조개선을 위한 발전대책이 시급히 요구되는 실정이었다. 또한 UR협상안에 따라 기존의 농수산물 가격지지정책을 비롯한 각종 시장간섭적인 정부지원수단은 간접적인 소득지원형태로 전환이 불가피해지게 되었다. 따라서 향후 농어촌발전대책은 농업경쟁력 강화 및 농어촌 생활여건개선을 중심으로 전개되어야 했으며, 이를 위해서는 농어업 경영규모의 대규모화 및 기술집적화를 도모해야 했다. 농어민연금제도를 보다 효율적으로 고안·적용할 경우, 고령의 농어업 경영자들이 경작권을 조기이양토록 유인을 제공할 수 있어 농어업의 경영규모 합리화 및 기계화 과정을 촉진시킬 수 있을 것으로 예상되었다(문형표·김용하, 1994).

(2) 농어촌지역 적용확대 과정과 핵심 쟁점사안

1988년 이후 꾸준히 적용확대를 위한 연구가 진행이 되었고, 1993년에는 보건사회부와 국민연금관리공단 합동으로 농어촌지역 국민연금실시를 위한 실무추진반을 구성하여 농어촌연금 확대시행방안 마련을 위한 분야별 주요과제에 대하 조사·연구작업을 실시하였다. 또한 1993년 8월부터는 한국보건사회연구원과 공동으로 농어촌지역 국민연금보험료 부과방안에 관한 연구를 하였고, 12월에는 각계의 의견을 수렴하기 위하여 관계전문가, 학자, 관련부처 공무원 등이 참여하는 농어촌지역 국민연금확대적용에 관한 공청회를 개최하였다.

보건사회부와 국민연금관리공단 실무추진반에서는 이와 같은 의견수렴 결과를 토대로 농어촌지역 국민연금확대적용 방안을 마련하여 1994년 2차례에 걸친 모의적용사업을 실시하였다. 1차는 1994년 3월 14일~5월 4일까지 50일간 충남 홍성군에서 실시하였으며, 2차는 1차 모의적용사업에서 도출된 문제점을 보완하여 같은 해 11월 21일~12월 17일까지 4주 동안 강원도 명주군, 전담 담양군, 경북 예천군 등 3개 군지역에서 실시하였다. 이러한 과정을 거쳐 조정·보완된 정부(안)은 1995년 1월~4월 국민연금법 동법시행령 개정시 반영되었다(국민연금관리공단, 1998).

농어촌지역 국민연금 확대실시 과정에서 논의되었던 주요 쟁점은 세 가지였다. 첫째, 적용범위에 관한 문제로서 전국의 농어민만을 우선 적용하는 직역(職域)중심 방안과 농어촌지역 거주자 전체를 적용하는 지역(地域)중심 방안이 쟁점이 되었다. 직역중심안은 재정경제원에서 제시한 방안으로 1992년 대통령후보 공약사항이라는 점과 적용대상이 지역중심으로 실시하는 방안보다 상대적으로 적용규모가 적어 소요예산을 줄일 수 있다는 점을 강조하였고, 직역중심안은 보건복지부에서 제시한 방안인데 겸업농가의 비율이 높고 여러 직업의 주민이 혼재되어 있는 농어촌의 특성상 농어민 구분이 곤란할 뿐만 아니라 향후 전국민연금을 실시할 때에 혼란을 가져올 우려가 높다는 시각에서 검토된 것으로 결국 보건복지부가 제시한 지역중심안으로 실시하게 되었다(국민연금관리공단, 1998).

둘째, 확대적용모형에 관한 것으로 연금보험료를 결정함에 있어서 가입자의 소득에 비례하여 부과하는 방식(소득비례연금), 가입자의 소득수준에 관계없이 일정 금액을 일률적으로 부과하는 방식(정액연금), 또는 소득비례연금과 정액연금을 결합한 방식(절충형 연금)의 3가지 모형이 논의되었다. 물론 소득비례연금의 경우에는 현행제도와 연계할 것인지 또는 독립된 소득비례모형으로 할 것인지, 절충형의 경우에도 소득비례부분을 당연적용할 것인지 또는 임의적용할 것인지를 다각도로 검토하였다. 실무추진반에서는 사회보험제도의 특징인 소득재분배기능을 유지하고 전국민연금실현에 대비하는 장기발전적 차원에서 종전의 갹출 및 급여모형을 그대로 유지하기로 하였다(국민연금관리공단, 1998).

셋째, 연금보험료의 일부를 정부에서 지원하느냐의 문제였다. 사회보험은 소득능력이 있는 계층을 대상으로 한다는 점에서 정부의 재정지원은 원칙적으로 신중하게 접근할 필요가 있으나, 우루과이라운드(UR) 협상 타결에 따른 농어촌 경제의 어려운 점 등을 고려하여 연금보험료의 일부를 지원하는 방안이 검토되었다. 실무추진반에서는 농어촌지역의료보험조합의 국고보조 수준(1988년: 25.8% → 1989년: 28.4% → 1991년: 34.3%)을 고려하여 보험료 지원대상 및 수준에 대해 저소득층에 한하여 보험료의 50%를 일괄지원하는 방안, 저소득층 50%부터 차등지원하는 방안, 적용대상 전체에게 일정액을 균등지원하는 방안을 각각 검토하였으나, 재정경제원과의 절충과정을 거쳐 농어민에 한해 1995년 7월부터 2004년 12월까지 농어촌특별세관리특별회계에서 최저등급의 3분의 1 수준을 균등지원하도록 하였다(국민연금관리공단, 1998).

5. 도시지역 확대 및 제도개혁기

1) 도시지역 확대와 제도개혁 논쟁의 배경

1995년 농어촌지역에 국민연금이 확대적용된 이후 남은 과제는 도시지역 자영자에 대한 적용확대였다. 문제는 국민연금제도가 기존 체계를 유지하는 한, 본격적인 노령연금급여가 시작되는 2008년 이후에는 연금급여지출이 급격히 증가하여 2020년에는 당해 연도 재정수지 적자가 발생하고, 2031년경에는 적립기금이 완전 소진될 것으로 전망된 점이다. 따라서 제도의 근본적인 개선 없이 기존 가입자 수를 능가하는 천만 명에 가까운 도시자영자에게 적용을 확대할 경우 재정불안정 문제가 확대될 것이 우려되었다. 그리고 소득재분배 기능이 강하게 내재된 국민연금제도하에서, 사업장근로자와 달리 정확한 소득파악이 용이하지 않은 자영자에게 동일한 제도를 적용할 경우, 소득파악이 용이한 사업장근로자와 소득을 실제보다 적게 신고하는 경향이 있는 자영자간 부당한 소득재분배가 발생할 가능성에 대한 염려가 제기되었다. 따라서 국민연금제도가 시행된 지 불과 10년 밖에 경과하지 않았음에도 불구하고, 도시지역으로 적용을 확대하기 이전에 국민연금을 기초연금과 소득비례연금으로 분리하는 등 구조적인 제도개선을 추진하게 되었다(국민연금제도개선기획단, 1997). 하지만, 시민단체와 노동계 그리고 보건복지부의 기본 입장은 연금제도의 안착을 위해 선확대-후개혁이 필요하다는 입장이었다.

2) 국민연금 개혁과 도시지역 확대 과정

(1) 김영삼 정부의 先개혁 vs 김대중 정부의 先확장[14)]

김영삼 정부는 세계화 정책에 일환으로 1995년 '삶의 질의 세계화'를 선언하고, 세계화추진위원회 산하에 국민복지기획단을 구성하여 사회복지정책전반에 대한 검토에 들어갔다. 국민복지기획단은 1996년 2월 '삶의 질 세계화를 위한 국민복지기본구상'을 대통령에게 보고하는데, 여기에는 국민연금과 특수직역연금등 공적연금제도에 대한 개선은 물론, 국민연금의 적용확대가 포함되어 있었다. 대통령의 지시로 청와대 사회복지수석실을 중심으로 공적연금의 장기발전방안이 1996년 6월에 마련된다. 이때 보건복지부는 공적연금의 기본틀을 훼손하지 말고 적용확대를 이루어야한다는 주장을 제기하나, 청와대는 선개혁-후적용확대를 밀고 나간다. 청와대 사회복지수석실이 주도한 연금개혁은 2030년경에 기금고갈사태가 예상되는 만큼 연금재정의 지속가능성(*sustainability*)을 높이기 위한 구조적 개혁 없이, 적용을 도시지역으로 확대해 문제를 더 키울 수 없다는 취지였다.

결국, 청와대 주도로 1997년 6월 국민연금제도개선기획단이 설치되고 개혁안 마련에 나선다. 여기서 세 가지 안이 검토되었다. 제1안은 현행제도의 유지개선에 초점을 맞춘 것으로 연금구조에 대한 개혁 없이 급여수준을 낮추고 보험료를 인상하는 전통적인 공적연금개선방법을 따랐다. 제2안은 국민연금을 기초연금과 소득비례연금으로 나누어 2층구조로 바꾸는 구조적 개혁방안이었다. 총 40%정도의 소득대체율을

14) 양재진(2001a)에 크게 의존하여 작성되었다.

목표로, 기초연금부분은 부과방식의 공적연금으로 유지하나, 소득비례연금은 장차 영국 '적용제외'(*contracting out*) 방식을 도입, 민영화해나가는 복안을 가지고 있었다(World Bank, 2000: 29). 따라서 국가는 작은 규모의 기초연금만 책임진다는 계획안이었다. 제 3안은 칠레식 완전민영화안으로 적립방식의 개인구좌방식이었다. 이 중 제 2안이 최종개선안으로 1997년 12월 확정되었다(〈표 3-5〉 참조).

그러나 1997년 말에 한국경제를 강타한 외환위기와 야당인 국민회의로의 정권이양은 김영삼 정부에서 추진되었던 연금개혁방향을 전면적으로 수정하는 계기가 된다. 복지부는 정권인수위에 수차례 보고를 통해, 국민연금개선기획단의 2층구조화 개혁에 대해 분명한 반대 입장을 표명했다. 기획단안은 급격한 급부수준의 하락을 전제로

〈표 3-5〉 국민연금제도개선기획단의 개선안과 기존제도 비교

		현행 제도	제도 개신인
기본구조		· 일원형 : 균등부분+소득비례부분	· 이원형 : 기초연금과 소득비례연금으로 이원화
적용대상		· 18세 이상 60세미만 사업장 근로자 및 농어촌지역 자영자	· 도시지역 자영자 확대적용
보 험 료		· 5년 간격으로 3%에서 9%까지 단계적 조정	· 2009년까지 좌동 · 2010~2014년 : 10.90%, 2015~2020년 : 11.80%, 2020년 이후 : 12.65%
연금급여	연금급여율	· 최하위 20% 계층 100% 최상위 20% 계층 48% 평균소득 계층 70%	· 1988년~개선이전: 현행 급여산식 적용 · 제도개선 이후 최하위 20% 계층 77% 최상위 20% 계층 31% 평균소득 계층 40%
	수급연령	· 60세	· 2013년부터 5년간 격으로 1세씩 상향 조정 (65세까지)
	최소가입연수	· 15년	· 10년(반환일시금제도 원칙적으로 폐지)
재정운영방식		· 수정적립방식	· 기초연금 : 부과방식 · 소득비례부분 : 적립방식
재정안정		· 적립기금고갈 2031년 발생	· 기초연금 : 2050년 이후 적립 배율 8.3배 계속 유지 · 소득비례연금 : 2050년 이후 10.7배 계속 유지

자료: 국민연금관리공단(1998: 158).

하고 있어 국민적 설득이 어렵고, 기초와 소득부문으로의 이원화가 기술적·행정적으로 어려운 것은 물론, 소득재분배 기능이 축소되고 상대적으로 고소득계층에 유리한 제도이므로 반대한다고 그 이유를 달았다. 나아가 복지부는 현행 1층 구조의 공적 연금구조가 국민의 지지확보와 소득계층간·직종간 사회통합에 유리하며, 2층구조로의 구조변화는 도시자영자로의 적용확대 이후 장기적인 과제로 검토해야할 사안이라고 주장했다. 1998년 1월 10일 정권인수위는 98년 중 예정대로 도시지역연금확대를 추진하되, 제도개혁은 하지 않는다는 복지부의 건의안을 받아들인다(양성일, 1998: 61~68). 급격한 소득대체율의 하락을 가져오는 기획단안에 대해, 김대중 정부의 정치적 지지기반이었던 참여연대 등 시민단체와 노동계가 강한 반대의사를 표명한 것도 복지부의 선확대-후개혁 논리를 받아들인 원인이 되었다.

참여연대 성명서(1997.12.30)

국민적 합의 없이 국민부담만 늘리는 국민연금 개선안의 졸속 처리에 반대한다.

29일 '국민연금제도개선기획단'에 의해 제출된 '전국민연금 확대적용에 대비한 국민연금제도 개선방안'에 의하여 그동안 전국민적 관심 속에서 추진되던 정부의 국민연금제도 개선의 구체적 모습이 드러났다. 참여연대 사회복지특별위원회(위원장: 조홍식)를 비롯한 많은 시민사회단체들은 그동안 국민연금이 전국민의 노후생활의 보장과 직결되어있는 매우 중요한 사안이므로 이의 개선을 추진하는 방향에 대하여 줄곧 주목하였다. 그리고 이의 바람직한 개선을 위하여 꾸준히 이에 대한 의견을 제출해왔다. 하지만 드러난 개선안의 모습은 이러한 바람과는 크게 역행하는 모습으로 드러났으며 이의 졸속처리에 대한 우려마저 낳고 있다.

이 개선안은 연금 급여 수준을 가입기간 40년 기준으로 평균소득 70%였던 것을 40%로 하향 조정하고, 급여 기준 연령도 2033년까지 단계적으로 65세까지 연장하면서 보험료율을 9%에서 2025년까지 12.65%로 올리는 등 국민부담을 크게 늘리는 것을 주요 골자로 하고 있다. 급여 수준을 평균소득 40%로 하향조정은 ILO의 최저기준에도 미치지 못하는 수준이다. 이는 노후 소득 보장을 목표로 하는 국민연금 제도에서 소득보장의 기능 자체를 상실시켜 국민연금 제도의 존립 이유를 부정하는 결과가 된다.

그리고, 급여기준연령의 연장과 보험료율의 인상이 기금의 구조적 문제에 의해 불가피 하다고 하더라도 오히려 기금의 안정성을 그동안 치명적으로 훼손해왔던 공공자금관리법 5조 1항의 강제예탁 규정에 대해서는 '폐지'를 명시하고 있지 않으며, 그동안 꾸준히 지적되어왔던 기금 운용의 민주성 확보의 문제에 있어서는 추상적인 '개선'만 언급할 뿐, '국민연금기금운용위원회'에의 수급권자 대표 참여 확대에 대하여 구체적인 인원과 참여 비율은 언급하고 있지 않아 국민부담 증가에 대한 정당성을 전혀 지니고 있지 못하다.

더욱이 이렇게 국민 부담만을 일방적으로 늘리는 개선안을 제출한 '국민연금제도개선기획단'은 그 구성부터 노총과 경총 대표 각 1인정도로 수급권자 의견이 크게 제한되어있어 개선안에 대한 합의구조 자체에 문제를 지니고 있다. 즉, 수급권자인 국민의 참여가 극히 제한된 상황에서 국민부담을 대폭 늘리는 연금의 개선안은 원천적으로 문제의 소지를 안고 있는 것이다. 이런 개선안을 신정부가 들어서기도 전인 2월에 임시국회에서 처리한다고 하는 보건복지부의 방침은 국민적 저항을 부를 위험마저 안고 있다.

주지하다시피 여태까지 사회복지의 문제는 경제성장의 신화에 가리어져 왔으며, 사회보장 제도조차 고성장에 의존하여 매우 취약하게 짜여 있다. 하지만 IMF 시대에 들어섬에 따라 지금부터 맞이하게 될 저성장과 긴축재정의 시대에서는 이러한 방식의 대처는 더 이상 전혀 실효성을 가지지 못한다. 특히 노후 소득보장 문제는 연쇄부도와 대량실업 등에 의해 기존의 퇴직금이 유명무실해지는 상황에 대처할 수 있도록 전반적인 제도의 재편이 필수적이다. 따라서 국민연금제도의 개선문제에 있어서도 단순히 제도 하나를 고치는 문제가 아닌, 퇴직금 제도와의 상관관계 등을 고려한 전반적인 제도 재편의 틀 안에서 신중히 추진되어야 한다. 그럼에도 불구하고 보건복지부가 발표한 예정대로 2월 임시국회 처리를 시도할 경우 그 졸속한 처리에 대한 책임을 피할 수 없을 것이다.

강조하건데 IMF 한파 등으로 국민 생활에 대한 위협이 증대된 상황에서 전국민의 노후생활이 걸려있는 국민연금 개선의 문제에 있어서, 국민의 합의가 배제된 채 국민부담만 늘리는 개선이란 있을 수 없는 일이다. 이러한 제도의 개선은 이제 저성장 긴축재정 시대에 맞는 사회보장 제도의 전반적인 개혁을 추진하는 것과 함께 그 개혁 틀 속에서 이루어져야 한다. 그러므로 국민연금 제도의 개선은 새 정부에서 국민적 참여와 합의가 보장되는 구조하에 보다 신중하게 추진되어야 마땅하다. 따라서 참여연대 사회복지특별위원회는 지금과 같은 졸속한 처리를 중단할 것을 엄중히 요구하는 바이다.

1998년 예정된 연금도시지역 확대는 국회통과가 늦어지는 관계로 1999년 4월 시행된다. 시행에 앞서 구조개혁은 이루어지지 않았으나, 시민·노동단체의 주장대로 기

금운영의 민주화를 위해 연기금이 재경원에 의한 공공부문 강제예탁제도가 폐지되었다. 그리고 기금운용위원회의 장이 재경원에서 보건복지부장으로 바뀌고, 기금운용위원회에 가입자의 참여가 확대하여 총 정원이 15인에서 20인으로 확대되었다. 연금제도에 대한 구조적인 개혁은 무산되었으나, 연금수준이 70%에서 60%로 축소되고 연금개시 연령이 60세에서 65세로 인상되는 등 재정안정화를 위한 부분적인 모수적 개혁(*parametric reform*)이 이루어졌다.

각계의 재경원의 연기금 공공부문 강제예탁제도에 대한 비판 및 연기금 운용의 민주화 요구

◆참여연대

국민연금법의 개정 과정이 공공자금관리기금법 개정 문제로 국회에서 난항을 겪고 있다. 우리는 그동안 국민연금기금 운용의 투명성과 민주성이 확보되지 않는 한 국민연금법 자체의 개정은 의미가 없다는 점을 누누이 강조해왔으며, 공공자금관리기금법 개정 등의 선행 조치 마련을 정부, 특히 주무부처인 재정경제부에 촉구해왔다. 이런 점에서 우리는 공공자금관리기금법의 개정 등 선행조건의 충족을 주장한 한나라당 및 국민회의 보건복지위원회 소속 국회의원들과 전적으로 입장을 같이하고 있다.

국민연금기금 운용의 투명성과 민주성을 확보하기 위해 가장 필요한 조치는 국민연금기금의 강제예탁을 규정한 공공자금관리기금법 제5조 1항의 폐지라는 점에 대해서 의문의 여지가 없다. 공공자금관리기금법이 제5조 1항이 폐지되면 마치 연금기금의 정부재정자금화가 불가능한 것처럼 오해하는 분위기가 있다. 그러나 이는 전혀 사실과 다르다. 공자법이 폐지된다하여도 기금관리기본법에 의해 얼마든지 재정자금으로의 전환이 가능하다. 참여연대에서는 연금기금의 재정자금화를 반대한 적이 없으며 다만 연금제도와 국가의 장래를 위하여 투명하고, 민주적인 절차에 입각한 재정자금화를 요구한 것이다(참여연대 사회복지위원회, 1998, "재정경제부는 국민연금기금의 투명한 운영방안을 조속히 마련하라").

◆민주노총

민주노총의 사회개혁투쟁의 성과로 1기 노사정위원회에서는 공자법 5조의 폐지를 합의해 내었으나 현재 정부는 재경부를 중심으로 동 조항의 폐지를 반대하고 있다. (중략) 97년 말 국민연금기금은 약 30조원으로 97년 정부 예산 71조원의 40% 이상이다. 그중 98년 2월 말 현재 약 20조에 달하는 돈을 공공자금으로 사용하고 있다. 더욱 심각

한 것은 현재 추세대로라면 2000년대 초반에 차용액이 정부의 1년 예산액을 초과할 것이며, 이자만도 수십조 원에 이르게 된다는 점이다. 이 경우 원리금 상환은 불가능해지고, 그 결과 연금 가입자의 보험료와 국민의 조세부담은 증가하게 되며, 최악의 경우 국민연금제도 자체가 붕괴되는 결과까지 초래된다. 연금기금은 앞으로 노동자들에게 지급해야할 돈이므로 정부는 어디까지나 선량한 관리자로서 안정성, 수익성, 공공성의 원칙에 입각해, 연금재정의 안정성과 가입자의 권리를 보장해야할 책무가 있다. 그럼에도 정부는 '기금 고갈은 먼 훗날의 일이고 당장은 고갈되지 않으니 일단 쓰고 보자'는 안이한 생각 아래, 공자법 5조의 폐지를 반대하고 있는 것이다.

이상의 문제점을 해결하기 위해서는 첫째, 정부가 차입하여 사용한 국민연금기금 내역을 철저히 공개하고, 국민연금기금의 강제예탁을 규정한 공공자금관리기금법 제5조를 폐지해야 한다. 대신 정부는 가입자(국민연금기금운용위원회) 및 국회의 동의를 구하여 연금기금을 사용해야 한다. 둘째, 국민연금기금을 차입할 때는 반드시 국공채를 매입할 것을 원칙으로 하여야 한다. 미국 등 많은 나라에서 연금기금을 정부 재정자금으로 사용하고 있지만, 이 경우 반드시 해당 정부가 발행하는 국공채를 매입할 것을 원칙으로 하고 있다. 국공채 매입은 국회 동의가 필요하므로 행정부의 자의적 기금 사용 방지, 유동성 확보, 기금 상환의 확실성 확보 등 많은 장점이 있다. 그리고 정부의 재정투융자특별회계에서 별도의 '연금계정'을 개설하여 사용내역을 투명하게 하여야 한다. 셋째, 국민연금기금운용위원회는 가입자 대표가 2/3 이상 참여하여 실질적 의사결정권을 가져야 하고, 정기회의 소집을 의무화해야 한다. 그리고 가입자 대표에게 국민연금관리공단의 이사와 감사 참여권을 부여하고, 국민연금기금운용평가 및 감사위원회 등을 신설해야 한다. … (이하 생략) (민주노총 사업보고서, 1995, "국민연금의 민주적 관리운영", "임단투와 사회개혁 투쟁지침" 중).

◆한국노총

근로자를 비롯한 국민의 노후생활권과 재산권을 보장하고, 국민경제의 건전한 발전에 연금기금이 이용되기 위해서는 다음과 같은 개혁이 이루어져야 한다.

첫째, 연금기금의 무제한적 정부차입을 강제하는 공공자금관리기금법 제5조를 삭제해야 한다. 향후 연금기금에서 정부가 차용하는 재정자금의 규모 및 사용처는 연금가입자, 국회, 그리고 정부의 협의하에 중장기적 경제적 상황을 고려하여 결정하되, 특히 원금상환능력을 초과하지 않는 범위 내에서 정부차용액의 규모가 결정되어야 한다.

둘째, 정부의 일반적인 기금운용을 중단하고 국민연금기금의 관리 및 운용을 정부와 가입자대표가 공동으로 해야 한다. 국민연금기금운용위원회 구성에서 근로자·농어민 대표를 50%로 하고, 정부·사용자·관계전문가를 50%로 해야 한다.

셋째, 정부가 연금기금을 재정자금으로 차용할 경우 예수금 증서의 교부를 통한 방식이 아닌 국공채를 매입하도록 해야 한다. 국공채 발행은 국회의 동의가 있어야 하므로 기금운용에 대한 국회의 직접적 통제를 가능케 하고 금융시장에서 환금성이 보장되므로 원금상환의 확실성이 담보될 수 있다. … (이하 생략) (이남순, 한국노총 사무총장, "국민연금기금 운용의 문제점 및 개혁방안", 〈월간 경영계〉, 1997, Vol.233).

◆경총

○ 공공자금관리금법 제5조를 폐지해야 할 것임.

- 96년 말 현재 국민연금 운용기금 21조 6천억 원 중 67.7%에 해당하는 14조 6천억 원이라는 막대한 자금이 공공자금관리기금법 제5조 1항에 의해 수익률이 낮은 공공자금으로 강제예탁되고 있음.
- 이에 따라 공공부문과 금융부문간의 금리차에 의한 손실액이 누증되어 연금기금의 부실화를 더욱 앞당기고 있는 실정임.

○ 연금기금의 공공부문 예탁수익률을 시장평균수익률 수준으로 인상해야 함.

- 96년 기준 공공부문의 수익률은 10.3%로 금융부문 수익률 11.9%는 물론, 정기예금 수익률 11.8%에도 미치지 못하고 있으며, 공공부문과 금융부문의 수익률은 매년 2%p 내외의 차이를 보이고 있음.
- 이에 따라 88년 이후 공공부문과 금융부문 금리차로 인한 기금손실액이 약 7천억 원으로 추산되고 있으며, 현재와 같은 방식의 기금차용이 이루어질 경우 그 규모는 더욱 커질 것으로 예상됨(경총, 1997년도 사업보고서, "국민연금제도 개선에 대한 경영계 의견").

---

3) IMF 경제위기, 세계은행의 활동과 연금개혁 논의[15)]

김영삼 정부의 선구조개혁 방침을 철회하고 도시지역 확대로 전국민연금시대를 열었지만, 연금개혁 논의가 사라진 것은 아니었다. 특이할 점은 김대중 정부하에서 세계은행의 주도하에 연금개혁 논의가 다시 촉발되었다는 점이다. 김대중 정부가 외환위기를 극복하기 위해 1998년 3월 세계은행으로부터 20억불 구조조정차관을 들여왔을 때, 세계은행은 구조조정협약의 형태로 금융, 기업, 노동시장에 대한 구조조정을 요구했다. 이때 세계은행은 노동시장의 구조조정과 함께, 사회안전망의 정비차원에서 한국의 공적연금제도를 개혁할 것을 구조조정협약에 명문화했다(World Bank, 1998a/ 1998b). 크게 두 방향인데 하나는 공공자금관리법을 개정해 국민연금재정의 부실운영을 방지하는 것과, 다른 하나는 국민연금을 포함하여 공적연금제도의 틀을 세계은행이 주창하는 다주제로 바꾸는 것이었다.

후자와 연관하여 세계은행은 1998년 10월까지 연금개혁의 청사진을 만들 범정부적인 위원회를 구성하여 1999년 11월까지 개혁안을 마련할 것을 요구하고, 정부는 이를 준수 1998년 12월에 공·사연금제도개선실무위원회를 발족시켰다. 세계은행은 이때부터 한국연금제도의 구조를 바꾸기 위해 다양한 노력을 펼쳤다. 공·사연금제도개선실무위원회의 위원들을 사적연금이 운영되고 있는 칠레, 아르헨티나, 호주 등에 연구시찰을 보내고, 서울에서 사적연금의 설계와 관리감독에 대한 세미나를 개최하는 것 등이 그것이다. 뿐만 아니라, 1999년 9월과 10월에는 각각 세계은행 내 한국연금개혁팀장인 Robert Palacios와 세계은행의 연금팀장인 Robert Holzmann이 한국의 공·사연금제도개선실무위원회에서 직접 세계은행의 한국연금개혁안을 발표했다(공사연금제도개선실무위원회, 2000; 양재진, 2001b).

세계은행은 두 가지의 개혁안을 권고하고 있다(World Bank, 2000). 첫 번째 안은 부분개혁으로 첫째, 법정퇴직금을 완전적립의 사적연금으로 전환시킬 것, 둘째, 국민연금의 재정운영을 사적연금에 적용되는 기준에 의거해 관리해 나가고 정치적·관료적 통제로부터 벗어나게 할 것, 셋째, 공무원연금 등 특수직역연금의 급여와 급부조건을 국민연금과의 형평을 고려해 낮출 것, 넷째, 개인연금 등 연금성 저축의 관리

15) 이 부분은 양재진(2001b: 237~239)에 크게 의존하였다.

감독을 강화할 것 등의 내용을 담고 있다. 그러나 세계은행은 부분개혁은 단기적 차원에서 우선 시행되어야 할 것임을 강조하고, 빠른 시일 내에 전면적인 개혁을 단행할 것을 연금의 역사가 오랜 국가들이 겪는 연금의 위기와 개혁의 어려움에 빗대어 경고하였다.

> 한국은 현재 독일이나 이태리같이 고소득국가가 잘못 밟아온 전철을 그대로 따르고 있다. 이들 국가에서는 높은 연금기여율 인한 노동비용(*labor taxes*)이 고실업과 저성장을 유발한다고 비난받고 있다. 게다가 기여율은 더 이상 올리기 힘든 수준이라는 공감대가 형성되어 있다. 반면에 새로운 정부가 들어설 때마다 연금액은 계속해서 삭감되고 있다. … 완전적립 사적연금을 도입하려는 제안들이 생기고 있지만, 이런 구조적 개혁은 공적연금제도하 연금지급에 대한 약속(*pension obligations*) 때문에 극심하게 어렵다. 이러한 현상은 투표권을 행사하는 수많은 연금생활자들의 거부를 반영한다. 40년 이상 지속된 연금제도가 개혁가들의 손발을 묶어 버렸다(World Bank, 2000: 50).

세계은행은 부분적인 개혁은 문제의 노출을 지연시킬 뿐 근본적인 해결책이 못된다고 보는 것이다. 세계은행은 따라서 구조적인 개혁을 되도록 빠른 시일 내에 단행할 것을 권고하고 있다. 세계은행은 먼저 국민연금의 기여율과 급부수준을 낮추어 기초연금화하고, 퇴직금을 확대한 완전적립 사적연금을 도입하여 다주구조의 연금체계를 만들 것을 제안한다. 여기에 공무원연금을 기초연금부분과 사적연금부분 나눈 후 각각 민간부분의 다주연금구조에 통합시키는 방안이었다.

공·사연금제도개선실무위원회는 31회에 걸친 회의와 12개에 달하는 연구보고서를 만드는 등 1년 반 동안의 활동을 2000년 5월에 마무리했다. 제1안은 현제도의 보완모형으로 퇴직금을 법정기업연금화하여 완전적립방식의 확정기여연금화한다는 것 외에는 현행제도와 크게 구분되는 점이 없다. 제2안은 국민연금의 급부수준을 현행 60%에서 45%로 낮추고, 국민연금을 중심으로 특수직역연금을 흡수 통합한다는 줄거리를 가지고 있다. 제3안은 김영삼 정부 시절 기획단안에 유사한 안으로 기초연금과 소득비례연금을 도입하는 특징을 가지고 있다. 제4안은 앞 3개 안의 혼합모형으로 국민연금의 소득대체율을 35%로 낮추어 기초연금화하고 법정기업연금 등을 도입하여 다층구조화한다는 내용을 가지고 있다(석재은, 2000).

〈표 3-6〉 기존 연금제도와 개혁대안의 비교

	현행 연금제도	세계은행 구조적개혁안	공사연금제도 개선위 1안	공사연금제도 개선위 2안	공사연금제도 개선위 3안	공사연금제도 개선위 4안
개혁목표 및 특징	사회보장	재정안정 (+사회보장+금융시장육성)	사회보장 + 재정안정	재정안정 + 사회보장	재정안정 + 사회보장	재정안정 + 사회보장
기본구조	공사연금분립 단층구조	공사연금통합 다주구조	공사연금분립 다층구조	공사연금통합 다층구조	공사연금분립 다층구조	공사연금통합 다층구조
목표 소득 대체율	60%(특수직역은 80%)	3개 기둥 합산시 현행수준	60%(특수직역은 80%)	45%(~65%)	60%	60%
급부원리	확정급여	확정기여	확정급여 (기업연금과 개인연금은 확정기여)	확정급여 (개인연금은 확정기여, 신직역연금은 명목확정기여)	(소득비례형) 확정급여	확정급여 (기업연금, 소득비례직역연금과 개인연금은 확정기여)
재정방식	부과방식 (부분적립)	완전적립	부과방식 (기업연금과 개인연금은 완전적립)	부과방식 (개인연금은 완전적립)	부과방식	부과방식 (기업연금, 소득비례직역연금과 개인연금은 완전적립)
기금관리	공적관리	사적관리	공적관리 (기업연금과 개인연금은 사적관리)	공적관리 (개인연금은 사적관리)	공적관리	공적관리 (기업연금과 개인연금은 사적관리)

자료: World Bank(2000); 공·사연금제도개선실무위원회(2000); 석재은(2000).

이와 같이, 세계은행의 다주제개혁안은 물론 ILO의 공적연금개선방안도 함께 어우러져 대안으로 제시되었으나, 단일안이 아니고 복수안으로 대안제시가 되어, 개혁의 강도가 떨어질 수밖에 없었다. 특히, 복지부가 제시한 현제도의 기본틀을 유지하는 보완모형이 개혁안 중에 하나로 보고되어, 김대중 정부가 연금개혁을 추진한다 해도 공적연금제도를 부분수정하는 선에서 개혁이 이루어질 것으로 전망되었고(양재진, 2001a: 74), 전망대로 김대중 정부하에서는 이렇다 할 개혁조치가 단행되지 않았다. 단지, 도시지역 확대과정에서 발생한 자영자의 소득파악 문제의 심각성 때문에 발생한 이른바 '국민연금파동'을 진정시키고 재발을 방지하기 위해 노력할 뿐이었다.

6. 결론

1) 정책결정과정의 특징

한국 국민연금제도의 모태가 되었던 국민복지연금제도의 시행결정 및 유보 그리고 1988년의 시행과 이후 확대과정은 우리나라 공공정책결정과정을 이해하는 데 여러 가지 시사점을 준다.

첫째, 정책과정에서 대통령의 영향력이 절대적이라는 점이다. 유신시대 박정희 대통령이 연금제도 시행을 지시함으로써 경제기획원과 보사부가 제도도입에 총력을 기울이게 되고, 대통령이 긴급조치라는 특단의 형식을 통해 이의 시행을 유보시킨 점은 최고 정책결정권자로서 대통령의 높은 영향력을 실감케 한다. 그리고 대통령이 긴급조치3호를 통해 연금제도를 전격 시행 유보한 것도 마찬가지이다. 전두환 대통령의 3대복지입법 천명으로 국민복지연금제도의 시행이 급물살을 탄 것도 같은 맥락에서 이해할 수 있다. 권위주의시기를 지나 민주주의가 도래한 이후에도 대통령의 영향력이 크게 줄지 않은 것으로 보인다. 김영삼 정부의 구조적 연금개혁안은 김대중 대통령이 당선되고 나서 정권교체가 이루어지자 백지화되고 선확장-후개혁 정책으로 기조가 바뀌는 것을 보아도 알 수 있다. 대통령중심제국가에서 주요 정책결정은 행정수반이며 국가원수인 대통령의 역할에 주목해야한다는 평범한 진리를 다시금 일깨우게 한다.

둘째, 국민연금과 같은 사회정책은 정책과정이 상당히 역동적이라는 점이다. 유신시기만 하더라도 우리나라 역사상 가장 강한 강성국가로 다원주의와는 거리가 먼 권위주의체제이지만, 정책과정은 역동적이었다. 경제기획원이 부총리로 주요 경제·사회정책을 입안하고 조율하는 공식적 권한을 보유하고 있음에도 불구하고, 재무부나 상공부 그리고 청와대 경제팀과 협력 못지않은 견제와 경쟁관계에 있었고, 연금제도의 주무부처로서 보건사회부 또한 경제기획원과 대등한 위치에서 협상을 벌이는 점을 확인할 수 있었다. 경제기획원의 원안(原案)을 사실상 형해화하는 성과를 내었다. 미성숙하기는 하였으나, 시민사회는 개개 집단의 입장에서 자유롭게 비판을 쏟아냈고, 언론도 한 몫을 하였다. 물론 관료정치의 수위나 시민사회의 영향력이 민주화 이후만큼 높다고 할 수는 없을 것이다. 하지만 그동안 이론적인 수준에서 일원적 강성국가

(*the unitary strong state*)로 묘사되어온 유신체제의 내부는 훨씬 다원적이고 '약한' 면모를 가지고 있었다고 할 수 있겠다. 또 하나의 강성국가인 전두환 정부 시기도 크게 다르지 않았다. 보사부와 경제기획원은 나름대로의 제도시행안을 가지고 서로 경쟁과 협력하는 관계를 보이고, 퇴직금 존치를 둘러싸고 기업과 노동계가 한 치의 양보도 없이 팽팽히 맞서고 정부가 중재하는 모습 등은 역동적인 정책결정과정의 단면이라고 볼 수 있겠다.

셋째, 민주화와 세계화가 진행되면서 정책과정에 참여자 수가 증가하고 훨씬 복잡해지는 양상을 보이고 있다는 점이다. 권위주의 정부하에서 국민연금제도가 설계되고 시행될 때, 그 과정이 역동적이었다 할지라도 정부가 전 과정을 주도하였다고 볼 수 있다. 그리고 참여자도 학계, 언론계, 경총, 노총 등으로 제한되었다. 그러나 김영삼 정부를 거처 김대중 정부시기로 오면, 연금을 둘러싼 개혁의제를 점차 시민사회가 주도해가는 것을 알 수 있다. 참여연대와 민노총 등 새로운 참여자들이 대표적이며, 이들은 제도개혁보다는 강제예탁제의 폐지와 연기금의 민주적 운용 등을 의제로 삼았다. 게다가 IMF구조조정 차관제공을 계기로 세계은행 등 국제금융기구까지 정책과정에 영향력을 행사하는 상황이 되었다. 물론 사회정책의 결정에 있어 국내 정치적인 맥락이 디욱 중요함에는 변함이 없으나, 향후 국제사회의 정책기조 변화 그리고 아이디어의 교환 등이 매우 중요한 변수로 등장하게 될 것임을 예측하게 하는 대목이라 할 수 있겠다.

2) 연금 관련자료 수집연구의 평가와 향후 과제

한국의 연금제도는 1988년에 본격적으로 시행되었지만, 그 연원은 1973년 국민복지연금제도의 입법에서부터 시작된다. 공무원연금의 경우에는 이승만 정부 말기인 1959년까지 거슬러 올라가야 한다. 따라서 당시 정책결정과정을 파악할 수 있는 1차 자료의 망실이 매우 심각한 수준이다. 1973년 국민복지연금법 성안 당시의 상황도 마찬가지이다. 다행히 해당 정책결정 참여자 중 상당수가 생존하고 있어, 녹취 등을 통해 당시 상황을 기록하여 놓을 수 있었던 점은 다행이다. 하지만, 향후 기초자료 수집연구의 효과성과 타당성을 높이기 위해서는 아래와 같은 점이 보완되어야 할 것이다.

첫째, 기관별 1차 자료의 관리가 개선되어야 한다. KDI는 상대적으로 보고서 등 과거 출간자료들을 pdf파일화하여 보관하는 등 상대적으로 나았으나, 보건사회부, 사회보장심의위원회, 보건사회연구원, 경제기획원(재경원, 재무부, 재경부) 등의 경우에는 체계적인 관리가 이루어지지 않고 있었다. 특히 기관이 이사하거나 조직이 통폐합되는 경우에는 그 망실의 정도가 매우 심각했다. 그나마 소장자료도 복사가 불가능할 정도로 부식정도가 심하였다. 국가기록원이 있다고 하나, 1960년대와 70년대 자료의 경우 그 양이 많지 않고 정책자료로서 가치가 높은 자료가 부족한 실정이다.[16] 따라서 기존 자료의 체계적 분류와 조사 그리고 디지털화 작업 등이 시급히 필요한 것으로 판단된다.

둘째, 정책결정참여자 중심의 인터뷰를 삼각검증(*triangulation*)을 통해 검증·보완할 필요가 있다. 정책참여자들은 당시 상황을 증언하는 데 있어 자신의 참여와 역할을 과대계상하거나 유관 조직의 입장에서 진술하는 경우가 많았다. 동일한 사안에 대해 다른 증언이 나오는 부분이 있었다. 따라서 ① 직접적인 참여자뿐만 아니라, ② 반대 집단이나 조직의 참여자, 그리고 ③ 당시 주변에서 관찰자 입장이었던 유관 학계나 언론계 인사의 증언을 통해 인터뷰 내용을 검증·보완할 필요가 있다.

셋째, 인터뷰 시 프라이버시의 문제 해결이다. 증언을 통해 문서화하기 어려운 생생한 '뒷얘기' 등을 확보할 수 있었으나, 이를 영구보존하여 공개하는 데는 주저하는 분들이 많았다. 이 때문에, 인터뷰 녹취 시 학술적 가치와 프라이버시 보호 사이에서 고민해야 할 부분들이 많았다. 따라서 공개용 녹취록과 음성파일 그리고 비공개용 원본을 나누어 공개용만 공개하는 방법을 택하게 되었다. 이 경우, 프라이버시 문제는 해결할 수 있을지 모르나, 인터뷰 진행자가 획득한 정보를 널리 공개하여 학문적 기초를 넓히는 원래의 연구목적이 일정부분 훼손되는 문제가 발생한다. 이와 연관해, 각종 문헌자료를 저자나 출판사의 동의 없이 널리 공개할 경우 발생할 수 있는 저작권 침해 소지여부에 대한 검토도 필요하다. 학문적 이용을 목적으로 하고 있기는 하지만, 자료의 획득과 공개 관련하여 프라이버시와 저작권 보호문제 등을 면밀히 검토한 후 공개여부와 수위 문제를 확정지어야 할 것이다.

---

16) 국가기록원의 디지털화 작업은 pdf 등을 통해 전자서적화하는 것이 아니라, 페이지마다 디지털 이미지화하여 사용자의 편의성이 전혀 감안되지 않아 자료검토에 무척 많은 애로가 발생했다. 디지털화 작업이 이용자의 편의를 높이는 방향으로 개선되어야 할 것이다.

참고문헌

강성남. 1992. "국가기구 · 관료 및 정책의 역동성에 관한 연구: 중화학 공업화정책(1973~1981)을 중심으로." 서울대학교 행정학과 박사학위 논문.

강욱모. 1993. "한국 국민연금제도의 발전에 관한 연구: 사회정책 발전의 제이론적 관점에서." 한국 사회정책 연구원. 〈사회정책논집〉. 제 5집: 115~171.

공사연금제도개선실무위원회. 2000. 〈공사연금제도 개선의 기본구상〉.

국민연금관리공단. 1998. 《국민연금10년사》. 국민연금관리공단.

국민연금제도개선기획단. 1997. 〈전국민연금 확대적용에 대비한 국민연금제도 개선: 전국민연금시대를 열기 위한 준비〉. 국민연금제개선기획단.

김신범. 1993. "복지정책의 산출요인에 관한 연구." 서울대학교 행정학 박사학위논문.

김정렴. 1990. 《한국경제정책30년사: 김정렴 회고록》. 중앙일보 · 중앙경제신문.

김태성 · 성경륭. 1993. 《복지국가론》. 나남.

대한민국정부. 1981. 《제 5차 경제사회발전 5개년계획(1982~1986)》. 대한민국정부.

______. 1986. 《제 6자 경제사회발전 5개년계획(1987~1991)》. 대한민국정부.

문형표 · 김용하. 1994. "농어민연금 확대적용방안 및 재정추계에 관한 연구." 한국개발연구원.

문화공보부. 1972. 《내일의 조국》.

민재성 · 박재용. 2003. "사회복지정책의 연구와 제도도입." 《KDI 정책연구사례: 지난 30년의 회고》. 한국개발연구원.

박정호. 1997. "국민복지연금법 실시 연기에 관한 연구." 가톨릭대학교. 〈사회과학연구〉. 13호: 5~15.

보건사회부(복지연금국). 1974. 〈국민복지연금의 발자취〉(미발간 초고).

서봉섭. 1997. "한국 정부의 민주화와 복지정책의 변화." 〈한국행정학보〉. 제 31권 제 1호.

석재은. 2000. "공 · 사연금제도 개선을 위한 대안모형의 특징과 장단점." 〈월간 복지동향〉. 11월: 6~12.

손준규. 1981. "한국의 복지정책 결정과정에 대한 연구: 행정부 내 정책결정과정을 중심으로." 서울대학교 행정대학원 박사학위 논문.

양성일. 1998. "국민연금제도개선의 정책결정과정에 관한 연구: Allision 모형을 중심으로." 서울대학교 석사학위논문.

양재진. 2001a. "구조조정과 사회복지: 발전국가 사회복지 패러다임의 붕괴와 김대중 정부의 과제." 〈한국정치학회보〉. 제 35집 제 1호.

______. 2001b. "세계은행과 국제노동기구의 연금개혁 전략 비교연구: 한국에의 적용과

대응." 〈한국정책학회보〉. 제 10권 제 3호.

______. 2007. "유신시대 복지연금제도의 형성과 시행유보에 관한 재고찰" 〈한국거버넌스학회보〉. 제 14권 제 1호.

오원철. 1996. 〈한국형 경제건설 3〉. 한국형경제정책연구소.

______. 1999. 〈한국형 경제건설 제 7권: 내가 전쟁을 하자는 것도 아니지 않느냐〉. 한국형경제정책연구소.

오정수. 1987. "국민연금제도 형성과정과 입법변천에 관한 연구." 〈사회보장연구〉. 제 3권. 한국사회보장학회.

재무부. 1982. 〈재정투융자백서〉.

전남진. 1982. "국민복지연금제도의 정책수립과정에 관한 연구." 숭전대 지역개발대학원 논문집.

전만복. 1987. "우리나라 소득보장제도에 관한 연구: 국민연금제도를 중심으로." 서울대학교 석사학위논문.

정무권. 2007. "한국 발전주의 생산레짐과 복지체제의 형성." 〈한국사회정책〉. 제 14집.

한국은행. 2003년 4월 10일. 보도자료: 국민투자기금 업무 종료. http://www.bok.or.kr.

KDI. 1973. "사회보장연금제도를 위한 방안." 한국개발연구원.

Flora and Alber. 1981. "Modernization, Democratization, and the Development of Welfare Stats in Western Europe" in Flora and Heidenheimer (eds.) *The Development of Welfare States in Europe and America.* New Brunswick: Transaction Books.

Park, Chong Kee. 1975, *Social Security in KOREA: An Approach to Socio-economic Development*, Korea Development Institute in Seoul, Korea.

Rimlinger, Gaston. 1971. *Welfare Policy and Industrialization*, Chapter 1. New York: John Wiley and Sons, Inc.

Schneider, S and P. Ingraham. 1984, "The impact of political participation on social policy adoption and expansion: A cross-national, longitudinal analysis." *Comparative Politics*, Vol. 17.

Tufte, Edward. 1978. *Political Control of the Economy.* Ch. 2. Princeton: Princeton UP.

Wilensky, Harold. 1975. *The Welfare State and Equality: Structural and Ideological Roots of Public Expenditure.* Chapter 2. Berkeley: University of California Press.

World Bank. 1998a. "Report and Recommendation of the President of the International Bank for Reconstruction and Development to the Executive Directors on a

Proposed Structural Adjustment Loan in an Amount Equivalent to US $2. 0 Billion to the Republic of Korea."(March 19). *World Bank Report* No. P-7225-KO.

World Bank. 1998b. "Report and Recommendation of the President of the International Bank for Reconstruction and Development to the Executive Directors on a Proposed Structural Adjustment Loan in an Amount Equivalent to US $2. 0 Billion to the Republic of Korea."(October 2). *World Bank Report* No. P-7258-KO.

World Bank. 2000. "The Korean Pension System at a Crossroads." *World Bank Report* No. 20404-KO.

부록 1 주요 자료 해제

1. 손순규, 1981. "한국의 복지정책 결정과정에 대한 연구." 서울대학교 정치학 박사학위논문

1960년대 사회보장심의위원회(사보심)의 활동을 중심으로 한 우리나라 초기 사회보장제도 입법과정에 대한 기록은 물론 1970년대 국민복지연금법의 제정과 유보과정에 대한 상세한 기록을 담고 있다. 객관적인 시각에서 문헌자료를 해석하고 있지만 사보심 혹은 사회복지계의 증언자들을 중심으로 역사가 재구성되어 있어, 경제관료나 경제계의 시각에서 본 한국 복지국가의 역사는 상대적으로 약하게 반영되어 있는 아쉬움이 있다. 그럼에도 불구하고, 각종 1차 자료와 인터뷰 기록을 기초로 하고 있는 손준규 학위논문은 우리나라 복지제도 발달사 연구의 가장 중요한 문헌 중에 하나임에 분명하다.

2. 보건사회부 복지연금국. 1974. 〈국민복지연금의 발자취〉

1973년 국민복지연금법의 제정과정을 수기(手記)로 상세하게 기록한 백서이다. 당시 사회보건과 과장으로 보건사회부의 대표 실무자로 정책결정에 참여했던 최수일 선생이 국민복지연금제도의 시행유보 이후 역사에 기록이라도 남겨야 한다는 다소 절박한 심정으로 작성하였다고 한다. 보사부의 연금연구내용, 실무준비반의 논의 내용과 기획원/KDI와의 쟁점사안, 각종 신문 등의 기사, 법안과 시행령 등을 담고 있다. 국민복지연금법 관련 가장 중요한 1차 자료라 해도 과언이 아니다.

3. 민재성 외, 1986. 〈국민연금제도의 기본구상과 경제사회 파급효과〉 서울: KDI

KDI는 1973년 국민복지연금제도의 의제형성과 제도창안에 주도적인 역할을 하였고, 이후 1988년에 시행된 국민연금제도도 설계하였다. 본 KDI보고서는 국민연금의 설계도이며 동시에 여타 사회복지와의 관계설정 그리고 연금의 사회경제적 효과를 분석한 종합보고서이다. 애초 설계시부터 국민연금은 2030년대에 부과방식으로 전환할 것을 전제로 설계되었다는 점, 연기금의 SOCs 투자기금화 등을 제시한 점 등이 눈에 띤다.

4. 오정수, 1987. "국민연금제도의 형성과정과 입법변천에 관한 연구." 사회보장연구 제3권.

1974년 국민복지연금의 시행유보 이후 1986년 국민연금법을 개정되고 1988년 시행될 때까지의 정책결정과정과 주요 이슈를 다룬 연구논문이다. 당시 보사부의 주무과였던 연금기획과에서 매일매일의 진행상황을 기록한 '행정일지'를 토대로 작성된 논문으로 당시 진행과정이 매우 구체적으로 기록되어 있다.

5. 국민연금제도개선기획단, 1997. 〈국민연금제도의 기본구상과 경제사회 파급효과〉

1997년 김영삼 정부시절 청와대의 박세일 사회수석이 주도한 국민연금개혁의 역사가 담겨 있는 공식 백서이다. 국민연금의 구조적 개혁의 필요성 분석과 당시 논의되었던 다양한 제도개혁 대안이 체계적으로 서술되어 있다. 1997년 기획단의 다수안이 김대중 정부가 들어서면서 백지화된 이후, 야당이 된 한나라당(전 신한국당)이 기획단안을 지속적으로 당론화하여 왔다. 2008년 이명박 정권의 출범 이후 추진하는 연금개혁안의 원안(原案)을 찾아볼 수 있다는 데 시사적인 의의가 크다.

6. 국민연금관리공단, 1998. 〈國民年金十年史〉

1973년 국민복지연금제도의 입법화와 유보 그리고 1988년 국민연금의 시행, 이후 1995년 농어촌지역 확대과정이 기록되어 있다. 국민연금제도의 기원과 발전에 대한 정사(正史)라 할 수 있는 이 십년사는 제도발달사뿐만 아니라 가입자 자격관리에서부터 연기금 운용까지 국민연금에 관련된 모든 주요 이슈를 시대순으로 다루고 있다.

7. 양성일, 1998, "국민연금제도개선의 정책결정과정에 관한 연구." 서울대학교 행정대학원 행정학 석사학위논문.

이 석사학위논문은 1997년 기획단 활동 당시 정책결정과정의 맥락과 행위자의 이해와 선호 그리고 행위가 비교적 자세히 기록되어 있다. 특히, 김대중 정부로의 정권교체이후 국민연금제도의 구조개혁보다는 연기금운영의 민주화 그리고 적용확대가 주요 과제로 부상하는 과정 등을 확인할 수 있다.

8. Robert Palacios, "The Korean Pension System at the Crossroads." World Bank Report #20404-KO.

세계은행(World Bank) Social Protection Team의 Palacios박사가 작성한 한국연금제도 분석과

개혁대안을 담은 논문이다. 1997년 IMF경제위기 이후 우리나라는 역사상 처음으로 사회정책분야에 있어 국제금융기구의 직접적인 영향력 아래에 놓인다. IMF와 World Bank가 구조조정차관을 한국에 제공하면서 연금개혁위원회를 설치하고 민영화 등을 준비할 것을 조건으로 달았다. 이에 따라 공사연금제도개선실무위원회가 1998년 12월에 발족하여 2000년까지 비공식적으로 활동하였는데, 이 실무위원회 위원들 앞에서 Palacios 박사가 발표한 World Bank의 개혁안을 수정보완한 논문이다. 세계은행의 시각을 살펴볼 수 있는 소중한 자료이다.

9. Jae-jin Yang, 2000. "The 1999 Pension Reform and a New Social Contract in South Korea." Ph.D Dissertation, Department of Political Science, Rutgers University

1960년대 이후 한국 복지국가의 성격변화를 한국 연금제도의 기원과 변화과정을 중심으로 분석한 럿거스대학교 박사학위논문이다. 특히, 김영삼 정부와 김대중 정부의 국민연금에 대한 서로 대립하는 접근법(즉, 선개혁-후확대 vs 선확대-후개혁)의 원인과 선확대-후개혁이 지배적이 되어 가는 이유를 정책망 분석을 통해 설명하고 있다. 참고로 본 논문작성과정에서 진행된 인터뷰(당시 정책결정과정에 있었던 보사부/기획예산처 관료와 노동 · 경제계 · 시민사회 관계자 등)의 녹취록은 본 연구팀의 DB에 수록되어 있다.

부록 2 인터뷰 요약

법제화 및 초기 형성기	**민재성 (인터뷰 날짜: 2006.5.24)** 국민복지연금법 제정당시 사회보장심의회 연구위원 국민복지연금법 제정의 이유는 무엇인가? 내자동원 차원인가? 1973년 국민복지연금제도의 수립배경에는 3차 경제발전 계획 와중에 있어서 국가저축이 필요할 때였고, 경제기획원 · KDI는 부차적인 목적으로 내자동원을 기대했을 수 있으나, 정책결정과정에서 보사부(안)의 소득재분배 성격이 대폭 가미되었다. 제도설계 시 보사부와 EPB의 의견차이 및 의견반영정도는 어떠했나? 적용대상과 급부내용 · 수준은 합의 되었으나 보험료율에서 논쟁이 계속되었다. 연금재정 운영방식(적립방식 vs 부과방식)과 보수비례와 소득재분배 방식, 그리고 관리운영주체 문제, 재원조달 방식에서 보사부와 EPB 간의 논쟁이 컸다. 그러나 요강 결정에는 국민저축 및 경제 활성화에 역점을 둔 EPB 및 KDI안보다 보사부

	안이 크게 반영되었다. 논의과정 중 외부의 이익투입 정도는 어떠했나? 일반 여론이나 학계 입장은? 논의 전에는 이익단체 주장 없었으나 실무작업 중에는 학계, 이익집단의 주장 많았다. 경총은 기업부담 가중을 우려하였고, 노총은 퇴직금 전용에 대해 반대하였다. 신문 등의 여론은 사회보장연금제의 필요성에 대해서는 대체로 긍정적이었으나 국민보담에 대한 우려 및 기업부담 증대에 불만이 있었고, 요강마련 과정에서는 중화학 재원조달에 대한 부정적 의견이 있었다. 국민복지연금 제도가 유보된 배경에 경제위기 외에 다른 정치적 이유는? 1974년 초에 발생한 중동전쟁과 오일쇼크는 두 자리의 급속성장을 지속했던 우리 경제를 마이너스 성장으로 후퇴시켰다. 이로 인해 긴급조치 1호로부터 7호까지가 연속적으로 발표되었고 그중의 일부는 연금제 실시를 보류시키는 조치였다. 만일 다른 이유라면 기업가의 기업부담을 고려해 달라는 건의 정도가 있었을 것이다
	최수일 (인터뷰 날짜: 2006.5.18) 국민복지연금법 제정시 초대 사회보건과 과장으로 보임, 입법 및 제도 시행의 전 과정 참여 국민복지연금법 제정의 이유는 무엇인가? 내자동원 차원인가? 사회보험제도 중 제도의 성숙을 빠르게 가져올 수 있는 의료보험이 먼저 시행되어야 함이 순서이나 적립방식에 의한 막대한 적립자금의 중화학공업 자금의 필요성 때문에 경제기획원의 적극참여가 요구되는 상황이었다. 보건사회부는 이를 기회로 사회보장을 추진하고자 하는 뜻이 있었고 양 부처의 이 의견이 우연히 일치할 수 있었다
법제화 및 초기 형성기	**최수일 (인터뷰 날짜: 2006.5.18)** 국민복지연금법 제정시 초대 사회보건과 과장으로 보임, 입법 및 제도 시행의 전 과정 참여 외부의 이익투입 정도는 어떠했나? 일반 여론이나 학계 입장은? 당시에는 시민단체 등이 전무하여 정부가 논의 대상으로 삼을 수 있는 곳은 한국노총과 전경련, 대한상공회의소, 경영자 협회뿐이었으며, 사안의 중요성 때문에 공청회를 열어도 연금을 제대로 아는 사람이 없었다. 학계에서도 자발적인 연구와 논의는 없었다. 다만, 제도수립 추진 시 언론의 비판이 강하였다. 언론은 연금제도에 대해 국민수탈정책으로 일관되게 비판하였는데, 공청회에서 기획원국장이 중화학공업 자금으로 적립금을 활용한다는 언급이 언론에게 비판의 빌미를 주어, 여론을 악화시켰다. 국민복지연금 제도가 유보된 배경에 경제위기 외에 다른 정치적 이유는? Oil shock가 시행유보의 표면적인 주원인이나 사실은 강력한 여론의 반대가 주원인이었다. 제도의 근본취지를 이해하기보다는 선동적인 기사로 일관되었다. 이러

한 분위기 속에서 Oil shock가 발생함으로써 제도유보의 타당성을 찾게 된 것이다. 연금재정은 안정적으로 운영된다면 중화학공업재원이던 간에 문제될 것이 없다(법률에서 정한 일정수준의 이자가 보장되기 때문에). 또한 그렇게 하는 것이 선진제국에서의 예이기도 하다. 정부의 정책결정과정에서 사회의 분위기와 국민의 힘을 경시한 당시 정부의 오만 그리고 정책미숙이 있었던 것은 사실이다.

이형구 (인터뷰 날짜: 2006. 05.25)

국민복지연금법 제정당시 경제기획원 서기관으로 실무작업반에 참여

국민복지연금법 제정의 이유는 무엇인가? 내자동원 차원인가?

국민복지연금제도 도입이 내자동원을 위한 수단이었다고 보지는 않는다. 당시 우리나라 조세 정책 구조는 종합소득세와 부가가치세가 내자동원체제의 주요 수단이 되는 틀로 갖추어진 체제였다. 즉 부가가치세의 시행과 국민투자기금법, 이 두 가지가 중화학 공업을 위한 내자 동원의 정책 취지를 지니고 있었기 때문에 굳이 국민복지 연금을 통한 중화학 공업의 지원이 필요하지는 않았다.

언론의 비판이 거세었던 이유는?

언론의 비판은 기업이 새로운 부담에 대한 대변이었을 것이다. 8·3조치로 이익만 보다가 새로운 부담이 지워지자 싫었을 것이고, 정책에 대한 인식이 뚜렷하지 못했으므로 당장의 손해만 생각하여 불만이 생기게 되었을 것이다.

제도 도입 및 점진적 확대기

사공일 (인터뷰 날짜: 2007.8.17)

국민연금 시행 결정 시 청와대 경제수석비서관

전두환 대통령의 1988년 3대 복지입법 천명의 이유와 배경은?

80년대 이전까지 경제 발전을 이유로 사회 복지 부문의 지출은 매우 미흡했었다. 그래서 80년대, 나라 경제가 어느 정도 자리잡고 난 뒤, 사회복지에 대한 필요성이 대두되었다. 그래서 이런 문제의식에 따라 제 4차 경제사회5개년개발 계획이 세워지게 되었다. 지나친 경제 추구만 이루어 질 경우, 빈부격차가 커져, 이것이 오히려 경제 발전을 저해할 수 있기 때문에, 이 시기부터 복지에 관심을 기울이게 된 것이다. 그리고 정권초기 총력을 기울였던 물가안정이 정착된 상황이었기에, 복지지출에 대한 염려가 크지 않았던 것도 중요한 배경이었다.

국민연금 도입이 민주화요구에 대한 사회복지적 대응은 아니었는가?

이것은 정치적인 목적보다 사회 계층 간의 소외감, 형평성 등의 상대적 소외감이 있을 경우 경제발전에 장애가 되기 때문에, 특별히 대중의 인기를 위한 정치적인 목적이라기보다는 경제 발전을 위한 목표라 볼 수 있다. 경제학에서 이야기 하는 터널 효과처럼 상대적인 빈곤감이 일어날 경우 불만이 일어날 수 있기 때문에, 이것을 해결해 주기 위한 것이라고 볼 수 있다. 그래서 4차 경제개발계획도 제 4차

<table>
<tr><td></td><td>경제사회개발계획이라고 했던 것이다.</td></tr>
<tr><td></td><td>

박능후 (인터뷰 날짜: 2007.7.12)

국민연금법준비추진단 가동시(현)보건사회연구원 연구원으로 제도설계팀에 참여

국민연금 도입이 민주화요구에 대한 사회복지적 대응은 아니었는가?

사회복지제도 발달 과정에서 가장 먼저 수급이 이루어지는 대상이 현업근로자라고 생각한다. 86년, 87년은 현업근로자들이 노동운동에 대한 조짐도 있었고, 또 이런 이들의 움직임에 대해 반대급부로서 복지적 측면에서의 혜택을 주어야 한다는 생각이 자리잡고 있었다. 그 당시 경제기획원에서 향후 우리나라가 발전해 나갈 방향은 복지를 강화해야 한다는 생각이 제4차 5개년계획에서 자리잡고 있었다. 즉, 노동자들의 노동 쟁의에 대한 우려와 복지에 대한 의식 상승이 어우러져 있었던 시기에, 이를 정치가들이 먼저 국민에게 먼저 국민의 요구를 들어줌으로 해서 정치적인 입장을 확고히 하고자 하는 생각에서 복지 제도를 강화해 나가기 시작했던 것으로 보인다.

연금 실시에 대한 시민사회 및 기업, 언론, 학계의 입장은?

당시 한국 노총에서는 국민연금도입에 따른 퇴직금 존폐여부에만 관심을 보였고 사회보장제도에 대한 지식 및 관심이 없어, 미지근한 입장을 취했다. 시민사회 역시 마찬가지였다. 기업에서는 기여율(기업부담분, 1.5%) 대한 부담이 크지 않아, 반발이 상대적으로 적었고, 언론과 학계에서는 필요한 시기에 도입한다는 원론적인 이야기만 했다.

</td></tr>
<tr><td>도시
지역
확대
및
제도
개혁기</td><td>

이혜경 (인터뷰 날짜: 2007.8.9)

농어촌지역확대시 연구 및 공청회참석/1997년 국민연금제도개선기획단 학계 대표위원

농어촌지역 확대(1995년 7월)의 핵심 배경은 무엇이었는지?

연금에서 항상 논쟁이 되는 것은 자영업자와 농민을 어떻게 포함시키느냐에 대한 것이었다. 그런데 UR의 실시로, 농민들을 보호한다는 생각이 대세를 이루었었기 때문에, 농어촌 지역 확대가 이루어졌다.

DJ 정권교체이후 퇴직금전환금제도가 사라진 이유는?

불가사의한 일이었다. 의원입법이 되면서 법이 바뀌어 버렸다. 노동계에서 원하는 대로 국회 입법으로 바뀌어버렸다. IMF이후에 노사정 위원회에서 복지 강화하는 등의 소용돌이 속에서 이루어 진 것으로 보인다. 면밀하게 검토할 상황이 없었고, 노조가 건의해서 이루어 진 것으로 보인다.

연기금관리와 지배구조의 민주화가 연금개혁의 핵심의제로 떠오르게 된 이유는?

기획단에서 중요하게 논의되었던 것이었다. 이것을 강하게 주장한 팀이 참여연대였다. 위원회 구성이 굉장히 달라져서 구성이 국민연금 가입자 대표 등 당사자가

</td></tr>
</table>

많이 참여하는 구조로 바뀌었다. 기금운용 위원장 바뀌는 것에 대해 경제부처의 특별한 반대는 없었던 것으로 보인다. 사회통합, 참여가 매우 중요한 담론의 대세였기 때문에, 반대는 없었다.

국회에서 소득대체율이 정부안 50%에서 60%로 오른 이유와 주도세력은?

노조의 주장이 컸다. 민노총, 한노총에서 50%는 절대 안 된다는 입장이었다. 여당에서도 DJP연합이었기 때문에 특별한 반대는 없었다고 본다. 그리고 우리나라에서 복지에 대한 것을 추진할 때, 반복지적인 반대는 거의 없다. 따라서 반대는 없었다고 볼 수 있다.

김연명 (인터뷰 날짜: 2000.3.23)

참여연대 사회복지위원으로 국민연금제도개선기획단(1997)과 세계은행에서 요구해 만든 공사연금제도개선실무위원회(1998~2000)에 참여

세계은행 추동의 연금개혁 당시 민영화요구는 수용 안 되고 기금운영민주화 부분이 수용된 이유는?

세계은행의 요구를 사회세력간 힘의 관계 및 정부의 성격에 따라 취사선택적으로 수용한 결과였다. 민영화와 관련해서는 복지부의 입장이 매우 중요했다. 10여 년 동안 지켜왔던 일층구조가 이층구조로 바뀌는 것은 조합론자가 통합론자에게 밀려 쫓겨나는 상황에 비견될 수 있기 때문에, 복지부 측이 저항이 심했다.

국민연금제도기획단이 마련한 안이 받아들이지 않게 된 이유는?

기획단안은 무시되고, 복지부관료가 마련한 정부안이 받아들여졌다. 소득대체율 55%는 한나라당이 노총의 편을 들기 위해 5% 상향 요구해서 60%로 결정이 된 것이다. 기획단안과 정부안에 세계은행의 요구나 압력은 반영되지 않았으나, 공공기금자금관리법의 폐지가 정부안 발표 이후에 세계은행의 압력으로 이루어 진 것을 감안하면, 정부안 확정 이후 99년 4월 시행 때까지 정부안이 세계은행의 요구에 따라 바뀌었을 가능성은 충분하다.

도시지역 연금확대와 관련해서 확대연기론의 진원지와 시행강행론의 주체는?

도시지역으로 연금확대시 발생한 국민연금파동 국면에서, 선거를 앞두고 집권 국민회의에서는 적용확대의 연기를 주장했으며, 시민 및 노동단체 쪽은 소수의견이었다. 야당은 연기를 주장했으나 이는 정치적 공세였다. 아이러니컬하게 JP와 자민련에서 자당이 배출한 김모임 복지부장관을 보호하려고 도시지역 확대를 지지했다.

제 4장

고용보험제도

정흥모

1. 서론

고용보험제도는 근로자가 실직하였을 경우 실직근로자 및 그 가족의 생활안정과 재취업을 촉진하는 사회보험제도이다. 그런데도 불구하고 고용보험제도는 대부분의 복지국가에서 가장 늦게 도입되는 사회보험이다. 실업은 개인의 책임에서 비롯된다는 인식에서 "실업은 자본주의 경제의 고유의 성격과 그 모순에서 불가피하게 일어나는 사회적 사고"란 점을 자본주의 국가가 수용하기까지 시간이 필요했던 때문이다. 한국의 경우도 예외는 아니어서, 1964년 산업재해보상보험제도, 1977년 공적 의료보험제도, 1988년 국민연금제도의 뒤를 이어 1995년에야 도입되었다. 뒤늦게 도입된 사회보험제도임에도 불구하고 고용보험제도는 1997년 경제위기 이후 한국노동시장의 급격한 변화 속에서, 제도의 발전 속도가 매우 빠른 특징을 보이고 있다. 1990년대 이후 급변하는 노동시장의 변화와 이에 따른 고용보험제도의 상대적으로 빠른 제도적 발전은 서로 맞물려 구르는 톱니바퀴를 연상시키고 있다. 고용보험제도는 노동환경의 변화를 효율적으로 해결할 수 있는 제도적 장치로 남기 위해 지난 13년 동안 제도 개선을 거듭해오고 있다.

이 글의 목적은 고용보험제도의 태동과 성장이 어떤 사회·경제적 배경하에, 어떤 제도적 맥락 위에서, 어떤 사회적 행위자들 간의 역동적 상호작용과정을 거쳐 만들어지고 발달해왔는가에 대해 첫째, 주요 이슈에 초점을 두면서 둘째, 기초 문헌자료 및 인터뷰자료에 근거하여 고용보험제도의 발달사를 재구성하려는 데 있다. 한국 고용보험제도의 태동과 성장이란 발전사를 이슈 중심으로 재구성하겠다는 문제제기가 이 글을 통해 일정 정도 규명되면 그런 만큼 고용보험제도의 태동·성장에 대한 실체적 이해에 근접할 수 있게 될 것으로 기대된다.

고용보험제도에 관한 연구와 자료축적은 무엇보다 한국노동연구원 산하 고용보험센터를 중심으로 이루어져 왔다. 한국노동연구원의 고용보험센터는 노동부에 고용보험제도에 대한 정책적 건의를 담당한 싱크 탱크(*think tank*)의 기능을 독점한 연구기관이다. 이 연구기관을 중심으로 고용보험제도 도입이 준비되고, 자체 평가도 이루어져 왔다. 고용보험센터는 지금까지 상당한 연구 성과물을 생산하였으며, 제도 개선에 대한 정책건의를 활발하게 해왔다. 문제는 고용보험제도 발달에 대한 이해가 고용보험센터의 연구에 지나치게 의존하게 된 점이다. 따라서 고용보험센터의 연구 성과에 대해 제3자적 접근 및 해석이 요구되고 있다. 한편 고용보험제도 정책결정과정의 역동성을 심층적이며 체계적으로 다룬 연구로서는 "노동복지 정책네트워크의 변화: 고용보험제도를 중심으로"가 매우 주목할 만하다.[1] 이 연구는 관련 행위자들의 관계를 역동적으로 분석하기 위해 정책네트워크 분석에 근거하고 있다. 1987년 이후 민주화의 과정, 국제통화기금(IMF) 체제의 출범과 김대중 국민정부의 등장으로 이어지는 일련의 한국사회의 변화는, 정책적 시각에서 볼 때, 정책주체의 다원화에 주목하여 정책네트워크 속에서의 정책형성과정을 연구할 것을 촉구하고 있다.

이 글의 공헌은 고용보험제도 태동과 성장의 주요 쟁점들에 주목하여, 아직까지 충분히 해명되지 않고 남아있는 행위자들 간의 관계들을 보다 분명하게 설명하는 데서 찾을 수 있을 것이다. 다시 말해 기존의 고용보험 발달사와 네트워크 분석만으로 충분히 밝혀지지 않은 이슈들과 행위자들 간의 관계들을 앞으로 계속 연구할 수 있는 계기를 마련해줄 수 있을 것이다. 그러나 아직까지는 여전히 행위자들 간의 관계와 정책결정과정의 역동적인 모습을 충분히 밝혀줄 수 있는 자료들에 접근하는 데 한계가 크다는 점을 지적하지 않을 수 없다. 따라서 이 글에서는 충분히 해명되지 않은 이슈들과 행위자들의 선택과 영향력을 밝히는 데에 면접조사가 차지하는 비중이 그만

---

1) 이순호(1999). "노동복지 정책네트워크의 변화: 고용보험제도를 중심으로", 고려대 박사학위 논문. 그 밖에 본문에서 생략된 주 처리는 정홍모(2005)를 참고하기 바람.

큼 커지게 되었다.

2. 고용보험제도 발달사 시기구분과 자료수집의 초점

1) 고용보험제도의 발전과정

고용보험은 1970년대 이후 노동청 내부에서만 논의가 있었던 것이, 1970년대 후반부터 늘어나는 실업률로 인해 제5차 경제사회발전5개년계획을 입안하는 과정에서 공식적인 검토가 이루어지기 시작하였다. 그러나 이때는 실업보험제도의 부작용에 대한 우려와 기업에 주는 부담, 우리나라 산업구조의 미성숙 등의 이유로 일단 유보되고, 1986년도 제6차 경제사회발전5개년계획을 통해서 비로소 고용보험의 방향에 대한 공감대를 형성할 수 있었다. 고용보험제도는 1980년대 후반부터 인력수급 불균형문제, 산업구조조정에 따른 고용조정지원 문제, 그리고 직업훈련강화문제 등에 대한 제도적 수단으로의 도입이 논의되기 시작하였다. 그러나 일부에서는 근로의욕의 저하, 실업의 장기화 등 부작용을 초래할 것이라는 우려도 있었다. 이러한 과정을 거쳐 정부가 공식적으로 결정한 것은 제7차 경제사회발전5개년(1992~1996)을 통해서였다. 이로 인해 1992년 한국노동연구원에 고용보험연구기획단이 설치되었다. 이후 1993년 12월 27일 고용보험법이 제정되면서, 고용보험제도는 1995년 7월 1일부터 시행되었다. 실행 이후 고용보험제도는 국제통화기금의 영향으로 실업이 급증함에 따라 1998년 1월 1일부터 상시근로자 10인 이상, 동년 3월 1일부터 상시근로자 5인 이상 사업장, 10월 1일부터는 상시근로자 4인 이하의 농업·임업·수산업 등 일부 업종을 제외하고는 근로자 1인 이상을 고용하는 전사업장으로 적용범위를 확대하여 제도를 도입한 지 4년 만에 전체 근로자로 가장 단기간에 대상범위를 확대하였다.

외환위기 이후 비정규직 문제가 심각해지자 노동계를 중심으로 비정규직 대책마련 요구가 강하게 제기 되었고, 언론·시민단체 등을 통해 사회적 공감대가 확산되고 있다. 2001년 7월 23일 노사정위원회에 〈비정규직대책특위〉를 구성하여 비정규직 보호를 위한 법·제도개선 방안을 논의하여, 2003년 7월 25일 노사정위 논의결과(노사입장)를 정부로 이송하였다. 2003년 11월 노동부는 비정규직 보호입법안을 마련, 관계부처에 의견을 조회하였다. 2003년 3월부터 재경 법무 노동부를 중심으로 실무협의를 진행시켜서 쟁점조율에 들어갔다. 그 결과 2004년 9월 8일 총리주재 국정현안정책조정회의에서 정부안이 확정되었다. 그리고 정부는 2004년 11월 8일 국회에 법률안을 제출하였다. 그러나 2005년 6월 노사정은 합의를 도출하는 데 실패하였다. 여당과 정부는 정부안을 2005년 정기국회에 상정하여 처리를 강행했으나, 민노당의 실력저지로 국회에 계류 중에 있던 것이 2006년 11월 3일 국회에서 통과되어 2007년 7월 1일부터 시행되고 있다.[2)]

결과적으로 고용보험제도의 시기구분은 고용보험제도의 도입기(1990~1996)와 고용보험제도의 확대기(1997~1998)로 나눌 수 있다. 여기에 더하여 노동시장에서 비정규직 문제가 사회적 현안으로 부각되고 노·사와 정부 간에 고용보험의 관리 및 운영기구의 문제를 놓고 갈등하는 또 하나의 시기구분이 가능하다. 〈표 4-1〉에서는 이를 고용보험제도의 질적 변화기(1999~현재)로 구분하고 있으나, 이는 연구 프로젝트의 범위를 벗어나는 시기이므로 여기서는 구체적으로 다루지 않는다.

2) 고용보험제도의 시기구분과 자료수집의 초점

앞서 언급했듯이 이 글에서 다루는 고용보험제도의 시기구분은 도입기(1990~1996)와 확대기(1997~1998)로 나누어진다. 먼저, 고용보험제도의 도입기는 다음과 같이 정리할 수 있다. 한국노총이 고용보험제도에 관심을 보인 것은 1980년대 초부터이나 구체적으로 문건이 제시된 시기는 1989년이다. 정부의 경우 공식적으로 고용보험제도의 도입을 결정한 것은 제7차 경제사회발전5개년계획을 통해서였다. 1990년 8월 제7차 경제사회발전5개년계획 수립을 위한 기본구상 및 작성지침이 발표되고, 연구기관이 지정되었다. 고용보험소위원회는 주 연구기관으로 초기 한국보건사회연구원에서 한국노동연구원으로 변경을 정부에 건의하였고, 정부는 이를 수락하였다. 1992년 3월 9일에는 인력정책심의위원회에서 한국노동연구원에 고용보험연구기획단을 설치하게 하고, 고용보험연구기획단에서 우리나라에 적합한 고용보험제도의 모형을 개

2) 구체적으로 시행 일정은 다음과 같다 — 상시 근로자 300인 이상 사업장 및 공공부문: 2007년 7월 1일 / 상시 근로자 100인 이상~300인 미만: 2008년 7월 1일 / 상시 근로자 100인 미만: 2009년 7월 1일.

발하고 관련연구를 수행하도록 의결하였기 때문이다. 이에 따라 한국노동연구원은 대학교수, 정부출연 연구기관의 연구진 등으로 구성된 고용보험연구기획단을 1992년 5월 18일 발족하였기 때문이다. 정부는 1993년 8월 노사단체 등 이해당사자들이 참여한 가운데 고용보험법에 대한 공청회를 개최하여 각계의 의견을 수렴하였으며, 같은 해 국회에 고용보험법 안을 제출하였다. 국회는 1993년 12월 이를 만장일치로 통과시켜, 1995년 7월 시행시기를 법에 명문화하였다.

고용보험 도입기의 자료수집의 초점은 다음과 같은 질문에 정향되어 있다. 1990년에 정부가 고용보험 도입을 공식적으로 결정했던 사회·정치적 배경은 무엇인가? 고용보험의 도입과 시행에 반영된 사회적 이해관계는 무엇인가? 기업과 노동자들의 입장에서 고용보험의 도입과 시행이 갖는 의미는 무엇이며, 노조와 사용자단체는 고용보험의 설계에 각각 어떠한 입장을 취했는가? 고용보험이 갖는 중요성과 민감성에도 불구하고, 왜 국회와 정당의 역할은 그토록 미미했는가? 다른 복지입법에서와 달리, 왜 시민운동단체 역시 큰 관심을 보이지 않았는가?

〈표 4-1〉 고용보험제도의 시기구분과 자료수집의 초점

구분	연도	주요 제도적 변화	자료수집의 초점	주요 행위자
도입기	1990	· 제7차 경제사회발전 5개년계획 사회보장부문 중 고용보험계획(안)마련	· 고용보험 도입의 정치적 성격 규명 · 고용보험 도입과정에서의 주요 행위자들간의 상호작용과 갈등양상 · 고용보험도입에 반영된 사회적 이해관계	· 정당 · 경제기획원(재정경제원/재정경제부) · 노동부 · 노동연구원(고용보험연구기획단) · 상공부 · 노동단체 · 경제단체
	1993	· 고용정책기본법/ 고용보험법		
	1995	· 고용보험법시행령(30인 이상 사업장 근로자)		
확대기	1997 ~ 1998	· 확대(실업급여, 고용안정 및 직업능력개발사업 1인 이상 전 사업장)	· 경제위기가 고용보험 확대에 미친 영향 · 정권교체가 고용보험의 확대에 미친 영향 · 기업과 노동조합의 이해관계 · IMF의 파급효과	· 노동부 · 경제부처 · 경제단체 · 노동단체 · 노동연구원 · 여야정당 · 노사정위원회 · IMF
질적변화기	1999 ~ 현재	· 질적 변화모색(2004년 1개월 미만 일용직 적용) · 노사정 3자 운영체계구축	· 노동시장 구조변화의 영향 · 비정규직의 쟁점화 · 기업과 노동조합의 이해관계	· 노동부 · 경제단체 · 노동단체 · 노사정위원회

둘째, 고용보험제도의 확대기를 구분하는 근거는 무엇보다도 IMF경제위기와 연관성이 높다. IMF경제위기를 겪으면서, 고용보험 적용범위가 확대되었기 때문이다. 1997년 말까지는 30인 이상이었으나, 1998년에 3차례의 시행령 개정을 통해서 1998년 10월 1일부터 모든 사업체로 적용범위를 확대시켰다. 1개월 미만 근로한 일용직은 적용에서 제외되었는데, 2002년 법개정을 통해 2004년 1월 1일부터 고용보험의 적용을 받게 되었다.

고용보험 확대기의 자료 수집의 초점은 다음과 같은 질문에 정향되어 있다. 1997년 경제위기 이후 고용보험제도는 어떠한 변화를 맞게 되는가? 고용보험 사각지대 문제를 해결하기 위한 노사정과 기타 이해관계자들의 전략은 무엇이며 상호작용은 어떻게 전개되고 있는가? 1997년 경제위기 이후 실업문제 해결을 위한 고용보험제도의 개편을 둘러싸고는 노·사·정은 어떠한 입장을 취했으며, 그 정책결과와 효과는 어떠했는가? 〈표 4-1〉은 고용보험제도의 시기구분과 자료수집의 초점을 정리한 것이다.

이 글은 고용보험제도의 시기구분에 따라 정책행위자에게 주요 이슈를 제기하면서 인터뷰·문헌자료를 통해 고용보험제도의 발달사를 재구성한다. 먼저, 한국 고용보험제도의 태동과 성장 과정에 영향을 미치는 주요 행위자로는, 정부관료(노동부, 경제부처), 정당, 전문가집단(한국노동연구원), 경제단체(전경련, 경총, 중소기업협회), 노동단체(한국노총, 민주노총), 국제기구(IMF, 세계은행) 등을 언급할 수 있다.

시기별로 고용보험 정책결정과정의 참여자와 참여형태가 조금 다르게 나타난다. 개략적인 추이를 살펴보면, 정부와 정부산하 연구기관 주도의 폐쇄적인 정책결정과정이 개방되어 가면서 경제단체, 노동단체 등의 시민사회단체가 정책결정과정에 그 영향력을 점차적으로 확대해가게 되었다. 이 과정에서 정부를 제외한 단체들의 역할과 비중이 그만큼 증가했다고 볼 수 있다. 또한 노사정위원회의 제도화를 통해 적어도 제도적으로는 이해당사자들의 의견이 적극적으로 정책결정과정에 반영될 안정적인 통로를 마련한 것도 중요한 변화로 여겨진다. 그리고 외환위기 이후 하나의 새로운 행위자로 등장하게 된 IMF 등의 국제기구는 한편으로는 고용보험 확대의 지지자의 역할을, 다른 한편으로는 고용보험을 통한 노동시장 유연성 강화의 지지자의 역할을 하였다. 그러나 결과적으로 고용보험제도의 발달과정에서 정책네트워크의 변화는 감지되나 이들이 정책변화의 주체 또는 주도적 세력이라고 이를 만큼 영향력을 행사하지는 못했다.

3. 고용보험제도의 도입기

1) 사회 경제적 배경

1980년대 말 이후 사회 경제적 환경의 변화를 알아보기 위해서는 국내·외변수를 고려하는 데서부터 출발해야 할 것이다. 첫째, 대외적 환경변화의 주요현상은 지구화(*globalization*), 경제 블록화, 신자유주의 등으로 요약할 수 있다. 먼저, 지구화는 1993년 우루과이라운드(UR)의 타결로 1995년 세계무역기구(WTO)가 출범하게 되었다. WTO와 같은 국제적 경제 레짐이 추구하는 가장 중요한 목표는 국가 간에 이동할 수 있는 모든 재화와 용역의 전면적인 자유화와 개방을 추진하는 데 있다. 한편, 이러한 지구화의 추세에 역행하는 현상이 경제적 지역주의의 강화추세이다. 유럽 단일시장의 출범, 동남아지역의 일본 경제권의 편입 심화, 북미사유무역협성(NAFTA)의 출범 등이 경제 블록화를 대표한다.

2차 대전 이후 서구 자본주의 사회의 새로운 질서는 케인즈주의적 경제정책, 제도적 복지국가, 자본과 노동의 포드주의적 타협 등에 의해 뒷받침되었다. 케인즈주의적 경제정책은 자유주의적 자본주의 시장의 틀 내에서 국내적으로 경제성장과 완전고용을 보장하였다. 그리고 시장경제로부터 발생한 문제는 제도적 복지국가에 의해 처리되었다. 1980년 이후 케인즈주의적 복지국가의 정당성에 대한 비판이 제기되었다. 케인즈주의적 복지국가체제가 자본축적과 완전고용 유지를 위해 과도하게 재정적자에 의존함으로써 점차 고질적인 인플레이션, 이른바 스태그플레이션 압력을 누적시켰다는 비판하에 신자유주의가 그 대안으로 등장하였다. 신자유주의는 국가 재정적자의 축소, 즉 국가의 경제개입의 축소를 제시하면서, 시장경쟁논리의 복원과 확대를 주장하였다. 신자유주의 국가로의 이행은 선진자본주의 국가들에서는 구조적 불황의 심도가 다른 나라들보다 강하고 노동자계급의 힘이 상대적으로 약했던 영국과 미국과 같은 나라에서 가장 먼저, 그리고 가장 강도 높게 이루어지고, 그 이후 그러한 이행은 다른 나라들에게까지 확산되어 갔다. 1993년 이후 김영삼 정부의 신(新) 정책들, 예를 들면 신 경제정책, 신 사회복지정책, 신 노사관계정책, 신 재벌정책 등은 신자유주의적 성향을 강하게 띠고 있다.

둘째, 대내적 환경변화를 들어본다면, 1980년까지만 해도 안정적인 경제성장은 지속적인 고용흡수를 보장해줌으로써 낮은 실업률의 유지가 가능했고, 농어촌인구의 계속된 도시유입은 안정적인 인력공급의 기반이 되어줌으로써 정부가 특별히 고용·인력문제에 관심을 기울이지 않더라도 그것이 문제로 부각될 여지는 크지 않았다(〈노동뉴스〉, 1994). 그러다가 김영삼 정부 집권기를 전·후로 해서 국내 경제적 환경은 장기적인 불황과 이를 극복하기 위해 산업구조조정을 강화시키는 국면에 접어들었다. 신 인력정책(1993)은 이를 지원하기 위한 정책이다. 한국의 고용보험제도는 이러한 산업구조조정을 지원하기 위한 맥락에서 도입이 이루어졌다. 먼저, 생산 패러다임의 변화와 임금상승이 장기적인 불황의 주요원인이 된다. 1980년대 말 이후 소품종 대량생산방식에 기초한 가격경쟁 위주에서 다품종 소량생산에 기초한 품질경쟁 위주로 경쟁의 양상이 변화됨에 따라 선진국시장에서 저가격을 무기로 한국 상품의 경쟁력이 급속히 약화되었다. 한편, 1987~1988년 사이 민주화 이후 분출한 노동운동의 성장과 그에 따른 임금의 급속한 상승은 산업구조조정의 직접적인 계기가 되었다. 한국의 임금수준은 1986~1997년까지 약 3배의 상승을 기록하였다. 이러한 임금의 상승은 대외경쟁력의 원천을 저임노동력에 기초한 가격경쟁력에서 찾았던 한국경제의 성장기반을 더 이상 가능하지 못하게 하는 계기가 되었다.

산업구조조정은 이러한 상황에 직면하여 국가의 경쟁력 회복을 위한 인위적 노력의 일환으로 볼 수 있다. 산업구조조정의 방향성은 ① 첨단화를 통해 산업구조를 한층 고도화하고, ② 기술개발을 통해 주요 성장산업을 고부가가치화하며, ③ 현재의 축적조건에서 더 이상 높은 이윤실현이 곤란하여 군살이 된 부분은 다른 업종으로 전환하거나 임금이 싼 해외로 이전시키는 한편, 생산 및 경영을 합리화한다는 것이다.

신 인력 정책이란 산업구조조정 국면에 처해 정부가 국가경쟁력 강화를 위한 구조조정정책을 말한다. 신 인력 정책의 목표는 "국제경제에서 우리 경제의 현 위치는 생산비용 우위에서 기술우위에 입각한 경쟁력으로 전환되어야 하며, 산업구조조정의 원활화를 위해서는 고용조정의 유연화 전략이 필요하며, 이는 유연노동의 개발, 유연노동시장의 구축 그리고 인력양성, 개발체제의 구축"이 필요하다는 데 있다.

한국의 이러한 급격한 산업구조조정은 예상되는 실업을 예방하는 한편 국내 경제적 불황을 타개하기 위한 자구책이었다. 이를 촉진하고 가속화시키기 위한 정리작업이 요구되었다. 그러므로 적극적 노동시장정책으로서 노동력의 기능적 유연성을 확보하기 위한 고용보험제도의 도입 필요성이 증대하였다고 볼 수 있다(이순호, 1999).

2) 핵심 쟁점사항 및 주요 행위자들의 관계

앞서 밝혔듯이 이 글은 정책행위자간의 상호관계를 중심으로 고용보험제도의 태동과 성장을 재구성해 보자는 데 목적을 두고 있다. 재구성을 하는 구체적 방법은 정책행위자간의 상호관계 하면 으레 짐작되는 첨예한 대립·갈등 등에 대해 핵심 쟁점사항을 크로스체크(*crosscheck*)하는 데 있다. 그리고 이 검증과정은 정책행위자에 대한 심층면접이 주(主)가 되고 문헌자료 제시가 종(從)이 되는 방식으로 진행될 것이다.

고용보험 최초 도입기에 대한 자료 수집은 고용보험도입의 정책결정에 참여한 고용보험기획단과 정부, 노동, 기업의 입장과 관련된 문건 및 관련활동(토론회·공청회)을 중심으로 이루어졌다. 정부 측 행위자로는 고용보험제도의 주관부처인 노동부와 경제부처로서 경제기획원, 상공부가 주도적으로 참여하였고, 기업 측 행위자는 한국경영자총협회가 그리고 노동 측 정책행위자는 한국노동조합총연맹(한국노총)이 정책네트워크의 중심부에 위치하였다. 기타 정당, 국회, 언론 등이 정책네트워크의 주변부에 위치하였다.

최초의 고용보험정책 도입과정에서 나타난 행위자간 상호작용의 성격을 재정리해 보았다. 먼저 정부부처 내의 노동부와 경제부처들(경제기획원, 상공부)간에는 갈등과 협력이 교차되는 것으로 나타났으며, 경제기획원과 상공부는 협력적인 것으로 분석되었다. 또한 노동부와 한국노총은 갈등과 협력이 교차되는 것으로 분석되었다. 경총과 노동부 그리고 경총과 한국노총의 관계도 갈등과 협력이 교차되는 것으로 분석되었다. 정당은 14대 대선과정에서 고용보험의 도입을 선거공약으로 천명함으로써 노동부, 한국노총과 협력적 관계를 보였다는 것이다(이순호 1999). 이를 바탕으로 핵심 쟁점사항에 대해 점검해보면 다음과 같다.

첫째, 누가 고용보험제도에 대한 아이디어를 냈나하는 점이다. 주지하다시피 정책결정과정에서 정책 행위자의 비중이 큰 것이 사실이다. 정책 발의를 선점하는 정책행위자가 정책 결정과정의 주도권을 장악할 수 있는 계기가 마련될 수 있기 때문이다. 정책 네트워크의 개념을 희석시키는 이 질문은 정책 도입 초기의 정책 행위자의 역할이 그만큼 지대하는 것을 반증하기 때문에 가치가 있다.

한국 고용보험제도 도입의 아이디어는 노측이나 사측이 아닌 노동부 관료에 의해 구상되었다. 1976~1977년에 당시 노동청 직업안정과에 부임한 조순문 과장이 유일하게 고용보험제도 도입에 열의를 가지고 연구하기 시작했다는 것이다. 이 점은 노조·학자를 비롯한 노동부 관료에게서 확인된다.

> 고용보험제도 자체가 조순문 국장이 리더가 되어 기획되고 만들어졌다고 할 수 있습니다. 조순문 국장은 아주 신중하고 장기적 안목을 가진 분이었다고 할 수 있습니다. 조순문 국장이 생각한 고용보험은 서구의 실업보험을 말하는 것이 아니었습니다. 대한민국 고용정책 시스템을 만들어가는 과정에서 당시에는 기본적인 재원도 부족하고 그 프로그램도 없었습니다. 대한민국의 향후 고용정책을 어떻게 해나갈 것인가 구상하는 단계에서 고용보험을 만들기로 한 것입니다. 조순문 국장은 1992년 고용보험법과 그 시행령 마련하고 1994년 중순 근로기준국장으로 잠시 자리를 옮겼다가 고용보험정책실 실장으로 승진하여 1995년 고용보험 실행직전 고용정책실로 오게 되었습니다. 〈이수종 노동부 고용보험정책팀 서기관 2007년 8월 6일 인터뷰〉
>
> 고용보험을 비롯한 고용정책과 관련된 제도들의 도입은 조순문 국장의 압도적인 공이라고 할 수 있습니다. 조순문 국장은 1970년대 후반 노동부 과장으로 오셨는데 직업안정업무를 담당하였습니다. 그 당시에는 기업에 인력이 부족했던 상황이었기 때문에 직업안정업무가 그리 중요하게 인식되지 않았지만 조순문 국장은 고용안정 업무에 대해 그 당시부터 관심을 가지고 이 문제에 집착하셨습니다. 조순문 국장이 노동부 과장으로 온 후로 1970년대 1980년대에 노동부 내에 고용대책과, 실업대책과 등이 만들어졌습니다. 하지만 이런 부서들은 당시 자료조사와 자료 정리만하는 등 paper work만 했을 뿐 법적인 혹은 정책 및 제도적인 업무는 하지 못했습니다. 그래도 노동부 차원에서는 조순문 국장을 비롯하여 고용정책에 대해 계속 관심을 가지고 있었다고 볼 수 있었습니다. 〈정병석 한국기술교육대학교 총장, 전 노동부차관 2007년 8월 13일 인터뷰〉

조순문 과장이 고용보험제도 논의가 불모지인 상태에서 이를 개척해나갔다는 점은 노동계에서도 인정하는 사실이다.

> 조순문 국장을 비롯한 정부 인사들이 가장 적극적이었습니다. 정부 주도로 고용보험제도 도입을 이끌어 갔고 정부가 고용보험 도입하겠다는 의지가 강했습니다. 당시 노

동계는 조사연구의 역량에서 정부를 따라갈 수 없었기 때문에 정부의 주도로 고용보험 도입이 추진되었습니다. 노동부는 노동연구원의 뒷받침으로 많은 연구가 있었던 것으로 기억합니다. 그 당시에 노총에는 고용보험에 대한 실무팀도 없었습니다. 경총도 마찬가지였습니다. 〈조한천 전 한국노총 정책본부장 및 전 국회의원 2007년 8월 8일 인터뷰〉

둘째, 실업보험제도이냐, 고용보험제도이냐. 주관 부처인 노동부는 이 점에 대해 확고한 입장을 가지고 있다. 그렇다면 언제부터 노동부는 고용보험제도에 관심을 가지고 있었을까?

1953년 직업안정법 제정되면서 아마도 고용보험에 대한 인식은 있었겠고 이것이 계속 이어졌다고 볼 수도 있겠지만, 제가 1991년 노동부 직업안정국에 전입이 되어 고용보험에 관련된 자료를 보니 노동부에서 1970~80년대에 일본이나 독일의 고용보험제도를 간단히 검토한 사례는 있었지만 본격적으로 어떠한 구체적 제도를 도입할 것인가에 대한 논의는 없었습니다. 특히 1982년도에 노동부에서 전두환 대통령에게 고용보험 도입의 필요성에 대한 보고를 할 예정이었는데 이것이 좌절된 사례가 있습니다. 전두환 대통령이 라스팔마스 어업 전진기지 방문 당시 휴양지의 많은 서구인들이 실업급여를 받고 있다는 보고를 받고 전두환 대통령이 우리나라에는 이런 제도를 하면 안 된다는 얘기를 했다고 합니다. 노동부에서 이 이야기를 듣고 고용보험 도입에 관련된 보고를 하지 않았다는 에피소드가 있습니다. 〈이수종 노동부 고용보험정책팀 서기관 2007년 8월 6일 인터뷰〉

질문: 1961년에 도입된 직업안정제도가 고용보험제도의 전신이 되는 것입니까? 그 관계에 대해 설명해 주십시오. 직업안정제도가 고용보험제도의 전신이 아니라면 새롭게 고용보험제도에 관심을 가지게 된 계기는 무엇이라고 할 수 있습니까?

대답: 연관이 있을지 몰라도 내용이 많이 변했기 때문에 직업안정제도가 고용보험제도의 전신이 된다고 보기에는 무리가 있습니다. 특히 1980년대에는 실업보험 및 고용보험에 대해 전혀 논의할 수 있는 상황도 아니었습니다. 노동부가 고용보험에 관심을 가지게 된 계기는 다음과 같습니다. 노동부 내에서 직업안정 기능이 활성화되지 않아 독일의 사례를 벤치마킹하기 시작했습니다. 독일의 직업안정제도를 살펴본 결과 독일

의 직업안정에는 고용보험이 근간이라는 점을 알게 되었습니다. 독일의 고용보험제도를 살펴본 결과 고용보험이 실업자에게 실업급여를 주는 것이 본질이 아니고 실업률에 대한 신속한 판단과 실업자에게 고용망을 구축해주는 등 고용안정에 절대적으로 필요한 것이라는 점을 알게 되었습니다. 이때부터 고용보험이 필요하다는 것을 노동부에서 느끼게 되었습니다. 비록 1970년대 당시 국내에서도 직업안정제도하에 직업안정소가 전국에 몇 개 운영되었습니다만 당시에는 직장 구하기 쉬웠기 때문에 제대로 운영되지 않았습니다. 1990년대에 들어 본격적으로 고용보험에 대해 논의하기 시작했는데 이를 위해 일본과 독일 법 모두를 검토했지만 한국 고용보험제도의 원형은 독일식이며 독일보다 더 강화된 것이라고 할 수 있습니다. 법적 틀과 표현 등 법의 기술적인 면은 일본식이라고 할 수 있지만 내용은 독일식을 따랐다고 할 수 있습니다. 현재 고용지원센터도 독일식이라고 할 수 있습니다. 〈정병석 한국기술교육대학교 총장, 전 노동부차관 2007년 8월 13일 인터뷰〉

우리나라의 정부차원에서 도입하려는 것이 실업보험제도가 아닌 고용보험제도라는 점에 대한 초기적 공감대 형성은 1980년대에 나타나기 시작했다. 앞선 인터뷰의 내용 중에 "특히 1982년도에 노동부에서 전두환 대통령에게 고용보험 도입의 필요성에 대한 보고를 할 예정이었는데 이것이 좌절된 사례가 있습니다. 전두환 대통령이 라스팔마스 어업 전진기지 방문 당시 휴양지의 많은 서구인들이 실업급여(*unemployment benefit*)를 받고 있다는 보고를 받고 전두환 대통령이 우리나라에는 이런 제도를 하면 안 된다는 얘기를 했다고 합니다. 노동부에서 이 이야기를 듣고 고용보험 도입에 관련된 보고를 하지 않았다는 에피소드가 있다"란 언급은 실업보험제도만의 도입은 사실상 어렵다는 것이다. 이런 점을 반영한 것이 고용보험제도라는 것이다. 여하튼 "1980년대 초의 제 5차 경제사회발전5개년계획 수립의 일환으로서 실업보험제도의 도입여부를 논의하는 과정에서 고용보험의 방향에 대한 일종의 공감대를 형성할 수 있었다. 그것은 실업이 발생한 이후에 실업자에게 사후 구제적 실업급여를 지급하는 전통적 실업보험제도만으로는 근로자의 생활안정을 보장하기에는 미흡하며, 보다 중요한 것은 실업 그 자체를 예방하고 고용구조를 개선하며 근로자의 직업능력을 향상시키는 것이므로 전통적인 실업보험제도와 직업훈련, 고용안정사업 등이 결합된 제도가 보다 바람직하다는 것이었다. 이러한 공감대를 바탕으로 정부는 1980년대 초부터

고용보험이라는 용어를 실업보험과 구분하여 사용하기 시작하였다(고용보험백서, 2006)." 그러면서 고용보험 속에 실업보험이라면 문제될 것이 없다는 1980년대 초반 실업보험제도에 대한 정서였다.

이런 상황에서 노동부가 고용보험제도를 도입하게 되는 데 크게 기여한 관료가 당시 노동부 인력관련부처 사무관으로 있던 유길상 현 한국기술교육대학교 교수이다.

> 제5차 경제개발5개년계획의 수정작업을 하는 가운데 노동부가 실업보험제도 도입을 꺼냈다. 5차 계획은 1980년 하반기부터 작업해서 1981년 상반기에 완성을 하였고 1982년부터 예산을 반영하였다. 이는 1980년대 국내외 경제상황을 다 고려해서 계획을 잡은 것인데 한마디로 1980년 상황이 좋지 않았다. 제2차 오일쇼크, 국제적 환경의 불안, 국내적으로 12·6 박정희 시해 사건, 광주민주화운동 등 정치적으로 굉장히 혼란하였다. 1980년대 농업은 마이너스 성장에 최대의 흉작을 기록하였다. 그런 암울한 상황에서 계획을 세웠기 때문에 1982년부터 경제상황이 호전되면서 기본전제조건을 바꿔야한다는 생각을 하였나. 그리고 선무후무한 수정작업을 하게 되었다. 그때 노동부는 수정작업을 하는 차에 실업보험제도 도입을 공식적으로 요청하였다(이전에는 비공식적으로 처리). 1982년에 처음으로 경제기획원에 제6차 경제개발5개년계획의 이슈로서 포함했으면 하는 건의를 했다. 그 당시 학계에선 홍익대 박래영 교수님이 원고지에 직접 써서 실업보험제도를 도입하자는 건의를 하였다. … 사무관 재직시절 나는 앞으로 실업보험을 도입한다면, 실업을 예방하는 데 중점을 두는 제도로 하는 것이 좋을 것이고 긍정적인 내용이 좋을 것이라는 보고서를 작성하였다. 당시 실업보험제도 도입에 대해 반대의사가 압도적이었다. 뿐만 아니라 국민의 여론이 조성되어 있지 않았기에 실업보험제도 도입은 시기상조라고 보았다. 그러나 앞으로 실업보험제도를 도입한다면 실업을 예방하는 데 상당히 중점을 두는 프로그램과 같이 결부해서 하는 것이 좋겠다고 생각하였다. 그런 의미에서 명칭도 실업보험보다 고용보험이 좋을 것이라고 제안하였다. 이 제안은 경제사회계발5개년계획 심의위원회에서 만장일치를 얻었다. 그래서 실업보험 대신 고용보험을 우리나라에 도입하게 되었다. 실업보험이 실업급여 중심이라면 고용보험제도는 실업급여제도와 실업예방을 위한 적극적 노동시장 정책의 수단들이 연계되어 있는 시스템으로 구분하는 개념으로 사용하였다. 〈유길상. 전 노동부 사무관, 고용보험기획단 실무책임자. 노동연구원 고용보험센터 원장, 현 한국기술교육대 교수 인터뷰; 노동부 고용보험 10년사. 2006년 pp.562~573〉

〈표 4-2〉 고용보험제도의 비교

기준 국가 / 기준국가	서구자본주의국가	한국	비고
도입과정	· 실업보험제도→고용보험제도	· 애초부터 고용보험제도로 도입	특수성
강조점(정책목표)	· 실업급여에 중점	· 고용안정과 직업능력개발에 중점	특수성
도입필요성	· 노동력의 기능적 유연성확대 · 실업예방	· 산업구조조정의 지원 · 노동력의 기능적 유연성확대 · 실업예방	보편성

이런 진술은 고용보험정책을 단순히 사회보장제도로 이해하고 있는 이순호와는 사뭇 대조를 이룬다. 서구자본주의국가와 한국의 고용보험제도를 비교하면서 한국 보험제도의 성격을 다음과 같이 내리고 있기 때문이다. 즉 "… 고용보험을 도입하는 정부의 기본적인 의도가 산업구조조정의 지원에 있으며, 전통적인 실업급여보다는 적극적인 인력정책을 기본 골격으로 한다면, 굳이 새로운 소비성 지출을 창출하는 보험형식을 빌지 않아도 상관없을 것이다. 결국 다른 국가들의 일반적인 경험과 비교할 때 우리나라가 갖는 특수성은 고용보험의 도입이 전통적인 실업급여의 축소가 아니라 새로운 창출이었다는 점이다. 이러한 측면은 고용보험의 사회보장적 성격을 미약하게 하였으며 정책결정과정에서 보다 복잡한 과정들, 즉 정부부처내의 갈등이나 국가와 자본간의 마찰 등을 초래하였다(이순호 1999)"(〈표 4-2〉 참조).

"고용보험의 사회보장적 성격을 미약"하게 만들었다는 한국 고용보험제도에 대한 성격 규정은 고용보험 업무를 타 복지관련 부처에서 노동부로 이관시키려고 애쓴 도입 당시 노동부 정책행위자들의 제도 도입의 의도와 고심·열정을 외면하는 것이다. 전자는 실업보험이 실업급여 중심이라면 고용보험제도는 실업급여제도와 실업예방을 위한 적극적 노동시장 정책이라는 유길상과의 인터뷰에서 분명히 드러난 사실이고, 후자는 "… 고용보험계획(안)을 마련한 한국노동연구원의 연구진과 경제기획원 및 노동부의 핵심간부들은 1991년 3월 27일 경제기획원에서 고용보험제도의 도입 필요성과 방향에 대한 활발한 토론을 벌였다. 이날 토론을 통하여 고용보험제도의 필요성에 대하여 공감대가 형성되었고 제 7차 5개년계획기간 중 고용보험제도를 도입하기로 실무적 차원의 합의가 이루어졌다. 또한, 우리나라가 도입할 고용보험제도의 내용이 실업급여 중심의 순수 실업보험제도와는 근본적으로 다르며 고용정책과의 밀접불가분

성이 있다는 것을 제7차 5개년계획을 입안하는 실무책임자들이 인식하게 되는 계기가 되었다. 3월 27일에 열린 회의를 통해, 종전까지 순수한 사회보험적 성격의 제도로 이해하고, 경제기획원 내의 사회개발계획과가 담당해오던 고용보험제도의 도입과 관련된 업무를 인력 및 고용정책을 담당하는 인력개발과에서 담당하기로 결정하면서 고용보험제도의 도입이 활기를 띠게 되었다"에서 "한국노동연구원의 연구진과 경제기획원 및 노동부의 핵심간부"간의 난상토론을 벌인 결과 "경제기획원 내의 사회개발계획과가 담당해오던 고용보험제도의 도입과 관련된 업무를 인력 및 고용정책을 담당하는 인력개발과에서 담당하기로 결정"되면서 고용보험제도가 단순한 사회보장제도를 넘어 노동부 소관의 적극적 노동시장정책으로 태동하게 되었다는 점에 대한 정병석 전 노동부차관의 당시 감격에 찬물을 끼얹는 격이 된다는 것이다.

셋째, 1987년 민주화 운동이 고용보험제도가 도입된 계기가 되었는가? 1990년대 초에 도입된 것이 고용보험제도인 만큼 1980년대 말의 정치적 축을 뒤흔든 1987년 노동자 대파업은 도입과 매우 연관성이 커보인다는 생각에서 던진 질문이다.

> 고용보험은 1987년 민주화와 크게 상관이 있다기보다는 고용보험에 대한 개념의 변화에 따른 것입니다. 고용보험이 1991년 사회보장분과에서 인력개발분과로 담당 분과가 변하게 됩니다. 이는 고용보험에 대한 개념이 실업급여를 주는 사회보장의 관점에서 인력수급을 원활히 하고 인력의 질을 높이기 위한 인력개발의 관정으로 변하기 시작한 것입니다. 경영계가 고용보험을 찬성하게 된 이유도 고용보험으로 인력을 교육하고 인력의 수급을 원활히 하고 질을 높이는 제도라고 생각했기 때문입니다. 이러한 인식에 대해서는 경제기획원과 노동부의 입장도 같았습니다. 〈정병석 한국기술교육대학교 총장, 전 노동부차관 2007년 8월 13일 인터뷰〉
>
> 1987년 노동자 대 파업 이후 노동계입장은 많이 변했습니다. 사회보장 제도에 관심을 가지게 되었습니다. 자본주의 고도화에 따른 노동자의 환경 변화에 걱정하기 시작하였습니다. 이때 고용보험의 필요성을 느끼게 되었습니다. 하지만 이러한 필요성을 느낀 것도 노총 내부 조직에 국한된 것이지 노총 전체의 공감대는 아니었습니다. 고용보험에 적극적으로 활동을 시작한 것은 임금의 인상과 함께 사회보장 제도 도입이라고 생각합니다. 1980년대 후반 정책실에서 이제는 고용보험제도를 도입을 해야 한다고 생각하고 이 문제를 노총의 중요한 방향으로 추진하기 시작하였습니다. 〈조한천 전 한국노총 정책본부장 및 전 국회의원 2007년 8월 8일 인터뷰〉

이런 점은 노총의 사업보고서에서 확인된다. 다시 말해 노총의 고용보험제도에 대한 체계적인 인식은 조한천이 작성한 1989년의 보고서를 통해서 처음으로 발표되었기 때문이다. 노총은 이를 바탕으로 정부에 고용보험제도 도입에 대한 청원서를 제출하게 된다.

> 1987년 당시에는 노동자들이 직장을 구하기 쉬운 때였습니다. 고용이 문제가 안 되었던 시기였기 때문에 1987년 노동자 대투쟁이 고용보험 도입에 그리 크게 작용하지 않았다고 봅니다. 제가 1989년 한국노총 정책기획실에 처음 왔을 때 조한천 선임연구위원이 고용보험에 대한 논의를 하고 있었습니다. 호경기에는 인력이 부족하고 임금이 높을 수 있지만 호경기 이후 고용문제가 발생할 것이라고 당시 조한천 위원이 고용보험 문제를 거론했던 것으로 기억합니다. 그래서 1989년도에 정부에 고용보험 청원서를 내게 되었습니다. 이 청원서가 정부에 의해 바로 수용된 것이라고 볼 수 있을지는 모르겠지만 그 이후 고용보험에 대해 논의가 시작되었습니다. 〈김종각 한국노총 노동중앙연구원 연구위원 2007년 8월 17일 인터뷰〉

넷째, 1987년의 노동자 대 파업이 고용보험제도 도입의 결정적 계기가 되지 못했다면 구체적으로 언제, 어떤 계기로 고용보험제도 도입이 가능해졌나? 먼저 고용보험제도 도입은 박스 처리된 고용보험백서에서 확인할 수 있듯이 정부가 주도했다. 이를 바탕으로 다음과 같은 세부 질문이 구성된다. ① 복지관료와 경제관료 간의 이해관계 대립 등 정부부처간의 갈등양상은 어떻게 표출되었는가? ② 고용보험의 도입과 시행에 반영된 사회적 이해관계는 무엇인가? 즉 기업과 노동자들의 입장에서 고용보험의 도입과 시행이 갖는 의미는 무엇이며, 노동단체와 경제단체는 고용보험의 설계에 각각 어떠한 입장을 취했는가? ③ 고용보험 도입 과정의 정책네트워크의 기본 성격은 무엇이었나? 즉, 1993년 최초의 고용보험정책 도입과정에서 노동의 입장과 국가, 기업의 입장이 서로 대립되었나?

고용보험제도의 도입을 정부가 공식적으로 결정한 것은 제 7차 경제사회발전5개년계획(92~97년)을 통해서였다. 제 7차 경제사회발전5개년계획의 입안은 주요 정책부문별

로 담당연구기관을 지정하고 각 부문별 계획의 1차 시안을 관련 연구기관에서 작성하도록 한 것이 특징이었다. 1990년 8월 30일에 "제 7차 경제사회발전5개년계획수립을 위한 기본구상"이 발표되고 1990년 10월 23일에는 "제 7차 경제사회발전5개년계획 작성지침"이 발표되었으며, 같은 해 11월에는 각 부문 계획시안을 마련할 연구기관이 지정되고 부문계획위원회의 위원이 위촉되었다.

한국개발연구원과 한국보건사회연구원에서 작성하도록 된 사회보장부문계획 속에 고용보험에 관한 부분도 포함하도록 되어 있었다. 사회보장부문계획위원회는 사회보험소위원회, 소득분배·공적부조소위원회, 사회복지서비스소위원회, 고용보험소위원회의 4개 소위원회를 두어 각 소위원회별로 계획의 시안을 작성하도록 하였다. 고용보험소위원회는 한국노동조합총연맹 정책연구실장을 위원장으로, 한국경영자총협회 조사부장을 간사로 하고 학계인사 4명과 정부대표 2명 등 총 8명으로 구성되었다.

그런데 다른 사회보장부문계획 소위원회에서는 관련 정부출연연구기관의 연구위원 또는 대학교수가 소위원회 위원장을 맡고 관련부처 담당과장이 간사로 되어 있었다. 이에 반하여, 고용보험소위원회는 노사대표가 각각 위원장과 간사를 맡도록 되어 있었고, 계획의 시안을 실질적으로 마련해야 할 지정연구기관인 한국보건사회연구원의 연구진은 포함되어 있지 않았다. 1990년 12월 26일에 한국보건사회연구원에서 개최된 보건의료 및 사회보장부문계획위원회 제 1차 회의에서도 이러한 문제점이 제기되었으며, 고용보험에 관한 담당연구기관을 한국보건사회연구원에서 한국노동연구원으로 변경하여야 한다는 주장이 제기되었다.

1991년 2월 5일에 개최된 사회보장부문계획위원회는 고용보험관련 계획은 한국노동연구원이 적합하다는 데 인식을 같이 하여 담당연구기관을 변경해줄 것을 정부에 건의하였고, 정부는 1991년 2월 6일에 사회보장부문계획 중 고용보험관련 분야는 한국노동연구원에서 수립하도록 결정하였다. 당초 각 연구기관에서 1990년 12월 말까지 각 부문별 계획의 시안을 마련하도록 제 7차 5개년계획 작성 일정이 잡혀있었으나 고용보험부문은 담당연구기관이 1991년 2월 6일에야 합리적으로 지정될 수 있었으며, 한국노동연구원은 1991년 3월 초에 〈제 7차 경제사회발전 5개년계획 사회보장부문 중 고용보험계획(안)〉을 마련하여 정부에 제출하였다.

그러나 1991년 초까지만 하여도 고용보험에 대한 이해가 불충분하였으며, 고용보험제도의 도입 필요성에 대해서 정부 내에서도 견해의 차이가 존재하였다. (…) 1991년 6월 12일에는 경제기획원에서 관계부처 및 학계, 노사대표 등이 참석한 가운데 고용보험제도 도입에 대한 정책협의회가 개최되었다. 그리고 1991년 8월 23일 경제장관회의에서는 제 7차 경제사회발전 5개년계획 후반기 중 고용보험제도를 도입하기로 최종 결정하고 관계전문가로 구성된 준비위원회를 구성하여 우리나라에 도입할 고용보험제도를 개발하도록 하였다. 경제장관회의에서의 결정은 우리나라 제7차 5개년계획기간 중에 고용보험제도의 도입을 공식적으로 결정한 것으로서 이는 제7차 경제사회발전 5개년계획에도 그대로 반영되었다.

1992년의 국회의원총선거와 대통령선거에서 민정당, 민주당, 국민당 등 당시 주요 3당은 고용보험제도를 1995년에 시행하겠다는 것을 선거공약으로 제시하였다. 그리고 1993년 4월 1일 노총·경총의 중앙노사합의에서 양측은 고용보험제의 조기실시를 대정부 건의사항으로 채택하였으며, 1993년 2월에 출범한 김영삼 정부는 1993년 7월에 발표한 신경제 5개년계획에서 고용보험제도를 1995년에 시행하겠다고 하였다(노동부. 고용보험백서, 2006. pp.26~29).

먼저 ① 복지관료와 경제관료 간의 이해관계 대립 등 정부부처간의 갈등양상은 어떻게 표출되었는가에 대해 살펴보자. 그 근거는 다음에서 추론해볼 수 있다.

> 한국개발연구원과 한국보건사회연구원에서 작성하도록 된 사회보장부문계획 속에 고용보험에 관한 부분도 포함하도록 되어 있었다. … 고용보험소위원회는 노사대표가 각각 위원장과 간사를 맡도록 되어 있었고, 계획의 시안을 실질적으로 마련해야 할 지정연구기관인 한국보건사회연구원의 연구진은 포함되어 있지 않았다. … 고용보험소위원회는 한국노동조합총연맹 정책연구실장을 위원장으로, 한국경영자총협회 조사부장을 간사로 하고 학계인사 4명과 정부대표 2명 등 총 8명으로 구성되었다. … 1991년 초까지만 하여도 고용보험에 대한 이해가 불충분하였으며, 고용보험제도의 도입 필요성에 대해서 정부 내에서도 견해의 차이가 존재하였다. … 3월 27일에 열린 회의를 통해, 종전까지 순수한 사회보험적 성격의 제도로 이해하고, 경제기획원 내의 사회개발계획과가 담당해오던 고용보험제도의 도입과 관련된 업무를 인력 및 고용정책을 담당하는 인력개발과에서 담당하기로 결정하면서 고용보험제도의 도입이 활기를 띠게 되었다. 〈노동부. 고용보험백서, 2006. pp.26~29〉

위와 같은 갈등설에 대해 당시 핵심적 정책행위자 중 하나의 집단인 노동부 관료는 다른 견해를 피력하고 있다.

> 고용보험은 노사정 모두 찬성을 하였고 노사정의 합의에 의해 출범되었습니다. 고용

보험법도 경제기획원, 노동부, 상공부의 3개 부처 국장 3명이 조항 하나하나 합의하면서 만들었습니다. 3개 부처에서 고용보험에 대한 주도권 다툼도 없었고 고용보험에 대한 인식도 모두 같았습니다. 이렇게 합의하에 법이 만들어 졌다는 것은 흔한 일이 아닙니다. 〈정병석 한국기술교육대학교 총장, 전 노동부차관 2007년 8월 13일 인터뷰〉

이는 고용보험제도 도입이라는 큰 틀에서는 부처별 주도권 다툼이 없었다는 것이다. 물론 고용보험법 제정을 두고 내용적 측면에서 부처별, 이해집단 간 의견이 상충되어 나타난 측면이 있으나 이는 기술적 차이에 국한된 것이다. 구체적으로 고용보험 제정과정에서 표출된 쟁점으로 "고용보험사업의 포괄범위, 적용범위, 비용부담, 고용보험법상의 직업능력개발사업과 사업 내 직업훈련의무제도와의 관계, 실업급여요건 및 급여수준, 퇴직금 일부의 고용보험료로의 전환, 고용보험의 관리 및 운영기구" 등을 들 수 있다. 이 중 핵심 쟁점에 해당하는 "고용보험사업의 포괄범위, 적용범위"에 대해 살펴본다.

---

1. 고용보험사업의 포괄범위

(…) 1990년대 초반에 고용보험제도의 도입을 논의하는 과정에서 고용보험사업의 포괄범위를 둘러싸고 논쟁이 전혀 없었던 것은 아니다. (…) 특히 쟁점이 되었던 부분은 고용조정 과정에서의 실업발생을 최소화하고 취약계층의 고용을 지원하는 고용안정사업을 고용보험사업에 포함시킬 것인가 하는 것이었다. 왜냐하면 고용안정사업은 선진국의 경험에 비추어 볼 때 사중손실효과와 대체효과 등이 발생하여 순효과가 매우 낮을 우려가 있다는 지적이 많았기 때문이었다. 이 문제에 대해서는 고용보험연구기획단의 논의에서도 찬반양론이 팽팽하여 마지막에는 표결에 부치기도 하였으나 찬반의견이 정확히 5대 5였다. 이에 따라 고용보험연구기획단은 노동부의 판단에 맡기기로 결정하였고, 노동부는 고용보험제도의 도입을 통해 적극적인 노동시장정책을 추진한다는 차원에서 고용안정사업을 고용보험사업에 포함시켰다. (…) 직업능력개발사업은 고용보험제도의 도입을 통해 근로자의 평생학습체계를 구축하고 지식기반경제의 도래에 대비하여야 한다는 차원에서 고용보험사업에 포함되어야 한다는 데 대하여 고용보험연구기획단 위원 전원이 동의하였다. 실업급여를 고용보험사업에 포함시킨다는 데 대해서는 이견이 없었다. (…) 이에 따라 우리나라 고용보험사업은 고용안정사업, 직업능력개발사업, 실업급여의 세 가지 사업으로 확정되었다(고용보험 10년사 2005).

2. 적용범위

(…) 사업규모에 따른 적용범위에 관해서는 고용보험연구기획단 내에서도 5인 이상 사업부터 적용하자는 다수의견과 150인 이상 사업부터 적용하자는 소수의견이 대립되었다. 상공자원부, 한국경영자총협회, 중소기업협동조합중앙회 등 경영계는 사업 내 직업훈련의무제도 적용대상과 동일하게 150인 이상 사업부터 적용하자고 제안하였으며, 한국노총은 5인 이상의 근로자를 상시 고용하는 모든 사업에 적용하고 5인 미만의 사업에 대해서는 노사의 합의에 의해 임의적용 하도록 하자고 제안하였다. 또한 현 민주노총의 전신인 전국노동조합협의회는 사업규모나 취업형태에 관계없이 모든 근로자를 적용대상으로 하되, 제도시행 초기에는 5인 이상 사업부터 적용하고 제도시행 3년 이내에 모든 사업으로 적용대상을 확대하자고 제안하였다. 이러한 다양한 견해에 대하여 논의한 끝에 고용보험연구기획단은 원칙적으로 모든 사업 또는 사업장에 고용보험을 적용하되, 제도시행 초기에는 10인 미만의 근로자를 사용하는 사업 또는 사업장의 근로자는 적용대상에서 제외하도록 건의하였다. (…) 고용보험 시행을 위한 정부의 준비상황을 고려할 때 10인 이상 사업부터 적용하는 것이 현실적으로 어렵게 되자, 고용보험연구기획단은 제도시행 초기에는 30인 이상 사업부터 적용할 것을 비공식적으로 정부에 전달하였고, 이를 노동계에도 설득하였다. 노동계는 고용보험 시행을 위한 준비가 정부부처간의 비협조로 차질을 빚게 되자, 고용보험의 적용범위를1994년도 임금교섭에 관한 한국노동조합총연맹과 한국경영자총협회 간의 사회적 합의 시 노사공동으로 정부에 건의할 것을 추진하였다. 1994년 3월 30일에 발표된 1994년도 노・경총간의 중앙노사합의에서는 고용보험을 30인 이상 사업에 적용하되, 1998년부터 10인 이상 사업까지 확대할 것을 정책・제도개선사항으로 정부에 건의하였다.

이와 같은 노사공동건의문과 현실적인 여건을 고려하여 노동부가 1994년 10월 26일에 입법 예고한 고용보험법시행령(안)은 제2조에서 상시 30인 미만의 근로자를 사용하는 사업은 고용보험법 제7조 단서의 규정에 의한 법의 적용을 받지 아니하는 사업으로 하되, 부칙 제2항에서 1998년 1월 1일부터 사업규모에 따른 고용보험법의 적용 제외범위를 상시 10인 미만의 근로자를 사용하는 사업으로 하였다. 고용보험의 적용범위에 관하여 중앙단위 노사단체가 합의하여 공동으로 정부에 건의하였음에도 불구하고, 고용보험법시행령(안)이 입법 예고되자 중소기업협동조합중앙회 등 사용자단체와 상공자원부는 중소기업의 부담을 완화하고 사업 내 직업훈련의무제도와의 연계를 위해 150인 이상 사업부터 적용할 것을 주장한 반면에, 한국노총 등 노동계는 노사합의정신을 존중하여 노동부 입법예고(안)대로 30인 이상 사업부터 적용하되 1998년부터 10인 이상 사업까지 적용을 확대할 것을 주장하였다. (…) 노동부도 노사합의정신을 존중하여 30

인 이상 사업부터 적용할 것을 주장하였다. 그러나 상공자원부는 고용보험의 적용대상을 기업의 부담 측면에서 접근하여 상시 150인 이상 또는 100인 이상 사업장에 적용할 것을 계속 주장하였다. 이에 대해 당시 경제기획원은 절충안으로서 50인 이상 사업장에 적용할 것을 제안하였다. 결국 관계부처간의 협의과정에서 고용보험의 적용범위를 고용보험사업 별로 구분하여, 실업급여에 관해서는 중앙단위 노사합의정신을 반영하여 상시 30인 이상 사업장부터 적용하되 1998년 1월 1일부터는 상시 10인 이상 사업장까지 적용을 확대하고, 고용안정사업 및 직업능력개발사업에 대해서는 상시 70인 이상 사업장부터 적용하되 1998년 1월 1일부터는 상시 50인 이상 사업장까지 적용을 확대하기로 합의하였다(고용보험 10년사, 2005).

---

② 고용보험의 도입과 시행에 반영된 사회적 이해관계는 무엇인가? 즉 기업과 노동자들의 입장에서 고용보험의 도입과 시행이 갖는 의미는 무엇이며, 노동단체와 경제단체는 고용보험의 설계에 각각 어떠한 입장을 취했는가? 경총과 노총의 입장을 각기 알아보면 다음과 같다. 먼저 경총의 입장에 대해 알아본다.

당시 우리나라의 노동시장은 급격한 산업 구조조정 과정에서 지역별·업종별로 적잖은 실업이 발생하고 있는 상황이었습니다. 또한 자동화에 따른 기업의 고용조정으로 인해 일부 근로자들의 고용불안이 상존하고 있는 실정이었습니다. 이러한 상황에서 불가피하게 발생하는 비자발적 실업자의 생계보호와 그들에 대한 전직훈련을 위한 제도적 장치를 마련하는 것은 적절한 조치로 판단되었습니다. 그러나 고용보험을 도입함에 있어 지나치게 복지에 초점을 맞추어 정책을 추구하는 것은 오히려 성장잠재력의 저하와 실업자 양산 및 근로의욕의 감퇴 등 심각한 부작용을 초래할 가능성이 있었습니다. 따라서 고용보험의 도입에 있어서 무엇보다 우리 경제의 국제경쟁력을 손상시키지 않는 범위 내에서 이루어지도록 하고, 고용보험의 양대 도입목적인 기업의 원활한 고용조정과 실직근로자의 보호를 균형 있게 수용하여야 한다는 것이 경총의 기본입장이었습니다. 이러한 견지에서 세부적으로 다음과 같은 의견을 밝혔습니다. 첫째, 퇴직금 재원의 일부를 고용보험 재원으로 전환하는 조치가 필요하다. 둘째, 고용보험 도입 초기에 기업부담의 경감과 보험재정의 악화를 방지하기 위하여, 고용안정사업의 범위가 축소되어야 한다. 셋째, 직업훈련기본법에 따른 직업훈련 실시와의 이중부담을 배제하도록 고용보험의 직업능력 개발사업은 실직자 재취업훈련으로 한정해야 한다. 넷째, 국가가 비용을 부담하는 고용보험사업에 대한 구체적인 내용이 명시되어야 한다. 다섯째, 당해연도 지출을 초과하는 과도한 규모의 여유자금 적립은 바람직하지 않으며, 보험요율의 결정은 고용보험심사위원회의 심의를 거치도록 하고, 고용보험심사위원회의 민간참여가 보장되도록 명문화해야 한다 등입니다. 〈김영배. 경총 부회장. 전 조사부장〉

이어서 고용보험 도입 당시 경총의 기본입장과 노총의 기본입장 사이에서 마찰을 빚은 부분에 대해 알아보았다.

경총은 고용보험 도입이 해고에 대한 저항을 완화시키는 긍정적 역할이 있을 것으로 보고 도입에 소극적으로 찬성하는 입장이었습니다. 이에 따라 적용범위나 비용부담 등 세부항목에 대해서 노총과 다소 이견이 있었습니다. 우선 적용범위에서 경영계는 직업훈련 의무대상사업 범위와 동일한 150인 이상 사업장에 대해 적용하자는 주장이었고, 노동계는 5인 이상 사업장부터 시작, 전사업장으로 확대해 나가자는 주장이었습니다. 비용부담에 대해서는 노동계는 보험사업비의 일부를 국고에서 부담해야 한다고 주장했으며, 경영계는 퇴직금 일부를 고용보험료로 전환해야 한다는 의견을 제시했습니다. 실업급여요건 및 급여수준에 대해서도 이견이 있었는데, 노동계는 임금계층에 따라 3월간 평균임금의 60%~80%를 차등지급하고, 실업급여지급기간도 연령 및 신체장애 등 취직난이도에 따라 90~300일로 할 것을 주장했습니다. 이에 반해 경영계는 통상임금의 50% 수준이 적정하다는 입장이었습니다. 〈김영배. 경총 부회장. 전 조사부장〉

노총의 입장은 "고용보험의 도입에 있어서 무엇보다 우리 경제의 국제경쟁력을 손상시키지 않는 범위 내에서 이루어지도록 하고, 고용보험의 양대 도입목적인 기업의 원활한 고용조정과 실직근로자의 보호를 균형 있게 수용하여야 한다는" 데 있었다.

당시에 노총에서 어떤 팀을 꾸릴 만한 상황은 아니었습니다. 정책실에서 고용보험의 내용에 관심을 가지고 살펴보기 시작하였을 뿐 한국 노총에서 사업을 추진한 것은 아니었습니다. 정책팀에서 연구만 했습니다. 사실 노총에서는 고용보험의 도입 명분에 대해 공감대가 형성이 되어 있지 않았습니다. 사용자가 재정을 분담한다면 도입하겠지만 당시 저임금에서 보험료를 분담한다면 더 생활이 어려워질 것이라고 생각했습니다. 고용보험에 대한 인식이 낮을뿐더러 이에 반대한 것입니다. 〈조한천 전 한국노총 정책 본부장 및 전 국회의원 2007년 8월 8일 인터뷰〉

3) 도입기 고용보험 정책결정과정상의 특징

도입기 고용보험 정책결정과정상의 특징은 무엇보다도 인물에 있다. 이 점은 정책네트워크를 강조하는 입장과 다르다. 1970년대 당시 직업안정과장이었던 조순문 과장의 문제의식이 도입기 고용보험 정책 입안과정에서 결정적인 역할을 하게 된다는 점이다. 그는 1977년 11월 4일부터 1개월간 일본에서 개최된 "고용개발 세미나"에 참석한 후 돌아와서 〈노동뉴스〉에 길지 않은 글을 투고한다. 이 글에서 그는 고용보험제도 도입을 서둘러야 함을 다음과 같이 분명히 하고 있다.

> 우리가 하고자하는 것은 창출된 기존 고용기회에 가능한 신속하게 적절한 인재를 배치함으로써 모든 근로자가 겪지 않을 수 없는 실업이라는 쓰라린 기간을 최대한 줄이고 마찰적 실업기간을 최소한으로 단축함으로서 기업의 가동을 원활히 하여 머지않아 닥쳐올 인력 부족시대에 점진적으로 대비하자는 것이다(〈노동뉴스〉, 1977).

노동부에 조순문이 있었다면 노총에는 조한천이 있었다. 조한천[3] 당시 정책본부장

---

3) 고용보험 도입의 추진과정에서 조한천 선생님의 역할에 대해 다음과 같은 설명을 들을 수 있었다: "1980년대 후반 노총을 대표하여 노사관계, 노동운동, 사회보장제도 등에 관련된 세미나에 참석하게 되었는데 이때부터 제가 고용보험의 중요성을 강조하기 시작하였습니다. 88년도에 고용보험에 관련된 외국 자료, 주로 일본 자료들을 국회에서 보기 시작하였습니다. 일본 자료를 보면서 일본의 고용보험제도를 높이 평가하게 되었습니다. 일본은 독일의 고용보험제도까지 받아들여 발전시키면서 일본에 딱 맞는 고용보험제도를 만들었습니다. 이때 고용보험을 말로만 주장해야 할 것이 아니라 고용보험 도입을 위해 사업을 시작해야 한다고 생각하고 88년도 여름에 그 자료를 번역하기 시작했습니다. 고용보험의 구체적 내용 제시가 중요하다고 생각했기 때문에 그 자료들을 번역하여 그 내용을 중심으로 국회에 고용보험 도입 청원서를 제출하였습니다. 이것이 고용보험 국회 청원의 1호입니다. 그 내용이 있었기 때문에 고용보험을 강력하게 주장할 수 있었습니다. 그 이후 경제사회발전계획에 각 위원회가 설치가 되었고 노동 분야 중 고용보험 소위원회가 만들어져 거기에 소속되어 고용보험의 기틀을 잡기 시작하였습니다. 고용보험제도 논의가 활발해 지면서 고용보험 소위원회에 정부, 경영계, 학계 대표들이 참여하여 고용보험에 관심이 높아졌습니다. 당시 참석자들은 노동연구원의 유길상 박사, 노동부의 조순문 국장과 정병석 과장, 학계에서는 박래영 교수와 신수식 교수 그리

은 직함에 어울리지 않게 말 그대로 노총 내에서 유일하게 고용보험제도 도입에 대해 문제의식을 가지고 준비를 서두른 인물이다. 그러나 이 시점은 조순문보다 한참 늦다. 끝으로 언급할 인물은 한국노동연구원의 유길상 박사이다. 그는 제7차 경제사회발전5개년 노사관계부분 및 사회보장부문 계획위원회 위원(1990/11~1991/6)이 된 후 고용보험기획단 간사(1992/5~1995/10)를 맡게 되고 그 이후 한국노동연구원 고용보험연구센터 소장이 되어 2006년 3월 한국기술교육대학교로 자리를 옮긴 후에도 노동부의 싱크 탱크(*think tank*)에서 단연 독보적인 인물이다.

둘째, 1987년 민주화가 고용보험 도입정책결정과정에서 담당한 역할이 미미했다는 데 있다. 이 당시 노동(자)계의 관심은 "구직이 아닌 임금상승"에 있었다는 점이 이를 입증한다. 결과적으로 낮은 실업률과 임금상승이 받아들여지면서 노총은 향후 추진사업에 눈을 돌리 수 있게 되었는지도 모른다.

셋째, 고용보험 도입정책결정과정에서 정부부처간 그리고 노동계와 경영계간 갈등의 특징은 다소의 이견은 있었으나, 도입에 모두 찬성했다는 데 있다. 다시 말해 "고용보험사업의 포괄범위, 적용범위, 비용부담, 고용보험법상의 직업능력개발사업과 사업 내 직업훈련의무제도와의 관계, 실업급여요건 및 급여수준, 퇴직금 일부의 고용보험료로의 전환, 고용보험의 관리 및 운영기구" 등 세부항목 결정과정에서 나타난 이해집단간의 차이는 원칙에 합의를 한 만큼 노동부의 중재안을 어렵지 않게 수용하는 결과를 낳게 되었다.

고 경영계에서는 김영배 현 경총 부회장 등이 참여하였습니다. 실무는 정병석 과장이 중심이 되어 추진되었습니다. 이들이 고용보험의 선구자들이라고 할 수 있습니다. 당시 소위원회에서는 노동부와 노동연구원에서 구체적인 안을 제시하고 이를 주도했습니다. 노동계에서는 이에 대해 고용보험의 내용에 대해 제동 걸지도 않았고 걸 이유도 없었습니다. 고용보험 도입 그 자체가 중요했기 때문입니다. 모두 고용보험의 필요성을 동감했기 때문에 고용보험에 무엇을 담아낼 것인가를 논의했고 소위원회 분위기도 좋았습니다." 〈조한천 전 한국노총 정책본부장 및 전 국회의원 2007년 8월 8일 인터뷰〉.

4. 고용보험제도의 확대기

1) 사회 경제적 배경

고용보험 확대기인 1990년대 말 이후 사회 경제적 환경의 변화를 알아보기 위한 사전인지작업은 도입기의 경우처럼 국내·외변수를 고려하는 데서부터 출발한다. 첫째, 대외적 환경변화; 1997년 12월 3일 한국정부와 IMF와의 1차 합의가 이루어지면서 금융 및 외환위기로 비롯된 한국경제의 위기 상황은 IMF 관리체제하에 들어갔다. IMF처방을 통해 경제위기를 극복해야 하는 상황은 한국의 노동 복지정책 및 정책네트워크에 근본적인 변화를 일으키는 중요한 환경요인이 되었다.[4] IMF는 신자유주의적 전략에 입각하여 한국을 비롯한 아시아 경제위기에 개입하면서 통화주의적 접근에 의한 긴축재정, 고금리, 시장개방, 유연화, 민영화 등을 요구하여 초국적 자본의 이해를 보장하기 위해 각국 경제를 재구조화하였다.

IMF의 요구를 대부분 수용하고 12월 3일 타결됐다고 발표된 양허조항(이행조건)은 기본적으로 초국가적 자본에 의한 신자유주의적 산업구조조정과 관련된 것이라고 말할 수 있으며, IMF는 노동시장 개혁과 관련하여 노동시장의 유연성을 제고하는 추가적인 조치와 병행하여 노동력의 재배치를 촉진하기 위하여 고용보험제도의 기능을 강화할 것을 이행조건으로 요구하였다.

둘째, 대내적 환경변화; 1997년 말 금융·외환위기로 빚어진 사상초유의 IMF 구제금융의 위기와 이로 인한 초국적 자본에 의한 신자유주의적 공세의 강화 속에서 50년

---

4) 〈서울신문〉. 1997년 12월 6일 5면: "노동시장 개혁=노동시장의 유연성을 제고하는 추가적인 조치와 함께 노동력의 재배치를 촉진하기 위해 고용보험제도의 기능을 강화한다. 이에 따라 고용보험기능을 강화하기 위한 방안으로 1998년 1월 1일부터 실업급여는 30인 이상 사업자에서 10인 이상으로, 고정안정·직업능력개발 사업은 70인 이상 사업장에서 50인 이상으로 적용대상 사업장을 각각 확대하며 이후에도 단계적으로 확대 추진한다. 또 고용안정사업의 고용조정지원프로그램 확충을 위해 기존의 휴업과 인력재배치, 직업전환훈련 지원 등 6개 프로그램 외에 근로시간 단축지원, 장기실직자 채용지원 등 5개 지원프로그램을 추가하기로 하고 현재 고용보험법 시행령을 개정 중에 있다. 노동시장의 유연성을 향상시키기 위해 현재 불법인 근로자 파견제를 허용하는 내용의 근로자파견법을 조기에 제정한다."

만에 처음으로 수평적 정권교체를 통해서 김대중이 15대 대통령으로 당선되었다(이순호, 1999). 그런데 한국이 IMF 체제하에 놓여 있다는 점에서 김대중 정부는 무엇보다도 신자유주의적인 해결책을 강력하게 추진하는 신자유주의적인 정부로서 기능할 수밖에 없게 된다.

2) 핵심 쟁점사항 및 주요 행위자들의 관계

여기서도 고용보험제도의 도입기에서 밝힌 절차에 따라 정책행위자간의 상호관계를 중심으로 고용보험제도의 태동과 성장을 재구성해보자는 것이 이 글의 목적임을 상기한다. 재구성을 하는 구체적 방법 역시 정책행위자간의 상호관계 하면 으레 짐작되는 첨예한 대립, 갈등에 대해 핵심 쟁점사항을 크로스체크(*crosscheck*)하는 데 있다.

고용보험제도의 확대기는 노사정위원회를 중심으로 다루고 있다. 왜냐하면 1997년 12월 경제위기와 IMF 관리체제는 한국의 복지정책과 정책네트워크에 중요한 변화를 초래했기 때문이다. 이런 상황 속에서 수평적 정권교체를 통해 탄생한 김대중 정권은 변화된 노동환경에서 새로운 노동정치의 지형을 만들어야했다. 이런 요인의 결합으로 노사정위원회(1998. 1. 15)가 출범한 것이다. 노동운동 또한 다양한 형태의 고용조정이 대규모로 진행되는 상황에서 실업노동자에 대한 정책적 대응과 사회보장제도 도입의 과제에 갑자기 봉착하지 않을 수 없게 되었다.

고용보험제도 확대과정에서 노동부, 한국노총, 민주노총이 협력적으로 경총과 노동부, 한국노총, 민주노총이 갈등적으로 분석되고 있으며, 정부부처 내의 노동부, 재정경제부는 표면적으로는 협력적인 것으로 분석되고 있다. IMF, IBRD는 노동부, 재정경제부, 국민회의와는 협력적인 관계를 한국노총, 민주노총과는 갈등적인 협력관계를 보여주며, 전경련, 경총과는 갈등과 협력이 교차되고 있다고 한다(이순호, 1999). 이를 바탕으로 핵심쟁점사항에 대해 점검해보면 다음과 같다.

첫째, 1997년 IMF로 고용보험이 확대되었다. 고용보험의 확대문제를 둘러싼 노사정 각각의 입장은 무엇이었나? 먼저 역순으로 정부의 입장에 대해 알아보자. 한마디로 정부의 입장은 고용보험확대 이외에 다른 대안이 없다는 데 있다. 그러나 이 대안은 정부만이 것이 아니라 노동계나 경영계의 대안이기도 하였다. 역설적인 점은 IMF가 이런 입장에 적극 가세했다는 것이다.

고용보험이 도입되고 나서 고용보험을 추진했던 사람들에 대해 아무도 축하해주지 않았습니다. 1997년 IMF 경제위기가 터지고 난 후 고용보험이 제대로 역할을 발휘하자 고용보험 담당했던 사람끼리 모여서 서로 축하를 했던 기억이 납니다. 고용보험이 없었다면 IMF의 대량실업을 견디지 못했을 것입니다. 고용보험 확대로 1인 이상 사업장까지 적용을 하게 되었는데, 1998년 초 회의에서 조순문 국장이 1인 이상 사업장까지 고용보험 확대하는 안을 만들어야겠다고 얘기하고 그해 3월경 국회에서 제게 전화하여 다음날까지 고용보험 확대안을 한 장으로 써오라고 하였습니다. 하지만 고용정책팀 내의 사람들이 고용보험 확대가 많은 인프라와 인력 필요로 하기 때문에 반대하였습니다. 조순문 당시 고용정책실 실장과 제가 확대를 주장하고 나머지는 모두 반대를 하였습니다. 정책결정의 최고 책임자(조순문 고용정책실 실장)가 하자고 했는데 다른 실무자가 반대한 것입니다. 결국 첫 회의에서 고용보험 확대 안은 무산이 되었습니다. 시간이 약간 지나고 대량실업 등의 문제가 불거지자 노동부에서 고용보험 확대의 필요성을 느끼고 불과 몇 개월 사이에 1인 사업장까지 고용보험을 확대하는 것으로 바뀌게 되있습니나. 조순문 고용정책실 실장을 비롯하여 실무에서는 고용보험 심의관실에서 주관을 해서 두 달 사이로 계속 고용보험을 확대시켰습니다. 사실 고용보험 확대에 관한 정책을 내고 필요성을 느끼는 것은 정부 말고 없었습니다. 고용보험의 확대도 정부 주도로 하였습니다. 노사도 고용보험의 확대의 필요성을 인식했어야 했는데, 1998년도에 노사정에서도 정부가 확대하자고 하면 노사는 자신들의 부담이 늘 수도 있다고 생각했었습니다. 〈이수종 노동부 고용보험정책팀 서기관 2007년 8월 6일 인터뷰〉

다음으로 경총의 입장에 대해 알아보자. 경총의 입장도 정부나 노총과 크게 다르지 않았다. 다만 고용보험제도 확대 자체에 대해서는 소극적이었으나 고용보험제도 확대가 대량실업 사태를 해결할 수 있는 대안이 될 수 있다는 점을 부정하지는 못했다.

국민의 정부 인수위 시절 외환위기의 대량실업 사태하에서 기업이나 재벌에 대한 국민정서가 매우 부정적임을 감안하여 사실은 요율인상을 먼저 경총 회장단회의에서 결정하여 노사정 협상에 임했습니다. 따라서 경총이 끌려 다녔다는 것은 맞지 않는 표현 같습니다. 경총은 경제위기 극복을 위해서 기업의 경쟁력 회복이 선행되어야 하며, 이에 따라 급격한 고용보험 급여와 적용사업장의 확대가 오히려 기업의 경쟁력을 약화시켜 경제위기를 심화시키는 부작용을 초래할 수 있다는 것이 기본입장입니다만, 당시 180만의 실업자가 존재하는 상황 속에서 구조조정으로 고통 받는 근로자들을 보호해야

> 한다는 사회적 책임이 강조되었다고 할 수 있습니다. 〈김영배. 경총 부회장. 전 조사부장〉

끝으로 노총의 입장에 대해 알아보자. 한 마디로 노총의 입장은 실업해결을 위해서는 당장 고용보험 적용대상을 1인 이상 사업장까지 확대하자는 데 있었다.

> IMF 경제위기 이후 고용보험의 확대는 당연히 노총에서 주장했습니다. 당시 노동자에게는 실업이 큰 문제였습니다. 40만 명이던 실업자가 180만 정도로 급증했습니다. 노총은 실업자에 대한 구제가 필요하다고 생각했고 당시에는 고용보험이 유일한 해결책으로 보았습니다. 고용보험은 일정기간 보험을 납입해야 혜택을 받기 때문에 고용보험 수혜자를 늘리기 위해서도 고용보험을 빨리 확대하는 것이 당시 급선무였습니다. 당시 실업급여 대책에 10조원이 필요했는데 고용보험 예산은 2조밖에 없었습니다. 그래서 온갖 각 부처의 예산을 끌어들여와 심지어 복지예산에서도 끌어와서 10조원을 마련하게 되었습니다. 아무튼 97년 경제위기 이후 고용보험의 확대로 고용보험이 1인 사업장까지 확대되었을 뿐만 아니라 실업급여 수혜의 기간도 6개월에서 9개월로 늘어나게 되었고, 수급자에 대한 기준도 완화되어 1년 6개월 고용보험 납입한 근로자에서 6개월만 가입하면 실업급여 혜택을 받게 되었습니다. IMF 경제위기로 1997년에 고용보험 확대가 되기 전에 1993년도에 노총에서 고용보험 적용범위를 최소한 5인 이상 확대하고, 자발적 실업자도 실업급여를 줘야한다는 주장을 한 적이 있습니다. 자발적 실업자에 대한 실업급여문제는 만약 도덕적 문제가 있다면 6개월 이후에 주는 등의 페널티를 주면서 할 수도 있다고 제안하였지만 노동부가 경제부처의 반대를 우려해 결국 받아들여지지 않았습니다. 〈김종각 한국노총 노동중앙연구원 연구위원 2007년 8월 17일 인터뷰〉

그렇다면 1997년 경제위기 당시에 고용보험 적용대상을 1인 이상 사업장까지 확대하자는 안을 처음 건의한 곳이 노총인가 해서 확인해 보았다.

> 정부는 금융개혁, 공공개혁, 재벌개혁에 집중하고 있었습니다. 확대안을 처음 건의한 곳은 노총이었습니다. 노동계에서는 노동문제가 가장 급했고 노동문제는 실업대책에 대한 것이었습니다. 여기서 고용보험의 확대가 큰 이슈였습니다. 정부도 당시 가능한 실업대책으로 고용보험 밖에 없었기 때문에 고용보험으로의 해결로 실업대책에 접근하였고 고용보험 확대는 별 마찰 없이 쉽게 합의가 이루어졌습니다. 경총 의견은 정확

> 히 기억이 안 나지만 고용보험을 확대하면서도 보험요율을 올리지는 않았기 때문에 경총이 고용보험 확대에 반대하지 않았나 생각합니다. 그 후에 오히려 적립금이 많이 쌓였기 때문에 보험요율을 한번 내린 것으로 기억합니다. 〈김종각 한국노총 노동중앙연구원 연구위원 2007년 8월 17일 인터뷰〉

둘째, 1998년 1월 노사정은 고용보험과 관련하여 무엇을 합의하였는가? 노사정은 1998년 2월 경제위기 극복을 위한 사회협약을 채택하면서 고용안정 및 실업대책의 일환으로 고용보험 사업확충 및 적용확대에 합의하였다.

> ① 정부는 이직 전 6개월 이상 보험료를 납부한 실직자에게 실업급여를 지급하도록 한시적으로 수급자격을 완화한다. ② 정부는 실업급여의 최저지급기간을 60일로 연장하고 최저지급 수준을 최저임금의 70%로 상향조정한다. ③ 정부는 실업률이 일정수준 이상으로 지속되는 등 전국적인 고용불안이 발생하는 경우 일정한 실업급여 지급기간을 30~60일간 연장하는 특별연장급여제도를 도입한다. ④ 정부는 영세사업장 근로자 보호를 강화하기 위하여 고용보험 적용사업장을 1998년 7월 1일부터 5인 이상 사업장으로 확대한다. ⑤ 정부는 1999년 7월 1일부터 임시·시간제근로자 등에 대하여 고용보험을 적용할 수 있도록 제도를 개선한다(한국노총 사업보고서 1999).

여기서 고용보험법 제정과정에서의 주요쟁점 중의 하나인 적용범위에 대해 고려해 볼 여지가 있다. 1994년 초부터 노동부는 고용보험법 시행령안을 마련하면서 고용보험시행을 위한 정부의 준비사항을 고려할 때 10인 이상 사업장부터 적용하는 것이 현실적으로 어렵다고 판단했다. 그렇게 되자 고용보험연구기획단은 제도시행 초기에는 30인 이상 사업장부터 적용할 것을 비공식적으로 정부에 전달하였고 이를 노동계에도 설득하였다. 노동계는 정부부처간의 이견으로 시행에 어려움이 있을 것이 예상되자, 1994년 4월 1일에 발표된 1994년도 노총·경총간의 합의에서 고용보험의 적용범위를 30인 이상 사업장에 적용하되, 1998년부터 10인 이상 사업장까지 확대할 것을 정책·제도개선사항으로 정부에 건의하였다. 결국 관계부처간의 협의과정에서 고용보험의 적용범위를 고용보험 사업별로 구분하여 실업급여에 관해서는 노총·경총의 노사합의정신을 반영하여 상시 30인 이상 사업장부터 적용하되 1998년 1월 1일부터는 상시 10인 이상 사업장까지 적용을 확대하고 고용안정사업 및 직업능력개발사업에 대

〈표 4-3〉 당연적용 대상 사업규모 변화 추이

	적용대상 사업규모							
	95.7~96.12	97.1~12	98.1~2	98.3~6	98.7~9	98.10~03.12	04.1~12	05.1~현재
실업급여	30인 이상	30인 이상	10인 이상	5인 이상	5인 이상	1인 이상	1인 이상	1인 이상
고용안정 · 직업능력개발	70인 이상	70인 이상	50인 이상	50인 이상	5인 이상	1인 이상	1인 이상	1인 이상
(건설업의 총공사금액)	(40억 이상)	(44억 이상)	(34억 이상)	(34억 이상)	(3.4억 이상)	(3.4억 이상)	(2천만 원 이상)	면허업자 시공하는 모든 공사

주: 건설업은 3사업(실업급여, 고용안정 · 직업능력개발사업)의 적용기준임.
출처: 노동부. 노동행정사. 2008. p.343.

해서는 상시 70인 이상 사업장부터 적용하되 1998년 1월 1일부터는 상시 50인 이상 사업장까지 적용을 확대하기로 합의하였다(고용보험백서, 2006).

이 안이 IMF를 맞게 되면서 노사정에서 위의 ④와 ⑤로 짧은 시기에 적용범위가 확대된 것이다. 그런데 문제는 영세사업장 근로자만큼이나 보호가 더 절실한 계층이 임시 · 시간제 등 비정규직 근로자들이다. 사회안전망에서 벗어나 있는 이들을 사회안전망 안으로 끌어들이려는 조치가 노사정합의에 의해 1999년 7월 1일부터 임시 · 시간제근로자 등에 대하여 고용보험이 적용되도록 한 것이다. 그런데 1998년 이기호 노동부장관이 1인 이상을 고용한 모든 사업장에 고용보험을 적용해 보라고 지시를 내렸다. 실무자들은 급격한 적용범위 확대에 따른 처리능력 부족을 이유로 크게 반발하였으나, 1998년 8월 4일 국무회의 통과, 9월 2일 임시국회 의결을 거쳐 9월 17일 고용보험법을 개정하고 10월 1일 시행령 및 시행규칙을 개정 · 공포하여 확대적용되었다(김성중 · 성제환 2005). 여기서 이기호 장관과 IMF 사이에 어떤 이면거래(계약)가 있었는지에 대해 자료를 재경부에 요청했으나, 자료가 망실되었다는 답변만 받았다. 이면거래(계약)가 없다고 전제할 때, 이와 같은 지시가 가능했던 이유는 김대중 정부 출범과 맞물려서, 연임하게 된 관료출신 장관의 적합한 상황판단에 따른 것이라 볼 수 있겠다. 뒤집어 말해 변화된 정책 네트워크간의 갈등표출이 장관의 돌출행동으로 이어졌다고 보기 어렵다는 것이다.

셋째, IMF는 노동시장정책과 고용보험제도에 어떤 구체적인 압력 행사를 보였는가? 한국-IMF 구제금융 양해각서 제 38항은 "노동시장 유연성 확대를 위한 추가조치와 함께 인력재배치를 용이하게 하기 위해 새로운 고용보험제도의 범위를 확충한다(〈조선일보〉, 1997.12.6)"라고 되어 있다.

> IMF는 사회안전망 확충을 공식적으로 요구했고 여기에 고용보험제도의 확대가 포함되어 있었습니다. 그리고 IMF나 IBRD는 한국의 고용보험제도 발전 수준에 만족하였습니다. 〈정병석 한국기술교육대학교 총장, 전 노동부차관 2007년 8월 13일 인터뷰〉
>
> IMF와 World Bank에서는 정기적으로 한국을 방문하여 경제상황을 점검했습니다. IMF와 World Bank에서 한국에 올 때마다 노총과 미팅을 가졌습니다. 그때 노총은 실업자에 대한 대책은 사회안전망임을 IMF에 요구했었습니다. IMF가 사회안전망 확충을 원래 프로그램으로 가지고 있었는지는 모르겠지만 노총의 주장과 IMF의 프로그램이 맞물려 있었다고 봅니다. 〈김종각 한국노총 노동중앙연구원 연구위원 2007년 8월 17일 인터뷰〉

3) 확대기 고용보험 정책결정 과정상의 특징

첫째, 확대기 고용보험 정책결정 과정상의 특징은 IMF위기, 즉 대량실업 사태를 맞이하여 적용범위를 확대하느냐 마느냐의 문제가 아니라 누가 더 적극적으로 참여했느냐에 있다. 정부와 노총은 자신들이 가장 적극적이었다고 주장하고 있으며, 경총도 요율인상을 자신들이 먼저 제시했다고 한다. 이런 정황을 놓고 볼 때, 노사정이 합의를 이끈 것은 당연하다할 것이다.

둘째, IMF가 한국 노동시장을 신자유주의적 기제로 몰아넣는 데 사회보장제도를 활용할 줄 아는 교묘한 능력을 발휘했다는 데 또 다른 확대기 고용보험 정책결정과정상의 특징이 있다. IMF의 교묘한 능력 발휘에 백기를 들게 되면서 정부와 노총·경총은 IMF와 더 이상 갈등적·적대적 관계가 아닌 협력적·동반자적 관계로 발전하게 되었다는 것이다.

5. 결론

1) 고용보험제도 정책결정과정의 특징

한국 고용보험제도의 태동과 성장이란 발전사를 이슈 중심으로 재구성해 보았다. 재구성의 결과 정책결정과정을 다음과 같이 세 가지로 정리해 볼 수 있다. 첫째, 무엇보다도 핵심적 3개 부류의 정책행위자로 구성된 정책 네트워크가 "정책네트워크의 변화와 정책변화 간에 상호 긴밀한 인과관계의 존재를 규명해낼 수 있다"는 데 있어서 고용보험의 경우는 매우 제한적이라는 것이다. 이 점은 고용보험제도의 도입기를 재구성하면서 한 인물이 얼마나 중요한 역할을 담당할 수 있는지를 보여 주었기 때문이다. 당시 조순문 국장은 고용보험제도의 도입을 반대하는 최병렬 노동부 장관을 직접 설득시키기도 했다. 반면에 고용보험제도의 확대기 때는 이기호 노동부 장관이 먼저 나서 이를 추진하였던 것이다.

둘째, 고용보험제도의 확대기 때 노사정은 상호간 갈등·대립적 관계를 견지했다기보다는 갈등·협력적 관계를 발전시켰다고 볼 수 있다. 1994년 노·사는 고용보험법 제정 당시 적용범위의 결정에서 서로 타협점을 정부에 제시를 하게 되고, 1998년 노사정위원회에서도 이와 유사한 타협이 이루어졌기 때문이다. 이 과정에서 정부가 주도권을 쥐고 정책입안을 조율하고 있음도 지적해야 할 것이다.

셋째, 노사정과 IMF과의 관계도 (신자유주의적 의도가 숨어 있다고는 하나 또는 숨어 있었기 때문에) 고용보험제도와 관련해서는 꽤나 협력적이었다는 점을 상기 시킬 필요가 있다. 국민의 자발적인 금모으기 범국민 운동 등도 있기는 했지만, 경기의 규칙을 쌍방이 잘 지켰기에 한국은 IMF관리체제를 조기 졸업할 수 있었던 것이다. 이 점이 고용보험 적용확대에서 잘 드러난다.

2) 고용보험제도 관련자료 수집 연구의 평가와 향후 과제

첫째, 한국의 고용보험제도는 다른 사회보험과 비교할 때 실행시기가 가장 짧다. 실행 13년 차에 지나지 않는다. 그럼에도 불구하고 기초 자료를 수집하는 데 큰 성과를 거두지 못했다. 무엇보다도 연구자 자신의 역량의 부족과 책임이 크다 할 것이나, 자료가 망실되었다는 해당 관계자의 말을 듣고 발걸음을 돌리는 일이 태반이었기 때문에 무엇인가 개운치 못한 구석이 남아 있다는 것이 솔직한 심사이다. 연구자, 특히 박사급 연구자가 지금보다 훨씬 개관적이며, 체계적으로 연구를 수행할 수 있도록 돕는 풍토가 조성되어야 할 것이며, 이런 점들 또한 제도발전과 무관하지 않다는 점을 지적하고 싶다.

둘째, 1990년 이후 고용보험제도에 대한 학문적이고 체계적인 기술에서 유길상 박사 개인에게 지나치게 의존하고 있다는 점도 향후 개선되어야할 과제라고 본다. 유길상 박사가 2006년 한국노동연구원 고용보험센터에서 한국기술교육대학교로 자리를 옮긴 것을 계기로 전기가 마련될 것으로 기대된다. 그러나 보다 바람직한 방향은 학계를 비롯해 노동계와 경영계의 질 높은 연구가 상대역을 충분히 소화시켜내는 데 있을 것이다.

결과적으로 한국 고용보험제도의 태동과 성장이란 발진사는 한국 복지국가의 태동, 성장과정을 설명하기에는 한계가 있어 보인다. 그런 만큼 특수성이 많이 반영된 사회보장제도 중에 하나로 정리할 수 있겠다.

참고문헌

국회 환경노동위원회. 2002. 《비정규직근로자의 법적 보호 방안》. 국회 환경노동위원회.
국회 환경노동위원회. 2003. 《비정규직 고용의 실태와 정책과제》. 국회 환경노동위원회.
김동배 · 김주일. 2002. “비정규직 활용의 영향요인.” 〈노동정책연구〉. 한국노동연구원. 제 2권 제 4호: 17~38.
김상호. 2003. “동일가치노동 동일임금원칙에 관한 입법론적 고찰.” 〈비정규노동〉. 19호: 76~90.
김성중 · 성재환. 2005. 〈한국의 고용정책〉. 한국노동연구원.
김원식. 1997. “한국의 사회보험제도 발전방향.” 〈임금연구〉. 통권 19호. 제 5권 제 4호: 4~29.
김유선. 2003a. “비정규직 규모 축소에 급급한 노동부.” 〈노동사회〉. 2월호: 48~54.
김유선. 2003b. “기업의 비정규직 사용 결정요인.” 〈노동정책연구〉. 한국노동연구원. 제 3권 제 3호: 27~47.
김유선. 2003c. “비정규직 규모와 실태.” http://www.klsi.org.
김장호. 2001. “노동시장의 유연화 확대에 따른 문제점과 대책. 〈경제정책연구〉. 국제문제 조사연구소. 제 3권 제 1호: 241~291.
김태성 · 김진수. 2003. 《사회보장론》. 청목출판부.
남재량 · 김태기. 2000. “비정규직, 가교(*bridge*)인가 함정(*trap*)인가?” 〈노동경제논집〉. 제 23권 제집: 81~106.
노동부. 2003. 《2003 고용보험백서》. 노동부.
노동부. 2006. 《고용보험10년사》. 노동부.
노동부. 2006. 《노동 행정사》. 노동부.
노동부. 2007. 《고용보험백서》. 노동부.
대한상공회의소 한국경제연구센터. 1998. 《노동시장의 유연화 제고와 고용보험제도 개선방안》. 정문사.
박인상. 2000. 《비정규직 노동자 보호를 위한 정책과제》. (2000년 규정감사 정책자론 1). 한국비정규노동센터. 비정규노동 27호(2003. 12).
안주엽 외. 2001a. 《비정규직근로의 실태와 정책과제(Ⅰ)》. 한국노동연구원.
______. 2001b. 《비정규직근로의 실태와 정책과제(Ⅱ)》. 한국노동연구원.
______. 2003. 《비정규직근로의 실태와 정책과제(Ⅲ)》. 한국노동연구원.
유길상 외. 2000. 《고용보험제도의 평가와 발전방향》. 한국노동연구원 고용보험연구기단.
유길상. 1996. “고용보험 시행 1년의 평가와 제도 개선방안.” 《고용보험제도 발전방향에 관한 공청회》. 노동부 · 한국노동연구원.

______. 1997. “한국의 고용보험제도와 개선방안.” 〈임금연구〉. 통권 19호. 제 5권 제 4호: 46~57.

______. 1999/2000. “고용보험제도의 국제적 추세와 시사점.” 〈고위지도자 과정- 사 8〉. 한국노동연구원.

______. 2003. “한국 고용보험제도의 정책효과 분석: 정책수혜대상 분석을 중심으로.” 〈한국정책학회보〉. 제 12권 제 4호: 176~322.

이순호. 1999. “노동복지 정책네트워크: 고용보험제도를 중심으로.” 고려대학교 박사논문.

이영환. 2003. “한국사회의 빈곤과 사회정책.” 〈기억과 전망〉. (겨울) : 238~250.

이장원. 1999/2000. “생산적 복지정책의 추진방향.” 〈고위지도자 과정- 사 9〉. 한국노동연구원.

정무권. 1998. “적극적 노동시장정책의 정치경제: 한국에서의 제도적 정착을 위한 모색.” 〈韓國政策學會報〉. 제 7권 3호: 122~153.

정이환. 2001. “비정규직 규모를 어떻게 볼 것인가: 비정규노동의 규모를 둘러싼 논쟁과 관련 하여.” 〈노동사회〉. 7월호: 91~103.

정인수. 1997. “고용조정 현황과 정책과제.” 〈노동경제논집〉. 제 20권 제 2호: 259.

정흥모. 2005. “비정규직 근로자와 고용보험제도.” 〈21세기 정치학회보〉. 제 15권 제 3호.

최경수. 2001. 〈노동시장 유연화의 고용효과 분석: 고용보험 규제완화를 중심으로〉. 한국개발연구원.

한국노동연구원 고용보험연구기획단. 1993. 〈고용보험제도 실시방안연구: 종합편〉. 한국노동연구원.

한국노동연구원. 1991. “고용보험제도 도입에 대한 검토.” 〈제 7차 5개년계획 정책토론회 자료〉. 1991년 6월 12일.

한국노동연구원. 2003. “비정규직근로자의 실태와 정책과제.” 〈매월노동동향〉. 통권 제 20호. 3월호: 27~39.

허재준. 2003. “고용보험 동향 및 전망.” 〈고용보험 시행 8주년 기념 토론회〉. 한국노동연구원. 2003년 7월: 5~20.

황덕순. 2003. “취약계층 근로자의 고용보험 · 국민연금 적용실태와 개선방안.” 〈노동정책연구〉. 한국노동연구원. 제 3권 제 3호: 87~109.

부록 1 주요 자료 해제

1. 한국노동연구원 고용보험연구기획단. 1993. 〈고용보험제도 실시방안연구: 종합편〉

이 연구는 고용보험연구기획단이 고용보험제도 도입에 대해 연구해 온 결과를 수록한 최초의 종합 보고서이다. 고용보험연구기획단은 1992년 3월 9일 인력정책심의위원회에서 의결된 "직업안정기관확충 및 고용보험추진계획"에 따라 1992년 5월 18일 한국노동연구원에 설치되었다.

2. 이순호. 1999. "노동복지 정책네트워크: 고용보험제도를 중심으로." 고려대학교 박사논문

이 논문의 문제제기는 1993년 최초의 고용보험 정책도입에 있어서의 정책네트워크의 구조적 특성이 1998년 어떠한 변화를 보이는지를 밝히는 데 있다. 그 이유는 실질적 네트워크로서의 변화가 없다면 확대된 고용보험 정책은 진정한 노동자를 위한 복지정책이라 보기 어렵기 때문이다. 이 논문은 노사정을 통하여 1998년 확대 실시되고 있는 고용보험제도는 그 적용범위의 급격한 확대가 갖는 노동복지정책의 상징성에도 불구하고 실질적으로 노동자를 위한 진정한 사회보장제도로서의 역할을 하는 데는 미흡하다는 식으로 결론을 맺고 있다.

3. 김성중 · 성재환. 2005. 〈한국의 고용정책〉

이 책의 저자인 김성중은 노동부 고용정책실장을 역임한 현 노동부차관이다. 그런 그가 박사학위 논문을 발전시킨 것이 이 책이다. 그는 이 책에서 우리나라 고용정책의 생성과 발전과정을 5단계 시대구분을 통해 체계적으로 다루고 있다. 고용정책의 발전기(1987~1997)에 고용보험이 도입된 것에 대해 다루고 있다. 그리고 고용정책의 시련기(1997~2002)에 고용보험이 확대되어가는 과정을 잘 정리하고 있다.

4. 노동부. 2007. 〈고용보험백서〉

고용보험 백서는 노동부가 고용보험에 대한 이해를 한 단계 높이는 데 도움을 주기 위해서 매년 발간하는 연보이다. 2007년도 판 고용보험백서에는 2006년도 고용보험의 제도개선 사항, 재정운용, 사업실적 및 주요성과 등을 상세히 수록하고 있다.

5. 노동부. 2006. 〈고용보험10년사〉

노동부는 1995년 7월 1일 실시된 고용보험 10주년을 기념하기 위해서 2005년 7월 1일 고용보험 10년사를 발간하였다. 이 책은 653쪽에 이르는 방대한 분량으로 고용보험의 제도기획 과정을 비롯해서 변천내용과 향후과제까지 종합적으로 정리하고 있다. 고용보험제도 10년의 모든 것이 이 책에 고스란히 녹아있다.

6. 노동부. 2006. 〈노동 행정사〉

노동부는 노동 행정 60년을 돌아보는 작업을 2년에 걸쳐 진행하였다. 그 결과물인 이 책은 총 4편 즉, 1편(총괄), 2편(노동시장정책), 3편(근로자보호정책), 4편(노사관계정책)으로 구성되어있다. 이 중 2편 노동시장정책에서 고용보험제도를 다루고 있다. 이 부분의 필자 역시 유길상 박사이다. 그는 노동부와 한국노동연구원 고용보험연구센터가 발간하는 고용보험제도에 관한 한 독보적인 전문가이다.

부록 2 인터뷰 요약

도입기

조한천 (인터뷰 날짜: 2007.8.8)

한국노총 정책연구실장. 현재 은퇴

고용보험 도입을 추진할 당시에 가장 열의를 보인 쪽은 어디였습니까?

조순문 국장을 비롯한 정부 인사들이 가장 적극적이었습니다. 정부 주도로 고용보험제도 도입을 이끌어 갔고 정부가 고용보험 도입하겠다는 의지가 강했습니다. 당시 노동계는 조사연구의 역량에서 정부를 따라갈 수 없었기 때문에 정부의 주도로 고용보험 도입이 추진되었습니다. 노동부는 노동연구원의 뒷받침으로 많은 연구가 있었던 것으로 기억합니다. 그 당시에 노총에는 고용보험에 대한 실무팀도 없었습니다. 경총도 마찬가지였습니다.

1987년 민주화로 노동계 욕구 표출 과정에서도 노총에서 고용보험 도입에 대한 분위가 없었습니까?

1987년 노동자 대 파업 이후 노동계입장은 많이 변했습니다. 사회보장 제도에 관심을 가지게 되었습니다. 자본주의 고도화에 따른 노동자의 환경 변화에 걱정하기 시작하였습니다. 이 때 고용보험의 필요성을 느끼게 되었습니다. 하지만 이러한 필요성을 느낀 것도 노총 내부 조직에 국한된 것이지 노총 전체의 공감대는 아니었습니다. 고용보험에 적극적으로 활동을 시작한 것은 임금의 인상과 함께 사회보장 제도 도입이라고 생각합니다. 80년대 후반 정책실에서 이제는 고용보험제도를 도입을 해야 한다고 생각하고 이 문제를 노총의 중요한 방향으로 추진하기 시작하였습니다.

한국노총의 정책실에 계시면서 고용보험 도입을 추진하는 팀을 꾸렸었습니까? 그리고 한국노총에서도 고용보험 사업을 추진했었습니까?

당시에 노총에서 어떤 팀을 꾸릴 만한 상황은 아니었습니다. 정책실에서 고용보험의 내용에 관심을 가지고 살펴보기 시작하였을 뿐 한국 노총에서 사업을 추진한 것은 아니었습니다. 정책팀에서 연구만 했습니다. 사실 노총에서는 고용보험의 도입 명분에 대해 공감대가 형성이 되어 있지 않았습니다. 사용자가 재정을 분담한다면 도입 하겠지만 당시 저임금에서 보험료를 분담한다면 더 생활이 어려워 질 것이라고 생각했습니다. 고용보험에 대한 인식이 낮을뿐더러 이에 반대한 것입니다

김영배 **(인터뷰 날짜: 2007.8.2)**

경총 조사부장. 현 경총 부회장

고용보험 도입 당시 경총의 기본입장은 무엇이었습니까?

고용보험의 도입에 있어서 무엇보다 우리 경제의 국제경쟁력을 손상시키지 않는 범위 내에서 이루어지도록 하고, 고용보험의 양대 도입목적인 기업의 원활한 고용조정과 실직근로자의 보호를 균형 있게 수용하여야 한다는 것이 경총의 기본입장이었습니다. 이러한 견지에서 세부적으로 다음과 같은 의견을 밝혔습니다. 첫째, 퇴직금 재원의 일부를 고용보험 재원으로 전환하는 조치가 필요하다. 둘째, 고용보험 도입 초기에 기업부담의 경감과 보험재정의 악화를 방지하기 위하여, 고용안정사업의 범위가 축소되어야 한다. 셋째, 직업훈련기본법에 따른 직업훈련 실시와의 이중부담을 배제하도록 고용보험의 직업능력 개발사업은 실직자 재취업훈련으로 한정해야 한다. 넷째, 국가가 비용을 부담하는 고용보험사업에 대한 구체적인 내용이 명시되어야 한다 등입니다.

고용보험 도입 당시 경총의 기본입장과 노총의 기본입장 사이에서 마찰을 빚은 부분은 어떤 점이 있습니까?

경총은 고용보험 도입이 해고에 대한 저항을 완화시키는 긍정적 역할이 있을 것으로 보고 도입에 소극적으로 찬성하는 입장이었습니다. 이에 따라 적용범위나 비용부담 등 세부항목에 대해서 노총과 다소 이견이 있었습니다. 우선 적용범위에서 경영계는 직업훈련 의무대상사업 범위와 동일한 150인 이상 사업장에 대해 적용하자는 주장이었고, 노동계는 5인 이상 사업장부터 시작, 전사업장으로 확대해 나가자는 주장이었습니다. 비용부담에 대해서는 노동계는 보험사업비의 일부를 국고에서 부담해야 한다고 주장했으며, 경영계는 퇴직금 일부를 고용보험료로 전환해야 한다는 의견을 제시했습니다. 실업급여요건 및 급여수준에 대해서도 이견이 있었는데, 노동계는 임금계층에 따라 3월간 평균임금의 60%~80%를 차등지급하고, 실업급여 지급기간도 연령 및 신체장애 등 취직난이도에 따라 90~300일로 할 것을 주장했습니다. 이에 반해 경영계는 통상임금의 50% 수준이 적정하다는 입장이었습니다.

유길상 **(인터뷰 날짜: 2006.5.10)**

고용보험연구기획단 위원 겸 총괄간사. 현 한국기술교육대교수

고용보험제도 도입에 대해 구체적으로 논의하기 시작한 것은 언제부터입니까?

제5차 경제개발5개년계획의 수정작업을 하는 가운데 노동부가 실업보험제도 도입을 꺼냈다. 그때 노동부는 수정작업을 하는 차에 실업보험제도 도입을 공식적으로 요청하였다. (이전에는 비공식적으로 처리) 1982년에 처음으로 경제기획원에 제6차 경제개발5개년계획의 이슈로서 포함했으면 하는 건의를 했다.

이수종 (인터뷰 날짜: 2007.8.6)
노동부 고용보험정책팀 서기관

조순문 국장이 고용보험의 도입에 적극적이었던 이유는 어떤 것이었습니까?

고용보험제도 자체가 조순문 국장이 리더가 되어 기획되고 만들어 졌다고 할 수 있습니다. 조순문 국장이 생각한 고용보험은 서구의 실업보험을 말하는 것이 아니었습니다. 대한민국 고용정책 시스템을 만들어가는 과정에서 당시에는 기본적인 재원도 부족하고 그 프로그램도 없었습니다. 대한민국의 향후 고용정책을 어떻게 해나갈 것인가 구상하는 단계에서 고용보험을 만들기로 한 것입니다. 조순문 국장은 1992년 고용보험법과 그 시행령 마련하고 1994년 중순 근로기준국장으로 잠시 자리를 옮겼다가 고용보험정책실 실장으로 승진하여 1995년 고용보험 실행직전 고용정책실로 오게 되었습니다.

노동부 내에서는 고용보험의 제도화에 언제부터 관심이 있었습니까?

1953년 직업안정법 제정되면서 아마도 고용보험에 대한 인식은 있었겠고 이것이 계속 이어졌다고 볼 수도 있겠지만, 제가 1991년 노동부 직업안정국에 전입이 되어 고용보험에 관련된 자료를 보니 노동부에서 1970~80년대에 일본이나 독일의 고용보험제도를 간단히 검토한 사례는 있었지만 본격적으로 어떠한 구체적 제도를 도입할 것인가에 대한 논의는 없었습니다. 특히 1982년도에 노동부에서 전두환 대통령에게 고용보험 도입의 필요성에 대한 보고를 할 예정이었는데 이것이 좌절된 사례가 있습니다. 전두환 대통령이 라스팔마스 어업 전진기지 방문 당시 휴양지의 많은 서구인들이 실업급여를 받고 있다는 보고를 받고 전두환 대통령이 우리나라에는 이런 제도를 하면 안 된다는 얘기를 했다고 합니다. 노동부에서 이 이야기를 듣고 고용보험 도입에 관련된 보고를 하지 않았다는 에피소드가 있습니다.

김종각 (인터뷰 날짜: 2007.8.17)
한국노총 노동중앙연구원 연구위원

노총의 입장과 역할은 무엇이었습니까?

확대기

IMF 경제위기 이후 고용보험의 확대는 당연히 노총에서 주장했습니다. 당시 노동자에게는 실업이 큰 문제였습니다. 40만 명이던 실업자가 180만 정도로 급격히 증가했습니다. 노총은 실업자에 대한 구제가 필요하다고 생각했고 당시에는 고용보험이 유일한 해결책으로 보았습니다. 고용보험은 일정기간 보험을 납입해야 혜택을 받기 때문에 고용보험 수혜자를 늘리기 위해서도 고용보험을 빨리 확대하는 것이 당시 급선무였습니다. 당시 실업급여 대책에 10조원이 필요했는데 고용보험 예산은 2조밖에 없었습니다. 그래서 온갖 각 부처의 예산을 끌어들여와 심지어 복지예산에서도 끌어와서 10조원을 마련하게 되었습니다. 아무튼 97년 경제위기 이후 고용보험의 확대로 고용보험이 1인 사업장까지 확대되었을 뿐만 아니라 실업급여 수혜의 기간도 6개월에서 9개월로 늘어나게 되었고, 수급자에 대한 기준도 완화되어 1년 6개월 고용보험 납입한 근로자에서 6개월만 가입하면 실업급여 혜택을 받게 되었습니다. IMF 경제위기로 1997년에 고용보험 확대가 되기 전에 1993년도에 노총에서 고용보험 적용범위를 최소한 5인 이상 확대하고, 자발적 실업자도 실업급여를 줘야 한다는 주장을 한 적이 있습니다. 자발적 실업자에 대한 실업급여문제는 만약 도덕적 문제가 있다면 6개월 이후에 주는 등의 페널티를 주면서 할 수도 있다고 제안하였지만 노동부가 경제부처의 반대를 우려해 결국 받아들여지지 않았습니다

그렇다면 1997년 경제위기 당시에 고용보험 적용 대상을 1인 이상 사업장까지 확대하자는 안을 처음 건의한 곳은 노총입니까?

정부는 금융개혁, 공공개혁, 재벌개혁에 집중하고 있었습니다. 확대 안을 처음 건의한 곳은 노총이었습니다. 노동계에서는 노동문제가 가장 급했고 노동문제는 실업대책에 대한 것이었습니다. 여기서 고용보험의 확대가 큰 이슈였습니다. 정부도 당시 가능한 실업대책으로 고용보험 밖에 없었기 때문에 고용보험으로의 해결로 실업대책에 접근하였고 고용보험 확대는 별 마찰 없이 쉽게 합의가 이루어졌습니다. 경총 의견은 정확히 기억이 안 나지만 고용보험을 확대하면서도 보험요율을 올리지는 않았기 때문에 경총이 고용보험 확대에 반대하지 않았나 생각합니다. 그 후에 오히려 적립금이 많이 쌓였기 때문에 보험요율을 한번 내린 것으로 기억합니다.

정병석 (인터뷰 날짜: 2007.8.13)

노동부차관, 현 한국기술교육대학교 총장

1997년 IMF 당시 고용보험제도의 확대 과정에 대해 설명해 주십시오.

고용보험이 1995년 출범한 이후 단계별로 시간적 여유를 가지고 확대를 진행하고 있었는데 1997년 경제 위기로 고용보험의 확대를 앞당기게 되었습니다. 고용보험 확대에는 논란이 있었지만 경제위기로 대량실업이 갑자기 터지자 이에 대해 대비를 가지고 있었던 곳은 노동부 밖에 없었습니다. 그리고 정부에서 대량실업에 대책에는 재원이 있어야 하고 그 재원의 근원이 고용보험과 생활보호법이라고 생각하게 되었고 이 때문에 고용보험의 재원이 크게 늘어나게 되었습니다. 고용보험 확대에는 노동계에서도 주장을 했지만 정부에서도 당시 대량실업 상황에서 고용보험 확대의 필요성을 느끼고 있었기 때문에 고용보험 확대에 적극적이었습니다. 결국 몇 년에 걸쳐 단계별로 확대할 고용보험제도를 단 몇 개월 만에 확대하게 되었습니다. 단기간의 고용보험확대에 행정수요 감당 등에 대한 내부적 논란이 있었지만 정부의 강력한 의지로 고용보험은 단기간 내에 확대하게 되었습니다. 그리고 여기에는 걱

정했던 행정적인 큰 무리는 없었습니다.

1997년 IMF 당시 IMF가 비공식적으로 고용보험제도의 확대문제를 거론한 적은 없었습니까?

당IMF는 사회 안전망 확충을 공식적으로 요구했고 여기에 고용보험제도의 확대가 포함되어 있었습니다. 그리고 IMF나 IBRD는 한국의 고용보험제도 발전 수준에 만족하였습니다.

김영배 (인터뷰 날짜: 2007.8.2)

경총 조사부장. 현 경총 부회장

1997년 IMF체제 이후 고용보험제도가 확대되었습니다. 이 당시 경총의 기본입장은 무엇이었습니까?

국민의 정부 인수위 시절 외환위기의 대량실업 사태 하에서 기업이나 재벌에 대한 국민정서가 매우 부정적임을 감안하여 사실은 요율인상을 먼저 경총 회장단회의에서 결정하여 노사정 협상에 임했습니다. 따라서 경총이 끌려 다녔다는 것은 맞지 않는 표현 같습니다. 경총은 경제위기 극복을 위해서 기업의 경쟁력 회복이 선행되어야 하며, 이에 따라 급격한 고용보험 급여와 적용사업장의 확대가 오히려 기업의 경쟁력을 약화시켜 경제위기를 심화시키는 부작용을 초래할 수 있다는 것이 기본입장입니다만, 당시 180만의 실업자가 존재하는 상황 속에서 구조조정으로 고통 받는 근로자들을 보호해야 한다는 사회적 책임이 강조되었다고 할 수 있습니다.

제 5 장

공공부조제도

김영순·권순미

1. 서론

공공부조는 사회보험과 달리 수급 대상자의 기여에 기초하지 않고 생존권 보장의 원리에 의해 빈곤자의 최저생활을 보장하는 최후의 사회적 안선방이라 할 수 있다. 일제 식민지하에서 시작된 한국의 공공부조제도는 근대적 사회보장제도 가운데 가장 오랜 역사를 갖고 있다. 의료보험과 국민연금제도가 확립되면서 사회보장제도에서 차지하는 공공부조제도의 비중은 축소되지만, 적어도 1970년대까지만 하더라도 공공부조는 한국의 가장 대표적인 사회보장제도이기도 했다. 공공부조제도는 국가가 빈곤계층의 욕구를 얼마나 만족시켜 주는지, 한 사회의 복지 이념 및 복지권에 대한 가치관과 사회적 합의 수준이 어떠한지를 확인할 수 있는 중요한 정책영역이라 할 수 있다.

한국 공공부조제도의 형성과 변천과정은 다른 사회정책과 마찬가지로 경제적 동기 못지않게 정치적 동기가 크게 작용했다. 가령 조선구호령이 폐기되고 생활보호법이 제정되는 시기(1961년), 생활보호법이 전면 개정되는 시기(1982년)는 각각 5·16 군사쿠데타와 박정희 국가재건최고회의(이하 최고회의) 의장의 권력장악, 12·12 쿠데타와 5·18항쟁에 대한 유혈진압을 통한 전두환 정권의 등장과 맞물려 있다. 또한 생활보호법이 국민기초생활보장법(이하 기초법)으로 전면 개정되는 시기(1999)는 한국 정치사에서 최초로 민주적인 선거경쟁에 의해 여야간 수평적 권력교체를 이룬 김대중 정부의 등장이라는 정치적 환경 변화와 매우 밀접한 관계가 있다. 특히 1960년대 한국 복지국가 초기 형성기에 대한 기존 연구들은 당시의 복지정책이 권위주의 정권에

의한 정치적 정당화의 한 수단이었음을 강조한다.[1)]

기존의 복지연구는 의료보험법, 연금제도, 산재보험법을 중심으로 이루어졌으며, 공공부조 정책결정과정에 대한 연구는 완전히 블랙박스(*black box*)로 남아 있다.[2)] 복지정책 결정과정을 중심으로 1960년대 초반의 한국 복지제도 형성기를 비교적 소상하게 다루고 있는 손준규의 연구(1981) 또한 예외는 아니다. 이에 비해, 기초법 제정과정에 관한 연구 성과는 상당 정도 축적되어 있는 편이다. 이들 연구는 공통적으로 시민단체의 영향력 확대와 거버넌스에 주목하는 한편, 대통령의 의지와 집권세력의 정치적 판단(남준우, 1999; 박윤영, 2002; 안병영, 2000) 혹은 집행과정에서 관료정치의 중요성(김영순, 2005; 안병영, 2000)을 부각시키고 있다. 그러나 기초법 제정과정에 관한 기존연구는 정책결정 후속단계, 즉 시행령과 시행규칙을 둘러싼 행위자들 사이의 상호작용에 대해서는 크게 주목하지 않았다(김영순, 2005).

이 글은 민주화 이후 기초법 제정의 후속발전단계에 관한 기존연구를 보완하는 한편, 문헌 및 인터뷰자료에 근거하여 한국의 공공부조 정책결정과정이 민주화를 분기점으로 어떤 연속성과 변화를 보이는지를 분석하는 데에 초점을 두었다. 좀더 부연하자면 이 연구의 목적은 크게 두 가지이다. 첫째, 블랙박스로 남아 있는 권위주의시기의 공공부조 정책결정과정을 현재 수준에서 접근 가능한 자료들을 종합하여 최대한 복원해내는 것이다. 둘째, 비교연구의 관점에서 권위주의시기와 민주화 이후 한국 공공부조 정책결정과정의 특징을 재조명하고자 한다.

---

1) 권위주의시기의 복지정책을 정당화 이론으로 설명하는 대표적 연구로는 권문일(1989), 김연희(1983)를 들 수 있다.

2) 그 주된 이유는 접근가능한 자료의 한계 때문인 것으로 짐작된다.

2. 공공부조제도 발달사 시기구분과 자료수집의 초점

공공부조의 기본원리는 나라마다 법률상의 규정에 따라 약간의 차이가 있으나 일반적으로 생존권 보장, 국가책임, 최저생활보장, 무차별 평등의 원리를 기본으로 하며, 자립조장, 보충성의 원리를 부가하고 있다. 그러나 한국의 경우, 복지권에 대한 헌법적 규정과 실재 사이에는 큰 괴리가 존재했다. 해방 후 공공부조정책은 제헌헌법 19조의 "노령·질병 기타 노동능력의 상실로 인하여 생활유지의 능력이 없는 자에 대한 국가의 보호"라는 규정에서 비롯된다. 그러나 헌법에 보장된 복지권은 국가에 대한 권리로서 급여의 청구 등 국민의 적극적 권리로서의 특성을 갖고 있었으나, 이의 실현을 보장할 하위 실정법령과 예산의 뒷받침이 없는 상황에서 1961년 생활보호법(법률 제913호)이 제정·공포되기까지는 그 시행을 위한 실정법령마저 갖추지 못한 채 개점휴업상태로 방치되어 있었다(이두호 외 1991, 238~239).

제도적 특징을 중심으로 한국 공공부조발달사를 구분하자면, 크게 세 시기로 나눌 수 있다. 그 첫 번째 시기는 근대적 공공부조제도의 초기 형성기로, 조선구호령이 제정(1944년)된 시기부터 생활보호법이 제정(1961년)되기까지이다. 1961년 12월 30일에 제정된 생활보호법은 노령, 질병, 기타 근로능력의 상실로 인하여 생활유지의 능력이 없는 자에 대한 보호와 그 방법을 규정하고 있으며, 그로부터 약 40년 동안 한국 공공부조제도의 근간이 되었다.

두 번째 시기는 점진적 변화기로, 이 시기에 의료보호법의 제정(1977년)과, 생활보호법의 전면 개정(1982년)이 이루어졌다. 의료보호법의 제정으로 빈곤층에 대한 의료보호가 실시되었으며, 생활보호법 전면개정을 통해 교육보호와 오늘날의 근로연계복지(*workfare*)의 성격을 갖는 자활보호, 그리고 보충성의 원리가 명문화되었다. 그러나 이 두 시기의 공공부조제도는 생존권 보장의 원리, 무차별 평등의 원리, 국가책임의 원리 등을 실행시킬 법적 효력이 매우 약했으며, 그 원리상 조선구호령의 연장선에 있었다고 평가할 수 있다.

〈표 5-1〉 공공부조제도의 시기사적 구분 및 자료수집의 초점

구 분	연 도	주요 제도변화	자료수집 초점	주요 행위자
	1944.12	조선구호령 제정	· 제도 도입배경, 내용, 실시 효과 · 통치전략과의 관계	· 조선총독부 · 미군정청
초기 형성기	1946.01	후생국보 제3호	· 전쟁, 전후복구사업과의 관계 · 구호수준, 구호체계의 특징 · 자조근로계획과의 관계 · 5 · 16과 생활보호법 제정과의 관계	· 최고회의(대통령) · 보사부 · 사보심 · 여야정당
	1950.08	피난민 수용에 관한 임시조치법		
	1955.05	미공법48호(PL480) 체결		
	1961.12	**생활보호법 제정**		
점진적 변화기	**1968.07**	**(자활지도사업에 관한 임시조치법)**	· 산업화가 생활보호법의 변화에 미친 영향 · 자활지도사업법 시행령의 미제정 이유 · 요보호대상자, 취로사업의 확대, 의료보호법 및 직업교육 실시의 정치적 · 사회적 배경 · 급부대상과 수준, 서비스전달체계 확대문제 등에 대한 논쟁과정과 행위자들의 태도 · 직권보호주의 대 신청보호주의 논쟁과정 · 노동부의 고용안정사업과의 연계 및 조정에 관한 논쟁과정	· 대통령 · 보사부/노동부/경제기획원 · 사보심 · 여야정당 · 보건개발연구원(보사연)/KDI
	1977.12	의료보호법 제정 (생활보호에서 의료보호의 분리)		
	1982.12	**생활보호법 전면개정 (영세민 종합대책 추진)**		
	1997.08	제2차 생활보호법 개정 (부양의무자 범위 축소, 자활사업 개선)		
	1999.02	제3차 생화보호법 개정 (보호개시시기를 복지부령으로 명시, 보호지시 불이행시의 보호중지 가능 조항 삭제)		
근본적 변화기	**1999.09**	**국민기초생활보장법 제정**	· 민주화, IMF위기가 기초법 제정에 미친 영향 · 대통령의 울산발언 배경과 파급효과 · 쟁점화, 의제설정, 법제정, 시행단계에서의 쟁점, 행위자 간 갈등양상 · 시민단체의 역할 · 복지병 논쟁, 예산확보문제, 대상자 선정 기준, 급여기준, 최저생계비 계측방법, 급여방법(실업부조 대 일반부조, 후급여 대 선급여), 자활사업의 주관부처문제 및 활성화방안, 근로유인방안 등의 논쟁과정	· 대통령(비서실) · 보건복지부 · 노동부 · 기획예산처 · 여야정당 · 참여연대 · 기초법추진연대회의 · 한국보건사회연구원
	2004.02 (05.07.01 ~ 시행 예정)	국민기초생활보장법 개정법률안 국회통과		

※주: 굵은 색으로 표시된 부분을 중심으로 자료수집 및 연구진행.

세 번째 시기는 근본적 변화기로, 1999년 8월 제206회 임시국회에서 제정된 기초법이 그 출발점이다. 한국 사회복지관계법 제정 역사에서, 정책결정과정의 국가주도성·폐쇄성·비민주성을 특징으로 하는 기존의 복지 정책결정과정과는 달리, 시민사회단체가 입법의 청원에서부터 제정에 이르기까지 주체적으로 참여하였다는 점이 큰 특징이다. 또한 이 법은 제정과정의 독특성뿐만 아니라, 내용적인 면에 있어서도 기초생활에 대한 시민의 권리와 국가의 의무를 최초로 명시하였다는 점에서 공공부조정책의 획기적인 진전이라 할 수 있다.

이 연구를 위해 다양한 1, 2차 문헌자료를 발굴·검토하였으며, 공공부조 정책결정과정에 참여했던 핵심 인사들에 대한 인터뷰를 실시하였다. 주요 문헌자료들은 위에서 분류한 세 시기별로 법·시행령, 신문기사, 회의록, 보고서, 논문 및 서적 등으로 세분류한 후 DB화하였다. 각 해당 시기 정책결정과정에 직접 참여하였거나 관련된 인사들을 중심으로 실시한 인터뷰 결과도 요약문 형태로 각각 DB화하였다.

그러나 생활보호법 제·개정 과정에 대한 면접 실시는 매우 제한적으로 이루어졌다. 직접 방문면접이 가능했던 경우는 1960년대 후반부터 80년대까지 빈민촌에서 빈민운동을 주도한 김혜경,[3] 1967년 자활지도사업에 관한 임시조치법 제정시기 보사부 사회국 자활지도과 과장을 역임한 최수일,[4] 그리고 1978년부터 1981년까지 보사부 보호과장을 역임한 박연수이다. 1982년 생활보호법 전면개정 당시 보사부장관을 지낸 김정례는 전화 인터뷰로 대신하였다. 이렇게 피면접 대상이 축소될 수밖에 없었던 이유는 생활보호법 제정 당시의 핵심인물인 정희섭 보사부장관,[5] 홍종철 최고회의 위원,[6] 손창규 최고회의 문교사회위원장(생활보호법 입법 발의자), 1962년 2월 사회보장제도심의위원회(이하 사보심) 발족 당시 공적부조반에서 활동한 한상무, 발필재

3) 김혜경 선생은 1991년, 95년, 98년 지방선거에서 관악을 신림7동 기초의회 의원으로 각각 당선되었고, 이후 민주노동당 부대표를 거쳐 2004년 6월부터 2005년 10월까지 민주노동당 대표를 역임한 바 있다.

4) 최수일 선생은 1970년대에는 보사부 사회국 사회보험과장, 보사부 국민연금국장 등을 거쳐 1986년 5월부터 88년 3월까지 보사부 차관을 역임하였으며, 94년 10월부터 현재까지 사단법인 백신연구협의회 회장직을 맡고 있다.

5) 1961년 7월7일부터 63년 12월16일까지, 그리고 1966년 1월 15일부터 1969년 10월 21일까지 보사부장관을 두 번 역임한 바 있다.

6) 생활보호법 제정시기 최고회의 보사담당 위원을 지냈다.

전문위원, 그리고 1982년 생활보호법 전면개정 당시 주도적 역할을 했던 박일상 사회과장 등이 사망했거나 사망한 것으로 추정되기 때문이다.[7]

반면 기초법 제정은 비교적 최근의 일이어서 여러 핵심 행위자와의 인터뷰를 실시할 수 있었다. 기초법 제정 당시 '국민기초생활보장법제정 추진연대회의' 정책위원장(연대회의)을 맡아 기초법 제정에 결정적 기여를 한 시민운동단체들의 역할을 설명해준 문진영 교수(서강대), 당시 청와대 민정비서관으로 법제정 과정에서 대통령과 청와대의 역할을 증언해준 신필균 사무총장(사회복지공동모금회), 기초법 제정 당시 주무부서인 보건복지부의 핵심실무담당자였던 생활보호과장 손건익(현 저출산 고령화 대책본부 노인정책관), 기초법 제정 이후 시행령, 시행규칙 제정과정에서 영향력을 행사해 상당한 법의 변형을 주도했던 기획예산처의 입장을 설명해준 진영곤 당시 기획예산처 복지예산과장(현 기획예산처 양극화, 민생대책본부 본부장), 참여연대 및 여당인 새천년국민회의와의 비공식적 교류 속에서 제도의 구체적 내용들을 디자인했던 김미곤 연구위원(한국보건사회연구원) 등에 대한 인터뷰가 이루어졌다.[8]

3. 공공부조제도의 초기 형성기 및 점진적 변화기: 권위주의시기 공공부조 정책결정과정

1) 생활보호법 제정과정

1961년 5월 16일 박정희는 쿠데타 직후 방송을 통해 혁명공약 6개 조항을 발표한다. 그 첫 번째 조항은 "반공을 국시의 제 1의로 삼고, 지금까지 형식적이고 구호에만 그친 반공태세를 재정비강화" 하는 것이었고, 네 번째 조항은 "절망과 기아선상에서 허덕이는 민생고를 시급히 해결하고 국가자주경제 재건에 총력을 경주"하는 것이었다(한국군사혁명사편찬위 1963). "민생고의 시급한 해결"이 혁명공약 속에 포함되어 있긴 했지만, 박정희 군사정권시기의 복지정책은 어디까지나 발전주의 경제체제 구축을

---

7) 정희섭, 홍종철, 박일상은 사망한 것으로 확인되었으며, 손창규, 한상무, 박필재는 사망한 것으로 추정된다.

8) 주요 면접대상자와 질의사항 및 답변을 요약한 표는 〈부록 2〉에 제시되어 있다.

위한 종속물에 불과했다.

권위주의시기의 생활보호법 제·개정 과정은 아래로부터의 어떠한 체계적 요구나 압력도 부재한 가운데 폐쇄적이고 관료적인 정책결정방식을 따랐다. 먼저, 생활보호법 제정은 쿠데타 후 박정희 군부체제가 반공권위주의체제 완성을 향한 일련의 대규모 법적·제도적 기반정비작업의 일환으로 추진되었다.[9] 1961년 10월에 제출된 각의상정안건(의안번호 제953호)을 살펴보면, 생활보호법 제안이유로 "본 법안은 헌법 제100조에 의하여 유효한 조선구호령을 법령 정리사업의 하나로서 정리대치(整理代置)하려는 것"이라고 분명하게 밝히고 있다. 이 법안은 10월 25일에 개최된 제84회 각의에서 총 10개의 법안 심의안건 중 두 번째로 "원안대로" 의결되었고(제84회 각의록, 1961.10.25), 최고회의 제 90차 상임위원회에서도 원안대로 통과된 후, 12월 30일 정식으로 공포되었다.

당시 자료들을 종합적으로 검토해볼 때, 법안 제정은 최고회의의 법령정비 지시⇒보사부에 의한 법률초안 마련→법제처의 법안 심사⇒자관회의 안건 상정 및 원안통과(1961.10.12)⇒각의 안건 상정 및 원안통과(1961.10.25)⇒문교사회위원장(손창규)에 의한 최고회의 안건 상정(1961.12.20)⇒최고회의 제 90차 상임위원회 원안통과(1961.12.21)⇒정부 이송(1961.12.26)⇒법안 공포(1961.12.30)⇒법 시행을 위한 각령 제정·공포(1962.7.23, 각령 제893호)의 수순을 밟았다.[10]

이렇듯 생활보호법 제정은 사전에 이와 관련한 특별한 문제의식이나 심도 있는 논의과정이 생략된 채 군부 주도로 전격 단행되었다. 사보심 등 외부 전문가집단의 공식적 정책참여 통로는 아직 마련되어 있지 않은 상태였다. 1960년대 한국 복지제도의 도입과정에서 상당한 기여를 했던 것으로 평가되는 사보심(손준규, 1981)은 61년 가을에 설치 제안이 있었지만 이후 혼란스러운 정쟁과 5·16 직후의 각종 "개혁사업"에 밀려 공식발족은 생활보호법 제정 이후인 1962년 3월 20일에 가서야 공식 발족되었

9) 박정희 군사정권은 쿠데타 이후 1962년 9월까지 약 1년 4개월 동안 무려 545건의 법률을 새로 제정하였다. 제3공화국 출범 이전까지 박정희 군사정권 하에서 공포된 복지관련 법률만도 총 23개에 달했으며, 이 가운데 군사쿠데타 이후 그해 12월 말까지 약 7개월 동안 공포된 법률이 12개(52.5%)로 가장 많았다(남찬섭, 2005).

10) 일부 연구에서 8년 후인 1969년 11월 10일에 와서야 시행령이 공포(대통령령 제4218호)되었다고 기록하고 있으나(강호성, 1994: 21; 서상목, 1980: 79; 최천송, 1977: 292), 이는 사실과 다르다. 1969년의 시행령은 1962년의 각령을 개정한 것이다.

다(최천송, 1977: 182~183).

그러나 생활보호법 제정의 이면에는 단순한 법령정비 차원을 넘어서 법제정의 시급성을 요구하는 몇 가지 정치사회적 배경요인이 있었다. 첫째, 정치적 요인이다. 박정희군부가 쿠데타의 명분 중 하나로 "민생고의 시급한 해결"을 내세운 이상, 이를 정당화하기 위해서는 기존의 "무능하고 부패한" 정권들과 차별화 될 수 있는 가시적 조치가 필요했다. 게다가 쿠데타 후 박정희는 민정이양을 약속하면서도 실질적으로는 군부정권 연장을 목표로 삼고 있었기 때문에 이에 대비하여 단기간에 최대한 많은 업적을 쌓을 필요가 있었다. 박정희가 최고회의 의장으로 있는 동안 군사원호관련법, 아동복리법, 직업안정법 등 수많은 복지관련 법안이 제정되기는 했지만, 그중 광범하게 민심을 장악할 수 있는 가장 좋은 수단은 생활보호법이었다고 할 수 있다. 춘궁기뿐만 아니라 일상적으로 대다수 국민이 절대빈곤 상태에 놓여 있었기 때문에 생활보호법은 제정 그 자체로 국민들에게 많은 기대감을 심어줄 수 있었다. 그리고 실제로 군사정부 초기, 생활보호법 제정은 집권세력이 매우 중요한 복지관련 입법성과로 꼽았던 항목이기도 했다(정희섭, 1963; 홍종철, 1962).

둘째, 비록 제한적이지만 외부 전문가집단의 역할도 일정하게 존재했다. 사보심의 공식발족은 생활보호법 제정보다 늦게 이루어졌지만, 훗날 사보심에 참여하게 되는 위원들을 중심으로 생활보호법 등 사회복지제도의 도입 필요성은 군부세력과의 비공식적 접촉을 통해 전달되었던 것으로 파악된다. 최천송에 따르면, 사보심 위원들은 5·16 직후부터 사회복지정책과 관련한 최고회의 내 핵심 3인방, 즉, 정희섭 보사부장관, 손창규 문교사회위원장, 홍종철 최고회의 위원과 수차례 접촉하며 "사회복지제도 분야의 새 역사를 열어야 한다", "사회보장의 뿌리를 내리게 해야 한다"는 등 끈질긴 설득을 하였고, 이들은 사회보장제도의 수립이 절대 필요하다는 사보심 위원들의 주장을 수차례 들어서 이를 잘 이해하고 있었다고 한다(최천송, 1977). 제도의 실행능력과는 별개로 복지제도 도입의 필요성에 대해 군부세력도 긍정적 태도를 갖고 있었으며, 사보심의 역할에 대해서도 마찬가지의 태도를 갖고 있었다. 문교사회위원장 손창규는 혁명 1주년을 평가하면서 "보사분야의 제 1호 업적"으로 "사보심 발족"을 꼽았다. "사보심 발족은 사회보장제도 실시를 위한 강렬한 정책적 반영의 구체화 단계이며, 동시에 사회경제 전반의 근대화를 위한 획기적인 거점"이라는 것이 그의 평가였다(손창규, 1962).

셋째, 여론의 압력도 부분적으로 생활보호법 제정의 한 배경이 되었다. 물론 여론의 압력이 직접적으로 생활보호법 제정에 영향을 주었다는 증거는 없다. 하지만 쿠데타의 정당화를 위해 무엇보다 민심을 장악해야 했던 박정희 군사정부로서는 빈곤계층의 생계보장을 요구하는 여론의 향배를 전혀 무시할 수 없었을 것이다. 쿠데타를 전후한 당시 여론의 흐름은 〈조선일보〉에 실린 다음 두 글을 통해 미루어 짐작할 수 있다.

> 헌법 19조는 노령, 질병 기타 근로능력의 상실로 인하여 생활유지의 능력이 없는 자는 법률이 정하는 바에 의하여 국가의 보호를 받는다고 규정되어 있다. 이것이 … 이(李) 정권 시대에는 한낱 빛 좋은 개살구에 불과하였다는 것은 국민이 주지하는 사실이다. 물론 그동안 6·25사변으로 재정적 뒷받침이 없었다고 할 수 있겠지만 이 정권 시대에 불법 부정으로 축재한 금액만을 이 사회보장제도에 활용하였더라면 헌법 19조의 명문(明文)이 공문화하지는 않았을 것이다. … 새 공화국에서는 사회보장제도를 십이분 활용하여야 할 것이다. … 새 국회에서는 이 사회보장제도에 필요한 입법을 제정하고 행정부에서는 이에 필요한 행정적 모든 수단과 방법을 강구하여 우리 헌법에 규정된 사회보장제도를 조속히 실천하여 복지사회를 이룩하여 주기를 … (〈조선일보〉 자유종 '사회보장제도를 확립하라' 중, 1960. 9. 28).

> 혁명당국은 혁명이 일어나자 격동기에 처한 세궁민의 식생활을 염려한 나머지 재빨리 미곡을 배급한 일이 있었는데, 그와 같은 온정 있는 배려는 당시 국민의 혁명당국에 대한 신뢰심을 두터이 하였다고 믿는 우리는 이제 혁명 제1단계 종결을 선언한 당국이 줄기찬 정책수행과는 별도로 영세민을 위시하여 많은 실업자와 혁명 후 직업을 잃은 실직자의 생활현황에 대하여 깊은 관심을 기울이고 가능한의 적절한 대책을 하루속히 베풀어 주었으면 한다. (〈조선일보〉 사설 '세궁민의 구호' 중, 1961. 8. 23)

공공부조정책의 강화와 입법화를 요구하는 여론의 움직임은 한국전쟁 이후 꾸준히 제기되어 왔다. 심지어 이승만 정부하에서 '국민생활보호법' 초안이 마련되어 법제실에서 법안심사까지 진행하다가 결국 재정적인 이유로 입법이 무산된 적도 있다. 1953년 사회부(55년에 사회부와 보건부가 통합, 보사부로 개칭)는 '국민생활보호법' 초안을 작성한 바 있으며, 여기에는 61년 생활보호법에서 제외된 교육부조가 포함되어 있었다(〈조선일보〉, 1953.10.25). 이 초안은 이후 입법절차를 밟지 못하고 사장되어 있다가 1955년도에 보사부가 작성한 전문 9장 57조로 구성된 '국민생활보호법' 초안 형태로 다시 등장한다(〈조선일보〉, 1955.3.10). 이 당시 보사부는 6·25 이후 생활력을 잃은 구호대상자를 골라 이들에 대한 구호책으로 조선구호령에 의해 1인당 하루 세 홉씩의 구호미를 지급해오고 있었다(〈조선일보〉, 1955.3.10). 1955년에 작성된 법안의 주요 내용은 1953년에 작성된 '국민생활보호법'과 별반 차이가 없다. 그리고 그로부터 2년 후인 1957년에 보사부가 작성한 '국민생활보호법안'이 "법무부 법제실에 회부"되어 있었다.[11] 그러나 법제실로 넘겨진 보사부의 최종 안에는 교육부조가 제외되어 있었다. '국민생활보호법' 작성 및 법제실의 심사가 있는 동안 여야당 의원들은 이 법안에 대해 특별한 관심을 기울이지 않았다. 최종적으로 '국민생활보호법'은 정부부처간에 재정적 뒷받침이 없다는 이유로 설왕설래하며 시간만 허송하다가(명완식, 1957a/1957b), 국회에 법안제출도 못 해보고 입법화 시도는 중도에 좌절되고 만다.

2) 1960년대 자조근로사업의 실시 배경과 정책결정과정

생활보호법은 법안 자체의 한계, 제도 작동을 위한 정부의 노력과 책임의 방기, 그리고 재정적 여건의 미성숙 등으로 인해 제 기능을 하지 못했다. 생활보호법은 제1조에 "본법은 노령, 질병 기타 근로능력 상실로 인하여 생활유지의 능력이 없는 자 등에 대한 보호와 그 방법을 규정하여 사회복지의 향상에 기여함을 목적으로 한다"고 규정하고 있다. 그러나 생활보호 대상자와 보호 종류는 극히 제한적이었다. 보호대상의 범위(제3조)는 부양의무자가 없거나 부양의무자가 있어도 부양할 능력이 없는 경우로 한정하였는데, 구체적으로 65세 이상의 노쇠자, 18세 미만의 아동, 임산부, 불구·폐질·상병·기타 정신 또는 신체장애로 인하여 근로능력이 없는 자, 기타 보호기관이 인정하는 자 등이 보호대상으로 설정되었다. 이는 조선구호령의 65세 이상 노

11) 이에 관한 내용은 한국사회복지협의회(1957a/1957b)를 참고할 것. 그러나 1957년에 법제실로 넘겨진 법안이 1955년에 작성된 것인지 1957년에 새로 작성한 것인지는 확인되지 않는다. 2006년 현재 법제처와 보건복지부는 이와 관련한 자료를 보관하고 있지 않다는 것을 확인할 수 있었다.

인, 13세 미만 아동, 6세 이하 자녀를 부양하고 있는 여자, 난치병 환자, 분만개조를 필요로 하는 임산부, 정신적·육체적 결함이 있는 장애자 등의 규정보다 범위가 약간 늘었다고는 하나 근본적인 차이는 없었다고 볼 수 있다. 보호의 수준(제4조)은 "본 법에서 보장되는 보호의 수준은 건강하고 문화적인 최저생활을 할 수 있는 것이어야 한다"는 규정과는 거리가 멀었다. 보호의 종류(제5조)는 생계보호, 의료보호, 해산보호, 상장(喪葬)보호 4종뿐이었다. 그중 의료보호는 1977년 생활보호법에서 분리되어 의료보호법이 제정되기까지 법조문으로만 남아 있었다.

생활보호법의 성립에도 불구하고 정부의 성장우선전략과 재정적 여건의 미비로 법안의 실효성은 더욱 약화되었다. 극빈자와 실업자에게는 국가의 보호책임보다 자립자조의 원칙이 더욱 강조되었다. 경제개발을 위한 국가의 적극적 개입정책과 대조되는 복지에 대한 최소 개입정책, 나아가 실업자와 근로능력이 있는 영세민을 경제개발계획에 동원함으로써 자활을 지원한다는 것이 정부의 기본 방침이었다. 이는 당시 최고회의 의장인 박정희의 공식 발언 속에서도 확인된다. 1961년 〈최고회의보〉 창간호에 실린 '혁명정부의 사명'이라는 제하의 글에서 박정희는 "복지국가의 첫 단계로서 국토건설과 산업개발부(產業開發部)면에 인적자원인 실업자를 동원해야 한다"고 주장하고 있다(박정희, 〈최고회의보〉 제1호, 1961. 8. 15). 이후 '1962년도 시정방침'에서 박정희의 복지정책 추진방침은 좀더 구체적으로 표현된다. 이미 자립경제 확립을 위한 경제개발5개년 계획의 단계적 추진과 연 평균 7.1%라는 고도 경제성장 목표를 수립해놓은 상태에서, 이와는 대조적으로 박정희는 복지정책에 대해서만큼은 신중한 대응을 강조하고 있다.

> 부조와 보험을 기간(基幹)으로 하는 사회보장제도의 기틀을 확립하여 국민생활 향상과 복지사회건설을 기할 것입니다. … 그러나 국민교육과 사회의 보장시책은 단기적으로는 평가를 불허하므로, 가능한 한 졸속주의와 급진적 개혁은 이를 신중히 처리할 것입니다(박정희, "1962년도 시정방침", 〈최고회의보〉 제5호, 1962. 2. 16).

적어도 군사정부 초기, 일반조세에 의한 적극적 부조정책의 실현은 재원부족으로 인해 현실적인 제약이 컸던 것만은 틀림이 없다. 1950년대부터 1960년대까지 고아원, 양로원 등 시설보호대상자와 극빈자에 대한 복지서비스는 주로 UN의 구호계획에 의한 우방국의 구호금품과 외국 민간원조단체의 자원봉사, PL(미공법) 480호에 의한 미 잉여농산물원조에 의존해야 했다. 정부의 영세민대책은 춘궁기 절량(絶糧) 가구 및 이재민구호 등 응급구호 수준을 크게 벗어나지 못했다. 그 지급형태는 현물(양곡) 중심이었고, 여기에는 정부구호양곡, 대여양곡, 외원(外援) 양곡, 국토건설사업노임환산양곡 등 다양한 종류가 있었다.

보사부 산하에는 생활보호 대상자를 조사 · 심의할 중앙생활보호위원회가 설치되었고, 또 각 도, 시, 군에도 생활보호위원회가 활동하고 있었지만 그 구성 자체가 관료와 친정부인사를 주축으로 하고 있었기에 보호대상자의 선별이 정치적 혹은 행정적 편의주의로 흘러갈 여지를 갖고 있었다. 가령 보사부차관을 위원장으로 하고 내무부차관을 부위원장으로 하는 초대 중앙생활보호위원회 위원들의 면면을 보면, 보사부, 내무부, 재무부, 상공부, 농림부, 문교부, 공보부, 교통부 등의 국장급들이 중심이었고, 그 외에는 서울특별시보건사회국장, 재건국민운동본부 지도부장, 농협중앙회장 등으로 구성되어 있었다(〈조선일보〉, 1962. 5. 13). 더구나 이 생활보호위원회가 설치되지 않았거나 있어도 제대로 운영이 안 되는 경우가 많았다(서상목, 1981: 37).

이런 상황에서 보호대상자의 욕구는 무시된 채 주어진 예산범위 내에서 행정편의주의에 따라 보호대상자의 수와 보호수준이 결정되었다. 1964년 '행정백서'에 따르면, 1964년 1월 25일 현재, 각 시도에서 보고한 요구호대상자는 거택보호 405,937명을 포함하여 총 4,872,069명에 달하며 이는 전인구의 18.1%에 달했다. 그러나 정부는 이들을 완전 구호하기 위해서는 양곡 총 146,162톤, 예산 25.8억 원이 소용되는바, 이들에 대하여 자력 해결자를 제외하고 요구호대상자 중 실제 판단인원을 그 절반에도 못 미치는 2,348,058(총 인구의 8.74%)명으로 결정한다. 보호대상 판단기준 자체가 전년도 기준 혹은 최저연도 기준에 의거한 짜맞추기식이었다. 보호대상 중에서도 외원(外援) 단체구호 795,791명, 공공사업 취로(노임) 529,995명(건설부 소관 332,875명, 농림부 소관 165,175명, 지방자치단체 31,945명) 등 총 1,325,786명은 별도대책이 가능하다는 이유를 들어, 정부의 직접구호는 정부가 판정한 보호대상자의 절반에도 못 미치는 총 1,022,272명에게 38,224톤을 할당하기로 결정한다. 정부의 직접구호 대상자 중에서도 절반 이상(528,272명)은 근로구호영세민으로 분류되었다(행정백서편찬위원회, 1964).

〈표 5-2〉 1964년도 요구호대상 및 판단인원

<table>
<tr><th rowspan="2" colspan="2">구분
요구호 대상</th><th rowspan="2">총인구(명)</th><th colspan="2">시 · 도 보고</th><th rowspan="2">판단인원(명)</th><th rowspan="2">기 준</th></tr>
<tr><th>인원(명)</th><th>인구대비(%)</th></tr>
<tr><td colspan="2">거택보호</td><td>11,408,233</td><td>405,937</td><td>15.1</td><td>283,000</td><td>전년도 기준</td></tr>
<tr><td rowspan="4">영세민</td><td>도시</td><td>7,806,482</td><td>1,321,951</td><td>16.93</td><td>837,635</td><td>최저년도 기준
해당인구의 10.73%</td></tr>
<tr><td>비농가</td><td>4,237,251</td><td>1,419,423</td><td>40.71</td><td>389,398</td><td>최저년도 기준
해당인구의 9.19%</td></tr>
<tr><td>節糧
농어민</td><td>3,308,484</td><td>1,724,794</td><td>42.9</td><td>838.025</td><td>최저년도기준(해당인구의 13.58%)+보리흉작</td></tr>
<tr><td>계</td><td>15,352,217</td><td>4,466,132</td><td></td><td>2,065,058</td><td></td></tr>
<tr><td colspan="2">합 계</td><td>26,760,450</td><td>4,872,099</td><td>18.1</td><td>2,348,058</td><td>총인구의 8.74%</td></tr>
</table>

출처: 행정백서편찬위원회 편. 1964. 《행정백서》 서울: 대한공론사. p.249.

특히 박정희 정권 시기의 공공부조정책에서 주목할 만한 변화라면, 1964년부터 영세민 구호대책이 자조근로사업 중심으로 전환되었다는 점이다.[12] 자조근로사업은 PL480-Ⅱ에 의한 미국의 막대한 잉여농산물 지원을 바탕으로 영세민에 대한 근로구호만이 아니라, 이재민 구호와 풍수해 복구사업, 그리고 일종의 실업대책으로서의 공공사업적 성격을 동시에 지니고 있었다.

이 사업은 박정희 정부의 주도면밀한 계산과 계획 속에서 추진되었다. 1963년도에 전국적인 보리흉작과 셜리호 태풍 피해로 많은 이재민이 발생하게 되자, 이를 계기로 정부는 PL480-Ⅱ 양곡 75,000톤을 도입하여 전국적으로 200만여 명에 달하는 이재민을 구호하고, 8,810개소의 풍수해 피해지에 대한 복구사업을 실시한다. 이 사업의 성과가 컸다고 평가한 정부는 그 후 USAID(국제개발처)와 긴밀한 협력하에 연차적인 사업계획을 시행하되, 1964년도를 그 시범년도로 정하고 PL480-Ⅱ 제201조에 의하여 75,000톤으로 토지개간, 치수 및 사방사업을 연내에 완료할 수 있는 사업장에 한하여 실시하기로 한다(행정백서편찬위원회 1964; 최수일 인터뷰, 2006.6.9). 이 자조근로사업은 영세민들에게 임시방편적 구호 기능에도 불구하고, 일반노임보다 턱없이 낮게 책정된 임금, 짧은 취로일수, 원거리에 위치한 취로사업장 등의 문제로 인해 영

12) '자조근로사업'은 1975년부터는 '새마을노임소득사업'으로 명칭을 변경하였고, 1980년에는 '취로구호사업'으로, 1985년에는 '취로사업'으로 그 명칭이 변경된다.

세민의 소득보장책이나 자립자활책으로 역할하기에는 많은 한계를 안고 있었다(서상목, 1981). 최수일도 "자조근로사업은 놀고먹는 것을 지양하기 위한 조치였지, 진짜 사업을 위한 효과는 기대하기 힘들었다"고 술회한다(최수일 인터뷰, 2006.6.9). 중장비기계, 시멘트, 유류비 등을 구입하는 데 필요한 예산은 턱없이 부족한 상태에서 외원양곡에 거의 전적으로 의존했던 자조근로사업은 애초부터 많은 한계를 가질 수밖에 없었다.

그러나 복지재원이 부족했던 당시, 박정희 정부에게 자조근로사업은 상당히 매력적인 사업이었다. 그 이유는 첫째, 무노동 무상구호를 지양하고 국토개발사업(혹은 '지역사회개발사업'으로도 불림)과 양곡구호를 연계시킴으로써 대규모 유휴노동력을 '발전주의 국가'를 위해 효과적으로 활용할 수 있었기 때문이다. 영세민과 실업자들은 일반 노임의 약 절반수준의 노임으로, 그것도 현금지급이 아닌 양곡(주로 밀가루)을 지급받았으며(서상목, 1981; 최수일 인터뷰, 2006.6.9), 소하천정리사업, 치수 및 사방사업, 간척지개간, 도로 및 농로정리사업 등 단순노동에 투입되었다(행정백서편찬위, 각년). 이들이 비록 단순노동에 동원되었다고는 하나, 정부는 이를 통해 발전주의 국가의 초석이 되는 전국적인 경제 인프라의 일부를 저비용으로 빠르게 구축할 수 있었다.

둘째, 자조근로사업의 효율적 실시를 기한다는 명목으로, 민간단체 중심의 외원 양곡구호사업을 1964년부터 PL480-Ⅱ에 의한 정부주도의 양곡구호사업으로 전환할 수 있게 되었다. 미 잉여농산물에 의한 구호양곡의 관리 및 배급권을 한국정부가 갖게 된 것이다. 정희섭 장관은 이를 두고 드디어 미국과 "정부 대 정부로서 협상"을 할 수 있게 되었다고 말한다(제65회 국회 보사위회의록 제2호, 1968.4.16). 그 이전까지 한국정부는 배급권을 쥔 국내 주재 외국구호기관[13]을 통해 양곡을 배급받은 후 수송만 책임지고 있었다(제65회 국회 보사위회의록 제2호, 1968.4.16; 최수일 인터뷰, 2006.6.9).

셋째, 근로구호용 원조양곡의 배급권을 갖게 된 정부가 양곡구호사업을 통해 정치적 이권배분을 할 수 있는 여지가 커졌다는 점이다. 이 당시 박정희 정부는 미국에 해마다 계속되는 가뭄 혹은 홍수피해대책에 필요한 자조근로 구호양곡의 증가를 지속

13) 1960년대 중반, 한국에는 케어, 가톨릭구제회, 기독교봉사회, 세계구호위원회, 제7일 안식일교회 등 100여 개의 민간구호단체가 활동하고 있었다(〈조선일보〉, 1965.11.17).

적으로 요구하였고, 이는 일정한 성과를 거두기도 했다.[14] 배급 통제가 가능하게 된 한국정부에게 구호양곡의 증가란 곧 정부의 이권배분능력의 증가를 의미하는 것이었다. 한편, 자조근로사업은 사업 운영권자인 시장, 군수, 혹은 민간업자[15]뿐만 아니라 정치인들에게도 인기 있는 사업이었다. 농지정리, 간척지 개간, 재해방지를 위한 사방사업과 치수사업 등은 지역발전에 실질적인 도움이 되었으며, 지역 영세민들에게 근로기회를 제공하고 일부에게는 개간 간척지의 무상분배를 실시 혹은 약속함으로써 이들을 자신의 정치적 지지자로 쉽게 끌어들일 수 있었다. 게다가 허술한 양곡관리시스템을 이용하거나 자재대(資材代) 부족을 빌미로 사업자들은 중간에서 양곡을 빼돌리거나 매매 등의 방법으로 일정한 이권을 챙길 수 있었다. 이 때문에 각 지자체와 지역구 의원들은 보사부, 농림부, 건설부 등 중앙부처를 상대로[16] 경쟁적으로 자조근로사업 유치에 나섰고, 되도록 사업규모를 확장해서 더 많은 구호양곡을 배정받고자 했다. 배급권을 장악하고 있던 정부가 구호양곡의 배급대상, 배급규모, 배급시기 등을 통제할 수 있는 위치에 있었기 때문이다. 따라서 선거시기에 맞춰 구호양곡을 늘린다거나 중앙과 지방의 정치인, 관료들이 결탁하여 특정지역에 특혜를 준다거나 하는 일이 비일비재했다. 이런 '사고'는 특히 간척지 개간사업에서 많이 발생했다. 1960년대 중반, 전국적으로 진행중인 간척지 개간사업은 380여 개(건설부 소관 200개,

---

14) 가령 1968년에 전라도와 경상도 일대에 큰 가뭄이 들자, 이를 이유로 한국정부는 미국에 30만 톤의 추가 양곡지원을 요청한 바 있으며, 이에 미국은 20만 톤의 추가지원을 해주었다고 한다(최수일, 2006. 6. 9).

15) '자활지도사업에 관한 임시조치법'에서는 이 사업을 보사부장관의 주관하에 해당 지자체장이 시행하도록 되어 있으나(본 법 제3조), 1960년대 후반까지도 자활사업의 운영권자가 민간업자에서 지자체장으로 완전히 승계되지 않은 상태였다. 민간업체가 참여하는 간척사업은 그 허가 및 시행과정에서 많은 잡음이 발생하여 1970년 10월 대통령 특별지시에 의해 민간업체 참여를 공식 불허하고 정부의 직접관할사업으로 전환했다가 경지 확대를 통한 식량증산시책에 발맞추어 공사허가제에 관할 도가 사업 타당성, 공사규모, 비용 등을 정부지정 조사기관에 맡겨 조사케 하고, 간척사업 희망자는 공사전에 전체 공사비의 20%를 관할 도·군 등 관계기관에 예치하며, 공사를 시작한 후 전체 공정의 80%까지 진척되기 전에는 명의 변경, 허가권 이전을 할 수 없도록 하는 등의 강력한 규제조치를 마련하여(건설부) 민간에 재허가하는 조치를 취하였다(〈조선일보〉, 1975. 1. 10, 조간 2면).

16) 1960년대 중반까지 자조근로사업은 각 부처별로 분산적으로 실시되어 오다가 1966년에 보사부가 박정희대통령의 재가를 얻어 농림부, 건설부와 충분한 사전협의를 거친다는 전제하에 보사부가 주관하기로 결정되었다(제65회 보사위 회의록 제2호, p. 7, 1968. 4. 16).

보사부 소관 180개) 정도였는데, 배정된 양곡이 선거에서 특정인에게 유리하게 쓰인다거나 간척지 개발 노임으로 지불되어야 할 양곡이 부산 국제시장에서 매매되는 등의 사례가 국회에서도 지적될 정도였다(제65회 보사위 회의록 제2호, 1968. 4. 16).

구호양곡 부정비리에 대해서는 당시 양곡관리 운영실태를 감시하던 USOM(미국대외원조처)에게도 알려지게 되었고, 미국은 이를 PL480-Ⅱ 약정위반이라며 한국에 강력히 항의하게 된다. 한미간 합의에 의해 PL480-Ⅱ에 의한 양곡이 자조근로 구호사업 외의 용도로 처분 혹은 매매될 경우, 한국정부는 미국에 배상토록 되어 있었다. 때마침 한국정부가 1968년 남도지방의 가뭄피해에 대한 대규모 추가양곡 지원을 요구하자 미국은 양곡 부실관리의 재발방지를 위한 법적 장치를 한국정부가 조속히 마련하지 않는 한, 더 이상의 지원은 불가능하다는 입장을 밝혔다. 그 밖에도 ① 65년도와 67년도 국정감사에서 보사위가 자활지도사업에서 생긴 농지분배문제 등의 원칙에 관한 입법 필요성을 제기한 바 있고, ② 정부가 공유수면(水面) 매립허가권을 민간사업주에서 시장·군수로 승계하여 지자체장이 실질적인 사업 운영권자가 되도록 정책을 유도하는 중에 이에 대한 보상문제를 법적으로 처리할 필요가 있었다. 그러나 무엇보다도 법안 통과에 가장 결정적 영향을 미쳤던 것은 자활근로 노임으로 지급하던 구호양곡의 관리부실을 USOM과 미국정부가 한국정부에 강력히 항의해왔기 때문이다. 이러한 배경 속에 1968년도에 '자활지도사업에 관한 임시조치법'(1968. 7. 23 공포, 법률 제2049호)이 제정된다(제65회 보사위회의록 제2호, 1968. 4. 16; 제66회 국회회의록 제4호, 1968. 6. 17; 제66회 국회회의록 제11호, 1968. 7. 2).

정부입법으로 '자활지도사업에 관한 임시조치법'이 제정되기는 하였으나, 정부는 애초부터 이 법안의 시행에는 관심이 없었다(최수일 인터뷰 2006. 6. 9). 실제 시행령도 만들어지지 않았다. 결국 이 법안은 1982년 114회 국회에서 "시행령이 제정되지 않아서 사실상 이 법이 시행되지 못하고 있을 뿐 아니라, PL480-Ⅱ에 의한 미 잉여농산물 등 외국원조용 양곡이 73년 이후 없어져 이에 의한 취로사업이 불가능하게 되었다"는 이유로 완전 폐지된다(1982. 12. 31일자 공포, 법률 3619호).

'자활지도사업에 관한 임시조치법' 제정은 당시 일부 공화당 의원들의 반발에 부딪혀[17] 의안이 제안된 지 6개월 만에야 겨우 통과된다. 자활사업이 지역개발을 둘러싼

17) 공화당 소속 의원 중 이우헌, 김봉환, 김재소, 박병선이 강력한 반대의사를 표시했고, 같은 공화당 내에서도 윤인식, 오원선 의원은 찬성의 뜻을, 그리고 신민당 소속의 박기출 의원이

이권사업으로 변질되어 가는 가운데, 양곡관리 규정을 엄격하게 적용할 경우 정치인들은 기존에 자신들이 누렸던 이권상실을 감수해야 했기 때문이다. 국회의원들의 반발에는 현실적 이유도 있었다. 자재대(資材代)에 필요한 정부의 재정지원이 제대로 이루어지지 않았고, 많은 지역에서 양곡을 팔아 자재대를 마련해야 했던 것이다. 따라서 의원들은 "노임으로 지급될 양곡은 다른 목적을 위해 사용, 교환, 매매하거나 기타의 처분을 하여서는 안 된다"(9조)는 조항과 "위반시 3년 이하의 징역 또는 10만원 이하의 벌금에 처한다(제13조)"는 조항에 대해 특히 거부감을 나타냈다. 이 조항들은 현실적으로 지키기 어려우며, 지나치게 엄격하다는 것이 이들이 주장하는 법안 제정 반대의 중요한 근거였다(제65회 국회 보사위회의록 제3호, 1968.4.19; 제66회 국회회의록 제4호, 1968.6.17; 제66회 국회회의록 제11호, 1968.7.2).

국회가 6개월의 시간을 끄는 동안, USOM과 미국 정부는 이에 강력한 항의를 보내왔다.[18] 한국정부 또한 PL480-Ⅱ에 의한 무상 양곡지원 및 지원규모의 확대를 위해 미국이 원하는 법제정을 회피하기 어려웠다. 다른 선택의 여지가 없다고 판단한 정부는 66회 제11차 국회 본회의를 앞두고 박정희 대통령의 지시로 공화당 의원총회에 정희섭 보사부장관, 박경원 내무부장관, 이호 법무부장관을 출석시켜 의원들을 직접 설득하기로 결정한다. 그 내용은 지역사회의 사업에 지장을 주지 않도록 법률 집행을 탄력적으로 운영하겠으니 이를 믿고 법안을 통과시켜달라는 것이었다. 이 설득작업에 의해 공화당 의원들은 법안 통과방침을 의결하게 된다(최수일 인터뷰, 2006.6.9). 이후 제66회 11차 본회의 석상에서 그동안 법안에 반대했던 공화당 의원들은 찬성태도로 선회한다. 대신 이들은 법안통과의 전제조건으로 정희섭 보사부장관으로부터 공사 총액의 평균 20%로 잡혀 있는 자재대 예산을 1968년도부터 두 배 이상 증액배정하여 집행하겠다는 약속을 받아낸다(제66회 국회회의록 제11호, 1968.7.2).

양곡부정 근절 등의 이유를 들어 가장 적극적인 찬성 의사를 보였다(제65회 보사부회의록 제3호, 1968.4.19; 제66차 국회회의록 제4호, 1968.6.17).

18) 심지어 미 외무위원회는 법안 제정이 유보되고 있는 사태에 대해 한국정부에 강력히 항의하는 전보를 보내기도 했다(제66회 국회회의록 제11호, p.5, 1968.7.2).

'자활지도사업에 관한 임시조치법' 제정 배경에 대한 증언

◆최수일 인터뷰(2006년 6월 9일)

자활지도사업은 무상구호를 지양(止揚)하고 구호와 지역사회개발을 병립하여 구호효과를 극대화하고자 한 것으로, 이 아이디어는 박정희 대통령에 의하여 검토 지시되고 정희섭 보사부장관에 의하여 발전 수행되었다. PL480-II 사업의 약정위반에서 야기된 한미간의 이견이 있는 가운데 1978년(*필자주: 연도 오류로 보임) 재해발생을 계기로 미국으로부터 양곡 추가지원을 요청했다. 이때 미국 측은 양곡관리의 위반사항이 발생할 시 대처할 수 있는 입법을 요구했다. 즉, '자활지도에 관한 임시조치법'은 미국과의 원조교섭에 있어서 한 방편과 수단이었지 사업의 필요성을 위해 제정된 법률이 아니었다. 그러나 법률 제정에 대해 지역사회, 지방자치단체의 반발, 그리고 지역출신 국회의원의 반대로 입법이 곤란해지자 박정희 대통령의 지시로 공화당 의원총회에 정희섭 보사부장관, 박경원 내무부장관, 이호 법무부장관이 나란히 출석하여 지역사회의 사업에 지장을 주지 않도록 법률의 집행을 탄력적으로 운영하겠다고 약속했고, 그래서 법률안이 통과 결의되었다. 그 후 재해구호 양곡으로 약 2만 톤의 추가지원을 받아 영호남지역의 재해민 구호와 수자원 확보를 위한 관정사업 등을 추진했다. 관정사업에 관해서는 박정희 대통령이 직접 도표를 그려가면서 진두지휘했다.

1972년에 와서 경제규모의 확충에 따라 미국의 PL480-Ⅱ에 의한 양곡지원은 중단된다. 정부는 1973년 박정희대통령의 특별지시로 긴급한 영세민의 생활보호책을 강구하기 위해 1974년 137억 원, 1975년 200억 원의 취로사업용 재원을 확보하여, '새마을 노임소득사업'이라는 명칭으로 영세민 취로구호사업을 계속 이어간다(한국사회복지협의회, 1977, 171~172).

3) 1970~80년대 생활보호법의 점진적 변화

제3차 경제개발5개년계획(1972~76년)의 성공으로 복지를 위한 경제적 기반은 1960년대에 비해 훨씬 좋아졌다. 이 기간 동안 식량 자급자족을 이루었고, 수출 100억 달러를 달성하여 경제발전의 절정을 이루게 되었다. 그러나 이와는 대조적으로 사

회분야의 여러 가지 부작용과 병폐는 앞으로의 경제개발 자체를 위협하기에 이르렀다. 지역과 계층간의 소득 및 개발의 격차, 공해문제, 산업기반 시설에 대한 생활기반시설의 낙후, 생활환경의 열악화, 저소득계층과 저임노동자의 사회문제화 등이 그것이다(손준규, 1981). 이에 정부는 그간 1960년대 후반기부터 사보심에서 꾸준히 연구하여 건의해온 사회개발의 이론을 받아들여 제 4차 경제개발5개년계획부터는 지난 10여 년간 추진해온 물량위주의 경제개발방법을 바꾸어 의료보험을 비롯한 각종 사회개발정책을 병행하는 국가발전정책으로 궤도를 수정한다(손준규 1981, 89~90).

한편, 이 무렵 우리사회에는 의료문제가 대두했다. 특히 입원보증금이나 치료비문제로 위독한 환자가 치료를 제대로 받지 못하는 일이 자주 일어났다. 1976년 5월에는 의료부조리문제로 병원장 16명이 구속되는 사건이 일어났다. 이러한 상황에서 76년 6월 16일 박대통령은 "저소득층에 대한 의료혜택이 제 4차 5개년계획에 반영될 수 있도록 하라"고 지시한다. 이와 같은 국가개발정책의 방향전환에 따라 보사부에서는 그동안 사보심에서 연구해 온 '국민의료시혜 확대책'을 보사부안으로 확정하여 발표한다(손준규, 1981: 90). 그리하여 1977년 말, 의료보호법(1977년)을 제정하여(1977년 12월 31일 공포, 법률 제 3076호) 종전의 유명무실했던 의료보호사업을 생활보호법에서 분리 · 독립시켰고, 1978년부터 생활보호대상자, 사회복지시설 수용자, 이재자(罹災者), 국가유공자 및 그 가족 등이 의료보호를 받게 된다.

지속적인 경제성장과 재정능력의 향상으로 1979년에는 '생활보호대상자 중학교과정 수업료지원규정'(1979년 8월 31일 제정, 대통령령 제 9495호)을 두어 생활보호 대상자의 중학교 재학 자녀에게 수업료를 전액보조하는 교육보호를 실시한다.

전두환 정권은 박정희 정권에 비해 언술적으로 복지에 대한 강조를 더 많이 했다(이두호 외, 1991). 1980년 10월 27일 제 9차 개정헌법(소위 제 5공화국 헌법)에서 "모든 국민은 인간으로서의 존엄과 가치를 가지며 행복을 추구할 권리를 가진다"고 선언하고, 그 외 국가의 사회복지 증진의무, 근로자의 적정임금보장, 환경권, 소비자보호 등의 복지권 강화를 명시하였다. 1981년 3월 3일 대통령 취임사에서 전두환은 '3대 고통으로부터의 해방'을 강조하면서 그 첫 번째로 '빈곤으로부터의 해방'을 부르짖었으며, 5공의 4대 국정지표 중에서도 '사회복지의 건설'을 '민주주의의 토착화', '정의사회의 구현', '교육진흥과 문화창달'과 더불어 제시하고 있다(이두호 외, 1991).

그러나 제도적 차원에서 보자면, 전두환 정권하에서 개정된 생활보호법(1982년 12

월 31일 공포, 법률 제3623호)은 정부가 밝힌 개정 취지인 "생활보호사업의 내실화"(의안번호 110325호)와는 거리가 멀었다. 제도상의 가장 큰 특징은 기존의 생계보호, 의료보호, 해산보호, 상장보호의 4종(구 생활보호법 제5조 1항)에다가 자활보호와 교육보호를 추가(신 생활보호법 제7조 1항)하였다는 점이다. 1960~70년대의 자활보호와 달라진 부분은 자활에 필요한 금품 지급 또는 대여와 같은 응급조치와 병행하여 기능습득의 지원 및 취업 알선과 같은 장기적이고 빈곤예방적인 정책에도 정부가 관심을 기울이기 시작했다는 점이다. 그러나 교육부조는 박정희 정권 말기에 대통령령으로 시행해오던 정책을 법조문에 포함시키는 정도에 불과했다. 전반적으로 전두환 정권 시기의 개정 생활보호법은 생존권 보장의 원리, 무차별 평등의 원리, 국가책임의 원리 등을 실행시킬 법적 효력이 매우 약했다는 점에서 1961년 생활보호법의 연장선상에 있었다고 평가할 수 있다.

3공화국과의 연장선에서 5공화국이 중점을 둔 또 한 가지는 영세민의 대도시 집중억제 및 지방이주정책이었다.[19] 1981년 상반기에 전두환 대통령은 2회에 걸쳐 "영세민 대도시 집중 억제대책을 수립할 것"과 "빈곤 해소를 위한 종합적 근본대책을 수립할 것"을 지시한다. 이 지시에 의해 국무총리 행정조정실과 한국개발연구원이 공동으로 연구팀을 구성하여 국내의 지역별(대도시, 농촌, 서울시내 영세민 밀집지역 등) 실태조사는 물론, 국외출장을 통한 외국의 사례조사까지 다녀와서[20] 관계부처 실무자간 협의와 각계 전문가의 의견을 폭 넓게 청취하여 1982년 1월에 국무총리 행정조정실에서 최종보고서를 작성하였다(이두호 외, 1991: 251~253). 이 보고서는 노동, 보사, 건설, 농수산, 재무, 내무, 경제기획원 등 관련 7개 부처 장관의 협조 연서와 국무총리 결재를 거쳐 82년 1월 27일자로 대통령의 재가를 받아 "영세민 종합대책"이 확정되었다. 이 대책수립의 기본방향은 이 보고서 서두에서 밝히고 있듯이 제5공화국의

---

19) 1964년에 정부가 대도시 거주 영세민의 각 지방 분산이주대책을 강구하도록 지시(〈조선일보〉, 1964. 7. 7)한 이후, 수도권 내 공장 신·증설 규제와 지방이전 등 수백 개의 정책이 쏟아져 나왔다. 심지어 1968년에는 교육시책의 하나로 서울시교육위원회가 공사립국민학교장회의를 소집하여 1969년도 중학교 진학지도시 "경제능력이 없는 아동과 저능아들의 무조건 진학을 억제하여 예년의 진학을 너무 초과하지 않도록" 지시하기도 했다(〈조선일보〉, 1968. 9. 20).

20) 이와 관련한 한국개발연구원의 주요 연구보고서로는 김종기(1981a; 1981b), 김종기 외(1981), 문희화 외(1981), 서상목(1982)을 들 수 있다.

국정이념인 '복지사회의 건설'과 '빈곤으로부터의 해방' 및 1982년 국정연설에서 대통령이 공약한 '취약계층에 대한 보호시책의 강화'를 실천하기 위하여 우리 능력에 알맞은 영세민의 최저복지보장대책과 영세민의 대도시 집중 억제대책을 수립하는 데 두고 있다. 이 대책(안)은 영세민의 대도시 집중으로 야기되는 문제점으로 ① 영세민 밀집지역의 슬럼화, ② 사회적 불안요인의 집단화로 불평, 불만, 불신의 증대, ③ 간접지원비의 증대로 대도시 재정부담압박, ④ 영세민의 이입으로 도시화의 가속화를 들고 있다. 그러나 이 보고서의 전반적인 내용으로 미루어 볼 때 이 대책수립의 보다 근본적인 목적은 영세민의 최저복지보장대책보다는 이들의 대도시 집중 억제에 더 큰 비중이 있었다고 볼 수 있다(이두호 외, 1991: 251~253). 전두환 정권시기 영세민 지방이주정책은 1982년 7월 1일부터 실시되었다. 정부는 지방이주 영세민에게 지급하는 이주 보조금을 1983년부터 80만원으로(기존 50만원) 인상하고, 그 외에도 정착지의 빈집과 택지 등 주거알선, 잡종지 및 유휴지 우선불하 등 경작지 공급혜택을 주기로 하는 등의 세부 시행계획을 발표하기도 했다(〈조선일보〉, 1982. 12. 16). 그럼에도 불구하고 대도시 인구 유입이 계속되고 영세민의 지방이주 실적도 저조하자 1990년부터는 아예 이 사업 자체를 폐지하기에 이른다.

4) 권위주의시기 공공부조 정책결정과정의 특징

지금까지의 논의를 바탕으로 권위주의시기 한국 공공부조 정책결정과정의 특징을 요약해보면, 관료적·폐쇄적 정책결정의 전형으로 평가할 수 있다. 1961년의 생활보호법 제정과정조차 다원적·개방적이었다고 볼 수 있는 중요한 근거는 발견되지 않았다.[21)]

첫째, 정책결정에 가장 큰 영향을 미친 행위자는 집권엘리트 내 대통령, 보사관료, 경제관료들이었다. 특히 대통령의 문제인지, 정책시행 의지가 가장 중요했다. 보사관료들은 법안 준비과정에서 중요한 역할을 담당하였으며, 정책결정과정에서는 항상 예산문제를 둘러싸고 경제관료들과 갈등관계가 조성되었다(손준규, 1981; 김정례 인터

21) 의료보험, 산재보험, 국민연금제도의 성립과정을 연구한 손준규에 따르면, 1960년대 한국 복지정책 결정과정은 1970년대와는 달리 전문가들이 정책결정과정을 주도했으며, 정책결정구조는 비교적 다원적·공개적·개방적이었다고 주장한다(손준규, 1981).

뷰, 2006.6.10; 박연수 인터뷰, 2006.8.9). 그러나 집권엘리트들의 전반적 사고를 지배한 것은 경제 제일주의와 보수적 재정운용원리였다. 더욱이 다른 사회보험제도와 달리 정부재원만으로 충당해야 하는 공공부조사업의 성격상, 법적 보호장치가 있다 하더라도 재원부족을 이유로 실제 법과 시행 간의 괴리는 크게 나타났다. 사보심 등 전문가집단의 역할은 주변적이었다. 이들이 군부세력에게 생활보호법 제정의 필요성을 환기시키는 정도의 역할은 했다고 볼 수 있으나, 이들의 역할이 없었다 하더라도 조선구호령의 폐지와 생활보호법 제정은 군사정부 초기에 이루어졌을 가능성이 크다. 그나마 사보심의 위상은 1970년대로 넘어오면서 더욱 약화되었다. 1970~80년대에 사보심에서 작성한 대부분의 연구보고서나 이들의 정책건의 활동은 보사부 정책입안시 단지 참고사항 정도로 취급되었을 뿐, 정부관료들에게 별다른 영향력을 미치지 못했다(김정례 인터뷰, 2006.6.10; 박연수 인터뷰, 2006.8.29). 정부의 정책결정방식은 더욱 관료화되어 갔으며(손준규, 1981), 1971년 KDI가 설립되자 집권엘리트들은 사보심보다는 경제학자들을 중요한 정책파트너로 삼게 된다.

둘째, 아래로부터의 정책투입 노력은 부재했다. 한국노총은 공공부조정책에 대해 아예 관심이 없었다. 각 연도별 〈노총사업보고〉를 살펴보더라도 다른 사회보험제도와 달리 생활보호법 제·개정과 관련해서는 단 한 차례도 정책건의나 진정, 입법활동을 한 적이 없는 것으로 확인된다(한국노총 사업보고, 각년). 복지단체 중에서는 한국사회복지협의회가 1950년대부터 기관지 〈사회복지〉를 통해 공공부조정책에 관심을 보여왔지만, 1960년대 박정희 군사정부 이후 모든 복지단체는 정부의 통제하에 있었기 때문에 별다른 이견을 제시하지는 못했다. 권위주의시기에 빈민운동단체와 활동가들은 수도권의 빈민밀집지역을 중심으로 교육, 문화활동, 의료협동조합운동, 철거반대투쟁 등을 조직하는 등 왕성한 빈민운동을 펼쳤음에도 불구하고 생활보호법 제도개선투쟁에는 관심이 없었다. 1960년대 말부터 빈민운동을 선도했던 김혜경 씨는 "70년대에 영세민에 대한 구호사업이나 새마을운동 취로사업이 있다는 것은 알고 있었지만, 그때까지도 생활보호법은 있는지도 몰랐다"고 한다(김혜경 인터뷰, 2006.6.7). 이는 두 가지로 해석할 수 있는데, 그 하나는 그만큼 생활보호법 제·개정과정이 폐쇄적이었다는 것을 의미한다. 다른 하나는 앞서 언급했듯이 당시 빈민운동 활동가들의 운동 지향점이 제도개선 투쟁과 동떨어져 있었다는 것을 말한다. 이들 중 한 부류는 변혁운동 차원에서 주민 의식화와 조직화에 주력했으며, 제도개선을 개량주의로 폄

하하며 철거반대투쟁 등 직접적인 대중투쟁에 주력했다. 다른 한 부류는 빈민운동을 주로 교회선교 차원에서 접근했으며, 이들은 자조, 봉사, 자활공동체의 형성을 이상적인 운동방향으로 삼았다. 따라서 제도개선투쟁은 이 두 그룹에 의해 모두 소홀히 다루어졌다. 1950년대와 60년대 초까지만 해도 간헐적으로 자신의 목소리로 빈곤정책에 관심을 표시해 왔던 언론도 1970~80년대에 접어들어 정부의 언론통제정책에 따라 독자적인 목소리를 잃게 되었다.

셋째, 공공부조정책은 중요한 사회적 쟁점으로 등장한 적이 없다. 생활보호법 제정 및 개정은 그 배경에 대해서는 물론 법안공포 사실조차 언론에 제대로 보도되지 않았으며, 국회(61년에는 최고회의)에서도 여야 의원들로부터 어떠한 질의나 이의제기 없이 정부 원안대로 일사천리로 만장일치 통과되었다. 국회에서 그나마 논쟁이 가장 활발하게 진행되었던 것은 의원들의 정치경제적 이권과 관련되어 있는, 그러나 시행조차 되지 않은 '자활지도사업에 관한 임시조치법'이었다. 공공부조정책이 대중적 쟁점으로 부상하지 않았던 가장 큰 이유는 이 정책을 시행함으로써 손실을 보게 될 집단은 없었던 반면, 기득권층의 강화와 재생산을 위해서는 매우 유리한 정책이었다는 점이다. 양곡구호가 지속되었던 1970년대 초까지만 해도 생활보호법은 영세민 가운데 생활무능력자에 대한 생계보호와 근로능력이 있는 영세민들을 자활근로사업에 참여시키는 대가로 양곡을 지급하는 방식을 취했고, 그것이 생활보호대책의 전부였다고 해도 과언이 아니다. 그런데 이 양곡은 외원단체의 구호물자로 충당되었으며, 정부는 수송비만 부담했기 때문에 재정적 부담이 거의 없었다. 구호양곡의 일부는 경제재건 사업에 필요한 물자와 부대비용을 마련하는 데 쓰이거나 정치자금을 확보하는 통로로 이용되었다. 나아가 지방의 정·관 엘리트 및 민간 건설업체에 대한 특혜와 이권을 배분하는 중요한 권력자원이기도 했다. 이권을 매개로 한 정(政)·관(官)·재(財) 사이의 삼각동맹구조의 중심부에 국가권력이 있었고, 이로 인해 정부는 한편으로는 상층 엘리트들 내에서 지배권력을 공고히 하는 한편, 가난한 영세민에게 국가가 시혜를 베풀어주고 있다는 인상을 심어줌으로써 아래로부터 통치 정당성을 확보하는 중요한 수단으로 활용할 수 있었다. 제도의 성격상 기여를 필요로 하지 않았기 때문에 조직된 이익집단인 노총이나 경총이 반발할 이유도 없었다.

넷째, 생활보호법의 제·개정은 정치적 정당화의 동기뿐만 아니라 경제발전에 따른 재정여건의 향상도 중요한 배경이 되었다. 생활보호대상자에 대한 의료보호법의 실시와 중학교 교육과정 수업료 면제가 대표적 예라 할 수 있다. 그러나 전반적으로 정부의 공공부조정책은 성장우선정책에 밀려 선별적·잔여적 성격을 벗어나지 못했고, 자조근로사업의 경우에서 보듯이 발전주의 국가건설의 한 수단으로 이용되기도 했다. 권위주의정권이 표방한 '민생고의 해결'(박정희 정권), '빈곤으로부터의 해방'(전두환 정권)은 국가의 책임이 아니라 개별 시민의 책임으로 떠넘겨졌다. '자립', '자조', '자활', '근로정신의 함양'은 국가책임의 회피용으로 강조되었다. 오늘날의 근로연계복지(*workfare*)의 발상은 전혀 새로운 것이 아니라, 이미 권위주의 정권 초기에 형성되어 있었다. 이는 서구 복지국가의 제 이론이 유입되면서 영향을 받은 탓도 있지만 재원이 부족한 상황에서 "놀고먹는 것을 방지해야 한다"는 대통령과 행정부관료들의 복지에 대한 기본 인식에서 비롯된 바가 컸다.

4. 공공부조제도의 근본적 변화기: 국민기초생활보장법 제정과정을 중심으로

1) 국민기초생활보장제도의 도입: 변화의 의의와 한계

한국의 공공부조제도는 2000년 10월 국민기초생활보장법(이하 기초법)이 시행되면서 획기적 전기를 맞게 된다. 기초법은 인간다운 기초생활을 영위하는 것을 모든 시민의 권리로 인정하고 이를 보장하는 것을 국가의 의무로 명시했다. 이로써 한국의 공공부조는 옛 생활보호법이 가지고 있던 구빈법적 잔재를 털어내고 범주적·선별적 제도에서 포괄적·일반적 제도로 전환하게 되었다. 기초법 제정은 김대중 정부의 대표적인 개혁 업적으로 꼽힌다. 김대중 대통령 자신도 퇴임 후인 2004년 9월 광주를 방문했을 때 이 법의 제정을 국민의 정부의 첫 번째 자랑으로, 그리고 6·15 남북정상회담을 두 번째 자랑으로 꼽은 바 있을 정도이다.

국민기초생활보장법의 통과로 변화된 사항을 과거 생활보호법과 비교하여 정리하면 〈표 5-3〉과 같다. 양자의 가장 큰 차이는 과거의 생활보호법이 18세 이상 65세 미만의 근로능력보유자를 수급대상에서 원천적으로 제외한 데 비해, 기초법은 가구원의 노동능력과 무관하게 소득이 최저생계비 이하인 가구의 가구원은 수급자로 선정될 수 있고 생계급여를 받아 기초생활을 보장받을 수 있게 했다는 점이다. 이는 원칙상 기초생활보장을 모든 시민의 권리이자 국가의 의무로 새롭게 정의한 것으로 한국의 빈곤정책의 역사에서 새로운 장이 시작되었음을 의미하는 것이었다. 이런 법 정신에 맞추어 기초생활보장에 관한 법률용어들도 시혜적 성격을 탈각하고 권리적 측면을 강조하는 것으로 바뀌었다.

한편 이렇게 제도가 잔여적인 것에서 보편적인 것으로 바뀌어 잠재적 대상자 집단의 규모가 갑자기 커지게 되면서 대상자 선정기준은 어떤 면에서는 더 엄격해지기도 한다. 재정소요의 급속한 증가에 대한 우려 때문이었다. 대상자 선정기준 문제는 시행령, 시행규칙을 제정하는 법의 구체화단계에서 가장 큰 쟁점이 되었다. 새 법은 또

〈표 5-3〉 생활보호제도와 국민기초생활보장제도의 비교

구 분	생활보호제도	기초생활보장제도
법적 성격	시혜성 보호	국가의 의무와 시민의 권리
법률 용어	시혜성 용어- 피보호자, 보호기관, 보호대상자	권리성 용어 · 수급자, 수급권자, 보장기관
대상자	인구학적 기준에 의한 대상자구분 · 거택보호자: 18세 미만 65세 이상 · 자활보호자: 인구학적으로 경제활동 가능자	대상자구분 폐지 · 취업여부, 연령불문 수급이 필요한 자 · 연령기준 외 신체적 정신적 능력과 부양, 간병, 양육 등 가구여건 감안 가능
대상자 선정기준	· 부양의무자 ∩ 소득 ∩ 재산 · 소득과 재산기준의 이원화	· 부양의무자 ∩ 소득인정액 · 소득인정액 단일기준(소득인정액이 최저생계비 이하인 모든 국민) *2003년부터 실시 · 소득평가액과 재산이 최저생계비 이하인 자(2002년까지 유지)
급여종류	· 생계보호(거택보호자만 지급) · 의료보호 · 교육보호 · 해산보호 · 장제보호 · 자활보호	· 생계급여 확대: 모든 대상자에게 지급하되 근로능력자는 자활관련사업에 참여를 조건으로 지급 · 의료, 교육, 해산, 장제, 자활보호 유지 · 주거급여 신설 · 긴급급여 신설
자활지원 계획		근로능력자 가구별 자활지원계획 수립을 통한 자활지원 · 근로능력, 가구특성, 자활욕구 등을 토대로 자활방향 수립 · 자활에 필요한 서비스를 체계적으로 제공하여 수급권자의 궁극적인 자활을 촉진

자료: 보건복지부(2001).

한 근로유인의 제고를 위해 18세~64세의 근로능력자들은 원칙적으로는 자활사업 참여를 조건으로 생계급여를 지급할 수 있도록 했다. 주거급여는 신설되었으나 부처간 이견과 시행상의 문제점들을 이유로 당장 실시는 유보되었다. 주요 쟁점들은 나중에 재론하기로 한다.

이런 의의에도 불구하고 기초법이 그동안 많은 문제점을 보여온 것도 사실이다: 가장 큰 문제점으로 지적된 것은 광범위한 사각지대이다. 제도시행 5년을 맞았던 2005년 8월 보건복지부의 차상위계층 실태조사결과 발표에 따르면 최저생계비 이하의 소득을 갖는 빈곤층은 약 510만 명(전인구의 10.6%)에 이르나 이 중 기초생활보장제도 수급자는 약 138만 명(전인구의 2.8%)에 불과하고 나머지 372만 명(전인구의 7.7%)은 비수급빈곤층으로 살아가는 것으로 나타났다. 그토록 떠들썩하게 출범한 기초보장제도가 겨우 빈곤층의 27% 가량만을 보호하고 있음을 보여준 것이다(〈세계일보〉, 2005.8.11). 제정 이후 부양의무자 기준 개선 등 법 개정이 이루어졌지만, 기초법이 제 구실을 하고 있는가는 여전히 논란이 되고 있다. 또한 빈곤층 및 차상위계층의 심각한 의료·주거·교육문제, 증가하는 빈곤자살 등은 기초보장 수준의 적정선과 관련된 논란을 불러일으켰다. 모든 시민의 "건강하고 문화적인 최저생활의 유지"(국민기초생활보장법 제4조)라는 법제정의 목표가 과연 실현되었는가는 여전히 논란의 대상으로 남아있다.

2) 국민기초생활보장법 제정 배경

(1) 사회경제적 배경

기초법 제정의 가장 중요한 사회경제적 배경은 역시 1997년 하반기 한국사회를 강타한 외환위기이다. 국가부도 사태에 직면한 한국정부는 1997년 국제통화기금에 구제금융을 신청했고 그 조건으로 경제전반의 신자유주의적 구조조정을 수용하게 된다. 이 구조조정의 와중에서 경제성장률은 급격히 하락하고 실업률은 증대하며 빈곤은 심화된다. 수많은 기업이 도산하는 가운데 1990년대 초중반 7~9%를 기록하던 성장률은 1998년 마이너스 6.7%로 급전직하했다. 이에 따라 1990년대 중반까지 거의 완전고용 수준을 유지하던 실업률은 1998년 초부터 급상승하여 1998년 7.0%를 기록했다. 경제위기와 대량실업사태는 대부분의 사람들에게 고통을 안겨주었지만 그 타격을 집중적으로 받은 것은 사회경제적으로 가장 취약한 계층들이었다. 실업은 교육정도별로는 중졸 이하의 저학력 층, 직업별로는 기능공과 단순노무직, 그리고 종사상 지위별로는 일용직과 무급가족종사자등에서 가장 큰 폭으로 늘어났다(남성일·이화영, 1998). 이에 따라 빈곤율은 급속히 증대했다. 1996년 4.42%, 1997년 3.92%이던 (절대)빈곤율은 1998년 7.58%, 1999년 8.21%로 치솟았다. 이렇게 경제위기는 취약계층의 삶의 위기를 심화시켰으나 이를 수습할 사회적 안전망은 취약하기 그지없었다. 그리고 그 결과는 빈곤으로 인한 가족 해체, 노숙인의 급속한 증대, 빈곤자살의 증대 등으로 나타났다. 1998년 9월 발생한 강정우 사건[22]은 이런 삶의 벼랑에 내몰린 사람들의 절망적 빈곤이 어떤 것인지를 끔찍한 형태로 보여준 것이었다.

이런 취약계층의 절박한 삶의 위기는 국민기초생활보장법 제정의 직접적 배경이 되었다. 외환위기 이전에도 생활보호법을 개선하려는 움직임이 없지 않았지만, 이는 기존의 생활보호법의 틀 내에서 기술적인 개선을 지향한 것이었다(김미곤 인터뷰, 2007.8.16). 또 참여연대 사회복지위원회 역시 1994년 창립 이후 국민복지기본선(*national minimum*) 확보 운동을 전개했고, 이를 통해 기존 생활보호법을 전면 개혁하여 모든 국민에게 최저생활을 보장하고자 했으나 이를 중요한 사회적 쟁점으로 부각시키진 못했다. 그러나 지진해일과도 같은 외환위기의 여파는 더 이상 빈곤이 개인책임일 수만은 없으며, 한계계층의 절박한 삶의 위기에 대해 공공정책적 대응이 이루어져야 한다는 인식을 확산시켰다. 사회적 안전망의 확충을 통한 기초생활의 보장이 필요하다는 공감대가 급속히 마련되었던 것이다.

〈표 5-4〉 외환위기 이후 경제적 위기와 사회적 위기(1996~2002)

	1996	1997	1998	1999	2000	2001	2002
실질GDP증가율	6.8	5.0	-6.7	10.9	9.3	3.1	6.3
실업률	2.0	2.6	7.0	6.3	4.1	3.8	3.1
절대빈곤율*	4.42	3.92	7.58	8.21	6.35	5.21	4.04
상대빈곤율	9.35	8.93	10.82	10.79	10.14	10.04	9.95
지니계수	0.286	0.279	0.309	0.315	0.311	0.313	0.307

자료: 통계청, 통계정보시스템 〈도시가계조사연보〉, 각년도; 김미곤·김태완(2004).
* 절대빈곤율은 경상소득 기준 최저생계비 이하, 상대빈곤율은 중위소득 50% 이하 인구.

22) 빈곤과 절망 속에서 아버지가 보험금을 타기 위해 자기 자식의 손가락을 자른 사건을 말한다.

(2) 정치적 배경

국민기초생활보장법 제정의 정치적 배경으로 가장 많이 거론되는 것은 상대적으로 진보적인 김대중 정부의 집권이다. 외환위기의 와중에서 선거에 승리한 김대중 정부는 '민주주의와 시장경제의 병행발전'이란 국정지표에 '생산적 복지'를 추가함으로써 복지문제에 대해 상대적으로 전향적인 입장을 보였다. 즉, 경제는 IMF와의 약속에 따라 철저히 신자유주의적 시장논리로 운용하되, 그 부작용인 실업과 빈곤의 문제는 사회적 안전망의 확충을 통해 해결하겠다는 것이었다. 국민기초생활보장법은 기초생계의 보장과 더불어 자활을 강조함으로써 '생산적' 복지의 면모를 보였다. 그러나 근로능력이 있는 사람이라 할지라도 자활사업에 참여하기만 하면 기초생계를 받을 수 있는 사회적 권리를 부여했다는 점에서는 공공부조의 근본틀을 진보적으로 개혁한 것이었다. 안병영(2000: 18)은 이런 진전에 정부의 성격, 즉 전임정부보다는 훨씬 개혁적이었던 김대중 정부의 성격, 보다 정확히는 대통령 자신의 진보적인 이념적, 정치적 성향이 영향을 끼쳤을 것이라고 보고 있다. 김대중 대통령은 울산발언을 통해 법 제정의 결정적 계기를 마련했을 뿐만 아니라, 법 통과 이후에도 법안을 구체화하는데 힘을 실어주었다는 점에서 이런 평가는 상당히 타당한 것으로 보인다. 만일 한나라당이 집권했다면 국민기초생활보장법 같은 법이, 그와 같은 형태로 제정되었으리라고 생각하기 어려울 것이다.

3) 국민기초생활보장법 제정과정과 행위자들의 상호작용

이 연구에서는 기초보장법 제정 과정을 ① 의제형성, ② 정책대안 수립, ③ 정책결정, ④ 후속발전의 단계(혹은 채택)로 나눈다. 대부분의 선행연구들은 J. Anderson (1979)의 정책형성과정 모델을 원용하여 위 과정 중 ① 의제형성부터 ③ 정책결정까지를 다루고 있다. 즉, 1999년 8월의 국민기초생활보장법 제정까지만을 다루고 있다는 것이다. 그러나 이 연구에서는 행정부처들이 시행령·시행규칙을 만들어내는 ④ 후속발전의 단계(1999년 8월~2000년 8월) 역시 비중있게 생각하고 자료를 수집했다.

국민기초생활보장법 제정을 둘러싼 정치과정은 민주화 이후 한국의 복지정치가 크게 변화하고 있음을 보여주었다. 그리고 이 사실은 기초법의 제정 그 자체만큼이나 주목받았다. 여러 연구들은 특히 시민운동단체의 복지정치의 중요한 행위자로의 등장에 주목했고 그것이 갖는 의미를 다각도로 분석했다(남준우, 1999; 안병영, 2000; 이민아, 2000; 문진영, 2001). 그러나 시간이 상당히 흐른 지금 시점에서 입법과정 전체를 돌아보면, 법제정의 후반부 과정, 즉 수급자들이 받게 될 급여의 내용과 형태에 직접적 영향을 주게 될 시행령과 시행규칙의 제정과정에서 중요한 역할을 했던 것은 시민운동단체들이 아니라 행정부의 관련부처들이었다. 그리고 현재 기초보장법제도가 가지고 있는 문제점들은 대부분 이 시행령과 시행규칙과 관련이 있다.

그럼에도 불구하고 기초법 제정과정에 대한 대부분의 연구들은 대개 2000년 10월 국회에서의 법 통과까지의 시기만을 다루고 있으며 정작 기초법의 실질적 효과를 좌우할 이 후반부 과정에 대해서는 큰 관심을 기울이지 않았다. 안병영(2000)은 기초법 제정과정에서 시행령·시행규칙의 제정이라는 법의 "내실화·구체화" 단계의 중요성을 강조하고 있고, 이 단계의 참여자 간의 갈등의 결과에 따라 법이 공동화될 가능성까지 경고하고 있다. 그러나 글이 쓰인 시점(2000년 5월)이 시행령·시행규칙이 제성 완료되는 시기(7월과 8월)보다 앞서 있어 이 갈등의 전개와 귀결을 본격적으로 분석하지는 않았다. 여유진(2004)과 김영순(2005)의 연구가 현재까지 출판된 연구물 중에선 비교적 후반부 과정을 비중 있게 다룬 연구일 것이다. 여유진은 기초보장법 제정과정에서의 행위자들의 가치가 제도에 어떻게 반영되었나를 다루면서 이 시기를 '시행령 및 시행규칙 제정단계'라는 이름으로 다루고 있다. 김영순(2005)은 기초보장법의 원칙적 보편성 및 진보성과 그 구체적 제도 내용에 있어서 잔여성 및 자유주의적 측면이라는 이중성은, 법제정까지의 시민운동단체의 영향력과 법제정 이후 행정부 내 관료정치의 영향력이라는 이중적 정치과정에 각각 대응하는 것이었다는 가설하에, 법의 국회통과 후 후속발전단계를 중시하고 있다. 그러나 새로운 자료들을 발굴하고 그에 입각해 새로운 주장을 한 것이라기보다는 기존 자료들과 증언들을 재해석하는 데 머물러 가설을 충분한 근거로 뒷받침하지는 못했다. 우리의 이번 연구는, 여전히 부족한 부분이 있지만, 법제정의 후반부 과정을 분석할 수 있도록 더 많은 자료를 발굴하고 관련자 인터뷰를 진행했다.

(1) 의제형성단계 (1994~1998.12)

기초보장법 제정과정에서 의제형성단계는 1994년 참여연대의 창립부터 1998년 12월 국민기초생활보장법안이 국회 보건복지상임위의 법안심사소위원회를 통과하기까지라고 할 수 있다. 이 단계에서는 기초법이 의제로 만들어지기까지의 두 개의 전사(前史)가 전개된다. 하나는 잘 알려진 대로 참여연대 사회복지위원회의 활동이다. 1994년 참여연대가 창립되면서 10여 개의 위원회가 조직되었는데 사회복지위원회는 그중 하나였다. 사회복지를 전공하는 소장학자들을 중심이 되었던 이 위원회의 주력사업 중 하나가 바로 후에 기초보장법 제정운동의 기초가 된 국민복지기본선(*national minimum*) 확보 운동이었다. 이 운동은 빈곤층의 생활보장문제에 대해 사회적 관심을 환기시키기는 했으나 이를 중요한 사회적 쟁점으로 부각시키진 못했다. 그러나 이 운동은 1997년 이른바 IMF 구제금융을 부른 경제위기 이후 실업과 더불어 빈곤문제가 심각한 사회문제로 대두하면서 새로운 국면을 맞게 된다. 참여연대 사회복지위원회는 1998년 3월 '긴급제안: 고실업사회의 사회적 대안'이라는 공청회를 열고 고용보험의 보호를 받지 못하는 저소득층 실업자를 위한 대안으로 ① 국민복지기본선의 설정, ② 실업부조제도의 도입, ③ 실업자 개개인에 대한 고용 및 복지서비스를 위한 사례관리체계의 확보를 제안했다.[23]

다른 하나는, 좀 덜 알려진 경로로서, 1998년 초 외환위기 여파 속에서 여당이었던 국민회의 정책위원회에 내에 꾸려진 비공식 복지정책연구 모임인 〈H&W〉(*Health and Welfare*)였다. 이 모임에서 1998년 5월경 보사연의 김미곤 위원이 기초법의 초안을 만들어 발표했다. 이후 참여연대는 이 국민회의 태스크포스 팀에서 다듬어진 김미곤 안을 받아들여 이를 기초로 기초법 제정운동을 하게 된다. 그리고 이 안은 1999년 최종 통과된 기초법의 원형을 이루게 된다.

참여연대는 1998년 6월 29일 민주노총, 경실련, 한국여성단체연합 등 시민단체들이 연대하여 '국민기초생활보장법 제정과 저소득실업자 생활보장방안'을 주제로 정책공청회를 열었다. 그리고 마침내 7월 참여연대는 26개 사회단체와 연대하여 한나라당 김홍신 의원을 소개의원으로 국회에 '국민기초생활보장법 제정 입법청원'을 내었으며, 법제정 촉구대회를 열었다. 이런 시민운동단체들의 열성적 노력의 결과, 그리고

---

23) 이 과정은 참여연대의 자료집, 〈참여연대 사회복지운동 10년의 기록, 제 7권, 국민기초생활보장법 제정운동〉에 상세히 나와 있다.

보험금을 노린 아버지가 자식의 손가락을 자르는 사회적 위기 속에서, 기초법 제정은 점차 현실성을 띠게 된다. 1999년 8월 여당인 국민회의가 시민사회단체의 입법청원안을 토대로 국민기초생활보장법안을 당론으로 확정하고 입법을 추진하기로 결정한 것이다. 이후 우여곡절을 거쳤지만 기초법안은 국민회의 이성재 의원에 의해 대표발의되었고, 마침내 같은 해 12월 임시국회 보건복지위원회 법안심사소위가 정부와의 합의안을 수용하여 위원회의 대안으로 의결되었다. 그러나 이 법안은 주무부서인 보건복지부가 미온적 태도를 보인 데다가, 기획예산처가 소요 예산규모를 이유로 강력히 반대함에 따라 상임위에 회부되지 못한 채 법안심사소위에 계류되었다(문진영, 2001: 8~10; 안병영, 2000: 4~7).

H&W와 보사연 김미곤 연구위원의 역할

기초법 제정과정에서 연구모임 H&W와 보사연 김미곤 연구위원의 역할은 그동안 잘 알려지지 않았다. 그러나 본 연구의 인터뷰 과정에서 김미곤 연구위원을 이 부분을 소상히 설명했고, 연대회의 정책위원장이었던 문진영 교수는 이를 확인해주었다. 이들에 따르면 연구모임 H&W는 당시 여당이었던 새정치국민회의 제 3정책조정위 내에 만들어졌다. H&W는 동 조정위 부위원장 겸 국회 보건복지위원회 위원이었던 이성재 의원, 서울대 김용익, 김상균 교수, 중앙대 김연명 교수, 한국보건사회연구원 김미곤 연구위원 등으로 구성되었고, 국민회의 정책전문위원인 최민식 위원이 코디네이터 역할을 했다. 모임 내에서 연금은 김연명, 기초보장은 문진영, 김미곤이 담당한다는 식의 역할분담이 이루어졌다. 이후 최민식 위원의 주도로 생활보호법을 대체할 법을 제정하는 반을 만들었는데, 여기에 김상균 교수를 장으로 해서 서강대 문진영 교수, 한신대 이인재 교수, 이찬진 변호사 등이 참여했다.

모두가 열정적으로 참여했으나 법안의 구체적 골격을 제시했던 것은 오랫동안 보사연에서 생활보호제도를 연구해온 김미곤 위원이었다. 참여연대에서도 1998년 1월쯤 기초법의 초안 비슷한 것을 만들었으나 법안의 구체성에서는 안에 훨씬 못 미쳤다. 김미곤 연구위원은 당시 상황을 다음과 같이 술회했다. “참여연대 안은 ‘시급한 상황이 되어서 잘해주자’(외환위기로 빈곤층이 절박한 상황에 놓이게 되었으니 관대한 제도가 필요하다는 의미), 이런 컨셉이었고, 구체성이 좀 떨어졌었어요. 김상균 교수님 작업팀에서 파트를 나누어가지고, 선정, 최저생계비 관련해서는 내가 정리하고, 전달체계는 이인재 선생님이 정리하고, 뭐 이런 식으로 파트를 나누어 가지고 정리를 했는데, 여기에서 지금의 법의 골격이 거의 다 유지가 되었습니다"(김미곤 인터뷰). 김미곤 연구위원은 보사연에서 1990년에 '생활보호제도 개선에 관한 연구'에, 그리고 1991년도에 '생활보호대상자 선정에 관한 연구'에 참여하면서 생활보호법의 개선에 관한 연구에 관여했다. 그러나 그 역시 외환위기 이전에는 생활보호법을 완전히 대체할 혁신적인 공공부조제도에 대해 생각해본 바 없다고 얘기했다. 그것은 당시로서는 한국의 분위기에서 감히 생각하기 어려웠다는 것이다.

김미곤 위원이 진술하고 있는 대로 이 초안은 골격은 거의 그대로 유지되어 1999년 통과된 법안에 반영된다. 김미곤 연구위원은 나중에 통과된 기초법이 거의 이 원안과 동일했으나 몇 가지 차이도 있다고 지적하는데 그 중 하나는 빈곤선의 정의이다. 그에 따르면 원안에서는 상대빈곤 개념에 입각해 수급권을 부여하고자 했으나 재경부-기획예산처와의 논의과정에서 절대빈곤에 입각한 수급권 부여로 후퇴했고, 결과적으로 두고두고 최저생계비의 적정선을 둘러싼 논쟁의 불씨를 남겼다는 것이다.

어쨌든 지금까지 잘 알려지지 않았지만 전면에 나섰던 참여연대 뒤에는 사실상 국책연구원, 여당, 시민운동단체, 진보학계를 망라해 뜻을 함께하는 사람들을 규합해 새로운 공공부조제도를 모색했던 한 여당의원과 법안 설계의 숨은 주역이던 김미곤 연구위원의 적극적 역할이 있었던 셈이다. 〈김미곤 인터뷰, 2007.8.16; 문진영 인터뷰, 2007.5.17〉

---

(2) 정책대안수립단계 (1998.12~1999.6)

기초보장법안의 1998년 12월 법안심사소위 계류부터 대통령의 이른바 '울산발언'이 나온 1999년 6월까지는 정책대안수립단계라고 할 수 있다. 기초보장법이 정부의 심의보류 요청에 의해 법안심사소위의 심의만 마친 채 계류되고 임시국회가 소득 없이 끝나자 법제정은 불투명한 국면, 사실상 매우 비관적인 국면으로 빠져들었다. 5월 재경부 예산편성 지침이 확정될 예정이었으나 기초법이 예산안에 포함될 가능성은 거의 없어 보였고, 이럴 경우 1999년 내 법제정은 무망한 것으로 비쳐졌다. 시민단체들은 5월 내에 승부수가 필요하다는 판단을 하게 된다(국민기초생활보장법 제정추진 연대회의 회의자료, 1999. 4. 22; 참여연대, 2004b: 825). 그리고 상황을 돌파하기 위해 조직력을 강화하는 작업을 시작했다. 참여연대는 사회적 안전망 구축을 위한 상설연대기구로 28개의 노동, 빈민, 지역운동단체, 그리고 민주노총, 민변, 여연 등과 연대하여 〈국민기초생활보장법 제정추진 연대회의〉(이하 연대회의)를 발족시켰다. 이로써 법

제정운동은 대중적 기반과 조직을 갖춘 대중운동으로 거듭나게 되었다(안병영, 2000: 8~10; 문진영, 2001).

1999년 3월 4일 발족식을 갖고 탄생한 연대회의는 1999년 정기국회 통과를 목표로 구체적인 활동계획을 수립했다. 그 첫 번째 사업으로 3월 17일 '국민기초생활보장법 제정의 쟁점과 전망'(연대회의, 1999)이란 제목을 가지고 국회의원회관에서 공청회를 개최했다. 또한 기초생활보장법 제정을 위한 전국 실업자 거리대행진이나 사회안전망구축 촉구 인간 안전망 잇기 등 대중적 이벤트들을 진행했다. 이런 대중사업들은 대체로 지지부진했고 언론의 반응 역시 미미했다(문진영, 2001: 10~11).

연대회의는 대중작업과 더불어 상층부 엘리트에 대한 설득작업을 병행했다. 안병영(2000)은 결과적으로는 대중작업보다 상층 엘리트 접촉이 법제정에 더 효과가 있었던 것으로 평가하는데, 실제로 인터뷰과정에서 이를 확인할 수 있었다. 연대회의는 대통령에게 영향을 미치기 위한 통로로 연대회의 집행위원이며 후에 청와대 민정비서관이 되는 신필균 크리스천아카데미 원장을 통해 청와대 쪽으로는 김성재 민정수석과 연계를 확보했다. 그리고 문진영 정책위원장과 신필균 집행위원이 5월경 청와대를 방문하여 김성재 민정수석, 김한길 정책기획수석을 면담하고 기초법 제정의 필요성을 역설하였다(신필균 인터뷰; 문진영 인터뷰; 참여연대자료집: 829, 837면). 연대회의는 당과 국회쪽으로는 국민회의 제3정책조정위 부위원장이면서 보건복지위원이던 이성재 의원을 통해, 한나라당 쪽으로는 김홍신 의원을 통해 교감하에 여야의 지원을 끌어내기 위해 노력했다.[24] 연대회의는 행정부처, 즉 보건복지부, 노동부, 국무조정실 등의 관계인사들을 지속적으로 접촉하며 설득작업을 했으나 이들은 이 단계까지 여전히 소극적이었던 것으로 보인다(안병영, 2000: 10; 참여연대, 2004b: 회의록 6월분).

그러나 이 시기는 정책대안들이 보다 정교해지고 법제정 반대론이나 시기상조론에 대한 대응논리가 개발된 시기이기도 하다. 정책개발의 핵심이었던 참여연대 사회복

24) 복지문제에 대한 한나라당의 전반적 입장이 보수적임을 고려할 때 기초법 제정과정에서 김홍신 의원의 적극적 역할과 한나라당의 '관대한 무관심'은 매우 이례적인 것으로 보인다. 문진영 교수는 김홍신 의원 개인이 이 법안에 관심이 많았으며 그 중요한 원인 중 하나는 김서용 등 사회복지를 전공한 유능한 보좌진들의 존재라고 지적한다. 또 한나라당은 대체로 기초법에 무관심한 이 문제를 김홍신 의원에게 일임했고, 선거가 가까운 마당에 정당으로서 일종의 선심성 정책일 수 있는 이 정책에 반대하기 어려웠을 것이라고 해석했다(문진영 인터뷰, 2007.5.17).

지위원회는 수차례의 공청회와 내부 전문가작업을 통해 쟁점들에 대한 세부사안들을 정교화했다. 발족식 직후 연대회의는 앞서 언급한 바와 같이 "국민기초생활보장법 제정의 쟁점과 전망"이란 주제로 공청회를 개최했는데, 여기서 연대회의와 행정부처들 간의 입장차가 분명하게 드러났다(문진영, 2001: 11; 남준우, 1999: 66~67). 노동부는 소득보장의 성격을 갖는 기초보장법을 제정하기보다는 공공근로사업이나 취업알선 등 고용유지에 집중적으로 예산을 투입해야 한다는 입장이었다. 보건복지부는 참여연대가 제시하는 입법 취지나 정책방향에 대해서는 일반적으로 동의했으나 기초보장법 제정을 위해서는 보호업무를 직접 수행하는 사회복지전문요원의 확충과 소득, 재산의 파악을 위한 전산망 완비, 전문요원의 전산정보 접근의 보장이 선행되어야 하고, 무엇보다도 예산과 관련된 정부 내 합의가 선행되어야 한다고 주장했다. 예산청[25]은 기초보장법의 제정 자체에 반대했다. 기존의 생활보호제도의 유지를 주장하던 예산청은 법안의 상임위 통과가 유력해지자 국민회의 자민련 양당의 국정협의회 회의에 공식적으로 반대의견을 제시하였다.[26]

요약하자면 이 단계는 정책의 주창자인 시민운동단체들에 의한 법안의 정교화가 이루어지고 대중적 동원이 진행되었으며, 정당과 청와대의 일부를 동조자로 확보했지만, 전체적으로는 공식적 정책결정라인의 행위자들은 법제정에 대해 소극적, 미온적이고 여론의 지지 역시 저조하여 법제정 자체가 여전히 불확실했다고 할 수 있다.

---

25) 1998년 정부조직법의 개정으로 재정경제원이 재정경제부로 되면서 재정경제부 소관이었던 예산업무가 대통령 직속의 기획예산위원회와 재정경제부 산하의 예산청으로 분리되었다. 그러나 1999년 5월 정부조직법이 다시 개정되어 기획예산처가 신설되면서 예산청은 기획예산처의 예산실로 흡수되었다.

26) 예산청, 〈국민회의 자민련 국정협의회 보고자료〉(1999. 1. 6), 남준우(1999, 58)에서 재인용. 1999년 4월부터 2000년 1월까지 기획예산처 복지노동예산과장을 맡았던 진영곤 현 기획예산처 양극화 민생대책본부장은 그러나 당시만 해도 기획예산처 내에서 복지에 대한 인식이 지금과는 굉장히 차이가 컸을 때여서 복지를 어쩔 수 없는 지출, 소모성 지출, 쓰고 없어지는 지출로 보는 분위기가 있었다고 술회했다.

(3) 정책결정단계 (1999.6~1999.8)

정책결정단계는 1999년 6월 대통령의 울산발언에서부터 같은 해 8월 국민기초생활보장법안이 국회를 통과하여 입법이 완료되기까지이다. 1999년 6월 21일 김대중 대통령은 울산에서 '중산층과 저소득 서민층들이 안심하고 살 수 있는 국민생활보장기본법을 제정토록 하겠다'는 발언을 했다. 이 대통령의 한마디는 지지부진을 면치 못했던 기초보장법제정과정에 강한 추진력을 부여함으로써 법제정의 중대결절점(*critical point*)으로 작용하게 된다.

민주화에도 불구하고 당시 권력구도에서 대통령의 한마디는 여전히 막강한 위력을 가지고 있었다(박윤영, 2002). 대통령의 울산발언은 법제정을 기정사실화하는 효과를 발휘했다. 특히 행정부처들의 변화는 눈에 띄는 것이어서 기획예산처도 더 이상 법제정 자체를 반대하지는 못했다. 행정부 내에서는 관계부처실무회의(7월 8일), 관계장관 및 청와대수석비서관회의(7월 10일)를 개최하여 법률안, 시행시기 등에 대한 정부의견을 정립했고 여야정부 실무협의(7월 30일)를 통해 협의안을 도출하는 등 상황은 빠르게 전개되었다(보건복지부, 〈국민기초생활보장법(안) 제정 추진현황〉, 1999.8).

이렇게 상황이 바뀌자 연대회의는 1999년 9월 정기국회 통과를 목표로 적극적인 활동에 나섰다. 법안의 정교화를 위해 여론수렴을 위한 공청회를 개최하고 촉구대회를 여러 차례 여는 한편, 여야 양대정당의 정책위의장과 원내총무, 그리고 보건복지위 법안심사소위 위원 전원 등을 개별면담하면서 연대회의 안을 관철시키기 위해 힘썼다. 박준규 국회의장과 한나라당 이회창 총재, 국민회의 김영배 총재권한대행에게는 기초보장법 제정을 촉구하는 서한을 보내고 당지도부가 법안 통과에 주도적 역할을 해줄 것을 촉구했다(연대회의 의원면담보고서, 참여연대자료집, 927). 예상과 달리 국민회의가 빨리 움직이지 않자 연대회의는 김홍신 의원을 비롯한 한나라당 쪽 동조의원을 설득했다. 그리고 7월 6일 마침내 그동안 연대회의 정책위원회에서 다듬어온 국민기초생활보장법안이 김홍신 의원 외 131명의 발의로 국회에 제출된다. 〈중앙일보〉의 오보로 약간의 해프닝이 벌어지긴 했으나, 기초보장법은 1999년 8월 9일 법안심사소위와 상임위에서 의결되고 마침내 12일에는 임시국회 전체회의를 통과했다(안병영, 2000: 12~13).

울산발언의 계기와 경로

이렇게 법제정과정에서 대통령 발언이 차지하는 비중이 워낙 높았기 때문에 과연 어떤 경로를 통해 울산발언이 나오게 되었는가는 많은 사람들의 관심이 쏠린 질문이었다. 울산발언 바로 다음날인 6월 22일 연대회의의 긴급실무회의 결과보고는 울산발언의 경로로 이기호 경제수석을 지목하고 청와대 복지노동수석실(수석 김유배), 보건복지부, 노동부 등이 모두 배제되었다고 보고 있다. 그러나 관련자들과의 면담 이후에는 그 보다는 민정수석실의 김성재-신필균 라인이나 국민회의 이성재 의원 쪽의 건의가 마침내 대통령을 움직였다는 쪽에 무게를 두고 있다. 크리스천아카데미 원장으로서 연대회의 집행위원이었다가 울산발언 직후 청와대 민정비서관이 된 신필균 현 사회복지공동모금회 사무총장은 울산발언에 있어서의 민정수석실의 '영향력'을 평가하는 데 매우 조심스러웠다. 김성재 수석이 법제정에 의지를 가지고 대통령께 수차례 건의한 것은 사실이고, 자신이 기초법운동에 관여했던 사람으로서 청와대에 들어간 후 부처 간 논쟁과정에서 기초법의 내실화를 위해 노력한 것도 사실이나, 울산발언 이전엔 자신은 청와대에 없었기 때문에 누가 어떤 영향을 미쳤다고 당시 청와대 내부 사정을 정확하게 설명하기 어렵다는 것이다. 그는 국민회의 쪽의 이성재 의원의 역할도 역시 중요했다고 본다고 인정했다. 그러나 기초법을 둘러싸고 청와대와 국민회의 간에 어떤 협의 같은 것은 이루어지지 않았다고 밝혔다. 한편 한국보건사회연구원 김미곤 연구위원은 내용을 가지고 대통령을 설득하는 데 있어 김성재 수석의 역할보다는 이성재 의원의 역할이 컸을 것이라고 보고 있다. 김성재 수석이 이 문제에 오랫동안 관심을 가졌던 인물이 아니었던 데 비해, 이성재 의원은 빈곤문제나 국민복지기본선에 대해 오래전부터 깊은 이해를 가지고 시민운동 단체와 교감했었기 때문이라는 것이다. 그는, 대통령이 실업대책에 큰 관심을 가지고 있었는데 국민회의 쪽에서 실업대책위원회를 만들고 자주 보고를 하면서 실업대책의 하나로 기초법 제정을 건의한 것은 이성재 의원이었다고 밝혔다(신필균 인터뷰, 2007.5.1; 김미곤 인터뷰, 2007.8.16).

(4) 후속발전단계(1999.8~2000.8)[27]

법 통과 후 시행령과 시행규칙 제정과정은 기초보장법의 구체적 실질적 내용을 좌우하는 기초법 제정 정치의 또 다른 회전(*round*)이었다. 사실상 시민단체를 제외한 다른 행위자들은 기초보장법의 국회통과까지 활발히 움직이지 않았다. 대통령의 울산발언 이전까지는 법제정 자체가 불투명했고, 울산발언 이후 법제정까지는 시간이 그리 길지 않았기 때문이다. 이에 따라 기초보장법을 둘러싼 행위자 간의 본격적인 이해갈등과 타협은 법제정 이후, 집행될 법안의 구체적 내용을 확정하는 시행령과 시행규칙 제정을 둘러싸고 이루어졌는데, 이 역시 매우 독특한 한국의 복지정치의 특성을 보여준다.

어쨌든 기초보장법 제정정치의 두 번째 회전의 핵심은 관련 행정부처들간의 상호작용과 권력역학관계, 즉 관료정치(*bureaucratic politics*)였다. 현대사회에서 주요 정책문제들은 특정 행정기관의 관할영역에 배타적으로 속하기보다는 여러 행정기관과 중첩적 관련을 가지며 따라서 정책결정에는 여러 관련기관들이 연루된다. 각 기관은 나름대로의 정책선호와 입장을 가지고 있기 때문에 정책결정을 둘러싼 경쟁과 갈등은 필연적인데, 이런 정책을 둘러싼 관련 부처들간의 상호작용과 권력역학관계를 관료정치라고 한다(Allison, 1972; Yates, 1982; 박천오, 1998, 156~158에서 재인용). 기초보장법의 시행령·시행규칙의 제정과정은 전형적인 관료정치의 양상을 보여주었다. 물론 연대회의와, 그 밖에 언론, 연구자들을 비롯한 시민사회의 전문가그룹도 일정한 역할을 했다. 그러나 이 단계 복지정치의 핵은 상이한 정책목표를 갖는 행정부처들이었다. 기초보장법의 실행과 관련된 행정부서들은 보건복지부, 노동부, 기획예산처로 집약할 수 있다.[28] 이들은 서로 다른 이념과 정책선호, 그리고 부처 이해관계를 가지고 자신들의 입장을 관철하기 위해 각축했고, 확정된 시행령·시행규칙은 부처간 권력관계를 응결시켜 보여주는 것이었다.

이제 행정부 각 부처들이 어떤 입장을 가지고 주요 쟁점들에 어떻게 대응했으며 그

---

27) 후속발전단계는 법 통과 이후부터 시행령, 시행규칙이 공표되는 2000년 8월까지로 한정했다.

28) 행정자치부는 공무원 정원을 조정하는 부서이고, 재경부는 조세를 거두어 정책실행에 필요한 재원을 조달해야 하는 부서라는 점에서 기초보장제도의 도입과 연관이 있었지만 위에 언급한 세 부처만큼 직접적으로 논쟁에 참여하진 않았다. 행정자치부는 대통령의 울산발언 직후 사회복지전문요원의 일반직화와 증원을 일찌감치 결정한 터여서 다툼의 소지가 적었고, 재경부의 입장은 기획예산처에 의해 대변되었던 것으로 보인다.

귀결을 어떠했는지 좀더 자세히 살펴보자. 우선 각 부처의 기본적 입장과 시각을 살펴보면, 기획예산처는 자유주의적 입장에서 이 법에 내재한 빈곤에 대한 국가책임의 확대를 최대한 저지, 축소하고자 했다고 할 수 있다. 기획예산처는 미국 등을 예로 들며 한국의 기초보장법이 빈곤에 대한 국가책임의 축소와 개인책임의 강화라는 세계적인 추세에 역행하고 있음을 주장했다. 그리고 사회복지는 한번 실시하면 축소하기 어려운 '비가역성'을 가지고 있고, 일할 능력이 있는 자까지 공적부조를 지급하는 것은 근로의욕을 저하시키게 되므로 근로능력이 있는 자는 직업훈련과 일자리 제공에 역점을 두어야 하며 공적부조는 꼭 필요한 자에게만 적정수준이 지급되어야 한다고 역설했다(기획예산처, 1999a; 1999b, 남준우, 1999에서 재인용). 일단 법이 통과되자 기획예산처는 보충급여 대신 부의 소득세(*negative income tax*)를 도입해야 한다든가 차상위계층까지 정책대상으로 할 수 없다는 얘기를 흘렸다.[29] 또한 제도준비과정에서 예산처의 실무진에 의해 준비된 한 문건에는 ① 구 생활보호제도처럼 일단 예산을 정하고 예산범위 내에서 대상자 책정을 하며, ② 근로능력자와 무능력자의 생계비를 차등지원하자는 계획이 담겨있었다.

이와 같은 개인책임 우선과 근로의욕 고취라는 기획예산처의 입장은 보수언론과 일단의 자유주의적 학자군에 의해 지지되었다. 예컨대 〈월간조선〉 2000년 7월호 좌담 "국민기초생활보장법의 10월 실시는 미뤄야… 예상인원 초과, 가구 소득조사능력부족으로 대혼란 필지(必知)"라는 제목하에 제정된 기초보장법의 취지와 내용에 반대하는 논리들을 집중적으로 소개했다.[30] 도덕적 해이와 정부의 재정부담 가중, 행정 인프라 부족으로 인한 혼란 등이 비판의 주대상이었고 결론은 기초보장법 실시를 연기해야 한다는 것이었다.[31]

---

29) 기초생활보장연대회의 집행위 회의(2003. 3. 27), 참여연대(2004).

30) 참여자는 김인호 국가경영전략연구원 원장, 안종범 성균관대 교수, 나성린 한양대 교수, 김진수 강남대 교수, 김영하 〈조선일보〉 논설위원이었다.

31) 기초보장법에 관한 다음과 같은 기사제목들은 기초보장법에 대한 언론의 비우호적 입장을 잘 보여준다. "기초생활보장제, 부실 우려"(〈조선일보〉, 2000. 7. 6); "기초생활보장제 더 보완해야"(〈조선일보〉, 2000. 9. 27, 사설); "가짜 빈곤층 판친다, 공돈 주는데 … 하던 일도 손 놔"(〈중앙일보〉, 2000. 9. 26); "기초생활보장법 준비기간 너무 짧아"(〈중앙일보〉, 2000. 9. 28).

법제정 후반부 과정에서의 기획예산처의 역할

이 시기 기획예산처 복지노동예산과장이었던 진영곤(현 양극화 민생대책본부장)은 예산처가 가장 우려했던 것은 재정소요의 증가였다고 밝히고 있다. 그는 "(기획예산처가 어떤 정책을) 재정부담을 이유로 반대할 때는 재원을 대개 맥시멈으로 잡아서, 그것을 이유로 반대하는 경우가 있기는 하다"면서, "당시 최저생계비 측정을 위한 협의과정에서 재정부담을 고려한 것은 기획예산처랑 재정경제부 두 부처뿐이었고, 다른 심의위원들은 넉넉하게, 관대하게 … 노조쪽에서도 당연히 그랬고 언론계, 심지어는 경총에서 온 사람도… 이것은 우리하고는 관계없다, 물론 세금에서 나가지만 간접적이고 기업에 직접 부담으로 안 온다 … (고 생각했다)"고 말했다. 기획예산처가 악역을 할 수 밖에 없었다는 것이다. 한편 위에 언급한 기획예산처 '실무진에 의해 마련된 문건'을 입수한 연대회의는 항의집회를 조직하고 기획예산처 장관 면담을 신청한다. 연대회의는 5월 2일 진념 기획예산처 장관을 만난 자리에서 이 두 가지 사항에 대해 질의했고 장관으로부터 예산상의 이유로 수급자 규모를 제한하지 않을 것이며 근로능력자인 조건부수급자에게 생계급여를 차별지급할 계획이 없음을 확인받았다(기초생활보장연대회의 집행위 회의록 2000. 5. 4; 2000. 5. 9; 참여연대(2004)). 이 해프닝에 대해 진영곤 당시 복지노동예산과장은 이것은 예산작성과정을 잘 모르는 데서 온 오해였다고 주장했다. 즉 그것은, 명확히 기억나지는 않지만, 최종예산안이 아니었을 것이라는 것이다. 그는 "예산안 평가과정이 약 세 달 정도 걸린다. 부처가 5월말에 예산안 제출하면, 9월에 마무리해서, 10월에 국회에 제출한다. 원 라운드, 맨 처음 단계에서는 금년 예산 수준의 60~70%로 조정을 한다. 누가 어떤 시각에서 보더라도 아주 필수적인 법정비용 등, 꼭 해야 되는 사업으로만 편성하는 것이다. 이후, 투라운드, 써드라운드 거치면서 증액된다. 문제가 된 예산안은 최종예산안이 아닌 비공개문서였는데 이것이 밖에 알려져서, 그렇게 된 것이다. (시민운동단체가) 최종예산안을 보(았다)면 그렇게 되지 않았을 것이다"라고 밝혔다(진영곤 인터뷰, 2007. 8. 12). 최종법안에서는 근로능력자와 무능력자의 생계비를 차등지원하도록 되지는 않았다. 그러나 제도 시행직전 대상자 선정에 있어 엄격한 기준으로 잠재 수급자 조사를 했다가 너무 수가 적어지자, 다시 관대한 기준을 제시하면서 수급자 재조사를 지시하여 복지부를 혼란에 몰아넣은 일은 예산을 미리 정하고 예산범위 내에서 대상자 책정을 하려 했다는 의구심을 지우기 어렵게 한다.

한편 보건복지부는 법제정이 기정사실화되자 제도의 구체적 부분들을 디자인하기 위해 분주히 움직인다. 복지부는 예산처, 행자부, 노동부를 비롯한 정부 타부처 대표들과 학계 전문가들, 노동계와 시민사회 대표를 아우르는 국민기초생활보장추진단을 구성했다.[32] 복지부는 연대회의가 주도하여 마련했던 기초보장법안을 대부분 받아들여 정부안을 작성했던 만큼 기본적으로는 빈곤구제에 대한 국가책임의 강화라는 연대회의의 입장을 공유했다고 볼 수 있다. 그러나 복지부의 자세는 여전히 소극적, 수세적이었다. 복지부는 울산발언이 나오기까지는 사회복지전문요원의 확보 등 인프라가 구축되지 않을 경우 이 법을 실시할 수 없다는 자세를 보였다. 울산발언 이후로는 보다 적극적 입장으로 변했으나 시행령·시행규칙 입법예고 이후에도 부처의 안을 밀어붙이기보다는 기획예산처에 계속 밀리는 모습을 보여주었다(안병영, 2000: 21~22).

이런 연대회의는 보건복지부를 외부에서 엄호하여 기초보장법 제정의 취지가 시행령·시행규칙 제정과정에서 훼손되지 않도록 투쟁적으로 방어하는 역할을 담당했다. 연대회의는 법제정 이후 때로는 복지부와 협조적 관계를 유지하면서 때로는 복지부의 소극적, 패배주의적 모습을 비판하면서 기초보장법이 원래의 취지대로 시행될 수 있게 하기 위해 진력했다. 예컨대 기획예산처의 복지병과 근로의욕감퇴 논리에 대해 보건복지부가 소극적으로 침묵한 반면 연대회의는 적극적으로 반박했다.[33] 대부분의 사회복지학자들도 법제정 이전과 이후 벌어진 논쟁과정에서 시민단체·복지부 안을 지지하는 입장에 섰다.

한편 노동부는 기본적으로 근로연계복지(*workfare*), 즉 일을 통한 자활을 우선적으로 추구한다는 점(*work first*)에서 근로능력과 상관없이 기초생활보장을 우선시하는(*security first*) 보건복지부 및 연대회의의 입장과 대립하였다. 영미에서 1990년대 중반 이후 활성화되기 시작한 '복지에서 노동으로'(*from welfare to work*)의 흐름과 궤를

---

32) 여기에는 연대회의 정책위원장으로 법제정의 결정적 역할을 했던 서강대 문진영 교수도 참여했다. 그는 이 시기 법제정, 시행령, 시행규칙제정을 둘러싼 논의를 생생하게 보여주는 다수의 추진단 회의문건들을 본 연구팀에 대여하여 전자문서화할 수 있도록 해주었다.

33) 참여연대는 기획예산처나 비슷한 입장의 재경부의 논리에 맞서 ① 복지제도 확대와 근로의욕 감퇴의 상관성이 학문적으로 입증된 바 없으며, ② 근로의욕 감퇴논리가 고성장 저실업 사회에는 타당할지 몰라도 저성장 고실업 사회가 된 한국사회에는 설득력이 없고 ③ 기초보장법에서 보장하고 있는 급여수준은 그야말로 최소한도의 수준이어서 이 정도 급여로 근로의욕이 저해된다고 생각하는 것은 기우에 불과하고 결국은 헌법이 보장한 인간다운 생활을 할 권리를 부인하는 것에 다름 아니라고 반박했다(문진영, 1999: 112~3; 허선, 2000).

같이하는, 그리고 예산처의 입장과 일정한 친화력을 갖는 이런 노동부의 입장은 기초보장법 초기쟁점화 단계에는 기초법 제정에 반대하는 것으로 나타났다. 또 법제정이 기정사실화된 뒤에는 기초생활보장법 대신 '저소득실직자 생활안정방안'을 마련해 근로능력이 있는 빈곤자는 우선 공공근로나 취로사업 등에 참여시키고 그래도 소득이 최저생계비에 미달하면 기초보장법에서 보충급여를 하자는 선노동 후급여 주장으로 표면화되었다. 법제정 과정에서 쟁점들이 대체로 복지부 주장대로 정리된 이후에도 두 부처 간의 갈등의 불씨는 완전히 사라지지 않았고, 시행령·시행규칙의 준비과정에서 다시 점화된다. 노동부는 복지부는 생활안정사업만 맡고 자활사업은 모두 노동부가 관장하겠다고 주장했던 것이다(노동부의 국민기초생활보장법 시행령·시행규칙 검토 내용에 대한 연대회의 의견서, 2000.3.9.; 참여연대, 2004).

그렇다면 이렇게 '빈곤에 대한 국가책임 확대의 최소화'(기획예산처), '사회적 시민권으로서의 기초생활보장'(복지부), '근로연계복지'(노동부)라는 상이한 기본입장을 가지고 있었던 세 행정부처들은 구체적으로 어떤 쟁점들을 두고 대립했는가? 그리고 그 대립은 어떻게 해소되었는가?[34]

먼저 선정기준을 보면(〈표 5-5〉 참고), 생활보호법에서 소득, 재산, 부양의무자 기준으로 세 가지였던 선정기준은 기초보장법으로 넘어오면서 토지, 주거, 자동차소유 여부가 추가돼 여섯 가지가 되었다. 여기에 재산기준과 부양의무자기준도 전보다 강화되었다. 생활보호제도하에서 과표기준과 공시지가기준을 적용하던 재산평가기준은 구 기준의 거의 두 배에 상응하는 시가기준으로 바뀌었다. 주거기준은 15평 이상의 주택소유자나 20평 이상의 전월세입자를, 자동차기준은 배기량 1500cc이상 차량의 소유자를 수급대상에서 제외하도록 했다.

재산기준의 강화에 대해 연대회의는 재산기준은 그 재산의 이자수입으로도 최저생계가 유지될 때만 의미를 갖는 것이라며 사실상의 선정기준 강화를 강하게 비판했다. 그리고 이 새로운 재산기준을 과거 생활보호법하에서의 재산기준으로 재조정할 것을 요구했다. 그러나 최종적인 결정은 결국 기획예산처가 주장한 대로 강화된 새 기준을 확정하는 것이었다.[35]

---

34) 이하 시행령·시행규칙 검토과정에서의 부처 간 논쟁과 그 귀결에 대해서는 참여연대 사회복지위원회(2004); 김미곤(2000); 허선(2000); 여유진(2004)에 의존했다.

35) 2003년부터 실시하기로 한 소득인정액 제도 역시 재산의 소득환산과 관련해 논란을 낳았다.

〈표 5-5〉 국민기초보장법 세부 쟁점에 대한 입장 차이와 그 귀결

쟁점			연대회의	보건복지부	기획예산처	노동부	확정안
기본 입장			국가책임 확대/ 시민권으로서의 기초생활 보장	국가책임 확대/ 시민권으로서의/ 기초생활 보장	국가책임 확대 최소화/ 근로동기 유지	근로동기 유지/ 근로연계복지	절충
선정기준	재산기준		다른 기준과 함께 사용되는 기준이므로 너무 낮음	주거용 토지 중 5천만 원 이하가 76%로 별 문제 없음.			시가기준 2,900만원(1~2인) 3,200만원(3~4인) 3,600만원(5~6인)
선정기준	부양의무자 기준	범위	직계혈족 및 그 배우자 생계를 같이하는 2촌 이내 혈족	직계혈족 및 그 배우자 생계를 같이하는 2촌 이내 혈족	직계혈족 및 그 배우자 생계를 같이하는 2촌 이내 혈족		직계혈족 및 그 배우자 생계를 같이하는 2촌 이내 혈족
선정기준	부양의무자 기준	부양능력	부양의무자(가구) 소득이 부양의무자와 수급권자 가구 각각의 최저생계비 합의 130%보다 많은 경우	부양의무자(가구) 소득이 부양의무자와 수급권자 가구 각각의 최저생계비 합의 120%보다 많은 경우	부양의무자(가구) 소득이 부양의무자와 수급권자 가구 각각의 최저생계비 합의 120%보다 많은 경우		부양의무자(가구) 소득이 부양의무자와 수급권자 가구 각각의 최저생계비 합의 120% 보다 많은 경우
선정기준	부양의무자 기준	부양능력		재산기준 추가			부양의무자가구 재산의 소득환산액이 부양의무자와 수급권자 각각의 최저생계비의 42% 이상인 경우
선정기준	차상위층 선정		소득기준 130% 미만	소득기준 120% 미만	소득기준 120% 미만	소득기준 120% 미만	소득기준 120% 미만
급여	주거급여		신설주장	반대	반대		신설(시행은 유보)
급여	근로소득공제		소득의 50% 일반근로소득	소득의 50% 일반근로소득 (취약계층에 높은 공제율)	소득의 10% (2003년부터) (취약계층만)	소득의 10% (2003년부터) (시장근로소득에 높은 공제율)	소득의 10~15% (2003년부터) (취약계층만)
급여	대학생 학비공제		입학금, 등록금 공제	입학금, 등록금 공제	공제 반대		입학금, 등록금 공제 조항 삭제
급여	차상위층 급여		자활 및 의료급여	자활 및 의료급여	자활급여	자활급여	자활급여
자활사업주관			보건복지부	보건복지부		노동부	절충하여 분담

자료: 김미곤(2000); 허선(2000); 여유진(2004); 참여연대(2004)로부터 재구성.

소득인정액(소득평가액+재산의 소득환산액)은 소득기준과 재산기준을 통합해 하나의 선정기준으로 만든 것인데 과연 재산을 소득으로 환산할 수 있는지에 대해 주장이 엇갈렸고, 결국 2003년까지 연기로 가닥을 잡았다.

부양의무자 기준의 경우에도 범위기준은 생활보호법과 동일했으나[36] 부양능력판정 기준은 시행규칙 제정과정에서 이전보다 오히려 강화되었다. 2000년 2월 시행령·시행규칙 입법예고와 더불어 가진 공청회에서 복지부는 부양의무자 가구소득이 두 가구 각각의 최저생계비의 120% 이하를 제안했다.[37] 여기에 기획예산처는 부양능력 판정에 소득기준 외에 재산기준을 추가할 것을 주문했다. 즉 부양의무자가구의 재산의 소득환산액이 수급자 및 그의 부양의무자 각각의 최저생계비의 42% 이상인 경우 부양능력이 있는 가구로 판정한다는 것이었다. 연대회의는 재산기준의 추가에 크게 반발했고 소득기준 역시 두 가구 최저생계비 합의 130% 이하가 되어야 한다고 주장했다. 그러나 연대회의 주장은 힘을 발휘하지 못했다. 최종안은 결국 두 가구 최저생계비 합의 120% 이하라는 소득기준에 재산기준 추가라는 기획예산처의 주장을 반영한 것이었다(여유진, 2004: 130~131).

다음으로 급여와 관련해서는 부분적으로는 기획예산처 안이, 부분적으로는 복지부나 연대회의 안이 관철된다. 우선 주거급여를 살펴보면, 연대회의는 수급자들의 주거상태 악화 방지를 위하여 주택수리비나 임대료 보조를 위한 최소한의 현금급여를 제공하는 주거급여 도입을 주장했다. 경제부처들의 반대에도 불구하고 기초보장법에는 주거급여가 도입되었으나 급여산정 및 지급방식에 대해서는 시행령·시행규칙에 위임해 놓았다. 다시 시행령·시행규칙 협의과정에서 기획예산처와 복지부는 주거급여의 도입에 반대한 반면 연대회의는 도입을 주장했다. 결국 시행규칙에는 수급자의 전월세 보조와 주택 유지수선비에 관한 구체적인 지급방안이 언급되어 연대회의 입장을 반영한 것처럼 보였지만, 최종적으로 주거급여의 실시는 유보되었다. 당장 수급자의 주거형태의 다양성을 고려하는 시행방안을 찾기 어려웠고, 주거급여를 도입해 현금생계급여로부터 주거급여를 분리할 경우 자가소유 수급자에게 크게 불리할 것으로 예상되었기 때문이다. 현재는 시행규칙에 언급된 주거급여 중 일부만 주거급여 명목으로 지급되고 있으며 최저생계비에서 주거비로 분류된 나머지 금액은 생계급여에 포함

36) 수급권자의 직계혈족 및 그 배우자, 생계를 같이하는 2촌 이내의 혈족으로 규정되었다.

37) 보건복지부는 국민기초생활보장법 시행령(안)에서 이 120%가 부양의무자 가구와 급여신청가구가 최저생계수준의 생활을 유지하고 소득의 약 15% 내외(평균저축률 50%)를 저축할 수 있는 수준이라고 근거를 제시하고 있다. 보건복지부 국민기초생활보장추진준비단 제3차회의 안건자료(2000. 3-2호)를 참고할 것.

되어 지급되고 있다.

급여와 관련된 또 하나의 중요한 쟁점인 근로소득공제는 기초보장법의 근본쟁점에 대한 각 부처의 기본 입장을 그대로 드러내었다. 복지부는 근로유인 제고를 위한 소득공제를 기초보장제도 실시와 더불어 첫 해에 모든 근로소득에 적용해 실시해야 하며 특히 취약계층의 공제율을 높게 설정하여 이들의 근로활동을 장려해야 한다고 주장했다. 반면 노동부는 모든 근로소득에 대해 공제율을 적용하되, 특히 일반 노동시장 참여 근로소득에 대한 공제율을 더 높게 해야 한다고 주장했다. 국가에 의해 보호된 노동시장이 아닌 일반 노동시장 참여야말로 자활을 위한 지름길이며, 따라서 공공근로보다 높이 평가되고 장려되어야 한다는 노동부의 입장이 반영된 것이다. 기획예산처는 추가 예산 확보의 어려움을 들어 첫해에는 모든 근로소득이 아닌 취약계층의 근로소득, 즉 장애인, 학생, 자활공동체 참여자의 근로소득에만 소득공제를 할 것을 주장했다. 결국 기획예산처안이 최종안으로 채택되었다. 즉 소득공제는 2002년부터 실시하되, 적용범위는 장애인, 학생, 자활공동체 참여자로 한정되었고, 공제율은 소득의 10~15%로 결정되었다.

다음으로 대학생등록금 특별공제 역시 부처별 협의과정에서 삭제되었다. 입법예고안에서는 대학생 수급자의 입학금과 수업료를 공제하도록 되어 있었다. 그러나 기획예산처와 서울시, 경기도는 대학교육이 의무교육의 범위를 벗어나 사회통념에 부합되지 않고 다른 수급자와의 형평성에 어긋난다는 이유로 이에 반대했고, 결국 이 조항은 삭제되었다.

급여와 관련된 마지막 쟁점은 차상위층 선정과 급여 문제인데, 이 역시 근로능력 있는 근로빈민(*working poor*)의 소득보장과 근로유인제고 문제에 관한 부처별 입장차를 잘 드러내 보여주었다. 기초보장제도의 수급기준을 약간 상회하는 차상위층 선정기준으로 복지부, 노동부, 기획예산처 모두 소득이 최저생계비의 120% 이하를 주장했으나 연대회의는 130%를 제안했다. 급여에 관해서는 복지부와 연대회의 모두 차상위층에 자활급여와 의료급여를 제공하는 안을 제시했으나 노동부와 예산처는 자활급여만을 제공하는 안을 제시했다. 복지부와 연대회의 안은 빈곤가구 중 의료비 부담이 큰 가구일 경우 자활을 기피하고 수급자로 남아 있으려 할 수 있다는 점을 고려한 것이었다. 그러나 기획예산처는 막대한 예산부담을 이유로 이에 반대했고, 결국은 예산처의 안대로 차상위층에게는 자활급여만을 제공하도록 했다.

마지막으로 근로능력자의 자활사업 수행주체에 관한 논쟁과 귀결을 간략히 살펴보자. 근로능력이 있는 조건부 생계급여 대상자(약 25만 명~40만 명)에 대한 자활사업을 누가 수행할 것인가는 기초생활보장과 빈곤층의 경제적 자립 촉진에 대한 접근방법의 차이에 부처별 이해관계가 맞물린 사안이었다. 노동부는 개인을 기본단위로 보고 자활사업을 실업대책이란 관점에서 접근하여 취업이 곧 자활이란 입장에 서 있었다. 그리고 이런 관점에서 자활사업은 고용안정센터를 통해 취업촉진정책을 펴왔던 노동부의 업무에 더 근접한 것이며, 따라서 노동부가 관장해야 한다고 주장했다. 반면 복지부는 가구를 기본단위로 보고 자활사업 역시 빈곤대책이란 관점에서 접근하여 탈빈곤이야말로 진정한 자활이라고 입장을 취했다. 그리고 자활사업은 기초보장제도의 틀속에서 소득보장대책과 유기적 연계하에 복지부가 담당하는 것이 타당하다고 주장했다. 연대회의 역시 보건복지부 입장을 지지했다. 노동부 안은 근로능력이 있는 자활사업 대상자들의 기본적 소득보장을 불안한 것으로 만들어 결국 인구학적 기준과 무관하게 일정 소득 이하 모든 국민들의 기초생활을 보장한다는 기초보장법의 취지를 훼손시킬 수 있는 것으로 보였기 때문이다. 이 논쟁은 복지부 주도하에 노동부와의 업무분담, 즉 복지부는 생업자금지원과 자원봉사 사업 등을 담당하고 노동부는 직업알선, 직업훈련, 공공근로를 담당하는 것으로 마무리되었다.

정리하자면, 기초보장제도 도입을 둘러싼 본격적인 이해갈등과 타협은 법제정 이후, 집행될 법안의 구체적 내용을 확정하는 시행령·시행규칙 제정을 둘러싸고 이루어졌다. 이 기초보장법 제정정치의 두 번째 회전의 핵심은 관련 행정부처들간의 상호작용과 권력역학관계, 즉 관료정치(*bureaucratic politics*)였고, 여기서 기획예산처는 정부 내에서 자신의 우월한 지위를 이용하여 자신의 입장을 대부분 관철시켰다. 처음부터 주도적 입장에서 법안제정을 이끌어오지 않았던 복지부는 대부분의 쟁점에서 기획예산처에 밀려 양보했고 이는 애초의 법제정 취지를 형해화시킨다는 비판까지 불러일으켰다. 관료정치라는 입장에서 보면 보건복지부는 자신의 입장을 뒷받침할 강경한 외부세력, 즉 연대회의를 이용하여 여론을 동원하고 협의과정에서 목소리를 높였을 법한데도 그렇지 못했던 것으로 보인다. 새 제도의 고객이 될 집단의 정치적 취약성, 절대적으로 부족한 인프라스트럭처와 인력으로 인한 집행력에 대한 자신감 결여, 비우호적인 언론환경 등도 원인이 되었지만, 무엇보다 기획예산처와의 구조적으로 불균형한 권력관계와 오랫동안 비실세부처로서 가져온 패배주의 및 수동성이 근본적인 이유였다고 보인다. 개발연대 이래 정치권력이 허약한 부서는 강한 부처들의 요구를 사전에 수용함으로써 갈등의 소지를 줄이고 그들 부처로부터 최소한의 협조나마 보장받으려 해왔는데(김영평, 1991; 박천오, 2001: 163에서 재인용), 보건복지부의 태도는 여기서 크게 벗어나지 않는 것이었다.[38)]

노동부는 취업이 곧 자활이라는 기본입장과 부처 이해관계로 인해 자활사업 주관부처, 근로소득공제 등을 두고 복지부와 대립했고 이런 대립은 법 시행에 적잖은 차질을 가져왔다. 원래 예정대로라면 2000년 3월말까지 시행령 · 시행규칙 · 지침이 완성되어야 함에도 불구하고 복지부는 5월까지도 노동부와의 협의가 끝나지 않아 아무런 공식회의도 진행하지 못했다. 하지만 결국 세부안은 대체로 기초보장제도 내에서 행정의 일원성을 확보하여 소득보장과 자활 서비스를 긴밀히 연결시켜야 한다는 복지부의 주장대로 결정되었다. 즉, 복지부는 노동부의 공세는 막아낼 수 있었으나 기획예산처의 압력엔 취약했다고 할 수 있다. 관료정치 이론가들은 정책문제에 대한 기본인식과 접근이 다른 부처들 간에 빚어지는 갈등은 타협에 의해 해소되기보다는 상호간의 역학관계에 의해 종식될 가능성이 크다고 지적하고 있는데(Allison, 1982; Yates, 1982, 박천오에서 재인용) 기초보장법을 둘러싼 관료정치도 예외가 아니었다.

한편 기초보장법 제정정치 전반기에서 쟁점화와 의제형성, 그리고 정책결정과정까지 가장 핵심적 역할을 했던 연대회의는 그 후반기에는 큰 역할을 하지 못한다. 연대회의는 그 구성원들이 한국보건사회연구원이 시행령과 시행규칙안의 작성을 위해 수행한 국민기초생활보장법 시행방안에 관한 연구에 참여함으로써 연대회의의 입장을 반영할 수 있었다. 또한 연대회의 정책위원장이 복지부 내 기초생활보장법 추진위원단에 참여함으로서 연대회의와 복지부 사이의 가교역할을 했다.[39)] 그러나 2000년 2월 시행령 · 시행규칙 입법예고 후 부처간 협의 과정에서 기획예산처의 강한 입김으로

38) 법안 통과 뒤 복지부는 시행령, 시행규칙을 포함한 구체적인 법의 실행을 위한 실무작업에 들어가는데, 당시 시민사회단체 대표로 보건복지부 국민기초생활보장추진단에 참여했던 문진영 교수가 본 연구팀에 기증한 보건복지부 국민기초생활보장추진단의 10건의 회의자료는 당시의 쟁점과 그에 대한 복지부 입장을 잘 보여준다. 보건복지부 국민기초생활보장추진단(1999. 10. 1~2000. 7. 28)의 회의자료 및 국민기초생활보장추진단(2000), 제1차~7차 회의자료를 참고.

39) 국민기초생활보장법 추진연대회의, "국민기초생활보장법 시행령, 시행규칙(안)에 대한 의견서"(2000. 3. 7), 참여연대(2004)를 참고.

애초의 법제정 정신과 의도를 형해화시킬 정도의 선정기준이 마련되었다. 그리고 5월에 들어서 수급자 선정시한에 쫓기던 복지부는 아직 선정기준에 대한 시행령과 시행규칙이 확정되지 않은 상태에서 위 선정기준에 준한 실무지침을 마련해 수급자 신청을 받기 시작했다. 이에 연대회의 대표단은 기획예산처 장관을 면담하고 항의했다. 대표단은 우선 예산처의 실무선에서 검토하고 있다가 누출된 계획, 즉 구 생활보호제도처럼 일단 예산을 정하고 예산범위 내에서 대상자 선정을 하며, 근로능력자와 무능력자의 생계비를 차등지원한다는 안에 대해 사실 확인을 요청했다.[40] 진념 장관은 예산상의 이유로 수급자 규모를 제한하지 않을 것이며 근로능력자인 조건부수급자에게 생계급여를 차별지급할 계획이 없음을 확인해주었다. 그러나 다른 연대회의 주장들, 즉, 생활보호선정기준보다 가혹해진 재산기준의 수정필요성과 새롭게 도입된 부양의무자 재산기준의 비적합성에 대해서는 전혀 동의하지 않았고 백지화요구도 받아들이지 않았다. 또한 소득공제율문제나 차상위층 의료급여 삭제에 대해서도 기존 입장을 고수할 뜻임을 분명히 했다.

법 제정 이후 연대회의와 참여연대의 입장 차이

법 제정 이후 연대회의와 참여연대 간의 법에 대한 입장 차와 양 단체간의 갈등에 대해서는 별로 알려진 바가 없다. 연대회의는 참여연대보다 타협적인 태도를 취했다. 소득파악 등 행정 인프라스트럭처가 부족한 상태에서 국민기초생활보장제도를 수행하기 위해 정부가 취하려 하는 조치들에 원칙적 비판으로 일관할 경우 보수언론과 자유주의적 교수집단들에 의해 강력히 제기되었던 제도실시 연기론에 힘을 실어주고 결국 제도를 유산시킬 수 있다고 보았기 때문이다. 반면 참여연대는 이런 연대회의의 태도를 상층 정, 관계 인사들과의 연계에 기반한 소수 상층부 중심의 운동방식으로 비판했다. 그리고 이런 운동방식이 법제정까지는 필요하고 유효했다 할지라도 이제 시행령·시행규칙의 제정과정에서 법 취지의 훼손위기에 맞닥뜨린 상황에서 보다 대중적인 운동방식이 필요하다고 주장한다. 반면 참여연대는 독자적으로 5월 9일 연대회의와 별도로 '기초생활수급권 찾기 운동본부'를 발족시킨 뒤 행정소송, 헌법소원 등 대정부투쟁을

40) 구체적인 내용은 기초생활보장연대회의 집행위 회의(2000. 5. 4; 2000. 5. 9), 참여연대(2004b)를 참고할 것.

선언한다. 연대회의 참여단체들 역시 수급권 운동의 필요성에 공감하지 않았던 것은 아니었으나, 이미 연대회의 내부에 생겨난 균열은 참여단체들이 단결하여 이 운동에 전력투구할 수 없게 했던 것으로 보인다(연대회의 확대회의 결과 보고, 2000.6.15; 참여연대, 2004b; 김미곤 인터뷰, 2007.8.16; 문진영 인터뷰, 2007.5.17).

이에 연대회의는 5월 4일 "무늬만인 기초보장법은 기만이다"라는 제하의 성명을 내어 예산처장관과의 면담결과를 발표했다. 또 5월 15일에는 복지운동단체들과 연합하여 국민기초생활보장법의 올바른 정착을 촉구하는 대정부 항의집회를 조직했다. 그러나 연대회의의 활동은 이미 행정부 내의 문제가 되어버린 구체적 시행방안 결정에는 크게 영향을 미치지 못했다. 게다가 복지부가 부처간 협의과정에서 기획예산처에 밀리는 모습을 보여주자, 이에 대한 대응을 둘러싸고 연대회의 집행부와 연대회의의 가장 핵심적 참여단체였던 참여연대가 갈등을 빚게 되면서 연대회의의 응집력과 대응력 역시 떨어지게 된다.

결국 2000년 7월 27일과 8월 2일 각각 최종 공포된 시행령과 시행규칙은 기획예산처의 입장을 대부분 반영한 것이었다. 그리고 연대회의는 목표로 했던 법제정이 이루어졌다고 자평하면서 8월 31일 해산을 선언했다.

결국 기초보장법 제정과정의 정치는 기초보장법의 이중적 성격, 즉 원칙적 보편성 및 진보성과 그 구체적 내용에 있어서 잔여성 및 자유주의적 측면이 법제정까지의 시민운동단체의 영향력과 법제정 이후 행정부 내 관료정치의 영향력이라는 이중적 정치과정에 각각 대응하는 것이었다는 것을 확인시켜 준다. 기초보장법 제정과정은 민주화 이후 복지정치의 변화와 그것의 한계, 즉 한편으로는 민주화로 열린 정치공간에서 시민운동의 참여에 의한 개혁과, 다른 한편으로는 권위주의적 발전주의 시대의 유산과 신자유주의적 흐름의 결합에 의한 개혁의 지연을 잘 보여준다.

5. 결론

1) 정책결정과정의 특징

국민기초생활보장법 제정과정은 민주화 이후 한국의 복지정치가 크게 변화하고 있음을 보여주었다. 여러 연구가 지적하듯이 시민운동단체의 역할은 가장 눈에 띄는 변화였다. 생활보호법을 비롯하여 한국의 기존의 사회복지 입법과정은 일반적으로 행정부가 정책을 입안하면 집권당이 주도하여 국회에서 법을 제정하는 형태로 이루어졌다. 반면, 기초생활보장법은 시민운동단체가 문제제기와 의제형성, 정책대안의 제시에 이르기까지 주도적 역할을 하여 법제정을 성사시키는 과정을 밟았다(문진영, 2001: 8; 안병영, 2000; 김연명, 2000). 시민운동단체들은 스스로 정치적으로 조직화되기 어려운 빈민들을 대신하여 일종의 공익의 담지자로서 복지정치의 중요한 행위자로 떠올랐던 것이나. 시민운동단체의 적극적이고 활발한 활동은 이념적, 정책적으로 반대편 입장에 서 있던 보수언론과 자유주의적 연구자들, 예산처를 비롯한 경제부처들의 대응을 촉발해 뜨거운 논쟁을 낳기도 했다. 이런 입법과정은 사실상 '복지정치'라고 부를 만한 것이 존재하지 않았던 권위주의 시기와 비한다면 실로 괄목할 만한 변화였다.[41]

이렇게 시민운동단체가 복지정치의 주역으로 떠오르게 된 것은 민주화에도 불구하고 정당과 국회가 이익결집을 통한 정책입안 기능을 제대로 수행하지 못했기 때문이라고 할 수 있다. 권위주의 정부하에서 정당은 정책결정의 중심에서 밀려났고 국회는 행정부의 정책안을 통과시켜주는 '통법부'(通法府) 역할을 해왔다. 민주주의로의 전환 이후에도 정당과 국회의 역할은 크게 변화하지 못했는데, 이는 지역주의로 인한 정책정당화의 지체와 지연된 당내 민주화로 정당의 정책기능이 여야를 막론하고 매우 더디게 발전해왔기 때문이었다. 공익적 시민운동단체가 일종의 '대의의 대행'(조희연,

41) 민주화 이후 또 다른 복지정치의 중요한 변화로 이익집단의 활성화를 들 수 있다. 의보통합, 의약분업, 모성보호법 등의 제정과정에서 이해당사자 집단들은 적극적으로 자신의 이해관계를 주장하고 정책형성과정에 개입했다. 반면 기초보장법의 경우 주요 수혜자가 조직화되기 어려운 빈민이란 점에서 이해당사자들의 투입활동은 거의 없었다. 이는 '공익의 담지자'로서의 시민운동단체들의 활동을 더 중요한 것으로 만들었다.

2000)을 수행했던 것은 이렇게 민주화에도 불구하고 정치사회의 변화는 매우 지체되었던 한국의 상황이 낳은 산물이었다.[42)]

시민운동단체의 지대한 역할이 민주화 이후 복지정치의 변화를 보여준 가장 뚜렷한 변화였다면 대통령의 결정적 역할은 사회정책 결정과정에 있어 과거와의 연속성을 가장 잘 보여주는 부분이라고 할 수 있다. 이슈화와 의제형성, 그리고 정책대안 수립단계에서 가장 중요한 역할을 한 것이 시민운동단체라면 정책결정단계에서 가장 중요한 역할을 한 것은 대통령이라는 평가가 나올 정도(박윤영, 2002)로, 대통령의 공식적 한마디와 관심 표명은 위력을 발휘했다. 대통령은 울산발언을 통해 1999년 초반 이후 무의사결정(*non-decision*)의 미궁으로 빠져 들어가던 기초보장법을 일거에 구원해냈던 것이다. 기획예산처의 법제정에 대한 원칙적 동의는 대통령의 발언이 없었다면 불가능했을 것이다. 또 시민운동의 상층엘리트 접근방식이 결정적 힘을 발휘할 수 있었던 것도 결국은 결국 대통령에게로 향한 통로였던 비서실과의 접점을 확보할 수 있었기 때문이기도 했다. 이런 대통령의 지대한 역할은 그 자체가 하나의 제도(*institution*)인 대통령이 최고의 행정기관으로서 지니고 있는 권력에도 기인한 것이지만, 김대중 정부에까지 아직 연장되고 있었던 권위주의 시기 대통령이 가지고 있었던 무소불위 권력의 유산이기도 했다.[43)]

다음으로, 시행령·시행규칙을 제정하는 기초보장법제정의 후반기 정치과정은 과거 발전국가의 유산이 경제위기 이후 신자유주의적 변용을 겪으면서도 여전히 힘을 발휘하고 있음을 보여준다고 할 수 있다. 기초보장법의 시행령·시행규칙을 정하는

---

42) 이런 시민단체의 역할은 의료보험통합이나 의약분업, 그리고 모성보호관련법 개정에서도 마찬가지로 나타났다. 시민단체가 앞으로도 얼마나 이런 역할을 감당하게 될 지는 정당의 정책기능의 속도와 밀접한 관련을 가질 것으로 보이며, 이미 1990년대보다는 그 정치적 비중이 줄어든 것으로 생각된다.

43) 신필균 전 민정비서관은 정책기획수석실 근무 경험을 얘기하면서(이른바 '옷로비 사건' 이후 민정비서실의 사정기능이 강화되면서 시민사회 여론반영 기능은 정책기획수석실로 이관되었다. 김성재 씨가 정책기획수석이 되었고. 시민사회와의 대화창구였던 민정2비서실과 신필균 비서관도 정책기획실 쪽으로 자리를 옮겼다) 당시 정책결정구조에서 대통령에게 직보하는 것의 중요성을 강조했다. 수석비서관회의에서는 정책기획수석의 복지관련 주장이 밀려도 수석이 직접 대통령을 만나 건의하면, 대등한 정보제공이 가능하고 정책에 영향을 미칠 수 있었다는 것이다. 그러나 실제로 법 통과 후 부처간 논의과정에서는 대체로 기획예산처의 논리가 관철되었다.

과정에서 법안의 국회통과까지 주도적 역할을 해왔던 연대회의는 정책결정의 비공식적 행위자이자 선출되지 않은 권력으로서 별다른 역할을 하지 못한 채 법안의 희석화 내지 훼손을 바라봐야 했다. 시행령·시행규칙을 정하는 과정은 기본적으로는 부처들간의 관료정치의 과정이었는데 여기서 기획예산처는 압도적인 우위 속에서 자신의 입장을 관철시켰다.

사실 권위주의적 발전주의 시기 동안 한국의 관료정치는 그리 활발하지 않았다. 경제성장 및 안보 중심의 정책우선순위와 일사불란한 행정을 강조하는 권위주의체제 하에서 부처간 의견차이가 클 수 없었던 것이다. 제한된 범위 내에서 발생하는 부처간 의견대립은 경제기획원이나 청와대에 의해 조율되었다. 민주화 이후로는 부처간 갈등이 보다 심각해졌고 외부로의 노출도 빈번해졌다. 위로부터의 정책조정 권위가 감퇴된 상태에서 각 부서가 자신의 기관적 사명과 이익을 우선시하기 시작했고, 각종 경제사회집단들이 관련부처들을 상대로 압력을 가중시켰기 때문이다(박천오, 2001: 158~167; 박재희, 2004: 1~2). 이런 맥락에서 기초보장법 제정의 후반부는 기초보장법을 둘러싼 부처간 관료정치가 기획예산처의 압도적 힘에 의해 입장차를 해소해간 과정이라고 할 수 있다. 예산처는 예산의 규모와 우선순위를 결정하는 부처로서 일반부처들보다 우위에 서 있었고, 한정된 자원을 갖는 정부의 예산을 배정하고 그 성과를 관리하는 부처로서 비용 대비 효과와 근로의욕의 고취를 무엇보다 우선시하면서 복지부의 요구에 대응했다. 결국 예산처는 애초에 시민운동단체가 주도하고 자신이 반대한, 그러나 대통령의 뜻이 표명됨에 따라 동의해 줄 수밖에 없었던 기초법을 시행령·시행규칙 적성과정에의 개입을 통해 최대한 희석화, 형해화하려 했고, 이에 성공했던 것이다. 즉, 기획예산처는 기초보장법 제정 후반기과정에서 신제도주의에서 말하는 일종의 거부점(*veto point*)[44] 역할을 한 것이다. 기초법은 최종적으로는 거부점을 통과해 입법되었지만, 거부점을 통과하는 과정에서 얻게 된 변형의 흔적은 법에 선명하게 남았다.

이런 예산처의 입장은 기본적으로 복지에 대한 성장과 발전 우위라는 전통적인 발

---

44) 거부점이란 엄격히는 "헌정구조상 이익집단이 정책결정과정에 접근하여 원하지 않는 입법을 저지시킬 수 있는 지점"으로 정의된다(Immergut, 1992). 그러나 보다 넓은 의미에서는 입법의 저지뿐만 아니라 원래 법제정 취지의 상당한 훼손이나 변형 역시 이 개념에 포함되는 것으로 사용되고 있다.

전주의 이데올로기에 근로연계복지와 노동력 상품화라는 신자유주의적 복지정책 이념을 결합한 것이라고 할 수 있다. 최장집의 지적(최장집, 2000: 136~140)처럼 경제위기 이후 발전주의를 대체할 새로운 발전모델에 대한 비전이었던 '민주주의와 시장경제의 병행발전'은 김대중 정부하에서 개혁정책의 일반노선으로 구체화되지 못했다. 그리고 그 결과 구조조정, 민영화, 노동, 복지 등의 문제가 하나의 틀 속에서 다루어질 수 있는 모델이 제시되지 못했고 IMF 위기를 극복하는 것은 IMF의 개혁 패키지를 수동적으로 이행하는 것으로 대체되었다. 이 와중에서 개혁에 대한 장기적 비전과 담론은 매우 제한적이었고, 정책의제를 설정하고 결정하는 기본적 과업이 관료적 합리성에 맡겨지게 되었다. 기초보장법의 경우는 예외적으로 시민운동의 강력한 요구에 의해 의제가 설정되고 대통령의 지지에 의해 법제정이 이루어졌지만, 집행의 구체적 내용을 결정하는 후반부 과정은 결국 관료정치의 역학관계에 의해 결정되었다. 그리고 그 최종적 결과물은 영미적 의미에서의 '생산적 복지'의 이름으로 포장되었다. 이는 민주화 이후에도 과거의 발전주의적 유산이 행정부 내에 뿌리 깊게 잔존하고 있음을, 그리고 그것이 생산성과 경쟁력이란 공유가치를 매개로 경제 위기 이후 행정부를 장악한 신자유주의화의 흐름과 선택적으로 결합했음을 의미하는 것이라고 할 수 있다(정무권, 2000).

2) 자료수집연구의 평가와 향후 과제

정부 수립 후 조선구호령을 대체하는 생활보호법이 제정된 것은 1961년이지만, 그 연원은 이승만 정부 초기로 거슬러 올라간다. 자료수집 과정에서 이미 1953년, 55년, 57년에 각각 '국민생활보호법'을 제정하려는 시도가 있었음을 새롭게 확인할 수 있었다. 그러나 이 세 번의 입법시도는 물론, 1961년의 생활보호법 제정과정을 비롯한 권위주의시기의 공공부조 정책결정과정에 관한 자료의 접근은 매우 제한적이다. 특히 1960년대에 정책결정에 참여했던 핵심 행위자들 중 이미 사망했거나 사망한 것으로 추정되는 인물이 많으며, 기초적인 문서자료도 제대로 보관되어 있지 않다. 주무부처인 보건복지부(구 보사부)조차 1950~60년대의 생활보호법 제정 시도 및 제정과정에 관한 기초자료를 보관하고 있지 않다. 국가기록원의 경우, 최고회의의 각의록 정도를 소장하고 있을 뿐이다.

반면 민주화 이후 공공부조 정책 결정과정에 대한 자료수집은 상대적으로 용이한 편이다. 시기적으로 현재로부터 멀지 않아 많은 자료들이 디지털화되어 보관되어 있고 검색도 쉬운 편이었다. 또한 정책결정과정에서 중요한 역할을 한 행위자들 역시 대부분 생존해 있었고 자신의 역할에 대해서 비교적 솔직하게 증언을 해주었다. 이는 정책결정과정의 시공간이 민주화 이후란 점 외에도, 공공부조가 다른 복지제도에 비해 이해당사자의 개입이 민감하지 않은 프로그램이었기 때문이기도 했으리라 짐작된다. 의료나 연금에 비해 공공부조제도는 아무래도 민감성이 덜한 정책영역이었을 것이다.

이 시기 공공부조 제도에 있어 국민기초생활보장법의 제정이란 획기적 사건이 일어났고, 이를 주도적으로 추진한 참여연대가 스스로 정책결정과 관련된 여러 자료를 이미 수집, 정리해 놓고 있었던 점, 이 역사적 사건에 대한 학문적 관심사를 반영해 다수의 연구논문이 출판되어 있었던 점 역시 자료수집과 정책결정과정 복원을 쉽게 한 요소였다. 공공부조에 관한 우리의 자료수집연구는 특히 참여연대 자료집(참여연대, 2004b)과 안병영(2002)을 비롯한 뛰어난 논문들에 큰 도움을 받았다.

공공부조 정책결정에 관한 후속연구의 발전을 위해서는 무엇보다 권위주의 시기에 대한 연구가 민관합동으로 보다 체계적으로 이루어질 필요가 있다. 미처 발굴하지 못한 자료들이 여기저기 흩어져 있을 수 있으며, 인터뷰 대상자의 폭을 크게 확대해서 찾아본다면 보사부의 실국장급과 타 부처(가령 예산처)의 관계자들, 개인 연구자나 활동가들로부터 의외로 유용한 증언들을 확보할 수도 있을 것으로 생각한다. 이러한 작업은 민관의 긴밀한 정보공유와 협력이 없으면 어려울 것으로 보인다.

민주화 이후 공공부조 정책과정의 향후 과제로는 다음 두 가지를 꼽을 수 있다. 첫째, 기초법 제정과정과 관련해 공백으로 남아 있는 부분들을 메우는 것이다. 특히 보건복지부를 비롯한 행정부 쪽 자료들이 제대로 입수되지 못했는데 이는 정책결정과정을 온전히 복원하기 위해서는 향후 반드시 보완해야 할 과제이다. 정책결정과정에서 대통령의 의지가 차지했던 중요한 비중에 비추어볼 때, 건강문제로 김대중 대통령 면담이 성사되지 못한 것도 아쉬운 부분이다.

둘째, 기초법에 근거한 후속정책 및 개정과 관련된 자료수집이 보완되어야 할 것이다. 우리의 연구가 김대중 정부시기까지로 한정됨에 따라 노무현 정부 이후 기초법을 근거로 이루어진 자활사업 등 각종 후속 사업들과 관련된 정책결정과정에 대한 자료들은 수집되지 않았다. 또, 부양의무자 기준 완화 등 기초법의 개정에 관련된 자료 역시 수집되지 않았다. 후속사업 및 개정작업은 법제정 당시 논란이 되었던 문제점들을 반영하고 있다는 점에서 제정과정과의 연속선상에서 자료가 수집되고 정책결정과정을 분석할 때 그 의미가 온전히 드러날 수 있을 것이다.

참고문헌

각의상정안건 "생활보호법안"(의안번호 제 953호). 1961년 10월. 국가기록원.

강호성. 1994. "한국 공적부조제도의 사적(史的) 고찰." 〈한성신학대학교 연구논문집〉 제 4집(1994. 12) : 153~183.

권문일. 1989. "1960년대의 사회보험." 하상락 편. 《한국사회복지사론》. 박영사. 467~513.

기획예산위원회. 1998. "사회적 안전망 확충방안." 기획예산위원회.

기획예산처. 1999a. 《주요국가의 사회복지 개편동향》. 기획예산처.

______. 1999b. 《국민기초생활보장에 관한 토론회 자료집》. 기획예산처.

김미곤. 1999. "실업대책에 대한 평가 및 개선방안: 사회안전망 프로그램을 중심으로." 《신정부의 사회정책평가》. 사회정책학회. 사회복지정책학회.

______. 2000. 〈국민기초생활보장법에 대한 쟁점과 대책〉. 한국보건사회연구원 내부자료.

______. 2002. 《2002년 빈곤율 및 수급자 수 추정》. 한국보건사회연구원.

______. 2004. "우리나라의 빈곤현황 및 정책과제." 〈사회보장연구〉. 제 20권 제 3호.

김연명. 2000. "거대한 실험과 불확실한 미래." 〈신동아〉. (12월호).

김연희. 1983. "우리나라 사회복지 발달유형에 관한 연구." 이화여자대학교 대학원 석사학위논문.

김영순. 2005. "민주화와 복지정책의 변화: 국민기초생활보장법 제정과정을 중심으로." 《한국과 국제정치》.

김영평. 1993. "우리나라 정책결정체계의 개혁." 〈한국정책학회보〉. 제 2호.

김인호 외(좌담). 2000. "국민기초생활보장법의 10월 실시는 미뤄야." 〈월간조선〉. (7월호).

김종기. 1981a. 〈영세민의 대도시집중 억제대책〉. 한국개발연구원.

______. 1981b. 〈영세민 주거현황 및 개선대책〉. 한국개발연구원.

김종기 · 서상목 · 박훤구. 1981. 〈영세민 실태파악 출장보고〉. 한국개발연구원.

남성일, 이화영. 1998. "최근 우리나라 실업의 특성분석: 외환위기 이전과의 비교." 통계청

사회통계과 보도자료: 222~1998.
남준우. 1999. "사회복지정책의 결정과정에 대한 연구: 국민기초생활보장법 제정과정을 중심으로." 연세대 행정대학원 석사학위 논문.
남찬섭. 2005. "한국의 60년대 초반 복지제도 재편에 관한 연구: 1950년대와의 관련성을 중심으로." 〈사회복지연구〉. 27권(2005 봄): 33~75.
명완식. 1957a. "요구호자는 법적 보호를 절규한다." 한국사회복지협의회. 〈사회복지〉. 통권 제11호.
______. 1957b. "민생고의 완화는 국가부조제도로부터." 한국사회복지협의회. 〈사회복지〉. 통권 제8호.
문진영. 1998. "고실업 저성장 시대의 사회적 안전망 구축에 관한 연구: 생활보호제도의 개선을 중심으로." 〈한국사회복지학〉. 제35권.
______. 1999. "국민기초생활보장법 제정의 쟁점과 전망." 저소득실직자 생계문제대책마련을 위한 시민공청회 자료집.
______. 2000. "국민기초생활보장법 제정의 진행과정 및 문제점." http://www.kgwelfare/datas/nations/down/s-7.hwp: 검색일 2004.9.10.
______. 2001. "DJ 정부의 사회복지제도의 발전과 NGO의 역할: 국민기초생활보장법을 중심으로." NGO학회 발표문.
문희화·서상목·김종기. 1981. 〈영세민의 복지증대와 대도시 집중억제책을 위한 조사보고〉. 한국개발연구원.
박윤영. 2002. "국민기초생활보장법 제정과정에 대한 연구." 〈한국사회복지학〉. 49호: 264~295.
박재희. 2004. 《중앙행정부처의 갈등관리 방안》. 한국행정연구원.
박정희. "혁명정부의 사명." 〈최고회의보〉. 제1호(1961.8.15).
______. 1962. "1962년도 시정방침." 〈최고회의보〉 제5호(1962.2.16).
박천오. 2001. "정부관료제 (I): 정책과정 상의 역할과 영향력." 하태권 외. 《한국정부론》. (2판).
보건복지부. 1999. 《국민기초생활보장법(안) 등에 대한 검토 I》. 보건복지부.
______. 2001. 《국민기초생활보장 사업안내》. 보건복지부.
서상목. 1980. "공적부조사업의 현황과 개선방향." 《한국개발연구》. 제2권 4호: 78~94.
______. 1981. 〈빈곤의 실태와 영세민 대책〉. 한국개발연구원.
______. 1982. 〈영세민대책과 재정〉. 한국개발연구원.
손건익. 2000. "국민기초생활보장법 시행 연기주장 유감." 〈월간조선〉. (8월호).
손준규. 1981. "한국의 복지정책 결정과정에 관한 연구: 행정부 내 정책결정과정을 중심으로." 서울대 대학원 정치학 박사학위논문.
손창규. 1962. "혁명 1년의 발자취." 〈최고회의보〉. 8호(1962. 5. 16).
안병영. 2000. "국민기초생활보장법의 제정과정에 관한 연구." 〈행정논총〉. 제 38집 제 1호.
여유진. 2004. 《공공부조의 가치기반과 제도적 반영: 국민기초생활보장제도 형성과정을 중심으로》. 한국보건사회연구원.
이두호 · 김태성 · 나성린. 1991. 《빈곤론》. 나남.
이민아. 2000. "국민기초생활보장법 제정과정에 있어서 시민운동이 미친 영향에 관한 연구." 중앙대 석사학위논문.
정무권. 2002. "한국 복지국가의 성장과 개혁 동학: 세계화, 민주화, 발전주의 유산." 한국정치학회 연말학술대회 발표문.
정희섭. 1963. "혁명 2년간의 업적개요: 보건사회부." 〈최고회의보〉. 21호(1963. 6. 16).
제 65회 국회 보사위회의록 제 2호(1968. 4. 16).
제 65회 국회 보사위회의록 제 3호(1968. 4. 19).
제 66회 국회회의록 제 11호(1968. 7. 2).
제 66회 국회회의록 제 4호(1968. 6. 17).
제 84회 각의록, 1961. 10. 25, 국가기록원.
조흥식. 1999. "빈곤과 사회보장: 공공부조제도에 대한 평가를 중심으로." 〈신정부의 사회정책평가〉. 사회정책학회, 사회복지정책학회.
조희연. 2000. "민주주의이행과 제도정치, 민중정치, 시민정치." 〈경제와 사회〉. 여름호.
참여연대. 2004a. "국민기초생활보장법 개정에 관한 청원."(http://www.peoplepower21.org/ section/section.phpsection=welfare).
______. 2004b. 〈참여연대 사회복지운동 10년의 기록〉. 참여연대.
최장집. 2003. 《민주화 이후의 민주주의》. 후마니타스.
최천송. 1977. 《한국사회보장론》. 한국노사문제연구협회.
한국군사혁명사편찬위원회. 1963. 《한국군사혁명사(상)》. 제 1집.
한국사회복지협의회. 1957a. "지상공청: 생활보호법 (1)." 〈사회복지〉. 통권 제 7호.
______. 1957b. "지상공청: 생활보호법 (완)." 〈사회복지〉. 통권 제 8호.
______. 1977. 《한국사회복지총람》. 한국사회복지협의회.
행정백서편찬위원회 편. 1964. 《행정백서》. 대한공론사.
허선. 2000. "국민기초생활보장법 시행방안의 주요 쟁점과 그 대안." 〈사회복지정책〉. 제 10집.
홍종철. 1962. "1962년의 회고." 〈최고회의보〉. 15호(1962. 12. 16).

Allison, Graham and Morton Halperin. 1972. *Bureaucratic Politics*. Washington D. C. : Brookings Institution.

Anderson, J. E. 1979. *Public Policy Making*. (2nd ed). New York: Holt, Reinhart and Winston.

Lukes, S. 1974. *Power: a Radical View*. London: Macmillan.

Randall B. R. and Grace Franklin. 1986. *Political Implementation and Bureaucracy*. (2nd ed). Chicago: The Dorsey Press.

Yates, Douglas. 1982. *Bureaucratic Democracy*. Cambridge, Massachusetts: Harvard University Press.

부록 1 주요 자료 해제

1. 각의상정안건 "생활보호법안" (의안번호 제 953호, 국가기록원 소장)

1961년에 제정된 생활보호법 제정 배경과 관련하여 정부의 공식적 입장을 확인할 수 있는 중요한 문서자료이다. 이 각의상정안건은 현재 국가기록원에 광디스크 형태로 소장되어 있고, 본 연구팀도 이 자료를 입수하여 DB화했다. 문교사회위원장이 국가재건최고회의에 생활보호법을 입법 제안하기 두 달 전에 생성되었다. 국가재건최고회의에 제안한 법제정 제안이유(의안번호 AA0338, 국회 정보시스템의 의안정보에서 확인 가능)보다 정부의 여과 없는 입장이 드러난다. 의안번호 AA0338에서는 생활보호법 제정의 필요성을 "노령 · 질병 기타 근로능력의 상실로 인하여 생활유지의 능력이 없는 자등을 보호하기 위하여"라고 의례적으로 기술하고 있지만, 각의상정안건에서는 그 제안이유를 "본 법안은 헌법 제100조에 의하여 유효한 조선구호령을 법령 정리사업의 하나로서 정리대치(整理代置)하려는 것"이라고 밝히고 있다.

2. 《빈곤론》 (이두호 외, 1991년 나남출판)

공공부조 정책결정과정을 제대로 연구하기 위해서는 공공부조의 법제도 및 정책발달사를 정확히 아는 것에서부터 출발하지 않으면 안 된다. 다른 선진국과 달리, 한국은 이러한 기초연구들이 매우 부족한 실정이다. 그런데 이두호, 김태성, 나성린 공저의 《빈곤론》은 제 9장 "한국 빈곤대책 소사"에서 해방 후부터 1980년대까지, 공공부조제도의 총괄적 흐름과 주요 정책추진의 사회경제적 배경 등을 비교적 체계적으로 다루고 있다.

3. 참여연대 사회복지위원회, 《참여연대 사회복지운동 10년의 기록, 제7권, 국민기초생활보장법 제정운동》(전 7권 중 1권, CD로도 제작됨)

1,430쪽에 달하는, 기초법 제정운동에 대한 가장 방대하고도 체계적인 자료집. 기초법제정운동의 주창자로서 법제정까지 핵심적 역할을 했던 참여연대에 의해 제작되었다. ① 보도자료, 성명, ② 자료집, ③ 회의자료, ④ 공문, ⑤ 법률자료로 구성되어 기초법 제정과정에서 참여연대 및 연대회의가 한 일 뿐만 아니라 기초법제정을 둘러싼 전반적인 상황의 진행과 핵심적 행위자들의 상호작용, 그 귀결을 알 수 있게 해주는 귀중한 자료집이다. 우리 DB의 국민기초보장법 제정과정 분야의 상당부분이 이 자료집에서 발췌되었다.

4. "문진영 파일"(연구팀 DB)

이 파일은 문진영교수가 소장하고 있는 자료로서 법제정 후 시행령, 시행규칙 제정과정에서 쟁점들을 둘러싼 여러 행위자들의 다양한 입장과 상호작용을 보여준다. 파일은 다음과 같이 분류할 수 있다.

① 국민기초생활보장추진준비단 회의록/회의자료 묶음(1999.8.~2000.7.28)

대통령의 울산발언 후 복지부 내에 만들어졌던 국민기초생활보장 추진준비단 회의록들이다. 준비단은 복지부를 주축으로 기획예산처, 노동부 등 관련부처 관계자가 파견되고 양대노총과 학계대표, 그리고 연대회의 정책위원장을 맡고 있던 문진영 교수로 구성되었다. 이 파일은 준비단의 1999년 8월에서 2000년 7월말까지의 7차례의 회의록/회의자료로서 법제정이 기정사실화 되고 난 뒤, 제도의 세부 디자인을 둘러싼 복지부의 준비과정, 주요 쟁점들에 대한 부처간 이견의 조정과정과 그 귀결들을 잘 보여준다.

② 법안 후속발전단계의 논쟁 자료

기초법 제정 이후 논쟁과정에서 기초법 실시 연기를 주장하거나 기초법의 보장수준을 최소화하려는 자유주의적 입장의 학자들의 주장이나 언론기사를 논박하고 연대회의 입장을 선전하기 위한 발표문, 의견서, 검토요청서 등으로 주요 쟁점들에 대한 행위자들의 입장 차와 논쟁과정을 잘 보여준다. 문진영, "인간다운 생활을 할 권리는 보장되어야 한다", 박동운 교수의 "최저생계비 보장 손질 필요"에 대한 반론문, 허선, "국민기초생활보장제도의 전망과 과제: 기초법 연기론자의 주장에 대한 비판을 중심으로", 연대회의가 한나라당에 보낸 "국민기초생활보장법 연기론과 추경예산 삭감에 대한 연대회의 의견서", "월간조선 토론 참여자의 주장에 대한 비판", 각종 토론회에서의 연대회의 입장 발표문, 기획예산처 입장에 대한 반박문 등의 생생한 자료들을 담고 있다.

부록 2 인터뷰 요약

<table>
<tr><td rowspan="2">초기 형성기</td><td>김혜경 (인터뷰 날짜: 2006.6.7)
1960년대 말~80년대 빈민운동가

공공부조제도 개선을 위한 이익투입 노력은?
민주화 이전까지 집단적인 노력은 없었음
빈민들의 생활개선을 위한 구체적인 활동은?
빈민현장에서 의료협동조합 등 자활공동체 건설에 주력. 80년대에는 철거투쟁 중심
정부의 빈곤정책에 대한 평가?
현실과의 괴리 컸음. 생활보호법 존재 자체가 활동가와 일반인들에게 알려지지 않았음</td></tr>
<tr><td>최수일 (인터뷰 날짜: 2006.6.9)
1968년 자활지도사업에 관한 임시조치법 제정시 자활지도과장

자활사업 실시 배경은?
박정희 집권후 근로능력있는 영세민을 국토(지역)개발사업과 연계하기 위해 PL480Ⅲ를 PL480Ⅱ로 전환하면서.
법제정 배경과 시행령 미제정 이유?
미국의 PL480 약정위반에 대한 처벌 근거 요구. 애초부터 시행 의사는 없었음
법제정을 둘러싼 행위자간 갈등관계?
구호양곡 부정반출 처벌을 요구하는 미국 측과 이를 방조하려한 한국정부 간 갈등, 이권축소를 우려한 공화당 의원들의 입법 반대
자활지도사업을 둘러싼 이권관계는?
지역개발 및 양곡배정을 둘러싼 지역 정치인, 관료, 민간건설업자가 연계됨</td></tr>
<tr><td>점진적 변화기</td><td>박연수 (인터뷰 날짜: 2006.8.29)
1978~81년 보사부 보호과장

생활보호사업의 방향은?
근로능력 유무에 따라 없는 자는 최정생계비를 점진적 증액지원하고, 있는 자는 영세민취로사업 통해 자조능력 지원한다는 원칙하에서 활동</td></tr>
</table>

	사보심에 대한 평가는? 사보심의 연구보고서들은 참고하는 수준이었음. 기대했던 내용에서 벗어나는 경우 많았음. 사회단체의 역할은? 한국사회복지협의회는 보사부 영향력 아래에 있어서 이견을 제시할 수 있는 입장이 아니었음. 한국노총은 부조사업에 별다른 관심 없었음
	김정례 **(인터뷰 날짜: 2006.6.10)** 1982년 생활보호법 전면개정시 보사부장관 생활보호법 개정 배경은? 5공화국의 '복지국가' 국정지표 실현의 필요성 생활보호법 개정과정의 주도세력은? 관료주도 보사부와 경제기획간 갈등관계는? 예산문제를 둘러싸고 항상 대립했음
근본적 변화기	**신필균** **(인터뷰 날짜: 2007.5.1)** 1999년 기초법 통과 당시 청와대 민정비서관 기초법 제정과정에서 민정수석실(-〉 정책기획수석실) 김성재-신필균 라인의 역할은? 연대회의 활동 경험을 바탕으로 적극 건의, 그러나 민정비서관이 되었을 때는 이미 울산발언으로 기초법 제정이 기정사실화된 시기로 자신은 법제정에 그리 큰 역할을 했다고 보기 어려움. 이후 법 세부 디자인을 둘러싼 논란에서 대통령에게 직보할 수 있던 정책기획실의 위치가 법 내용을 지키는 데는 도움이 되었다고 봄 1999년 울산발언의 직접적 계기는? 민정수석실의 건의와 국민회의 이성재 라인의 건의가 다 같이 중요한 영향을 미쳤을 것임 / 옷로비 사건 등의 정치적 역할에 대해서는 아는 바 없음 왜 울산발언 이후에도 국민회의가 적절한 역할을 하지 못했다고 보나? 정책형성 능력의 일반적 취약성
	문진영 **(인터뷰 날짜: 2007.5.17)** 기초법 제정 당시 국민기초생활보장법제정 추진연대회의 정책위원장 기초법 제정논의가 99년 8월 이후 급물살을 타게 된 원인은? 울산발언의 주요계기는? 대통령의 결심이 중요했고, 이에 중요한 영향을 미친 사람은 청와대 민정수석실, 국민회의 이성재 의원이었다고 본다. 둘 다 중요했다.

한나라당의 역할, 김홍신 의원의 역할을 어떻게 설명할 수 있나?

김홍신 의원 개인이 이 법안에 관심이 많았고, 그 한 원인은 사회복지를 전공한 유능한 보좌진들의 열정적 지원이다. 한나라당은 대체로 무관심한 상태에서 김홍신 의원에 이 사안을 일임했고, 선거가 가까운 마당에 정당으로서 일종의 선심성 정책일 수 있는 이 정책에 반대하기 어려웠을 것

연대회의 내부에 실질적 연대가 있었나?

그렇다. 참여연대의 역할이 비대칭적으로 크긴 했으나 다른 단체도 지속적으로 회의마다 대표를 파견하고 공동행동했다.

왜 대중사업은 지지부진했나?

수혜집단이 이질적이고 파편화되어, 원래 조직화되기 어려운 빈민운동의 한계라고 본다.

상층엘리트 중심 접근이 효과적이었다고 생각하나?

대중사업을 시도하긴 했으나 성과가 금방 나타나지 않고 현실은 절박했다. 이런 상황에서 엘리트 중심 접근 방법이 불가피한 측면이 있었다.

후반부과정에서의 연대회의와 참여연대의 갈등을 어떻게 봐야 하나?

보다 근본주의적 견해를 가진 쪽과 현실적으로 법의 유산을 막기 위해선 타협적이어야 한다고 생각했던 쪽의 입장 차이인데, 합의점을 찾기 어려웠다.

기초법 한계라고 생각한 것, 아쉽게 생각했던 점은?

사각지대를 발생시키는 부양의무자기준 등 수급자 선정기준, 최저생계비 수준

진영곤 (인터뷰 날짜: 2007.8.12)

기초법 제정 당시 기획예산처 복지노동예산과장

예산처는 기초법 제정에 부정적, 소극적이었나? 왜 그랬나?

예산처도 법제정에 반대하지 않음. 내가 복지예산과장을 맡은 99년 4월부터 울산발언이 나오는 6월까지가 기초법 얘기가 소강상태인 국면이었기에 그렇게 느끼는지도 모름. 그리고 곧 6월 울산발언이 나왔고 이후엔 우리도 협조적이었음. 다만 예산문제로 인해 최소비용으로 최대성과를 냈으면 했고, 수급자들의 형평성이나 근로유인들에 대한 우려가 있었기에 이런 부분에 신경써야 한다 보았음. 울산발언 이전 기획예산처가 기초법 제정에 반대했다면, 이는 당시만 해도 복지에 대한 인식이 굉장히 차이가 커서 어쩔 수 없는 지출, 소모성, 쓰고 없어지는 지출로 보았기 때문일 것.

예산처가 9월에 2000년 예산안을 발표하면서 생활보호 예산을 삭감하여 참여연대, 연대회의 등에서 강하게 비판하고, 예산처의 진념 장관 면담하여 항의함. 이미 법제정이 기정사실화되어있는데 어떻게 삭감을 할 수 있었나?

예산처의 예산작성과정은 몇 단계 과정을 밟는데 최종안이 아닌 비공개 문서가 외부로 흘러나가 오해를 불러일으킨 것임. 시민운동단체들이 예산을 작성하는 내부 프로세스에 대한 이해가 없는 상태에서, 이 중간단계 안을 보고 비판한 것임. 시민단체가 최종예산안을 보았다면 이런 일이 없었을 것.

예산처도 복지부처럼 입장을 같이 하는 다른 행정부처나, 다른 지지자 그룹 — 자유주의적 경제학자나 언론계 — 과 정책 네트워크를 형성했었나?

(자신이 복지노동예산과장으로 재직하는 동안엔) 전혀 없었다.

민주화 이후 행정부내 정책조정과정에서 예산처의 역할

예산처는 모든 정책에 다 연계가 되는데, 재정부담을 직접적으로 초래하는 일엔 적극적 관심을 가지고 개입한다. 간접적으로 초래하는 일에 대해서는 관심이 좀 덜하다. 부처 차원의 어떤 정책 어젠다 설정과 재정부담이 상충될 때, 아무래도 예산처의 입장이 많이 반영된다. 그러나 민주화 이후에도 대통령이 강력한 의지를 가지고 추진하는 것에 대해서는 현실적으로 기획예산처에서도 많이 받아들이는 편이다.

김미곤 (인터뷰 날짜: 2007.8.16)

기초법 제정 당시 한국보건사회연구원 부연구위원

울산발언을 이끌어내는 데 결정적 역할을 한 사람은?

오래 전부터 빈곤문제에 관심이 많았고 연구자 그룹과 강한 비공식적 연계를 가지고 있었으며, 외환위기 이후 국민회의 내부에 대안적 정책마련을 위한 태스크포스를 이끌고 있던 이성재 의원이라고 본다.

외환위기 이전 생활보호법 개선에 대한 모색이 있었나?

보사연에서 개선방향 연구가 간간이 이루어짐. 그러나 기초법과 같은 근본적 제도변화를 지향하지는 않음.

기초법 제정과정에서 한 역할은 무엇이었나?

1998년 국민회의 이성재의원이 주도해 만든 국민회의 정책위원회 태스크포스에 참여하면서 후에 제정된 기초법의 원안이 된 제도를 디자인함

법 제정후반부 주요쟁점은?

수급자선정에서 재산 기준(나중엔 부양의무자 기준으로 인한 사각지대가 논란이 많이 되었는데 제정당시엔 자산기준이 더 뜨거운 쟁점) / workfare문제 / 최저생계비 계측 문제

제3자적 입장에서 참여연대-연대회의 갈등을 어떻게 보나?

참여연대의 입장이 너무 비타협적, 근본주의적이어서 복지부를 전혀 설득할 수 없었다.

제2부

자료목록

제6장 자료수집 연구개요와 목록보기 설명

제7장 자료목록(전체 자료목록)

제 6 장

자료수집 연구개요와 목록보기 설명

제 2부에 제시되는 전체 자료목록은 본 연구가 자료를 체계적으로 수집하고 또한 필요한 자료들을 체계적으로 가공하여 디지털화하는 일련의 과정을 거쳐 생산되었다. 자료목록에 제시되는 많은 주요한 자료들은 대부분 디지털화되었다. 그러나 중요하지만 저작권 문제, 방대한 분량 등으로 디지털화하기가 어렵거나, 참고가 될 만하되 접근이 용이한 자료들의 경우에는 디지털화하는 대신 여기 자료목록에 그 소장처를 밝혀 두고 있다. 따라서 자료 정보를 얻고자 하는 연구자들은 자료의 소장처를 자료목록에서 확인하고 그 자료에 보다 빠르게 접근할 수 있을 것이다. 이 장에서는 간단하게 자료수집의 연구방법을 소개하고, 전체 자료목록을 보는 방법을 제시하고자 한다.[1)]

1) 자료수집 후 체계적으로 이루어진 디지털화 방식에 대한 자세한 논의는 여기서는 제외한다. 디지털화된 자료들이 공개되는 시점에서 자료 가공 방법과 자료 분류 체계, 자료 이용 방법 등에 대한 안내를 제시할 것이다.

1. 자료수집 연구개요

본 자료수집 연구는 한국 사회보장제도 발달사에 있어서 중요한 결절점(*nodal point*)이 된 주요 사건들을 중심으로 정책결정과정을 살펴보는 집합적 사례연구(*collective case study*)의 방법론을 채택했다. 집합적 사례연구의 사례지향적인 연구의 장점은 무엇보다 총체적인 접근에 있다. 즉 사례연구는 변수와 변수 간의 관계를 일방향적인 인과성의 논리로 단순화시키기보다는 이를 일단 그 자체로 파악하여 사례를 둘러싼 모든 변수들을 충분히 검토하고 맥락을 이해하는 장점을 가진다(Denzin & Lincoln eds., 1994). 따라서 집합적 사례연구에서 사례선택의 기준은 균형과 다양성이며, 본 연구 참여자들은 주제에 대해 가장 많이 배울 수 있는 기회를 주는 사례를 선택하고자 했다. 이 연구는 한국 사회복지 발전의 주요 계기가 된 사건들의 경제·정치·이데올로기·제도적 맥락을 고려하여 변수들을 추출하고, 이를 바탕으로 자료수집의 초점을 잡은 후, 문헌자료와 심층면접을 진행하여 유의미한 기초자료들을 구축하는 방법을 택한 것이다.

1) 이론 및 방법론 연구를 통한 변수와 자료수집 초점 도출

본격적인 자료수집연구에 들어가기에 앞서 본 연구진은 수차례에 걸친 연구 및 자문회의를 거쳐 서구 복지국가 발달이론과 기존 한국 복지국가 이론들을 숙지하고 프로그램별·발달시기별 주요 변수들과 자료수집의 초점들을 도출해내었다. 그리고 질적 자료수집연구 방법론에 대해서도 수차례에 걸친 세미나와 자료수집 경험이 있는 연구자의 자문을 거쳐 문헌자료수집과 인터뷰에 대한 사전 준비를 거쳤다.

2) 자료성격에 따른 자료수집 방법

(1) 문헌자료수집

① 자료유형 구분

문헌자료는 자료공급자와 자료의 성격에 따라 8개(회의록·법률안, 법·시행령, 녹취자료, 신문, 서적·논문, 보고서, 성명·건의, 기관지 및 기타)로 대분류하고, 다시 20개(시행령, 긴급조치, 법률안, 회의록, 녹음파일, 녹취록, 성명, 건의, 기사, 사설, 논문, 서적, 보고서, 논단, 칼럼, 해설, 통계, 기관지, 동영상 및 홍보물)로 세분류하였다.

② 유형별 접근방법

기본적으로 동일한 수집방법을 택하였으나, 자료수집의 효과를 높이기 위하여 각 유형별로 접근방식을 조금씩 달리 하였다(〈표 6-1〉 참조). 기본적으로 '국가기록원'과 '국회도서관'의 소장자료와 각 신문사의 DB자료를 우선적으로 수집·검토하였다. 그리고 이후 보건복지부, 노동부, 경총, 노총, 국회 등 해당 기관을 방문하고 자료협조요청, 정보공개 요구 등을 통해 연구초점에 해당하는 자료를 수집하였다. 정책결정과정의 참여자들로부터도 소장 자료의 기증을 요청하고, 필요에 따라서는 자료를 구입하였다.

〈표 6-1〉 문헌자료 성격 및 수집방법

<table>
<tr><th colspan="3" rowspan="2"></th><th colspan="4">자료공급원</th></tr>
<tr><th>국회 · 정부기관</th><th>정당 · 사회단체</th><th>언론</th><th>개인</th></tr>
<tr><td rowspan="4">자료의 성격</td><td rowspan="2">내부자료</td><td>유형</td><td>회의록, 보고자료</td><td>회의자료, 회의록, 보고자료</td><td>(취재자료)</td><td>비망록</td></tr>
<tr><td>수집방법</td><td>정보공개요구, 자료협조요청, 인터넷 검색</td><td>자료협조요청, 인터넷 검색</td><td>자료협조요청
인터넷 검색</td><td>자료협조요청</td></tr>
<tr><td rowspan="2">발행자료</td><td>유형</td><td>보고서, 연구자료, 법 · 시행령</td><td>성명서, 보고서, 공청회자료</td><td>기사 · 사설</td><td>회고록, 개별논문, 서적</td></tr>
<tr><td>수집방법</td><td>자료구입, 자료협조요청, 인터넷 검색</td><td>자료구입, 자료협조요청, 인터넷 검색</td><td>마이크로필름 열람, 인터넷 검색</td><td>자료구입, 자료협조요청</td></tr>
</table>

(2) 면접자료수집

① 대상자 선정 및 눈덩이식 표집

기존 연구를 통해 1차 면접대상자들을 선정하고, 면접과정에서 중요한 의미가 있는 그룹 및 이를 대표한 사람들의 명단을 제공받아 2차 면접을 진행하는 눈덩이식 표집(*snowball sampling*) 혹은 연쇄표집(*chain sampling*)이라고 불리는 방법을 활용하였다.

② 3단계 인터뷰

인터뷰는 크게 세 가지 단계를 거쳤다. 첫째, 예비 연구(*pilot study*)단계로서 사전 연구를 통해 인터뷰에 필요한 질문서의 구조, 용어, 및 내용을 확정한 후, 이를 인터뷰 일주일 전에 대상자에게 송부하여 대상자가 기억을 되살리고 답변을 준비할 수 있도록 하였다. 둘째, 심층 인터뷰를 진행하는 단계로서, 연구의 개방성과 유연성을 최대한 확보하기 위해 상황에 따라 인터뷰 주제가 자유롭게 변화할 수 있도록 반(半)구조화된 인터뷰의 형식을 취했다. 셋째, 보충단계로서, 인터뷰 후 녹취록 작성 등 검토시 발견된 불명확한 부분은 전화, 이메일 혹은 재방문을 통해 인터뷰를 다시 진행하였다.

③ 인터뷰 자료 타당성 제고 방안

면접자료의 타당성을 확인하기 위해 상이한 인터뷰 대상자들의 언급을 교차검토(*cross check*)하거나 인터뷰 내용을 문헌자료와 대비하여 검토하는 삼각검증(트라이앵귤레이션, *triangulation*)을 실시하였다. 이 과정에서 발생한 새로운 의문사항은 다른 면접대상자의 질문지에 반영하여 새로운 사실을 확인하고 검증하는 절차를 거쳤다(그러나 많은 주요 면접대상자들이 사망하거나 건강과 정치적 이유로 인터뷰를 거부하는 경우가 빈번하여 최종 검증과정이 만족스럽게 진행되지는 못하였다).

2. 자료목록 보기 설명

전체 자료목록은 크게 6가지의 분류 체계로 구성되어 있다. ① 첫 번째 분류기준은 '프로그램' 이름이다. 본 자료 데이터베이스가 다루고 있는 5개의 프로그램(1. 산재보험제도→2. 의료보험제도→3. 연금제도→4. 고용보험제도→5. 공공부조제도) 으로 먼저 자료들이 분류된다.

② 두 번째 분류기준은 '시기구분'이다. 각 프로그램별로 프로그램의 도입기, 확대기, 재편기 등의 중요기점을 중심으로 3~5개 정도의 시기가 구분된다. 프로그램별 핵심 시기의 구분을 둠으로 해서, 연구자로 하여금 프로그램의 변화 시기별로 그 시기에 해당하는 관련자료를 쉽게 탐색할 수 있도록 배려하였다.

③ 세 번째 기준은 자료 유형이다. 본 데이터베이스는 크게 약 18개의 자료유형을 다루고 있다. 목록의 배열은 자료의 공적인 속성에 따라 (1) 법률 (2) 법률안 (3) 시행령 (4) 시행규칙 (5) 회의록 (6) 내부자료 (7) 건의 (8) 기관지 (9) 성명 (10) 보도자료 (11) 기사 (12) 사설 (13) 서적 (14) 논문 (15) 보고서 (16) 자료집 (17) 녹음파일 (18) 녹취록의 순서를 따른다. 본 목록에서는 공적인 속성을 가진 자료들의 중요성을 강조하고자 법률, 법률안 등의 1차 자료를 우선 배치하였으며, 가장 높은 주관성을 띄는 녹취 자료의 경우, 뒤에 배치하도록 하였다.

④ 네 번째 자료 분류 기준은 '기관, 인명'이다. 이것은 자료의 저자, 출처 및 인터뷰 상대 등을 나타내는 지표이다.

⑤ 다섯 번째 기준은 자료의 생성년도이다. 간혹 자료의 생성년도와 프로그램 시기가 일치하지 않는 경우가 있다. 즉, 자료의 생성년도는 90년대인데, 프로그램 시기구분에는 70년대에 해당하는 자료들이 있다. 이것은, 자료를 시기별로 배치함에 있어서, 우선시 되는 것이 그 자료가 어느 시기의 내용을 다루고 있는 자료인가 하는 것이기 때문이다. 즉, 논문이나 보고서의 내용이 70년대 내용을 다루고 있다면, 생성년도가 90년대이어도, 연구자가 보다 관련된 시기별로 자료를 쉽게 얻을 수 있게 하기 위해 자료가 다루고 있는 내용을 우선시하여, 프로그램 시기별 구분에 그 자료를 포함시키도록 하였다.

⑥ 여섯 번째 기준은 자료의 '제목'이며, 이것이 마지막 분류체계 기준이다.

⑦ 그 다음의 열에는 자료의 '소장처'를 표기하도록 하였다. 본 연구에서 획득한 자료는 소장처를 '센터 DB'라고 표기하였지만, 복지정책 결정과정을 이해하는 데 중요한 자료이나 본 연구에서 획득하지 못하였거나 디지털화하지 않은 자료는 국회 도서관 등의 소장처를 따로 표기하여 목록에 기재함으로 해서, 후속 연구자가 중요 자료를 누락하지 않도록 배려하였다. 센터 DB는 연세대학교 사회과학연구소 학진자료수집연구 전용 PC에 구축되어 있다(연락처: 02)2123~3538).

⑧ 마지막 '비고'란에는 논문 혹은 기관지 등의 출처 및 권수를 적음으로 해서, 연구자가 자료의 출처를 명확히 알 수 있도록 하였다.

자료목록에서 자료를 찾는 예를 들면 다음과 같다. 예를 들어, 박정희 시대의 국민복지연금제도의 형성과정에 대해 알고 싶다 할 경우, ① 우선 '연금제도'라는 프로그램 이름(1. 산재보험제도→2. 의료보험제도→3. 연금제도→4. 고용보험제도→5. 공공부조제도 순)을 목록에서 찾고, ② 연금 프로그램에서 1972~1979(복지연금법시기)를 찾아 들어간 후, ③ 시기별로 관련자료들이 자료유형별로 나열되어 있으면(자료유형별 배열순서: 1. 법률 2. 법률안 3. 시행령 4. 시행규칙 5. 회의록 6. 내부자료 7. 건의 8. 기관지 9. 성명 10. 보도자료 11. 기사 12. 사설 13. 서적 14. 논문 15. 보고서 16. 자료집 17. 녹음파일 18. 녹취록), 자료유형별로 분류되어 있는 자료들의 출처, 생성연도, 제목을 검토하여 원하는 자료를 찾아 볼 수 있다.[2)]

---

2) 기본적으로 여기서 제시되는 자료목록의 체계는, 본 자료목록의 분류체계에 기초해 디지털화된 자료들을 나중에 쉽게 찾아볼 수 있도록 구성된 것이다. 따라서 본 자료목록을 보고, 디지털 데이터베이스에서 직접 자료를 열람하고자 할 때에는, ① 프로그램 분류기준에 따라 원하는 프로그램의 폴더로 들어간 후, ② 시기구분을 선택하여 원하는 자료유형으로 이동하고, ③ 파일명에서, 기관명과 생성년도, 제목순으로 파일을 찾으면 원하는 자료 파일을 쉽게 찾을 수 있다. 프로그램 목록과 실제 자료의 파일명에는 약간의 차이가 있다. 디지털 데이터베이스에서 파일명은 "프로그램명-시기별대통령성명-자료유형-기관명-생성년도-제목. *〔.hwp, .pdf, .MP3 등의 여러 가지 파일 형식〕"으로 되어 있다. 프로그램 '시기구분'이 '시기별 대통령성명'으로 교체되어 있지만, 실제로 자료를 찾는 데에는 큰 어려움이 없을 것이다. 예를 들어 자료목록상에서 "국민연금→1972~1979(복지연금법시기)→논문→이춘산→1981→국민복지연금제도에 관한 연구→센터 DB→이화여대 교육대학원, 석사학위논문" 순서로 제시되어 있는 자료를 디지털 데이터베이스에서 직접 열람하고 싶다면, 이 데이터베이스로 들어가, 국민연금 폴더→1972~1979(복지연금법시기) 폴더→서적, 논문 폴더의 순서대로 차례로 들어가면, "연금-박정희-논문-이춘산-1981-국민복지연금제도에관한연구.pdf" 라는 자료파일을 찾을 수 있다. 디지털 데이터베이스 활용은 각주 1)에서 밝힌 대로 자료가 공개되는 시점에서 매뉴얼로 제공될 것이다.

제 7 장

자료목록 (전체 자료목록)

* 센터 DB는 연세대학교 사회과학연구소 학진자료 수집연구 전용 PC에 구축되어 있다(연락처: 연세대 사회과학연구소, 02-2123-3538).

1. 산재보험제도

번호	시기구분	자료유형	기관/인명	생성년도	제목	소장처	비고
1	1960~1969(산재보험초기형성기)	법률	최고회의	1963	사회보장에 관한 법률〔제정 1963. 11. 5 법률 제1437호〕	센터 DB	
2	1960~1969(산재보험초기형성기)	법률	최고회의	1963	산업재해보상보험법〔제정 1963. 11. 5 법률 제1438호〕	센터 DB	
3	1960~1969(산재보험초기형성기)	법률안	보사부	1963	사회보장에 관한 법률안	센터 DB	
4	1960~1969(산재보험초기형성기)	법률안	최고회의	1963	산업재해보상보험 특별회계법안 제안이유	센터 DB	
5	1960~1969(산재보험초기형성기)	법률안	최고회의	1963	산업재해보상보험법안 제안이유	센터 DB	
6	1960~1969(산재보험초기형성기)	법률안	최고회의	1963	산업재해보상보험업무 및 심사에 관한 법률안 제안이유	센터 DB	
7	1960~1969(산재보험초기형성기)	시행령	정부	1964	산업재해보상법 시행령〔제정 1964. 06. 09 대통령령 제1837호〕	센터 DB	
8	1960~1969(산재보험초기형성기)	회의록	최고회의	1963	제107차 상임위원회 회의록	센터 DB	
9	1960~1969(산재보험초기형성기)	내부문서	노동청	1964	산업재해보상보험 감찰사무 처리규정	센터 DB	

번호	시기구분	자료유형	기관/인명	생성년도	제목	소장처	비고
10	1960~1969(산재보험초기형성기)	내부문서	노동청	1965	진폐진단및요양담당의료기관 준칙	센터 DB	
11	1960~1969(산재보험초기형성기)	내부문서	노동청	1967	근로자건강진단실시지침	센터 DB	
12	1960~1969(산재보험초기형성기)	내부문서	노동청	1967	기능장해각도측정요령	센터 DB	
13	1960~1969(산재보험초기형성기)	내부문서	노동청	1967	산업재해 보상보험 요율에 관한 고시	센터 DB	
14	1960~1969(산재보험초기형성기)	내부문서	노동청	1967	산업재해보상보험 법령해설및예규집	센터 DB	
15	1960~1969(산재보험초기형성기)	내부문서	노동청	1967	산업재해보상보험관계법령집	센터 DB	
16	1960~1969(산재보험초기형성기)	내부문서	노동청	1967	산업재해보상보험의 이론과실제	센터 DB	
17	1960~1969(산재보험초기형성기)	내부문서	노동청	1967	산업재해보상보험특별회계	센터 DB	
18	1960~1969(산재보험초기형성기)	내부문서	노동청	1967	신규적용사업 보험요율 책정안	센터 DB	
19	1960~1969(산재보험초기형성기)	내부문서	노동청	1967	제목부재〔민간보험에 대한 노동청의 입장〕	센터 DB	
20	1960~1969(산재보험초기형성기)	내부문서	노동청	1967	진료비산정기준표	센터 DB	
21	1960~1969(산재보험초기형성기)	내부문서	노동청	1967	회계실무지침	센터 DB	
22	1960~1969(산재보험초기형성기)	건의	노총	1962	공무원 재해보상규정시행 세칙공포 및 실시 촉구	센터 DB	노총 사업보고서
23	1960~1969(산재보험초기형성기)	건의	노총	1962	광산보안법 재정 촉구	센터 DB	노총 사업보고서
24	1960~1969(산재보험초기형성기)	건의	노총	1967	산업재해보상보험금 체불청산 촉구	센터 DB	노총 사업보고서
25	1960~1969(산재보험초기형성기)	건의	노총	1968	산재보험험 관계법령의 개정 및 운영 합리화 활동	센터 DB	노총 사업보고서

번호	시기구분	자료유형	기관/인명	생성년도	제목	소장처	비고
26	1960~1969(산재보험초기형성기)	건의	노총	1969	산재보험법개정에 관한 건의	센터 DB	노총 사업보고서
27	1960~1969(산재보험초기형성기)	기관지	최고회의보	1963	산재보험제도의 창설	센터 DB	최고회의보, No. 26
28	1960~1969(산재보험초기형성기)	기관지	경협	1968	산재보험과 그 문제점	센터 DB	경협, No. 54
29	1960~1969(산재보험초기형성기)	기관지	노동공론	1972	산재보험의 방향과 문제점	센터 DB	노동공론, 2권 11호
30	1960~1969(산재보험초기형성기)	기관지	노동	1979	산재보험제도 실시 15주년 회고(그 전야(全夜)에 있었던 일들)	센터 DB	노동, 13권 3호
31	1960~1969(산재보험초기형성기)	기사	조선	1956. 11. 04	연간 노동재해자 수 6천여명	센터 DB	
32	1960~1969(산재보험초기형성기)	기사	조선	1957. 02. 05	노동재해보상 1월 중에 25건	센터 DB	
33	1960~1969(산재보험초기형성기)	기사	조선	1959. 01. 14	팔과 다리 짤려죽은 직공	센터 DB	
34	1960~1969(산재보험초기형성기)	기사	조선	1960. 01. 18	근로기준법은 있어도 희미한 노무자 재해보상	센터 DB	
35	1960~1969(산재보험초기형성기)	기사	조선	1961. 04. 05	노동백서 한해 175명 사망	센터 DB	
36	1960~1969(산재보험초기형성기)	기사	조선	1961. 04. 15	벙어리 만든 동양고무 사장	센터 DB	
37	1960~1969(산재보험초기형성기)	기사	조선	1963. 09. 08	근로자재해 일반의료보험 10월중 시행	센터 DB	
38	1960~1969(산재보험초기형성기)	기사	조선	1964. 07. 11	산업재해보상보험법발효	센터 DB	
39	1960~1969(산재보험초기형성기)	기사	한국	1965. 03. 10	근로자 산재보상책임보험 개업 안내	센터 DB	
40	1960~1969(산재보험초기형성기)	기사	조선	1965. 03. 20	산업재해보험법 대상업체확대	센터 DB	
41	1960~1969(산재보험초기형성기)	기사	조선	1966. 08. 19	개정법산업재해보상확장	센터 DB	

번호	시기구분	자료유형	기관/인명	생성년도	제목	소장처	비고
42	1960~1969(산재보험초기형성기)	기사	조선	1967.04.26	작업중 사고사 267명	센터 DB	
43	1960~1969(산재보험초기형성기)	기사	조선	1967.07.26	산업재해 보상법시행개정안마련	센터 DB	
44	1960~1969(산재보험초기형성기)	기사	조선	1967.12.13	산재보험통용확대	센터 DB	
45	1960~1969(산재보험초기형성기)	기사	조선	1968.05.15	산업재해 한해 90억	센터 DB	
46	1960~1969(산재보험초기형성기)	기사	조선	1968.06.16	노동청 산업재해 보상보험법 개정안 마련	센터 DB	
47	1960~1969(산재보험초기형성기)	기사	조선	1968.07.07	늘어나는산업재해	센터 DB	
48	1960~1969(산재보험초기형성기)	기사	조선	1968.08.10	산업재해보상 16개 사업소 개장	센터 DB	
49	1960~1969(산재보험초기형성기)	기사	조선	1968.10.24	속임수산재보험금	센터 DB	
50	1960~1969(산재보험초기형성기)	기사	조선	1969.06.05	노동자수혜확대	센터 DB	
51	1960~1969(산재보험초기형성기)	기사	조선	1969.07.30	산재손실 한해 259억	센터 DB	
52	1960~1969(산재보험초기형성기)	사설	조선	1964.07.12	산업재해보상보험의 촉진	센터 DB	
53	1960~1969(산재보험초기형성기)	사설	조선	1968.05.17	산업재해예방에 대한 진지한 대책	센터 DB	
54	1960~1969(산재보험초기형성기)	사설	조선	1969.06.05	탄광과 산재보험법개정	센터 DB	
55	1960~1969(산재보험초기형성기)	서적	최고회의	1963	한국군사혁명사 상, 하	국회도서관	
56	1960~1969(산재보험초기형성기)	서적	심강섭	1968	산업재해보상보험법개설	연대도서관	심강섭 기증
57	1960~1969(산재보험초기형성기)	서적	최천송	1977	한국사회보장론	국회도서관	

번호	시기구분	자료유형	기관/인명	생성년도	제목	소장처	비고
58	1960~1969(산재보험초기형성기)	서적	노동부	1981	산재보험15년사	센터 DB	
59	1960~1969(산재보험초기형성기)	서적	최천송	1991	한국사회보장연구사	국회도서관	
60	1960~1969(산재보험초기형성기)	서적	노동부	2004	산재보험40년사	센터 DB	
61	1960~1969(산재보험초기형성기)	논문	손준규	1981	한국의 복지정책 결정과정에 대한 연구	센터 DB	서울대, 정치학 박사학위논문
62	1960~1969(산재보험초기형성기)	보고서	보사부	1962	노재보험실시에관한제안	센터 DB	
63	1960~1969(산재보험초기형성기)	보고서	보사부	1962	산재및실업보험 의료보험실시를 위한 현지조사보고서	센터 DB	
64	1960~1969(산재보험초기형성기)	보고서	보사부	1963	사회보험(산재보험. 의료보험) 실시계획	센터 DB	
65	1960~1969(산재보험초기형성기)	보고서	보사부	1963	산업재해보상보험사업에 관한 연구	센터 DB	
66	1960~1969(산재보험초기형성기)	보고서	노동청	1964	산재보험 사업실적	센터 DB	
67	1960~1969(산재보험초기형성기)	보고서	노동청	1967	산업재해보상보험사업개황	센터 DB	
68	1960~1969(산재보험초기형성기)	보고서	노총	1962~	노총 사업보고서	노총중앙연구원, 국회도서관	
69	1960~1969(산재보험초기형성기)	녹음파일	조만제	2006. 8. 14	산재보험도입과정	센터 DB	
70	1960~1969(산재보험초기형성기)	녹음파일1	심강섭	2006. 02. 14	산재보험도입과정	센터 DB	
71	1960~1969(산재보험초기형성기)	녹음파일2	심강섭	2006. 02. 14	산재보험도입과정	센터 DB	
72	1960~1969(산재보험초기형성기)	녹음파일3	심강섭	2006. 02. 14	산재보험도입과정	센터 DB	
73	1960~1969(산재보험초기형성기)	녹취록	심강섭	2006. 2. 14	산재보험도입과정	센터 DB	

번호	시기구분	자료유형	기관/인명	생성년도	제목	소장처	비고
74	1960~1969(산재보험초기형성기)	녹취록	조만제	2006. 8. 14	산재보험도입과정	센터 DB	
75	1970~1987(산재보험점진적변화기)	법률	국회	1970	산업재해보상보험법〔일부개정 1970. 12. 31 법률 제2271호〕	센터 DB	
76	1970~1987(산재보험점진적변화기)	법률안	국회	1970	산업재해보상보험법 개정법률안 공포법률	센터 DB	
77	1970~1987(산재보험점진적변화기)	법률안	국회	1970	산업재해보상보험법 개정법률안 심사보고서	센터 DB	
78	1970~1987(산재보험점진적변화기)	법률안	국회	1970	산업재해보상보험법 개정법률안 의안원문	센터 DB	
79	1970~1987(산재보험점진적변화기)	법률안	국회	1970	산업재해보상보험법 개정법률안 제안이유	센터 DB	
80	1970~1987(산재보험점진적변화기)	법률안	국회	1970	산업재해보상보험업무및심사에 관한 개정법률안 공포법률	센터 DB	
81	1970~1987(산재보험점진적변화기)	법률안	국회	1970	산업재해보상보험업무및심사에 관한 개정법률안 심사보고서	센터 DB	
82	1970~1987(산재보험점진적변화기)	법률안	국회	1970	산업재해보상보험업무및심사에 관한 개정법률안 의안원문	센터 DB	
83	1970~1987(산재보험점진적변화기)	법률안	국회	1970	산업재해보상보험업무및심사에 관한 개정법률안 제안이유	센터 DB	
84	1970~1987(산재보험점진적변화기)	시행령	정부	1971	산업재해보상법 시행령〔전문개정 1971. 11. 19 대통령령 제5846호〕	센터 DB	
85	1970~1987(산재보험점진적변화기)	회의록	국회	1970	73회 5차 보사위 상임위원회	센터 DB	
86	1970~1987(산재보험점진적변화기)	회의록	국회	1970	75회 16차 보사위 상임위원회	센터 DB	
87	1970~1987(산재보험점진적변화기)	회의록	국회	1970	75회 21차 본회의	센터 DB	
88	1970~1987(산재보험점진적변화기)	회의록	국회	1970	75회 21차 본회의(부록)	센터 DB	
89	1970~1987(산재보험점진적변화기)	건의	노총	1970	산재보험개정에 관한 건의	센터 DB	노총 사업보고서

번호	시기구분	자료유형	기관/인명	생성년도	제목	소장처	비고
90	1970~1987(산재보험점진적변화기)	건의	노총	1972	산업재해보상보험제도의 운영개선 활동	센터 DB	노총 사업보고서
91	1970~1987(산재보험점진적변화기)	건의	경총	1973	67, 68년 사무직에 관한 산재보험료 추징철회 요망	센터 DB	경총 권고·건의집
92	1970~1987(산재보험점진적변화기)	건의	노총	1976	산업재해보상보험법 개정 요구	센터 DB	노총 사업보고서
93	1970~1987(산재보험점진적변화기)	건의	노총	1977	산업재해보상보험법 개정 요구에 대한 노동청의 의견	센터 DB	노총 사업보고서
94	1970~1987(산재보험점진적변화기)	건의	경총	1970. 09. 07	산업재해보상보험법 개정에 관한 건의	센터 DB	경총 권고·건의집
95	1970~1987(산재보험점진적변화기)	건의	경총	1975. 05. 07	산업재해보상보험법 및 시행령 개정 요망 의견	센터 DB	경총 권고·건의집
96	1970~1987(산재보험점진적변화기)	건의	경총	1981. 09. 06	산재보상보험제도의 개선을 위한 의견	센터 DB	경총 권고·건의집
97	1970~1987(산재보험점진적변화기)	건의	경총	1982. 06. 08	산재보상보험법 개정안에 대한 의견	센터 DB	경총 권고·건의집
98	1970~1987(산재보험점진적변화기)	건의	경총	1982. 07. 01	산재보험의 장해 및 유족특별급여 차등지급 방법에 관한 의견	센터 DB	경총 권고·건의집
99	1970~1987(산재보험점진적변화기)	건의	경총	1983. 03. 31	산업재해보상보험법 시행령 개정안에 대한 의견	센터 DB	경총 권고·건의집
100	1970~1987(산재보험점진적변화기)	건의	경총	1983. 11. 18	산재보험요율 적용변경 및 운영개선을 위한 의견	센터 DB	경총 권고·건의집
101	1970~1987(산재보험점진적변화기)	건의	경총	1986. 06. 21	산업재해보상보험법 시행령 개정에 관한 의견	센터 DB	경총 권고·건의집
102	1970~1987(산재보험점진적변화기)	건의	경총	1987. 04. 30	산업재해예방 공단 설립에 관하여	센터 DB	경총 권고·건의집
103	1970~1987(산재보험점진적변화기)	기관지	노동	1976	산재보험 육성운영고 사회적 책임 산재보험 사업실시 12주년 특별좌담	센터 DB	노동, 10권 3호
104	1970~1987(산재보험점진적변화기)	기관지	노동	1979	산재보험의 운영현황과 목표, 특집 산재보험사업 15년에 본다	센터 DB	노동, 13권 3호
105	1970~1987(산재보험점진적변화기)	기관지	노동	1980	산재보험 15년을 결산한다	센터 DB	노동, 14권 5호

번호	시기구분	자료유형	기관/인명	생성년도	제목	소장처	비고
106	1970~1987(산재보험점진적변화기)	기관지	노동	1980	산재보험의 발전과정과 그 운영실적	센터 DB	노동, 14권 5호
107	1970~1987(산재보험점진적변화기)	기관지	노동	1981	가입자 입장에서 본 산재보험제도	센터 DB	노동, 15권 8호
108	1970~1987(산재보험점진적변화기)	기관지	노동	1981	수혜자의 입장에서 본 산재보험제도	센터 DB	노동, 15권 8호
109	1970~1987(산재보험점진적변화기)	기사	조선	1970. 01. 20	산업재해환자가족에 특혜	센터 DB	
110	1970~1987(산재보험점진적변화기)	기사	조선	1970. 04. 11	국무회의 산재보험개정 의결	센터 DB	
111	1970~1987(산재보험점진적변화기)	기사	조선	1971. 01. 14	김태동보사부장관 보고: 30명 이상 사업장 확대	센터 DB	
112	1970~1987(산재보험점진적변화기)	기사	조선	1971. 09. 07	노동청산재보험금 회계법개정	센터 DB	
113	1970~1987(산재보험점진적변화기)	기사	조선	1971. 09. 08	출장중 수난실종에 관한 산재법 개정	센터 DB	
114	1970~1987(산재보험점진적변화기)	기사	조선	1971. 12. 17	산재보험료율 인하	센터 DB	
115	1970~1987(산재보험점진적변화기)	기사	조선	1972. 11. 15	산재보상보험확대	센터 DB	
116	1970~1987(산재보험점진적변화기)	기사	조선	1973. 02. 27	비상국무회의: 산재보험법개정	센터 DB	
117	1970~1987(산재보험점진적변화기)	기사	조선	1973. 06. 13	산재보험범위 확대	센터 DB	
118	1970~1987(산재보험점진적변화기)	기사	조선	1974. 06. 16	제혁공 13명 하반신마비	센터 DB	
119	1970~1987(산재보험점진적변화기)	기사	조선	1974. 06. 18	하반신마비된 도아고무종업원 13명: 근로법보호 막혀	센터 DB	
120	1970~1987(산재보험점진적변화기)	기사	조선	1975. 05. 13	광산재해 10% 늘어	센터 DB	
121	1970~1987(산재보험점진적변화기)	기사	조선	1975. 09. 11	노동법제의적용확대	센터 DB	

번호	시기구분	자료유형	기관/인명	생성년도	제목	소장처	비고
122	1970~1987(산재보험점진적변화기)	기사	조선	1976. 12. 31	경제장관회의 산재급여기준 설정	센터 DB	
123	1970~1987(산재보험점진적변화기)	기사	조선	1976. 02. 25	산업재해는 전쟁의 피해보다 크다	센터 DB	
124	1970~1987(산재보험점진적변화기)	기사	조선	1976. 03. 02	산업재해는 환경인간 요인의 복합이다	센터 DB	
125	1970~1987(산재보험점진적변화기)	기사	조선	1976. 03. 04	산업재해를 정신력으로 극복하기 어렵다	센터 DB	
126	1970~1987(산재보험점진적변화기)	기사	조선	1976. 04. 14	한해 산업재해 손실에 백억원을 넘는다	센터 DB	
127	1970~1987(산재보험점진적변화기)	기사	조선	1977. 07. 20	산업재해 한 해 재산손실 633억	센터 DB	
128	1970~1987(산재보험점진적변화기)	기사	조선	1977. 07. 21	증가하는 산업재해	센터 DB	
129	1970~1987(산재보험점진적변화기)	기사	조선	1977. 09. 09	산재보험 5인이상 업체까지 확대	센터 DB	
130	1970~1987(산재보험점진적변화기)	기사	조선	1977. 11. 05	보사위 산업재해보상보험법 개정안으로 한 차례 파란	센터 DB	
131	1970~1987(산재보험점진적변화기)	기사	조선	1977. 12. 30	산재보험료율 11. 3으로 인하	센터 DB	
132	1970~1987(산재보험점진적변화기)	기사	조선	1978. 02. 04	산재보험금 급여제한폐지	센터 DB	
133	1970~1987(산재보험점진적변화기)	기사	조선	1978. 02. 10	산업재해급증	센터 DB	
134	1970~1987(산재보험점진적변화기)	기사	조선	1978. 05. 21	안전소홀 근로자는 불안하다	센터 DB	
135	1970~1987(산재보험점진적변화기)	기사	조선	1978. 12. 26	산재기준평균임금인상	센터 DB	
136	1970~1987(산재보험점진적변화기)	기사	조선	1979. 06. 22	작년산재피해14만명	센터 DB	
137	1970~1987(산재보험점진적변화기)	기사	조선	1980. 06. 11	산재가줄어들고있다.	센터 DB	

번호	시기구분	자료유형	기관/인명	생성년도	제목	소장처	비고
138	1970~1987(산재보험점진적변화기)	기사	조선	1981. 05. 23	산재사망2백여명	센터 DB	
139	1970~1987(산재보험점진적변화기)	기사	조선	1981. 05. 30	잇단산재무력한근로기준법	센터 DB	
140	1970~1987(산재보험점진적변화기)	기사	조선	1981. 09. 13	산재보험적용대상업체10인이상	센터 DB	
141	1970~1987(산재보험점진적변화기)	기사	조선	1982. 05. 26	10인이상업체산재보험대상	센터 DB	
142	1970~1987(산재보험점진적변화기)	기사	조선	1982. 08. 14	산재보상호프만식으로: 산재보상법개정	센터 DB	
143	1970~1987(산재보험점진적변화기)	기사	조선	1983. 06. 10	업주과실 산재보상 추징않하기로	센터 DB	
144	1970~1987(산재보험점진적변화기)	기사	조선	1984. 07. 13	산업재해하루429명꼴	센터 DB	
145	1970~1987(산재보험점진적변화기)	기사	조선	1985. 09. 06	산재보상기피업주검찰권발동	센터 DB	
146	1970~1987(산재보험점진적변화기)	기사	조선	1985. 10. 03	산재로684명사망	센터 DB	
147	1970~1987(산재보험점진적변화기)	기사	조선	1986. 02. 15	산업재해희생자수작년1718명	센터 DB	
148	1970~1987(산재보험점진적변화기)	기사	조선	1986. 08. 14	연간산재피해1조원육박	센터 DB	
149	1970~1987(산재보험점진적변화기)	사설	조선	1972. 03. 30	산업재해에 눈을 뜰 때	센터 DB	
150	1970~1987(산재보험점진적변화기)	사설	조선	1973. 07. 17	산업재해는 예방이 요제	센터 DB	
151	1970~1987(산재보험점진적변화기)	사설	조선	1976. 08. 31	산재에대한문제의식	센터 DB	
152	1970~1987(산재보험점진적변화기)	사설	조선	1977. 02. 25	산업재해와 감독행정	센터 DB	
153	1970~1987(산재보험점진적변화기)	사설	조선	1978. 02. 21	산재증가를 보는 눈	센터 DB	

번호	시기구분	자료유형	기관/인명	생성년도	제목	소장처	비고
154	1970~1987(산재보험점진적변화기)	서적	노동청	1973	노동행정10년사	연대도서관	
155	1970~1987(산재보험점진적변화기)	서적	노동청	1976	사용주 및 노동자의 중대과실 판단기준	연대도서관	심강섭 기증
156	1970~1987(산재보험점진적변화기)	서적	노동청	1976	산업재해보상보험법및 동시행령의 변천	연대도서관	심강섭 기증
157	1970~1987(산재보험점진적변화기)	서적	노총	1979	한국노동조합운동사	국회도서관	
158	1970~1987(산재보험점진적변화기)	서적	전국부두노동조합	1979	한국부두노동운동 백년사	국회도서관, 연대도서관	
159	1970~1987(산재보험점진적변화기)	서적	손준규	1983	사회보장 사회개발론	국회도서관	
160	1970~1987(산재보험점진적변화기)	서적	김종헌	1986	한국 제3공화정	연대도서관	
161	1970~1987(산재보험점진적변화기)	서적	노동부	2004	산재보험40년사	센터 DB	
162	1970~1987(산재보험점진적변화기)	논문	이인재	1987	한국산업재해보상노험제도 변천과정에 있어서 관련 집단들의 영향력에 관한 연구	국회도서관	
163	1970~1987(산재보험점진적변화기)	보고서	대한상공회의소	1970	산재보험제도에 관한 연구	국회도서관	
164	1970~1987(산재보험점진적변화기)	보고서	성유운	1973	산업재해와 직업병	연대도서관	심강섭 기증
165	1970~1987(산재보험점진적변화기)	보고서	경총	1973~	경총 사업보고서	경총자료실	
166	1970~1987(산재보험점진적변화기)	연감	노동부(청)	1977~	산재보험사업연보	국회도서관	
167	1988~2002(산재보험확대재편기)	법률	국회	1989	산업재해보상보험법〔일부개정 1989. 4. 1 법률 제4111호〕	센터 DB	
168	1988~2002(산재보험확대재편기)	법률	국회	1999	산업재해보상보험법〔일부개정 1999. 12. 31 법률 6073호〕	센터 DB	
169	1988~2002(산재보험확대재편기)	법률	국회	1999	산업재해보상보험법〔일부개정 1999. 12. 31 법률 6100호〕	센터 DB	

번호	시기구분	자료유형	기관/인명	생성년도	제목	소장처	비고
170	1988~2002(산재보험확대재편기)	법률안	국회	1988	산업재해보상보험법 개정법률안 심사보고서	센터 DB	
171	1988~2002(산재보험확대재편기)	법률안	국회	1988	산업재해보상보험법 개정법률안 의안원문	센터 DB	
172	1988~2002(산재보험확대재편기)	법률안	국회	1988	산업재해보상보험법 개정법률안 제안이유	센터 DB	
173	1988~2002(산재보험확대재편기)	법률안	국회	1989	산업재해보상보험법 개정법률안(대안) 공포법률	센터 DB	
174	1988~2002(산재보험확대재편기)	법률안	국회	1989	산업재해보상보험법 개정법률안(대안) 심사보고서	센터 DB	
175	1988~2002(산재보험확대재편기)	법률안	국회	1989	산업재해보상보험법 개정법률안(대안) 제안이유	센터 DB	
176	1988~2002(산재보험확대재편기)	법률안	국회	1998	산업재해보상보험법 개정법률안(방용석의원외) 원문	센터 DB	
177	1988~2002(산재보험확대재편기)	법률안	국회	1998	산업재해보상보험법 개정법률안(방용석의원외) 제안이유	센터 DB	
178	1988~2002(산재보험확대재편기)	법률안	국회	1999	산업재해보상보험법 개정법률안(대안) 검토보고서	센터 DB	
179	1988~2002(산재보험확대재편기)	법률안	국회	1999	산업재해보상보험법 개정법률안(대안) 심사보고서	센터 DB	
180	1988~2002(산재보험확대재편기)	법률안	국회	1999	산업재해보상보험법 개정법률안(대안) 제안이유	센터 DB	
181	1988~2002(산재보험확대재편기)	법률안	국회	1999	산업재해보상보험법 개정법률안(장세균의원외) 검토보고서	센터 DB	
182	1988~2002(산재보험확대재편기)	법률안	국회	1999	산업재해보상보험법 개정법률안(장세균의원외) 제안이유	센터 DB	
183	1988~2002(산재보험확대재편기)	법률안	국회	1999	산업재해보상보험법 개정법률안(정부) 검토보고서	센터 DB	
184	1988~2002(산재보험확대재편기)	법률안	국회	1999	산업재해보상보험법 개정법률안(정부) 심사보고서	센터 DB	
185	1988~2002(산재보험확대재편기)	법률안	국회	1999	산업재해보상보험법 개정법률안(정부) 제안이유	센터 DB	

번호	시기구분	자료유형	기관/인명	생성년도	제목	소장처	비고
186	1988~2002(산재보험확대재편기)	법률안	국회	1999	산업재해보상보험법 개정법률안(대안) 원문	센터 DB	
187	1988~2002(산재보험확대재편기)	법률안	국회	1999	산업재해보상보험법 개정법률안(장세균의원외) 심사보고서	센터 DB	
188	1988~2002(산재보험확대재편기)	법률안	국회	1999	산업재해보상보험법 개정법률안(장세균의원외) 원문	센터 DB	
189	1988~2002(산재보험확대재편기)	법률안	국회	1999	산업재해보상보험법 개정법률안(정부) 원문	센터 DB	
190	1988~2002(산재보험확대재편기)	시행령	정부	1991	산업재해보상법 시행령 〔일부개정 1991. 04. 11 대통령령 제13346호〕	센터 DB	
191	1988~2002(산재보험확대재편기)	시행령	정부	2000	산업재해보상법 시행령 〔일부개정 2000. 06. 27 대통령령 제16871호〕	센터 DB	
192	1988~2002(산재보험확대재편기)	회의록	국회	1988	144회 12차 노동위 상임위원회	센터 DB	
193	1988~2002(산재보험확대재편기)	회의록	국회	1989	145회 5차 노동위 상임위원회	센터 DB	
194	1988~2002(산재보험확대재편기)	회의록	국회	1989	145회 8차 본회의	센터 DB	
195	1988~2002(산재보험확대재편기)	회의록	국회	1989	145회 8차 본회의(부록)	센터 DB	
196	1988~2002(산재보험확대재편기)	회의록	국회	1998	198회 16차 환경노동위 상임위원회	센터 DB	
197	1988~2002(산재보험확대재편기)	회의록	국회	1998	199회 1차 환경노동위 상임위원회	센터 DB	
198	1988~2002(산재보험확대재편기)	회의록	국회	1998	199회 4차 본회의	센터 DB	
199	1988~2002(산재보험확대재편기)	회의록	국회	1999	208회 20차 본회의	센터 DB	
200	1988~2002(산재보험확대재편기)	회의록	국회	1999	208회 8차 환경노등위 상임위원회	센터 DB	
201	1988~2002(산재보험확대재편기)	내부문서	근로복지공단	2004	각국의 산재보험 현안문제 및 향후 발전과제: 산재보험 40주년 국제심포지엄	연대도서관	심강섭기증

번호	시기구분	자료유형	기관/인명	생성년도	제목	소장처	비고
202	1988~2002(산재보험확대재편기)	건의	노총	1988	산업재해보상보험제도 개선에 관한 의견	센터 DB	노총 사업보고서
203	1988~2002(산재보험확대재편기)	건의	노총	1995	4인 이하 사업장 근기법 및 산재법 전면 적용에 관한 정책 건의	센터 DB	노총 사업보고서
204	1988~2002(산재보험확대재편기)	건의	노총	1995	산재보험의 효율적 운영방안에 관한 정책적 건의	센터 DB	노총 사업보고서
205	1988~2002(산재보험확대재편기)	건의	노총	1997	산재보험 민영화 반대 활동	센터 DB	노총 사업보고서
206	1988~2002(산재보험확대재편기)	건의	노총	1999	산업재해보상보험법 개정에 대한 의견 제출	센터 DB	노총 사업보고서
207	1988~2002(산재보험확대재편기)	건의	노총	2000	산업재해보상보험법 개정활동	센터 DB	노총 사업보고서
208	1988~2002(산재보험확대재편기)	건의	노총	2001	한국노총의 산재보험제도 개선방안	센터 DB	노총 사업보고서
209	1988~2002(산재보험확대재편기)	건의	노총	2003	특수고용직 종사자의 산재보험적용에 대한 의견 개진	센터 DB	노총 사업보고서
210	1988~2002(산재보험확대재편기)	건의	노총	2005	산재보험제도 개혁을 위한 정책활동	센터 DB	경총 권고 · 건의집
211	1988~2002(산재보험확대재편기)	건의	경총	1989. 06. 30	산업보험사무조합 활성화를 위한 의견	센터 DB	경총 권고 · 건의집
212	1988~2002(산재보험확대재편기)	건의	경총	1989. 12. 22	산재보험사무조합 운영에 관한 경영계 의견	센터 DB	경총 사업보고서
213	1988~2002(산재보험확대재편기)	건의	경총	1992. 08. 24	산재 초과보험제 도입에 대한 경영계 의견	센터 DB	경총 사업보고서
214	1988~2002(산재보험확대재편기)	건의	경총	1992. 11. 02	93년 산재보험요율(안)에 대한 경영계 의견	센터 DB	경총 사업보고서
215	1988~2002(산재보험확대재편기)	건의	경총	1994. 09. 07	산업재해보상보험법 개정에 관한 경영계 의견	센터 DB	경총 사업보고서
216	1988~2002(산재보험확대재편기)	건의	경총	1997. 09. 25	건설업 산업보험료 적용 징수에 관한 경영계 의견	센터 DB	경총 사업보고서
217	1988~2002(산재보험확대재편기)	건의	경총	1998. 04. 02	산재보상보험제도 개선에 관한 경영계 의견	센터 DB	경총 사업보고서

번호	시기구분	자료유형	기관/인명	생성년도	제목	소장처	비고
218	1988~2002(산재보험확대재편기)	건의	경총	1999. 04. 02	산재보상보험제도 개선에 대한 경영계 의견	센터 DB	경총 사업보고서
219	1988~2002(산재보험확대재편기)	건의	경총	2000. 04. 17	산업재해보상보험법 시행령개정(안)에 대한 경영계 의견	센터 DB	경총 사업보고서
220	1988~2002(산재보험확대재편기)	건의	경총	2000. 06. 29	산재고용 보험사무조합 활성화를 위한 경영계 의견	센터 DB	경총 사업보고서
221	1988~2002(산재보험확대재편기)	건의	경총	2003. 09. 09	산업재해보상보험법 개정(안)에 관한 의견	센터 DB	경총 사업보고서
222	1988~2002(산재보험확대재편기)	건의	경총	2005. 02. 17	산업재해보상보험법 개정법률안에 대한 경영계 의견	센터 DB	경총 사업보고서
223	1988~2002(산재보험확대재편기)	건의	경총	2005. 11. 15	산업재해보상보험법 일부개정법률안에 대한 경영계 의견	센터 DB	경총 사업보고서
224	1988~2002(산재보험확대재편기)	기사	조선	1988. 07. 01	산재사망 작년 1771명	센터 DB	
225	1988~2002(산재보험확대재편기)	기사	조선	1988. 07. 21	근로자 권익침해 산재가 으뜸	센터 DB	
226	1988~2002(산재보험확대재편기)	기사	조선	1988. 08. 05	산재왕국 탈피해야	센터 DB	
227	1988~2002(산재보험확대재편기)	기사	조선	1990. 01. 24	작업환경개선 호소하는 청소원 이종억씨	센터 DB	
228	1988~2002(산재보험확대재편기)	기사	조선	1990. 03. 15	유독가스가 새고 있다	센터 DB	
229	1988~2002(산재보험확대재편기)	기사	조선	1990. 05. 21	산재급증 하루 6명꼴 사망	센터 DB	
230	1988~2002(산재보험확대재편기)	기사	조선	1990. 06. 05	수은중독여공	센터 DB	
231	1988~2002(산재보험확대재편기)	기사	조선	1990. 10. 30	금융보험업산재보상: 재무부노동부대립	센터 DB	
232	1988~2002(산재보험확대재편기)	기사	조선	1991. 02. 24	산재사망 29% 늘어	센터 DB	
233	1988~2002(산재보험확대재편기)	기사	조선	1991. 04. 27	산재종합대책 8월까지 마련	센터 DB	

번호	시기구분	자료유형	기관/인명	생성년도	제목	소장처	비고
234	1988~2002(산재보험확대재편기)	기사	조선	1991. 04. 28	환경개선 외면하고 벌금에 배짱	센터 DB	
235	1988~2002(산재보험확대재편기)	기사	조선	1991. 04. 29	산재무방비의 복지사회	센터 DB	
236	1988~2002(산재보험확대재편기)	기사	조선	1991. 05. 01	원진보다 환경 더 나쁜 곳 많다	센터 DB	
237	1988~2002(산재보험확대재편기)	기사	조선	1991. 05. 07	노동부 산재해석 형식적	센터 DB	
238	1988~2002(산재보험확대재편기)	기사	조선	1991. 05. 14	악성 산재업주 사법처리	센터 DB	
239	1988~2002(산재보험확대재편기)	기사	조선	1991. 08. 15	근로자 64%가 사고위험 속 근무	센터 DB	
240	1988~2002(산재보험확대재편기)	기사	조선	1991. 10. 24	건설업 산재폭증 상반기 사망 32% 증가	센터 DB	
241	1988~2002(산재보험확대재편기)	기사	조선	1991. 10. 27	산재장해자 하루 72명꼴	센터 DB	
242	1988~2002(산재보험확대재편기)	기사	조선	1991. 12. 24	근로자산재 재판승소율 급증	센터 DB	
243	1988~2002(산재보험확대재편기)	기사	조선	1992. 08. 04	하루 6명 산재 사망	센터 DB	
244	1988~2002(산재보험확대재편기)	기사	조선	1992. 08. 14	중대 산업재해 사업주 구속	센터 DB	
245	1988~2002(산재보험확대재편기)	기사	조선	1992. 08. 22	산업재해추방대책 노사정간담회	센터 DB	
246	1988~2002(산재보험확대재편기)	기사	조선	1992. 08. 29	대검산재 집중단속 지시	센터 DB	
247	1988~2002(산재보험확대재편기)	기사	조선	1992. 10. 05	산재사망자 크게 늘어	센터 DB	
248	1988~2002(산재보험확대재편기)	기사	조선	1992. 10. 16	하역노무자 산재 많다	센터 DB	
249	1988~2002(산재보험확대재편기)	기사	조선	1993. 01. 18	산재보험 금융보험업 가입 의무화	센터 DB	

번호	시기구분	자료유형	기관/인명	생성년도	제목	소장처	비고
250	1988~2002(산재보험확대재편기)	기사	조선	1993.08.03	산재보상금 지급 첫 감소	센터 DB	
251	1988~2002(산재보험확대재편기)	기사	조선	1993.08.23	재해 잦은 건설업치	센터 DB	
252	1988~2002(산재보험확대재편기)	기사	조선	1993.10.22	건설재해 4년간 사광 2600명	센터 DB	
253	1988~2002(산재보험확대재편기)	기사	조선	1994.01.23	산재사망자 보상액 재해자 재해율	센터 DB	
254	1988~2002(산재보험확대재편기)	기사	조선	1994.03.11	금융기관 산재가입 논란	센터 DB	
255	1988~2002(산재보험확대재편기)	기사	조선	1994.05.19	산재예방 3천억 투입	센터 DB	
256	1988~2002(산재보험확대재편기)	기사	조선	1994.08.27	산재보험공단 만든다	센터 DB	
257	1988~2002(산재보험확대재편기)	기사	조선	1995.04.26	산재사망 작년 2678명 사상 최고	센터 DB	
258	1988~2002(산재보험확대재편기)	기사	조선	1996.03.16	94년 산재사망자 중 11% 금속노련	센터 DB	
259	1988~2002(산재보험확대재편기)	기사	조선	1997.05.17	산재 2년째 1% 미만	센터 DB	
260	1988~2002(산재보험확대재편기)	기사	조선	1998.05.19	과로사 크게 늘어	센터 DB	
261	1988~2002(산재보험확대재편기)	기사	조선	1999.08.14	중기사업주도 산재브험 가입혜택	센터 DB	
262	1988~2002(산재보험확대재편기)	기사	조선	2000.07.01	산재보험 전 사업장 확대	센터 DB	
263	1988~2002(산재보험확대재편기)	기사	조선	2001.03.22	산재보험 지출 월 51억 급증	센터 DB	
264	1988~2002(산재보험확대재편기)	기사	조선	2002.05.07	비정규직도 고용산저보험	센터 DB	
265	1988~2002(산재보험확대재편기)	사설	조선	1988.07.02	산재최고의 불명예	센터 DB	

번호	시기구분	자료유형	기관/인명	생성년도	제목	소장처	비고
266	1988~2002(산재보험확대재편기)	서적	경총	1990	경총 권고 건의집	경총자료실	
267	1988~2002(산재보험확대재편기)	서적	노동부	1997	산재보험 33년사	국회도서관	
268	1988~2002(산재보험확대재편기)	서적	윤조덕	1999	산재보험과 노동운동	센터 DB	
269	1988~2002(산재보험확대재편기)	서적	경총	2000	갈등과 협력의 30년, 화합의 21세기: 한국노사관계와 경총30년사	국회도서관	
270	1988~2002(산재보험확대재편기)	서적	노동부	2000	산업재해보상보험법령 주요개정내용	국회도서관	
271	1988~2002(산재보험확대재편기)	서적	노동법제연구회	2000	자료공인노무사제도발전사, 제1권	연대도서관	심강섭기증
272	1988~2002(산재보험확대재편기)	서적	전경련	2001	전경련 40년사: 상, 중, 하	국회도서관	
273	1988~2002(산재보험확대재편기)	서적	노동부	2004	산재보험 40년사	센터 DB	
274	1988~2002(산재보험확대재편기)	서적	근로복지공단	2004	산재보험의 과거, 현재 그리고 미래 (산재보험40주년기념논문집)	국회도서관	
275	1988~2002(산재보험확대재편기)	서적	근로복지공단	2005	근로복지공단 10년사	국회도서관	
276	1988~2002(산재보험확대재편기)	서적	노총	2005	한국노총50년사	국회도서관. 노총중앙연구원	
277	1988~2002(산재보험확대재편기)	논문	김영미	1994	한국 산업재해보상보험제도의 연구: 변천요인 분석을 중심으로	국회도서관	
278	1988~2002(산재보험확대재편기)	논문	박수만	1999	산업재해보상에 관한 연구	국회도서관	
279	1988~2002(산재보험확대재편기)	보고서	노동연	1991	산재보험요율산정 합리화 방안	센터 DB	
280	1988~2002(산재보험확대재편기)	보고서	노동연	1995	산재보험료율과 재해율	센터 DB	
281	1988~2002(산재보험확대재편기)	보고서	노동연	1996	고용보험료 및 산재보험료 징수 효율화 방안에 관한 연구	센터 DB	

번호	시기구분	자료유형	기관/인명	생성년도	제목	소장처	비고
282	1988~2002(산재보험확대재편기)	보고서	노동연	1998	산재보험재활 및 사후관리강화 방안에 관한 연구	국회도서관, 연대도서관	
283	1988~2002(산재보험확대재편기)	보고서	근로복지공단	1998	산재보험정책 연구자료	연대도서관, 근로복지공단	심강섭기증
284	1988~2002(산재보험확대재편기)	보고서	조세연구원	1998	산재보험제도 적용주체의 다원화 방안에 관한 연구	센터 DB	
285	1988~2002(산재보험확대재편기)	보고서	노동연	1999	4인 이하 사업장 산재보험적용확대방안	국회도서관, 연대도서관	
286	1988~2002(산재보험확대재편기)	보고서	노동연	1999	사회보험 통합방안연구	센터 DB	
287	1988~2002(산재보험확대재편기)	보고서	노동연	1999	산재보험의 특수직종 노동자에 대한 실노동일수조사 및 통상노동계수 산정방안	국회도서관, 연대도서관	
288	1988~2002(산재보험확대재편기)	보고서	노동연	1999	중소사업주에 대한 산재보험적용 특례방안	국회도서관, 연대도서관	
289	1988~2002(산재보험확대재편기)	보고서	노동연	2000	산업안전과 노동조합	센터 DB	
290	1988~2002(산재보험확대재편기)	보고서	노동연	2001	비정규근로의 실태와 정책과제(I)	센터 DB	
291	1988~2002(산재보험확대재편기)	보고서	노동연	2001	비정규직 근로자의 증가에 따른 산재보험제도 개선방안	센터 DB	
292	1988~2002(산재보험확대재편기)	보고서	노동연	2001	산재보험 요율결정 및 제도개선방안	센터 DB	
293	1988~2002(산재보험확대재편기)	보고서	노동연	2001	산재보험 재활사업의 중장기 발전전략	센터 DB	
294	1988~2002(산재보험확대재편기)	보고서	노동연	2001	산재보험 중장기 재정추계	센터 DB	
295	1988~2002(산재보험확대재편기)	보고서	노동연	2002	보험제도의 도덕적 해이 산재보험을 중심으로	센터 DB	
296	1988~2002(산재보험확대재편기)	보고서	노동연	2002	산재보험 의료재활수가체계	센터 DB	
297	1988~2002(산재보험확대재편기)	보고서	노동연	2002	산재보험 의료재활수가체계(가로표)	센터 DB	

번호	시기구분	자료유형	기관/인명	생성년도	제목	소장처	비고
298	1988~2002(산재보험확대재편기)	보고서	노동연	2002	산재보험 적용확대 방안 연구	센터 DB	
299	1988~2002(산재보험확대재편기)	보고서	노동연	2002	산재보험 케어센터 건립타당성 및 운영방안에 관한 연구	센터 DB	
300	1988~2002(산재보험확대재편기)	보고서	노동연	2002	산재보험과 사회안전망	센터 DB	
301	1988~2002(산재보험확대재편기)	보고서	노동연	2002	산재보험제도의 국제비교연구	센터 DB	
302	1988~2002(산재보험확대재편기)	보고서	노동연	2002	재가 산재장애인의 재활프로그램에 관한 연구	센터 DB	
303	1988~2002(산재보험확대재편기)	보고서	노동연	2004	비정규직 근로자 산재보험 적용실태와 특수형태근로 종사자에 대한 적용확대	센터 DB	
304	1988~2002(산재보험확대재편기)	보고서	노동연	2004	산재보험포럼(창간호)	센터 DB	
305	1988~2002(산재보험확대재편기)	보고서	노동연	2005	특수형태 근로종사자에 대한 산재보험 적용확대 연구(II)	센터 DB	
306	1988~2002(산재보험확대재편기)	녹음파일	이호근	2006. 05. 22	산재보험제도개선과 노사정	센터 DB	
307	1988~2002(산재보험확대재편기)	녹취록	이호근	2006. 05. 22	산재보험제도개선과 노사정	센터 DB	

2. 건강(의료)보험제도

번호	시기구분	자료유형	기관/인명	생성년도	제목	소장처	비고
1	1959~1970(법률적 도입기)	법률	국회	1963.12	의료보험법(전부개정)	센터DB	
2	1959~1970(법률적 도입기)	법률	국회	1970.08	의료보험법(전부개정)	센터DB	
3	1959~1970(법률적 도입기)	법률	국회	1963	의료보험법(제정 1963.12.16 법률 제 1623호)	센터DB	
4	1959~1970(법률적 도입기)	법률	국회	1970	의료보험법개정법률안(오원선의원발의) 공포법률	센터DB	
5	1959~1970(법률적 도입기)	법률	국회	1970	의료보험법(전부개정 1970.8.7 법률 제 2228호)	센터DB	
6	1959~1970(법률적 도입기)	법률안	국회	1970	의료보험법개정법률안(오원선의원 외 40인, 수정가결)	센터DB	
7	1959~1970(법률적 도입기)	법률안	보사부(사보심)	1963	사회보장에관한 법률(안)	센터DB	
8	1959~1970(법률적 도입기)	법률안	국회	1968	의료보험법개정법률안(오원선의원 발의) 의안원문	센터DB	
9	1959~1970(법률적 도입기)	법률안	국회	1970	의료보험법개정법률안(오원선의원 발의) 심사보고서	센터DB	
10	1959~1970(법률적 도입기)	시행령	국회	1964.06	의료보험법시행령(제정)	센터DB	
11	1959~1970(법률적 도입기)	시행령	국회	1969.10.	의료보험법시행령(전부개정2)	센터DB	
12	1959~1970(법률적 도입기)	시행령	국회	1969.10.	의료보험법시행령(전부개정)	센터DB	
13	1959~1970(법률적 도입기)	시행령	국회	1964	의료보험법시행령(제정 1964.6.5 대통령령 제 1832호)	센터DB	
14	1959~1970(법률적 도입기)	시행령	국회	1969	의료보험법시행령(전부개정 1969.10.20 대통령령 제 4154호)	센터DB	

번호	시기구분	자료유형	기관/인명	생성년도	제목	소장처	비고
15	1959~1970(법률적 도입기)	국회회의록	국회	1970	제7대국회 제74회 제7차 국회본회의	센터DB	
16	1959~1970(법률적 도입기)	국회회의록	국가재건최고회의	1963	국가재건최고회의 제107차 상임위원회 회의록	센터DB	
17	1959~1970(법률적 도입기)	내부자료	보사부(사보심)	1963	사회보험(산재보험, 의료보험) 실시계획	센터DB	
18	1959~1970(법률적 도입기)	기관지	의협	1961	사회보장과 의료 및 건강보험: 한국의료보험제도도입에 대한 견해	센터DB	대한의사협회지 1961년 3월호
19	1959~1970(법률적 도입기)	기사	조선	1961. 09. 15	서울대학교에서 우리나라 최초의 학생의료보험제	센터DB	
20	1959~1970(법률적 도입기)	기사	조선	1962. 07. 31	상이군경 의료보험 30일 각령으로 공포	센터DB	
21	1959~1970(법률적 도입기)	기사	조선	1963. 01. 11	사회보장제도 구체화단계. 노동재해:의료보험 연내실시 재원·적용범위 등 성안	센터DB	
22	1959~1970(법률적 도입기)	기사	조선	1963. 02. 09	화재·의료보험 추진. 대상 9만명·액수는 1억원	센터DB	
23	1959~1970(법률적 도입기)	기사	조선	1963. 03. 03	사회보장제도 첫걸음 5월에는 실현될 듯. 우선 재해·의료보험부터, 보험료는 사용주가 부담	센터DB	
24	1959~1970(법률적 도입기)	기사	조선	1963. 09. 08	근로자재해·일반 의료보험 10월중 시행	센터DB	
25	1959~1970(법률적 도입기)	기사	조선	1963. 09. 27	종업원 5백명 이상 기업체 의무적으로 가입. 의료보험법안 곧 각의에 상정	센터DB	
26	1959~1970(법률적 도입기)	기사	조선	1964. 11. 04	의료보험 이달부터. 돈 없는 근로자에 베풀어지는 특전	센터DB	
27	1959~1970(법률적 도입기)	기사	조선	1964. 12. 26	의료보험제 포기상태. 기업주들의 비협조로 불발탄…보건정책, 근로자 진단기피	센터DB	
28	1959~1970(법률적 도입기)	기사	조선	1967. 12. 08	의료보험법 개정안 마련. 가족 등 대상을 확대. 천명 이상 사업장 의무적으로 가입	센터DB	
29	1959~1970(법률적 도입기)	기사	조선	1968. 05. 30	의료보험 강제규정. 정부: 여당 관계법개정 검토	센터DB	
30	1959~1970(법률적 도입기)	기사	조선	1970. 11. 28	71년 예산안 속의 현실, 문제는 많고 돈은 달리고. 국민보건: 사회복지는 어디로	센터DB	

번호	시기구분	자료유형	기관/인명	생성년도	제목	소장처	비고
31	1959~1970(법률적 도입기)	서적	의료보험연합회	1977	의료보험의발자취	국회도서관	
32	1959~1970(법률적 도입기)	서적	대한병원협회	1982	대한병원협회 20년사	국회도서관	
33	1959~1970(법률적 도입기)	서적	대한의사협회	1993	의협 85년사	국회도서관	
34	1959~1970(법률적 도입기)	논문	손준규	1981	한국의 복지정책 결정과정에 대한 연구	센터 DB	
35	1959~1970(법률적 도입기)	논문	신희춘	1983	한국의 보건정책형성과정에 있어서의 이익집단의 활동에 관한 연구	서울대학교	
36	1959~1970(법률적 도입기)	논문	이경기	1991	국민의료보험법 형성과정에 관한 연구	국회도서관	
37	1959~1970(법률적 도입기)	보고서	보사부(사보심)	1962	산재 및 실업보험, 의료보험 실시를 위한 현지조사보고서	센터 DB	
38	1959~1970(법률적 도입기)	보고서	보사부(사보심)	1965	의료보험법 해설	서울대학교	
39	1959~1970(법률적 도입기)	보고서	사보심	1970	의료보험 시범사업 평가조사	연세대학교	
40	1971~1977(실질적 도입기)	법률	국회	1976	의료보험법(전부개정 1976. 12. 22 법률 제 2942호)	센터DB	
41	1971~1977(실질적 도입기)	법률	국회	1976	의료보험법개정법률안 공포법률	센터DB	
42	1971~1977(실질적 도입기)	법률	국회	1977	공무원및사립학교교직원의료보험법안 공포법률	센터DB	
43	1971~1977(실질적 도입기)	법률	국회	1976. 12	의료보험법(전부개정)	센터DB	
44	1971~1977(실질적 도입기)	법률안	국회	1976	의료보험법개정법률안 의안원문	센터DB	
45	1971~1977(실질적 도입기)	법률안	국회	1976	의료보험법개정법률안 심사보고서	센터DB	
46	1971~1977(실질적 도입기)	법률안	국회	1977	공무원및사립학교교직원의료보험법안 심사보고서	센터DB	

번호	시기구분	자료유형	기관/인명	생성년도	제목	소장처	비고
47	1971~1977(실질적 도입기)	법률안	국회	1977	공무원및사립학교교직원의료보험법안 의안원문	센터DB	
48	1971~1977(실질적 도입기)	법률안	국회	1976	의료보험법개정법률안(수정가결)	센터DB	
49	1971~1977(실질적 도입기)	법률안	국회	1977	공무원및사립학교교직원의료보험법안(수정가결)	센터DB	
50	1971~1977(실질적 도입기)	시행령	국회	1977	의료보험법시행령(전부개정 1977. 3. 14 대통령령 제 8487호)	센터DB	
51	1971~1977(실질적 도입기)	시행령	국회	1977. 03	의료보험법시행령(전부개정)	센터DB	
52	1971~1977(실질적 도입기)	국회회의록	국회	1971	국회회의록 12호	센터DB	
53	1971~1977(실질적 도입기)	국회회의록	국회	1975	국회회의록 7호	센터DB	
54	1971~1977(실질적 도입기)	국회회의록	국회	1975	국회회의록 4호	센터DB	
55	1971~1977(실질적 도입기)	국회회의록	국회	1976	국회회의록 14호	센터DB	
56	1971~1977(실질적 도입기)	국회회의록	국회(보건사회위원회)	1976	보건사회위원회 회의록 제14호	센터DB	
57	1971~1977(실질적 도입기)	국회회의록	국회(보건사회위원회)	1973	보건사회위원회 회의록 제10호	센터DB	
58	1971~1977(실질적 도입기)	국회회의록	국회(보건사회위원회)	1973	보건사회위원회 회의록 제9호	센터DB	
59	1971~1977(실질적 도입기)	국회회의록	국회(보건사회위원회)	1975	보건사회위원회 회의록 제5호	센터DB	
60	1971~1977(실질적 도입기)	국회회의록	국회(보건사회위원회)	1976	보건사회위원회 회의록 제15호	센터DB	
61	1971~1977(실질적 도입기)	국회회의록	국회(보건사회위원회)	1976	보건사회위원회 회의록 제16호	센터DB	
62	1971~1977(실질적 도입기)	기관지	병원협회	1976	제4차 5개년보건계획: 보험부문	센터DB	병원협회지

번호	시기구분	자료유형	기관/인명	생성년도	제목	소장처	비고
63	1971~1977(실질적 도입기)	기관지	경총	1971.03.15	의료보험조합 설립 의무화	센터DB	경영회보
64	1971~1977(실질적 도입기)	기관지	경총	1976.07.15	의료보험제 내년실시	센터DB	경영회보
65	1971~1977(실질적 도입기)	기관지	경총	1976.10.12	의료보험료율 조합자율 결정	센터DB	경영회보
66	1971~1977(실질적 도입기)	기관지	경총	1977.01.22	의료보험조합 설립: 6월까지 1491개 사업장 적용	센터DB	경영회보
67	1971~1977(실질적 도입기)	기관지	전경련	1977	의료보험제도 도입시행에 따른 제문제점	센터DB	경제토론 2집
68	1971~1977(실질적 도입기)	기관지	경총	1976	노동시책: 의료보험, 직업훈련분담금제 처음 실시	센터DB	노동경제리뷰
69	1971~1977(실질적 도입기)	기관지	경총	1976	노동행정: 의료보험법 완화적용키로	센터DB	노동경제리뷰
70	1971~1977(실질적 도입기)	기관지	경총	1976	〔6월중 노동경제동향〕 초점: 의료보험제도의 실시와 기업의 당면대책방향	센터DB	노동경제리뷰
71	1971~1977(실질적 도입기)	기관지	경총	1976	〔하일라이트〕 의료보험제도의 운영방향(대한석유공사의 사례)	센터DB	노동경제리뷰
72	1971~1977(실질적 도입기)	기관지	경총	1977	〔이달의 동향〕 노동시책: 의료보험 진찰수가기준 고시: 환자부담 3분지 1로 줄어	센터DB	노동경제리뷰
73	1971~1977(실질적 도입기)	기관지	경총	1977	의료보험시행령	센터DB	노동경제리뷰
74	1971~1977(실질적 도입기)	기관지	경총	1977	노동시책: 의료보험, 직업훈련분담금제 처음 실시	센터DB	노동경제리뷰
75	1971~1977(실질적 도입기)	기관지	경총	1977	문답으로 본 의료보험 제도	센터DB	노동경제리뷰
76	1971~1977(실질적 도입기)	기관지	경총	1976	의료보험법 완화적용키로	센터DB	노동경제리뷰(구), 64(0)
77	1971~1977(실질적 도입기)	기관지	의협	1971	의료보험법	센터DB	대한의사협회지 (1971-08 월호)
78	1971~1977(실질적 도입기)	기관지	의협	1972	의학시론: 의료보험제도에 대하여	센터DB	대한의사협회지 (1972-11 월호)

번호	시기구분	자료유형	기관/인명	생성년도	제목	소장처	비고
79	1971~1977(실질적 도입기)	기관지	의협	1973	사회보험과 기타보험: 한국의 의료보험	센터DB	대한의사협회지 (1973-02 월호)
80	1971~1977(실질적 도입기)	기관지	의협	1976	우리나라 의료보험 운영실태에 관한 조사연구	센터DB	대한의사협회지 (1976-08 월호)
81	1971~1977(실질적 도입기)	기관지	의협	1976	의학시론: 의료보험	센터DB	대한의사협회지 (1976-08 월호)
82	1971~1977(실질적 도입기)	기관지	의협	1977	〔좌담회〕 우리나라 의료보험제도에 대하여	센터DB	대한의사협회지 (1977-06 월호)
83	1971~1977(실질적 도입기)	기관지	의협	1977	〔특집〕 의료정책: 의료보험법의 개정과 앞으로의 방향	센터DB	대한의사협회지 (1977-02 월호)
84	1971~1977(실질적 도입기)	기관지	의협	1977	〔특집〕 의료정책: 의료보험수가의 책정방향	센터DB	대한의사협회지 (1977-02 월호)
85	1971~1977(실질적 도입기)	기사	조선	1971. 08. 19	보사부, 의료 보험법 시행령 마련	센터 DB	
86	1971~1977(실질적 도입기)	기사	조선	1972. 11. 02	오늘 YMCA서 창립총회. 의료보험 청십자	센터 DB	
87	1971~1977(실질적 도입기)	기사	조선	1973. 07. 08	〈복지연금〉 간담회. '의료보험 확대부터. 퇴직금제…산재보험 모순 시정을'	센터 DB	
88	1971~1977(실질적 도입기)	기사	조선	1973. 07. 22	전북 옥구에 의료보험혜택 첫 출산. 〈무료탄생시대〉 개막	센터 DB	
89	1971~1977(실질적 도입기)	기사	조선	1973. 11. 28	예결위 예산심의. 질문: 공중전화료 인상해야하나. 답변: 80년대 국민절반 의료보험	센터 DB	
90	1971~1977(실질적 도입기)	기사	조선	1974. 10. 22	멀어진 〈의료보험〉 혜택. '시범'만 12년, 제정된 법 뒷받침 안돼, 시행령 없이 형식적인 국고 보조	센터 DB	
91	1971~1977(실질적 도입기)	기사	조선	1974. 12. 25	영세직공에 〈의료보험〉. 월백원 불입…무료 치료, 서울 평화시장 성탄선물	센터 DB	
92	1971~1977(실질적 도입기)	기사	조선	1975. 03. 16	의료보험제 신설 검토. 근로자, 기업, 정부분담	센터 DB	
93	1971~1977(실질적 도입기)	기사	조선	1975. 11. 28	연세의대 첫 〈의료보험〉. 학생: 교직원 가족 등 2만명 대상	센터 DB	
94	1971~1977(실질적 도입기)	기사	조선	1976. 01. 06	꿈의 복지사회 서장은 열린다. 〈요람에서 무덤까지〉 … 현황과 4차 5개년계획 , 국민복지 연금, 아동청년, 노인복지, 심신장애자, 의료보험	센터 DB	

번호	시기구분	자료유형	기관/인명	생성년도	제목	소장처	비고
95	1971~1977(실질적 도입기)	기사	조선	1976. 05. 19	의료보험수정방침	센터 DB	
96	1971~1977(실질적 도입기)	기사	조선	1976. 06. 02	의약 분업은 좋은가. 찬: 국민건강에 바람직, 반: 의료보험 선행돼야	센터 DB	
97	1971~1977(실질적 도입기)	기사	조선	1976. 06. 02	공무원에 의료보험제. 내년부터 실시…가족도 혜택. 보험료 50%는 국가부담	센터 DB	
98	1971~1977(실질적 도입기)	기사	조선	1976. 06. 19	의료보험제 내년실시. 국민복지연금제는 무기연기	센터 DB	
99	1971~1977(실질적 도입기)	기사	조선	1976. 06. 22	국무총리행정조정실 의료보험 수혜범위로 고민	센터 DB	
100	1971~1977(실질적 도입기)	기사	조선	1976. 06. 30	내년부터 실시할 의료보험제 사업장별 조합서 운영. 시행령 초안마련	센터 DB	
101	1971~1977(실질적 도입기)	기사	조선	1976. 07. 02	'직장조합' 의료보험. 샐러리맨서 영세민까지 〈질병추방〉 청사진	센터 DB	
102	1971~1977(실질적 도입기)	기사	조선	1976. 09. 05	의료보험법개정안 장관회의에서 제동	센터 DB	
103	1971~1977(실질적 도입기)	기사	조선	1976. 09. 17	치료비 걱정 얼마나 덜게 되나 내년 실시 〈의료보험〉 부담과 혜택. 출산, 요양, 장례비등 보조까지 3백50만명 대상…꾀병 막게 일부 자담도	센터 DB	
104	1971~1977(실질적 도입기)	기사	조선	1976. 09. 24	의료수가 격차 줄여 의료보험 5백명 이상 업체부터 申鉉碻보사부장관 밝혀	센터 DB	
105	1971~1977(실질적 도입기)	기사	조선	1977. 01. 09	보사부, 의료보험실시 앞두고 초비상	센터 DB	
106	1971~1977(실질적 도입기)	기사	조선	1977. 01. 12	입원경우 본인부담 30%까지. 수혜대상 3백64만명…전인구의 10%. 보사부, 의료보험법 시행령 확정	센터 DB	
107	1971~1977(실질적 도입기)	기사	조선	1977. 01. 12	의료보험 혜택 어디까지. 문답으로 풀어본 〈궁금증〉	센터 DB	
108	1971~1977(실질적 도입기)	기사	조선	1977. 01. 28	대학병원 등 지방세 면제. 의료보험 따른 수가안정위해	센터 DB	
109	1971~1977(실질적 도입기)	기사	조선	1977. 03. 05	〈본인 입원〉 70%까지 혜택. 각의, 의료보험법 시행령 개정의결	센터 DB	
110	1971~1977(실질적 도입기)	기사	조선	1977. 04. 03	'일복 터졌다' 의료보험 준비 바빠	센터 DB	

번호	시기구분	자료유형	기관/인명	생성년도	제목	소장처	비고
111	1971~1977(실질적 도입기)	기사	조선	1977.04.16	약국, 〈보험 요양 취급〉서 제외 투약 치료자에겐 불편 우려. 약사회서 시정요구	센터 DB	
112	1971~1977(실질적 도입기)	기사	조선	1977.06.09	1일 실시 의료 보험 적용. 진료수가, 약값 확정	센터 DB	
113	1971~1977(실질적 도입기)	기사	조선	1977.06.16	한의사협회 결의 〈의료보험〉 한방 제외 항의	센터 DB	
114	1971~1977(실질적 도입기)	기사	조선	1977.06.16	7월 〈의료보험〉 때부터 의사처방, 약국조제 부분 의약분업 실시	센터 DB	
115	1971~1977(실질적 도입기)	기사	조선	1977.06.30	막오른 〈의료보험시대〉. 어떻게 운영되고 무슨 혜택을 받나	센터 DB	
116	1971~1977(실질적 도입기)	기사	조선	1977.07.01	〈2차개혁〉 오늘 불안한 스타트. 준비는 다 됐지만…. 의료보험제 일반병원서 협조거부	센터 DB	
117	1971~1977(실질적 도입기)	기사	조선	1977.07.02	부가세, 의료보험 어리둥절 첫날	센터 DB	
118	1971~1977(실질적 도입기)	기사	조선	1977.07.03	박대통령 강남병원개원식서 지시. '의료보험 차별 없게'	센터 DB	
119	1971~1977(실질적 도입기)	기사	조선	1977.07.15	의료보험 〈200인사업장〉까지. 연차적으로 확대 계획	센터 DB	
120	1971~1977(실질적 도입기)	기사	조선	1977.07.15	병실이 모자란다. 의료보험 보름 문제점 아직도	센터 DB	
121	1971~1977(실질적 도입기)	기사	조선	1977.07.20	보사부 전국 의료보험 취급병원 특진 등 일제 단속	센터 DB	
122	1971~1977(실질적 도입기)	기사	조선	1977.07.21	보사위간담회 의료보험제에 한방포함 촉구	센터 DB	
123	1971~1977(실질적 도입기)	기사	조선	1977.08.20	한의사협 한방도 배가제정	센터 DB	
124	1971~1977(실질적 도입기)	기사	조선	1977.09.02	〈의료보험〉 환자가 는다. 실시 두 달… 그 현장을 중간 점검해 본다	센터 DB	
125	1971~1977(실질적 도입기)	기사	조선	1977.09.27	〈공무원-교원 의료보험〉 연내 입법. 79년부터 4, 5급 중점	센터 DB	
126	1971~1977(실질적 도입기)	기사	조선	1977.09.29	공무원-교원의료법 경제차관회의 상정	센터 DB	

번호	시기구분	자료유형	기관/인명	생성년도	제목	소장처	비고
127	1971~1977(실질적 도입기)	기사	조선	1977. 11. 02	이용 낮은 의료보험제. 인식부족: 사용법 모르고 의사불친절 탓	센터 DB	
128	1971~1977(실질적 도입기)	기사	조선	1977. 11. 03	융통성 없는 의료보험조합 운영규정 '간섭이 지나치다'. 업체특수성, 능률무시	센터 DB	
129	1971~1977(실질적 도입기)	기사	조선	1977. 12. 08	가입자 부담경감, 수혜범위 넓혀야. 의료보험	센터 DB	
130	1971~1977(실질적 도입기)	기사	조선	1977. 12. 18	'의료보험료율 너무 높게 책정'. 조합상대 여론조사: 부담율 재조정, 한방참여 바라	센터 DB	
131	1971~1977(실질적 도입기)	사설	조선	1975. 09. 04	의료보험제에의 접근. 구국선교단: 서울의사회의 협동작업	센터 DB	
132	1971~1977(실질적 도입기)	사설	조선	1977. 06. 10	진료수가기준의 확정. 복지사회의 향상발전에 더욱 합심협력을	센터 DB	
133	1971~1977(실질적 도입기)	사설	조선	1977. 07. 01	의료보험제도의 의의. 그 시행에서 제기되는 문제해결에 최선을	센터 DB	
134	1971~1977(실질적 도입기)	사설	조선	1977. 07. 22	의료보험을 빨리 궤도에 부작용의 요인을 근본적으로 제거해야	센터 DB	
135	1971~1977(실질적 도입기)	사설	조선	1977. 08. 12	의료보험사업의 점검	센터 DB	
136	1971~1977(실질적 도입기)	서적	최천송	1977	한국사회보장론	국회도서관	
137	1971~1977(실질적 도입기)	서적	대한병원협회	1982	대한병원협회 20년사	국회도서관	
138	1971~1977(실질적 도입기)	서적	김정렴	1990	한국경제정책 30년사 : 김정렴 회고록	국회도서관	
139	1971~1977(실질적 도입기)	서적	대한의사협회	1993	의협 85년사	국회도서관	
140	1971~1977(실질적 도입기)	서적	의료보험연합회	1997	의료보험의 발자취	국회도서관	
141	1971~1977(실질적 도입기)	서적	전경련	2001	전경련 40년사	국회도서관	
142	1971~1977(실질적 도입기)	서적	김입삼	2003	초근목피에서 선진국으로의 증언	국회도서관	

번호	시기구분	자료유형	기관/인명	생성년도	제목	소장처	비고
143	1971~1977(실질적 도입기)	논문	손준규	1981	한국의 복지정책 결정과정에 관한 연구	국회도서관	
144	1971~1977(실질적 도입기)	논문	신희춘	1983	한국의 보건정책 형성과정에 있어서의 이익집단의 활동에 관한 연구	서울대학교	
145	1971~1977(실질적 도입기)	논문	이경기	1991	국민의료보험법 형성과정에 관한 연구	국회도서관	
146	1971~1977(실질적 도입기)	논문	강명세	2006	한국 복지국가의 기원: 의료보험제도의 기원과 변화	센터DB	서강대 사회과학연구, 14(1)
147	1971~1977(실질적 도입기)	논문	김순양	1995	의료보험 정책과정에서의 참여자의 특성 변화에 관한 연구	센터DB	한국행정학보, 29(2)
148	1971~1977(실질적 도입기)	논문	김태일, 김선희	2006	의료보험 급여제도의 경로의존에 관한 연구	센터DB	한국정책과학학회보, 10(4)
149	1971~1977(실질적 도입기)	논문	박은미	2003	사회복지 정책결정과정에 있어서 참여자 역할에 관한 연구: 의료보험제도를 중심으로	센터DB	영남지역발전연구, 32(0)
150	1971~1977(실질적 도입기)	논문	박정호	1996	한국 의료보험 정책과정에서의 정부 역할	센터DB	한국정책학회, 21세기에 대비한 분야별 정책, 0(0)
151	1971~1977(실질적 도입기)	논문	정무권	1993	국가자율성, 국가능력, 사회보장정책: 유신체제의 사회보장정책	센터DB	한국행정학회, 93년 월례발표회, 0(0)
152	1971~1977(실질적 도입기)	논문	최정원	2004	한국의 복지정책 결정과정 비교: 1976년과 1989년의 의료보험법 개정과정을 중심으로	센터DB	동서연구, 16(1)
153	1971~1977(실질적 도입기)	보고서	보사부(사보심)	1976	의료보험제도에 관한 연구	센터 DB	
154	1971~1977(실질적 도입기)	녹음파일	김일천	2006.06.14	의료보험2차개정 및 실시과정	센터 DB	
155	1971~1977(실질적 도입기)	녹음파일	김종대	2006.06.15	의료보험2차개정 및 1, 2차 의보통합갈등	센터 DB	
156	1971~1977(실질적 도입기)	녹취록	김일천	2006.06.14	의료보험2차개정 및 실시과정	센터 DB	
157	1971~1977(실질적 도입기)	녹취록	김종대	2006.06.15	의료보험2차개정 및 1, 2차 의보통합갈등	센터 DB	
158	1978~1989 (전국민 의료보험 확대 및 도입기)	법률	국회	1979.04	의료보험법(일부개정)	센터DB	

번호	시기구분	자료유형	기관/인명	생성년도	제목	소장처	비고
159	1978~1989 (전국민 의료보험 확대 및 도입기)	법률	국회	1981. 04	의료보험법(일부개정)	센터DB	
160	1978~1989 (전국민 의료보험 확대 및 도입기)	법률	국회	1981. 12	의료보험법(일부개정)	센터DB	
161	1978~1989 (전국민 의료보험 확대 및 도입기)	법률	국회	1984. 12	의료보험법(일부개정)	센터DB	
162	1978~1989 (전국민 의료보험 확대 및 도입기)	법률	국회	1987. 12	의료보험법(일부개정)	센터DB	
163	1978~1989 (전국민 의료보험 확대 및 도입기)	법률안	국회	1979	공무원및사립학교교직원의료보험법중개정법률안(원안가결)	센터DB	
164	1978~1989 (전국민 의료보험 확대 및 도입기)	법률안	국회	1979	의료보험법중개정법률안(원안가결)	센터DB	
165	1978~1989 (전국민 의료보험 확대 및 도입기)	법률안	국회	1981	공무원및사립학교교직원의료보험법중개정법률안(대안, 원안가결)	센터DB	
166	1978~1989 (전국민 의료보험 확대 및 도입기)	법률안	국회	1981	공무원및사립학교교직원의료보험법중개정법률안(원안가결)	센터DB	
167	1978~1989 (전국민 의료보험 확대 및 도입기)	법률안	국회	1981	의료보험법중개정법률안(대안, 원안가결)	센터DB	
168	1978~1989 (전국민 의료보험 확대 및 도입기)	법률안	국회	1981	의료보험법중개정법률안(원안가결)	센터DB	
169	1978~1989 (전국민 의료보험 확대 및 도입기)	법률안	국회	1984	공무원및사립학교교직원의료보험법중개정법률안(원안가결)	센터DB	
170	1978~1989 (전국민 의료보험 확대 및 도입기)	법률안	국회	1984	의료보험법중개정법률안(원안가결)	센터DB	
171	1978~1989 (전국민 의료보험 확대 및 도입기)	법률안	국회	1987	공무원및사립학교교직원의료보험법중개정법률안(박성태의원등 2인 외 24인, 원안가결)	센터DB	
172	1978~1989 (전국민 의료보험 확대 및 도입기)	법률안	국회	1987	의료보험법중개정법률안(박성태의원등 2인 외 25인, 수정가결)	센터DB	
173	1978~1989 (전국민 의료보험 확대 및 도입기)	시행령	국회	1979. 04	의료보험법시행령(일부개정)	센터DB	
174	1978~1989 (전국민 의료보험 확대 및 도입기)	시행령	국회	1980. 10.	의료보험법시행령(일부개정)	센터DB	

번호	시기구분	자료유형	기관/인명	생성년도	제목	소장처	비고
175	1978~1989 (전국민 의료보험 확대 및 도입기)	시행령	국회	1981. 05	의료보험법시행령(일부개정)	센터DB	
176	1978~1989 (전국민 의료보험 확대 및 도입기)	시행령	국회	1982. 04	의료보험법시행령(일부개정)	센터DB	
177	1978~1989 (전국민 의료보험 확대 및 도입기)	시행령	국회	1984. 02	의료보험법시행령(일부개정)	센터DB	
178	1978~1989 (전국민 의료보험 확대 및 도입기)	시행령	국회	1985. 11	의료보험법시행령(일부개정)	센터DB	
179	1978~1989 (전국민 의료보험 확대 및 도입기)	시행령	국회	1980. 05	의료보험법시행령(일부개정)	센터DB	
180	1978~1989 (전국민 의료보험 확대 및 도입기)	국회회의록	국회	1982	제11대국회 제113회 제2차 보건사회위원회 의료보험시범지역에있어서의의약분업에관한보고(질의)	센터 DB	
181	1978~1989 (전국민 의료보험 확대 및 도입기)	국회회의록	국회	1986	제12대국회 제129회 제4차 보건사회위원회 의료보험제도연구소위원회구성에관한건	센터 DB	
182	1978~1989 (전국민 의료보험 확대 및 도입기)	국회회의록	국회	1988	제13대국회 제144회 제11차 보건사회위원회 의료보험법개정에관한청원(박병선의원 · 신철균의원의 소개로 제출)	센터 DB	
183	1978~1989 (전국민 의료보험 확대 및 도입기)	국회회의록	국회	1989	제13대국회 제145회 제6차 보건사회위원회 의료보험법개정에관한청원(박병선 · 신철균의원의 소개로 제출)	센터 DB	
184	1978~1989 (전국민 의료보험 확대 및 도입기)	국회회의록	국회	1989	제13대국회 제144회 제13차 보건사회위원회 의료보험관계법안에관한공청회	센터 DB	
185	1978~1989 (전국민 의료보험 확대 및 도입기)	국회회의록	국회(보건사회위원회)	1989	의료보험법중 개정법률안 대비표	센터 DB	
186	1978~1989 (전국민 의료보험 확대 및 도입기)	건의	경총	1989	의료보험법 개정에 대한 경영계 의견	센터DB	
187	1978~1989 (전국민 의료보험 확대 및 도입기)	건의	한국노총	1981	의료보험제 개선활동(한국노총사업보고서)	센터DB	
188	1978~1989 (전국민 의료보험 확대 및 도입기)	건의	한국노총	1986	의료보험제 개선활동(한국노총사업보고서)	센터DB	
189	1978~1989 (전국민 의료보험 확대 및 도입기)	건의	한국노총	1980	의료보험제 개선활동(한국노총사업보고서)	센터DB	
190	1978~1989 (전국민 의료보험 확대 및 도입기)	기관지	병원협회	1978	의사라는 직업	센터 DB	

번호	시기구분	자료유형	기관/인명	생성년도	제목	소장처	비고
191	1978~1989 (전국민 의료보험 확대 및 도입기)	기관지	병원협회	1978	점수제 수가의 문제점	센터 DB	
192	1978~1989 (전국민 의료보험 확대 및 도입기)	기관지	병원협회	1980	의료보험관리체계 일원화에 대한 논조	센터 DB	
193	1978~1989 (전국민 의료보험 확대 및 도입기)	기관지	병원협회	1981	새시대 복지국가 설계	센터 DB	
194	1978~1989 (전국민 의료보험 확대 및 도입기)	기관지	병원협회	1981	전두환대통령 국정연설	센터 DB	
195	1978~1989 (전국민 의료보험 확대 및 도입기)	기관지	병원협회	1981	새시대의 복지정책	센터 DB	
196	1978~1989 (전국민 의료보험 확대 및 도입기)	기관지	병원협회	1982	국민 개의료보험실시를 위한 단기방안의 모색	센터 DB	
197	1978~1989 (전국민 의료보험 확대 및 도입기)	기관지	병원협회	1980	일본 및 자유중국의 지역주민 의료보험제도 연구	센터 DB	
198	1978~1989 (전국민 의료보험 확대 및 도입기)	기관지	병원협회	1982	사회보장정책과 의료보험	센터 DB	
199	1978~1989 (전국민 의료보험 확대 및 도입기)	기관지	병원협회	1982	의료보험제도의 정책형성과정과 사회복지	센터 DB	
200	1978~1989 (전국민 의료보험 확대 및 도입기)	기관지	병원협회	1982	사회복지정책의 이념과 우리의 방향	센터 DB	
201	1978~1989 (전국민 의료보험 확대 및 도입기)	기관지	병원협회	1983	K교수의 의료보험 6년의 회고를 읽고	센터 DB	
202	1978~1989 (전국민 의료보험 확대 및 도입기)	기관지	병원협회	1983	의료보험 6년의 발자취	센터 DB	
203	1978~1989 (전국민 의료보험 확대 및 도입기)	기관지	병원협회	1984	불란서 의료보험의 역사	센터 DB	
204	1978~1989 (전국민 의료보험 확대 및 도입기)	기관지	병원협회	1984	국민경제와 소득재분배	센터 DB	
205	1978~1989 (전국민 의료보험 확대 및 도입기)	기관지	병원협회	1985	저소득층에 대한 진료보장	센터 DB	
206	1978~1989 (전국민 의료보험 확대 및 도입기)	기관지	병원협회	1985	제6차 경제 사회발전 5개년계획 중 사회개발정책의 중점과제	센터 DB	

번호	시기구분	자료유형	기관/인명	생성년도	제목	소장처	비고
207	1978~1989 (전국민 의료보험 확대 및 도입기)	기관지	병원협회	1985	의료보장제도의 현황과 확대방향	센터 DB	
208	1978~1989 (전국민 의료보험 확대 및 도입기)	기관지	병원협회	1986	의료보장확대 기반조성	센터 DB	
209	1978~1989 (전국민 의료보험 확대 및 도입기)	기관지	경총	1988. 02. 10	도시 의보조합 10월 발족	센터 DB	경영회보
210	1978~1989 (전국민 의료보험 확대 및 도입기)	기관지	경총	1989. 06. 16	의료보험법 재개정 건의	센터 DB	경영회보
211	1978~1989 (전국민 의료보험 확대 및 도입기)	기관지	경총	1982. 11. 10	의보일원화정책 재고를	센터 DB	경영회보
212	1978~1989 (전국민 의료보험 확대 및 도입기)	기관지	경총	1986. 09. 15	개보험 '조합주의 원칙 견지를'	센터 DB	경영회보
213	1978~1989 (전국민 의료보험 확대 및 도입기)	기관지	경총	1986. 09. 15	의보 일원화 방향에 대하여	센터 DB	경영회보
214	1978~1989 (전국민 의료보험 확대 및 도입기)	기관지	경총	1987. 11. 10	의보운영 개선 건의	센터 DB	경영회보
215	1978~1989 (전국민 의료보험 확대 및 도입기)	기관지	전경련	1978	의료보험시행 문제점과 개선방향	센터DB	경제토론 4집
216	1978~1989 (전국민 의료보험 확대 및 도입기)	기관지	경총	1982	한국경총 건의: 의료보험제도 일원화에 관한 경영계의견	센터 DB	노동경제리뷰
217	1978~1989 (전국민 의료보험 확대 및 도입기)	기관지	경총	1982	〔좌담회〕 의료보험 일원화는 단계적으로	센터 DB	노동경제리뷰
218	1978~1989 (전국민 의료보험 확대 및 도입기)	기관지	경총	1983	〔권말자료〕 의료보험법실시령중 개정령 및 83년 산업재해보상보험요율	센터 DB	노동경제리뷰
219	1978~1989 (전국민 의료보험 확대 및 도입기)	기관지	경총	1982	의료보험 일원화는 단계적으로	센터DB	노동경제리뷰(현 경영계), 68(0)
220	1978~1989 (전국민 의료보험 확대 및 도입기)	기관지	경총	1982	〔한국경총 건의〕 의료보험제도 일원화에 관한 경영계의견	센터DB	노동경제리뷰(현 경영계), 68(0)
221	1978~1989 (전국민 의료보험 확대 및 도입기)	기관지	의협	1988	〔의학시론〕 전국민의료보험실시와 조세문제	센터DB	대한의사협회지 (1988-11 월호)
222	1978~1989 (전국민 의료보험 확대 및 도입기)	기관지	의협	1989	〔의학시론〕 전국민의료보험과 의료	센터DB	대한의사협회지 (1989-06 월호)

번호	시기구분	자료유형	기관/인명	생성년도	제목	소장처	비고
223	1978~1989 (전국민 의료보험 확대 및 도입기)	기관지	의협	1978	〔의협 주제발표〕 의료토험제도	센터DB	대한의사협회지 (1978-02 월호)
224	1978~1989 (전국민 의료보험 확대 및 도입기)	기관지	의협	1981	〔좌담회〕 의료보험의 초율적 운영	센터DB	대한의사협회지 (1981-08 월호)
225	1978~1989 (전국민 의료보험 확대 및 도입기)	기관지	의협	1982	〔특집〕 의료보험의 정착과 관리개선	센터DB	대한의사협회지 (1982-01 월호)
226	1978~1989 (전국민 의료보험 확대 및 도입기)	기관지	의협	1982	〔특집〕 의료보험진료비에 대한 심사제도의 개선방향	센터DB	대한의사협회지 (1982-01 월호)
227	1978~1989 (전국민 의료보험 확대 및 도입기)	기관지	의협	1982	〔특집〕 진료와 의료보헉: 의료보험의 확대와 제도개선	센터DB	대한의사협회지 (1982-01 월호)
228	1978~1989 (전국민 의료보험 확대 및 도입기)	기관지	의협	1984	〔의학시론〕 의료보험의 방향	센터DB	대한의사협회지 (1984-11 월호)
229	1978~1989 (전국민 의료보험 확대 및 도입기)	기관지	의협	1987	〔의학시론〕 전국민 의료보험	센터DB	대한의사협회지 (1987-03 월호)
230	1978~1989 (전국민 의료보험 확대 및 도입기)	기관지	경총	1984	〔특별기고〕 의료보험의 당면문제	센터 DB	월간 경영계
231	1978~1989 (전국민 의료보험 확대 및 도입기)	기관지	경총	1984	〔시론〕 의료보험제 운영의 허와 실	센터 DB	월간 경영계
232	1978~1989 (전국민 의료보험 확대 및 도입기)	기관지	경총	1984	〔특별기고〕 의료보험의 당면문제(하)	센터 DB	월간 경영계
233	1978~1989 (전국민 의료보험 확대 및 도입기)	기관지	경총	1986	한국형 복지사회를 추구한다 〔좌담〕 의료보험의 문제점과 합리적 발전방향	센터 DB	월간 경영계
234	1978~1989 (전국민 의료보험 확대 및 도입기)	기관지	경총	1986	〔한국경총 건의〕 의료보험 기구 및 재정통합에 대한 건의	센터 DB	월간 경영계
235	1978~1989 (전국민 의료보험 확대 및 도입기)	기관지	경총	1987	〔경총 건의〕 의료보험 운영개선에 관한 의견	센터 DB	월간 경영계
236	1978~1989 (전국민 의료보험 확대 및 도입기)	기관지	경총	1988	〔자료〕 의료보험법 중 개정법률	센터 DB	월간 경영계
237	1978~1989 (전국민 의료보험 확대 및 도입기)	기관지	경총	1984	의료보험의 당면문제	센터DB	월간 경영계, 79(0)
238	1978~1989 (전국민 의료보험 확대 및 도입기)	기관지	경총	1984	의료보험의 당면문제(하)	센터DB	월간 경영계, 80(0)

번호	시기구분	자료유형	기관/인명	생성년도	제목	소장처	비고
239	1978~1989 (전국민 의료보험 확대 및 도입기)	기관지	경총	1984	의료보험제 운영의 허와 실	센터DB	월간 경영계, 87(0)
240	1978~1989 (전국민 의료보험 확대 및 도입기)	기관지	경총	1986	의료보험 기구 및 재정통합에 대한 건의(한국경총 건의)	센터DB	월간 경영계, 105(0)
241	1978~1989 (전국민 의료보험 확대 및 도입기)	기관지	경총	1986	한국형 복지사회를 추구한다 〔좌담〕 의료보험의 문제점과 합리적 발전방향	센터DB	월간 경영계, 105(0)
242	1978~1989 (전국민 의료보험 확대 및 도입기)	기관지	경총	1987	의료보험 운영개선에 관한 의견(경총건의)	센터DB	월간 경영계, 118(0)
243	1978~1989 (전국민 의료보험 확대 및 도입기)	기사	조선	1978. 05. 05	공무원, 교직원 의료보험 내년부터 실시. 매달 월급서 1.9% 공제	센터 DB	
244	1978~1989 (전국민 의료보험 확대 및 도입기)	기사	조선	1978. 05. 26	손님 없는 〈개인의원〉. 백74개소 휴폐업, 강남주변 약국도 매상 줄어, 〈의료보험환자〉, 종합병원 몰려	센터 DB	
245	1978~1989 (전국민 의료보험 확대 및 도입기)	기사	조선	1978. 07. 01	〈의료보험〉 실시 1년. 1년간 3백40만명이 수혜	센터 DB	
246	1978~1989 (전국민 의료보험 확대 및 도입기)	기사	조선	1978. 08. 04	공무원과 사립학교 교원 〈의료보험법시행규칙안〉 마련	센터 DB	
247	1978~1989 (전국민 의료보험 확대 및 도입기)	기사	조선	1978. 08. 04	의료보험 실시 1년. 47.3% 이용, 불친절, 차별진료 여전	센터 DB	
248	1978~1989 (전국민 의료보험 확대 및 도입기)	기사	조선	1978. 09. 14	의료보험 내년 7월부터 확대. 3백인이상 업체도, 보사부 확정	센터 DB	
249	1978~1989 (전국민 의료보험 확대 및 도입기)	기사	조선	1978. 10. 25	의료보험 수가 내년 봄 인상 신현확보사 국회 답변 환자수 늘어나, 보험료율은 현행대로, 공무원, 교원경우엔 개방제 채택	센터 DB	
250	1978~1989 (전국민 의료보험 확대 및 도입기)	기사	조선	1979. 06. 03	의료보험환자 진료비 지급. 의보협으로 일원화	센터 DB	
251	1978~1989 (전국민 의료보험 확대 및 도입기)	기사	조선	1979. 07. 15	〔현장〕 의료보험 확대, 개선 15일. 〈병원불친절〉 고칠 수 없나	센터 DB	
252	1978~1989 (전국민 의료보험 확대 및 도입기)	기사	조선	1979. 08. 15	어려운 의료보험조합	센터 DB	
253	1978~1989 (전국민 의료보험 확대 및 도입기)	기사	조선	1979. 09. 13	내년부터 군인 가족 등도 의료보험 혜택	센터 DB	
254	1978~1989 (전국민 의료보험 확대 및 도입기)	기사	조선	1979. 10. 23	의료보험 진료비 20%가 '과다징수'. 의료보험공단 1~10월 조사	센터 DB	

번호	시기구분	자료유형	기관/인명	생성년도	제목	소장처	비고
255	1978~1989 (전국민 의료보험 확대 및 도입기)	기사	조선	1979. 11. 17	진통 겪는 의료보험 실시 2년4개월만에 진료비 말썽. 진료비 삭감에 병, 의원 반발	센터 DB	
256	1978~1989 (전국민 의료보험 확대 및 도입기)	기사	조선	1980. 01. 13	병원의 한자가운데 보험환자 점유율이 60~80%	센터 DB	
257	1978~1989 (전국민 의료보험 확대 및 도입기)	기사	조선	1980. 02. 14	醫學協 보사부에 반발. 〈醫保〉 진료비 진통 표면화	센터 DB	
258	1978~1989 (전국민 의료보험 확대 및 도입기)	기사	조선	1980. 02. 14	醫學協 보사부에 반발. 진료비 과다 허위 청구 병원 29곳 〈醫保〉 취소	센터 DB	
259	1978~1989 (전국민 의료보험 확대 및 도입기)	기사	조선	1980. 02. 17	의료보험진료비 왜 말썽인가: 文太俊, 朴澈	센터 DB	
260	1978~1989 (전국민 의료보험 확대 및 도입기)	기사	조선	1980. 02. 22	〈의료보험〉에 문제 많다. 개업의사 고충과 피보험자의 불만 지상공청	센터 DB	
261	1978~1989 (전국민 의료보험 확대 및 도입기)	기사	조선	1980. 02. 28	가짜의료보험조합 설립 영세민에 1억사취 5명 구속	센터 DB	
262	1978~1989 (전국민 의료보험 확대 및 도입기)	기사	조선	1980. 03. 08	의료보험 경환자는 자비부담. 저임금 근로자 제외, 보사부 검토	센터 DB	
263	1978~1989 (전국민 의료보험 확대 및 도입기)	기사	조선	1980. 05. 27	보사부 영세민 醫保재조정 백58만명 새로 추가	센터 DB	
264	1978~1989 (전국민 의료보험 확대 및 도입기)	기사	조선	1980. 06. 14	영세사업장 근로자 의료보험 내년부터	센터 DB	
265	1978~1989 (전국민 의료보험 확대 및 도입기)	기사	조선	1980. 07. 01	〔의료보험 3년(전5회)〕(1) 의사와 환자 '푸대접 · 치료불신의 숨박꼭질'	센터 DB	
266	1978~1989 (전국민 의료보험 확대 및 도입기)	기사	조선	1980. 07. 02	〔의료보험 3년(전5회)〕(2) 2원화된 수가. '적자'와 '수가인상' 악순환	센터 DB	
267	1978~1989 (전국민 의료보험 확대 및 도입기)	기사	조선	1980. 07. 03	〔의료보험 3년(전5회)〕(3) 진료체계개선. 무작정 종합병원만 찾는다	센터 DB	
268	1978~1989 (전국민 의료보험 확대 및 도입기)	기사	조선	1980. 07. 04	〔의료보험 3년(전5회)〕(4) 보험재정 압박받는 〈조합적립금〉	센터 DB	
269	1978~1989 (전국민 의료보험 확대 및 도입기)	기사	조선	1980. 07. 06	〔의료보험 3년(전5회)〕(5) 대상업체 · 피부양기준 넓혀야	센터 DB	
270	1978~1989 (전국민 의료보험 확대 및 도입기)	기사	조선	1980. 07. 08	내년부터 醫保 1백인이상 업체로 확대. 대학부설 한방의도 일부 포함, 옥구, 홍천, 구미 〈2종〉 시범지역으로	센터 DB	

번호	시기구분	자료유형	기관/인명	생성년도	제목	소장처	비고
271	1978~1989 (전국민 의료보험 확대 및 도입기)	기사	조선	1980. 07. 09	醫保, 産災 환자 차별대우 받았다. 한강성심병원팀 설문조사서 밝혀져, 외래 70% '30분 이상 대기'	센터 DB	
272	1978~1989 (전국민 의료보험 확대 및 도입기)	기사	조선	1980. 08. 10	경제기획원 내년 醫保확대따른 예산조정을 마무리	센터 DB	
273	1978~1989 (전국민 의료보험 확대 및 도입기)	기사	조선	1980. 08. 19	國保委 醫保…〈백명이상〉 업체로 확대. 내년부터…〈보험대상〉도 백58만추가	센터 DB	
274	1978~1989 (전국민 의료보험 확대 및 도입기)	기사	조선	1980. 08. 28	서울시민 50% 의료보험혜택, 1차 연도(77년도) 보다 배로 늘어, 조합 3백37개로 受診率도 1. 28명으로	센터 DB	
275	1978~1989 (전국민 의료보험 확대 및 도입기)	기사	조선	1980. 10. 16	보사부 농어촌 醫保 내년부터 단계실시. 이민제한 대폭 완화키로	센터 DB	
276	1978~1989 (전국민 의료보험 확대 및 도입기)	기사	조선	1980. 10. 18	정부 의료보험대상 사업장 1백명 이상으로 시행령 개정	센터 DB	
277	1978~1989 (전국민 의료보험 확대 및 도입기)	기사	조선	1980. 10. 26	醫保協議會 '醫保公團과 통합재고를' 보험료: 운영 다르고 시기상조	센터 DB	
278	1978~1989 (전국민 의료보험 확대 및 도입기)	기사	조선	1980. 10. 31	〈의료보험 공사화〉 왜 종합하려고 무엇이 문제인가. 적자는 운영 불성실이 원인, 일률적인 위험, 사고관리 간접비용 절감효과 노려	센터 DB	
279	1978~1989 (전국민 의료보험 확대 및 도입기)	기사	조선	1981. 03. 07	퇴직 공무원 등에도 의료보험 혜택	센터 DB	
280	1978~1989 (전국민 의료보험 확대 및 도입기)	기사	조선	1981. 04. 04	문화예술인도 의료보험혜택	센터 DB	
281	1978~1989 (전국민 의료보험 확대 및 도입기)	기사	조선	1981. 05. 09	농어민, 개인택시, 변호사, 약사, 예총회원 등 자영업종사자도 의보혜택. 퇴직, 퇴역연금생활자 포함 각의의결 7월 홍천, 옥구, 군위군서 시험운용	센터 DB	
282	1978~1989 (전국민 의료보험 확대 및 도입기)	기사	조선	1981. 06. 28	의료보험 대폭 확대 85년엔 모든 사업장 대상	센터 DB	
283	1978~1989 (전국민 의료보험 확대 및 도입기)	기사	조선	1981. 07. 18	李鍾贊 민정당 원내총무 '의원들에게 의료보험 혜택 강구' 밝혀	센터 DB	
284	1978~1989 (전국민 의료보험 확대 및 도입기)	기사	조선	1981. 08. 01	〔한국70년대 남긴 교훈…무엇을 계승하고 무엇을 버릴 것인가〕(35) 의료보험. 푸대접·과다징수 말썽 영세층 확대 시책 펴야	센터 DB	
285	1978~1989 (전국민 의료보험 확대 및 도입기)	기사	조선	1981. 08. 08	의료보험관리공단 이사장 羅熹憲씨 임명	센터 DB	
286	1978~1989 (전국민 의료보험 확대 및 도입기)	기사	조선	1981. 09. 20	〈중앙의보 연합회〉 발족 어제 창립총회. 〈협의회〉는 해체…내달부터 시무	센터 DB	

번호	시기구분	자료유형	기관/인명	생성년도	제목	소장처	비고
287	1978~1989 (전국민 의료보험 확대 및 도입기)	기사	조선	1981. 11. 17	千命基브사부장관 의보수혜대상 늘려	센터 DB	
288	1978~1989 (전국민 의료보험 확대 및 도입기)	기사	조선	1981. 11. 23	서울시 의보대상자 내년 54만여명 넘어	센터 DB	
289	1978~1989 (전국민 의료보험 확대 및 도입기)	기사	조선	1982. 02. 17	양곡상도 의보 혜택. 3월부터 가족포함 10만여명 대상	센터 DB	
290	1978~1989 (전국민 의료보험 확대 및 도입기)	기사	조선	1982. 03. 03	의보확대 의욕과 현실 사이. 대상 넓힐수록 국민 부담도 가중, 소득수준. 시설여건 잘 배려해야	센터 DB	
291	1978~1989 (전국민 의료보험 확대 및 도입기)	기사	조선	1982. 10. 15	의료보험의 늪	센터 DB	
292	1978~1989 (전국민 의료보험 확대 및 도입기)	기사	조선	1982. 10. 22	의보논쟁의 〈본말〉	센터 DB	
293	1978~1989 (전국민 의료보험 확대 및 도입기)	기사	조선	1982. 10. 28	의보일원회 정부안 12월18일 제출결의. 보사위 운영정상화	센터 DB	
294	1978~1989 (전국민 의료보험 확대 및 도입기)	기사	조선	1982. 12. 19	공개기피증… 〈캐비닛 속 의보〉. 보사부: 보사위의 털어놓지 않는 '속사정'	센터 DB	
295	1978~1989 (전국민 의료보험 확대 및 도입기)	기사	조선	1982. 12. 19	의보 정부안 국회제출	센터 DB	
296	1978~1989 (전국민 의료보험 확대 및 도입기)	기사	조선	1982. 12. 21	의보 현제도 정진 확대. 보사부, 3개 개선안 일원화 구체안 결정 못해	센터 DB	
297	1978~1989 (전국민 의료보험 확대 및 도입기)	기사	조선	1982. 12. 22	돌고 도는 의보	센터 DB	
298	1978~1989 (전국민 의료보험 확대 및 도입기)	기사	조선	1983. 04. 14	2종의보 개선방안 검토	센터 DB	
299	1978~1989 (전국민 의료보험 확대 및 도입기)	기사	조선	1983. 06. 11	의대 입학정원 늘리기로. 문교부 의료보험 확대로	센터 DB	
300	1978~1989 (전국민 의료보험 확대 및 도입기)	기사	조선	1983. 06. 25	지역의료보험료 대폭인하 최고 홍천 59.7%	센터 DB	
301	1978~1989 (전국민 의료보험 확대 및 도입기)	기사	조선	1983. 07. 10	의료브험 관리공단 새 이사장 우종림씨	센터 DB	
302	1978~1989 (전국민 의료보험 확대 및 도입기)	기사	조선	1983. 07. 15	의료보험조합 연합회 새 회장 장원찬씨	센터 DB	

번호	시기구분	자료유형	기관/인명	생성년도	제목	소장처	비고
303	1978~1989 (전국민 의료보험 확대 및 도입기)	기사	조선	1983. 12. 16	80년대 말까지 전국민에 〈의보〉. 김정례 보사부장관 불임수술 여성도 혜택	센터 DB	
304	1978~1989 (전국민 의료보험 확대 및 도입기)	기사	조선	1984. 01. 08	목포 의보실시 또 난관. 1년 반 만에 의사회서 다시 반발. '처방전 발행 부진' 내세워	센터 DB	
305	1978~1989 (전국민 의료보험 확대 및 도입기)	기사	조선	1984. 01. 24	〈유사의보〉 무엇이 문제인가. 일방 할인: 의료질서 혼란 우려. 각종 유사 의보카드와 협조 공문	센터 DB	
306	1978~1989 (전국민 의료보험 확대 및 도입기)	기사	조선	1984. 01. 24	의보 한약재 266종 지정	센터 DB	
307	1978~1989 (전국민 의료보험 확대 및 도입기)	기사	조선	1984. 02. 09	보험료 인상 불가피	센터 DB	
308	1978~1989 (전국민 의료보험 확대 및 도입기)	기사	조선	1984. 02. 16	의보, 현실성 맞게 확대. 전 대통령 의약품류 개선, 폭리 없도록	센터 DB	
309	1978~1989 (전국민 의료보험 확대 및 도입기)	기사	조선	1984. 02. 29	의보카드 바꾼다. 6월부터 연합회서 일괄 발급	센터 DB	
310	1978~1989 (전국민 의료보험 확대 및 도입기)	기사	조선	1984. 07. 15	한방의보 충북서 시범 실시. 제주-청원 9월부터 비싼 약재 쓰는 보약은 제외	센터 DB	
311	1978~1989 (전국민 의료보험 확대 및 도입기)	기사	조선	1984. 08. 29	만성질환 의보치료기간 확대. 〈평생 180일〉서 〈연 180일〉로. 법개정안 정기국회제출 부정수진벌칙도 강화	센터 DB	
312	1978~1989 (전국민 의료보험 확대 및 도입기)	기사	조선	1984. 10. 16	'사학 어려움 덜게 세제개선 협의중' 중앙관서 이전 시간 두고 검토. 의료보험 전국민에 확대토록	센터 DB	
313	1978~1989 (전국민 의료보험 확대 및 도입기)	기사	조선	1984. 11. 18	의료보험 일원화 제의. 민한서 법안제출	센터 DB	
314	1978~1989 (전국민 의료보험 확대 및 도입기)	기사	조선	1984. 11. 30	의보진료비 5년새 6배	센터 DB	
315	1978~1989 (전국민 의료보험 확대 및 도입기)	기사	조선	1985. 02. 27	의료보험 수가 평균 3% 인상	센터 DB	
316	1978~1989 (전국민 의료보험 확대 및 도입기)	기사	조선	1985. 03. 06	선거용 유사의보 사절. 병원들 재정압박 심해 불가피, 할인대상 작년비 3배 급증	센터 DB	
317	1978~1989 (전국민 의료보험 확대 및 도입기)	기사	조선	1985. 03. 21	목포 의보료 30%인상. 내일부터	센터 DB	
318	1978~1989 (전국민 의료보험 확대 및 도입기)	기사	조선	1985. 03. 31	〈직종 2종의보〉 중단위기. 숙박·이미용업 등 80만명 가입, 밀린 진료비 50억원 넘어	센터 DB	

번호	시기구분	자료유형	기관/인명	생성년도	제목	소장처	비고
319	1978~1989 (전국민 의료보험 확대 및 도입기)	기사	조선	1985. 05. 31	농어민 의보 실시하라. 국회 대정부질의답변	센터 DB	
320	1978~1989 (전국민 의료보험 확대 및 도입기)	기사	조선	1985. 06. 27	의보조합연 직원농성 해고동료 셋 복직요구	센터 DB	
321	1978~1989 (전국민 의료보험 확대 및 도입기)	기사	조선	1985. 08. 11	의보혜택 고소득층 편중. 저소득층 이용 적어… 소득재분배 역행	센터 DB	
322	1978~1989 (전국민 의료보험 확대 및 도입기)	기사	조선	1985. 08. 24	보험환자와 일반환자. 모든 국민에 의료혜택 확산 위해 의료보장세 도입 바람직	센터 DB	
323	1978~1989 (전국민 의료보험 확대 및 도입기)	기사	조선	1985. 08. 30	의보조합대표는 〈선거용 감투〉인가. 민정운동원 8명 무더기 추천	센터 DB	
324	1978~1989 (전국민 의료보험 확대 및 도입기)	기사	조선	1985. 09. 01	의보 산하기구에 또 민정당 요원 충당. 46명의 대표중 13명 차지	센터 DB	
325	1978~1989 (전국민 의료보험 확대 및 도입기)	기사	조선	1985. 10. 27	보사부 의보재정 바닥… 엄살떨라 지시. 내년 의보료인상 겨냥	센터 DB	
326	1978~1989 (전국민 의료보험 확대 및 도입기)	기사	조선	1986. 02. 01	〈흑자의보재정〉 전망 밝다. 작년 보험료 수입률, 지출율 웃돌기 시작	센터 DB	
327	1978~1989 (전국민 의료보험 확대 및 도입기)	기사	조선	1986. 02. 12	의료보장제 우리 실정 맞게. 전대통령, 보사부 보고받고 지시	센터 DB	
328	1978~1989 (전국민 의료보험 확대 및 도입기)	기사	조선	1986. 05. 29	의보, 89년 전국민실시 촉구. 민정, 정부에 중학의무교육 확대도	센터 DB	
329	1978~1989 (전국민 의료보험 확대 및 도입기)	기사	조선	1986. 06. 05	한방의보 확대 요구. 3개대 80여명 농성	센터 DB	
330	1978~1989 (전국민 의료보험 확대 및 도입기)	기사	조선	1986. 06. 13	'한방의보 확대실시 안한다.' 경희대 6백18명 자퇴원	센터 DB	
331	1978~1989 (전국민 의료보험 확대 및 도입기)	기사	조선	1986. 06. 15	한방의보 실시 촉구 경희대 교수들 성명	센터 DB	
332	1978~1989 (전국민 의료보험 확대 및 도입기)	기사	조선	1986. 07. 02	전국민 의보 89년 실시. 김부총리 '근로소득세 경감 더 검토'	센터 DB	
333	1978~1989 (전국민 의료보험 확대 및 도입기)	기사	조선	1986. 07. 13	한방의보 연구위 구성키로. 보사부 월말까지	센터 DB	
334	1978~1989 (전국민 의료보험 확대 및 도입기)	기사	조선	1986. 07. 18	의료보 내년 신설 방침. 국민개보험원 직접세로 징수 검토	센터 DB	

번호	시기구분	자료유형	기관/인명	생성년도	제목	소장처	비고
335	1978~1989 (전국민 의료보험 확대 및 도입기)	기사	조선	1986. 07. 19	민정, 의료보장세 신설 반대방침	센터 DB	
336	1978~1989 (전국민 의료보험 확대 및 도입기)	기사	조선	1986. 07. 20	의보체제 일원화추진. 민정 재원만은 〈직장〉, 〈지역〉과 통합. 가입. 원제로 바꿔	센터 DB	
337	1978~1989 (전국민 의료보험 확대 및 도입기)	기사	조선	1986. 07. 23	한국노총. 의보 일원화반대 성명	센터 DB	
338	1978~1989 (전국민 의료보험 확대 및 도입기)	기사	조선	1986. 08. 07	한방 의보확대 96%가 찬성. 갤럽연, 1천명 조사…'중풍 치료 등 우수'	센터 DB	
339	1978~1989 (전국민 의료보험 확대 및 도입기)	기사	조선	1986. 09. 02	농어민 의보과 한 가구 월8천원. 보건소기능 대폭 강화	센터 DB	
340	1978~1989 (전국민 의료보험 확대 및 도입기)	기사	조선	1986. 09. 04	'의보확대에 한방 포함을'. 한방 의보공청회	센터 DB	
341	1978~1989 (전국민 의료보험 확대 및 도입기)	기사	조선	1986. 09. 11	88년 실시 〈농촌 의보〉 보험료. 월 3천4백원~2만6천원. 가구소득별 15등급… 지역 따라 다르게	센터 DB	
342	1978~1989 (전국민 의료보험 확대 및 도입기)	기사	조선	1986. 11. 29	한방의보 전국 확대 내년 2월부터 실시	센터 DB	
343	1978~1989 (전국민 의료보험 확대 및 도입기)	기사	조선	1987. 01. 07	16인 이상 1백인미만 사업장 4월부터 의보가입 의무화	센터 DB	
344	1978~1989 (전국민 의료보험 확대 및 도입기)	기사	조선	1987. 01. 29	한방 〈약제〉 4월부터 의보실시	센터 DB	
345	1978~1989 (전국민 의료보험 확대 및 도입기)	기사	조선	1987. 02. 18	선행여건의 선결을. 농어촌 의료보험 복지측면에서 봐야	센터 DB	
346	1978~1989 (전국민 의료보험 확대 및 도입기)	기사	조선	1987. 02. 18	의보, 험합 독립운영제 확정. 정부, 험합운영방침 7년만에 바꿔, 백34개 지역조합 7월까지 구성 수가 3년간 10~20%씩 인상	센터 DB	
347	1978~1989 (전국민 의료보험 확대 및 도입기)	기사	조선	1987. 04. 21	농어촌 의료보험 군단위조합 확정	센터 DB	
348	1978~1989 (전국민 의료보험 확대 및 도입기)	기사	조선	1987. 10. 28	의보조합은 영리단체인가. 연 20억 흑자조합도 요율인하 외면	센터 DB	
349	1978~1989 (전국민 의료보험 확대 및 도입기)	기사	조선	1987. 10. 28	어떻게든 틀잡아 놔야. 두 달 뒤 농어촌 의료보험실시의 문제	센터 DB	
350	1978~1989 (전국민 의료보험 확대 및 도입기)	기사	조선	1987. 10. 31	당뇨, 고혈압 등 만성질환자 백8일 이상 의보혜택. 일정액 한도 내서	센터 DB	

번호	시기구분	자료유형	기관/인명	생성년도	제목	소장처	비고
351	1978~1989 (전국민 의료보험 확대 및 도입기)	기사	조선	1987. 11. 19	문태준 대학의학협회장, 의료보험 세미나 가져	센터 DB	
352	1978~1989 (전국민 의료보험 확대 및 도입기)	기사	조선	1987. 12. 27	직장의보 대폭 확대. 5인 이상 사업장도 실시	센터 DB	
353	1978~1989 (전국민 의료보험 확대 및 도입기)	기사	조선	1988. 01. 06	농어촌 의보 시작부터 차질. 이부도시병원, 〈2차 진료〉 지정 반발로	센터 DB	
354	1978~1989 (전국민 의료보험 확대 및 도입기)	기사	조선	1988. 01. 07	보사부, 이달 중순부터 농어촌 의보 1차진료기관 확대. 인접 시, 군도 이용 가능	센터 DB	
355	1978~1989 (전국민 의료보험 확대 및 도입기)	기사	조선	1988. 01. 22	서울 의사회, 의보지정 반납결의. 월말까지 수가 20%인상 요구	센터 DB	
356	1978~1989 (전국민 의료보험 확대 및 도입기)	기사	조선	1988. 01. 23	보사부 의보지정 반납 땐 강력 대응. '수가 20% 인상 요구는 너무 지나쳐' 의보환자 진료 거부하면 면허 취소 등 조치	센터 DB	
357	1978~1989 (전국민 의료보험 확대 및 도입기)	기사	조선	1988. 01. 24	의보환자 거부 결의에 항의 빗발	센터 DB	
358	1978~1989 (전국민 의료보험 확대 및 도입기)	기사	조선	1988. 01. 26	의보 수가 협상 보사부 '후퇴' 9.2% 이낭 안 철회… 12.2% 채택. 의보단체, 11가입자 큰 반발	센터 DB	
359	1978~1989 (전국민 의료보험 확대 및 도입기)	기사	조선	1988. 01. 27	의보 수가 12.2%인상 노총서 철회 강력요구	센터 DB	
360	1978~1989 (전국민 의료보험 확대 및 도입기)	기사	조선	1988. 02. 07	민주, 농어촌의료보험 국고지원 50%이상주장	센터 DB	
361	1978~1989 (전국민 의료보험 확대 및 도입기)	기사	조선	1988. 03. 03	의보련 인사 말썽. '학조 회장이 인척 등 변칙 특채', '회장 기구 확대 따른 인력 보강'	센터 DB	
362	1978~1989 (전국민 의료보험 확대 및 도입기)	기사	조선	1988. 03. 08	의보대표비전문가 많아. 군단위 51개 조합을 민정당원 등으로 충원	센터 DB	
363	1978~1989 (전국민 의료보험 확대 및 도입기)	기사	조선	1988. 03. 25	농어촌 의료보험 50% 국고로 지원	센터 DB	
364	1978~1989 (전국민 의료보험 확대 및 도입기)	기사	조선	1988. 04. 22	의료보험 졸속행정 유감. 대상 늘리고 뒷감당 못해 쩔쩔	센터 DB	
365	1978~1989 (전국민 의료보험 확대 및 도입기)	기사	조선	1988. 12. 08	조합 체제냐… 통합관리냐. 국회 심의 앞두고 각계 백가쟁명, 내년 7월 확대 시행… 의보 관리방식 논쟁	센터 DB	
366	1978~1989 (전국민 의료보험 확대 및 도입기)	기사	조선	1988. 12. 30	내년 7월부터 종합병원 〈직행〉 의보 안 된다. 의사 처방 땐 약국서도 의보적용, 1~2차 전료기관 거쳐야 혜택	센터 DB	

번호	시기구분	자료유형	기관/인명	생성년도	제목	소장처	비고
367	1978~1989 (전국민 의료보험 확대 및 도입기)	기사	조선	1989.01.04	국민보건 전산망 구축 보사부, 의보 등 7개 자료 입력 내년 1단계 사업 완료	센터 DB	
368	1978~1989 (전국민 의료보험 확대 및 도입기)	기사	조선	1989.03.09	통합의료보험 '91년부터 시행, 야당 의보위통과 무엇이 달라지나	센터 DB	
369	1978~1989 (전국민 의료보험 확대 및 도입기)	기사	조선	1989.04.04	현행 의료보험체계 조세방식 전환 검토, 민정	센터 DB	
370	1978~1989 (전국민 의료보험 확대 및 도입기)	기사	조선	1989.05.18	의료보험 수가 27% 인상요구, 대한병원협회	센터 DB	
371	1978~1989 (전국민 의료보험 확대 및 도입기)	기사	조선	1988.05.29	도시 지역 의보 내년 7월실시. 보험료 50% 정부 지원	센터 DB	
372	1978~1989 (전국민 의료보험 확대 및 도입기)	기사	조선	1988.05.10	도시빈민 의보 내년실시. 5인 이상기업 93년부터 최저임금제 적용 6차 5개년 계획 수정	센터 DB	
373	1978~1989 (전국민 의료보험 확대 및 도입기)	기사	조선	1988.06.28	내년 7월 시행 도시의보조합 8대도시 시단위 구성	센터 DB	
374	1978~1989 (전국민 의료보험 확대 및 도입기)	기사	조선	1988.07.10	내달부터 의보 〈5인업체〉로 확대. 퇴직 3개월 후까지 혜택	센터 DB	
375	1978~1989 (전국민 의료보험 확대 및 도입기)	사설	조선	1978.06.30	의료보험실시 1주년. 의료보험료의 〈제2세금화〉 방지 등 보완책을	센터 DB	
376	1978~1989 (전국민 의료보험 확대 및 도입기)	사설	조선	1979.07.04	의료보험2년의 관점. 그 내실화를 위해 꾸준한 개선을 保求	센터 DB	
377	1978~1989 (전국민 의료보험 확대 및 도입기)	사설	조선	1980.11.02	醫保 일원화 안될 말. 1종 조합 견실성유지가 醫保 성공의 지렛대다	센터 DB	
378	1978~1989 (전국민 의료보험 확대 및 도입기)	사설	조선	1982.08.22	의료보험 5년의 교훈. 국가재정의 뒷받침이 불가결하다	센터 DB	
379	1978~1989 (전국민 의료보험 확대 및 도입기)	사설	조선	1982.10.20	의보제 일원화 입법론. 국회는 여론을 정시하고 있는지	센터 DB	
380	1978~1989 (전국민 의료보험 확대 및 도입기)	사설	조선	1982.12.21	의료보험의 확대. 혜택의 절실한 쪽을 연하지 말아야	센터 DB	
381	1978~1989 (전국민 의료보험 확대 및 도입기)	사설	조선	1983.07.09	2종의보의 기본문제. 정부와의 재정분담이 관건	센터 DB	
382	1978~1989 (전국민 의료보험 확대 및 도입기)	사설	조선	1984.01.15	점진하는 의료보험. 국가부담 개념도입으로 적극화를	센터 DB	

번호	시기구분	자료유형	기관/인명	생성년도	제목	소장처	비고
383	1978~1989 (전국민 의료보험 확대 및 도입기)	사설	조선	1986. 07. 22	의보일원화의 문제점	센터 DB	
384	1978~1989 (전국민 의료보험 확대 및 도입기)	서적	신섭중	1980	사회보장정책론: 의료보장과 공적부조를 중심으로	센터 DB	
385	1978~1989 (전국민 의료보험 확대 및 도입기)	서적	최천송	1980	의료보장정책론	국회도서관, 연세대학교	
386	1978~1989 (전국민 의료보험 확대 및 도입기)	서적	의료보험연합회	1977	의료보험의 발자취	국회도서관	
387	1978~1989 (전국민 의료보험 확대 및 도입기)	논문	박정학	1985	정책결정과정에 관한 연구	연세대학교	
388	1978~1989 (전국민 의료보험 확대 및 도입기)	논문	박정학	1985	정책결정과정에 관한 연구	연세대학교	
389	1978~1989 (전국민 의료보험 확대 및 도입기)	논문	최세종	1987	한국의료보험제도의 정책과정에 관한 연구	서울대학교	
390	1978~1989 (전국민 의료보험 확대 및 도입기)	논문	최정원	2004	한국의 복지정책 결정과정 비교	연세대학교	
391	1978~1989 (전국민 의료보험 확대 및 도입기)	논문	최정원	2004	한국의 복지정책 결정과정 비교	연세대학교	
392	1978~1989 (전국민 의료보험 확대 및 도입기)	논문	박정호	1996	한국 의료보험 정책과정에서의 정부 역할	센터DB	한국정책학회, 21세기에 대비한 분야별 정책, 0(0)
393	1978~1989 (전국민 의료보험 확대 및 도입기)	논문	원석조	2006	건강보험통합논쟁의 전개과정에 관한 연구	센터DB	사회복지정책, 25(0)
394	1978~1989 (전국민 의료보험 확대 및 도입기)	논문	차흥봉	1996	의료보험의 정책결정과정: 제1차 의료보험통합 논의과정을 중심으로	센터DB	사회복지정책, 3(0)
395	1978~1989 (전국민 의료보험 확대 및 도입기)	보고서	대한상공회의소	1979	의료보험의 현황과 과제	센터 DB	
396	1978~1989 (전국민 의료보험 확대 및 도입기)	보고서	한국개발연구원 (박종기)	1979	한국의 보건재정과 의료보험	센터 DB	
397	1978~1989 (전국민 의료보험 확대 및 도입기)	보고서	사회보장심의 위원회	1980	의료보장의 단계적 발전모형 구축을 위한 조사연구	센터 DB	
398	1978~1989 (전국민 의료보험 확대 및 도입기)	보고서	KDI	1981	사회보장제도 개선을 위한 연구보고서	보건복지부 자료실	

번호	시기구분	자료유형	기관/인명	생성년도	제목	소장처	비고
399	1978~1989 (전국민 의료보험 확대 및 도입기)	보고서	사보심	1981	의료보장의 단계적 일원화 방안 연구	센터 DB	
400	1978~1989 (전국민 의료보험 확대 및 도입기)	보고서	민주정의당	1982	국민개의료보험 정책개발 워크샵 주제발표문	센터 DB	
401	1978~1989 (전국민 의료보험 확대 및 도입기)	보고서	사보심	1982	한국사회보장/의료보험제도의 개선책	센터 DB	
402	1978~1989 (전국민 의료보험 확대 및 도입기)	보고서	한국개발연구원	1983	의료보험의 정책과제와 발전방향	센터 DB	
403	1978~1989 (전국민 의료보험 확대 및 도입기)	보고서	한국인구보건 연구원	1984	의료보험 현안문제 개선을 위한 조사연구	서울대학교	
404	1978~1989 (전국민 의료보험 확대 및 도입기)	보고서	한국인구보건 연구원	1985	전국민 의료보험 실시를 위한 제도 연구	센터 DB	
405	1978~1989 (전국민 의료보험 확대 및 도입기)	보고서	사보심	1983	의료보험(2종) 개선방안	센터DB	
406	1978~1989 (전국민 의료보험 확대 및 도입기)	보고서	보건사회부	1988	의료보험 및 국민연금제도 중장기 발전방향	센터 DB	
407	1978~1989 (전국민 의료보험 확대 및 도입기)	보고서	의료보험연구자 일동	1988	한국의료보험의 발전방향에 대한 제언	센터 DB	
408	1978~1989 (전국민 의료보험 확대 및 도입기)	보고서	경제기획원	1986	지역의료보험 광대방안	센터 DB	
409	1978~1989 (전국민 의료보험 확대 및 도입기)	보고서	보건사회부	1985	의료보험 일원화 관련 추진실적	센터 DB	
410	1978~1989 (전국민 의료보험 확대 및 도입기)	보고서	보건사회부	1985	의료보험의 현황과 과제	센터 DB	
411	1978~1989 (전국민 의료보험 확대 및 도입기)	보고서	보건사회부	1986	의료보험 사업현황	센터 DB	
412	1978~1989 (전국민 의료보험 확대 및 도입기)	보고서	보건사회부	1986	의료보험일원화문제검토	센터 DB	
413	1978~1989 (전국민 의료보험 확대 및 도입기)	녹음파일	김종대(2차)	2007. 08. 10	80년대 의료보험 통합에 관한 논쟁	센터DB	
414	1978~1989 (전국민 의료보험 확대 및 도입기)	녹음파일	김종대	2006. 06. 15	의료보험2차개정 및 1, 2차 의보통합갈등	센터 DB	

번호	시기구분	자료유형	기관/인명	생성년도	제목	소장처	비고
415	1978~1989 (전국민 의료보험 확대 및 도입기)	녹취록	김종대(2차)	2007. 08. 10	80년대 의료보험 통합에 관한 논쟁	센터DB	
416	1978~1989 (전국민 의료보험 확대 및 도입기)	녹취록	김종대	2006. 06. 15	의료보험2차개정 및 1, 2차 의보통합갈등	센터 DB	
417	1990~2003(의료보험 통합기)	법률	국회	1998. 06	국민의료보험법(일부거정)	센터DB	
418	1990~2003(의료보험 통합기)	법률	국회	1998. 06	의료보험법(일부개정)	센터DB	
419	1990~2003(의료보험 통합기)	법률	국회	1999. 02	국민건강보험법(제정)	센터DB	
420	1990~2003(의료보험 통합기)	법률	국회	1999. 02	국민의료보험법(일부개정)	센터DB	
421	1990~2003(의료보험 통합기)	법률	국회	1999. 02	국민의료보험법(폐지)	센터DB	
422	1990~2003(의료보험 통합기)	법률	국회	1999. 02	의료보험법(일부개정)	센터DB	
423	1990~2003(의료보험 통합기)	법률	국회	1999. 02	의료보험법(폐지)	센터DB	
424	1990~2003(의료보험 통합기)	법률	국회	1999. 12	국민건강보험법(일부개정)	센터DB	
425	1990~2003(의료보험 통합기)	법률	국회	1999. 12	국민건강보험법(일부개정2)	센터DB	
426	1990~2003(의료보험 통합기)	법률	국회	2000. 01	국민건강보험법(일부개정)	센터DB	
427	1990~2003(의료보험 통합기)	법률	국회	2000. 01	국민의료보험법(일부개정)	센터DB	
428	1990~2003(의료보험 통합기)	법률	국회	2000. 05	국민건강보험법(일부개정)	센터DB	
429	1990~2003(의료보험 통합기)	법률	국회	2000. 12	국민건강보험법(일부개정)	센터DB	
430	1990~2003(의료보험 통합기)	법률	국회	2002. 01	국민건강보험법(일부개정)	센터DB	

번호	시기구분	자료유형	기관/인명	생성년도	제목	소장처	비고
431	1990~2003(의료보험 통합기)	법률	국회	2002. 12	국민건강보험법(일부개정)	센터DB	
432	1990~2003(의료보험 통합기)	법률	국회	1994. 01	의료보험법(전부개정)	센터DB	
433	1990~2003(의료보험 통합기)	법률	국회	1994. 12	의료보험법(일부개정)	센터DB	
434	1990~2003(의료보험 통합기)	법률	국회	1995. 08	의료보험법(일부개정)	센터DB	
435	1990~2003(의료보험 통합기)	법률	국회	1997. 01	의료보험법(일부개정)	센터DB	
436	1990~2003(의료보험 통합기)	법률	국회	1997. 12	국민의료보험법(제정)	센터DB	
437	1990~2003(의료보험 통합기)	법률	국회	1997. 12	의료보험법(일부개정2)	센터DB	
438	1990~2003(의료보험 통합기)	법률	국회	1997. 12	의료보험법(일부개정)	센터DB	
439	1990~2003(의료보험 통합기)	법률	국회	2003. 07	국민건강보험법(일부개정)	센터DB	
440	1990~2003(의료보험 통합기)	법률	국회	2003. 09	국민건강보험법(일부개정)	센터DB	
441	1990~2003(의료보험 통합기)	법률	국회	2004. 01	국민건강보험법(일부개정)	센터DB	
442	1990~2003(의료보험 통합기)	법률	국회	2005. 01	국민건강보험법(일부개정2)	센터DB	
443	1990~2003(의료보험 통합기)	법률	국회	2005. 01	국민건강보험법(일부개정)	센터DB	
444	1990~2003(의료보험 통합기)	법률	국회	2005. 07	국민건강보험법(일부개정, 법명변경)	센터DB	
445	1990~2003(의료보험 통합기)	법률	국회	2006. 10.	국민건강보험법(일부개정)	센터DB	
446	1990~2003(의료보험 통합기)	법률	국회	2006. 12	국민건강보험법(일부개정)	센터DB	

번호	시기구분	자료유형	기관/인명	생성년도	제목	소장처	비고
447	1990~2003(의료보험 통합기)	법률안	국회	1998	의료보험법중개정법률안(수정가결)	센터DB	
448	1990~2003(의료보험 통합기)	법률안	국회	1999	국민의료보험법중개정법률안(대안, 원안가결)	센터DB	
449	1990~2003(의료보험 통합기)	법률안	국회	1999	의료보험법중개정법률안(원안가결)	센터DB	
450	1990~2003(의료보험 통합기)	법률안	국회	2002	국민건강보험법중개정법률안(대안, 원안가결)	센터DB	
451	1990~2003(의료보험 통합기)	법률안	국회	2002	국민건강보험재정건전화특별법안(이상수의원 등 11인 외 106인, 수정가결)	센터DB	
452	1990~2003(의료보험 통합기)	법률안	국회	2003	국민건강보험법중개정법률안(김성순의원 등 22인, 수정가결)	센터DB	
453	1990~2003(의료보험 통합기)	법률안	국회	2003	국민건강보험법중개정법률안(김성순의원 등 25인, 수정가결)	센터DB	
454	1990~2003(의료보험 통합기)	법률안	국회	2003	국민건강보험법중개정법률안(대안, 원안가결)	센터DB	
455	1990~2003(의료보험 통합기)	법률안	국회	2003	국민건강보험재정건전화특별법중개정법률안(김홍신의원 등 10인, 수정가결)	센터DB	
456	1990~2003(의료보험 통합기)	법률안	국회	1993	공무원및사립학교교직원의료보험법중개정법률안(수정가결)	센터DB	
457	1990~2003(의료보험 통합기)	법률안	국회	1995	공무원및사립학교교직원의료보험법중개정법률안(수정가결)	센터DB	
458	1990~2003(의료보험 통합기)	법률안	국회	1995	의료보험법중개정법률안(수정가결)	센터DB	
459	1990~2003(의료보험 통합기)	법률안	국회	1997	국민의료보험법안(대안, 원안가결)	센터DB	
460	1990~2003(의료보험 통합기)	법률안	국회	1997	의료보험법중개정법률안(황성균의원 외 30인, 수정가결)	센터DB	
461	1990~2003(의료보험 통합기)	법률안	국회	1992	국민의료보험법안(대안, 임기만료폐기)	센터DB	
462	1990~2003(의료보험 통합기)	시행령	국회	1998. 09	국민의료보험법시행령(제정)	센터DB	

번호	시기구분	자료유형	기관/인명	생성년도	제목	소장처	비고
463	1990~2003(의료보험 통합기)	시행령	국회	1998. 10.	의료보험법시행령(일부개정)	센터DB	
464	1990~2003(의료보험 통합기)	시행령	국회	1999. 03	국민의료보험법시행령(일부개정)	센터DB	
465	1990~2003(의료보험 통합기)	시행령	국회	1999. 05	국민의료보험법시행령(일부개정)	센터DB	
466	1990~2003(의료보험 통합기)	시행령	국회	1999. 08	국민의료보험법시행령(일부개정)	센터DB	
467	1990~2003(의료보험 통합기)	시행령	국회	1999. 08	의료보험법시행령(일부개정)	센터DB	
468	1990~2003(의료보험 통합기)	시행령	국회	2000. 06	국민건강보험법시행령(제정)	센터DB	
469	1990~2003(의료보험 통합기)	시행령	국회	2000. 06	국민의료보험법시행령(폐지)	센터DB	
470	1990~2003(의료보험 통합기)	시행령	국회	2000. 06	의료보험법시행령(폐지)	센터DB	
471	1990~2003(의료보험 통합기)	시행령	국회	2000. 12	국민건강보험법시행령(일부개정)	센터DB	
472	1990~2003(의료보험 통합기)	시행령	국회	2001. 06	국민건강보험법시행령(일부개정)	센터DB	
473	1990~2003(의료보험 통합기)	시행령	국회	2001. 12	국민건강보험법시행령(일부개정)	센터DB	
474	1990~2003(의료보험 통합기)	시행령	국회	1994. 08	의료보험법시행령(전부개정)	센터DB	
475	1990~2003(의료보험 통합기)	시행령	국회	1994. 12	의료보험법시행령(일부개정2)	센터DB	
476	1990~2003(의료보험 통합기)	시행령	국회	1994. 12	의료보험법시행령(일부개정3)	센터DB	
477	1990~2003(의료보험 통합기)	시행령	국회	1994. 12	의료보험법시행령(일부개정)	센터DB	
478	1990~2003(의료보험 통합기)	시행령	국회	1995. 12	의료보험법시행령(일부개정)	센터DB	

번호	시기구분	자료유형	기관/인명	생성년도	제목	소장처	비고
479	1990~2003(의료보험 통합기)	시행령	국회	1997.05	의료보험법시행령(일부개정)	센터DB	
480	1990~2003(의료보험 통합기)	시행령	국회	1997.09	의료보험법시행령(일부개정)	센터DB	
481	1990~2003(의료보험 통합기)	시행령	국회	1997.12	의료보험법시행령(일부개정)	센터DB	
482	1990~2003(의료보험 통합기)	시행령	국회	1998.02	의료보험법시행령(일브개정)	센터DB	
483	1990~2003(의료보험 통합기)	시행령	국회	2003.06	국민건강보험법시행령(일부개정)	센터DB	
484	1990~2003(의료보험 통합기)	시행령	국회	2004.03	국민건강보험법시행령(일부개정2)	센터DB	
485	1990~2003(의료보험 통합기)	시행령	국회	2004.03	국민건강보험법시행령(일부개정)	센터DB	
486	1990~2003(의료보험 통합기)	시행령	국회	2004.04	국민건강보험법시행령(일부개정2)	센터DB	
487	1990~2003(의료보험 통합기)	시행령	국회	2004.04	국민건강보험법시행령(일부개정)	센터DB	
488	1990~2003(의료보험 통합기)	시행령	국회	2004.04	국민건강보험법시행령(일부개정)	센터DB	
489	1990~2003(의료보험 통합기)	시행령	국회	2004.12	국민건강보험법시행령(일부개정)	센터DB	
490	1990~2003(의료보험 통합기)	시행령	국회	2005.01	국민건강보험법시행령(일부개정)	센터DB	
491	1990~2003(의료보험 통합기)	시행령	국회	2005.05	국민건강보험법 시행령(일부개정)	센터DB	
492	1990~2003(의료보험 통합기)	시행령	국회	2005.06	국민건강보험법 시행령(일부개정, 법명변경)	센터DB	
493	1990~2003(의료보험 통합기)	시행령	국회	2005.08	국민건강보험법 시행령(일부개정)	센터DB	
494	1990~2003(의료보험 통합기)	시행령	국회	2005.10.	국민건강보험법 시행령(일부개정)	센터DB	

번호	시기구분	자료유형	기관/인명	생성년도	제목	소장처	비고
495	1990~2003(의료보험 통합기)	시행령	국회	2005. 12	국민건강보험법 시행령(일부개정)	센터DB	
496	1990~2003(의료보험 통합기)	시행령	국회	2006. 06	국민건강보험법 시행령(일부개정)	센터DB	
497	1990~2003(의료보험 통합기)	시행령	국회	2006. 07	국민건강보험법 시행령(일부개정)	센터DB	
498	1990~2003(의료보험 통합기)	시행령	국회	2006. 12	국민건강보험법 시행령(일부개정2)	센터DB	
499	1990~2003(의료보험 통합기)	시행령	국회	2006. 12	국민건강보험법 시행령(일부개정)	센터DB	
500	1990~2003(의료보험 통합기)	시행령	국회	19982. 12	의료보험법시행령(일부개정)	센터DB	
501	1990~2003(의료보험 통합기)	시행령	국회	1988. 07	의료보험법시행령(일부개정)	센터DB	
502	1990~2003(의료보험 통합기)	시행령	국회	1989. 09	의료보험법시행령(일부개정)	센터DB	
503	1990~2003(의료보험 통합기)	시행령	국회	1990. 06	의료보험법시행령(일부개정)	센터DB	
504	1990~2003(의료보험 통합기)	시행령	국회	1992. 01	의료보험법시행령(일부개정)	센터DB	
505	1990~2003(의료보험 통합기)	국회회의록	국회	1993	제14대국회 제162회 제1차 보건사회위원회 의료보험급여심사기구독립에관한건(공청회)	센터 DB	
506	1990~2003(의료보험 통합기)	국회회의록	국회	1994	제14대국회 제168회 제1차 국회본회의	센터 DB	
507	1990~2003(의료보험 통합기)	국회회의록	국회	1994	제14대국회 제167회 제2차 보건사회위원회 의료보험제도개혁에관한공청회	센터 DB	
508	1990~2003(의료보험 통합기)	국회회의록	국회	1994	제14대국회 제170회 제1차 국회본회의	센터 DB	
509	1990~2003(의료보험 통합기)	국회회의록	국회	1995	제14대국회 보건복지위원회 의료보험연합회	센터 DB	
510	1990~2003(의료보험 통합기)	국회회의록	국회	1997	제15대국회 보건복지위원회 의료보험연합회	센터 DB	

번호	시기구분	자료유형	기관/인명	생성년도	제목	소장처	비고
511	1990~2003(의료보험 통합기)	국회회의록	국회	1997	제15대국회 제184회 제1차 국회본회의	센터 DB	
512	1990~2003(의료보험 통합기)	국회회의록	국회	1997	제15대국회 보건복지위원회 의료보험연합회 부록	센터 DB	
513	1990~2003(의료보험 통합기)	국회회의록	국회	1997	제15대국회 제183회 제2차 보건복지위원회 의료보험엽합회	센터 DB	
514	1990~2003(의료보험 통합기)	국회회의록	국회	1998	제15대국회 제192희 제2차 보건복지위원회 부록	센터 DB	
515	1990~2003(의료보험 통합기)	국회회의록	국회	1998	제15대국회 제198회 제6차 국회본회의	센터 DB	
516	1990~2003(의료보험 통합기)	국회회의록	국회	1998	제15대국회 제196회 제1차 보건복지위원회 의료보험엽합회	센터 DB	
517	1990~2003(의료보험 통합기)	국회회의록	국회	1998	제15대국회 제196회 제1차 보건복지위원회 부록	센터 DB	
518	1990~2003(의료보험 통합기)	국회회의록	국회	1998	제15대국회 제192회 제2차 보건복지위원회 의료보험엽합회	센터 DB	
519	1990~2003(의료보험 통합기)	국회회의록	국회	1999	제15대국회 제208회 제6차 보건복지위원회 의료보험통합에관한긴급보고	센터 DB	
520	1990~2003(의료보험 통합기)	건의	경총	1999	국민건강보험법 개정(안)에 대한 경영계 의견	센터DB	
521	1990~2003(의료보험 통합기)	건의	경총	1999	국민건강보험법(안)에 대한 경영계 의견	센터DB	
522	1990~2003(의료보험 통합기)	건의	경총	1999	국민건강보험법시행령(안)에 대한 경영계 의견	센터DB	
523	1990~2003(의료보험 통합기)	건의	경총	2000	국민건강의료보험법중 개정법률(안)에 대한 경영계 의견	센터DB	
524	1990~2003(의료보험 통합기)	건의	경총	2001	국민건강보험 재정정책 관련 경영계 의견	센터DB	
525	1990~2003(의료보험 통합기)	건의	경총	2002	건강보험재정건전화특별법 시행령중 개정령안에 대한 경영계 의견	센터DB	
526	1990~2003(의료보험 통합기)	건의	민주노총	1998	사업보고 자료모음(민주노총 대정부 5대요구안 정책해설)	센터DB	

번호	시기구분	자료유형	기관/인명	생성년도	제목	소장처	비고
527	1990~2003(의료보험 통합기)	건의	경총	1996	의료보험제도의 통합관련 업계 의견조사	센터DB	
528	1990~2003(의료보험 통합기)	건의	민주노총	1996	제 15대총선에 즈음한 민주노총의 노동법개정과 사회개혁 요구(96. 3)	센터DB	
529	1990~2003(의료보험 통합기)	건의	민주노총	1997	고용안정속에 국민생활 개선(고용안정 · 사회개혁 15대 과제)	센터DB	
530	1990~2003(의료보험 통합기)	건의	한국노총	1994	의료보장개혁위원회 각 분과위 연구결과의 문제점 (한국노총사업보고서)	센터DB	
531	1990~2003(의료보험 통합기)	건의	경총	2004	국민건강보험법시행령중개정령(안)에 대한 경영계 의견	센터DB	
532	1990~2003(의료보험 통합기)	기관지	의협	1998	〔시론〕 의료보험통합	센터DB	대한의사협회지 (1998-07 월호)
533	1990~2003(의료보험 통합기)	기관지	의협	1998	통합 의료보험법 제정을 위한 제1차 공청회 자료	센터DB	대한의사협회지 (1998-07 월호)
534	1990~2003(의료보험 통합기)	기관지	의협	1994	〔의료시사〕 의료보험 질의화신;100	센터DB	대한의사협회지 (1994-01 월호)
535	1990~2003(의료보험 통합기)	기관지	의협	1994	〔의료시사〕 의료보험법 개정법률	센터DB	대한의사협회지 (1994-04 월호)
536	1990~2003(의료보험 통합기)	기관지	의협	1995	〔시론〕 의료보험 수가구조의 개선	센터DB	대한의사협회지 (1995-06 월호)
537	1990~2003(의료보험 통합기)	기관지	의협	2007	〔시론〕 의료보험 도입 30년의 성과와 한계, 그리고 새로운 과제	센터DB	대한의사협회지 (2007-07 월호)
538	1990~2003(의료보험 통합기)	기관지	경총	1995	〔정책진단〕 의료보험제도의 문제점과 개선방안(2)	센터 DB	월간 경영계
539	1990~2003(의료보험 통합기)	기관지	경총	1995	〔정책진단〕 의료보험제도의 문제점과 개선방안(1)	센터 DB	월간 경영계
540	1990~2003(의료보험 통합기)	기관지	경총	1995	〔정책진단〕 의료보험제도의 문제점과 개선방안(3)	센터 DB	월간 경영계
541	1990~2003(의료보험 통합기)	기관지	경총	1996	〔제언〕 의료보험의 출산휴가 급여 지원 방안	센터 DB	월간 경영계
542	1990~2003(의료보험 통합기)	기관지	경총	1996	〔특집〕 사회보장제도의 운영 실태를 진단한다; 2 의료보험제도의 운영 실태와 개선방안	센터 DB	월간 경영계

번호	시기구분	자료유형	기관/인명	생성년도	제목	소장처	비고
543	1990~2003(의료보험 통합기)	기관지	경총	1997	〔임금뉴스〕 연봉제 최대 걸림돌은 퇴직금: 경총 조사, 의료보험, 시간외 수당도 부담	센터 DB	월간 경영계
544	1990~2003(의료보험 통합기)	기관지	경총	1995	의료보험제도의 문제점과 개선방안(1)	센터DB	월간 경영계, 212(0)
545	1990~2003(의료보험 통합기)	기관지	경총	1995	의료보험제도의 문제점과 개선방안(2)	센터DB	월간 경영계, 213(0)
546	1990~2003(의료보험 통합기)	기관지	경총	1995	의료보험제도의 문제점과 개선방안(3)	센터DB	월간 경영계, 214(0)
547	1990~2003(의료보험 통합기)	기관지	경총	1996	사회보장제도의 운영실태를 진단한다: 2 의료보험제도의 운영실태와 개선방안	센터DB	월간 경영계, 225(0)
548	1990~2003(의료보험 통합기)	성명	한국노총	1998	의료보험통합안에 대한 한국노총의 입장(한국노총사업보고서)	센터DB	
549	1990~2003(의료보험 통합기)	성명	민주노총	1995	임·단투와 사회개혁 투쟁 지침(95. 2)	센터DB	
550	1990~2003(의료보험 통합기)	성명	민주노총	1996	투쟁방침과 요구 해설(정책보고서 96-5)	센터DB	
551	1990~2003(의료보험 통합기)	기사	조선	1990. 01. 24	의보 수가 7% 인상 의료계선 반발 파동 예상 내달 1일부터 적용	센터 DB	
552	1990~2003(의료보험 통합기)	기사	조선	1990. 01. 30	국민연금 소기업(5인 이상 10인 미만)까지 확대 내년 7월부터 약화사고 연내 국가서 전액 보상	센터 DB	
553	1990~2003(의료보험 통합기)	기사	조선	1990. 02. 08	확정된 신당 정강정책 (전문) 성숙한 정치문화, 경제정의 실현 지역간 균형발전, 근로자 복지 도모	센터 DB	
554	1990~2003(의료보험 통합기)	기사	조선	1990. 02. 16	이권 따른 입법압력 예사 이철의원 겸직의원 로비 조사파문 재무, 상공위 등 관련분야 집중 포진 예산 등 직접심의 제도적 규제 필요	센터 DB	
555	1990~2003(의료보험 통합기)	기사	조선	1990. 03. 06	'농어촌 의보 백7억 적자' 김 보사 국회 답변	센터 DB	
556	1990~2003(의료보험 통합기)	기사	조선	1990. 07. 13	보험료 장기체납 농가 소, 전화까지 압류딱지 밀양 의보조합	센터 DB	
557	1990~2003(의료보험 통합기)	기사	조선	1991. 03. 27	지역의보 재정 갈수록 악화 급여비 3년새 2배로	센터 DB	
558	1990~2003(의료보험 통합기)	기사	조선	1991. 04. 23	의보노조 파업 움직임 법안 재의결등 요구	센터 DB	

번호	시기구분	자료유형	기관/인명	생성년도	제목	소장처	비고
559	1990~2003(의료보험 통합기)	기사	조선	1991. 05. 01	서울의보 8일부터 파업 조합원 73% 찬성 통합체계: 해고자 복직 등 요구	센터 DB	
560	1990~2003(의료보험 통합기)	기사	조선	1991. 05. 14	서울, 인천 등 6개 의보노조 어제부터 파업 돌입	센터 DB	
561	1990~2003(의료보험 통합기)	기사	조선	1991. 05. 15	서울 의보노조 2백명 중구사무실 점거농성	센터 DB	
562	1990~2003(의료보험 통합기)	기사	조선	1991. 06. 26	지역의보 적자누적 7백억 넘어 농어촌 작년 6백39억 재정지원 줄어 운영난 극심	센터 DB	
563	1990~2003(의료보험 통합기)	기사	조선	1991. 07. 01	골격 잡혔지만 고칠점 많아 전국민 의료보험 2주 진단 농어민, 도시 서민층 수진 76% 늘어 지역의보 적자: 효율관리 대책시급	센터 DB	
564	1990~2003(의료보험 통합기)	기사	조선	1992. 04. 20	의료시장도 개방 임박 보사부, 의협에 의견청취 공문 의보체제 붕괴 등 우려	센터 DB	
565	1990~2003(의료보험 통합기)	기사	조선	1992. 06. 02	의보공단 이사장 황성균씨	센터 DB	
566	1990~2003(의료보험 통합기)	기사	조선	1992. 06. 21	의보 진료비 8천84만원 17세 혈우병환자 65일 치료비 사상 최고 본인 부담 2천만원	센터 DB	
567	1990~2003(의료보험 통합기)	기사	조선	1992. 10. 23	지역의보 대표이사들 상당수 여권 간부출신	센터 DB	
568	1990~2003(의료보험 통합기)	기사	조선	1992. 11. 15	보건, 복지분야 의보 '조합별' '통합' 정반대 정책(대선공약해부) '달동네 불하' 노령수당 '의보료 면제' 소외층 표낚기 대책없는 선심 남발	센터 DB	
569	1990~2003(의료보험 통합기)	기사	조선	1993. 08. 21	한방 의약 분업문제 논쟁 약사법 개정 공청회	센터 DB	
570	1990~2003(의료보험 통합기)	기사	조선	1993. 09. 04	열띤 토론 3시간20분 참석자 '대체로 긍정적' (약사법개정 추진위원회 회의)	센터 DB	
571	1990~2003(의료보험 통합기)	기사	조선	1993. 09. 18	한약공사 설치 등 합의 한약분쟁 조정위의약분업 등 핵심문제는 결렬	센터 DB	
572	1990~2003(의료보험 통합기)	기사	조선	1993. 09. 19	약사법 입법연장 요청 분쟁조정위, 송보사 '합의사항 개정안 반영'	센터 DB	
573	1990~2003(의료보험 통합기)	기사	조선	1993. 09. 21	한약분쟁 대결 7개월 타결가닥 잡았다	센터 DB	
574	1990~2003(의료보험 통합기)	기사	조선	1993. 09. 26	약사법개정안 보완 보사부 한방의약 분업시기 명시 검토 경실련중재안 적극수용 월말 확정	센터 DB	

번호	시기구분	자료유형	기관/인명	생성년도	제목	소장처	비고
575	1990~2003(의료보험 통합기)	기사	조선	1993. 10. 25	의료보험 통합 검토 송 보사 '전국 266개 지역조합 재정 호전 종합과세되는 96년 이후 가능'	센터 DB	
576	1990~2003(의료보험 통합기)	기사	조선	1994. 03. 28	의보 포괄수가제 추진 질병별 기준가격 책정 방식 입원환자 시범실시 연차 확대 의료계선 반발 논란 예상	센터 DB	
577	1990~2003(의료보험 통합기)	기사	조선	1994. 05. 22	'의보조합 통합운영을 의보연대회의, 진료일수 제한도 폐지 요구	센터 DB	
578	1990~2003(의료보험 통합기)	기사	조선	1994. 05. 28	도농 의보통합 않기로 정부 농어민 고액진료비 공동부담 추진	센터 DB	
579	1990~2003(의료보험 통합기)	기사	조선	1994. 12. 24	의보기관 지정 기피많다 전국 한의원, 약국, 의원 1천8백여 곳 개업 30일 내 신청 외면	센터 DB	
580	1990~2003(의료보험 통합기)	기사	조선	1994. 12. 28	노인입원 의보 비용 공무원, 직장조합도 부담 농어촌조합 적자 감소책 내년부터 국고지원도 차등화	센터 DB	
581	1990~2003(의료보험 통합기)	기사	조선	1998. 05. 31	지역 의료보험료 최고 2.2배차	센터DB	
582	1990~2003(의료보험 통합기)	기사	조선	1998. 07. 09	'통합의료보험제 꼭 시행' 김대통령 지시	센터DB	
583	1990~2003(의료보험 통합기)	기사	조선	1998. 09. 14	의료보험 일원화 노총-경총 반대표명 '직장근로자 부담 늘어'	센터DB	
584	1990~2003(의료보험 통합기)	기사	조선	1998. 11. 25	'의료보험 통합반대' 직장의보노조 캠페인	센터DB	
585	1990~2003(의료보험 통합기)	기사	조선	1998. 12. 03	봉급생활자 자영자보다 부담 크다 의보단일화 '국민건강보험법안' 쟁점	센터DB	
586	1990~2003(의료보험 통합기)	기사	조선	1998. 12. 03	부양가족이라도 소득 있으면 지역 가입자로 적용받아 국민건강보험법안 통과되면 … 국민건강보험공단 신설 재정 통합관리 운영	센터DB	
587	1990~2003(의료보험 통합기)	기사	조선	1999. 01. 08	국민건강보험법 통과따라 직장-지역의보 내년부터 통합 직장조합 보험료율 전국적으로 같아져 재정분리 2년유예	센터DB	
588	1990~2003(의료보험 통합기)	기사	조선	1999. 01. 09	부유층 의료보험료 평균 만4천원 올라	센터DB	
589	1990~2003(의료보험 통합기)	기사	조선	1999. 05. 03	직장인 88% '국민연금 불만' 세금-의료보험료도 '자영업자보다 더 많이 낸다' 서울거주 500명 여론조사	센터DB	
590	1990~2003(의료보험 통합기)	기사	조선	1999. 05. 14	약값은 30.7% 내리기로 의료보험수가 15.8% 인상 추진	센터DB	

번호	시기구분	자료유형	기관/인명	생성년도	제목	소장처	비고
591	1990~2003(의료보험 통합기)	기사	조선	1999. 09. 01	국민건강보험법 개정안 직장-공무원의보 2년간 분리운영 지역가입자 2001년까지 현행대로	센터DB	
592	1990~2003(의료보험 통합기)	기사	조선	2000. 02. 02	의료보험료 인상될듯 7월 의-약분업 대비 정부, 수가 재조정 움직임 의료보험료 인상될듯 7월 의-약분업 대비 정부, 수가 재조정 움직임	센터DB	
593	1990~2003(의료보험 통합기)	기사	조선	2000. 03. 25	의료보험 수가 내달 6% 인상 의사협 집단휴진 강행	센터DB	
594	1990~2003(의료보험 통합기)	기사	조선	2000. 07. 01	달라지는 보험료 · 혜택 '국민건강보험' 오늘 출범 직장인 43% 의보요 올라	센터DB	
595	1990~2003(의료보험 통합기)	기사	조선	2000. 09. 25	최선정 보건복지부 장관 인터뷰 '의료보험료 인상은 불가피'	센터DB	
596	1990~2003(의료보험 통합기)	기사	조선	2000. 60. 24	당정 '분업 최종안' 약사 '대체조제' 원칙금지 포장약 낱개판매 문제 땐 분업시행 6개월내 법고쳐 의료보험수가 단계 인상 전문의약품 재분류 검토	센터DB	
597	1990~2003(의료보험 통합기)	기사	조선	2001. 01. 04	흔들리는 의료보험(1) 노인 진료비 급증…의보수가 인상 지역의보 한달에 540억 적자	센터DB	
598	1990~2003(의료보험 통합기)	기사	조선	2001. 01. 05	흔들리는 의료보험 (2) 보험료 20% 오르고 공 · 교의보 적자까지 떠안아 직장의보는 '봉'인가	센터DB	
599	1990~2003(의료보험 통합기)	기사	조선	2001. 01. 06	흔들리는 의료보험 (3 · 끝) '직장 · 지역' 모두 수긍할 공평한 의보료 기준 필요	센터DB	
600	1990~2003(의료보험 통합기)	기사	조선	2001. 03. 23	진료비 과잉청구액 실사 겨우 0.84% 의료보험 심사평가원 왜있나	센터DB	
601	1990~2003(의료보험 통합기)	기사	조선	2001. 04. 25	다가오는 '선진국형 복지병' 2020년 정부지출 20% 의료보험에 들어갈 판	센터DB	
602	1990~2003(의료보험 통합기)	기사	조선	2001. 05. 05	건강보험 재정난 해결 1조5000억 추경편성	센터DB	
603	1990~2003(의료보험 통합기)	기사	조선	2001. 05. 26	지역의보 국고서 50% 지원 건강보험 재정안정 대책	센터DB	
604	1990~2003(의료보험 통합기)	기사	조선	2001. 06. 01	복지부 건강보험 재정대책 국민 호주머니 털어 땜질	센터DB	
605	1990~2003(의료보험 통합기)	기사	조선	2001. 08. 07	건강보험 하루하루 부도위기	센터DB	
606	1990~2003(의료보험 통합기)	기사	조선	2001. 11. 02	직장인 건강보험료 내년 9%이상 올라	센터DB	

번호	시기구분	자료유형	기관/인명	생성년도	제목	소장처	비고
607	1990~2003(의료보험 통합기)	기사	조선	2002. 02. 21	건강보험 1·2월 적자 4400억 올 적자예상액의 58%	센터DB	
608	1990~2003(의료보험 통합기)	기사	조선	2002. 02. 26	건보요 내달 6.9% 인상 의료보험수가는 첫 인하 의료계선 강력 반발	센터DB	
609	1990~2003(의료보험 통합기)	기사	조선	2002. 03. 25	또…올립니까 직장 건강보험료 내달 5~6% 인상	센터DB	
610	1990~2003(의료보험 통합기)	기사	조선	1996. 02. 22	의료보호환자 차별 사라진다 복지부, 의료보험과 체계 일원화하기로	센터DB	
611	1990~2003(의료보험 통합기)	기사	조선	1997. 02. 03	의료보험료 39% 인상 조합은 근거 제시를	센터DB	
612	1990~2003(의료보험 통합기)	기사	조선	1997. 09. 26	지역따라 월1만원차이… 등급기준도 각각 소비자연맹 조사 지역의료보험료	센터DB	
613	1990~2003(의료보험 통합기)	기사	조선	1997. 10. 14	국감자료 '저소득 조합 매년 요금 올린탓' 의료보험 강서구, 서초구의 2배	센터DB	
614	1990~2003(의료보험 통합기)	기사	조선	1998. 01. 25	'특단의 실업대책' 재원은… 고용안정비 4조5천억 임금보장기금 신설할듯 '실직자 의료보험 지원'	센터DB	
615	1990~2003(의료보험 통합기)	기사	조선	1998. 01. 27	실직후 6개월간 직장의료보험 혜택	센터DB	
616	1990~2003(의료보험 통합기)	기사	조선	2003. 10. 30	내달 生保社서도 '민영 의료보험' 판다 입원비중 본인부담액 보상	센터DB	
617	1990~2003(의료보험 통합기)	기사	조선	2003. 11. 03	월급봉투는 건강보험의 '밥' 직장인 3년새 60% 올라	센터DB	
618	1990~2003(의료보험 통합기)	기사	조선	2005. 07. 05	직장인은 월소득만 부과하고 자영업은 딴 소득도 매겨 부당	센터DB	
619	1990~2003(의료보험 통합기)	서적	의료보험연합회	2000	의료보험의 발자취(추록자료집)	국회도서관	
620	1990~2003(의료보험 통합기)	논문	권순만	2001	건강보험 재정위기의 원인과 정책 과제	센터DB	한국정책학회보, 10(3)
621	1990~2003(의료보험 통합기)	논문	김연명	2001	최근 사회복지정책의 변화와 그 성격: 국가복지의 확대	센터DB	한국사회보장학회, 2001년 추계국제학술회의 〈국민건강보험의 쟁점과 대안〉, 0(0)

번호	시기구분	자료유형	기관/인명	생성년도	제목	소장처	비고
622	1990~2003(의료보험 통합기)	논문	김의영	2003	국민건강보험 분야의 결사체 거버넌스와 NGO	센터DB	시민정치학회보(고황정치학회보), 6(0)
623	1990~2003(의료보험 통합기)	논문	김종대	2001	정부는 더 이상 국민 우롱하지 말라: 보험료 경감, 국고지원 불필요등 거짓말 고백해야 의료보험 재정파탄 수습할 방도는 있다	센터DB	한국논단, 139(0)
624	1990~2003(의료보험 통합기)	논문	양봉민, 김진현, 이태진	2002	건강보험의 재정전망과 정책과제	센터DB	사회복지정책, 15(0)
625	1990~2003(의료보험 통합기)	논문	원석조	2006	건강보험통합논쟁의 전개과정에 관한 연구	센터DB	사회복지정책, 25(0)
626	1990~2003(의료보험 통합기)	논문	최병규	1998	우리나라 의료보험제도의 문제점과 개선방안	센터DB	보험학회지, 51(0)
627	1990~2003(의료보험 통합기)	논문	최병호	2002	국민건강보험의 재정위기 원인분석과 평가	센터DB	사회보장연구, 18(1)
628	1990~2003(의료보험 통합기)	논문	한달선	2001	〔기조강연〕 한국의료위기의 본질과 과제	센터DB	한국사회보장학회, 2001년 추계국제학술회의 〈국민건강보험의 쟁점과 대안〉, 0(0)
629	1990~2003(의료보험 통합기)	논문	김연명	1996	의료보험 관리운영체계와 관련집단의 이해관계: 의료보험 통합에 대한 찬반집단의 이해관계 분석	센터DB	사회복지정책, 3(0)
630	1990~2003(의료보험 통합기)	논문	원석조	2006	건강보험통합논쟁의 전개과정에 관한 연구	센터DB	사회복지정책, 25(0)
631	1990~2003(의료보험 통합기)	논문	유인왕	1996	한국 의료보험 논쟁의 제조명	센터DB	사회복지정책, 3(0)
632	1990~2003(의료보험 통합기)	논문	최희경	2004	의료보험수가 결정 과정과 정부의 역할: 건강보험정책심의위원회(건정심) 결정 과정을 중심으로	센터DB	한국행정학보, 38(2)
633	1990~2003(의료보험 통합기)	논문	원석조	2006	건강보험통합논쟁의 전개과정에 관한 연구	센터DB	사회복지정책, 25(0)
634	1990~2003(의료보험 통합기)	논문	이용재	2004	건강보험 재정통합에서의 의회역할	센터DB	사회복지정책, 19(0)
635	1990~2003(의료보험 통합기)	논문	이종찬	1997	한국의료보험에서의 통합주의와 조합주의의 정치경제학	센터DB	사회보장연구, 13(2)
•636	1990~2003(의료보험 통합기)	논문	정종주	1995	왜 보건복지부에는 조합주의자만 있는가: 의료보험 통합일원화를 가로막는 보사부 마피아	센터DB	월간 사회평론 길, 95(3)

번호	시기구분	자료유형	기관/인명	생성년도	제목	소장처	비고
637	1990~2003(의료보험 통합기)	논문	조홍준	1996	한국 의료보험논쟁의 제조명: 의료보험 개혁 운동의 현황과 과제	센터DB	사회복지정책, 3(0)
638	1990~2003(의료보험 통합기)	논문	최정원	2004	한국의 복지정책 결정과정 비교: 1976년과 1989년의 의료보험법 개정과정을 중심으로	센터DB	동서연구, 16(1)
639	1990~2003(의료보험 통합기)	보고서	건보공단	2002	건강보험 본인부담 변동에 따른 재정영향 분석	센터DB	
640	1990~2003(의료보험 통합기)	보고서	건보공단	2004	통합건강보험의 평가 및 발전방향 연구1	센터DB	
641	1990~2003(의료보험 통합기)	보고서	건보공단	2004	통합건강보험의 평가 및 발전방향 연구2	센터DB	
642	1990~2003(의료보험 통합기)	보고서	건보공단	2004	통합건강보험의 평가 및 발전방향 연구3	센터DB	
643	1990~2003(의료보험 통합기)	보고서	건보공단	2005	국민건강보험재정건전화특별법 이후의 재정안정화방안	센터DB	
644	1990~2003(의료보험 통합기)	보고서	보사연	2001	건강보험 5인 미만 사업장 근로자 및 사업주의 직장가입자 편입방안	센터DB	
645	1990~2003(의료보험 통합기)	보고서	보사연	2001	건강보험 통합관리운영체계의 효율화 방안	센터DB	
646	1990~2003(의료보험 통합기)	보고서	보사연	2001	국민건강보험의 재정위기 평가와 재정관리방안	센터DB	
647	1990~2003(의료보험 통합기)	보고서	보사연	2002	국민건강보험의 재정건실화 방안: 보건의료체계와의 연계구조적 접근	센터DB	
648	1990~2003(의료보험 통합기)	보고서	보사연	2003	국민건강보험 총액예산제 도입방안 연구	센터DB	
649	1990~2003(의료보험 통합기)	보고서	보사연	2003	질병위험 보장성 강화를 위한 건강보험 본인부담 구조조정방안	센터DB	
650	1990~2003(의료보험 통합기)	보고서	전경련	2000	우리나라 의료보험제도의 문제점과 개선방향	센터DB	
651	1990~2003(의료보험 통합기)	보고서	보사연	1996	약국의료보험의 당연과제와 정책방향1	센터DB	
652	1990~2003(의료보험 통합기)	보고서	보사연	1996	약국의료보험의 당연과제와 정책방향2	센터DB	

번호	시기구분	자료유형	기관/인명	생성년도	제목	소장처	비고
653	1990~2003(의료보험 통합기)	보고서	보사연	1996	약국의료보험의 당연과제와 정책방향3	센터DB	
654	1990~2003(의료보험 통합기)	보고서	보사연	1996	의료보험 재정안정화를 위한 재정조정방안	센터DB	
655	1990~2003(의료보험 통합기)	보고서	보사연	2005	건강보험제도의 발전과정 비교연구	센터DB	
656	1990~2003(의료보험 통합기)	보고서	전경련	2004	의료서비스산업 현황 및 제도개선 과제	센터DB	
657	1990~2003(의료보험 통합기)	보고서	보사부	1988	의료보험제도의 발전적 개선방안에 관한 공청회 보고서	센터DB	
658	1990~2003(의료보험 통합기)	서적	의료보험 연합회	2000	의료보험의 발자취 추록자료집	센터 DB	
659	1990~2003(의료보험 통합기)	녹음파일	김용익	2007. 08. 27	의료보험 통합과 의약분업 과정	센터DB	
660	1990~2003(의료보험 통합기)	녹취록	김용익	2007. 08. 27	의료보험 통합과 의약분업 과정	센터DB	

3. 연금제도

1) 공무원연금제도

번호	시기구분	자료유형	기관/인명	생성년도	제목	소장처	비고
1	1949~1961(도입기)	법률	국회	1949	국가공무원법 제정 법률 제 44호	센터 DB	
2	1949~1961(도입기)	법률	국회	1960	공무원연금법 제정 법률 제 533호	센터 DB	
3	1949~1961(도입기)	법률	국회	1960	공무원연금법 제정 법률 제 533호 제안이유서	센터 DB	
4	1949~1961(도입기)	법률	국회	1960	공무원연금특별회계법 제정 법률 제 534호	센터 DB	
5	1949~1961(도입기)	법률안	국회	1959	공무원연금 의안원문	센터 DB	
6	1949~1961(도입기)	법률안	국회	1959	공무원연금법안 제안이유 및 주요내용	센터 DB	
7	1949~1961(도입기)	법률안	국회	1959	공무원연금특별회계법안 의안원문	센터 DB	
8	1949~1961(도입기)	법률안	국회	1959	공무원연금특별회계법안 제안이유 및 주요내용	센터 DB	
9	1949~1961(도입기)	시행령	정부	1960	공무원연금법시행령 제정 대통령령 제1558호	센터 DB	
10	1949~1961(도입기)	시행령	정부	1960	공무원연금지불규칙 제정 국무원령 제96호	센터 DB	
11	1949~1961(도입기)	시행령	정부	1960	공무원연금특별회계법시행령 제정 국무원령 제 94호	센터 DB	
12	1949~1961(도입기)	회의록	국회	1959	제33회 제15차 국회본회의	센터 DB	
13	1949~1961(도입기)	회의록	국회	1959	제33회 제23차 국회본회의	센터 DB	

번호	시기구분	자료유형	기관/인명	생성년도	제목	소장처	비고
14	1949~1961(도입기)	회의록	국회	1959	제33회 제27차 국회본회의	센터 DB	
15	1949~1961(도입기)	회의록	국회	1960	제37회 제10차 민의원재정경제위원회	센터 DB	
16	1949~1961(도입기)	회의록	국회	1961	제38회 제11차 민의원법제사법위원회	센터 DB	
17	1949~1961(도입기)	기사	조선	1959. 10. 20	차관회의 상정, 공무원연금법안	센터 DB	
18	1949~1961(도입기)	기사	조선	1959. 11. 20	공무원 연금법안 국회에 제출	센터 DB	
19	1949~1961(도입기)	기사	조선	1959. 11. 25	야 심의 보류 주장. 공무원연금 법안으로 찬반양론. 재경위	센터 DB	
20	1949~1961(도입기)	기사	조선	1959. 12. 01	국회 재경위 공무원 연금 특허법안 수정 통과	센터 DB	
21	1949~1961(도입기)	기사	조선	1959. 12. 17	법사위서 질의 종결. 공무원연금 법안에	센터 DB	
22	1949~1961(도입기)	기사	조선	1959. 12. 21	공무원 연금 연기. 군경 연금 미불금의 청산 시까지. 민주당서 주장	센터 DB	
23	1949~1961(도입기)	기사	조선	1959. 12. 24	원내 투쟁 방침. 공무원 연금에 민주당 방침	센터 DB	
24	1949~1961(도입기)	기사	조선	1960. 02. 18	관계관회의 개최 연금법운영 토의	센터 DB	
25	1949~1961(도입기)	기사	조선	1960. 02. 23	군인관계 실시된 공무원연금법	센터 DB	
26	1949~1961(도입기)	기사	조선	1961. 07. 09	공무원 연금법중 개정법 공포 연금 선택권 부여	센터 DB	
27	1949~1961(도입기)	기사	조선	1961. 09. 18	기준월봉의 12배액 지불. 공무원 연금법 개정법 등을 공포	센터 DB	
28	1949~1961(도입기)	기사	조선	1961. 12. 03	공무원 연금법 곧 개정공포 급여액을 인상	센터 DB	
29	1949~1961(도입기)	기사	조선	1961. 12. 04	공무원연금법 중 개정법율을 공포	센터 DB	

번호	시기구분	자료유형	기관/인명	생성년도	제목	소장처	비고
30	1949~1961(도입기)	사설	조선	1959. 10. 18	공무원 연금제도 창설에 신중을 기하라	센터 DB	
31	1949~1961(도입기)	사설	조선	1959. 10. 18	눈가리고 아옹하는 공무원 연금제의 구상	센터 DB	
32	1949~1961(도입기)	논문	박영래	1961	공무원연금제도의 해설	국회도서관	刑政 10권, 1호. 治形協會
33	1949~1961(도입기)	논문	신남균	1959	공무원연금의 의의와 전제조건	국회도서관	法制月報 2, 12 (59. 12) 法制處
34	1949~1961(도입기)	논문	신남균	1959	공무원연금제도에 대한 고찰	국회도서관	財政 8, 12(59. 12), 대한재무협회
35	1962~1981(정착기)	법률	국회	1962	공무원연금법 전부개정 법률 제 1133호	센터 DB	
36	1962~1981(정착기)	법률	국회	1962	공무원연금법 전부개정 법률 제 1133호 개정이유	센터 DB	
37	1962~1981(정착기)	법률	국회	1963	공무원연금특별회계법 전부개정 법률 제 1259호	센터 DB	
38	1962~1981(정착기)	법률	국회	1966	공무원연금특별회계법 전부개정 법률 제 1776호	센터 DB	
39	1962~1981(정착기)	법률안	국회	1961	공무원연금법중개정법률안 공포법률	센터 DB	
40	1962~1981(정착기)	법률안	국회	1961	공무원연금법중개정법률안 공포법률(2)	센터 DB	
41	1962~1981(정착기)	법률안	국회	1961	공무원연금법중개정법률안 공포법률(3)	센터 DB	
42	1962~1981(정착기)	법률안	국회	1961	공무원연금법중개정법률안 제안이유 및 주요내용	센터 DB	
43	1962~1981(정착기)	법률안	국회	1961	공무원연금법중개정법률안 제안이유 및 주요내용(2)	센터 DB	
44	1962~1981(정착기)	법률안	국회	1961	공무원연금법중개정법률안 제안이유 및 주요내용(3)	센터 DB	
45	1962~1981(정착기)	법률안	국회	1962	공무원연금법개정법률안 제안이유 및 주요내용	센터 DB	

번호	시기구분	자료유형	기관/인명	생성년도	제목	소장처	비고
46	1962~1981(정착기)	법률안	국회	1962	공무원연금특별회계법개정법률안 제안이유 및 주요내용	센터 DB	
47	1962~1981(정착기)	법률안	국회	1962	공무원연금특별회계법중개정법률안 제안이유 및 주요내용	센터 DB	
48	1962~1981(정착기)	법률안	국회	1963	공무원연금법중개정법률안 제안이유 및 주요내용	센터 DB	
49	1962~1981(정착기)	법률안	국회	1963	공무원연금법중개정법률안 제안이유 및 주요내용(2)	센터 DB	
50	1962~1981(정착기)	법률안	국회	1963	공무원연금법중개정법률안 제안이유 및 주요내용(3)	센터 DB	
51	1962~1981(정착기)	법률안	국회	1964	공무원연금법중개정법률안 공포법률	센터 DB	
52	1962~1981(정착기)	법률안	국회	1964	공무원연금법중개정법률안 심사보고서	센터 DB	
53	1962~1981(정착기)	법률안	국회	1964	공무원연금법중개정법률안 의안원문	센터 DB	
54	1962~1981(정착기)	법률안	국회	1964	공무원연금법중개정법률안 제안이유 및 주요내용	센터 DB	
55	1962~1981(정착기)	법률안	국회	1964	공무원연금특별회계법중개정법률안 공포법률	센터 DB	
56	1962~1981(정착기)	법률안	국회	1964	공무원연금특별회계법중개정법률안 심사보고서	센터 DB	
57	1962~1981(정착기)	법률안	국회	1964	공무원연금특별회계법중개정법률안 의안원문	센터 DB	
58	1962~1981(정착기)	법률안	국회	1964	공무원연금특별회계법중개정법률안 제안이유 및 주요내용(3)	센터 DB	
59	1962~1981(정착기)	법률안	국회	1966	공무원연금법중개정법률안 공포법률	센터 DB	
60	1962~1981(정착기)	법률안	국회	1966	공무원연금법중개정법률안 심사보고서	센터 DB	
61	1962~1981(정착기)	법률안	국회	1966	공무원연금법중개정법률안 의안원문	센터 DB	

번호	시기구분	자료유형	기관/인명	생성년도	제목	소장처	비고
62	1962~1981(정착기)	법률안	국회	1966	공무원연금법중개정법률안 제안이유 및 주요내용	센터 DB	
63	1962~1981(정착기)	법률안	국회	1966	공무원연금특별회계법개정법률안 공포법률	센터 DB	
64	1962~1981(정착기)	법률안	국회	1966	공무원연금특별회계법개정법률안 본회의수정안	센터 DB	
65	1962~1981(정착기)	법률안	국회	1966	공무원연금특별회계법개정법률안 심사보고서	센터 DB	
66	1962~1981(정착기)	법률안	국회	1966	공무원연금특별회계법개정법률안 의안원문	센터 DB	
67	1962~1981(정착기)	법률안	국회	1966	공무원연금특별회계법개정법률안 제안이유 및 주요내용	센터 DB	
68	1962~1981(정착기)	법률안	국회	1968	공무원연금법중개정법률안 의안원문	센터 DB	
69	1962~1981(정착기)	법률안	국회	1968	공무원연금법중개정법률안 의안원문(대안폐기)	센터 DB	
70	1962~1981(정착기)	법률안	국회	1968	공무원연금법중개정법률안 제안이유 및 주요내용	센터 DB	
71	1962~1981(정착기)	법률안	국회	1968	공무원연금법중개정법률안(대안) 공포법률	센터 DB	
72	1962~1981(정착기)	법률안	국회	1968	공무원연금법중개정법률안(대안) 본회의수정안	센터 DB	
73	1962~1981(정착기)	법률안	국회	1968	공무원연금법중개정법률안(대안) 심사보고서	센터 DB	
74	1962~1981(정착기)	법률안	국회	1968	공무원연금법중개정법률안(대안) 제안이유 및 주요내용	센터 DB	
75	1962~1981(정착기)	법률안	국회	1969	공무원연금법중개정법률안 공포법률	센터 DB	
76	1962~1981(정착기)	법률안	국회	1969	공무원연금법중개정법률안 심사보고서	센터 DB	
77	1962~1981(정착기)	법률안	국회	1969	공무원연금법중개정법률안 의안원문	센터 DB	

번호	시기구분	자료유형	기관/인명	생성년도	제목	소장처	비고
78	1962~1981(정착기)	법률안	국회	1969	공무원연금법중개정법률안 제안이유 및 주요내용	센터 DB	
79	1962~1981(정착기)	법률안	국회	1974	공무원연금법중개정법률안 공포법률	센터 DB	
80	1962~1981(정착기)	법률안	국회	1974	공무원연금법중개정법률안 본회의수정안	센터 DB	
81	1962~1981(정착기)	법률안	국회	1974	공무원연금법중개정법률안 심사보고서	센터 DB	
82	1962~1981(정착기)	법률안	국회	1974	공무원연금법중개정법률안 의안원문	센터 DB	
83	1962~1981(정착기)	법률안	국회	1974	공무원연금법중개정법률안 제안이유 및 주요내용	센터 DB	
84	1962~1981(정착기)	시행령	정부	1962	공무원연금법시행령 전부개정 각령 제981호	센터 DB	
85	1962~1981(정착기)	시행령	정부	1962	공무원연금지급규정 제정 각령 제982호	센터 DB	
86	1962~1981(정착기)	시행령	정부	1962	공무원연금지불규칙 폐지 각령 제982호	센터 DB	
87	1962~1981(정착기)	시행령	정부	1962	공무원연금특별회계법시행령 폐지제정 각령 제547호	센터 DB	
88	1962~1981(정착기)	시행령	정부	1963	공무원연금특별회계법시행령 전부개정 각령 제1205호	센터 DB	
89	1962~1981(정착기)	시행령	정부	1966	공무원연금특별회계법시행규칙 제정 총리령 제52호	센터 DB	
90	1962~1981(정착기)	시행령	정부	1966	공무원연금특별회계법시행령 전부개정 대통령령 제2518호	센터 DB	
91	1962~1981(정착기)	시행령	정부	1969	공무원연금특별회계법시행규칙 전부개정 총리령 제71호	센터 DB	
92	1962~1981(정착기)	시행령	정부	1970	공무원연금지급규정 전부개정 대통령령 제4502호	센터 DB	
93	1962~1981(정착기)	시행령	정부	1970	공무원연금지급규정 전부개정 대통령령 제4849호	센터 DB	

번호	시기구분	자료유형	기관/인명	생성년도	제목	소장처	비고
94	1962~1981(정착기)	시행령	정부	1972	공무원연금법시행령 전부개정 대통령령 제6444호	센터 DB	
95	1962~1981(정착기)	시행령	정부	1973	공무원연금특별회계법시행령 전부개정 대통령령 제6802호	센터 DB	
96	1962~1981(정착기)	회의록	국회	1964	제41회 제17차 국회본회의	센터 DB	
97	1962~1981(정착기)	회의록	국회	1964	제41회 제2차 내무위원회	센터 DB	
98	1962~1981(정착기)	회의록	국회	1964	제41회 제6차 법제사법위원회	센터 DB	
99	1962~1981(정착기)	회의록	국회	1966	제55회 제15차 국회본회의	센터 DB	
100	1962~1981(정착기)	회의록	국회	1966	제55회 제2차 내무위원회	센터 DB	
101	1962~1981(정착기)	회의록	국회	1966	제55회 제3차 내무위원회	센터 DB	
102	1962~1981(정착기)	회의록	국회	1966	제55회 제7차 법제사법위원회	센터 DB	
103	1962~1981(정착기)	회의록	국회	1966	제58회 제17차 법제사법위원회	센터 DB	
104	1962~1981(정착기)	회의록	국회	1966	제58회 제44차 국회본회의	센터 DB	
105	1962~1981(정착기)	회의록	국회	1966	제58회 제6차 내무위원회	센터 DB	
106	1962~1981(정착기)	회의록	국회	1967	제59회 제2차 내무위원회	센터 DB	
107	1962~1981(정착기)	회의록	국회	1968	제67회 제13차 법제사법위원회	센터 DB	
108	1962~1981(정착기)	회의록	국회	1968	제67회 제15차 내무위원회	센터 DB	
109	1962~1981(정착기)	회의록	국회	1968	제67회 제28차 국회본회의	센터 DB	

번호	시기구분	자료유형	기관/인명	생성년도	제목	소장처	비고
110	1962~1981(정착기)	회의록	국회	1969	제67회 제16차 내무위원회	센터 DB	
111	1962~1981(정착기)	회의록	국회	1969	제70회 제16차 국회본회의	센터 DB	
112	1962~1981(정착기)	회의록	국회	1969	제70회 제1차 내무위원회	센터 DB	
113	1962~1981(정착기)	회의록	국회	1969	제70회 제5차 법제사법위원회	센터 DB	
114	1962~1981(정착기)	회의록	국회	1974	90회 제19차 법제사법위원회	센터 DB	
115	1962~1981(정착기)	회의록	국회	1974	제90회 제17차 내무위원회	센터 DB	
116	1962~1981(정착기)	회의록	국회	1974	제90회 제18차 내무위원회	센터 DB	
117	1962~1981(정착기)	회의록	국회	1975	제91회 제4차 국회본회의	센터 DB	
118	1962~1981(정착기)	회의록	국회	1979	제103회 제1차 내무위원회	센터 DB	
119	1962~1981(정착기)	회의록	국회	1979	제103회 제4차 내무위원회	센터 DB	
120	1962~1981(정착기)	회의록	국회	1979	제103회 제7차 법제사법위원회	센터 DB	
121	1962~1981(정착기)	회의록	국회	1979	제103회 제9차 국회본회의	센터 DB	
122	1962~1981(정착기)	기사	조선	1962. 03. 13	개정법을 공포. 공무원 연금 특혜법	센터 DB	
123	1962~1981(정착기)	기사	조선	1962. 03. 24	공무원 연금제도. 액수 인상코 전반 개선. 물가의 영향 안 받도록 규정	센터 DB	
124	1962~1981(정착기)	기사	조선	1962. 08. 06	새 공무원 연금법안 최고회의에 회부	센터 DB	
125	1962~1981(정착기)	기사	조선	1962. 08. 21	새 공무원 연금법안 오늘 상정	센터 DB	

번호	시기구분	자료유형	기관/인명	생성년도	제목	소장처	비고
126	1962~1981(정착기)	기사	조선	1962.08.22	공무원 연금을 인상. 20년 이상이면 봉급의 4할까지	센터 DB	
127	1962~1981(정착기)	기사	조선	1962.08.31	공무원 연금법 공포. 10월 1일부터 시행	센터 DB	
128	1962~1981(정착기)	기사	조선	1962.09.01	새 공무원 연금법 공포. 급여률을 전반적 인상	센터 DB	
129	1962~1981(정착기)	기사	조선	1962.09.26	공무원 연금법 시행령 공포. 동직원등도 포함	센터 DB	
130	1962~1981(정착기)	기사	조선	1963.01.17	최고의, 일부 공무원과 분리 군인연금법안을 통과	센터 DB	
131	1962~1981(정착기)	기사	조선	1963.02.22	최고회의상임위 공무원연금법 개정안 등 통과	센터 DB	
132	1962~1981(정착기)	기사	조선	1965.10.28	대통령 및 공무원 퇴직 후 연금 지급토록. 정부서 입법 추진	센터 DB	
133	1962~1981(정착기)	기사	조선	1965.12.03	최공무원 연금 등 50% 인상 방침. 총무처 내년도부터	센터 DB	
134	1962~1981(정착기)	기사	조선	1966.02.24	공무원 연금을 인상. 정부, 기금 11억원 자체운영 키로	센터 DB	
135	1962~1981(정착기)	기사	조선	1966.03.17	공무원 연금회계법 어제 각의 통과	센터 DB	
136	1962~1981(정착기)	기사	조선	1966.05.05	공무원 연금을 인상. 정부 기금운용 종합백서 준비	센터 DB	
137	1962~1981(정착기)	기사	조선	1966.12.03	공무원 연금 등 인상 개정법안 국회통과	센터 DB	
138	1962~1981(정착기)	기사	조선	1968.09.06	공무원연금 기여금 3.5%로 인상. 차관회의 의결	센터 DB	
139	1962~1981(정착기)	기사	조선	1970.05.13	총무처, 공무원 연금 인상. 퇴직자에 할증금	센터 DB	
140	1962~1981(정착기)	기사	조선	1970.08.01	총무처, 공무원연금제도 개선방안 마련	센터 DB	
141	1962~1981(정착기)	기사	조선	1971.01.09	총무처는 지난 한 해 동안 공무원연금업무를 획기적으로 개선	센터 DB	

번호	시기구분	자료유형	기관/인명	생성년도	제목	소장처	비고
142	1962~1981(정착기)	기사	조선	1971.04.01	공무원연금 근속가산제	센터 DB	
143	1962~1981(정착기)	기사	조선	1972.04.04	공무원연금 장기 근속자 우대	센터 DB	
144	1962~1981(정착기)	기사	조선	1972.06.30	공무원 퇴직금 일부 조림에 朴대통령 투자 유도 방안 검토 지시	센터 DB	
145	1962~1981(정착기)	기사	조선	1972.12.23	공무원연금법 등 개정안 개각 통과	센터 DB	
146	1962~1981(정착기)	기사	조선	1972.12.23	국무회의 의결 공무원 연금법 시행령 개정	센터 DB	
147	1962~1981(정착기)	사설	조선	1962.08.23	공무원 연금법안의 의의와 우리의 현실	센터 DB	
148	1962~1981(정착기)	논문	고재원	1977	공무원연금제도의 운영 실태와 기선방안에 관한 연구	국회도서관	연세대 행정대학원 석사학위 논문
149	1962~1981(정착기)	논문	김순남	1981	한국 공무원연금기금 운용에 관한 연구: 연금재정의 건전한 운영을 위하여	국회도서관	서울대 행정대학원 석사학위논문
150	1962~1981(정착기)	논문	김형회	1970	우리나라 연금보험에 관한 고찰 공무원연금제도를 중심으로	센터 DB	서울대 보건대학원 석사학위논문
151	1962~1981(정착기)	논문	양낙준	1971	공무원 연금제도의 운용	국회도서관	
152	1962~1981(정착기)	논문	오세윤	1979	한국공무원연금제도에 관한 연금: 그 기구와 기능을 중심으로	국회도서관	서울대 대학원 석사학위 논문
153	1962~1981(정착기)	논문	장규진	1973	공무원연금기금제도에 관한 연구: 발생주의회계제도의 채택가능성을 중심으로	국회도서관	고려대 경영대학원 석사학위 논문
154	1962~1981(정착기)	보고서	총무처	1971	공무원의 연금사무	국가기록원	
155	1962~1981(정착기)	보고서	총무처	1971	공무원의 연금사무 보수교육 교재 1971.6	국가기록원	

2) 국민연금제도

번호	시기구분	자료유형	기관/인명	생성년도	제목	소장처	비고
1	1960~1971(복지연금전시기)	법률	국회	1963	사회보장에관한법률	센터 DB	
2	1960~1971(복지연금전시기)	건의	노총	1962	퇴직금제도 법률화에 대한 건의	센터 DB	
3	1960~1971(복지연금전시기)	건의	노총	1964	퇴직금제도 관련 정책건의 및 입법활동	센터 DB	
4	1960~1971(복지연금전시기)	서적	서원우	1969	한국행정의 역사적 분석 1948~1967(이한빈 외) 제9장 복지행정	센터 DB	한국행정문제연구소
5	1960~1971(복지연금전시기)	논문	정무권	1992	State autonomy, state capacity, and public policy: The development of social security policy in Korea	센터 DB	Indiana University 박사학위논문
6	1960~1971(복지연금전시기)	논문	정무권	1996	한국사회복지제도의초기형성에관한연구	센터 DB	한국사회정책 제3집, 한국사회정책학회
7	1972~1979(복지연금법시기)	법률	국회	1973	국민복지연금법	센터 DB	
8	1972~1979(복지연금법시기)	법률	국회	1973	국민복지연금특별회계법 개정이유	센터 DB	
9	1972~1979(복지연금법시기)	법률	국회	1975	국민복지연금법	센터 DB	
10	1972~1979(복지연금법시기)	법률안	국회	1973	국민복지연금법안 공포법률	센터 DB	
11	1972~1979(복지연금법시기)	법률안	국회	1973	국민복지연금법안 심사보고서	센터 DB	
12	1972~1979(복지연금법시기)	법률안	국회	1973	국민복지연금법안 의안원문	센터 DB	
13	1972~1979(복지연금법시기)	법률안	국회	1973	국민복지연금법안 제안이유및주요내용	센터 DB	
14	1972~1979(복지연금법시기)	법률안	국회	1973	국민복지연금특별회계법안 공포법률	센터 DB	
15	1972~1979(복지연금법시기)	법률안	국회	1973	국민복지연금특별회계법안 심사보고서	센터 DB	

번호	시기구분	자료유형	기관/인명	생성년도	제목	소장처	비고
16	1972~1979(복지연금법시기)	법률안	국회	1973	국민복지연금특별회계법안 의안원문	센터 DB	
17	1972~1979(복지연금법시기)	법률안	국회	1973	국민복지연금특별회계법안 제안이유및주요내용	센터 DB	
18	1972~1979(복지연금법시기)	법률안	국회	1974	국민복지연금법중개정법률안 공포법률	센터 DB	
19	1972~1979(복지연금법시기)	법률안	국회	1974	국민복지연금법중개정법률안 심사보고서	센터 DB	
20	1972~1979(복지연금법시기)	법률안	국회	1974	국민복지연금법중개정법률안 의안원문	센터 DB	
21	1972~1979(복지연금법시기)	법률안	국회	1974	국민복지연금중개정법률안 제안이유및주요내용	센터 DB	
22	1972~1979(복지연금법시기)	법률안	국회	1975	국민복지연금법중개정법률안 공포법률	센터 DB	
23	1972~1979(복지연금법시기)	법률안	국회	1975	국민복지연금법중개정법률안 심사보고서	센터 DB	
24	1972~1979(복지연금법시기)	법률안	국회	1975	국민복지연금법중개정법률안 의안원문	센터 DB	
25	1972~1979(복지연금법시기)	법률안	국회	1975	국민복지연금중개정법률안 제안이유및주요내용	센터 DB	
26	1972~1979(복지연금법시기)	시행령	정부	1974	국민복지연금법시행령	센터 DB	
27	1972~1979(복지연금법시기)	시행령	정부	1974	국민복지연금심의위원회규정	센터 DB	
28	1972~1979(복지연금법시기)	긴급조치	대통령	1974	국민생활의안정을위한대통령긴급조치(긴급조치3호)	센터 DB	
29	1972~1979(복지연금법시기)	회의록	국회	1973	88회 10차 보사위 상임위원회	센터 DB	
30	1972~1979(복지연금법시기)	회의록	국회	1973	88회 15차 보사위 상임위원회	센터 DB	
31	1972~1979(복지연금법시기)	회의록	국회	1973	88회 16차 국회본회의	센터 DB	

번호	시기구분	자료유형	기관/인명	생성년도	제목	소장처	비고
32	1972~1979(복지연금법시기)	회의록	국회	1973	88회 19차 국회본회의	센터 DB	
33	1972~1979(복지연금법시기)	건의	경총	1974	국민복지연금제도의 보류연장에 관한 의견	센터 DB	
34	1972~1979(복지연금법시기)	건의	경총	1979	국민복지연금제도 도입에 대한 의견	센터 DB	
35	1972~1979(복지연금법시기)	건의	경총	1979	복지연금제의 개선촉구	센터 DB	
36	1972~1979(복지연금법시기)	건의	노총	1974	국민복지연금제도 실시에 관한 건의	센터 DB	
37	1972~1979(복지연금법시기)	건의	노총	1976	국민복지연금제도에 대한 건의	센터 DB	
38	1972~1979(복지연금법시기)	성명	경총	1979	〔건의〕 국민복지연금제도 도입에 대한 의견	센터 DB	
39	1972~1979(복지연금법시기)	성명	대통령	1970	인내와 예지로 복지사회를	센터 DB	
40	1972~1979(복지연금법시기)	보도자료	한국은행	2003. 04. 10	국민투자기금 업무종료(보도자료)	센터 DB	
41	1972~1979(복지연금법시기)	기사	경향	1973. 09. 21	복지연금반대	센터 DB	
42	1972~1979(복지연금법시기)	기사	동아	1973. 09. 26	복지연금제시비	센터 DB	
43	1972~1979(복지연금법시기)	기사	조선	1973. 01. 24	복지연금법 연내 제정	센터 DB	
44	1972~1979(복지연금법시기)	기사	조선	1973. 07. 08	복지연금 간담회	센터 DB	
45	1972~1979(복지연금법시기)	기사	조선	1973. 09. 12	복지연금법요강 확정	센터 DB	
46	1972~1979(복지연금법시기)	기사	조선	1973. 09. 14	국민복지연금법 세부안을 마련	센터 DB	
47	1972~1979(복지연금법시기)	기사	조선	1973. 09. 21	국민복지연금제에 대해 경제계, 저소득층에 과중 논평	센터 DB	

번호	시기구분	자료유형	기관/인명	생성년도	제목	소장처	비고
48	1972~1979(복지연금법시기)	기사	조선	1973. 09. 21	문답식으로 알아본 국민복지연금제	센터 DB	
49	1972~1979(복지연금법시기)	기사	조선	1973. 09. 21	월급봉투에 새부담(복지연금제 실시 설명)	센터 DB	
50	1972~1979(복지연금법시기)	기사	조선	1973. 09. 22	〈복지연금법〉 벌칙 급여액	센터 DB	
51	1972~1979(복지연금법시기)	기사	조선	1973. 09. 22	신민당 서민부담 가중 국민복지연금제 반대	센터 DB	
52	1972~1979(복지연금법시기)	기사	조선	1973. 09. 25	복지연금제와 사회보장성	센터 DB	
53	1972~1979(복지연금법시기)	기사	조선	1973. 09. 25	전경련 국민복지연금…정부도 참여토록 건의	센터 DB	
54	1972~1979(복지연금법시기)	기사	조선	1973. 09. 28	복지연금에 보험계 비상	센터 DB	
55	1972~1979(복지연금법시기)	기사	조선	1973. 09. 28	이경호보사부장관 원안대로 국회제출 국민복지연금법	센터 DB	
56	1972~1979(복지연금법시기)	기사	조선	1973. 09. 29	〈국민복지연금제〉 이대로 좋은가(박종기, 탁희준 공청회)	센터 DB	
57	1972~1979(복지연금법시기)	기사	조선	1973. 09. 29	복지연금미비점 보완. 내달 10일께 법성안 〈국민투표 기금법〉 각의의결	센터 DB	
58	1972~1979(복지연금법시기)	기사	조선	1973. 09. 30	〈복지연금〉 보완작업 착수	센터 DB	
59	1972~1979(복지연금법시기)	기사	조선	1973. 10. 06	공화당, 유정회 복지연금갹출 소득수준따라 건의 예정	센터 DB	
60	1972~1979(복지연금법시기)	기사	조선	1973. 10. 06	梁一東통일당당수, 국민복지연금제 폐기주장	센터 DB	
61	1972~1979(복지연금법시기)	기사	조선	1973. 10. 16	〈국민복지연금법안〉 수정(갹출율조정안)	센터 DB	
62	1972~1979(복지연금법시기)	기사	조선	1973. 10. 25	국민복지연금법안 비판많아 PR에 신경	센터 DB	
63	1972~1979(복지연금법시기)	기사	조선	1973. 11. 02	연금법 최종안 보고 정부-여당 연석회의	센터 DB	

번호	시기구분	자료유형	기관/인명	생성년도	제목	소장처	비고
64	1972~1979(복지연금법시기)	기사	조선	1973. 11. 08	국민복지연금법안 의결. 월소득하한 만5천으로	센터 DB	
65	1972~1979(복지연금법시기)	기사	조선	1973. 11. 08	90만명의 새부담(복지연금법안 해설)	센터 DB	
66	1972~1979(복지연금법시기)	기사	조선	1973. 11. 08	국민복지 연금법안 전문	센터 DB	
67	1972~1979(복지연금법시기)	기사	조선	1973. 11. 08	정부, 복지연금 홍보에 신경	센터 DB	
68	1972~1979(복지연금법시기)	기사	조선	1973. 11. 09	연금법안 전면반대. 신민당 사회보장 거리멀어	센터 DB	
69	1972~1979(복지연금법시기)	기사	조선	1973. 11. 22	국회보사위, 李坰鎬보사부장관불러 복지연금 설명들어	센터 DB	
70	1972~1979(복지연금법시기)	기사	조선	1973. 11. 24	거출율 인상조정 필요(국회공청회중 제기된 문제점)	센터 DB	
71	1972~1979(복지연금법시기)	기사	조선	1973. 11. 27	보사위 국민복지연금법안 오늘 수정통과	센터 DB	
72	1972~1979(복지연금법시기)	기사	조선	1973. 11. 28	〈복지연금〉 거의 수정없이 통과. 국회보사위	센터 DB	
73	1972~1979(복지연금법시기)	기사	조선	1973. 11. 28	국민복지연금법안 〈민주적방식〉으로 통과	센터 DB	
74	1972~1979(복지연금법시기)	기사	조선	1973. 12. 02	복지연금법 국회 본회의통과.	센터 DB	
75	1972~1979(복지연금법시기)	기사	조선	1973. 12. 13	복지연금법 시행령 시안마련 당연적용 직종가려	센터 DB	
76	1972~1979(복지연금법시기)	기사	조선	1973. 12. 15	복지연금회계법등 국무회의공포 의결	센터 DB	
77	1972~1979(복지연금법시기)	기사	조선	1973. 12. 22	복지연금 갹출액…당초방침 바꿔. 임시보너스서도 떼	센터 DB	
78	1972~1979(복지연금법시기)	기사	조선	1973. 12. 23	복지연금 갹출…원안대로 환원. 보너스예외	센터 DB	
79	1972~1979(복지연금법시기)	기사	조선	1973. 12. 29	보사부에 연금국. 국세청에 징수국. 각의, 신설의결	센터 DB	

번호	시기구분	자료유형	기관/인명	생성년도	제목	소장처	비고
80	1972~1979(복지연금법시기)	기사	조선	1973. 12. 29	복지연금법 시행령 확정	센터 DB	
81	1972~1979(복지연금법시기)	기사	조선	1973. 12. 29	새해 복지연금 갹출 기준 금년말 석달 보수평균제로. 시행령 각의의결	센터 DB	
82	1972~1979(복지연금법시기)	기사	조선	1974. 01. 12	국무회의 복지연금심위의결	센터 DB	
83	1972~1979(복지연금법시기)	기사	조선	1974. 09. 06	내년부터 복지연금제실시	센터 DB	
84	1972~1979(복지연금법시기)	기사	조선	1974. 09. 11	내년 복지연금 보수월액 산출	센터 DB	
85	1972~1979(복지연금법시기)	기사	조선	1974. 09. 13	세제개혁돼도 10만원 이하 봉급생활자 복지연금 압박	센터 DB	
86	1972~1979(복지연금법시기)	기사	조선	1974. 09. 14	보사 복지연금 재검토 밝혀	센터 DB	
87	1972~1979(복지연금법시기)	기사	조선	1974. 09. 26	高在珌보사 복지연금 연기 확정	센터 DB	
88	1972~1979(복지연금법시기)	기사	조선	1975. 09. 10	복지연금 실시 1년 더 연기	센터 DB	
89	1972~1979(복지연금법시기)	기사	조선	1975. 09. 14	맥빠진 예산안 예심(복지연금 브리핑관련)	센터 DB	
90	1972~1979(복지연금법시기)	기사	조선	1975. 11. 05	복지연금 시행일 대통령령으로 정해. 각의 의결	센터 DB	
91	1972~1979(복지연금법시기)	기사	조선	1976. 01. 06	꿈의 복지사회 서장은 열린다(복지현황과 4차 5개년계획)	센터 DB	
92	1972~1979(복지연금법시기)	기사	조선	1978. 02. 25	국민복지연금 초기실시 등 정부지원 건의키로, 공화당무회의	센터 DB	
93	1972~1979(복지연금법시기)	기사	조선	1979. 05. 02	국민복지연금대상 22세 이상으로, 노동자 2, 사용자 3%	센터 DB	
94	1972~1979(복지연금법시기)	기사	조선	1979. 07. 28	실업보험실시. 복지연금연기 경제계서 촉구	센터 DB	
95	1972~1979(복지연금법시기)	기사	중앙	1973. 09. 21	연금제도의 사회정책적 의미	센터 DB	

번호	시기구분	자료유형	기관/인명	생성년도	제목	소장처	비고
96	1972~1979(복지연금법시기)	기사	한국	1973. 09. 21	국민복지연금 궁금증 얼마나 내고 얼마나 받나	센터 DB	
97	1972~1979(복지연금법시기)	기사	한국	1973. 09. 21	국민복지연금 이렇게 된다	센터 DB	
98	1972~1979(복지연금법시기)	기사	한국	1973. 09. 21	국민복지연금제 경과조치와 물가슬라이드식 택하라	센터 DB	
99	1972~1979(복지연금법시기)	기사	한국	1973. 09. 21	국민복지연금제 내년실시	센터 DB	
100	1972~1979(복지연금법시기)	사설	경향	1973. 09. 21	국민복지연금제도	센터 DB	
101	1972~1979(복지연금법시기)	사설	조선	1973. 07. 20	퇴직금과 복지연금. 기업인들은 제도를 정해야 한다	센터 DB	
102	1972~1979(복지연금법시기)	사설	조선	1973. 09. 14	국민복지연금. 국민의 미래보장계획을 보다 완벽하게	센터 DB	
103	1972~1979(복지연금법시기)	사설	조선	1973. 09. 22	복지냐 강제저축이냐: 복지연금 그 요강의 철저한 재검토를 촉구	센터 DB	
104	1972~1979(복지연금법시기)	사설	조선	1974. 09. 10	〈복지연금〉의 실시 시기 75년부터의 강행방침의 재검토를 요망	센터 DB	
105	1972~1979(복지연금법시기)	서적	국민연금 관리공단	1998	국민연금10년사	센터 DB	DB에는 인쇄용 편집전 초안소장
106	1972~1979(복지연금법시기)	서적	김정렴	1990	한국경제정책 30년사: 김정렴 회고록	국회도서관	
107	1972~1979(복지연금법시기)	서적	문화공보부	1972	내일의 조국	센터 DB	
108	1972~1979(복지연금법시기)	서적	오원철	1999	한국형 경제건설 7권	국회도서관	
109	1972~1979(복지연금법시기)	서적	정부	1971	제 3차 경제개발 5개년계획(1972~1976)	센터 DB	
110	1972~1979(복지연금법시기)	서적	정부	1976	제 4차 경제개발 5개년계획(1977~1981)	센터 DB	
111	1972~1979(복지연금법시기)	서적	정홍익	1987	한국행정의 역사적분석 1968~1984(조석준 외) 제18장 복지행정	센터 DB	서울대학교 출판부

번호	시기구분	자료유형	기관/인명	생성년도	제목	소장처	비고
112	1972~1979(복지연금법시기)	서적	Park, Chong Kee	1975	SOCIAL SECURITY IN KOREA	센터 DB	
113	1972~1979(복지연금법시기)	논문	강욱모	1993	한국 국민연금제도의 발달에 관한 연구: 사회정책 발달의 제이론적 관점에서	국회도서관	사회정책논총 제 5집, 한국사회정책연구원
114	1972~1979(복지연금법시기)	논문	권민정	1975	국민복지연금제도에 대한 분석연구	센터 DB	사회사업 9, 이화여자대학교 사회사업학과
115	1972~1979(복지연금법시기)	논문	박범종	2006	한국의 복지정책 결정요인에 관한 연구	센터 DB	21세기 정치학회보 제16집 3호, 21세기 정치학회
116	1972~1979(복지연금법시기)	논문	박정호	1995	한국 국민연금제의 형성과 국가의 역할	센터 DB	가톨릭대학교논문집1, 가톨릭대학교
117	1972~1979(복지연금법시기)	논문	박정호	1997	국민복지연금법의실시연기에관한연구	센터 DB	사회과학연구 13, 가톨릭대학교 사회과학연구소
118	1972~1979(복지연금법시기)	논문	배준호	1994	국민연금 도입연기정책(1974년)의 경제적 평가	센터 DB	사회보장연구, 10(1), 한국사회보장학회
119	1972~1979(복지연금법시기)	논문	서봉섭	1997	한국 정부의 민주화와 복지정책의 변화	센터 DB	한국행정학보, 3(1)
120	1972~1979(복지연금법시기)	논문	손준규	1981	한국의 복지정책 결정과정에 대한 연구	센터 DB	서울대학교 박사학위논문
121	1972~1979(복지연금법시기)	논문	윤여훈	1977	사회복지정책의 한국적 방향	센터 DB	유신정우5, 3, 유신정우회
122	1972~1979(복지연금법시기)	논문	이원숙	1980	한국국민복지지연금제도의 실시방안에 관한 연구	센터 DB	이화여자대학교 석사학위논문
123	1972~1979(복지연금법시기)	논문	이춘산	1981	국민복지연금제도에 관한 연구	센터 DB	이화여대 교육대학원, 석사학위논문
124	1972~1979(복지연금법시기)	논문	전남진	1982	국민복지연금제도의 정책수립과정에 관한 연구	센터 DB	논문집 1, 숭전대학교지역개발대학원
125	1972~1979(복지연금법시기)	논문	정무권	1992	State autonomy, state capacity, and public policy: The development of social security policy in Korea	센터 DB	Indiana University 박사학위논문
126	1972~1979(복지연금법시기)	논문	정무권	1993	국가자율성, 국가능력, 사회보장정책: 유신체제의 연금제도와 의료보험정책을 중심으로	센터 DB	한국행정학보, 27(2), 한국 행정학회
127	1972~1979(복지연금법시기)	논문	정무권	1996	한국 사회복지제도의 초기 형성에 관한 연구	센터 DB	한국사회정책 제3집, 한국사회정책학회

번호	시기구분	자료유형	기관/인명	생성년도	제목	소장처	비고
128	1972~1979(복지연금법시기)	논문	정옥배	1974	한국 국민복지연금법에 관한 일연구	센터 DB	경북대 교육대학원 석사학위 논문
129	1972~1979(복지연금법시기)	보고서	보건사회부	1973	양노연금기초조사연구 1973	국가기록원	원문보기가능
130	1972~1979(복지연금법시기)	보고서	보건사회부	1974	국민복지연금의 발자취	센터 DB	
131	1972~1979(복지연금법시기)	보고서	보건사회부	1974	국민복지연금제도의 배경과 전망	보건복지부 자료실	
132	1972~1979(복지연금법시기)	보고서	보건사회부	1978	사회보장 종합계획 연구 1978	국가기록원	원문보기가능
133	1972~1979(복지연금법시기)	보고서	KDI	1973	사회보장연금제도를 위한 방안	센터 DB	
134	1972~1979(복지연금법시기)	녹음파일	민재성	2006. 05. 24	국민복지연금제도 도입관련	센터 DB	
135	1972~1979(복지연금법시기)	녹음파일	이형구	2006. 05. 25	국민복지연금제도 초기형성관련	센터 DB	
136	1972~1979(복지연금법시기)	녹음파일	최수일	2006. 05. 18	국민복지연금법 제정과정	센터 DB	
137	1972~1979(복지연금법시기)	녹취록	김종인	2006. 06. 09	국민복지연금제도 입법과 시행유보	센터 DB	
138	1972~1979(복지연금법시기)	녹취록	민재성	2006. 05. 24	국민복지연금제도 도입관련	센터 DB	
139	1972~1979(복지연금법시기)	녹취록	이형구	2006. 05. 25	국민복지연금제도 초기형성관련	센터 DB	
140	1972~1979(복지연금법시기)	녹취록	최수일	2006. 05. 18	국민복지연금법 제정과정	센터 DB	
141	1972~1979(복지연금법시기)	녹취록(서면응답지)	민재성	2006. 05. 24	국민복지연금제도 도입관련	센터 DB	
142	1972~1979(복지연금법시기)	녹취록(서면응답지)	최수일	2006. 05. 18	국민복지연금법 제정과정	센터 DB	
143	1980~1988 (국민연금준비 및 시행시기)	법률	국회	1986	국민복지연금특별회계법폐지	센터 DB	

번호	시기구분	자료유형	기관/인명	생성년도	제목	소장처	비고
144	1980~1988 (국민연금준비 및 시행시기)	법률	국회	1986	국민복지연금특별회계법폐지 개정이유	센터 DB	
145	1980~1988 (국민연금준비 및 시행시기)	법률	국회	1986	국민연금법	센터 DB	
146	1980~1988 (국민연금준비 및 시행시기)	법률	국회	1986	국민연금법 개정이유	센터 DB	
147	1980~1988 (국민연금준비 및 시행시기)	법률안	국회	1986	국민복지연금법개정법률안 공포법률	센터 DB	
148	1980~1988 (국민연금준비 및 시행시기)	법률안	국회	1986	국민복지연금법개정법률안 심사보고서	센터 DB	
149	1980~1988 (국민연금준비 및 시행시기)	법률안	국회	1986	국민복지연금법개정법률안 의안원문	센터 DB	
150	1980~1988 (국민연금준비 및 시행시기)	법률안	국회	1986	국민복지연금법개정법률안 제안이유 및 주요내용	센터 DB	
151	1980~1988 (국민연금준비 및 시행시기)	시행령	정부	1984	국민복지연금실시준비위원회규정 제정 대통령령 11486호	센터 DB	
152	1980~1988 (국민연금준비 및 시행시기)	회의록	국회	1986	제131회 제20차 국회본회의	센터 DB	
153	1980~1988 (국민연금준비 및 시행시기)	건의	한국노총	1984	국민연금제도의 개선활동	센터 DB	한국노동조합총연맹-1984년도 사업보고서
154	1980~1988 (국민연금준비 및 시행시기)	건의	한국노총	1986	국민연금시행령 개정을 위한 대안 건의	센터 DB	한국노동조합총연맹-1986년도 사업보고서
155	1980~1988 (국민연금준비 및 시행시기)	기관지	경총	1984	국민복지연금제의 문제점과 발전방향(상)	센터 DB	월간 경영계, 87
156	1980~1988 (국민연금준비 및 시행시기)	기관지	경총	1984	국민복지연금제의 문제점과 발전방향(중)	센터 DB	월간 경영계, 88
157	1980~1988 (국민연금준비 및 시행시기)	기관지	경총	1984	퇴직금과 연금 어떻게 하나	센터 DB	월간 경영계, 79
158	1980~1988 (국민연금준비 및 시행시기)	기관지	경총	1985	국민복지연금제의 문제점과 발전방향(하)	센터 DB	월간 경영계, 89
159	1980~1988 (국민연금준비 및 시행시기)	기관지	경총	1986	국민연금제 시행과 국민경제, 국민연금제도 도입배경 및 실시방향	센터 DB	월간 경영계, 105

번호	시기구분	자료유형	기관/인명	생성년도	제목	소장처	비고
160	1980~1988 (국민연금준비 및 시행시기)	기관지	경총	1986	국민연금제 시행과 국민경제, 국민연금제의 문제점과 개선대책	센터 DB	월간 경영계, 105
161	1980~1988 (국민연금준비 및 시행시기)	기관지	경총	1989	국민연금의 필요성과 그 내용	센터 DB	월간 경영계, 136
162	1980~1988 (국민연금준비 및 시행시기)	기관지	전경련	1981	복지사회의 과제와 정책방향	센터 DB	경제토론 제10호
163	1980~1988 (국민연금준비 및 시행시기)	기사	조선	1981. 02. 11	복지연금 83년 실시 민정당 30인 이상 기업체 대상	센터 DB	
164	1980~1988 (국민연금준비 및 시행시기)	기사	조선	1984. 01. 19	〈복지연금제〉 본격 준비 신부총리 곧 전담기단 설치	센터 DB	
165	1980~1988 (국민연금준비 및 시행시기)	기사	조선	1984. 08. 08	복지연금제 추진. 준비우 구성키로 규정안 차관회의 통과	센터 DB	
166	1980~1988 (국민연금준비 및 시행시기)	기사	조선	1984. 08. 16	복지연금법 시안 연내 마련. 공제 7~10% 지급 50~70%	센터 DB	
167	1980~1988 (국민연금준비 및 시행시기)	기사	조선	1984. 08. 17	퇴직금 조정안 철회 촉구. 노총, 복지연금관련	센터 DB	
168	1980~1988 (국민연금준비 및 시행시기)	기사	조선	1984. 08. 22	전두환대통령 기자회견 요지. 국민연금제 실시 방안 조기강구	센터 DB	
169	1980~1988 (국민연금준비 및 시행시기)	기사	조선	1984. 09. 14	국민복지연금 빠르면 87년부터 시행. 월금 7%선 부담	센터 DB	
170	1980~1988 (국민연금준비 및 시행시기)	기사	조선	1984. 09. 14	복지연금 재검토를	센터 DB	
171	1980~1988 (국민연금준비 및 시행시기)	기사	조선	1985. 07. 06	6차 5개년계획 국민연금저 내용: 대한상의 건의	센터 DB	
172	1980~1988 (국민연금준비 및 시행시기)	기사	조선	1985. 07. 06	국민연금제 89년께 실시	센터 DB	
173	1980~1988 (국민연금준비 및 시행시기)	기사	조선	1985. 12. 06	국민연금 최저임금제 87~91년중 실시 추진 정부 6차 5개년 중점정책 선정	센터 DB	
174	1980~1988 (국민연금준비 및 시행시기)	기사	조선	1986. 04. 03	연내 국민 연금제 시안 발표	센터 DB	
175	1980~1988 (국민연금준비 및 시행시기)	기사	조선	1986. 05. 20	국민복지 연금제도 10인 이상 업체 적용	센터 DB	

번호	시기구분	자료유형	기관/인명	생성년도	제목	소장처	비고
176	1980~1988 (국민연금준비 및 시행시기)	기사	조선	1986. 06. 13	국민 연금제 88년 실시. 10인 이상 업체 농어민 대상	센터 DB	
177	1980~1988 (국민연금준비 및 시행시기)	기사	조선	1986. 09. 02	〈국민복지〉 대책 알아보면. 〈노령연금〉 수혜는 〈88년 40세 이하〉 기준	센터 DB	
178	1980~1988 (국민연금준비 및 시행시기)	기사	조선	1986. 09. 02	의보확대·국민연금·최저임금제. 3대복지대책 88년 실시 확정	센터 DB	
179	1980~1988 (국민연금준비 및 시행시기)	기사	조선	1986. 10. 04	국민연금 지급한도 인상 보사부 입법예고	센터 DB	
180	1980~1988 (국민연금준비 및 시행시기)	기사	조선	1986. 10. 04	국민연금법 개정안 주요내용. 저소득 퇴직자 실질생계비 보장	센터 DB	
181	1980~1988 (국민연금준비 및 시행시기)	기사	조선	1986. 10. 23	국민연금 정부도 부담해야, 상의 건의	센터 DB	
182	1980~1988 (국민연금준비 및 시행시기)	기사	조선	1987. 04. 17	국민연금 10인 이상 업체 의무화	센터 DB	
183	1980~1988 (국민연금준비 및 시행시기)	기사	조선	1987. 04. 17	국민연금시행령에 관한 설명	센터 DB	
184	1980~1988 (국민연금준비 및 시행시기)	기사	조선	1987. 04. 25	국민연금 실질도움 못줘 소비자물가 연동을, 노총서 건의	센터 DB	
185	1980~1988 (국민연금준비 및 시행시기)	기사	조선	1988. 01. 06	인터뷰: 국민연금 실무자 이종윤	센터 DB	
186	1980~1988 (국민연금준비 및 시행시기)	사설	조선	1986. 06. 13	정부도 일부 부원해야. 국민연금제도 시안의 문제점	센터 DB	
187	1980~1988 (국민연금준비 및 시행시기)	사설	조선	1987. 04. 18	10년, 15년 뒤의 〈안정〉 국민연금제. 복지책으로 더 검토해야	센터 DB	
188	1980~1988 (국민연금준비 및 시행시기)	서적	경제기획원	1983	제 5차 경제사회발전 5개년계획 수정계획 (1984~1986)	센터 DB	
189	1980~1988 (국민연금준비 및 시행시기)	서적	정부	1981	제 5차 경제사회발전 5개년계획 (1982~1986)	센터 DB	
190	1980~1988 (국민연금준비 및 시행시기)	서적	정부	1986	제 6차 경제사회발전 5개년계획	센터 DB	
191	1980~1988 (국민연금준비 및 시행시기)	서적	정부	1986	제 6차 경제사회발전 5개년계획 (1987~1991)	센터 DB	

번호	시기구분	자료유형	기관/인명	생성년도	제목	소장처	비고
192	1980~1988 (국민연금준비 및 시행시기)	서적	정부	1988	제 6차 경제사회발전 5개년계획 수정계획(1988~1991)	센터 DB	
193	1980~1988 (국민연금준비 및 시행시기)	논문	김수곤	1985	우리의 임금구조와 국민복지연금	센터 DB	사회보장연구1, 한국사회보장학회
194	1980~1988 (국민연금준비 및 시행시기)	논문	나문섭	1987	국민연금제도와 노동자의 입장	센터 DB	사회보장연구 3, 한국사회보장학회
195	1980~1988 (국민연금준비 및 시행시기)	논문	박종기	1987	국민연금제도의 시안과 기본방향	센터 DB	사회보장연구 3, 한국사회보장학회
196	1980~1988 (국민연금준비 및 시행시기)	논문	박종기	1988	정책참여자로서 국민연금에 거는 기대: 전국민의 생활안정을	국회도서관	국민연금 1, 국민연금관리공단
197	1980~1988 (국민연금준비 및 시행시기)	논문	서종훈	1984	우리나라 국민연금제도의 개선방안에 관한 연구	센터 DB	경희대학교 행정대학원, 석사학위논문
198	1980~1988 (국민연금준비 및 시행시기)	논문	신수식	1984	공영보험(公營保險) 20년의 회고와 선진화의 과제	센터 DB	보험학회지 24, 한국보험학회
199	1980~1988 (국민연금준비 및 시행시기)	논문	신수식	1985	복지국가의 병리와 연금의 위기: 선진국사례를 중심으로	센터 DB	보험학회지 25, 한국보험학회
200	1980~1988 (국민연금준비 및 시행시기)	논문	신수식	1985	연금제도와 관련제도	센터 DB	사회보장연구 1, 한국사회보장학회
201	1980~1988 (국민연금준비 및 시행시기)	논문	신수식	1987	국민연금제도의 역할과 한계	센터 DB	사회보장연구 3, 한국사회보장학회
202	1980~1988 (국민연금준비 및 시행시기)	논문	양형진	1988	경영자로서 국민연금에 거는 기대: 단합된 노사관계의 형성을	국회도서관	국민연금 1, 국민연금관리공단
203	1980~1988 (국민연금준비 및 시행시기)	논문	오정수	1987	국민연금제도 형성과정과 입법변천에 관한 연구	센터 DB	사회보장연구 3, 한국사회보장학회
204	1980~1988 (국민연금준비 및 시행시기)	논문	우길현	1987	우리나라 연금제도에 관한 연구	센터 DB	대구대학교 사회개발대학원, 석사학위 논문
205	1980~1988 (국민연금준비 및 시행시기)	논문	이두호	1983	국민연금제도의 문제점과 해결방안	국회도서관	사회개발논총 4, 중앙대학교 사회개발대학원
206	1980~1988 (국민연금준비 및 시행시기)	논문	이준구	1985	재정학: 국민복지연금제도, 실시 타당성 및 시기의 문제	센터 DB	한국경제학회 85년도 학술대회 논문집
207	1980~1988 (국민연금준비 및 시행시기)	논문	전만복	1987	우리나라 소득보장제도에 관한 연구:국민연금제도를 중심으로	센터 DB	서울대학교 행정대학원 석사학위논문

번호	시기구분	자료유형	기관/인명	생성년도	제목	소장처	비고
208	1980~1988 (국민연금준비 및 시행시기)	논문	최성재	1987	농어민 연금제도도입에 관한 연구	센터 DB	한국노년학, 7. 한국노년학횔
209	1980~1988 (국민연금준비 및 시행시기)	논문	허창재	1987	국민연금제도와 퇴직금제도의 개선을 위한 연구	센터 DB	논문집 11, 한성대학교
210	1980~1988 (국민연금준비 및 시행시기)	논문	황정현	1987	國民年金施行에 따른 生命保險의 對處方案에 관한 硏究	센터 DB	성균관대학교 경영대학원, 석사학위 논문.
211	1980~1988 (국민연금준비 및 시행시기)	논문	황정현	1987	국민연금제도와 사용자의 입장	센터 DB	사회보장연구 3, 한국사회보장학회
212	1980~1988 (국민연금준비 및 시행시기)	보고서	경제기획원	1986	국민연금제도: 주요정책과제를 중심으로	센터 DB	
213	1980~1988 (국민연금준비 및 시행시기)	보고서	경제기획원	1988	국민연금제도의 운용과 개선과제	센터 DB	
214	1980~1988 (국민연금준비 및 시행시기)	보고서	보건사회부	1981	사회보장제도 개선을 위한 연구보고서	센터 DB	
215	1980~1988 (국민연금준비 및 시행시기)	보고서	보건사회부	1984	국민복지연금제도시행을 위한 연구	국가기록원	원문보기가능
216	1980~1988 (국민연금준비 및 시행시기)	보고서	보건사회부	1986	한국의 사회보장연금제도의 타당성연구	보건복지부 자료실	
217	1980~1988 (국민연금준비 및 시행시기)	보고서	보건사회부	1987	국민연금제도 기본요강	보건복지부 자료실	
218	1980~1988 (국민연금준비 및 시행시기)	보고서	사회보장심위 위원회	1984	국민복지연금 제도시행을 위한 연구	센터 DB	
219	1980~1988 (국민연금준비 및 시행시기)	보고서	사회보장심의 위원회	1981	국민연금제도에 관한 연구	국가기록원	원문보기가능
220	1980~1988 (국민연금준비 및 시행시기)	보고서	사회보장심의 위원회	1984	국민복지연금제도시행을 위한 연구	보건복지부 자료실	
221	1980~1988 (국민연금준비 및 시행시기)	보고서	한국보건사회 연구원	1988	국민연금확대방안연구: 기초연금제와 소득비례연금제의 일원적 설계	국가기록원	
222	1980~1988 (국민연금준비 및 시행시기)	보고서	KDI	1980	연금제도와 퇴직금제도의 문제점과 정책방향	센터 DB	
223	1980~1988 (국민연금준비 및 시행시기)	보고서	KDI	1981	국민복지연금제도 실시와 소득재분배 효과	센터 DB	

번호	시기구분	자료유형	기관/인명	생성년도	제목	소장처	비고
224	1980~1988 (국민연금준비 및 시행시기)	보고서	KDI	1981	국민복지연금제도와 노동시장 파급효과	센터 DB	
225	1980~1988 (국민연금준비 및 시행시기)	보고서	KDI	1981	사회보장제도 개선을 위한 연구보고서	보건복지부 자료실	
226	1980~1988 (국민연금준비 및 시행시기)	보고서	KDI	1981	사회보장제도 개선을 위한 연구보고서	센터 DB	
227	1980~1988 (국민연금준비 및 시행시기)	보고서	KDI	1982	국민경제와 복지연금제도	센터 DB	
228	1980~1988 (국민연금준비 및 시행시기)	보고서	KDI	1982	연금보험제도도입과 가계저축성향	센터 DB	
229	1980~1988 (국민연금준비 및 시행시기)	보고서	KDI	1984	퇴직금제도의 문제점과 개선방향	센터 DB	
230	1980~1988 (국민연금준비 및 시행시기)	보고서	KDI	1986	국민연금의 제도내용과 재정전망	센터 DB	
231	1980~1988 (국민연금준비 및 시행시기)	보고서	KDI	1986	국민연금제도의 기본구상과 경제사회 파급효과	센터 DB	
232	1980~1988 (국민연금준비 및 시행시기)	보고서	KDI	1986	국민연금제도의 기본구상과 경제사회적 효과분석	센터 DB	
233	1980~1988 (국민연금준비 및 시행시기)	보고서	KDI	1986	국민연금제도의 도입과 국민저축의 행태 변화	센터 DB	
234	1980~1988 (국민연금준비 및 시행시기)	녹음파일	민재성	2006. 05. 24	국민복지연금제도 도입관련	센터 DB	
235	1980~1988 (국민연금준비 및 시행시기)	녹음파일	박능후	2007. 07. 12	국민연금제도 도입관련	센터 DB	
236	1980~1988 (국민연금준비 및 시행시기)	녹음파일	사공일	2007. 08. 17	국민연금제도 도입관련	센터 DB	
237	1980~1988 (국민연금준비 및 시행시기)	녹음파일	이형구	2006. 05. 25	국민복지연금제도 초기형성관련	센터 DB	
238	1980~1988 (국민연금준비 및 시행시기)	녹음파일	이혜경	2007. 08. 09	국민연금 도입 및 확대 관련	센터 DB	
239	1980~1988 (국민연금준비 및 시행시기)	녹음파일	최수일	2006. 05. 18	국민복지연금법 제정과정	센터 DB	

번호	시기구분	자료유형	기관/인명	생성년도	제목	소장처	비고
240	1980~1988 (국민연금준비 및 시행시기)	녹취록	민재성	2006. 05. 24	국민복지연금제도 도입관련	센터 DB	
241	1980~1988 (국민연금준비 및 시행시기)	녹취록	박능후	2007. 07. 12	국민연금제도 도입관련	센터 DB	
242	1980~1988 (국민연금준비 및 시행시기)	녹취록	이형구	2006. 05. 25	국민복지연금제도초기형성관련	센터 DB	
243	1980~1988 (국민연금준비 및 시행시기)	녹취록	이혜경	2007. 08. 09	국민연금 도입 및 확대 관련	센터 DB	
244	1980~1988 (국민연금준비 및 시행시기)	녹취록	최수일	2006. 05. 18	국민복지연금법 제정과정	센터 DB	
245	1980~1988 (국민연금준비 및 시행시기)	녹취록(서면응답지)	민재성	2006. 05. 24	국민복지연금제도 도입관련	센터 DB	
246	1980~1988 (국민연금준비 및 시행시기)	녹취록(서면응답지)	최수일	2006. 05. 18	국민복지연금법 제정과정	센터 DB	
247	1989~1995(농어민확대기)	법률	국회	1989	국민연금법 일부개정(법률 제4110호) : 가입절차 간소화 및 급여확대	센터DB	
248	1989~1995(농어민확대기)	법률	국회	1993	국민연금법 일부개정(법률 제4541호) : 문화체육부 및 상공자원부 신설 반영	센터DB	
249	1989~1995(농어민확대기)	법률	국회	1995	국민연금법 일부개정(법률 제4909호) : 당연적용대상을 농어민과 농어촌지역 자영자에게까지 확대	센터DB	
250	1989~1995(농어민확대기)	법률	국회	1995	국민연금법 일부개정(법률 제4971호) : 대한민국 체류 외국인으로 가입 확대	센터DB	
251	1989~1995(농어민확대기)	법률안	정부	1989	제145회 국민연금법중개정법률안	센터DB	
252	1989~1995(농어민확대기)	법률안	정부	1994	제170회 국민연금법중개정법률안	센터DB	
253	1989~1995(농어민확대기)	법률안	정부	1995	제174회 국민연금법중개정법률안	센터DB	
254	1989~1995(농어민확대기)	시행령	정부	1989	국민연금법시행령 일부개정(대통령령 제12695호) : 국민연금법 개정에 따른 개정	센터DB	
255	1989~1995(농어민확대기)	시행령	정부	1991	국민연금법시행령 일부개정(대통령령 제13449호) : 당연적용 사업장 범위를 상시 10인이상에서 5인이상으로 확대	센터DB	

번호	시기구분	자료유형	기관/인명	생성년도	제목	소장처	비고
256	1989~1995(농어민확대기)	시행령	정부	1993	국민연금법시행령 일부개정(대통령령 제14005호): 국민연금 기금의 증식을 위한 투자대상으로 유가증권을 추가	센터DB	
257	1989~1995(농어민확대기)	시행령	정부	1994	국민연금법시행령 일부개정(대통령령 제14438호): 재정경제원 통합에 따른 직제 제정	센터DB	
258	1989~1995(농어민확대기)	시행령	정부	1994	국민연금법시행령 일부개정(대통령령 제14446호): 보건복지부 개편에 따른 명칭변경 등	센터DB	
259	1989~1995(농어민확대기)	시행령	정부	1995	국민연금법시행령 일부개정(대통령령 제14565호): 농어민 및 자영자 확대에 따른 개정	센터DB	
260	1989~1995(농어민확대기)	시행령	정부	1995	국민연금법시행령 일부개정(대통령령 제14628호): 산재보험 개정에 따른 개정	센터DB	
261	1989~1995(농어민확대기)	시행령	정부	1995	국민연금법시행령 일부개정(대통령령 제14849호): 외국인 가입에 따른 개정	센터DB	
262	1989~1995(농어민확대기)	회의록	국회	1989	제145회 제3차 보건사회위원회	센터DB	
263	1989~1995(농어민확대기)	회의록	국회	1989	제145회 제5차 보건사회위원회(계속)	센터DB	
264	1989~1995(농어민확대기)	회의록	국회	1989	제145회 제6차 법제사법위원회	센터DB	
265	1989~1995(농어민확대기)	회의록	국회	1989	제145회 제8차 국회본회의	센터DB	
266	1989~1995(농어민확대기)	회의록	국회	1994	제169회 제7차 보건사회위원회 농어민연금실시 추진상황 보고	센터DB	
267	1989~1995(농어민확대기)	회의록	국회	1994	제170회 제13차 법제사법위원회	센터DB	
268	1989~1995(농어민확대기)	회의록	국회	1994	제170회 제19차 국회본회의	센터DB	
269	1989~1995(농어민확대기)	회의록	국회	1994	제170회 제5차 보건사회위원회	센터DB	
270	1989~1995(농어민확대기)	회의록	국회	1994	제170회 제7차 보건사회위원회(계속)	센터DB	
271	1989~1995(농어민확대기)	회의록	국회	1995	제176회 제1차 보건복지위원회	센터DB	

번호	시기구분	자료유형	기관/인명	생성년도	제목	소장처	비고
272	1989~1995(농어민확대기)	회의록	국회	1995	제176회 제2차 보건복지위원회(계속)	센터DB	
273	1989~1995(농어민확대기)	회의록	국회	1995	제176회 제8차 국회본회의	센터DB	
274	1989~1995(농어민확대기)	행정서류	보사부	1992	국민연금을 알아본다(정책해설자료)	센터DB	
275	1989~1995(농어민확대기)	건의	경총	1991	국민연금기금 재정 안정화를 위한 경영계 의견	센터DB	경총 1991년 사업보고서
276	1989~1995(농어민확대기)	건의	경총	1991	국민연금기금의 기금관리 기본법에서의 적용 제외를 요망함	센터DB	경총 1991년 사업보고서
277	1989~1995(농어민확대기)	건의	경총	1991	국민연금법 시행령 개정(안)에 대한 경영계 의견	센터DB	경총 1991년 사업보고서
278	1989~1995(농어민확대기)	건의	경총	1994	국민연금 개정에 대한 경영계 건의	센터DB	경총 1994년 사업보고서
279	1989~1995(농어민확대기)	건의	민주노총	1995	국민연금의 민주적 관리운영(임단투와 사회개혁 투쟁지침 중)	센터DB	민주노총 '임단투와 사회개혁 투쟁지침'
280	1989~1995(농어민확대기)	건의	참여연대	1994	참여복지사회를 향한 시민행동(국민생활최저선 확보운동 및 관련 공익소송 설명회 자료집)	센터DB	
281	1989~1995(농어민확대기)	건의	참여연대	1995	연금제도의 문제점과 개혁방안에 관한 토론회(보도자료)	센터DB	
282	1989~1995(농어민확대기)	건의	한국노총	1991	국민연금제도 개선 건의(사업보고서 중 국민연금 운용 개선활동)	센터DB	한국노총 1991년 사업보고서
283	1989~1995(농어민확대기)	건의	한국노총	1992	일부퇴직금의 국민연금 전환 대책(사업보고서 중 국민연금 관련 활동)	센터DB	한국노총 1992년 사업보고서
284	1989~1995(농어민확대기)	건의	한국노총	1993	퇴직금전환금 실시 대책, 공공자금관리기금법 제정 반대 활동(사업보고서 중 국민연금 관련 활동)	센터DB	한국노총 1993년 사업보고서
285	1989~1995(농어민확대기)	기관지	경총	1989	국민연금의 필요성과 그 내용	센터DB	경영계 136('89, 5), 한국경영자총협회
286	1989~1995(농어민확대기)	보도자료	국민연금관리공단	1994	국민연금관리공단의 표준소득월액 결정 및 국민연금급여 지급내용(보도자료)	센터DB	
287	1989~1995(농어민확대기)	보도자료	보사부	1991	국민연금급여 전년도의 3배인 489억원, 91 상반기 중 지급(보도자료)	센터DB	

번호	시기구분	자료유형	기관/인명	생성년도	제목	소장처	비고
288	1989~1995(농어민확대기)	보도자료	보사부	1992	1992년도 상반기 국민연금기금 운용결과(보도자료)	센터DB	
289	1989~1995(농어민확대기)	보도자료	보사부	1992	국민연금기금의 93년도 운용지침 및 91년도 국민연금 기금 결산 확정(보도자료)	센터DB	
290	1989~1995(농어민확대기)	보도자료	보사부	1992	내년부터 노령연금 지급개시(보도자료)	센터DB	
291	1989~1995(농어민확대기)	보도자료	보사부	1993	국민연금기금 92년도 결산 및 94년도 운용지침 확정(보도자료)	센터DB	
292	1989~1995(농어민확대기)	보도자료	보사부	1993	국민연금의 농어민적용 확대방안에 관한 세미나(보도자료)	센터DB	
293	1989~1995(농어민확대기)	보도자료	보사부	1993	농여민연금확대적용을 의한 세미나 개최(보도자료)	센터DB	
294	1989~1995(농어민확대기)	보도자료	보사부	1994	95년도 국민연금기금 복지부문투자계획 확정(보도자료)	센터DB	
295	1989~1995(농어민확대기)	보도자료	보사부	1994	국민연금 농어촌지역 확대를 위한 모의적용사업 안내(보도자료)	센터DB	
296	1989~1995(농어민확대기)	보도자료	보사부	1994	국민연금, 농어촌지역 확대를 위한 모의사업실시(보도자료)	센터DB	
297	1989~1995(농어민확대기)	보도자료	복지부	1995	8월부터 외국인도 국민연금에 의무적으로 가입(보도자료)	센터DB	
298	1989~1995(농어민확대기)	보도자료	복지부	1995	94년 국민연금기금 결산 및 96년도 운용지침(보도자료)	센터DB	
299	1989~1995(농어민확대기)	보도자료	복지부	1995	96년도 국민연금기금운용계획 의결(보도자료)	센터DB	
300	1989~1995(농어민확대기)	보도자료	복지부	1995	국민연금법 시행령 개정안 입법예고(외국인 가입 관련) (보도자료)	센터DB	
301	1989~1995(농어민확대기)	보도자료	복지부	1995	국민연금수급권자 및 농어민연금가입신고 현황(보도자료)	센터DB	
302	1989~1995(농어민확대기)	보도자료	복지부	1995	유료노인, 민간보육시설 설치를 위한 국민연금기금 융자금리 1.6%인하(보도자료)	센터DB	
303	1989~1995(농어민확대기)	기사	시사저널	1995.08.31	국민연금 깡통계좌 된다	센터DB	

번호	시기구분	자료유형	기관/인명	생성년도	제목	소장처	비고
304	1989~1995(농어민확대기)	기사	월간조선	1995	당신의 연금, 이렇게 무너지고 있다	센터DB	
305	1989~1995(농어민확대기)	기사	조선일보	1989. 04. 14	국민연금 확대적용, 보사부 90년대초 전국민대상	센터DB	
306	1989~1995(농어민확대기)	기사	조선일보	1989. 12. 27	국민연금기금 운영 내년부터 개선	센터DB	
307	1989~1995(농어민확대기)	기사	조선일보	1990. 01. 30	국민연금 소기업(5인 이상 10인 미만)까지 확대, 내년 7월부터 약화사고 연내 국가서 전액 보상	센터DB	
308	1989~1995(농어민확대기)	기사	조선일보	1990. 03. 31	농어민 자영업자에도 국민연금제 확대 실시, 보사부 올해 모형 마련 내년 시기 결정 정액 갹출급여 기초연금제 도입	센터DB	
309	1989~1995(농어민확대기)	기사	조선일보	1990. 04. 15	국민연금 홍보부족 11%만 찾아가, 일시반환금 등 청구저조 보사부 작년 5백 8억원 중 60억만 지급	센터DB	
310	1989~1995(농어민확대기)	기사	조선일보	1990. 05. 30	국민연금 공공부문 중점투자, 근로자주택 등 비율 늘려 기금조성규모 확대따라 실무위 설치 운용통제	센터DB	
311	1989~1995(농어민확대기)	기사	조선일보	1990. 12. 04	국민연금 기금 50% 정부서 전용, 준조세화 된 2조여원 운용 문제점	센터DB	
312	1989~1995(농어민확대기)	기사	조선일보	1991. 01. 29	국민연금제 확대, 보사부 종업원 5~9인 사업장 7월 실시	센터DB	
313	1989~1995(농어민확대기)	기사	조선일보	1991. 05. 02	국민연금 가입확대	센터DB	
314	1989~1995(농어민확대기)	기사	조선일보	1991. 06. 26	국민연금 농어민 확대, 96년까지 고용보험도 도입, 7차 사회보장계획	센터DB	
315	1989~1995(농어민확대기)	기사	조선일보	1991. 08. 24	실업 고용보험제도 도입, 95~96년 농어촌 고령자 연금제도, 민간기업 정년 60세로 상향 유도	센터DB	
316	1989~1995(농어민확대기)	기사	조선일보	1991. 08. 30	심층취재 국민연금(기금 운용 문제점)	센터DB	
317	1989~1995(농어민확대기)	기사	조선일보	1991. 10. 10	국민연금 확대 5인 이상 사업체로	센터DB	
318	1989~1995(농어민확대기)	기사	조선일보	1991. 12. 13	공공기금 주식매입 못한다, 기획원장관에 운영감독권 관리기본법 국회통과, 운용방식 크게 바뀌어	센터DB	
319	1989~1995(농어민확대기)	기사	조선일보	1992. 03. 13	국민연금 임의 가입자 월 만6천3백원 갹출, 12월까지 적용	센터DB	

번호	시기구분	자료유형	기관/인명	생성년도	제목	소장처	비고
320	1989~1995(농어민확대기)	기사	조선일보	1992. 03. 23	연금기금 주식투자 완화검토, 93년 후도 10%이상 허용, 국민 공무원 연금 등 7개 대상	센터DB	
321	1989~1995(농어민확대기)	기사	조선일보	1992. 04. 18	여유 공공기금 주식투자 검토, 시장 활성겨냥 약 1조 규모 손실발생시 면책 등 제도도 개선, 재무부	센터DB	
322	1989~1995(농어민확대기)	기사	조선일보	1992. 05. 30	민간기금 주식매입 허용, 정 총리 주례보고	센터DB	
323	1989~1995(농어민확대기)	기사	조선일보	1992. 08. 17	각종 연기금 주식매입 투입, 금주부터 7천억원선 재무부, 증시부양책 일환 추가안정책도 검토	센터DB	
324	1989~1995(농어민확대기)	기사	조선일보	1992. 08. 21	증안채권 발행 백지화, 재무부 증시대책 20개 연기금 1조3천억 투자키로 시부양책 일환 추가안정책도 검토	센터DB	
325	1989~1995(농어민확대기)	기사	조선일보	1992. 08. 24	국민연금 주식투자, 관련기관 노동단체 반발, 정부실책 근로자 돈으로 메운다, 수익관리 부실땐 재원고갈 우려	센터DB	
326	1989~1995(농어민확대기)	기사	조선일보	1992. 12. 02	국민연금 95년까지 농어민 확대, 6개부처 당면 경제현안 대책	센터DB	
327	1989~1995(농어민확대기)	기사	조선일보	1992. 12. 31	국민연금 갹출료 월보수액 6%로 인상	센터DB	
328	1989~1995(농어민확대기)	기사	조선일보	1992. 12. 31	새해 노령연금 첫 지급, 60세 이상 2만여명 혜택 월기본액 3만6천~9만6천원	센터DB	
329	1989~1995(농어민확대기)	기사	조선일보	1993. 02. 23	국민연금 갹출요율 10%인상, 지급 개시도 65세로, 정부검토	센터DB	
330	1989~1995(농어민확대기)	기사	조선일보	1993. 03. 12	각종연금 일원화 바람직, 군인연금 등 특혜 적자요인, KDI 보고서	센터DB	
331	1989~1995(농어민확대기)	기사	조선일보	1993. 06. 19	공공연금 적자 비상 KDI, 구조조정 촉구	센터DB	
332	1989~1995(농어민확대기)	기사	조선일보	1993. 08. 15	연기금 여유자금 정부 관리 추진 당정, 정기국회때 입법	센터DB	
333	1989~1995(농어민확대기)	기사	조선일보	1993. 12. 20	공공자금 기금관리법 국민연금 수익률 논란, 공공투자 활용 효용의문, 기금고갈 가속 재정악화 우려	센터DB	
334	1989~1995(농어민확대기)	기사	조선일보	1993. 12. 20	공공자금 기금관리법 등 국회통과로 본 연금 공용보험 현황과 전망	센터DB	
335	1989~1995(농어민확대기)	기사	조선일보	1993. 12. 20	기금관리법 연금재정 악화시킨다, 농어민 연금제 국민연금과 통합해야	센터DB	

번호	시기구분	자료유형	기관/인명	생성년도	제목	소장처	비고
336	1989~1995(농어민확대기)	기사	조선일보	1993. 12. 20	농어민 연금제 실시시기 초미의 관심, 소득차 심해 등급별 갹출 검토	센터DB	
337	1989~1995(농어민확대기)	기사	조선일보	1994. 01. 10	농어민연금 소득비례 갹출 시행초 3% 시안 결정, 5년마다 3% 확대 정부안 6월 확정	센터DB	
338	1989~1995(농어민확대기)	기사	조선일보	1994. 06. 02	연금기금 1,500억원 보육시설 신개축융자	센터DB	
339	1989~1995(농어민확대기)	기사	조선일보	1994. 06. 07	52만명 139억원 국민연금 찾아가시오, 관리공단 수급권 소멸시효 적용, 연내 안찾으면 기금귀속	센터DB	
340	1989~1995(농어민확대기)	기사	조선일보	1994. 08. 29	국민연금 내년 농어민 확대	센터DB	
341	1989~1995(농어민확대기)	기사	조선일보	1994. 09. 08	국민연금 운용방안, 고속철 영종도 투자 공기업주식 매입, 안정성 수익성 과제, 정부일을 근로자돈으로 논란 예상	센터DB	
342	1989~1995(농어민확대기)	기사	조선일보	1994. 09. 08	국민연금, 사회간접 투자 2001년까지 총 32조원	센터DB	
343	1989~1995(농어민확대기)	기사	조선일보	1994. 09. 13	국민연금 지역 가입 농어민 보험료 40% 소득공제, 연72만원 한도내 해당자 2백6만명	센터DB	
344	1989~1995(농어민확대기)	기사	조선일보	1994. 10. 05	국민연금 농어민에 확대 국무회의 의결	센터DB	
345	1989~1995(농어민확대기)	기사	조선일보	1994. 11. 16	국내거주 외국인 연금가입 의무화, 단기체류경우 원금반환 않기로	센터DB	
346	1989~1995(농어민확대기)	기사	조선일보	1994. 11. 17	18세미만 근로자 국민연금 가입 가능, 보사부 내년부터 농어촌 18~23세 가입할 땐 정부보조금	센터DB	
347	1989~1995(농어민확대기)	기사	조선일보	1994. 12. 06	참여연대 공익소송(국민연금기금 운용손실액에 대한 손해배상 청구소송)	센터DB	
348	1989~1995(농어민확대기)	기사	조선일보	1995. 02. 06	국내거주 외국인들도 국민연금 가입의무화	센터DB	
349	1989~1995(농어민확대기)	기사	조선일보	1995. 04. 03	국민연금 88년 시행, 근로자 자영업자 541만명	센터DB	
350	1989~1995(농어민확대기)	기사	조선일보	1995. 07. 21	국민연금 개정필요 2천33년 기금고갈 KDI 보고서	센터DB	
351	1989~1995(농어민확대기)	기사	조선일보	1995. 12. 28	농어민연금 특례신청 연말까지 마감	센터DB	

번호	시기구분	자료유형	기관/인명	생성년도	제목	소장처	비고
352	1989~1995(농어민확대기)	사설	조선일보	1990.05.28	노인수당이 절실하다	센터DB	
353	1989~1995(농어민확대기)	사설	조선일보	1993.08.26	국민연금이 정부 돈인가	센터DB	
354	1989~1995(농어민확대기)	서적	정부	1992	제7차 경제사회발전 5개년계획(1992~1996)	센터DB	
355	1989~1995(농어민확대기)	서적	한국개발연구원	2003	KDI 정책연구사례: 지난 30년의 회고	국회도서관	
356	1989~1995(농어민확대기)	논문	길호섭, 박용치	1990	국민연금제도에 대한 평가: 국민연금법을 중심으로	센터 DB	지역복지정책 4, 한국지역복지정책연구회
357	1989~1995(농어민확대기)	논문	김경미	1989	국민연금제도의 도입시행에 관한 연구(경제적 상황변화를 중심으로)	센터 DB	이화여자대학교 석사학위논문
358	1989~1995(농어민확대기)	논문	김연명	1995	연금제도의 주요 쟁점과 개혁 방안에 관한 시론(공적연금제도의 재정문제를 중심으로)	센터 DB	참여연대·민노총 주최 연금개혁토론회 발표문('95.4.21, 서울 종로성당)
359	1989~1995(농어민확대기)	논문	김연명	1995	현행 사회보험제도의 문제점과 개선방안: 국민연금과 의료보험 운용체계를 중심으로	센터 DB	나라의 길 27('95.1), 나라정책연구원
360	1989~1995(농어민확대기)	논문	김용하	1993	한국 연금보험제도의 적정연금재정에 관한 연구	센터 DB	성균관대학교 박사학위논문
361	1989~1995(농어민확대기)	논문	김원식	1993	자금순환에 따른 국민연금기금 운용방안	센터 DB	경제학연구 41,1('93.8), 한국경제학회
362	1989~1995(농어민확대기)	논문	김원식	1995	퇴직금의 국민연금 전환방식에 관한 연구	센터 DB	재정논집 9('95.3), 한국재정학회
363	1989~1995(농어민확대기)	논문	김종숙	1994	한국 노인 부양과 국민연금 정책	센터 DB	논문집 12('94.12), 수원대학교
364	1989~1995(농어민확대기)	논문	김진수	1992	3층보장체제를 위한 공적 연금제도 확대방안(최저보장연금모델 제시와 문제점, 관련제도와의 관계분석)	센터 DB	사회보장연구 8, 한국사회보장학회
365	1989~1995(농어민확대기)	논문	남광성	1990	국민연금현황(연금급여를 중심으로)	센터 DB	한국사회복지학 15, 한국사회복지학회
366	1989~1995(농어민확대기)	논문	남정림	1992	국민연금제도와 여성의 노후 빈곤	센터 DB	여성문제연구 20('92.9), 효성여자대학교부설 한국여성문제연구소
367	1989~1995(농어민확대기)	논문	문형표	1993	국민연금의 보험 및 부조적 역할에 관한 고찰	센터 DB	재정논집 7, 국재정학회

번호	시기구분	자료유형	기관/인명	생성년도	제목	소장처	비고
368	1989~1995(농어민확대기)	논문	문형표, 유일호	1994	우리나라 노후소득보장제도의 과제(공적연금제도를 중심으로)	센터 DB	사회보장연구 10, 1, 한국사회보장학회
369	1989~1995(농어민확대기)	논문	박경숙	1993	공적연금과 사적퇴직급여의 연계(퇴직준비금 전환에 따른 과제와 대책)	센터 DB	사회보장연구 9('93. 11), 한국사회보장학회
370	1989~1995(농어민확대기)	논문	박남수	1994	농어민 연금제도에 관한 연구(농어촌복지를 중심으로)	센터 DB	숭실대통일정책대학원 석사학위논문
371	1989~1995(농어민확대기)	논문	박재원	1994	국민연금제도 발전방향	센터 DB	논문집 14('94. 2), 대구보건전문대학·대구전문대학
372	1989~1995(농어민확대기)	논문	박재원	1995	농어촌지역연금제도에 관한 연구	센터 DB	논문집 15('95. 2), 대구보건전문대학·대구전문대학
373	1989~1995(농어민확대기)	논문	송채헌, 황인섭	1994	경제 사회의 변동과 공적연금제도	센터 DB	논문집 25, 전북대학교 산업경제연구소
374	1989~1995(농어민확대기)	논문	신수식	1992	공적연금의 재정안정과 기금운용(국민연금제도를 중심으로)	센터 DB	보험학회지 40('92. 10), 한국보험학회
375	1989~1995(농어민확대기)	논문	안홍순	1995	국민연금 가입자 한계설정의 문제점	센터 DB	사회보장연구 12, 1('96. 5), 한국사회보장학회
376	1989~1995(농어민확대기)	논문	오근식	1995	연금개혁론의 재조명	센터 DB	사회복지정책 1, 한국사회복지정책학회
377	1989~1995(농어민확대기)	논문	유일호	1991	공적연금의 효율적 연계방안에 관한 연구(누진적급여구조의 적정성 여부를 중심으로)	센터 DB	재정논집 5('91. 3), 한국재정학회
378	1989~1995(농어민확대기)	논문	정경배	1990	국민연금확대방안	센터 DB	현대노사 83('90. 9), 한국노동문제연구원
379	1989~1995(농어민확대기)	논문	최환영	1990	국민연금 이대로 좋은가(제7회 사회보장연구자 대토론회 종합요약)	센터 DB	사회복지 104('90. 3), 한국사회복지협의회
380	1989~1995(농어민확대기)	보고서	농어촌진흥공사 농어촌연구원	1994	농업구조개선을 위한 국민연금 확대방안	센터 DB, 국회도서관	
381	1989~1995(농어민확대기)	보고서	보건사회부	1990	전국민연금확대실행방안	보건복지부 자료실	
382	1989~1995(농어민확대기)	보고서	한국보건사회 연구원	1992	농어촌지역연금 실행방안연구	국회도서관	
383	1989~1995(농어민확대기)	보고서	KDI	1990	국민연금재정의 안정화를 위한 정책과제 및 방향	센터DB	

번호	시기구분	자료유형	기관/인명	생성년도	제목	소장처	비고
384	1989~1995(농어민확대기)	보고서	KDI	1991	국민연금기금의 복지부문 활용방안	센터DB	
385	1989~1995(농어민확대기)	보고서	KDI	1991	국민연금제도의 장기적 재정안정화를 위한 정책과제와 대책	센터DB	
386	1989~1995(농어민확대기)	보고서	KDI	1991	농어민연금제도의 도입방안	센터DB	
387	1989~1995(농어민확대기)	보고서	KDI	1992	국민연금제도와 퇴직금제도 조정실시에 따른 우리나라 소득보장제도의 보완발전방안	센터DB	
388	1989~1995(농어민확대기)	보고서	KDI	1992	사회보장지출의 효율성에 관한연구: 국민연금제도를 중심으로	센터DB	
389	1989~1995(농어민확대기)	보고서	KDI	1993	공적연금제도의 문제점 및 개선방향	센터DB	
390	1989~1995(농어민확대기)	보고서	KDI	1993	연금재정의 문제점과 그 대책	센터DB	
391	1989~1995(농어민확대기)	보고서	KDI	1994	개인연금도입의 필요성 및 정책과제	센터DB	
392	1989~1995(농어민확대기)	보고서	KDI	1994	노후소득보장제도의 현황 및 과제	센터DB	
393	1989~1995(농어민확대기)	보고서	KDI	1994	농어민연금 확대적용방안 및 재정추계에 관한 연구	센터DB	
394	1989~1995(농어민확대기)	보고서		1995	국민연금제도의 문제점과 개선과제	센터DB	
395	1989~1995(농어민확대기)	보고서	KDI	1995	국민연금제도의 재정건실화를 위한 구조개선방안	센터DB	
396	1989~1995(농어민확대기)	녹음파일	이혜경	2007.08.09	국민연금 도입 및 확대 관련	센터 DB	
397	1989~1995(농어민확대기)	녹취록	이혜경	2007.08.09	국민연금 도입 및 확대 관련	센터 DB	
398	1996~1999(전국민확대시기)	법률	국회	1997	국민연금법 일부개정 법률 제5453호	센터 DB	
399	1996~1999(전국민확대시기)	법률	국회	1997	국민연금법 일부개정 법률 제5453호 개정이유	센터 DB	

번호	시기구분	자료유형	기관/인명	생성년도	제목	소장처	비고
400	1996~1999(전국민확대시기)	법률	국회	1997	국민연금법 일부개정 법률 제5454호	센터 DB	
401	1996~1999(전국민확대시기)	법률	국회	1997	국민연금법 일부개정 법률 제5454호 개정이유	센터 DB	
402	1996~1999(전국민확대시기)	법률	국회	1998	국민연금법 일부개정 법률 제5623호	센터 DB	
403	1996~1999(전국민확대시기)	법률	국회	1998	국민연금법 일부개정 법률 제5623호 개정이유	센터 DB	
404	1996~1999(전국민확대시기)	법률	국회	1999	국민연금법 일부개정 법률 제5982호	센터 DB	
405	1996~1999(전국민확대시기)	법률	국회	1999	국민연금법 일부개정 법률 제5982호 개정이유	센터 DB	
406	1996~1999(전국민확대시기)	법률	국회	1999	국민연금법 일부개정 법률 제6027호	센터 DB	
407	1996~1999(전국민확대시기)	법률	국회	1999	국민연금법 일부개정 법률 제6027호 개정이유	센터 DB	
408	1996~1999(전국민확대시기)	법률안	국회	1996	무갹출노령연금법안 검토보고서(폐기)	센터 DB	
409	1996~1999(전국민확대시기)	법률안	국회	1996	무갹출노령연금법안 심사보고서(폐기)	센터 DB	
410	1996~1999(전국민확대시기)	법률안	국회	1996	무갹출노령연금법안 의안원문(폐기)	센터 DB	
411	1996~1999(전국민확대시기)	법률안	국회	1998	국민연금법중개정법률안 검토보고서(폐기)	센터 DB	
412	1996~1999(전국민확대시기)	법률안	국회	1998	국민연금법중개정법률안 심사보고서(폐기)	센터 DB	
413	1996~1999(전국민확대시기)	법률안	국회	1998	국민연금법중개정법률안 의안원문(폐기)	센터 DB	
414	1996~1999(전국민확대시기)	법률안	국회	1998	국민연금법중개정법률안 정부 제안 검토보고서(폐기)	센터 DB	
415	1996~1999(전국민확대시기)	법률안	국회	1998	국민연금법중개정법률안 정부 제안 심사보고서(폐기)	센터 DB	

번호	시기구분	자료유형	기관/인명	생성년도	제목	소장처	비고
416	1996~1999(전국민확대시기)	법률안	국회	1998	국민연금법중개정법률안 정부 제안 의안원문(폐기)	센터 DB	
417	1996~1999(전국민확대시기)	법률안	국회	1998	국민연금법중개정법률안(대안) 의안원문	센터 DB	
418	1996~1999(전국민확대시기)	법률안	국회	1999	국민연금법중개정법률안 검토보고서	센터 DB	
419	1996~1999(전국민확대시기)	법률안	국회	1999	국민연금법중개정법률안 검토보고서(대안폐기)	센터 DB	
420	1996~1999(전국민확대시기)	법률안	국회	1999	국민연금법중개정법률안 심사보고서	센터 DB	
421	1996~1999(전국민확대시기)	법률안	국회	1999	국민연금법중개정법률안 심사보고서(대안폐기)	센터 DB	
422	1996~1999(전국민확대시기)	법률안	국회	1999	국민연금법중개정법률안 의안원문	센터 DB	
423	1996~1999(전국민확대시기)	법률안	국회	1999	국민연금법중개정법률안 의안원문(대안폐기)	센터 DB	
424	1996~1999(전국민확대시기)	법률안	국회	1999	국민연금법중개정법률안(개안) 의안원문	센터 DB	
425	1996~1999(전국민확대시기)	시행령	정부	1997	국민연금법시행령 일부개정 대통령령 제15569호	센터 DB	
426	1996~1999(전국민확대시기)	시행령	정부	1997	국민연금법시행령 일부개정 대통령령 제15569호 개정이유	센터 DB	
427	1996~1999(전국민확대시기)	시행령	정부	1997	국민연금법시행령 일부개정 대통령령 제15598호	센터 DB	
428	1996~1999(전국민확대시기)	시행령	정부	1997	국민연금법시행령 일부개정 대통령령 제15598호 개정이유	센터 DB	
429	1996~1999(전국민확대시기)	시행령	정부	1998	국민연금법시행령 일부개정 대통령령 제15732호	센터 DB	
430	1996~1999(전국민확대시기)	시행령	정부	1998	국민연금법시행령 일부개정 대통령령 제15732호 개정이유	센터 DB	
431	1996~1999(전국민확대시기)	시행령	정부	1998	국민연금법시행령 일부개정 대통령령 제16082호	센터 DB	

번호	시기구분	자료유형	기관/인명	생성년도	제목	소장처	비고
432	1996~1999(전국민확대시기)	시행령	정부	1998	국민연금법시행령 일부개정 대통령령 제16082호 개정이유	센터 DB	
433	1996~1999(전국민확대시기)	시행령	정부	1999	국민연금법시행규칙 일부개정 일부개정 보건복지부령 제103호	센터 DB	
434	1996~1999(전국민확대시기)	시행령	정부	1999	국민연금법시행규칙 일부개정 일부개정 보건복지부령 제103호 개정이유	센터 DB	
435	1996~1999(전국민확대시기)	시행령	정부	1999	국민연금법시행규칙 일부개정 일부개정 보건복지부령 제93호	센터 DB	
436	1996~1999(전국민확대시기)	시행령	정부	1999	국민연금법시행규칙 일부개정 일부개정 보건복지부령 제93호 개정이유	센터 DB	
437	1996~1999(전국민확대시기)	시행령	정부	1999	국민연금법시행령 일부개정 대통령령 제16219호	센터 DB	
438	1996~1999(전국민확대시기)	시행령	정부	1999	국민연금법시행령 일부개정 대통령령 제16219호 개정이유	센터 DB	
439	1996~1999(전국민확대시기)	시행령	정부	1999	국민연금법시행령 일부개정 대통령령 제16567호	센터 DB	
440	1996~1999(전국민확대시기)	시행령	정부	1999	국민연금법시행령 일부개정 대통령령 제16567호 개정이유	센터 DB	
441	1996~1999(전국민확대시기)	회의록	국회	1996	180회 제4차 보건복지위원회	센터 DB	
442	1996~1999(전국민확대시기)	회의록	국회	1996	181회 국회(정기회) 제8차 전체회의	센터 DB	
443	1996~1999(전국민확대시기)	회의록	국회	1996	국정감사 보건복지위원회	센터 DB	
444	1996~1999(전국민확대시기)	회의록	국회	1996	제184회 제11차 본회의	센터 DB	
445	1996~1999(전국민확대시기)	회의록	국회	1997	185회 제 9차 보건복지위원회	센터 DB	
446	1996~1999(전국민확대시기)	회의록	국회	1997	185회 제4차 국회본회의	센터 DB	
447	1996~1999(전국민확대시기)	회의록	국회	1997	국정감사 보건복지위원회	센터 DB	

번호	시기구분	자료유형	기관/인명	생성년도	제목	소장처	비고
448	1996~1999(전국민확대시기)	회의록	국회	1998	192회 국회(임시회) 제1차 전체회의	센터 DB	
449	1996~1999(전국민확대시기)	회의록	국회	1998	192회 제4차 국회본회의	센터 DB	
450	1996~1999(전국민확대시기)	회의록	국회	1998	198회 국회(정기회) 제10차 전체회의	센터 DB	
451	1996~1999(전국민확대시기)	회의록	국회	1998	198회 국회(정기회) 제11차 전체회의	센터 DB	
452	1996~1999(전국민확대시기)	회의록	국회	1998	198회 국회(정기회) 제14차 전체회의	센터 DB	
453	1996~1999(전국민확대시기)	회의록	국회	1998	198회 국회(정기회) 제15차 전체회의	센터 DB	
454	1996~1999(전국민확대시기)	회의록	국회	1998	198회 국회(정기회) 제19차 본회의	센터 DB	
455	1996~1999(전국민확대시기)	회의록	국회	1998	198회 국회(정기회) 제20차 본회의	센터 DB	
456	1996~1999(전국민확대시기)	회의록	국회	1998	198회 제 10차 보건복지위원회	센터 DB	
457	1996~1999(전국민확대시기)	회의록	국회	1998	198회 제14차 법제사법위원회	센터 DB	
458	1996~1999(전국민확대시기)	회의록	국회	1998	198회 제19차 국회본회의	센터 DB	
459	1996~1999(전국민확대시기)	회의록	국회	1999	202회 국회(임시회) 제2차 전체회의	센터 DB	
460	1996~1999(전국민확대시기)	회의록	국회	1999	205회 국회(임시회) 제1차 전체회의	센터 DB	
461	1996~1999(전국민확대시기)	회의록	국회	1999	205회 제1차 보건복지위원회 회의록	센터 DB	
462	1996~1999(전국민확대시기)	회의록	국회	1999	206회 국회(임시회) 제3차 본회의	센터 DB	
463	1996~1999(전국민확대시기)	회의록	국회	1999	206회 국회(임시회) 제4차 전체회의	센터 DB	

번호	시기구분	자료유형	기관/인명	생성년도	제목	소장처	비고
464	1996~1999(전국민확대시기)	회의록	국회	1999	208회 국회(정기회) 제10차 전체회의	센터 DB	
465	1996~1999(전국민확대시기)	회의록	국회	1999	208회 국회(정기회) 제21차 본회의	센터 DB	
466	1996~1999(전국민확대시기)	국무회의록	행정자치부 의정관 의정담당관	1999	국민연금 내실화 추진성과 및 향후계획	국가기록원	
467	1996~1999(전국민확대시기)	국무회의록	행정자치부 의정관 의정담당관	1999	국민연금 확대추진현황 및 문제점 분석	국가기록원	
468	1996~1999(전국민확대시기)	건의	경총	1997	국민연금제도 개선에 대한 경영계 의견	센터 DB	경총-1997년도 사업보고서
469	1996~1999(전국민확대시기)	건의	경총	1998	국민연금법중 개정법률(안)에 대한 경영계 의견	센터 DB	경총-1998년도 사업보고서
470	1996~1999(전국민확대시기)	건의	경총	1998	국민연금보험료 개정(안)에 대한 의견	센터 DB	경총-1998년도 사업보고서
471	1996~1999(전국민확대시기)	건의	경총	1999	국민연금법중 개정법률(안)에 대한 경영계 의견	센터 DB	경총-1999년도 사업보고서
472	1996~1999(전국민확대시기)	건의	경총	1999	국민연금보험료 개정(안)에 대한 경영계 의견	센터 DB	경총-1999년도 사업보고서
473	1996~1999(전국민확대시기)	건의	경총	2000	국민연금법 개정안에대한 경영계 의견	센터 DB	경총-2000년도 사업보고서
474	1996~1999(전국민확대시기)	건의	경총	2000	국민연금법 시행령 및 시행규칙중 개정(안)에 대한 경영계 의견	센터 DB	경총-2000년도 사업보고서
475	1996~1999(전국민확대시기)	건의	민주노총	1996	연기금의 민주적관리운영	센터 DB	민주노총-1996-정책보고서
476	1996~1999(전국민확대시기)	건의	민주노총	1996	제 15대총선에 즈음한 민주노총의 노동법개정과 사회개혁 요구(96. 3)	센터 DB	
477	1996~1999(전국민확대시기)	건의	민주노총	1997	국민연금기금의 민주적 관리, 운영: 고용안정·사회개혁 15대 과제	센터 DB	
478	1996~1999(전국민확대시기)	건의	참여연대	1998	국민복지연금제도의 보류연장에 관한 의견국민연금의 개선은 범정부적 차원의 대응없이 국민의 신뢰를 얻을 수 없다	센터 DB	참여연대 http://www.peoplepower21.org/
479	1996~1999(전국민확대시기)	건의	참여연대	1998	국민연금 관련 법 개정, 이대로는 절대 안된다	센터 DB	참여연대 http://www.peoplepower21.org/

번호	시기구분	자료유형	기관/인명	생성년도	제목	소장처	비고
480	1996~1999(전국민확대시기)	건의	참여연대	1998	범국민적인 사회보장개혁위원회를 구성해야한다	센터 DB	참여연대 http://www.peoplepower21.org/
481	1996~1999(전국민확대시기)	건의	참여연대	1998	재정경제부는 국민연금기금의 투명한 운영방안을 조속히 마련하라	센터 DB	참여연대 http://www.peoplepower21.org/
482	1996~1999(전국민확대시기)	건의	참여연대	1999	참여연대, 지역가입자·임의가입자에 대한 한시적 반환일시금수급권 부여에 찬성	센터 DB	참여연대 http://www.peoplepower21.org/
483	1996~1999(전국민확대시기)	건의	한국노총	1997	국민연금제도 개선활동	센터 DB	한국노총 1997년도 사업보고서
484	1996~1999(전국민확대시기)	건의	한국노총	1998	사회보험개혁활동	센터 DB	한국노총 1998년도 사업보고서
485	1996~1999(전국민확대시기)	기관지	경총	1997	국민연금제도, 어떻게 개혁할 것인가: 1 국민연금제도의 개선방안	센터 DB	월간 경영계, 233,
486	1996~1999(전국민확대시기)	기관지	경총	1997	국민연금제도, 어떻게 개혁할 것인가: 2 국민연금기금 운용의 문제점	센터 DB	월간 경영계, 233
487	1996~1999(전국민확대시기)	기관지	윤석명	1999	공적연금제도의 현황과 문제점: 정치 경제학적인 관점에서의 분석	센터 DB	보건사회연구원 보건복지포럼
488	1996~1999(전국민확대시기)	논단	기관지	1996	사회보장제도의 운영실태를 진단한다: 1 국민연금제도 운영실태와 개선방안	센터 DB	월간 경영계, 225
489	1996~1999(전국민확대시기)	논단	기관지	1997	국민연금제도의 현재와 미래	센터 DB	임금연구 1997년 겨울호
490	1996~1999(전국민확대시기)	성명	민주노총	1998	민주노총 대정부 5대요구안 정책해설: 연기금의 민주적, 안정적 관리 운영	센터 DB	
491	1996~1999(전국민확대시기)	성명	참여연대	1997	국민연금제도의 개혁은 국민적 합의에 기초해야 한다	센터 DB	참여연대 http://www.peoplepower21.org/
492	1996~1999(전국민확대시기)	성명	참여연대	1997	국민적 합의 없이 국민브담만 늘리는 국민연금 개선안의 졸속 처리에 반대한다	센터 DB	참여연대 http://www.peoplepower21.org/
493	1996~1999(전국민확대시기)	성명	참여연대	1999	국민연금 확대 실시에 대한 시민노동사회단체 공동기자회견	센터 DB	참여연대 http://www.peoplepower21.org/
494	1996~1999(전국민확대시기)	성명	참여연대	1999	최근의 국민연금 논란에 관한 시민·사회·노동·농민단체의 입장	센터 DB	참여연대 http://www.peoplepower21.org/
495	1996~1999(전국민확대시기)	성명	한국노년유권자연맹	2001	대선공약 경로연금 불이행에 대한 어르신 500만명의 결의문	센터 DB	

번호	시기구분	자료유형	기관/인명	생성년도	제목	소장처	비고
496	1996~1999(전국민확대시기)	기사	조선	1996. 11. 01	이해찬의원 주장 국민연금 내면서 개인연금 가입 '제도 불신이 고비용 낳는다'	센터 DB	
497	1996~1999(전국민확대시기)	기사	조선	1997. 01. 22	국민연금 〈개악〉 전용구장 없는 월드컵	센터 DB	
498	1996~1999(전국민확대시기)	기사	조선	1997. 05. 19	기금바닥… 재원조달 방안 강구 노령인구 주는 2050년까지 버텨야 핫이슈 '국민연금' 어떻게 고쳐야 하나 배경	센터 DB	
499	1996~1999(전국민확대시기)	기사	조선	1997. 11. 18	조선일보사 초청 3당 대통령후보 합동토론회 녹음	센터 DB	
500	1996~1999(전국민확대시기)	기사	조선	1997. 12. 30	국민연금 각출액 인상: 수령액 40%로 축소 '용돈' 타려 매달 월급뗐나 '노후보장 된다더니…' 시민 분노 '기금운용 실패 문책부터 해야' 정부, 지급5년 연기안 등 발표	센터 DB	
501	1996~1999(전국민확대시기)	기사	조선	1997. 12. 30	노후 소득보장 의미없어져 55세 정년후 '생계 막막' 급여수준 ILO 기준미달… "연금정책 실패" 국민연금개선 해설	센터 DB	
502	1996~1999(전국민확대시기)	기사	조선	1997. 12. 31	경총 "국민연금 개선안 다시 손질해야"	센터 DB	
503	1996~1999(전국민확대시기)	기사	조선	1997. 12. 31	기금바닥… 재원조달 방안 강구 노령인구 주는 2050년까지 버텨야 핫이슈 '국민연금' 어떻게 고쳐야 하나 배경	센터 DB	
504	1996~1999(전국민확대시기)	기사	조선	1998. 01. 09	국민연금 크게 고칠듯 급여율 60%선 추진	센터 DB	
505	1996~1999(전국민확대시기)	기사	조선	1998. 01. 13	국민연금 3,500억 날렸다 5천억 증시투자 1천500억 남아 받을 돈 더 줄어들듯	센터 DB	
506	1996~1999(전국민확대시기)	기사	조선	1998. 01. 17	국민연금 왜 부실해졌나 기금 69%를 정부가 저리로 사용 '강제예탁' 규정한 재경원 큰 책임 "가입자 참여 운용프로그램 짜야"	센터 DB	
507	1996~1999(전국민확대시기)	기사	조선	1998. 01. 17	국민연금 Q&A "기금 고갈돼도 연금 지급 가능 순이익 재투자해 은행적금보다 유리"	센터 DB	
508	1996~1999(전국민확대시기)	기사	조선	1998. 02. 21	국민연금 공단 공금2억 횡령 감사원, 29개 지부-출장소 54명 적발	센터 DB	
509	1996~1999(전국민확대시기)	기사	조선	1998. 03. 02	학계-노총 IMF시대에 서민부담만 늘려 국민연금 '도시 자영자' 확대 반대	센터 DB	
510	1996~1999(전국민확대시기)	기사	조선	1998. 04. 23	〈깡통〉될라 국민연금 주식투자 3천800억 이상 손실 복지부 〈결산〉 발표	센터 DB	
511	1996~1999(전국민확대시기)	기사	조선	1998. 08. 24	이 돈 받으려 40년 붓나: 국민연금 수령액 15% 줄인다 복지부 개정안 급여율 70%서 55%로 10월 전엔 일시불 가능	센터 DB	

번호	시기구분	자료유형	기관/인명	생성년도	제목	소장처	비고
512	1996~1999(전국민확대시기)	기사	조선	1998. 08. 31	전국민연금 실시 연기 여야 이견 내년 이후로	센터 DB	
513	1996~1999(전국민확대시기)	기사	조선	1998. 12. 30	국민연금 갹출액 인상-수령액 40%로 축소 '용돈' 타려 매달 월급뗐나	센터 DB	
514	1996~1999(전국민확대시기)	기사	조선	1999. 02. 13	도시지역 확대시행 설명회 '국민연금하는 국민연금' 불만 폭발	센터 DB	
515	1996~1999(전국민확대시기)	기사	조선	1999. 02. 19	'국민연금 〈소득 구분〉 등 문제' 실무 공무원 문책키로 김원길정책의장 밝혀	센터 DB	
516	1996~1999(전국민확대시기)	기사	조선	1999. 02. 21	국민연금 대폭 보완 긴급 당정회의…저소득층 제외 4월실시 "보완책 미흡땐 연기할수도"	센터 DB	
517	1996~1999(전국민확대시기)	기사	조선	1999. 02. 21	확대실시냐…연기냐 여, 국민연금 속앓이 긴급 당정회의서 격론 "처음부터 잘못… 저항 이유있다" '소득추산 방식 형평맞게 고쳐라' 납부예외 확대 등 대안 제시도	센터 DB	
518	1996~1999(전국민확대시기)	기사	조선	1999. 02. 22	국민연금 반드시 개선" 김대통령 전례없는 사과 "관계부처의 기술적 잘못" 복지부에 강한 불만도	센터 DB	
519	1996~1999(전국민확대시기)	기사	조선	1999. 02. 23	국민연금 관리공단 전계휴이사장 사표	센터 DB	
520	1996~1999(전국민확대시기)	기사	조선	1999. 02. 23	장관문책론까지 국민연금파동 확산	센터 DB	
521	1996~1999(전국민확대시기)	기사	조선	1999. 02. 24	국민연금 파동 의원들 뒤늦게 호통 보건복지위, 김장관 집중추궁 '문제없다고 말하더니…' 여야 화살 빗발 한나라 '1년연기', 국민회의 '예정대로'	센터 DB	
522	1996~1999(전국민확대시기)	기사	조선	1999. 02. 25	졸속 국민연금 '연기' '강행'논란 시민단체들도 의견 엇갈려	센터 DB	
523	1996~1999(전국민확대시기)	기사	조선	1999. 02. 28	여 '한다' 야 '못한다' 정책 공방 국민연금	센터 DB	
524	1996~1999(전국민확대시기)	기사	조선	1999. 03. 08	국민연금 계약해지 때 놓어민도 불입금 반환 여-야 법재개정 추진	센터 DB	
525	1996~1999(전국민확대시기)	기사	조선	1999. 03. 11	미니 칼럼 국민연금 4가지 의문	센터 DB	
526	1996~1999(전국민확대시기)	기사	조선	1999. 03. 11	한나라 "시민단체 표모으자" 참여연대-경실련등 대표 만나 국민연금 간담회 '악수공세'	센터 DB	
527	1996~1999(전국민확대시기)	기사	조선	1999. 03. 13	당정 정책조율 오락가락 '국민연금 연기'관련 2여 한때 충돌하기도 김정무 '연금 실시일 만우절'	센터 DB	

번호	시기구분	자료유형	기관/인명	생성년도	제목	소장처	비고
528	1996~1999(전국민확대시기)	기사	조선	1999. 03. 15	국민연금 가입 '여고 야저'	센터 DB	
529	1996~1999(전국민확대시기)	기사	조선	1999. 03. 23	긴급진단 국민연금	센터 DB	
530	1996~1999(전국민확대시기)	기사	조선	1999. 03. 23	긴급진단 국민연금 2여 입장차 '잠복중' 홍역 치른 정치권기류 겉으론"언급말라" 총선 악재우려 '연기론' 불씨남아	센터 DB	
531	1996~1999(전국민확대시기)	기사	조선	1999. 03. 26	'우리가 확실히 밀어주자' 국민연금가입 목포공주 100% 시도는 충남전남 1, 2위	센터 DB	
532	1996~1999(전국민확대시기)	기사	조선	1999. 04. 01	국민연금 오늘 전면실시	센터 DB	
533	1996~1999(전국민확대시기)	기사	조선	1999. 04. 08	내년에 새로 연금받는 사람 연금수령액 8.5% 줄어든다	센터 DB	
534	1996~1999(전국민확대시기)	기사	조선	1999. 04. 09	국민연금 관리 민간에 맡긴다	센터 DB	
535	1996~1999(전국민확대시기)	기사	조선	1999. 04. 20	국민연금 권장액 신고율 20% 80%가 기준 이하 신고 연금운영 차질 예상	센터 DB	
536	1996~1999(전국민확대시기)	기사	조선	1999. 04. 24	국민연금 수령액 내년 최고13%줄어 자영자 소득신고 84만원 직장가입자의 57%불과	센터 DB	
537	1996~1999(전국민확대시기)	기사	조선	1999. 04. 24	국민연금 '자영업자 소득 하향신고' 문제점 전문가들의 보완대책 직장-지역연금 분리해야-정액제소득비례제 자영업자가 선택하게	센터 DB	
538	1996~1999(전국민확대시기)	기사	조선	1999. 04. 26	여론조사 국민연금 "노후 도움 안될 것" 75% "관리허술해 나중에 못받을지도" 불안감 커	센터 DB	
539	1996~1999(전국민확대시기)	기사	조선	1999. 05. 01	내년 국민연금 받을 사람 정부서 손실 보전키로	센터 DB	
540	1996~1999(전국민확대시기)	기사	조선	1999. 05. 03	국민연금에 화난 샐러리맨들	센터 DB	
541	1996~1999(전국민확대시기)	기사	조선	1999. 05. 13	국민연금 등 불이익 대변 봉급생활자 대책위 발족	센터 DB	
542	1996~1999(전국민확대시기)	기사	조선	1999. 05. 18	'전국민 연금' 첫발부터 삐걱 저조한 납부율과 전망 복지부 국민연금 개선책 "납부율 연내 70%로" 자동이체땐 혜택	센터 DB	
543	1996~1999(전국민확대시기)	기사	조선	1999. 05. 19	국민연금 개선안 놓고 시민단체 양분 경실련YMCA "직장자영자 당분간 분리운영해야" 참여연대민주노총 "통합운영… 직장인 별도보상을"	센터 DB	

번호	시기구분	자료유형	기관/인명	생성년도	제목	소장처	비고
544	1996~1999(전국민확대시기)	기사	조선	1999. 05. 22	국민연금 피해 '봉급자 대책위' 30일 출범	센터 DB	
545	1996~1999(전국민확대시기)	기사	조선	1999. 05. 22	연금 총대 멘 JP 실무대책회의 직접주재 청와대선 '재검토' 제기	센터 DB	
546	1996~1999(전국민확대시기)	기사	조선	1999. 05. 31	"연금개혁을" 직장인 뭉쳤다 국민대책회의 발족시켜 내달부터 납부거부 운동	센터 DB	
547	1996~1999(전국민확대시기)	기사	조선	1999. 06. 05	한국보건사회연구원 국민연금 "기초소득비례 2원화" 자영자 납부율 60%불과	센터 DB	
548	1996~1999(전국민확대시기)	기사	조선	1999. 07. 19	국민연금 전면 재검토 직장인 수령액 높이고 자영업자는 낮춰 당정, 당분간 직장지역재정 분리 추진	센터 DB	
549	1996~1999(전국민확대시기)	기사	조선	1999. 11. 17	세은, 한국 연금제 파탄 경고 "보험료 인상 등 개혁없인 재정고갈 위기 부닥칠것"	센터 DB	
550	1996~1999(전국민확대시기)	사설	조선	1997. 05. 17	정치도 다이어트를 〈국민연금〉 큰소리 치더니	센터 DB	
551	1996~1999(전국민확대시기)	사설	조선	1997. 05. 19	도시 자영업자도 가입· ·만60세 때 지급 국민연금이란 사회복지의 '핵'… 내년 전국민 실시	센터 DB	
552	1996~1999(전국민확대시기)	사설	조선	1998. 08. 31	전국민연금 실시 연기 여야이견 내년이후로	센터 DB	
553	1996~1999(전국민확대시기)	사설	조선	1999. 02. 21	갈팡질팡 국민연금 〈프랑켄슈타인 금지법〉을	센터 DB	
554	1996~1999(전국민확대시기)	사설	조선	1999. 03. 15	'국민연금' 이젠 배짱인가	센터 DB	
555	1996~1999(전국민확대시기)	사설	조선	1999. 04. 27	직장인만 손해 보는 '졸속연금' 지식정보 도둑질 근절해야	센터 DB	
556	1996~1999(전국민확대시기)	토론	조선	1999. 03. 03	국민연금 보험료 형편 따라 낼 수 있게 배려해야 돈 바닥나 지급액 줄인 것 아닌가 사회단체노동계 앞장서 문제점 개선을 '확대실시'벼락치기 입법 국회책임 커	센터 DB	
557	1996~1999(전국민확대시기)	서적	국민연금 관리공단	1998	국민연금10년사	센터 DB	
558	1996~1999(전국민확대시기)	논문	권문일	1998	공적연금개혁의 추세 및 유형화	센터 DB	사회보장연구, 14(2), No2.
559	1996~1999(전국민확대시기)	논문	권문일	1999	국민연금 전개과정상의 쟁점 분석	센터 DB	사회복지연구, 14

번호	시기구분	자료유형	기관/인명	생성년도	제목	소장처	비고
560	1996~1999(전국민확대시기)	논문	김용하	1996	세대간 형평성 제고를 위한 국민연금제도의 구조조정 방안	센터 DB	사회보장연구, 14(2)
561	1996~1999(전국민확대시기)	논문	김용하	1999	사회적 불균등의 정책적 함의: 국민연금의 분배정의와 개선방안	센터 DB	한국행정연구, 8(3), 한국행정연구원
562	1996~1999(전국민확대시기)	논문	김원식	1996	개인연금제도의 정착을 위한 정책방안연구: 제4장 개인연금의 경제적 파급 효과	센터 DB	연구보고서, 96(1), 한국금융연구원
563	1996~1999(전국민확대시기)	논문	김진수	1996	국민연금 구조조정에 관한 연구: 근로소득과 급여소득 연계를 중심으로	센터 DB	사회복지연구, 8, 한국사회복지연구회
564	1996~1999(전국민확대시기)	논문	김진수, 고영선	1996	국민연금과 정년제의 소득연계방안에 관한 연구	센터 DB	사회보장연구, 12(2), 한국사회보장학회
565	1996~1999(전국민확대시기)	논문	노대우	1997	한국 공적연금제도의 통합방안에 관한 연구	센터 DB	전북대학교 행정대학원 석사학위 논문.
566	1996~1999(전국민확대시기)	논문	류건식	1996	개인연금의 위험분석과 소비자보호	센터 DB	사회보장연구12, 1('96. 5), 한국사회보장학회
567	1996~1999(전국민확대시기)	논문	박미혜	1998	경로 연금제도의 개선방안에 관한 연구: 대상 및 급여를 중심으로	센터 DB	이화여자대학교 석사학위논문
568	1996~1999(전국민확대시기)	논문	박정호	1997	국민연금 제도 형성에서의 정부 역할에 관한 연구	센터 DB	사회복지정책, 5, 한국사회복지정책학회
569	1996~1999(전국민확대시기)	논문	안석환, 정지만, 전영준	1997	인구구조 변동과 국민연금: 세대별 후생분석을 중심으로	센터 DB	한국경제의 분석, 3, 한국금융연구원
570	1996~1999(전국민확대시기)	논문	안홍순	1996	국민연금 가입자 한계설정의 문제점	센터 DB	사회보장연구, 12, 한국사회보장학회
571	1996~1999(전국민확대시기)	논문	양성일	1998	국민연금제도 개선의 정책결정과정에 관한 연구: Allison 모형을 중심으로	센터 DB	서울대학교 행정대학원 석사학위논문
572	1996~1999(전국민확대시기)	논문	양재진	2000	The 1999 Pension Reform and a New Social Contract in South Korea	센터 DB	Rutgers University 박사학위 논문
573	1996~1999(전국민확대시기)	논문	양재진	2001	구조조정과 사회복지: 발전국가 사회복지 패러다임의 붕괴와 김대중 정부의 과제	센터 DB	한국정치학회보, 35(1), 한국정치학회
574	1996~1999(전국민확대시기)	논문	양재진	2001	세계은행과 국제노동기구의 연금개혁 전략 비교연구: 한국에의 적용과 대응	센터 DB	한국정책학회보, 10(3), 한국정책학회
575	1996~1999(전국민확대시기)	논문	이가옥	1997	경로연금 도입의 의의 및 발전방안	센터 DB	한국노년학, 17, 한국노년학회

번호	시기구분	자료유형	기관/인명	생성년도	제목	소장처	비고
576	1996~1999(전국민확대시기)	논문	이광찬	1997	선진국의 연금보험 제도 개혁추세와 한국의 연금보험정책	센터 DB	사회복지정책, 5, 한국사회복지정책학회
577	1996~1999(전국민확대시기)	논문	이용하	1997	국민연금제도의 재정구조 조정전략	센터 DB	사회보장연구, 13(2), 한국사회보장학회
578	1996~1999(전국민확대시기)	논문	이용하	1998	국민연금제도 개선안의 세대간 세대내 재분배 효과	센터 DB	사회보장연구, 14(2), 한국사회보장학회
579	1996~1999(전국민확대시기)	논문	전영준	1997	국민연금의 소득계층간 재분배효과	센터 DB	재정논집, 12, 한국재정학회
580	1996~1999(전국민확대시기)	논문	전영준	1997	국민연금의 소득계층별 후생분석	센터 DB	재정포럼, 11, 한국조세연구원
581	1996~1999(전국민확대시기)	논문	전영준	1998	우리나라 국민연금제도의 개선방향	센터 DB	재정포럼, 21, 한국조세연구원
582	1996~1999(전국민확대시기)	논문	정명채	1996	농어촌지역 국민연금 실적평가와 개선방안	센터 DB	사회보장연구, 12(2), 한국사회보장학회
583	1996~1999(전국민확대시기)	논문	최병호	1996	국민연금의 후생비용 귀착에 대한 일반균형 시뮬레이션 분석: 미국의 국민연금제도를 중심으로	센터 DB	재정논집 10, 한국재정학회
584	1996~1999(전국민확대시기)	논문	최병호	1996	국민연금제도의 농어촌지역 적용의 파급효과와 정착방안	센터 DB	사회보장연구, 12(2), 한국사회보장학회
585	1996~1999(전국민확대시기)	논문	한성윤	1999	국민연금기금운용의 효율적 운용	센터 DB	사회복지정책, 9, 한국사회복지정책학회
586	1996~1999(전국민확대시기)	보고서	공사연금제도개선실무위원회	2000	공사연금제도 개선의 기본구상	센터 DB	
587	1996~1999(전국민확대시기)	보고서	국민연금제도 개선기획단	1997	전국민연금 확대적용에 대비한 국민연금제도 개선: 전국민연금시대를 열기 위한 준비	센터 DB	
588	1996~1999(전국민확대시기)	보고서	보건사회연구원	1997	국민연금제도의 도시지역 확대방안	센터 DB	
589	1996~1999(전국민확대시기)	보고서	보건사회연구원	1998	국민연금 기금운용 개선방안	센터 DB	
590	1996~1999(전국민확대시기)	보고서	보건사회연구원	1999	공적연금과 사적연금의 균형적 발전방안	센터 DB	
591	1996~1999(전국민확대시기)	보고서	한국조세연구원	1997	우리나라 국민연금제도의 개선방향	센터 DB	

번호	시기구분	자료유형	기관/인명	생성년도	제목	소장처	비고
592	1996~1999(전국민확대시기)	보고서	한국조세연구원	1998	국민연금제도 개선안의 세대간 세대내 재분배 효과	센터 DB	
593	1996~1999(전국민확대시기)	보고서	Worldbank	2000	The Korean Pension System at the Crossroads	센터 DB	
594	1996~1999(전국민확대시기)	녹음파일	이혜경	2007. 08. 09	국민연금 도입 및 확대 관련	센터 DB	
595	1996~1999(전국민확대시기)	녹취록	김기식	1999. 07. 30	국민연금 도입 및 확대 관련	센터 DB	
596	1996~1999(전국민확대시기)	녹취록	김연명	2000. 03. 23	국민연금 도입 및 확대 관련	센터 DB	
597	1996~1999(전국민확대시기)	녹취록	김연명	1997. 07. 30	국민연금 도입 및 확대 관련	센터 DB	
598	1996~1999(전국민확대시기)	녹취록	김용익	1999. 07. 31	국민연금 도입 및 확대 관련	센터 DB	
599	1996~1999(전국민확대시기)	녹취록	김정태	1999. 08. 12	국민연금 도입 및 확대 관련	센터 DB	
600	1996~1999(전국민확대시기)	녹취록	문진영	1999. 07. 28	국민연금 도입 및 확대 관련	센터 DB	
601	1996~1999(전국민확대시기)	녹취록	사공일	2007. 08. 17	국민연금제도 도입관련	센터 DB	
602	1996~1999(전국민확대시기)	녹취록	송재성	1999. 08. 16	국민연금제도 도입관련	센터 DB	
603	1996~1999(전국민확대시기)	녹취록	이혜경	2007. 08. 09	국민연금 도입 및 확대 관련	센터 DB	
604	1996~1999(전국민확대시기)	녹취록	진영곤	1999. 08. 04	국민연금 도입 및 확대 관련	센터 DB	
605	1996~1999(전국민확대시기)	녹취록	최민식	1999. 07. 28	국민연금 도입 및 확대 관련	센터 DB	
606	1996~1999(전국민확대시기)	녹취록	허영구	1999. 08. 02	국민연금 도입 및 확대 관련	센터 DB	

4. 고용보험제도

번호	시기구분	자료유형	기관/인명	생성년도	제 목	소장처	비 고
1	1990~1997(고용보험 도입기)	법률	국회	1993	고용보험법〔제정 1993. 12. 27 법령 제4622호〕	센터 DB	
2	1990~1997(고용보험 도입기)	법률	국회	1994	고용보험법〔일부개정 1994. 12. 22 법령 제4826호〕	센터 DB	
3	1990~1997(고용보험 도입기)	법률	국회	1996	고용보험법〔일부개정 1996. 12. 30 법령 제5226호〕	센터 DB	
4	1990~1997(고용보험 도입기)	법률	국회	1997	고용보험법〔일부개정 1997. 08. 28 법령 제5399호〕	센터 DB	
5	1990~1997(고용보험 도입기)	법률	국회	1997	고용보험법〔일부개정 1997. 12. 13 법령 제5453호〕	센터 DB	
6	1990~1997(고용보험 도입기)	법률	국회	1997	고용보험법〔일부개정 1997. 12. 13 법령 제5454호〕	센터 DB	
7	1990~1997(고용보험 도입기)	법률안	국회	1993	고용보험법안 (정부) 심사보고서	센터 DB	수정가결
8	1990~1997(고용보험 도입기)	법률안	국회	1993	고용보험법안 (정부) 원문	센터 DB	수정가결
9	1990~1997(고용보험 도입기)	법률안	국회	1996	고용보험법중개정 (정부) 검토보고서	센터 DB	수정가결
10	1990~1997(고용보험 도입기)	법률안	국회	1996	고용보험법중개정 (정부) 심사보고서	센터 DB	수정가결
11	1990~1997(고용보험 도입기)	법률안	국회	1996	고용보험법중개정 (정부) 원문	센터 DB	수정가결
12	1990~1997(고용보험 도입기)	법률안	국회	1997	고용보험법중개정 (이강희 의원 외) 검토보고서	센터 DB	수정가결
13	1990~1997(고용보험 도입기)	법률안	국회	1997	고용보험법중개정 (이강희 의원 외) 심사보고서	센터 DB	수정가결
14	1990~1997(고용보험 도입기)	법률안	국회	1997	고용보험법중개정 (이강희 의원 외) 원문	센터 DB	수정가결

번호	시기구분	자료유형	기관/인명	생성년도	제 목	소장처	비 고
15	1990~1997(고용보험 도입기)	시행령	정부	1995	고용보험법 시행령〔일부개정 1995. 04. 15 대통령령 제14628호〕	센터 DB	
16	1990~1997(고용보험 도입기)	시행령	정부	1995	고용보험법 시행령〔제정 1995. 04. 06 대통령령 제14570호〕	센터 DB	
17	1990~1997(고용보험 도입기)	시행령	정부	1996	고용보험법 시행령〔일부개정 1996. 03. 09 대통령령 제14935호〕	센터 DB	
18	1990~1997(고용보험 도입기)	시행령	정부	1996	고용보험법 시행령〔일부개정 1996. 06. 29 대통령령 제15092호〕	센터 DB	
19	1990~1997(고용보험 도입기)	시행령	정부	1997	고용보험법 시행령〔일부개정 1995. 05. 08 대통령령 제15367호〕	센터 DB	
20	1990~1997(고용보험 도입기)	시행령	정부	1997	고용보험법 시행령〔일부개정 1997. 12. 31 대통령령 제15569호〕	센터 DB	
21	1990~1997(고용보험 도입기)	시행령	정부	1997	고용보험법 시행령〔일부개정 1997. 12. 31 대통령령 제15581호〕	센터 DB	
22	1990~1997(고용보험 도입기)	시행령	정부	1997	고용보험법 시행령〔일부개정 1997. 12. 31 대통령령 제15587호〕	센터 DB	
23	1990~1997(고용보험 도입기)	시행규칙	노동부	1995	고용보험법 시행규칙〔일부개정 1995. 12. 30 노동부령 제104호〕	센터 DB	
24	1990~1997(고용보험 도입기)	시행규칙	노동부	1995	고용보험법 시행규칙〔제정 1995. 06. 12 노동부령 제100호〕	센터 DB	
25	1990~1997(고용보험 도입기)	시행규칙	노동부	1996	고용보험법 시행규칙〔일부개정 1996. 03. 09 노동부령 제106호〕	센터 DB	
26	1990~1997(고용보험 도입기)	시행규칙	노동부	1997	고용보험법 시행규칙〔일부개정 1997. 06. 18 노동부령 제117호〕	센터 DB	
27	1990~1997(고용보험 도입기)	회의록	국회	1993	165회 18차 본회의	센터 DB	
28	1990~1997(고용보험 도입기)	회의록	국회	1993	165회 8차 노동위 상임위원회	센터 DB	
29	1990~1997(고용보험 도입기)	회의록	국회	1993	165회 8차 환노위 상임위원회	센터 DB	
30	1990~1997(고용보험 도입기)	회의록	국회	1997	184회 11차 본회의	센터 DB	

번호	시기구분	자료유형	기관/인명	생성년도	제 목	소장처	비 고
31	1990~1997(고용보험 도입기)	회의록	국회	1997	184회 6차 환노위 상임위원회	센터 DB	
32	1990~1997(고용보험 도입기)	건의	한국노총	1989	고용보험제도의 도입 방안	센터 DB	한국노총 1989년 사업보고서
33	1990~1997(고용보험 도입기)	건의	경총	1995	고용보험 제도에 관한 경영계의 의견	센터 DB	경총 사업보고서
34	1990~1997(고용보험 도입기)	건의	경총	1996	고용보험 제도에 관한 경영계의 의견	센터 DB	경총 사업보고서
35	1990~1997(고용보험 도입기)	기관지	노동부	1977	일본의 직업안정행정	센터 DB	노동, 50권(77년 2월호)
36	1990~1997(고용보험 도입기)	기관지	노동부	1984	실업보험제도의 현황과 과제	센터 DB	산정연구, 45권(84년 11월호)
37	1990~1997(고용보험 도입기)	기관지	노동연	1996	고용보험동향 가을호	센터 DB	
38	1990~1997(고용보험 도입기)	기관지	노동연	1996	고용보험동향 봄호	센터 DB	
39	1990~1997(고용보험 도입기)	기사	조선	1981. 04. 16	85년부터 실업수당 지급 고용보험 실시키로 보험료 노사공동부담 가입의무화	센터 DB	
40	1990~1997(고용보험 도입기)	기사	조선	1982. 11. 11	실업 · 고용보험제 검토, 예결위 질의 마쳐	센터 DB	
41	1990~1997(고용보험 도입기)	기사	조선	1983. 06. 21	고용보험 조속실시 건의	센터 DB	
42	1990~1997(고용보험 도입기)	기사	조선	1991. 03. 20	청와대 노사정 대토론회 지상중계 정부 실업해소 고용보험제 제안	센터 DB	
43	1990~1997(고용보험 도입기)	기사	조선	1991. 06. 26	국민연금 농어민 확대 96년까지 고용보험도 도입 7차 사회보장계획	센터 DB	
44	1990~1997(고용보험 도입기)	기사	조선	1991. 08. 24	실업 고용보험제도 도입 95~96년 농어촌 고령자 연금제도 민간기업 정년 60세로 상향 유도	센터 DB	
45	1990~1997(고용보험 도입기)	기사	조선	1992. 01. 13	정리해고 요건 완화 논란 가열 경영주 불경기 빌미로 자의적 감원 가능 노총 산업구조 조정에만 확대 규제 변함없어 노동부 전문가들 '고용보험 등 없어 시기상조'	센터 DB	
46	1990~1997(고용보험 도입기)	기사	조선	1993. 06. 05	고용보험제 95일 사용자-근로자-정부 보험료 분담 실업 때 기존임금 절반 지급 노동부, 8일 정책협의회서 구체안 논의	센터 DB	

번호	시기구분	자료유형	기관/인명	생성년도	제 목	소장처	비 고
47	1990~1997(고용보험 도입기)	기사	조선	1993.06.09	고용보험료 95년 징수 노동부, 일정확정	센터 DB	
48	1990~1997(고용보험 도입기)	기사	조선	1993.06.25	고용보험제 '옥신각신' 95년 도입예정 노동-상공부 적용범위 엇갈려	센터 DB	
49	1990~1997(고용보험 도입기)	기사	조선	1993.07.30	4개 법안 주요내용 불황산업 전직훈련 등 특별조치 강구 고용기본법 실업급여 비용은 노사 50%씩 부담 고용보험법 전국 취업지도관 배치 인력수급담당 직업안정법 청소-건물관리 근로자파견사업 허가 근로자파견	센터 DB	
50	1990~1997(고용보험 도입기)	기사	조선	1994.08.07	내년시행 고용보험법 대상 30인 이상 업체로 보험료 임금총액 1.3% 책정	센터 DB	
51	1990~1997(고용보험 도입기)	기사	조선	1994.09.06	고용보험료, 소득공제-손비처리 달라진 세제개편안 내용 정부지정공단 중기 큰 세제지원 일용직, 세율 올리고 공제는 확대	센터 DB	
52	1990~1997(고용보험 도입기)	기사	조선	1994.10.25	비자발 실업자 급여지급 내년 7월부터 30인 이상 업체 고용보험의무화	센터 DB	
53	1990~1997(고용보험 도입기)	기사	조선	1994.11.26	실업급여 30인 이상업체 적용 고용보험 대상 이원화 내년 7월부터 직업안정은 70인 이상으로	센터 DB	
54	1990~1997(고용보험 도입기)	기사	조선	1994.12.13	노동부 고용보험 3백20명 흡수 총무처 잉여인력 활용방안 해외연수 백20명-국내연수 80명 더 늘려	센터 DB	
55	1990~1997(고용보험 도입기)	기사	조선	1995.06.14	고용보험제 내달 시행 실업자에 월급, 기업엔 직훈비 근로자-업주 월급 0.3% 납부	센터 DB	
56	1990~1997(고용보험 도입기)	기사	조선	1995.06.14	실입급여 임금의 절반 매달 지급(고용보험제 일문일답)	센터 DB	
57	1990~1997(고용보험 도입기)	기사	조선	1995.07.09	내년 고용보험기금 총5천56억원 편성	센터 DB	
58	1990~1997(고용보험 도입기)	기사	조선	1995.09.02	고용보험 선납제 논란 복지공단 3개월분 독촉에 업체반발	센터 DB	
59	1990~1997(고용보험 도입기)	기사	조선	1995.11.15	근소세 연말정산 고용보험료 전액 공제 월 2백만원 봉급자 10만천원 줄어 모든 생산직 야근수당 비과세 선원 생산수당 2백40만원까지	센터 DB	
60	1990~1997(고용보험 도입기)	기사	조선	1996.01.04	중기 직업훈련비 전액 지원 고용보험 지원 확대	센터 DB	
61	1990~1997(고용보험 도입기)	기사	조선	1996.06.04	내달 1일부터 65세 이상 고령자 제외방침 98년까지는 실직후 4개월 지급 명예퇴직도 실업급여	센터 DB	
62	1990~1997(고용보험 도입기)	기사	조선	1996.06.04	연령 등 따라 지급기간 1~7개월 취직촉진 직업훈련 땐 하루5천원 노동관서 신고해 자격인정 받아야 실업급여 어떻게 지급되나 기본급여 실직 전 월소득 50% 지급(개정 고용보험법 설명)	센터 DB	

번호	시기구분	자료유형	기관/인명	생성년도	제 목	소장처	비 고
63	1990~1997(고용보험 도입기)	기사	조선	1996.09.10	64세부터 보험료 면제 노동부, 고용보험법 개정안 마련 65세 이상 실업급여 못 받는다	센터 DB	
64	1990~1997(고용보험 도입기)	기사	조선	1996.10.25	'자발적 퇴직은 자격없다' 노동부 '감량경영 협조…지급당연' 신청자들 명예퇴직자 실업급여 자격 논란	센터 DB	
65	1990~1997(고용보험 도입기)	기사	조선	1996.12.03	2000년 이후 근로계약부터 기업 임의로 지급 결정 현근로자 영향 없어 연금-고용보험 강화 오늘 총리 담화문과 함께 발표 〈법정 퇴직금제〉 폐지	센터 DB	
66	1990~1997(고용보험 도입기)	기사	조선	1996.12.04	2000년 1월 취업자부터 임의퇴직금제 사라지는 법정퇴직금 고용 보험-국민연금 보완 급선무	센터 DB	
67	1990~1997(고용보험 도입기)	기사	조선	1997.01.24	실업급여 반년간 9천9백명 지급	센터 DB	
68	1990~1997(고용보험 도입기)	기사	조선	1997.02.02	실직전임금 50% 지급…실업급여 '실랑이'	센터 DB	
69	1990~1997(고용보험 도입기)	기사	조선	1997.03.20	석달만에 2배이상 급등… 50대가 36% 실업급여 신청 하루 140명 일일지급액도 2억 돌파	센터 DB	
70	1990~1997(고용보험 도입기)	기사	조선	1997.04.01	노동부 〈고용보험〉 안내문 배포키로 홍보 안돼 출범 2년째 40만명 혜택 못 누려 최고 7개월치	센터 DB	
71	1990~1997(고용보험 도입기)	기사	조선	1997.04.09	조직-관련부처 '따로따로' 보건사회연 조사 인건비등 비용 OECD 3배 의보-연금-산재-고용보험 등 4대 사회보험 '비효율 운영'	센터 DB	
72	1990~1997(고용보험 도입기)	기사	조선	1997.05.15	'노조 전임자도 고용보험 혜택' 노동부 법개정 추진	센터 DB	
73	1990~1997(고용보험 도입기)	기사	조선	1997.11.17	'감원안하면 지원금 준다' 노동부 경영악화 기업 6개월간 보조키로	센터 DB	
74	1990~1997(고용보험 도입기)	기사	조선	1997.12.01	〈파견제〉 합법화 추진 노동부 고용보험 적용사업장 확대 외국인 근로자 채용 억제	센터 DB	
75	1990~1997(고용보험 도입기)	기사	조선	1997.12.14	지난해의 4배…금액은 6배 늘어 실업급여 신청자 증가	센터 DB	
76	1990~1997(고용보험 도입기)	기사	조선	1997.12.21	실업급여 지급기간 최저 60일로	센터 DB	
77	1990~1997(고용보험 도입기)	기사	조선	1997.12.31	새해부터 실시 외국인 산업연수 불허 실업급여 10인 이상 사업장으로 확대	센터 DB	
78	1990~1997(고용보험 도입기)	기사	조선	1998.01.03	정리해고 전업종에 확대 비대위 노사정협의회서 보완대책 논의 고용보험기금 5조 마련	센터 DB	

번호	시기구분	자료유형	기관/인명	생성년도	제 목	소장처	비 고
79	1990~1997(고용보험 도입기)	기사	조선	1998. 01. 06	아이디어와 창의성으로 실업 극복을 실업 대비책 경쟁력 최근 실업 '불가항력' '경쟁력 높여 예방해야' 고용보험 수혜확대 '안정대책위해 활용을'	센터 DB	
80	1990~1997(고용보험 도입기)	기사	조선	1998. 01. 07	실업급여 최장 180일 지급 장기실업자 생계비 지원 노동부 보고 최저 60일… 내달부터 시행 고용보험 10인이상 사업장으로 확대	센터 DB	
81	1990~1997(고용보험 도입기)	기사	조선	1998. 01. 07	'실직자 지원-일자리 창출' 이중포석 〈 실업 종합대책〉 내용 내년 완전 고용보험… 벤처기업 6천억 지원 재원 4조5천억 마련여부에 성패 달려	센터 DB	
82	1990~1997(고용보험 도입기)	기사	조선	1998. 01. 22	'웬만한 건 다 내주고 정리해고 관철' 김당선자측 〈노-정 대타협〉 구상 실업대책-노동기본권 확대 '선물' 고용보험기금 대폭 증액 노조전임 임금지급 검토	센터 DB	
83	1990~1997(고용보험 도입기)	기사	조선	1998. 01. 22	'차관 도입해 고용보험 확충' 이 노동장관 1조7천억… 창업-생계 지원	센터 DB	
84	1990~1997(고용보험 도입기)	기사	조선	1998. 02. 08	보장기금 설립 실업급여 사업장 확대 파산기업 근로자 임금 준다 각의, 고용관련 12개법안 의결	센터 DB	
85	1990~1997(고용보험 도입기)	기사	조선	1998. 02. 17	5인 2이상 사업장 실업급여 9월부터 앞당겨 시행(고용보험법 개정령 설명)	센터 DB	
86	1990~1997(고용보험 도입기)	기사	조선	1998. 02. 18	고용보험 혜택 못 받는 실직자등에 무료 직업훈련 실시	센터 DB	
87	1990~1997(고용보험 도입기)	서적	노동부	2005	고용보험10년사	센터 DB	
88	1990~1997(고용보험 도입기)	보고서	노동연	1993	고용보험실시에 대비한 노동력 수급전망 및 직업훈련수요분석	센터 DB	
89	1990~1997(고용보험 도입기)	보고서	노동연	1993	고용보험제도 실시방안 연구	센터 DB	
90	1990~1997(고용보험 도입기)	보고서	노동연	1993	고용보험제도 실시에 대비한 관련 제도와의 관계연구	센터 DB	
91	1990~1997(고용보험 도입기)	보고서	노동연	1994	고용보험운영기구에 대한 연구	센터 DB	
92	1990~1997(고용보험 도입기)	보고서	노동연	1994	우리나라 고용보험제도의 재정추계와 경제사회적 파급효과	센터 DB	
93	1990~1997(고용보험 도입기)	보고서	노동연	1995	고용보험료 및 산재보험료 징수 효율화 방안	센터 DB	
94	1990~1997(고용보험 도입기)	보고서	노동연	1995	고용보험제도와 적극적 노동시장정책	센터 DB	

번호	시기구분	자료유형	기관/인명	생성년도	제 목	소장처	비 고
95	1990~1997(고용보험 도입기)	보고서	노동연	1995	고용보험제도하에서의 고령자 촉진 지원방안에 관한 연구	센터 DB	
96	1990~1997(고용보험 도입기)	보고서	노동연	1996	고용보험제 실시에 따른 고용촉진훈련 내실화 방안	센터 DB	
97	1990~1997(고용보험 도입기)	보고서	노동연	1996	고용보험제도 시행1년의 평가와 제도개선 방안	센터 DB	
98	1990~1997(고용보험 도입기)	보고서	노동연	1997	고용보험 적립금의 적정규모	센터 DB	
99	1990~1997(고용보험 도입기)	보고서	노동연	1997	고용보험기금의 효율적 운용방안	센터 DB	
100	1990~1997(고용보험 도입기)	녹음파일	유길상	2006. 05. 10	고용보험제도 도입과정	센터 DB	
101	1990~1997(고용보험 도입기)	녹음파일	이수종	2007. 08. 06	고용보험제도 도입과정에서 노동부의 입장	센터 DB	
102	1990~1997(고용보험 도입기)	녹음파일	조한천	2007. 08. 08	고용보험도입과정데서 노총의 입장	센터 DB	
103	1990~1997(고용보험 도입기)	녹음파일	박래영	2007. 08. 09	고용보험제도 도입과정에서 학계의 입장	센터 DB	
104	1990~1997(고용보험 도입기)	녹취록	유길상	2006. 05. 10	고용보험제도 도입과정	센터 DB	
105	1990~1997(고용보험 도입기)	녹취록	이수종	2007. 08. 06	고용보험제도 도입과정에서 노동부의 입장	센터 DB	
106	1990~1997(고용보험 도입기)	녹취록	조한천	2007. 08. 08	고용보험도입과정에서 노총의 입장	센터 DB	
107	1990~1997(고용보험 도입기)	녹취록	박래영	2007. 08. 09	고용보험제도 도입과정에서 학계의 입장	센터 DB	
108	1990~1997(고용보험 도입기)	서면인터뷰	김영배(경총)	2007. 08. 02	고용보험 도입과정데서 경총의 입장	센터 DB	
109	1998~1999(고용보험 확대기)	법률	국회	1998	고용보험법〔일부개정 1998. 02. 20 법령 제5514호〕	센터 DB	
110	1998~1999(고용보험 확대기)	법률	국회	1998	고용보험법〔일부개정 1998. 09. 17 법령 제5566호〕	센터 DB	

번호	시기구분	자료유형	기관/인명	생성년도	제 목	소장처	비 고
111	1998~1999(고용보험 확대기)	법률	국회	1999	고용보험법〔일부개정 1999. 12. 31 법령 제6099호〕	센터 DB	
112	1998~1999(고용보험 확대기)	법률안	국회	1998	고용보험법중개정 (정부) 검토보고서	센터 DB	수정가결
113	1998~1999(고용보험 확대기)	법률안	국회	1998	고용보험법중개정 (정부) 검토보고서	센터 DB	원안가결
114	1998~1999(고용보험 확대기)	법률안	국회	1998	고용보험법중개정 (정부) 심사보고서	센터 DB	수정가결
115	1998~1999(고용보험 확대기)	법률안	국회	1998	고용보험법중개정 (정부) 심사보고서	센터 DB	원안가결
116	1998~1999(고용보험 확대기)	법률안	국회	1998	고용보험법중개정 (정부) 원문	센터 DB	수정가결
117	1998~1999(고용보험 확대기)	법률안	국회	1998	고용보험법중개정 (정부) 원문	센터 DB	원안가결
118	1998~1999(고용보험 확대기)	법률안	국회	1999	고용보험법중개정 (김정숙 의원 외) 원문	센터 DB	임기만료폐기
119	1998~1999(고용보험 확대기)	법률안	국회	1999	고용보험법중개정 (정부) 검토보고서	센터 DB	수정가결
120	1998~1999(고용보험 확대기)	법률안	국회	1999	고용보험법중개정 (정부) 심사보고서	센터 DB	수정가결
121	1998~1999(고용보험 확대기)	법률안	국회	1999	고용보험법중개정 (정부) 원문	센터 DB	수정가결
122	1998~1999(고용보험 확대기)	시행령	정부	1998	고용보험법 시행령〔일부개정 1998. 02. 12 대통령령 제15624호〕	센터 DB	
123	1998~1999(고용보험 확대기)	시행령	정부	1998	고용보험법 시행령〔일부개정 1998. 02. 24 대통령령 제15683호〕	센터 DB	
124	1998~1999(고용보험 확대기)	시행령	정부	1998	고용보험법 시행령〔일부개정 1998. 07. 01 대통령령 제15829호〕	센터 DB	
125	1998~1999(고용보험 확대기)	시행령	정부	1998	고용보험법 시행령〔일부개정 1998. 10. 01 대통령령 제15902호〕	센터 DB	
126	1998~1999(고용보험 확대기)	시행령	정부	1999	고용보험법 시행령〔일부개정 1999. 01. 29 대통령령 제16093호〕	센터 DB	

번호	시기구분	자료유형	기관/인명	생성년도	제 목	소장처	비 고
127	1998~1999(고용보험 확대기)	시행령	정부	1999	고용보험법 시행령〔일부개정 1999.02.01 대통령령 제16095호〕	센터 DB	
128	1998~1999(고용보험 확대기)	시행령	정부	1999	고용보험법 시행령〔일부개정 1999.07.01 대통령령 제16464호〕	센터 DB	
129	1998~1999(고용보험 확대기)	시행규칙	노동부	1998	고용보험법 시행규칙〔일부개정 1998.01.23 노동부령 제123호〕	센터 DB	
130	1998~1999(고용보험 확대기)	시행규칙	노동부	1998	고용보험법 시행규칙〔일부개정 1998.07.27 노동부령 제134호〕	센터 DB	
131	1998~1999(고용보험 확대기)	시행규칙	노동부	1998	고용보험법 시행규칙〔일부개정 1998.10.01 노동부령 제137호〕	센터 DB	
132	1998~1999(고용보험 확대기)	시행규칙	노동부	1999	고용보험법 시행규칙〔일부개정 1999.02.22 노동부령 제141호〕	센터 DB	
133	1998~1999(고용보험 확대기)	시행규칙	노동부	1999	고용보험법 시행규칙〔일부개정 1999.08.09 노동부령 제153호〕	센터 DB	
134	1998~1999(고용보험 확대기)	회의록	국회	1998	188회 5차 본회의	센터 DB	
135	1998~1999(고용보험 확대기)	회의록	국회	1998	195회 1차 환노위 상임위원회	센터 DB	
136	1998~1999(고용보험 확대기)	회의록	국회	1998	196회 4차 본회의	센터 DB	
137	1998~1999(고용보험 확대기)	회의록	국회	1999	208회 20차 본회의	센터 DB	
138	1998~1999(고용보험 확대기)	건의	경총	1998	고용보험 제도에 관한 경영계의 의견	센터 DB	경총 사업보고서
139	1998~1999(고용보험 확대기)	건의	경총	1999	고용보험 제도에 관한 경영계의 의견	센터 DB	경총 사업보고서
140	1998~1999(고용보험 확대기)	기관지	노동연	1998	고용보험동향 봄호	센터 DB	
141	1998~1999(고용보험 확대기)	기관지	노동연	1999	고용보험동향 가을호	센터 DB	
142	1998~1999(고용보험 확대기)	기관지	노동연	1999	고용보험동향 봄호	센터 DB	

번호	시기구분	자료유형	기관/인명	생성년도	제 목	소장처	비 고
143	1998~1999(고용보험 확대기)	기관지	경영계	1999	산재, 고용보험사무조합의 필요성과 활성화 방안	센터 DB	경영계. 99년 1월호
144	1998~1999(고용보험 확대기)	기사	조선	1998. 03. 14	모든 근로자에 고용보험 적용	센터 DB	
145	1998~1999(고용보험 확대기)	기사	조선	1998. 03. 20	고용보험 올 예산 1조8천억으로 6천억 들여 26만여명에 직업훈련 산자부-노동부 업무보고	센터 DB	
146	1998~1999(고용보험 확대기)	기사	조선	1998. 04. 20	인턴사원 뽑으면 국고지원 노동부 대졸실업대책 고용보험기금서 보조키로	센터 DB	
147	1998~1999(고용보험 확대기)	기사	조선	1998. 04. 24	의보 산재 고용보험 국민연금 여당, 통합 추진키로 〈한국형 사회보장체계〉 마련	센터 DB	
148	1998~1999(고용보험 확대기)	기사	조선	1998. 04. 29	고용보험 혜택 못 받는 실직자 1만7천명 재취업교육 교육부, 6월부터	센터 DB	
149	1998~1999(고용보험 확대기)	기사	조선	1998. 05. 04	무료 창업교육 '봇물' 3일~3주일정… 훈련수당도 지급 고용보험 사업장 퇴직자에 '우선권'	센터 DB	
150	1998~1999(고용보험 확대기)	기사	조선	1998. 05. 04	장기 실직자 실업급여 연장 이르면 7월부터 고용보험료 올려 재원 마련	센터 DB	
151	1998~1999(고용보험 확대기)	기사	조선	1998. 05. 05	고용보험료 오른다 근로자 67-사업주 63% 더 내야 하반기 2,604억 재원 추가마련 노동부, 관련법 개정안예고	센터 DB	
152	1998~1999(고용보험 확대기)	기사	조선	1998. 05. 09	4대 사회보험 통합 여 '관리비 선진국3배… 구조조정 필요'	센터 DB	
153	1998~1999(고용보험 확대기)	기사	조선	1998. 05. 11	이직임원 3명중 1명 평사원으로 재취업 노동부 〈3월 고용보험통계〉	센터 DB	
154	1998~1999(고용보험 확대기)	기사	조선	1998. 08. 03	취업훈련 실속있게 … '실직자 카드제' 도입 9월부터 시행… 확대예정 '고용보험' 실업자 대상 지방노동관서에서 발급 훈련기관에 비용지원	센터 DB	
155	1998~1999(고용보험 확대기)	기사	조선	1998. 08. 24	한 달만 일해도 고용보험 혜택	센터 DB	
156	1998~1999(고용보험 확대기)	기사	조선	1998. 09. 01	5~9인 사업장 실업급여 받는다 고용보험 확대 오늘부터 47만명 혜택	센터 DB	
157	1998~1999(고용보험 확대기)	기사	조선	1998. 09. 23	4인이하 사업장-시간제-임시 근로자 내년 4월부터 실업급여 230 만명 추가혜택(고용보험법 시행령 개정안 설명)	센터 DB	
158	1998~1999(고용보험 확대기)	기사	조선	1998. 10. 02	의보-산재보험-고용보험 〈국민보험〉으로 통합 2001년 7월부터	센터 DB	

번호	시기구분	자료유형	기관/인명	생성년도	제 목	소장처	비 고
159	1998~1999(고용보험 확대기)	기사	조선	1998. 11. 27	〔색연필〕노동장관 어깨띠 두르고 시장서 고용보험 세일즈	센터 DB	
160	1998~1999(고용보험 확대기)	기사	조선	1998. 12. 11	기업부담 복지비용 크게 늘듯 내년 고용보험 1'5%-연금 4'5%로 전경련-경총 '불황으로 버겁다' 반발	센터 DB	
161	1998~1999(고용보험 확대기)	기사	조선	1999. 03. 08	새 고용보험도 '준비소홀' 내달 5인 미만 사업장 적용 휴-폐업 많아 기록 '부실'	센터 DB	
162	1998~1999(고용보험 확대기)	기사	조선	1999. 03. 29	고용보험 확대 Q&A 4인 이하 업체 실직자도 실업급여 내달이후 실직자에 적용 고용기록 없어도 가능	센터 DB	
163	1998~1999(고용보험 확대기)	기사	조선	1999. 03. 31	4인 이하 영세업체 74% 고용보험 가입 내일부터 전사업장 확대	센터 DB	
164	1998~1999(고용보험 확대기)	기사	조선	1999. 05. 19	퇴직 위로금 75% 소득공제 '권고사직도 포함' 재경부, 26만명 민원따라	센터 DB	
165	1998~1999(고용보험 확대기)	기사	조선	1999. 07. 24	근로자 80% 고용보험 혜택 정부, 2002년부터 실업자 20% 급여받아	센터 DB	
166	1998~1999(고용보험 확대기)	서적	노동부	2005	고용보험10년사	센터 DB	
167	1998~1999(고용보험 확대기)	논문	노동연	1999	고용보험 시행 4주년 기념토론회 논문집	센터 DB	
168	1998~1999(고용보험 확대기)	보고서	노동연	1999	고용보험 시행 4년의 실적과 평가	센터 DB	
169	1998~1999(고용보험 확대기)	보고서	노동연	1999	고용보험의 동향	센터 DB	
170	1998~1999(고용보험 확대기)	녹음파일	정병석	2004. 08. 13	고용보험 도입과 확대과정에서 노동부의 입장	센터 DB	
171	1998~1999(고용보험 확대기)	녹음파일	김종각	2007. 08. 17	고용보험제도 확대과정에서 노총의 입장	센터 DB	
172	1998~1999(고용보험 확대기)	녹음파일	황인철	2007. 08. 21	고용보험제도 확대과정에서 경총의 입장	센터 DB	
173	1998~1999(고용보험 확대기)	녹음파일	김태현	2007. 08. 28	고용보험제도 확대과정에서 노동계의 입장	센터 DB	
174	1998~1999(고용보험 확대기)	녹취록	정병석	2004. 08. 13	고용보험 도입과 확대과정에서 노동부의 입장	센터 DB	

번호	시기구분	자료유형	기관/인명	생성년도	제 목	소장처	비 고
175	1998~1999(고용보험 확대기)	녹취록	김종각	2007.08.17	고용보험제도 확대과정에서 노총의 입장	센터 DB	
176	1998~1999(고용보험 확대기)	녹취록	황인철	2007.08.21	고용보험제도 확대과정에서 경총의 입장	센터 DB	
177	1998~1999(고용보험 확대기)	녹취록	김태현	2007.08.28	고용보험제도 확대과정에서 노동계의 입장	센터 DB	
178	2000~2002(고용보험 질적 변화기)	법률	국회	2000	고용보험법 〔일부개정 2000.01.12 법령 제6124호〕	센터 DB	
179	2000~2002(고용보험 질적 변화기)	법률	국회	2001	고용보험법 〔일부개정 2001.08.14 법령 제6509호〕	센터 DB	
180	2000~2002(고용보험 질적 변화기)	법률	국회	2002	고용보험법 〔일부개정 2002.12.30 법령 제6850호〕	센터 DB	
181	2000~2002(고용보험 질적 변화기)	법률안	국회	2000	고용보험법중개정 (김정숙 의원 외) 검토보고서	센터 DB	대안폐기
182	2000~2002(고용보험 질적 변화기)	법률안	국회	2000	고용보험법중개정 (김정숙 의원 외) 심사보고서	센터 DB	대안폐기
183	2000~2002(고용보험 질적 변화기)	법률안	국회	2000	고용보험법중개정 (김정숙 의원 외) 원문	센터 DB	대안폐기
184	2000~2002(고용보험 질적 변화기)	법률안	국회	2000	고용보험법중개정 (여특위) (김정숙 의원 외) 심사보고서	센터 DB	
185	2000~2002(고용보험 질적 변화기)	법률안	국회	2000	고용보험법중개정 (여특위) (한명숙 의원 외) 심사보고서	센터 DB	
186	2000~2002(고용보험 질적 변화기)	법률안	국회	2000	고용보험법중개정 (한명숙 의원 외) 검토보고서	센터 DB	대안폐기
187	2000~2002(고용보험 질적 변화기)	법률안	국회	2000	고용보험법중개정 (한명숙 의원 외) 심사보고서	센터 DB	대안폐기
188	2000~2002(고용보험 질적 변화기)	법률안	국회	2000	고용보험법중개정 (한명숙 의원 외) 원문	센터 DB	대안폐기
189	2000~2002(고용보험 질적 변화기)	법률안	국회	2001	고용보험법중개정 (위원장) 원문	센터 DB	원안가결
190	2000~2002(고용보험 질적 변화기)	법률안	국회	2001	고용보험법중개정 (정부) 검토보고서	센터 DB	대안폐기

번호	시기구분	자료유형	기관/인명	생성년도	제 목	소장처	비 고
191	2000~2002(고용보험 질적 변화기)	법률안	국회	2001	고용보험법중개정 (정부) 심사보고서	센터 DB	대안폐기
192	2000~2002(고용보험 질적 변화기)	법률안	국회	2001	고용보험법중개정 (정부) 원문	센터 DB	대안폐기
193	2000~2002(고용보험 질적 변화기)	법률안	국회	2002	고용보험및산업재해브상보험의보험료징수등에관한 (정부) 검토보고서	센터 DB	수정가결
194	2000~2002(고용보험 질적 변화기)	법률안	국회	2002	고용보험및산업재해브상보험의보험료징수등에관한 (정부) 심사보고서	센터 DB	수정가결
195	2000~2002(고용보험 질적 변화기)	법률안	국회	2002	고용보험및산업재해보상보험의보험료징수등에관한 (정부) 원문	센터 DB	수정가결
196	2000~2002(고용보험 질적 변화기)	법률안	국회	2002	고용보험법중개정 (박인상 의원 외) 검토보고서	센터 DB	임기만료폐기
197	2000~2002(고용보험 질적 변화기)	법률안	국회	2002	고용보험법중개정 (박인상 의원 외) 원문	센터 DB	임기만료폐기
198	2000~2002(고용보험 질적 변화기)	법률안	국회	2002	고용보험법중개정 (위원장) 원문	센터 DB	원안가결
199	2000~2002(고용보험 질적 변화기)	법률안	국회	2002	고용보험법중개정 (유용태 의원 외) 검토보고서	센터 DB	임기만료폐기
200	2000~2002(고용보험 질적 변화기)	법률안	국회	2002	고용보험법중개정 (유용태 의원 외) 원문		
201	2000~2002(고용보험 질적 변화기)	법률안	국회	2002	고용보험법중개정 (정부) 검토보고서	센터 DB	대안폐기
202	2000~2002(고용보험 질적 변화기)	법률안	국회	2002	고용보험법중개정 (정부) 심사보고서	센터 DB	대안폐기
203	2000~2002(고용보험 질적 변화기)	법률안	국회	2002	고용보험법중개정 (정부) 원문	센터 DB	대안폐기
204	2000~2002(고용보험 질적 변화기)	시행령	정부	2000	고용보험법 시행령[일부개정 2000. 02. 09 대통령령 제16705호]	센터 DB	
205	2000~2002(고용보험 질적 변화기)	시행령	정부	2000	고용보험법 시행령[일부개정 2000. 12. 30 대통령령 제17090호]	센터 DB	
206	2000~2002(고용보험 질적 변화기)	시행령	정부	2001	고용보험법 시행령[일부개정 2001. 07. 07 대통령령 제17301호]	센터 DB	

번호	시기구분	자료유형	기관/인명	생성년도	제 목	소장처	비 고
207	2000~2002(고용보험 질적 변화기)	시행령	정부	2001	고용보험법 시행령〔일부개정 2001. 10. 31 대통령령 제17403호〕	센터 DB	
208	2000~2002(고용보험 질적 변화기)	시행령	정부	2001	고용보험법 시행령〔일부개정 2001. 12. 31 대통령령 제17471호〕	센터 DB	
209	2000~2002(고용보험 질적 변화기)	시행령	정부	2002	고용보험법 시행령〔일부개정 2002. 12. 30 대통령령 제17853호〕	센터 DB	
210	2000~2002(고용보험 질적 변화기)	시행규칙	노동부	2000	고용보험법 시행규칙〔일부개정 2000. 04. 01 노동부령 제161호〕	센터 DB	
211	2000~2002(고용보험 질적 변화기)	시행규칙	노동부	2001	고용보험법 시행규칙〔일부개정 2001. 07. 23 노동부령 제173호〕	센터 DB	
212	2000~2002(고용보험 질적 변화기)	시행규칙	노동부	2001	고용보험법 시행규칙〔일부개정 2001. 11. 03 노동부령 제177호〕	센터 DB	
213	2000~2002(고용보험 질적 변화기)	시행규칙	노동부	2003	고용보험법 시행규칙〔일부개정 2003. 01. 04 노동부령 제188호〕	센터 DB	
214	2000~2002(고용보험 질적 변화기)	시행규칙	노동부	2003	고용보험법 시행규칙〔일부개정 2003. 02. 03 노동부령 제189호〕	센터 DB	
215	2000~2002(고용보험 질적 변화기)	회의록	국회	2000	215회 11차 환노위 상임위원회	센터 DB	
216	2000~2002(고용보험 질적 변화기)	회의록	국회	2000	215회 13차 환노위 상임위원회	센터 DB	
217	2000~2002(고용보험 질적 변화기)	회의록	국회	2000	215회 3차 여특위 상임위원회	센터 DB	
218	2000~2002(고용보험 질적 변화기)	회의록	국회	2001	222회 5차 본회의	센터 DB	
219	2000~2002(고용보험 질적 변화기)	회의록	국회	2001	222회 5차 환노위 상임위원회	센터 DB	
220	2000~2002(고용보험 질적 변화기)	회의록	국회	2001	223회 1차 본회의	센터 DB	
221	2000~2002(고용보험 질적 변화기)	회의록	국회	2002	227회 3차 환노위 상임위원회	센터 DB	
222	2000~2002(고용보험 질적 변화기)	회의록	국회	2002	234회 11차 환노위 상임위원회	센터 DB	

번호	시기구분	자료유형	기관/인명	생성년도	제 목	소장처	비 고
223	2000~2002(고용보험 질적 변화기)	회의록	국회	2002	234회 13차 본회의	센터 DB	
224	2000~2002(고용보험 질적 변화기)	회의록	국회	2002	234회 14차 본회의	센터 DB	
225	2000~2002(고용보험 질적 변화기)	회의록	국회	2002	234회 1차 환노위 상임위원회	센터 DB	
226	2000~2002(고용보험 질적 변화기)	건의	경총	2001	고용보험 제도에 관한 경영계의 의견	센터 DB	경총 사업보고서
227	2000~2002(고용보험 질적 변화기)	건의	경총	2002	고용보험 제도에 관한 경영계의 의견	센터 DB	경총 사업보고서
228	2000~2002(고용보험 질적 변화기)	기관지	노동연	2000	고용보험동향 가을호	센터 DB	
229	2000~2002(고용보험 질적 변화기)	기관지	노동연	2000	고용보험동향 봄호	센터 DB	
230	2000~2002(고용보험 질적 변화기)	기관지	노동부	2001	2001 고용보험 백서	센터 DB	
231	2000~2002(고용보험 질적 변화기)	기관지	노동연	2001	고용보험동향 가을흐	센터 DB	
232	2000~2002(고용보험 질적 변화기)	기관지	노동연	2001	고용보험동향 봄호	센터 DB	
233	2000~2002(고용보험 질적 변화기)	기관지	노동연	2002	고용보험동향 가을호	센터 DB	
234	2000~2002(고용보험 질적 변화기)	기관지	노동연	2002	고용보험동향 봄호	센터 DB	
235	2000~2002(고용보험 질적 변화기)	기사	조선	2000. 01. 19	2002년 임시-일용직도 고용보험	센터 DB	
236	2000~2002(고용보험 질적 변화기)	기사	조선	2001. 04. 24	고용보험도 2년후 ㅈ자우려	센터 DB	
237	2000~2002(고용보험 질적 변화기)	기사	조선	2001. 08. 14	모든 일용직에 실업급여 고용기간 한 달 안 돼도 보험 가입자격 주기로 2003년부터 월10일미만 일할 땐 신청 가능	센터 DB	
238	2000~2002(고용보험 질적 변화기)	기사	조선	2001. 09. 24	근로복지공단 '고지의무' 소홀 고용보험료 33억 못 거둬	센터 DB	

번호	시기구분	자료유형	기관/인명	생성년도	제 목	소장처	비 고
239	2000~2002(고용보험 질적 변화기)	기사	조선	2002. 05. 07	비정규직도 고용・산재보험 노사정위 보호책마련 합의	센터 DB	
240	2000~2002(고용보험 질적 변화기)	기사	조선	2002. 09. 09	실업보험료 내년 10% 인하 고용보험료는 50% 내려… 탁아수당 신설 방침 방용석노동 밝혀	센터 DB	
241	2000~2002(고용보험 질적 변화기)	기사	조선	2002. 10. 24	'주5일제 증기'에 고용보험기금 지원 '1000억 전용' 경총 반발	센터 DB	
242	2000~2002(고용보험 질적 변화기)	기사	조선	2002. 10. 25	정부 '중기지원' '모성보호용' 수천억 전용 고용보험기금은 '눈먼 돈'	센터 DB	
243	2000~2002(고용보험 질적 변화기)	기사	조선	2002. 12. 31	고용보험료 1%→0. 9%로	센터 DB	
244	2000~2002(고용보험 질적 변화기)	서적	노동부	2003	고용보험법 질의회시집(1995-2003)	센터 DB	
245	2000~2002(고용보험 질적 변화기)	서적	노동부	2004	고용보험 재결판례요약집	센터 DB	
246	2000~2002(고용보험 질적 변화기)	서적	노동부	2004	고용보험법령 연혁집	센터 DB	
247	2000~2002(고용보험 질적 변화기)	서적	노동부	2004	고용보험심사재심사결정사례집	센터 DB	
248	2000~2002(고용보험 질적 변화기)	서적	노동부	2005	고용보험 10년사	센터 DB	
249	2000~2002(고용보험 질적 변화기)	논문	노동연	2005	고용보험 10주년 세미나	센터 DB	
250	2000~2002(고용보험 질적 변화기)	논문	노동연	2005	고용보험발전과 재정안정화 토론회 논문집	센터 DB	
251	2000~2002(고용보험 질적 변화기)	보고서	노동연	2000	고용보험 심사 및 재심사제도의 발전방향	센터 DB	
252	2000~2002(고용보험 질적 변화기)	보고서	노동연	2000	고용보험 재정추계	센터 DB	
253	2000~2002(고용보험 질적 변화기)	보고서	노동연	2000	고용보험 적용확대에 따른 실업급여 수급실태 및 피보험자 관리제도 개선방안	센터 DB	
254	2000~2002(고용보험 질적 변화기)	보고서	노동연	2000	고용보험법령 용어 및 체계 정비	센터 DB	

번호	시기구분	자료유형	기관/인명	생성년도	제 목	소장처	비 고
255	2000~2002(고용보험 질적 변화기)	보고서	노동연	2000	고용보험제도 시행 5년의 평가와 발전방안	센터 DB	
256	2000~2002(고용보험 질적 변화기)	보고서	노동연	2000	고용보험제도의 평가와 발전방향	센터 DB	
257	2000~2002(고용보험 질적 변화기)	보고서	노동연	2001	고용보험 징수체계 개선방안	센터 DB	
258	2000~2002(고용보험 질적 변화기)	보고서	노동연	2001	일용근로자 고용보험 적용방안	센터 DB	
259	2000~2002(고용보험 질적 변화기)	보고서	노동연	2002	고용보험 재정연구	센터 DB	
260	2000~2002(고용보험 질적 변화기)	보고서	노동연	2003	고용보험 동향 및 전망	센터 DB	
261	2000~2002(고용보험 질적 변화기)	보고서	노동연	2003	고용보험동향	센터 DB	
262	2000~2002(고용보험 질적 변화기)	보고서	노동연	2005	고용보험 10년, 평가와 과제	센터 DB	
263	2000~2002(고용보험 질적 변화기)	보고서	노동연	2005	고용보험 피보험자 관리운영실태 문제점 및 개선방안	센터 DB	
264	2000~2002(고용보험 질적 변화기)	보고서	노동부	2005	고용보험 10주년 경과보고	센터 DB	
265	2000~2002(고용보험 질적 변화기)	보고서	노동부	2005	고용보험사업 및 재정운용방안 연구	센터 DB	
266	2000~2002(고용보험 질적 변화기)	보고서	노동연	2006	고용보험 재정운용의 평가와 발전방향	센터 DB	
267	2000~2002(고용보험 질적 변화기)	보고서	노동연	2006	고용보험기금의 합리적 운영을 위한 정책방향과 과제	센터 DB	
268	2000~2002(고용보험 질적 변화기)	보고서	노동부	2006	산재 · 고용보험 징수체계 개편에 따른 재정효과 분석	센터 DB	
269	2000~2002(고용보험 질적 변화기)	녹음파일	어기구	2007. 08. 10	고용보험제도 확대와 최근 논의	센터 DB	

5. 공공부조제도

번호	시기구분	자료유형	기관/인명	생성년도	제목	소장처	비고
1	1944~1961(형성기)	법률	조선총독부	1944	조선구호령〔제정 1944. 3. 1 조선총독부제령 12호〕	센터 DB	
2	1944~1961(형성기)	법률	국회	1950	피난민 수용에 관한 임시조치법〔일부개정 1950. 9. 25 법률 제 146호〕	센터 DB	
3	1944~1961(형성기)	법률	국회	1950	피난민 수용에 관한 임시조치법〔제정 1950. 8. 4 법률 제 145호〕	센터 DB	
4	1944~1961(형성기)	법률	미 정부	1954	미 공법 480호(Agricultural Trade Development and Assistance Act)	센터 DB	
5	1944~1961(형성기)	법률	최고회의	1961	生活保護法 〔제정 1961. 12. 30 법률 913호〕	센터 DB	
6	1944~1961(형성기)	법률	최고회의	1961	조선구호령〔폐지 1961. 12. 30 법률 913호〕	센터 DB	
7	1944~1961(형성기)	법률안	최고회의	1961	생활보호법 제안 이유	센터 DB	
8	1944~1961(형성기)	법률안	최고회의	1961	생활보호법안(각의 상정 안건)	센터 DB	
9	1944~1961(형성기)	시행령	최고회의	1962	생활보호법시행령 〔제정 1962. 7. 23 각령 제893호〕	센터 DB	
10	1944~1961(형성기)	회의록	국회	1959	33회5차사회보건위원회회의록	센터 DB	
11	1944~1961(형성기)	회의록	최고회의	1961	1961년 제10차 국가재건최고회의(분과위원장회의) 회의록(4259. 5. 29)	센터 DB	
12	1944~1961(형성기)	회의록	최고회의	1961	1961년 제11차 국가재건최고회의(전체회의) 회의록(4294. 5. 30)	센터 DB	
13	1944~1961(형성기)	회의록	최고회의	1961	1961년제2차국가재건최고회의(전체회의) 회의록(4294. 5. 20)	센터 DB	
14	1944~1961(형성기)	회의록	최고회의	1961	1961년 제3차 국가재건최고회의(전체회의) 회의록(4259. 5. 21)	센터 DB	

번호	시기구분	자료유형	기관/인명	생성년도	제목	소장처	비고
15	1944~1961(형성기)	회의록	최고회의	1961	1961년 제4차 국가재건최고회의(전체회의) 회의록(4294. 5. 22)	센터 DB	
16	1944~1961(형성기)	회의록	최고회의	1961	1961년 제7차 국가재건최고회의(분과위원장회의) 회의록(4294. 5. 25)	센터 DB	
17	1944~1961(형성기)	회의록	최고회의	1961	제84회 각의록(생활보호법의결 각의록)	센터 DB	
18	1944~1961(형성기)	내부문서	법제처	1961	생활보호법공포의건	국가기록원	홈페이지에서 공개
19	1944~1961(형성기)	기관지	한국사회복지협의회	1955	빈아교육의 철저를 기하라	센터 DB	사회복지, 통권 제2호
20	1944~1961(형성기)	기관지	한국사회복지협의회	1956	부랑아 보호기간을 실시하면서	센터 DB	사회복지, 통권 제7호
21	1944~1961(형성기)	기관지	한국사회복지협의회	1957	구호양곡과 구호권한	센터 DB	사회복지, 통권 제10호
22	1944~1961(형성기)	기관지	한국사회복지협의회	1957	민생고의 완화는 국가부조제도로부터	센터 DB	사회복지, 통권 제8호
23	1944~1961(형성기)	기관지	한국사회복지협의회	1957	요구호자는 법적구호를 절규한다	센터 DB	사회복지, 통권 제11호
24	1944~1961(형성기)	기관지	한국사회복지협의회	1957	지상공청 생활보호법안(1)	센터 DB	사회복지, 통권 제7호
25	1944~1961(형성기)	기관지	한국사회복지협의회	1957	지상공청 생활보호법안(완)	센터 DB	사회복지, 통권 제8호
26	1944~1961(형성기)	기관지	손창규	1961	국가재건을 위한 전제와 사회문화정책의 방향	센터 DB	최고회의보 제1호
27	1944~1961(형성기)	기관지	박정희	1961	혁명정부의 사명	센터 DB	최고회의보 제1호
28	1944~1961(형성기)	기사	조선	1949. 01. 11	양곡 매입 부진에 대처, 특별법 발동. 조장관 농회의원 대회에서 언급	센터 DB	
29	1944~1961(형성기)	기사	조선	1950. 01. 24	국회. 양곡법전문통과. 부정조사와강매엄벌	센터 DB	
30	1944~1961(형성기)	기사	조선	1953. 10. 25	극빈자생활을부조. 당국 생활보호법안을 작성	센터 DB	

번호	시기구분	자료유형	기관/인명	생성년도	제목	소장처	비고
31	1944~1961(형성기)	기사	조선	1953. 05. 15	정부양곡부정처분이허다. 심계원검찰청에수사의뢰	센터 DB	
32	1944~1961(형성기)	기사	조선	1953. 05. 26	예산없는 구호사업	센터 DB	
33	1944~1961(형성기)	기사	조선	1953. 06. 07	李承晩대통령에게 부정사실 보고. 경북양곡사건	센터 DB	
34	1944~1961(형성기)	기사	조선	1955. 01. 20	한미구호협정 수정안을 토의	센터 DB	
35	1944~1961(형성기)	기사	조선	1955. 12. 12	〔투서〕진정조사하라. 법무부, 양곡관계부정에 행동개시	센터 DB	
36	1944~1961(형성기)	기사	조선	1955. 03. 10	구호에 적극책. 당국, 국민기초생활보호법 기초	센터 DB	
37	1944~1961(형성기)	기사	조선	1958. 02. 14	일부 퇴역상이장교 당국에 자활책 진정	센터 DB	
38	1944~1961(형성기)	기사	조선	1958. 06. 18	자유당, 선거관계대야대책수립. 양곡 · 비누사건 질의종결 후엔 국정감사코 진상조사	센터 DB	
39	1944~1961(형성기)	기사	조선	1958. 07. 10	농림장관책임 난면. 정부관리양곡의 보관감독이 불철저. 국정감사 실시한 의원들 언급	센터 DB	
40	1944~1961(형성기)	기사	조선	1958. 07. 11	3만평의 농토개척하여 이양	센터 DB	
41	1944~1961(형성기)	기사	조선	1958. 07. 11	농림장관의 정치적 책임 여당서도 추궁기세 정부관리 양곡부정사건에	센터 DB	
42	1944~1961(형성기)	기사	조선	1958. 07. 11	양곡부정 4만가마를 돌파. 농림, 내무, 검찰 10일 조사결과	센터 DB	
43	1944~1961(형성기)	기사	조선	1958. 07. 04	농림위, 선거자금으로유용. 양곡부정사건 감사결과 확인	센터 DB	
44	1944~1961(형성기)	기사	조선	1958. 08. 01	〔관리양곡부정의 제도상 결함. 양곡담보융자를중심으로(전3회)〕(1) 농업은행의 형식융자에 병폐가 있었다	센터 DB	
45	1944~1961(형성기)	기사	조선	1958. 08. 01	鄭在高농림 등 인책을 주장. 양곡부정사건 등에 국정감사보고 작성. 농림위 야당측 의원들 태도 강경	센터 DB	
46	1944~1961(형성기)	기사	조선	1958. 08. 21	양곡부정사건. 정부직영에 폐단. 관계관은 응분의 책임을 느껴야 한다. 농림위, 국정감사 보고서 작성	센터 DB	

번호	시기구분	자료유형	기관/인명	생성년도	제목	소장처	비고
47	1944~1961(형성기)	기사	조선	1959.04.13	잡종지 간척지 관리 사무. 4월말까지 재무부로 이관	센터 DB	
48	1944~1961(형성기)	기사	조선	1960.10.01	원자활용위 구성요강 작성코 〈유솜〉에 제의키로	센터 DB	
49	1944~1961(형성기)	기사	조선	1960.10.09	FOA 간석지 개발자금 확보. 신년도엔 기초조사	센터 DB	
50	1944~1961(형성기)	기사	조선	1960.05.15	〔외원운용에의 제언. 공청회(전19회)〕(1) 농촌구매력 향상 시급. 도시실업자 지방분산	센터 DB	
51	1944~1961(형성기)	기사	조선	1960.05.17	〔외원운용에의 제언. 공청회(전19회)〕(2) 도시 인구집중 막자	센터 DB	
52	1944~1961(형성기)	기사	조선	1960.05.20	〔외원운용에의 제언. 공청회(전19회)〕(4) 외원의 의의부터 먼저 알자	센터 DB	
53	1944~1961(형성기)	기사	조선	1960.05.21	〔외원운용에의 제언. 공청회(전19회)〕(5) 인구문제가 골치. 원조의 근본정신은 경제자립	센터 DB	
54	1944~1961(형성기)	기사	조선	1960.06.04	〔외원운용에의 제언. 공청회(전19회)〕(15) 정치적 정실 배격	센터 DB	
55	1944~1961(형성기)	기사	조선	1960.09.14	부정공무원수사 제1호 鄭在卨(전농림장관) 씨를 환문. 양곡관리법위반, 2억환 수뢰	센터 DB	
56	1944~1961(형성기)	기사	조선	1960.09.28	〈자유종〉 사회보장제도를 확립하라	센터 DB	
57	1944~1961(형성기)	기사	조선	1961.06.17	빈곤은 자유를 위협. 자조국가를 지원. 케네디대통령 외원계획 승인 호소	센터 DB	
58	1944~1961(형성기)	기사	조선	1962.02.14	지방민이 본 혁명정부 시책여론조사. 곡가 안정 썩 잘했다. 세민 구호 별 수 없다	센터 DB	
59	1944~1961(형성기)	기사	조선	1962.05.13	도시영세민 생활보호 조사심의위원회 설치	센터 DB	
60	1944~1961(형성기)	기사	조선	1962.07.11	영세민 구호에 금고설치 구상. 朴의장 연구지시	센터 DB	
61	1944~1961(형성기)	사설	조선	1953.08.26	〔사설〕피난민에게 자활방도를. 임시구호에서 항구대책으로	센터 DB	
62	1944~1961(형성기)	사설	조선	1958.06.22	〔사설〕양곡부정의 철저한 조사	센터 DB	

번호	시기구분	자료유형	기관/인명	생성년도	제목	소장처	비고
63	1944~1961(형성기)	사설	조선	1961. 08. 23	〔사설〕세궁민의 구호	센터 DB	
64	1944~1961(형성기)	사설	조선	1962. 07. 12	〔사설〕영세민 구호대책의 다음 단계	센터 DB	
65	1944~1961(형성기)	서적	최천송	1977	한국사회보장론	센터 DB	한국노사문제연구협회
66	1944~1961(형성기)	논문	오재경	1955	일반구호행정의 긴축을 우려	센터 DB	사회복지 창간호, 한국사회복지협의회
67	1944~1961(형성기)	논문	채계열	1962	생활보호법상의 보호원리 고찰	센터 DB	사회복지 통권 제19호, 한국사회복지협의회
68	1944~1961(형성기)	논문	김원규	1963	생활보호법과 아동복리법	센터 DB	동광 7권 3호, 기독교아동복리회 한국연합회
69	1944~1961(형성기)	논문	김영모	1970	1960년대의 사회변동과 사회개발	센터 DB	사회복지 통권 제30호, 한국사회복지협의회
70	1944~1961(형성기)	논문	최천송	1970	60년대에 있어서의 사회보장제도 및 그 실적과 70년대의 전망	센터 DB	사회복지 통권 제27호, 한국사회복지협의회
71	1944~1961(형성기)	논문	손준규	1981	한국사회보장제도의 창시경위에 대한 고찰	센터 DB	사회보장논집창간호, 동국대학교부설한국사회보장연구소
72	1944~1961(형성기)	논문	손준규	1981	한국의 복지정책 결정 과정에 대한 연구: 행정부 내 정책결정 과정을 중심으로	센터 DB	서울대학교 박사학위 논문
73	1944~1961(형성기)	논문	최영욱	1988	韓國公的扶助制度의形成과實態에관한研究	센터 DB	성결교신학교논문집 제17집, 성결교신학교
74	1944~1961(형성기)	논문	이상민	1991	The political economy of occupation-United States foreign economic policy in Korea 1945~1949	센터 DB	Nothern Illinois University 박사학위 논문
75	1944~1961(형성기)	논문	신상준	1994	주한미군정청의 해외귀환동포 및 월남민에 대한 구호행정	센터 DB	복지행정논총 제4집, 한국복지행정학회
76	1944~1961(형성기)	논문	이혜원	1997	일본의 생활보호제도 형성과정(1945~1950년)	센터 DB	한국사회복지 제33호, 한국사회복지학회
77	1944~1961(형성기)	논문	이혜원. 이영환. 정원오	1998	한국과 일본의 미군정기 사회복지정책 비교연구: 빈곤정책을 중심으로	센터 DB	한국사회복지 제36호, 한국사회복지학회
78	1944~1961(형성기)	논문	하만식	1999	미군정기의 사회복지제도에 관한 연구	센터 DB	동아대학교 석사학위 논문

번호	시기구분	자료유형	기관/인명	생성년도	제목	소장처	비고
79	1944~1961(형성기)	논문	김점숙	2000	미군정과 대한민국 초기(1945~50년) 물자수급정책 연구	센터 DB	이화여자대학교 박사학위논문
80	1944~1961(형성기)	논문	한신애	2001	광주지역사회복지의 역사적 전개과정에 대한 연구: 일제강점기부터 고동성장기(1910년~1980년)를 중심으로	센터 DB	동신대학교 석사학위논문
81	1944~1961(형성기)	논문	이현진	2005	제1공화국기 미국의 대한 경제원조정책 연구	센터 DB	이화여자대학교 박사학위논문
82	1944~1961(형성기)	보고서	양재모	1961	사회보장제도창시에 관한 건의	센터 DB	
83	1944~1961(형성기)	보고서	정부	1962	행정백서(1961~1962)	센터 DB	
84	1944~1961(형성기)	연감	조선통신사	1947	조선연감(1947년 보건후생부분)	센터 DB	
85	1944~1961(형성기)	연감	조선통신사	1947	조선연감(1947년 사회복지부분)	센터 DB	
86	1944~1961(형성기)	연감	조선통신사	1947	조선연감(1947년 사회일지부분)	센터 DB	
87	1944~1961(형성기)	연감	조선통신사	1948	조선연감(1948년 보건후생부분)	센터 DB	
88	1944~1961(형성기)	연감	보건사회부	1960	보건사회통계연보(1960)	센터 DB	
89	1944~1961(형성기)	연감	보건사회부	1961	보건사회통계연보(1961)	센터 DB	
90	1944~1961(형성기)	시청각자료	공보처	1961	시내 영세민 양곡배급 혁명 후 실태상황	국가기록원	
91	1962~1998(변화기)	법률	국회	1963	피난민 수용에 관한 임시조치법〔폐지 1963. 9. 24 법률 제1161호〕	센터 DB	
92	1962~1998(변화기)	법률	국회	1968	자활지도사업에 관한 임시조치법〔제정1968. 7. 23 법률 제2039호〕	센터 DB	
93	1962~1998(변화기)	법률	국회	1982	生活保護法〔전문개정1982. 12. 31 법률 3623호〕	센터 DB	
94	1962~1998(변화기)	법률	국회	1982	자활지도사업에 관한 임시조치법〔폐지1982. 12. 31 법률 제3619호〕	센터 DB	

번호	시기구분	자료유형	기관/인명	생성년도	제목	소장처	비고
95	1962~1998(변화기)	법률	국회	1997	생활보호법〔일부개정 1997. 12. 13 법률 5453호〕	센터 DB	
96	1962~1998(변화기)	시행령	정부	1969	생활보호법 시행령〔전부개정 1969. 11. 10 대통령령 4218호〕	센터 DB	
97	1962~1998(변화기)	시행령	정부	1976	생활보호법 시행령〔일부개정 1976. 12. 30 대통령령 제 8320호〕	센터 DB	
98	1962~1998(변화기)	시행령	정부	1983	생활보호법 시행령〔전부개정 1983. 12. 30 대통령령 11293호〕	센터 DB	
99	1962~1998(변화기)	시행령	정부	1990	생활보호법 시행령〔일부개정 1990. 12. 1 대통령령 제 13173호〕	센터 DB	
100	1962~1998(변화기)	시행령	정부	1994	생활보호법 시행령〔일부개정 1994. 12. 23 대통령령 제 14446호〕	센터 DB	
101	1962~1998(변화기)	시행령	정부	1998	생활보호법 시행령〔일부개정 1998. 7. 28 대통령령 제 15847호〕	센터 DB	
102	1962~1998(변화기)	시행규칙	정부	1984	생활보호법 시행규칙〔제정 1984. 3. 31 보건사회부령 제 743호〕	센터 DB	
103	1962~1998(변화기)	시행규칙	정부	1998	생활보호법 시행규칙〔일부개정 1998. 9. 1 보건복지부령 제73호〕	센터 DB	
104	1962~1998(변화기)	회의록	국회	1968	66회 1차 보건사회위원회 회의록	센터 DB	
105	1962~1998(변화기)	회의록	국회	1968	66회 9차 보건사회위원회 회의록	센터 DB	
106	1962~1998(변화기)	회의록	국회	1977	98회 18차 보건사회위원회 회의록	센터 DB	
107	1962~1998(변화기)	회의록	국회	1977	98회 20차 보건사회위원회 회의록	센터 DB	
108	1962~1998(변화기)	회의록	국회	1977	98회 22차 본회의 회의록	센터 DB	
109	1962~1998(변화기)	회의록	국회	1998	198회9차보건복지위원회회의록	센터 DB	
110	1962~1998(변화기)	기관지	홍종철	1962	1962년의 회고	센터 DB	최고회의보, 제15호

번호	시기구분	자료유형	기관/인명	생성년도	제목	소장처	비고
111	1962~1998(변화기)	기관지	이종환	1963	경제개발과 자립정신(상)	센터 DB	최고회의보 제24호
112	1962~1998(변화기)	기관지	이종환	1963	경제개발과 자립정신(하)	센터 DB	최고회의보, 제25호
113	1962~1998(변화기)	기관지	홍종철	1963	혁명정부의 복지행정	센터 DB	최고회의보
114	1962~1998(변화기)	기관지	한국사회복지협의회	1967	국민생활심의위원회의 설치와 사회개발계획위원회의 발족을 환영한다.	센터 DB	사회복지, 통권 19호,
115	1962~1998(변화기)	기관지	한국사회복지협의회	1969	1969년도 보건사회시책의 방향	센터 DB	사회복지, 통권 24호
116	1962~1998(변화기)	기사	조선	1972. 2. 8	영세민 진료 위해 녹색카드제 실시	센터 DB	
117	1962~1998(변화기)	기사	조선	1974. 2. 2	보사부 영세민 취로사업비 50억원 배정	센터 DB	
118	1962~1998(변화기)	기사	조선	1976. 11. 2	보사부 저소득층 의료보호 위해 전국…54개 진료구로 주민생활권과 일치	센터 DB	
119	1962~1998(변화기)	기사	조선	1976. 6. 23	민간자본유치 대규모 간척사업. 1차로 해남고천만 개발	센터 DB	
120	1962~1998(변화기)	기사	조선	1982. 6. 5	〈영세민몫〉 빼돌리는 도사행정. 새 달부터 연료비 지급 끊긴다. 예산절반가족계획에 전용.	센터 DB	
121	1962~1998(변화기)	서적	사회보장심의위원회	1966	사회보장과 관련사업	센터 DB	
122	1962~1998(변화기)	논문	최일섭	1981	貧困과生活保護의問題점과對策	센터 DB	전국사회복지대회
123	1962~1998(변화기)	논문	김현숙	1984	우리나라 공적부조사업에 관한 연구	센터 DB	사회보장논집 제4집, 동국대학교 부설 한국사회보장연구소
124	1962~1998(변화기)	논문	이성우	1984	韓國社會保障制度의再檢討	센터 DB	입법조사월보 제139호, 국회
125	1962~1998(변화기)	논문	황진수	1987	생활보호법: 노인복지관련 법의 문제점과 개선방안	센터 DB	노인생활
126	1962~1998(변화기)	논문	김유성	1987	생활보호법의 이념과 기본원리	센터 DB	대한변호사협회지 제129호, 대한변호사협회

번호	시기구분	자료유형	기관/인명	생성년도	제목	소장처	비고
127	1962~1998(변화기)	논문	방란영	1987	우리나라 도시 영세민의 빈곤대책에 관하여	센터 DB	녹우회보 제28호, 이화여자대학교 사범대학 사회생활학과
128	1962~1998(변화기)	논문	이계탁	1989	우리나라 생활보호사업의 내용분석과 개선과제	센터 DB	사회과학논총 제8집, 경희대학교 사회과학대학
129	1962~1998(변화기)	논문	이정우. 안병근	1990	한국의 생활보호정책 재검토	센터 DB	사회보장연구 제6호
130	1962~1998(변화기)	논문	원석조	1992	生活保護事業의 問題點과 社會福祉專門要員의 役割	센터 DB	사회복지 통권 제113호, 한국사회복지협의회
131	1962~1998(변화기)	논문	전광석	1994	최저생활보장을 위한 법제도의 현황과 과제	센터 DB	한국사회정책연구 창간호, 한국사회정책학회
132	1962~1998(변화기)	논문	이정우	1995	국제비교를 통해서 본 한국의 빈곤정책	센터 DB	국제경제연구 제1권 제2호
133	1962~1998(변화기)	논문	김숙자	1995	부양제도에 관한 일반적 고찰: 한일부양법제의 비교를 중심으로	센터 DB	사회과학논총제10집, 명지대학교사회과학연구소
134	1962~1998(변화기)	논문	전광석	1996	생활보호법의 개선방향	센터 DB	한국사회정책연구 제3호, 한국사회정책학회
135	1962~1998(변화기)	논문	손건익	1999	국민기초생활보장법과 생활보호법의 비교	센터 DB	보건복지포럼 통권 제37호, 한국보건사회연구원
136	1962~1998(변화기)	논문	조홍식	1999	빈곤과 사회보장: 공공부조제도에 대한 평가를 중심으로	센터 DB	신정부의 사회정책평가, 사회정책학회, 사회복지정책학회공동토론회
137	1962~1998(변화기)	논문	장동일	2000	한/일 양국의 빈곤정책 미친 환경 및 정책요인 비교연구: 생활보호법 입법과정을 중심으로	국회도서관	사회복지연구 제7호
138	1962~1998(변화기)	보고서	사회보장심의위원회	1969	사회개발 장기전망(초안완성)	센터 DB	
139	1962~1998(변화기)	보고서	보건사회부	1970	사회복지 기초자료 조사 보고서	센터 DB	
140	1962~1998(변화기)	보고서	사회보장심의위원회	1976	사회병리현상으로 본 빈곤문제	센터 DB	
141	1962~1998(변화기)	보고서	사회보장심의위원회	1976	사회복지사업을 위한 재원 조달방안에 대한 연구	센터 DB	
142	1962~1998(변화기)	보고서	사회보장심의위원회	1976	요보호여성의 복지향상을 위한 연구	센터 DB	

번호	시기구분	자료유형	기관/인명	생성년도	제목	소장처	비고
143	1962~1998(변화기)	보고서	사회보장심의위원회	1976	한국의 사회보장체계(사회보장체계의 확립에 관한 연구)	센터 DB	
144	1962~1998(변화기)	보고서	한국개발연구원	1983	제5차 경제사회발전5개년 계획 수정과제연구	센터 DB	한국개발연구원
145	1962~1998(변화기)	보고서	보건사회부	1984	보건사회백서	센터 DB	
146	1962~1998(변화기)	보고서	최일섭 외	1989	도시저소득층의 실태와 생활안정대책	센터 DB	한국개발연구원
147	1962~1998(변화기)	보고서	보건복지부	1998	보건복지백서	센터 DB	
148	1962~1998(변화기)	법률	국회	1977	의료보호법〔제정 1977. 12. 31 법률 제3076호〕	센터 DB	
149	1962~1998(변화기)	법률	국회	1978	의료보호법〔일부개정 1978. 12. 6 법률 제3156호〕	센터 DB	
150	1962~1998(변화기)	법률안	국회	1982	생활보호법 개정법률안 심사보고서	센터 DB	
151	1962~1998(변화기)	법률안	정부	1982	생활보호법개정법률안	센터 DB	
152	1962~1998(변화기)	법률안	국회	1996	생활보호법 검토보고서(김홍일 외)	센터 DB	
153	1962~1998(변화기)	법률안	국회	1996	생활보호법 검토보고서(김홍일 외)	센터 DB	
154	1962~1998(변화기)	법률안	국회	1996	생활보호법중개정법률안(김홍일 외)	센터 DB	
155	1962~1998(변화기)	법률안	국회	1997	생활보호법 검토보고서(김허남 외)	센터 DB	
156	1962~1998(변화기)	법률안	국회	1997	생활보호법 검토보고서(김홍신 외)	센터 DB	
157	1962~1998(변화기)	법률안	국회	1997	생활보호법 심사보고서(김허남 외)	센터 DB	
158	1962~1998(변화기)	법률안	국회	1997	생활보호법 심사보고서(김홍신 외)	센터 DB	

번호	시기구분	자료유형	기관/인명	생성년도	제목	소장처	비고
159	1962~1998(변화기)	법률안	국회	1997	생활보호법 심사보고서(황성균 외)	센터 DB	
160	1962~1998(변화기)	법률안	국회	1997	생활보호법중개정법률안(김허남 외)	센터 DB	
161	1962~1998(변화기)	법률안	국회	1997	생활보호법중개정법률안(김홍신 외)	센터 DB	
162	1962~1998(변화기)	법률안	국회	1997	생활보호법중개정법률안(대안)	센터 DB	
163	1962~1998(변화기)	법률안	국회	1997	생활보호법중개정법률안(황성균 외)	센터 DB	
164	1962~1998(변화기)	법률안	국회	1998	생활보호법 검토보고서(정부안)	센터 DB	
165	1962~1998(변화기)	법률안	국회	1998	생활보호법심사보고서(정부안)	센터 DB	
166	1962~1998(변화기)	법률안	정부	1998	생활보호법중개정법률안	센터 DB	
167	1962~1998(변화기)	시행령	정부	1977	의료보호법시행령〔일부개정 1978. 12. 30 대통령령 제9263호〕	센터 DB	
168	1962~1998(변화기)	시행령	정부	1977	의료보호법시행령〔제정 1978. 5. 23 대통령령 제9029호〕	센터 DB	
169	1962~1998(변화기)	회의록	최고회의	1962	1962년 제20차 최고회의회의록(1962. 10. 11)	센터 DB	
170	1962~1998(변화기)	회의록	최고회의	1962	1962년 제4차 최고회의 및 내각연석회의회의록(1962. 9. 4)	센터 DB	
171	1962~1998(변화기)	회의록	국회	1964	66회 11차 본회의	센터 DB	
172	1962~1998(변화기)	회의록	국회	1968	65회 2차보건사회위원회	센터 DB	
173	1962~1998(변화기)	회의록	국회	1968	65회 3차 법제사법위원회	센터 DB	
174	1962~1998(변화기)	회의록	국회	1968	65회 3차 보건사회위원회	센터 DB	

번호	시기구분	자료유형	기관/인명	생성년도	제목	소장처	비고
175	1962~1998(변화기)	회의록	국회	1968	65회 6차 법제사법위원회	센터 DB	
176	1962~1998(변화기)	회의록	국회	1968	65회 9차 보건사회위원회	센터 DB	
177	1962~1998(변화기)	회의록	국회	1968	66회 4차 보건사회위원회	센터 DB	
178	1962~1998(변화기)	회의록	국회	1982	114회 14차 보건복지위원회(2. 생활보호법 개정안 부안)	센터 DB	
179	1962~1998(변화기)	회의록	국회	1982	114회 18차 본회의(생활보호법 개정안 보고서)	센터 DB	
180	1962~1998(변화기)	회의록	국회	1982	114회 18차 본회의(생활보호법 개정안 토론)	센터 DB	
181	1962~1998(변화기)	회의록	국회	1982	114회12차 법제사법위원회 회의록	센터 DB	
182	1962~1998(변화기)	회의록	국회	1982	114회13차 법제사법위원회 회의록	센터 DB	
183	1962~1998(변화기)	회의록	국회	1995	176회1차 보건복지위원회 회의록	센터 DB	
184	1962~1998(변화기)	회의록	국회	1996	181회 1차 본회의 회의	센터 DB	
185	1962~1998(변화기)	회의록	국회	1996	181회8차 보건복지위원회 회의록	센터 DB	
186	1962~1998(변화기)	회의록	국회	1997	183회5차 보건복지위원회 회의록	센터 DB	
187	1962~1998(변화기)	회의록	국회	1997	184회1차 보건복지위원회 회의록	센터 DB	
188	1962~1998(변화기)	회의록	국회	1997	184회3차 보건복지위원회 회의록	센터 DB	
189	1962~1998(변화기)	회의록	국회	1997	184회5차 법제사법위원회 회의록	센터 DB	
190	1962~1998(변화기)	회의록	국회	1998	195회1차 보건복지위원회 회의록	센터 DB	

번호	시기구분	자료유형	기관/인명	생성년도	제목	소장처	비고
191	1962~1998(변화기)	내부문서	대통령 비서실	1971	영세민구호양곡조치 계획보고	국가기록원	
192	1962~1998(변화기)	기관지	박정희	1962	1962년도 시정방침	센터 DB	최고회의보 제5호
193	1962~1998(변화기)	기관지	정세웅	1962	1962년 의회고	센터 DB	최고회의보 제15호
194	1962~1998(변화기)	기관지	김유택	1962	5개년 계획과 실업문제	센터 DB	최고회의보 제5호
195	1962~1998(변화기)	기관지	김용순	1962	62년도 국정감사에 비쳐진 업적개요(문교사회위원회 소관)	센터 DB	최고회의보 제14호
196	1962~1998(변화기)	기관지	오치성	1962	62년도 시정업적개요(운영기획위원회 소관)	센터 DB	최고회의보 제15호
197	1962~1998(변화기)	기관지	박정희	1962	새 역사창조를 위해 국민에게 호소한다	센터 DB	최고회의보 제8호
198	1962~1998(변화기)	기관지	박정희	1962	새해 국민들에게 드리는 말씀	센터 DB	최고회의보 제4호
199	1962~1998(변화기)	기관지	문창주	1962	새헌법해설	센터 DB	최고회의보 제15호
200	1962~1998(변화기)	기관지	남진우	1962	실업대책과 해외이민문제	센터 DB	최고회의보 제5호
201	1962~1998(변화기)	기관지	김동하	1962	실업자 해결정책의 방향	센터 DB	최고회의보 제5호
202	1962~1998(변화기)	기관지	한국진	1962	우리나라의 실업실태	센터 DB	최고회의보 제5호
203	1962~1998(변화기)	기관지	손창규	1962	임인년에 부치는 희망과 포부(문교사회분야의 과업을 중심으로)	센터 DB	최고회의보 제4호
204	1962~1998(변화기)	기관지	박정희	1962	임진년을 보내면서	센터 DB	최고회의보 제15호
205	1962~1998(변화기)	기관지	이창렬	1962	한국의 실업과 그 기본대책	센터 DB	최고회의보 제5호
206	1962~1998(변화기)	기관지	성창환	1962	한국의 실업문제와 고용정책의 방향	센터 DB	최고회의보 제5호

번호	시기구분	자료유형	기관/인명	생성년도	제목	소장처	비고
207	1962~1998(변화기)	기관지	손창규	1962	혁명1년의 발자취(문교사회위원회소관)	센터 DB	최고회의보 제8호
208	1962~1998(변화기)	기관지	국가재건최고회의	1963	1963년도 시정방침	센터 DB	최고회의보 제16호
209	1962~1998(변화기)	기관지	최고회의	1963	복지국가 슬로건 부분	센터 DB	최고회의보 제20호
210	1962~1998(변화기)	기관지	민부기	1963	사회보장의 실현을 위하여	센터 DB	최고회의보 제18호
211	1962~1998(변화기)	기관지	박정희	1963	제3공화국의 탄생과 우리의 각오	센터 DB	최고회의보 제27호
212	1962~1998(변화기)	기관지	정희섭	1963	혁명2년간의 업적개요(보건사회부)	센터 DB	최고회의보 제21호
213	1962~1998(변화기)	기관지	내각기획통제관실	1963	혁명정부의 주요시책과 그 추진상황(하)	센터 DB	최고회의보 제24호
214	1962~1998(변화기)	기관지	이원엽	1963	혁명치적의 총결산	센터 DB	최고회의보 제27호
215	1962~1998(변화기)	기관지	최고회의	1964	최고회의안 처리상황	센터 DB	최고회의보 제26호
216	1962~1998(변화기)	기사	조선	1968	미공법 480조 기간 1년만 연장	센터 DB	
217	1962~1998(변화기)	기사	조선	1962. 12. 25	사회보장제 첫 걸음, 노재, 실업, 의료 세보험 추진	센터 DB	
218	1962~1998(변화기)	기사	조선	1963. 01. 11	사회보장제도 구체화단계. 노동재해: 의료보험 연내실시 재원·적용범위 등 성안	센터 DB	
219	1962~1998(변화기)	기사	조선	1963. 01. 08	영세민등 구제상황 특별감사	센터 DB	
220	1962~1998(변화기)	기사	조선	1963. 02. 10	양곡수급, 공명선거실시 등 어제 지방장관회의서 지시	센터 DB	
222	1962~1998(변화기)	기사	조선	1963. 02. 09	영세민구호 정부서 전담. 예산 2억원 계상 박정희의장 지시	221	
223	1962~1998(변화기)	기사	조선	1963. 04. 10	영세민실업자857개 공사장에 취역 하루 만2천명 동원. 힘든 일터엔 손부족	센터 DB	

번호	시기구분	자료유형	기관/인명	생성년도	제목	소장처	비고
224	1962~1998(변화기)	기사	조선	1963. 05. 25	영세민 구제 주력. 김제군청서 朴正熙의장지시	센터 DB	
225	1962~1998(변화기)	기사	조선	1963. 09. 12	이번엔 '선심조합' 탄생. 영세미 가입하면 양곡 등 특배장담 반장을 통해 신청서 배부	센터 DB	
226	1962~1998(변화기)	기사	조선	1964. 01. 08	朴대통령각의서지시 "영세민 구호책 세우라". 각 부처예산 3%씩 감축	센터 DB	
227	1962~1998(변화기)	기사	조선	1964. 05. 23	서해안 간척사업 위해서 구의모국에 1억5천만불 차관교섭. 朴대통령 언명	센터 DB	
228	1962~1998(변화기)	기사	조선	1964. 07. 07	도시영세민 지방분산. 정부서 대책 강구	센터 DB	
229	1962~1998(변화기)	기사	조선	1965. 11. 17	구호산업 새해부터 정부서 흡수	센터 DB	
230	1962~1998(변화기)	기사	조선	1966. 02. 25	간척사업 일원화. 사업자체만 건설부 관장	센터 DB	
231	1962~1998(변화기)	기사	조선	1966. 03. 20	자활정착사업 올스톱. 케어 양곡지급 안돼. 48만 영세민들 생계위협	센터 DB	
232	1962~1998(변화기)	기사	조선	1966. 03. 23	정부서 인수. 자활정착사업장	센터 DB	
233	1962~1998(변화기)	기사	조선	1967. 01. 05	(2) 사회보장에 둔감. 빈부분극화 막을 정책 구상 없고. 인터뷰한 정치인들. 吉在號, 白南檍, 金成熺	센터 DB	
234	1962~1998(변화기)	기사	조선	1968. 01. 10	(5) 공공부조. 불구 등 5백50만원에 〈풀칠구호백만〉 그나마 〈가짜〉와 〈정치〉에 뜯기고…	센터 DB	
235	1962~1998(변화기)	기사	조선	1968. 07. 03	국회본회의 영세민 근로구호 임시조치법 통과	센터 DB	
236	1962~1998(변화기)	기사	조선	1968. 07. 04	간척사업 허가 말라. 朴대통령 지시	센터 DB	
237	1962~1998(변화기)	기사	조선	1968. 09. 20	빈곤학생 등 진학 억제토록. 서울시교위 중학 수용대책 지시	센터 DB	
238	1962~1998(변화기)	기사	조선	1969. 07. 16	벽해를 옥토로 만든 간척사업의 성과	센터 DB	
239	1962~1998(변화기)	기사	조선	1971. 06. 11	영세민 의료구호비 대폭 인상키로	센터 DB	

번호	시기구분	자료유형	기관/인명	생성년도	제목	소장처	비고
240	1962~1998(변화기)	기사	조선	1972. 01. 27	양곡부정 신고센터 개설. 2월1일부터	센터 DB	
241	1962~1998(변화기)	기사	조선	1973. 11. 18	자활용 구호양곡 〈목적외사용〉. 유세이드측 항의받고 내년에 2억 변상계정	센터 DB	
242	1962~1998(변화기)	기사	조선	1973. 08. 16	민간간척사업 신규허가 중단	센터 DB	
243	1962~1998(변화기)	기사	조선	1974. 01. 23	도시영세민 대책을 강화 金鍾泌총리지시	센터 DB	
244	1962~1998(변화기)	기사	조선	1974. 01. 30	보사부 백26만명 취로구호. 농어촌 영세민-실업자대상	센터 DB	
245	1962~1998(변화기)	기사	조선	1975. 01. 10	간척사업 민간에 허용. 공사비 일부 예치 등 규제조건 붙여	센터 DB	
246	1962~1998(변화기)	기사	조선	1975. 12. 07	공사80% 이상만 소유권 이전 가능. 간척사업지침	센터 DB	
247	1962~1998(변화기)	기사	조선	1975. 02. 15	영세민 취로사업 노임 깎아. 투표 뒤 인원도 줄여, 집단항의 사태도	센터 DB	
248	1962~1998(변화기)	기사	조선	1976. 06. 27	영세민에 의료혜택. 내년부터 전국 백72만명 대상	센터 DB	
249	1962~1998(변화기)	기사	조선	1976. 09. 14	보사부 생활보호대상자 치료 국가부담 의료시혜 확대책 확정발표. 영세민에겐 보조-대불예산 93억 요청 일반근로자는 보험제	센터 DB	
250	1962~1998(변화기)	기사	조선	1976. 09. 02	보사부 인구집중 방지위해 서울 영세민 취로사업 중단. 다른 대도시는 축소	센터 DB	
251	1962~1998(변화기)	기사	조선	1977. 01. 19	행려병자 수혜대상서 제외. 의료보호 세부지침을 마련	센터 DB	
252	1962~1998(변화기)	기사	조선	1977. 03. 03	〈의료보호〉 2개월. 공적부조 사업실적과 문제점 중간결산	센터 DB	
253	1962~1998(변화기)	기사	조선	1977. 03. 05	요원·시설 보완 시급. 총리조정실, 의료보호사업 분석보고	센터 DB	
254	1962~1998(변화기)	기사	조선	1978. 10. 20	주민등록 안 된 양로원 노인들, 77%가 무적…병원서 안 받아. 의료보호자격만 있고 수혜가 없다	센터 DB	
255	1962~1998(변화기)	기사	조선	1978. 11. 19	새마을 노임 소득사업에 1억4천만원 투입키로	센터 DB	

번호	시기구분	자료유형	기관/인명	생성년도	제목	소장처	비고
256	1962~1998(변화기)	기사	조선	1978. 12. 05	노인의료보호추진정부-여당	센터 DB	
257	1962~1998(변화기)	기사	조선	1978. 03. 26	동아건설 · 현대건설 서해 간척사업 참여	센터 DB	
258	1962~1998(변화기)	기사	조선	1978. 05. 13	의료보호심의안 시도에 설치토록, 각의의결	센터 DB	
259	1962~1998(변화기)	기사	조선	1978. 08. 05	전 인구10. 2%가 혜택. 의료보호-보험등진료사업에	센터 DB	
260	1962~1998(변화기)	기사	조선	1979. 03. 03	梁鐸植사장 주공아파트 내년부터 서울엔 안 짓는다. 영세민 지방이주 지원	센터 DB	
261	1962~1998(변화기)	기사	조선	1979. 04. 12	李哲承신민대표 영세민생활법 추진. 국회법-선거법개정 요구	센터 DB	
262	1962~1998(변화기)	기사	조선	1979. 05. 23	내달부터 영세민 직업훈련. 수료 후 취업알선도	센터 DB	
263	1962~1998(변화기)	기사	조선	1979. 08. 05	우리나라 절대빈곤인구 5백19만명. 한국개발연구원 보고서서 밝혀져	센터 DB	
264	1962~1998(변화기)	기사	조선	1979. 09. 26	저소득보호정책기준 빈곤선 설정. 〈생활보호〉 대상자 면세 재조정 등 검토	센터 DB	
265	1962~1998(변화기)	기사	조선	1980. 10. 01	〔제5공화국헌법(전5회)〕(2) 복지국가의 원리. 사회보장제도의 정착	센터 DB	
266	1962~1998(변화기)	기사	조선	1980. 03. 09	〔聞外聞〕공화 도시 영세민 생활보호대책 발표	센터 DB	
267	1962~1998(변화기)	기사	조선	1980. 03. 09	공화 〈영세민생활보호〉 입법추진. 생필품값 동결… 지역별 판매 센터	센터 DB	
268	1962~1998(변화기)	기사	조선	1981. 01. 21	申秉鉉부총리회견 영세민 중학생수업료 전액보조 겨울엔 연료값 안 올려	센터 DB	
269	1962~1998(변화기)	기사	조선	1981. 03. 04	全斗煥 12대 대통령 취임. "전쟁 · 빈곤 · 탄압에서 국민해방", 권력남용 철저히 배제	센터 DB	
270	1962~1998(변화기)	기사	조선	1982. 12. 16	영세민 1천가구 지방이주. 보조금도 80만원으로 올려	센터 DB	
271	1962~1998(변화기)	기사	조선	1982. 02. 07	지방이주희망 대도시 영세민 4월부터 취업-주택알선. 이주비지급 영농훈련	센터 DB	

번호	시기구분	자료유형	기관/인명	생성년도	제목	소장처	비고
272	1962~1998(변화기)	기사	조선	1982. 04. 01	영세인 농촌이주 50만원. 6대도시 인접시 · 군은 제외, 오늘부터 도시유입을 억제	센터 DB	
273	1962~1998(변화기)	사설	조선	1962. 12. 25	〔사설〕사회보장제도의 의의와 계몽의 필요성	센터 DB	
274	1962~1998(변화기)	사설	조선	1964. 02. 22	〔사설〕시각이 급하게 된 細窮民 구호 운동	센터 DB	
275	1962~1998(변화기)	사설	조선	1964. 07. 08	〔사설〕도시영세민의 지탕분산 문제에 관련하여	센터 DB	
276	1962~1998(변화기)	사설	조선	1965. 04. 15	〔사설〕근로자의 생활보장위한 법적 규제를 환영한다	센터 DB	
277	1962~1998(변화기)	사설	조선	1974. 11. 30	〔사설〕복지정책의 내실을. 사회열패군의 최저생존은 보장돼야	센터 DB	
278	1962~1998(변화기)	사설	조선	1975. 01. 28	〔사설〕국민의생활보호. 〈융자〉보다 생활임금의 실질가치 보장을	센터 DB	
279	1962~1998(변화기)	사설	조선	1982. 02. 09	〔사설〕영세민의 지방이주책. 지방의 생업이 불리하지 않는 것이 전제	센터 DB	
280	1962~1998(변화기)	서적	한국군사혁명사 편찬위원회	1963	한국군사혁명사 제1집 (상)	국회도서관	
281	1962~1998(변화기)	서적	대통령 비서실	1965	박정희 대통령 연설문집 〈1〉	국회도서관	
282	1962~1998(변화기)	서적	대통령 비서실	1966	박정희 대통령 연설문집 〈2〉	국회도서관	
283	1962~1998(변화기)	서적	전경련	1977	〔토론〕사회개발과 노동정책의 방향	센터 DB	경제토론(제2집)
284	1962~1998(변화기)	서적	대통령 비서실	1977	박정희 대통령 연설문집 〈14〉	국회도서관	
285	1962~1998(변화기)	서적	한국사회복지협의회	1977	한국사회복지총람	국회도서관	
286	1962~1998(변화기)	서적	신섭중	1980	사회보장정책론: 의료보장과 공적부조를중심으로	센터 DB	
287	1962~1998(변화기)	서적	전경련	1981	〔토론〕복지사회의 과제와 정책방향	센터 DB	경제토론(제10집)

번호	시기구분	자료유형	기관/인명	생성년도	제목	소장처	비고
288	1962~1998(변화기)	서적	대통령 비서실	1981	전두환 대통령 연설문집 〈1〉	국회도서관	
289	1962~1998(변화기)	서적	보고서	1982	零細民實態調査와 政策方向에 관한 硏究	센터 DB	서울대 행정조사연구소
290	1962~1998(변화기)	서적	대통령 비서실	1982	전두환 대통령 연설문집 〈2〉	국회도서관	
291	1962~1998(변화기)	서적	대통령 비서실	1983	전두환 대통령 연설문집 〈3〉	국회도서관	
292	1962~1998(변화기)	서적	하상락 편	1989	한국사회복지사론	센터 DB	박영사
293	1962~1998(변화기)	서적	이두호 외	1991	빈곤론	센터 DB	
294	1962~1998(변화기)	논문	김몽술	1965	기조연설에 나타난 3정당의 사회복지정책	센터 DB	사회복지
295	1962~1998(변화기)	논문	김원규	1967	사회행정의 현황	센터 DB	사회복지
296	1962~1998(변화기)	논문	신남균	1968	사회개발과 공적부조	센터 DB	사회복지
297	1962~1998(변화기)	논문	구자원, 김경섭	1971	생활보호사업과 대상자에 대한 연구	센터 DB	사회복지연구 제5호
298	1962~1998(변화기)	논문	채계열	1972	생활보호법, 사회복지사업법의 문제점과 그 보완, 개선방안	센터 DB	사회복지 제20호
299	1962~1998(변화기)	논문	최천송	1973	사회보장의 권리	센터 DB	사회복지 제21권 4호
300	1962~1998(변화기)	논문	장경식	1976	의료보호사업의 확대	센터 DB	사회복지 제18호
301	1962~1998(변화기)	논문	서상목	1980	공적부조 사업의 현황과 개선방향	센터 DB	한국개발연구 제2권 제4호
302	1962~1998(변화기)	논문	박연수	1980	생활보호법	센터 DB	의료보험
303	1962~1998(변화기)	논문	손준규	1980	우리나라 사회보장제도의 약사	센터 DB	사회복지

번호	시기구분	자료유형	기관/인명	생성년도	제목	소장처	비고
304	1962~1998(변화기)	논문	장인협	1981	공적부조제도의 문제점과 개선방향	센터 DB	사회복지 제69호
305	1962~1998(변화기)	논문	소진운	1982	生活權的基本權에 關한 硏究	센터 DB	군산대학 논문집
306	1962~1998(변화기)	논문	이희대	1982	우리나라 사회복지와 공적부조사업에 대한 고찰(上), 구빈사업과 구료사업을 中心으로	센터 DB	인간과학 제69호
307	1962~1998(변화기)	논문	이민섭	1983	福祉國家建設과 零細民生活保護實態	센터 DB	국회보
308	1962~1998(변화기)	논문	권오구	1985	생활보호 사업의 현황고 과제: 생계호보, 자활보호, 해산보호	센터 DB	사회복지 85호
309	1962~1998(변화기)	논문	안창수	1985	생활보호사업의 현황과 과제: 의료보호, 교육보호, 장제보호	센터 DB	사회복지
310	1962~1998(변화기)	논문	원석조	1986	영세민대상 선정과정에서의 문제점	센터 DB	사회복지 제90호
311	1962~1998(변화기)	논문	이성기	1988	생활보호의대상자선정고·보호내용의문제점과개선방안	센터 DB	사회복지 제98호
312	1962~1998(변화기)	논문	노시평	1989	우리나라공적부조정책에관한연구: 생활보호사업을중심으로	센터 DB	국제대학 논문집
313	1962~1998(변화기)	논문	김석훈	1990	生活保護對象者自活意慾向上方案	센터 DB	시정연구 제5호
314	1962~1998(변화기)	논문	안병근	1990	韓國의貧困實狀과貧困政策	센터 DB	경상논총 제18권 4호
315	1962~1998(변화기)	논문	신섭중	1991	韓國의貧困問題와그政策	센터 DB	사회과학논총 제17권 1991
316	1962~1998(변화기)	논문	정형덕	1992	都市貧困對策의現況과問題點	센터 DB	지방행정연구 제23호
317	1962~1998(변화기)	논문	전광석	1992	빈곤문제와법학의과제: 헌법과사회보장법을중심으로	센터 DB	법과사회제5호, 창작과 비평사
318	1962~1998(변화기)	논문	이천식	1992	低所得層과 脆弱階層에 對한 支援對策	센터 DB	도정연구 제5호
319	1962~1998(변화기)	논문	김영평	1993	우리나라 정책결정체계의 개혁	센터 DB	한국정책학회보 제2호

번호	시기구분	자료유형	기관/인명	생성년도	제목	소장처	비고
320	1962~1998(변화기)	논문	신복기, 이명현	1996	자활조성의 활성화를 위한 생활보호의 방향	센터 DB	사회복지연구 제6집
321	1962~1998(변화기)	논문	정원오	1997	문민정부의 사회복지정책 평가: 공공부조를 중심으로	센터 DB	성공회대학논총 제10호
322	1962~1998(변화기)	논문	문진영	1998	고실업 저성장 시대의 사회적안전망 구축에 관한 연구: 생활보호제도의 개선을 중심으로	센터 DB	한국사회복지학 통권35호
323	1962~1998(변화기)	논문	허선	1998	한국생활보호사업과 불평등	센터 DB	사회정책연구 제19집, 한국복지정책연구소
324	1962~1998(변화기)	논문	노시평	2001	우리나라 공공부조 정책의 변화에 관한 연구	센터 DB	통일연구
325	1962~1998(변화기)	보고서	행정백서편찬위원회	1964	행정백서(1964)	센터 DB	
326	1962~1998(변화기)	보고서	정부	1965	행정백서(1965)	센터 DB	
327	1962~1998(변화기)	보고서	정부	1967	행정백서(1967)	센터 DB	
328	1962~1998(변화기)	보고서	사회보장심의위원회	1968	사회개발	센터 DB	
329	1962~1998(변화기)	보고서	사회보장심의위원회	1969	15개년 보건계획: 1972~1986, 1차시안	센터 DB	
330	1962~1998(변화기)	보고서	사회보장심의위원회	1969	사회복지 및 사회개발에 관한 자료	센터 DB	
331	1962~1998(변화기)	보고서	사회보장심의위원회	1969	연구현황	센터 DB	
332	1962~1998(변화기)	보고서	사회보장심의위원회	1972	경제사회발전5개년계획 보건사회부문사업계획 1972~76	보건복지부 자료실	보건복지부 자료실
333	1962~1998(변화기)	보고서	사회보장심의위원회	1972	사회보장-사회개발 연구	센터 DB	
334	1962~1998(변화기)	보고서	사회보장심의위원회	1973	생활환경실태 및 의식구조조사 연구	센터 DB	
335	1962~1998(변화기)	보고서	보건사회부	1974	공적부조사업계획 1차시안	센터 DB	

번호	시기구분	자료유형	기관/인명	생성년도	제목	소장처	비고
336	1962~1998(변화기)	보고서	보건사회부	1974	국민생활실태조사보고서	센터 DB	
337	1962~1998(변화기)	보고서	보건사회부	1974	영세민 취로구호대책	센터 DB	
338	1962~1998(변화기)	보고서	김수곤	1974	영세민 취로사업의 고용 및 소득효과와 개선책	센터 DB	한국개발연구원
339	1962~1998(변화기)	보고서	한국개발연구원	1975	보건기획 및 정책심포지움 보고서	센터 DB	
340	1962~1998(변화기)	보고서	보건사회부	1977	1977년도 종합심사분석 보고서	센터 DB	
341	1962~1998(변화기)	보고서	보건사회부	1978	1978년 대통령 각하 연두순시 업무계획(설명문)	센터 DB	
342	1962~1998(변화기)	보고서	보건사회부	1978	1978년도 업무계획: 대통령 각하 년두순시	센터 DB	
343	1962~1998(변화기)	보고서	사회보장심의위원회	1978	사회보장 재정조달에 관한 고찰	센터 DB	
344	1962~1998(변화기)	보고서	보건사회부	1979	의료보호대상에서 제외된 저소득계층의 의료보장에 관한 조사연구	센터 DB	
345	1962~1998(변화기)	보고서	보건사회부	1980	1980년도 종합심사분석 보고서	센터 DB	
346	1962~1998(변화기)	보고서	보건사회부	1981	1981년도 종합심사분석 보고서	센터 DB	
347	1962~1998(변화기)	보고서	서상목	1981	빈곤의 실태와 영세민 대책	센터 DB	한국개발연구원
348	1962~1998(변화기)	보고서	김종기	1981	零細民의 大都市 集中抑制對策	센터 DB	한국개발연구원
349	1962~1998(변화기)	보고서	한국개발연구원	1981	零細民住居現況 및 改善對策	센터 DB	한국개발연구원
350	1962~1998(변화기)	보고서	주학중	1982	한국의 소득분배와 결정요인	센터 DB	한국개발연구원
351	1962~1998(변화기)	보고서	보건사회부	1982	1982년도 종합심사분석 보고서	센터 DB	

번호	시기구분	자료유형	기관/인명	생성년도	제목	소장처	비고
352	1962~1998(변화기)	보고서	보건사회부	1982	82년 업무계획	센터 DB	
353	1962~1998(변화기)	보고서	서상목	1982	영세민 대책과 재정	센터 DB	한국개발연구원
354	1962~1998(변화기)	보고서	통일민주당	1988	도시영세민의 생활보호를 위한 정책방안(정책세미나자료 제7집)	센터 DB	
355	1962~1998(변화기)	보고서	보건사회부	1988	지역실태조사 결과보고서	센터 DB	
356	1962~1998(변화기)	보고서	사회보장심의위원회	미상	사회보장에 있어서의 세계적인 현황과 한국의 위치	센터 DB	
357	1962~1998(변화기)	녹음파일	김혜경	2006. 6. 7	70~80년대의 빈민운동	센터 DB	
358	1962~1998(변화기)	녹음파일	박연수	2006. 8. 29	공공부조 중 생활보호대상자 의료보호 실시 및 중학교과정 수업료 면제 결정을 중심으로	센터 DB	
359	1962~1998(변화기)	녹취록	김혜경	2006. 6. 7	70~80년대의 빈민운동	센터 DB	
360	1962~1998(변화기)	녹취록	최수일	2006. 6. 9	자활지도사업에 관한 임시조치법의 제정과정	센터 DB	
361	1962~1998(변화기)	녹취록	박연수	2006. 8. 29	공공부조 중 생활보호대상자 의료보호 실시 및 중학교과정 수업료 면제 결정을 중심으로	센터 DB	
362	1999~현재(재편기)	법률	국회	1999	국민기초생활보장법〔제정 1999. 9. 7 법률 제6024호〕	센터 DB	
363	1999~현재(재편기)	법률	국회	1999	생활보호법〔일부개정 1999. 2. 8 법률 5836호〕	센터 DB	
364	1999~현재(재편기)	법률	국회	1999	생활보호법〔폐지 1999. 9. 7 법률 제6024호〕	센터 DB	
365	1999~현재(재편기)	법률	국회	2004	국민기초생활보장법〔일부개정 2004. 3. 5 법률 제 7181호〕	센터 DB	
366	1999~현재(재편기)	법률	국회	2005	국민기초생활 보장법〔일부개정 2005. 12. 23 법률 7738호〕	센터 DB	
367	1999~현재(재편기)	법률	국회	2005	국민기초생활 보장법〔일부개정 2005. 12. 29 법률 7796호〕	센터 DB	

번호	시기구분	자료유형	기관/인명	생성년도	제목	소장처	비고
368	1999~현재(재편기)	법률	국회	2006	국민기초생활 보장법〔일부개정 2006. 12. 28 법률 8112호〕	센터 DB	
369	1999~현재(재편기)	시행령	정부	1999	생활보호법시행령〔일부개정 1999. 5. 24 대통령령 제16356호〕	센터 DB	
370	1999~현재(재편기)	시행령	정부	1999	생활보호법시행령〔일부개정 1999. 12. 31 대통령령 제16682호〕	센터 DB	
371	1999~현재(재편기)	시행령	정부	2000	국민기초생활보장법시행령〔제정 2000. 7. 27 대통령령 16924호〕	센터 DB	
372	1999~현재(재편기)	시행령	정부	2000	생활보호법시행령〔폐지 2000. 7. 27 대통령령 제16924호〕	센터 DB	
373	1999~현재(재편기)	시행령	정부	2002	국민기초생활보장법시행령〔일부개정 2002. 10. 14 대통령령 17759호〕	센터 DB	
374	1999~현재(재편기)	시행령	정부	2003	국민기초생활보장법시행령〔일부개정 2003. 1. 2 대통령령 17877호〕	센터 DB	
375	1999~현재(재편기)	시행령	정부	2006	국민기초생활 보장법시행령〔일부개정 2006. 12. 21 대통령령 제19768호〕	센터 DB	
376	1999~현재(재편기)	시행령	정부	2006	국민기초생활 보장법시행령〔일부개정 2006. 2. 22 대통령령 제19351호〕	센터 DB	
377	1999~현재(재편기)	시행규칙	정부	1999	생활보호법시행규칙〔일부개정 1999. 3. 24 보건복지부령 101호〕	센터 DB	
378	1999~현재(재편기)	시행규칙	정부	2000	국민기초생활보장법시행규칙〔제정 2000. 8. 18 보건복지부령 169호〕	센터 DB	
379	1999~현재(재편기)	시행규칙	정부	2000	생활보호법시행규칙〔폐지 2000. 8. 18 보건복지부령 169호〕	센터 DB	
380	1999~현재(재편기)	시행규칙	정부	2001	국민기초생활보장법시행규칙〔일부개정 2001. 10. 9 보건복지부령 202호〕	센터 DB	
381	1999~현재(재편기)	시행규칙	정부	2001	국민기초생활보장법시행규칙〔일부개정 2002. 8. 31 보건복지부령 222호〕	센터 DB	
382	1999~현재(재편기)	시행규칙	정부	2003	국민기초생활보장법시행규칙〔일부개정 2003. 12. 15 보건복지부령 382호〕	센터 DB	
383	1999~현재(재편기)	시행규칙	정부	2004	국민기초생활보장법시행규칙〔일부개정 2004. 1. 29 보건복지부령 269호〕	센터 DB	

번호	시기구분	자료유형	기관/인명	생성년도	제목	소장처	비고
384	1999~현재(재편기)	시행규칙	정부	2006	국민기초생활 보장법시행규칙〔일부개정 2006. 7. 3 보건복지부령 제363호〕	센터 DB	
385	1999~현재(재편기)	회의록	국회	1999	205회 제1차 보건복지위원회(1. 국민기초생활보장법)	센터 DB	
386	1999~현재(재편기)	회의록	국회	1999	206회 제5차 법제사법위원회(23. 국민기초생활보장법안)	센터 DB	
387	1999~현재(재편기)	회의록	국회	1999	206회제4차 법제사법위원회(12. 국민기초생활보장법안)	센터 DB	
388	1999~현재(재편기)	회의록	국회	1999	206회제4차 법제사법위원회(14. 생활보호법개정에 관한 청원)	센터 DB	
389	1999~현재(재편기)	내부문서	보건복지부	1999	국민기초생활보장법 관련법안 대비표	센터 DB	문진영 기증
390	1999~현재(재편기)	내부문서	국민기초생활보장법 추진 연대회의	1999	회의자료(990601 운영개선안1)	센터 DB	
391	1999~현재(재편기)	내부문서	국민기초생활보장법 추진 연대회의	1999	회의자료(990601 운영개선안2)	센터 DB	
392	1999~현재(재편기)	내부문서	국민기초생활보장법 추진 연대회의	1999	회의자료(990603)	센터 DB	
393	1999~현재(재편기)	내부문서	국민기초생활보장법 추진 연대회의	1999	회의자료(990603)	센터 DB	
394	1999~현재(재편기)	내부문서	국민기초생활보장법 추진 연대회의	1999	회의자료(990608)	센터 DB	
395	1999~현재(재편기)	내부문서	국민기초생활보장법 추진 연대회의	1999	회의자료(990608 장관고발계획안)	센터 DB	
396	1999~현재(재편기)	내부문서	국민기초생활보장법 추진 연대회의	1999	회의자료(990610 실무회의)	센터 DB	
397	1999~현재(재편기)	내부문서	국민기초생활보장법 추진 연대회의	1999	회의자료(990610 저소득계층생계안정화방안)	센터 DB	
398	1999~현재(재편기)	내부문서	국민기초생활보장법 추진 연대회의	1999	회의자료(990617 정책위안건)	센터 DB	
399	1999~현재(재편기)	내부문서	국민기초생활보장법 추진 연대회의	1999	회의자료(990617 회의소집)	센터 DB	

번호	시기구분	자료유형	기관/인명	생성년도	제목	소장처	비고
400	1999~현재(재편기)	내부문서	국민기초생활보장법 추진 연대회의	1999	회의자료(990617)	센터 DB	
401	1999~현재(재편기)	내부문서	국민기초생활보장법 추진 연대회의	1999	회의자료(990618 내부워크샵)	센터 DB	
402	1999~현재(재편기)	내부문서	국민기초생활보장법 추진 연대회의	1999	회의자료(990618 내부워크샵결과)	센터 DB	
403	1999~현재(재편기)	내부문서	국민기초생활보장법 추진 연대회의	1999	회의자료(990622)	센터 DB	
404	1999~현재(재편기)	내부문서	국민기초생활보장법 추진 연대회의	1999	회의자료(990623)	센터 DB	
405	1999~현재(재편기)	내부문서	국민기초생활보장법 추진 연대회의	1999	회의자료(990623 집회계획)	센터 DB	
406	1999~현재(재편기)	내부문서	국민기초생활보장법 추진 연대회의	1999	회의자료(990626)	센터 DB	
407	1999~현재(재편기)	내부문서	국민기초생활보장법 추진 연대회의	1999	회의자료(990626)	센터 DB	
408	1999~현재(재편기)	내부문서	국민기초생활보장법 추진 연대회의	1999	회의자료(990628-29)	센터 DB	
409	1999~현재(재편기)	내부문서	국민기초생활보장법 추진 연대회의	1999	회의자료(990705 민정수석면담보고)	센터 DB	
410	1999~현재(재편기)	내부문서	국민기초생활보장법 추진 연대회의	1999	회의자료(990705 집회계획)	센터 DB	
411	1999~현재(재편기)	내부문서	국민기초생활보장법 추진 연대회의	1999	회의자료(990709)	센터 DB	
412	1999~현재(재편기)	내부문서	국민기초생활보장법 추진 연대회의	1999	회의자료(990709)	센터 DB	
413	1999~현재(재편기)	내부문서	국민기초생활보장법 추진 연대회의	1999	회의자료(990715-0825)	센터 DB	
414	1999~현재(재편기)	내부문서	국민기초생활보장법 추진 연대회의	1999	회의자료(990716 정책위회의자료)	센터 DB	
415	1999~현재(재편기)	내부문서	국민기초생활보장법 추진 연대회의	1999	회의자료(990803 협의안검토)	센터 DB	

번호	시기구분	자료유형	기관/인명	생성년도	제목	소장처	비고
416	1999~현재(재편기)	내부문서	국민기초생활보장법 추진 연대회의	1999	회의자료(990825 장애인직업재활법)	센터 DB	
417	1999~현재(재편기)	내부문서	국민기초생활보장법 추진 연대회의	1999	회의자료(990825 장애인직업재활법2)	센터 DB	
418	1999~현재(재편기)	내부문서	국민기초생활보장법 추진 연대회의	1999	회의자료(990903)	센터 DB	
419	1999~현재(재편기)	내부문서	국민기초생활보장법 추진 연대회의	1999	회의자료(991006-1023)	센터 DB	
420	1999~현재(재편기)	내부문서	국민기초생활보장법 추진 연대회의	1999	회의자료(991106)	센터 DB	
421	1999~현재(재편기)	내부문서	국민기초생활보장법 추진 연대회의	1999	회의자료(991120 정책위회의결과)	센터 DB	
422	1999~현재(재편기)	내부문서	국민기초생활보장법 추진 연대회의	1999	회의자료(991220 최저생계비설명)	센터 DB	
423	1999~현재(재편기)	내부문서	국민기초생활보장법 추진 연대회의	1999	회의자료(991221 정책실무위의견 박윤영허준수)	센터 DB	
424	1999~현재(재편기)	내부문서	국민기초생활보장법 추진 연대회의	1999	회의자료(99년 1월29일)	센터 DB	
425	1999~현재(재편기)	내부문서	국민기초생활보장법 추진 연대회의	1999	회의자료(99년 2월24일)	센터 DB	
426	1999~현재(재편기)	내부문서	국민기초생활보장법 추진 연대회의	1999	회의자료(99년 3월17일)	센터 DB	
427	1999~현재(재편기)	내부문서	국민기초생활보장법 추진 연대회의	1999	회의자료(99년 3월17일 수정본)	센터 DB	
428	1999~현재(재편기)	내부문서	국민기초생활보장법 추진 연대회의	1999	회의자료(99년 3월23일)	센터 DB	
429	1999~현재(재편기)	내부문서	국민기초생활보장법 추진 연대회의	1999	회의자료(99년 3월2일~3월11일)	센터 DB	
430	1999~현재(재편기)	내부문서	국민기초생활보장법 추진 연대회의	1999	회의자료(99년 3월30일)	센터 DB	
431	1999~현재(재편기)	내부문서	국민기초생활보장법 추진 연대회의	1999	회의자료(99년 4월12일)	센터 DB	

번호	시기구분	자료유형	기관/인명	생성년도	제목	소장처	비고
432	1999~현재(재편기)	내부문서	국민기초생활보장법 추진 연대회의	1999	회의자료(99년 4월12일 수정본)	센터 DB	
433	1999~현재(재편기)	내부문서	국민기초생활보장법 추진 연대회의	1999	회의자료(99년 4월16일)	센터 DB	
434	1999~현재(재편기)	내부문서	국민기초생활보장법 추진 연대회의	1999	회의자료(99년 4월22일)	센터 DB	
435	1999~현재(재편기)	내부문서	국민기초생활보장법 추진 연대회의	1999	회의자료(99년 4월22일 수정본)	센터 DB	
436	1999~현재(재편기)	내부문서	국민기초생활보장법 추진 연대회의	1999	회의자료(99년 4월29일)	센터 DB	
437	1999~현재(재편기)	내부문서	국민기초생활보장법 추진 연대회의	1999	회의자료(99년 4월2일)	센터 DB	
438	1999~현재(재편기)	내부문서	국민기초생활보장법 추진 연대회의	1999	회의자료(99년 4월2일 초안)	센터 DB	
439	1999~현재(재편기)	내부문서	국민기초생활보장법 추진 연대회의	1999	회의자료(99년 5월13일)	센터 DB	
440	1999~현재(재편기)	내부문서	국민기초생활보장법 추진 연대회의	1999	회의자료(99년 5월13일 초안)	센터 DB	
441	1999~현재(재편기)	내부문서	국민기초생활보장법 추진 연대회의	1999	회의자료(99년 5월15일)	센터 DB	
442	1999~현재(재편기)	내부문서	국민기초생활보장법 추진 연대회의	1999	회의자료(99년 5월20일 수정본)	센터 DB	
443	1999~현재(재편기)	내부문서	국민기초생활보장법 추진 연대회의	1999	회의자료(99년 5월27일)	센터 DB	
444	1999~현재(재편기)	내부문서	국민기초생활보장법 추진 연대회의	1999	회의자료(99년 5월27일 수정본)	센터 DB	
445	1999~현재(재편기)	내부문서	국민기초생활보장법 추진 연대회의	1999	회의자료(99년 5월7일)	센터 DB	
446	1999~현재(재편기)	내부문서	국민기초생활보장법 추진 연대회의	1999	회의자료(99년 5월7일 수정본)	센터 DB	
447	1999~현재(재편기)	내부문서	국민기초생활보장법 추진 연대회의	1999	회의자료(99년 5월8일)	센터 DB	

번호	시기구분	자료유형	기관/인명	생성년도	제목	소장처	비고
448	1999~현재(재편기)	내부문서	국민기초생활보장법 추진 연대회의	1999	회의자료(정책위) (99년 4월16일)	센터 DB	
449	1999~현재(재편기)	내부문서	국민기초생활보장법 추진 연대회의	1999	회의자료(정책위회의결과) (99년 5월15일)	센터 DB	
450	1999~현재(재편기)	내부문서	국민기초생활보장법 추진 연대회의	1999	회의자료(준비위 회의결과) (99년 2월10일)	센터 DB	
451	1999~현재(재편기)	내부문서	국민기초생활보장법 추진 연대회의	1999	회의자료(지역활동안) (99년 5월20일)	센터 DB	
452	1999~현재(재편기)	내부문서	국민기초생활보장법 추진 연대회의	1999	회의자료(집행위자료) (99년 4월16일)	센터 DB	
453	1999~현재(재편기)	내부문서	보건복지부	2000	국민기초생활보장법: 생활보호법 대비표 (국민기초생활보장추진준비단 회의자료)	센터 DB	문진영 기증
454	1999~현재(재편기)	내부문서	문진영	2000	〔반론문〕인간다운 생활을 할 권리는 보장되어야 한다.	센터 DB	문진영 기증
455	1999~현재(재편기)	내부문서	보건복지부 국민기초생활보장추진단	2000	국민기초생활보장법 시행일정	센터 DB	문진영 기증
456	1999~현재(재편기)	내부문서	보건복지부 국민기초생활보장추진단	2000	국민기초생활보장제도 수급자 재산기준안	센터 DB	문진영 기증
457	1999~현재(재편기)	내부문서	보건복지부 국민기초생활보장추진단	1999. 10. 1	국민기초생활보장 추진준비단 제1차 회의자료(제99-1호)	센터 DB	문진영 기증
458	1999~현재(재편기)	내부문서	보건복지부 국민기초생활보장추진단	1999. 10. 1	국민기초생활보장 추진준비단 제1차 회의자료(제99-2호)	센터 DB	문진영 기증
459	1999~현재(재편기)	내부문서	보건복지부 국민기초생활보장추진단	1999. 11. 12	국민기초생활보장 추진준비단 제2차 회의자료	센터 DB	문진영 기증
460	1999~현재(재편기)	내부문서	보건복지부 국민기초생활보장추진단	2000. 1. 24	국민기초생활보장 추진준비단 제3차 회의안건(2000-3-1호)	센터 DB	문진영 기증
461	1999~현재(재편기)	내부문서	보건복지부 국민기초생활보장추진단	2000. 3. 8	국민기초생활보장제도 모의적용사업 지침 2	센터 DB	문진영 기증
462	1999~현재(재편기)	내부문서	보건복지부 국민기초생활보장추진단	2000. 4. 15	국민기초생활보장제도 모의적용사업에 관한 연구(중간보고서(요약))	센터 DB	문진영 기증
463	1999~현재(재편기)	내부문서	보건복지부 국민기초생활보장추진단	2000. 4. 18	국민기초생활보장 추진준비단 제6차회의 안건(2000-6-1호)	센터 DB	문진영 기증

번호	시기구분	자료유형	기관/인명	생성년도	제목	소장처	비고
464	1999~현재(재편기)	내부문서	보건복지부 국민기초생활보장추진단	2000. 4. 4	국민기초생활보장 추진준비단 제5차회의 안건(2000-5-1호)	센터 DB	문진영 기증
465	1999~현재(재편기)	내부문서	보건복지부 국민기초생활보장추진단	2000. 7. 28	국민기초생활보장 추진준비단 제7차회의 안건(2000-7-1호)	센터 DB	문진영 기증
466	1999~현재(재편기)	기관지	이태수	1999	2000년 복지예산: 생산적 복지의 관점에서 해부한다	센터 DB	월간 복지동향, 제13호, 참여연대 사회복지위원회
467	1999~현재(재편기)	기관지	허선	1999	2000년도 기초생활보장 예산(안) 및 대상자 축소에 관한 의견	센터 DB	월간 복지동향, 제14호, 참여연대 사회복지위원회
468	1999~현재(재편기)	기관지	보건복지부	1999	2000년도 최저생계비	센터 DB	월간 복지동향, 제15호, 참여연대 사회복지위원회
469	1999~현재(재편기)	기관지	김미곤	1999	고실업과 국민기초생활보장법	센터 DB	월간 복지동향, 제3호, 참여연대 사회복지위원회
470	1999~현재(재편기)	기관지	문진영	1999	고실업시대의 사회적 안전망 구축방안	센터 DB	월간 복지동향, 제1호, 참여연대 사회복지위원회
471	1999~현재(재편기)	기관지	문진영	1999	국민기초생활보장법 제정 추진 운동, 어떻게 진행되고 있나	센터 DB	월간 복지동향, 제8호, 참여연대 사회복지위원회
472	1999~현재(재편기)	기관지	문진영	1999	국민기초생활보장법 제정 추진운동	센터 DB	월간 복지동향, 제7호, 참여연대 사회복지위원회
473	1999~현재(재편기)	기관지	이영환	1999	국민기초생활보장법 제정을 환영합니다	센터 DB	월간 복지동향, 제12호, 참여연대 사회복지위원회
474	1999~현재(재편기)	기관지	김유미	1999	국민기초생활보장법 제정의 현 단계와 전망	센터 DB	월간 복지동향, 제5호, 참여연대 사회복지위원회
475	1999~현재(재편기)	기관지	문진영	1999	국민기초생활보장법의 추진현황과 과제	센터 DB	월간 복지동향, 제14호, 참여연대 사회복지위원회
476	1999~현재(재편기)	기관지	허선	1999	국민기초생활보장법이 제정되기 까지	센터 DB	월간 복지동향, 제15호, 참여연대 사회복지위원회
477	1999~현재(재편기)	기관지	조홍식	1999	국민회의 국민복지기본선 정책기획단의 국민복지기본서 보장을 위한 10대 정책과제 검토	센터 DB	월간 복지동향, 제12호, 참여연대 사회복지위원회
478	1999~현재(재편기)	기관지	정원오	1999	김대중 정부의 실업대책: 공공부조를 중심으로	센터 DB	월간 복지동향, 제6호, 참여연대 사회복지위원회
479	1999~현재(재편기)	기관지	이찬진	1999	분리, 해체된 편부, 편부모가정의 생활보호 필요성	센터 DB	월간 복지동향, 제14호, 참여연대 사회복지위원회

번호	시기구분	자료유형	기관/인명	생성년도	제목	소장처	비고
480	1999~현재(재편기)	기관지	문진영	1999	생산적복지와 기초생활보장제도	센터 DB	월간 복지동향, 제12호, 참여연대 사회복지위원회
481	1999~현재(재편기)	기관지	류정순	1999	생활보호제도 운영의 문제점	센터 DB	월간 복지동향, 제10호, 참여연대 사회복지위원회
482	1999~현재(재편기)	기관지	임성택	1999	아사히 소송, 그 후—일본 복지소송의 전개	센터 DB	월간 복지동향, 제6호, 참여연대 사회복지위원회
483	1999~현재(재편기)	기관지	문진영	1999	우리시대 한계계층의 삶을 누가 책임질 것인가?	센터 DB	월간 복지동향, 제2호, 참여연대 사회복지위원회
484	1999~현재(재편기)	기관지	임성택	1999	판례소개: 일본의 복지소송	센터 DB	월간 복지동향, 제5호, 참여연대 사회복지위원회
485	1999~현재(재편기)	기관지	박영미	2000	(지상중계) 기초생활보장제도 정착을 위한 공공행정체계 개편방안 공청회	센터 DB	월간 복지동향, 제26호, 참여연대 사회복지위원회
486	1999~현재(재편기)	기관지	이태수	2000	2000년 보건복지예산의 현황과 평가	센터 DB	월간 복지동향, 제16호, 참여연대 사회복지위원회
487	1999~현재(재편기)	기관지	허선	2000	2001년도 최저생계비 결정 과정	센터 DB	월간 복지동향, 제27호, 참여연대 사회복지위원회
488	1999~현재(재편기)	기관지	허선	2000	국민기초생활보장 수급자 선정기준의 문제점	센터 DB	월간 복지동향, 제21호, 참여연대 사회복지위원회
489	1999~현재(재편기)	기관지	편집부	2000	국민기초생활보장법 수급권 찾기운동의 첫 기획소송	센터 DB	월간 복지동향, 제24호, 참여연대 사회복지위원회
490	1999~현재(재편기)	기관지	류정순	2000	국민기초생활보장법 시행과 관련된 보수, 기득권층의 저항이 도를 넘고 있다.	센터 DB	월간 복지동향, 제19호, 참여연대 사회복지위원회
491	1999~현재(재편기)	기관지	허선	2000	국민기초생활보장법 시행령에 대한 의견	센터 DB	월간 복지동향, 제23호, 참여연대 사회복지위원회
492	1999~현재(재편기)	기관지	류정순	2000	국민기초생활보장법 시행령의 재산기준 평가	센터 DB	월간 복지동향, 제20호, 참여연대 사회복지위원회
493	1999~현재(재편기)	기관지	허선	2000	국민기초생활보장법 시행방안에 대한 워크숍 개최	센터 DB	월간 복지동향, 제16호, 참여연대 사회복지위원회
494	1999~현재(재편기)	기관지	이영환	2000	국민기초생활보장법 시행준비	센터 DB	월간 복지동향, 제18호, 참여연대 사회복지위원회
495	1999~현재(재편기)	기관지	류정순	2000	국민기초생활보장법 제대로 시행되고 있지 않다	센터 DB	월간 복지동향, 제26호, 참여연대 사회복지위원회

번호	시기구분	자료유형	기관/인명	생성년도	제목	소장처	비고
496	1999~현재(재편기)	기관지	이찬진	2000	국민기초생활보장제도 안착을 위한 시민사회계의 대책	센터 DB	월간 복지동향, 제25호, 참여연대 사회복지위원회
497	1999~현재(재편기)	기관지	허선	2000	국민기초생활보장제도의 기대와 과제	센터 DB	월간 복지동향, 제25호, 참여연대 사회복지위원회
498	1999~현재(재편기)	기관지	진정문	2000	국민기초생활보장제도의 조례제정운동의 쟁점과 과제	센터 DB	월간 복지동향, 제25호, 참여연대 사회복지위원회
499	1999~현재(재편기)	기관지	문진영	2000	대상자선정과 자산조사	센터 DB	월간 복지동향, 제18호, 참여연대 사회복지위원회
500	1999~현재(재편기)	기관지	허선 외	2000	복지관련 분야별 공약 평가	센터 DB	월간 복지동향, 제19호, 참여연대 사회복지위원회
501	1999~현재(재편기)	기관지	편집부	2000	복지운동 워크숍: 국민기초생활보장법을 중심으로	센터 DB	월간 복지동향, 제20호, 참여연대 사회복지위원회
502	1999~현재(재편기)	기관지	허선	2000	빈곤가구에 대한 정부정책	센터 DB	월간 복지동향, 제17호, 참여연대 사회복지위원회
503	1999~현재(재편기)	기관지	이영환	2000	사회복지정책 공약 총괄평가와 16대 국회의 과제	센터 DB	월간 복지동향, 제19호, 참여연대 사회복지위원회
504	1999~현재(재편기)	기관지	임종대	2000	생존권에 대하여	센터 DB	월간 복지동향, 제25호, 참여연대 사회복지위원회
505	1999~현재(재편기)	기관지	김연명	2000	소득분배 의지가 없는 사회보장 프로그램	센터 DB	월간 복지동향, 제20호, 참여연대 사회복지위원회
506	1999~현재(재편기)	기관지	이은아	2000	소득분배구조 개선을 위한 정책토론회	센터 DB	월간 복지동향, 제18호, 참여연대 사회복지위원회
507	1999~현재(재편기)	기관지	김유배	2000	소득분배구조의 개선	센터 DB	월간 복지동향, 제18호, 참여연대 사회복지위원회
508	1999~현재(재편기)	기관지	이찬진	2000	수급권 운동의 과제와 지역운동모델	센터 DB	월간 복지동향, 제21호, 참여연대 사회복지위원회
509	1999~현재(재편기)	기관지	편집부	2000	수급권 통신 제1호	센터 DB	월간 복지동향, 제21호, 참여연대 사회복지위원회
510	1999~현재(재편기)	기관지	편집부	2000	수급권 통신 제2호	센터 DB	월간 복지동향, 제21호, 참여연대 사회복지위원회
511	1999~현재(재편기)	기관지	편집부	2000	수급권 통신 제3호	센터 DB	월간 복지동향, 제25호, 참여연대 사회복지위원회

번호	시기구분	자료유형	기관/인명	생성년도	제목	소장처	비고
512	1999~현재(재편기)	기관지	편집부	2000	수급권 통신 제4호	센터 DB	월간 복지동향, 제22호, 참여연대 사회복지위원회
513	1999~현재(재편기)	기관지	편집부	2000	수급권 통신 제5호	센터 DB	월간 복지동향, 제22호, 참여연대 사회복지위원회
514	1999~현재(재편기)	기관지	편집부	2000	수급권 통신 제6호	센터 DB	월간 복지동향, 제22호, 참여연대 사회복지위원회
515	1999~현재(재편기)	기관지	전효신	2000	신장병 환자와 국민기초생활보장법의 쟁론	센터 DB	월간 복지동향, 제23호, 참여연대 사회복지위원회
516	1999~현재(재편기)	기관지	김진희	2000	전문요원이 본 기초생활보장법의 과제들	센터 DB	월간 복지동향, 제24호, 참여연대 사회복지위원회
517	1999~현재(재편기)	기관지	최영섭	2000	지역주민의 기초생활보장을 위해 뭉친 작은 힘	센터 DB	월간 복지동향, 제22호, 참여연대 사회복지위원회
518	1999~현재(재편기)	성명	참여연대	2004	국민기초생활보장법 개정 필요성에 대한 국회의 몰이해	센터 DB	
519	1999~현재(재편기)	건의	국민기초생활보장법 추진 연대회의	2000	국민기초생활보장법 예산확보에 대한 연대회의의 입장	센터 DB	문진영 기증
520	1999~현재(재편기)	건의	국민기초생활보장법 추진 연대회의	2000	국민기초생활보장법 연기론과 추경예산 삭감에 대한 연대회의 의견서	센터 DB	문진영 기증
521	1999~현재(재편기)	건의	국민기초생활보장법 추진 연대회의	2000	국민기초생활보장법 연기론과 추경예산 삭감에 대한 연대회의 의견서	센터 DB	문진영 기증
522	1999~현재(재편기)	건의	참여연대	2004	국회 법사위 국민기초생활보장법 수정대안의 문제점에 대한 의견서	센터 DB	
523	1999~현재(재편기)	보도자료	국민기초생활보장법 추진 연대회의	2000	(대통령에게 보내는 공개서한) 국민기초생활보장법의 정착은 최소한의 요구입니다	센터 DB	문진영 기증
524	1999~현재(재편기)	보도자료	국민기초생활보장법 추진 연대회의	2000	무늬만인 국민기초생활보장법은 기만이다	센터 DB	문진영 기증
525	1999~현재(재편기)	보도자료	참여연대	2003	〔논평〕벼랑끝 빈곤층 현실 외면한 기초법개정안 국회통과	센터 DB	
526	1999~현재(재편기)	보도자료	참여연대 외	2003	빈곤과의 전쟁을 선포하십시오	센터 DB	
527	1999~현재(재편기)	기사	한겨레	1998. 10. 2	시민단체(98 실업을 이기자-3끝)	센터 DB	

번호	시기구분	자료유형	기관/인명	생성년도	제목	소장처	비고
528	1999~현재(재편기)	기사	한겨레	1998. 10. 21	부패방지법 인권법 기초생활보장법 등 14개법안 꼭 통과시켜라	센터 DB	
529	1999~현재(재편기)	기사	동아	1998. 12. 24	법제처 여당입법안에 난색	센터 DB	
530	1999~현재(재편기)	기사	국민	1998. 12. 29	극빈가구 연령무관 생계비등 지원	센터 DB	
531	1999~현재(재편기)	기사	세계	1998. 12. 29	〔논단〕소외계층 위한 대책 마련할 때(문진영 서강대 교수)	센터 DB	
532	1999~현재(재편기)	기사	경향	1998. 12. 29	생보자 연령 상관없이 지원: 복지위 '기초생활보장법' 통과	센터 DB	
533	1999~현재(재편기)	기사	한겨레	1998. 12. 29	생보자 연령 제한 없애: 법안 국회 소위통과…	센터 DB	
534	1999~현재(재편기)	기사	한겨레	1998. 12. 5	교회는 사회적 약자에 관심 쏟아야: 기독교사회선교협의회 선언	센터 DB	
535	1999~현재(재편기)	기사	한겨레	1998. 7. 24	대량실업시대-사회안전강이 없다: 최저생활 보장장치 서둘러야	센터 DB	
536	1999~현재(재편기)	기사	한국	1998. 8. 1	이자소득세율 25%까지 상향: 국민회의 실업대책 백서	센터 DB	
537	1999~현재(재편기)	기사	서울	1998. 8. 1	잘못된 실업대책 바로 잡는다: 국민회의 백서 발표에 담긴 뜻	센터 DB	
538	1999~현재(재편기)	기사	서울	1998. 8. 20	수해 실직자 지원 등 81조원 규모 추경예산안 처리: 임시국회 현안 법안	센터 DB	
539	1999~현재(재편기)	기사	한국	1998. 8. 28	실업여성가장 세 번 운다: 대부분 고령 자녀 양육부담	센터 DB	
540	1999~현재(재편기)	기사	세계	1998. 8. 3	택지개발 촉진법 여당 개정 추진	센터 DB	
541	1999~현재(재편기)	기사	조선	1998. 9. 10	20만원에 잘린 동심…'무서워요'	센터 DB	
542	1999~현재(재편기)	기사	조선	1998. 9. 11	법도 분노할 때가 됐다: '손가락 강도 반드시 중형을…' 각계, 잔혹한 범죄 철퇴 주문	센터 DB	
543	1999~현재(재편기)	기사	조선	1998. 9. 12	용의자 행방추적 제자리(손가락강도 수사)	센터 DB	

번호	시기구분	자료유형	기관/인명	생성년도	제목	소장처	비고
544	1999~현재(재편기)	기사	조선	1998. 9. 14	보험금 눈멀어 아들 손가락을…또 한번 경악-분노	센터 DB	
545	1999~현재(재편기)	기사	한겨레	1998. 9. 14	아버지가 손가락 잘랐다-보험금 타내려…. 어제 구속	센터 DB	
546	1999~현재(재편기)	기사	조선	1998. 9. 15	〔의견〕강정우군 감싸 안자(김홍권-경실련 경제정의연구소 부소장	센터 DB	
547	1999~현재(재편기)	기사	조선	1998. 9. 8	잔인무도한 떼강도-가장이 '돈 없다'버티자 10살 아들 손가락 잘라	센터 DB	
548	1999~현재(재편기)	기사	조선	1998. 9. 9	'어린이에 대한 범죄 용서할 수 없는 일': 손가락 강도 끝까지 추적	센터 DB	
549	1999~현재(재편기)	기사	한경	1999. 08. 02	생산적 복지 2001년 법제화…경제정책 조정회의	센터 DB	
550	1999~현재(재편기)	기사	매경	1999. 08. 10	근로능력 관계없이 전국민 최저생계 보장	센터 DB	
551	1999~현재(재편기)	기사	서경	1999. 08. 15	8·15 경축사, 복지정책, 일할 능력 없는 계층 기초생활 보장	센터 DB	
552	1999~현재(재편기)	기사	한겨레	1999. 08. 16	생산적 복지 주요내용 8·15 경축사	센터 DB	
553	1999~현재(재편기)	기사	한겨레	1999. 08. 18	'생산적 복지' 후속대책, 저소득층 생계비지원	센터 DB	
554	1999~현재(재편기)	기사	문화	1999. 08. 21	(포럼) 총선용 복지플랜 안 된다	센터 DB	
555	1999~현재(재편기)	기사	한겨레	1999. 09. 10	'기초생활보장법' 준비 어떻게 돼가나, 예산확보 안 돼 지지부진	센터 DB	
556	1999~현재(재편기)	기사	서울	1999. 09. 11	소외계층 400만명 재정지원	센터 DB	
557	1999~현재(재편기)	기사	한겨레	1999. 09. 18	(현장칼럼) 말만 앞선 '생산적 복지'	센터 DB	
558	1999~현재(재편기)	기사	한겨레	1999. 1. 15	국민기초생활 보장법 만든다	센터 DB	
559	1999~현재(재편기)	기사	서울	1999. 1. 4	99년은 개혁 완성의 해: 시민단체 올 활동 목표	센터 DB	

번호	시기구분	자료유형	기관/인명	생성년도	제목	소장처	비고
560	1999~현재(재편기)	기사	국민	1999. 1. 6	정부법안 심의에 신중 요구	센터 DB	
561	1999~현재(재편기)	기사	데일리팜	1999. 10. 03	선진 복지사회 시금석 마련한다	센터 DB	
562	1999~현재(재편기)	기사	한국	1999. 11. 16	〔아침을 열며〕궁핍에 갖서는 생산적 복지	센터 DB	
563	1999~현재(재편기)	기사	한겨레21	1999. 11. 25	생산적 복지는 만병통치약인가	센터 DB	
564	1999~현재(재편기)	기사	서경	1999. 12. 12	〔준고령자 실업실태〕40~50대 일자리는 없다	센터 DB	
565	1999~현재(재편기)	기사	세계	1999. 12. 25	〔시론〕장밋빛 사회복지	센터 DB	
566	1999~현재(재편기)	기사	조선	1999. 12. 31	7월부터 과세특례제 폐지, 의약분업 실시…민방위45세로 단축(새해부터 이렇게 달라집니다) (국기법 시행 소개기사)	센터 DB	
567	1999~현재(재편기)	기사	문화	1999. 2. 10	실업대책: 사회안전망 구축으로(김기식 참여연대)	센터 DB	
568	1999~현재(재편기)	기사	문화	1999. 3. 4	빅딜-실업정책 격렬 공방	센터 DB	
569	1999~현재(재편기)	기사	한겨레	1999. 3. 5	국회대정부 질문: 일자리 대책 이대로 안된다	센터 DB	
570	1999~현재(재편기)	기사	한겨레	1999. 3. 5	정부 사회안전망 구축 나서야: 기초생활 보장법 제정도 시급	센터 DB	
571	1999~현재(재편기)	기사	조선	1999. 5. 4	국민생활보장법제정을: 사회복지학자206명 성명	센터 DB	
572	1999~현재(재편기)	기사	문화	1999. 7. 13	김대통령 개혁입법 서둘러라	센터 DB	
573	1999~현재(재편기)	기사	동아	1999. 7. 13	김대통령 이대행에 개혁법안 조속 추진 지시	센터 DB	
574	1999~현재(재편기)	기사	국민	1999. 7. 14	저소득 생계비 지원 내년7월 조기시행	센터 DB	
575	1999~현재(재편기)	기사	국민	1999. 7. 17	22개 정보화 사업 기반 조성(국민 기초생활 보장법 추진 결정 내용).	센터 DB	

번호	시기구분	자료유형	기관/인명	생성년도	제목	소장처	비고
576	1999~현재(재편기)	기사	경향	1999. 7. 19	빈곤층 기본생활 국가가 보장	센터 DB	
577	1999~현재(재편기)	기사	조선	1999. 7. 2	가계소득 'IMF 전 수준 회복시킨다' (자활보호대상자 기초생활보장)	센터 DB	
578	1999~현재(재편기)	기사	문화	1999. 7. 20	근로자 80% 2002년까지 고용보험 혜택	센터 DB	
579	1999~현재(재편기)	기사	경향	1999. 7. 20	내년선거 앞두고 경제정책마다 총선냄새: 졸속 부작용 우려	센터 DB	
580	1999~현재(재편기)	기사	문화	1999. 7. 22	금융소득종합 종합과세 올 정기국회 제출 추진	센터 DB	
581	1999~현재(재편기)	기사	문화	1999. 7. 23	일용직도 고용보험 적용(실업대책회의 개최)	센터 DB	
582	1999~현재(재편기)	기사	조선	1999. 7. 24	근로자 80% 고용보험혜택	센터 DB	
583	1999~현재(재편기)	기사	경향	1999. 7. 24	일용직 2002년까지 고용보험: 정부 중기 실업대책 확정	센터 DB	
584	1999~현재(재편기)	기사	문화	1999. 7. 28	여야 다시 정책대결: 국민회의 개혁 가속화	센터 DB	
585	1999~현재(재편기)	기사	한겨레	1999. 7. 29	8개 개혁 법안 내용 전망	센터 DB	
586	1999~현재(재편기)	기사	경향	1999. 7. 29	〔독자의 소리〕국회공전에 민생법안 또 지연 실망	센터 DB	
587	1999~현재(재편기)	기사	한겨레	1999. 7. 30	중기실업대책 우선 논의: 노사관계위 첫 회의	센터 DB	
588	1999~현재(재편기)	기사	조선	1999. 8. 10	읍-면-동 별정직 복지요원 3000명 일반직으로 바뀐다	센터 DB	
589	1999~현재(재편기)	기사	국민	1999. 8. 10	자활 생활 보호 대상자에도 내년 10월부터 생계비 지급	센터 DB	
590	1999~현재(재편기)	기사	서울	1999. 8. 11	〔사설〕정쟁에 발목 잡힌 민생현안	센터 DB	
591	1999~현재(재편기)	기사	한국	1999. 8. 11	〔우리주장〕기초생활 보장법 통과 환영	센터 DB	

번호	시기구분	자료유형	기관/인명	생성년도	제목	소장처	비고
592	1999~현재(재편기)	기사	한겨레	1999. 8. 12	표류하는 개혁 민생법안: 여야 여여 당정 따로 논다	센터 DB	
593	1999~현재(재편기)	기사	동아	1999. 8. 13	근소세 공제 연 1,200만원으로	센터 DB	
594	1999~현재(재편기)	기사	경향	1999. 8. 13	여야총리해임안 오늘 본회의서 처리	센터 DB	
595	1999~현재(재편기)	기사	조선	1999. 8. 14	직장인소득공제확대 신용카드 사용분도 혜택(국회통과법안)(국민기초생활보장법단 통과기사)	센터 DB	
596	1999~현재(재편기)	기사	서울	1999. 8. 2	임시국회서 처리될 주요법안은	센터 DB	
597	1999~현재(재편기)	기사	조선	1999. 8. 24	8·15 후속대책 6조5천억 필요	센터 DB	
598	1999~현재(재편기)	기사	세계	1999. 8. 3	2001년부터 서민층 일자리 얻을 때까지 기초생활 보장	센터 DB	
599	1999~현재(재편기)	기사	동아	1999. 8. 3	빈곤층 지원 국민 기초생활보장법 2001년 시행	센터 DB	
600	1999~현재(재편기)	기사	조선	1999. 8. 3	장기실업 등 '생활보호대상'범위-지원확대	센터 DB	
601	1999~현재(재편기)	기사	조선	1999. 9. 22	(내년 예산안으로 본 '삶의 질') 154만명에 생계비 월 9~20만원 지원	센터 DB	
602	1999~현재(재편기)	기사	한겨레	2000. 01. 01	생산적 복지 허와 실: 정책 서말이라도 꿰어야 보배	센터 DB	
603	1999~현재(재편기)	기사	서울경제	2000. 01. 09	이헌재 경제팀의 과제: 3. 실정에 맞는 생산적 복지를	센터 DB	
604	1999~현재(재편기)	기사	서울	2000. 01. 11	새 세기를 새롭게 비전한국 21: 중산층은 나라의 기둥	센터 DB	
605	1999~현재(재편기)	기사	매경	2000. 02. 03	소극불평등 해소: 생활 보장법 도입 소외계층지원	센터 DB	
606	1999~현재(재편기)	기사	한경	2000. 02. 09	자활보호대상자 생계비 계속 지급키로	센터 DB	
607	1999~현재(재편기)	기사	헤럴드경제	2000. 02. 16	생계비 지급대상 154만명으로 3배 확대	센터 DB	

번호	시기구분	자료유형	기관/인명	생성년도	제목	소장처	비고
608	1999~현재(재편기)	기사	동아	2000.03.03	생계보호 못 받는 빈곤층 430만명 달해	센터 DB	
609	1999~현재(재편기)	기사	한국	2000.03.10	생계보조금 소득따라 차등지급	센터 DB	
610	1999~현재(재편기)	기사	동아	2000.03.18	〔기고〕최저 생계비 보장 손질 필요	센터 DB	
611	1999~현재(재편기)	기사	서울	2000.03.21	재경부 일하는 생보자 20% 더 지원	센터 DB	
612	1999~현재(재편기)	기사	동아	2000.03.31	노인 인력풀	센터 DB	
613	1999~현재(재편기)	기사	문화	2000.04.08	〔포럼〕사탕발림 공약과 국민부담	센터 DB	
614	1999~현재(재편기)	기사	경향	2000.04.29	또 하나의 분단 빈부격차. 겉도는 정부정책	센터 DB	
615	1999~현재(재편기)	기사	한경	2000.05.03	〔다산칼럼〕가이사의 몫	센터 DB	
616	1999~현재(재편기)	기사	한국	2000.05.04	기초생활보장법 험로 예고	센터 DB	
617	1999~현재(재편기)	기사	경향	2000.05.06	〔시론〕빈곤 퇴치의 해법	센터 DB	
618	1999~현재(재편기)	기사	한겨레	2000.05.09	국민기초생활보장법 뻥 될락 말락	센터 DB	
619	1999~현재(재편기)	기사	헤럴드	2000.05.09	〔내경포럼〕도덕적 해이현상의 만연	센터 DB	
620	1999~현재(재편기)	기사	한겨레	2000.05.13	기초생활법 보완해야	센터 DB	
621	1999~현재(재편기)	기사	한경	2000.05.20	한국 노동시장 개혁 국제회의. 한시적 사업축소 바람직	센터 DB	
622	1999~현재(재편기)	기사	한겨레21	2000.05.25	복지 줄여야 빈민이 산다	센터 DB	
623	1999~현재(재편기)	기사	문화	2000.05.30	〔심층취재〕기초생활보장법 모의적용해보니	센터 DB	

번호	시기구분	자료유형	기관/인명	생성년도	제목	소장처	비고
624	1999~현재(재편기)	기사	한겨레	2000.07.14	공공근로 등 실업대책 지속된 경제안정 저해	센터 DB	
625	1999~현재(재편기)	기사	서울	2000.07.21	서민경제를 살리자. 기초생활보장	센터 DB	
626	1999~현재(재편기)	기사	한경	2000.08.03	실업대책 이젠 고용안정 역점. 내년부터 공공근로 축소	센터 DB	
627	1999~현재(재편기)	기사	한겨레	2000.08.11	거택보호자, 취로 사업 폐지될 듯	센터 DB	
628	1999~현재(재편기)	기사	월간조선	2000.08.21	국민기초생활보장법의 연기 주장에 무리 많다	센터 DB	
629	1999~현재(재편기)	기사	경향	2000.08.24	국정 2기 이것을 풀어라. 사회 복지 분야	센터 DB	
630	1999~현재(재편기)	기사	kbs	2000.08.25	사회. 생산적 복지	센터 DB	
631	1999~현재(재편기)	기사	매경	2000.08.28	사회복지정책. 내년 예산부족 차질예상	센터 DB	
632	1999~현재(재편기)	기사	매경	2000.08.31	(노동구조 악화) 고용, 복지 정책의 문제점	센터 DB	
633	1999~현재(재편기)	기사	매경	2000.09.23	기초생활법 D-8…빈곤층 대거 양산 염려	센터 DB	
634	1999~현재(재편기)	기사	국민	2000.09.26	국민기초생활보장 제대로 알자(상)	센터 DB	
635	1999~현재(재편기)	기사	국민	2000.09.26	기초 보장제 졸속…생계비 지원 대상 겉핥기에 늑장선정	센터 DB	
636	1999~현재(재편기)	기사	한겨레	2000.09.27	경제시평. 빈곤의 책임	센터 DB	
637	1999~현재(재편기)	기사	한겨레	2000.09.28	보수언론 이번엔 복지정책 때리기	센터 DB	
638	1999~현재(재편기)	기사	이원컴	2000.09.29	국민기초생활보장제. 기대반 우려반	센터 DB	
639	1999~현재(재편기)	기사	조선	2000.1.14	〔시론〕'생산적복지 3년계획 을'	센터 DB	

번호	시기구분	자료유형	기관/인명	생성년도	제목	소장처	비고
640	1999~현재(재편기)	기사	국민	2000. 10. 02	국민시론. 내년도 예산안의 쟁점	센터 DB	
641	1999~현재(재편기)	기사	조선	2000. 10. 11	정부, 푼돈 쓰듯 몇 천억 써	센터 DB	
642	1999~현재(재편기)	기사	조선	2000. 10. 13	생계비 지원 저소득층 실제 재산상황 알아낸다 국세청, 연계시스템 구축	센터 DB	
643	1999~현재(재편기)	기사	조선	2000. 10. 13	추경예산 2조2725억	센터 DB	
644	1999~현재(재편기)	기사	조선	2000. 10. 16	기초생활보장 대상자 선정 때 압력, 청탁 횡행	센터 DB	
645	1999~현재(재편기)	기사	조선	2000. 10. 18	〔미니컬럼〕허울뿐인 기초생활보장제	센터 DB	
646	1999~현재(재편기)	기사	조선	2000. 10. 2	기초생활보장 수급자 14만명 선정: 전남도 7만4000가구	센터 DB	
647	1999~현재(재편기)	기사	조선	2000. 10. 20	〔국감포커스〕복지위 '의료계 눈치만 봐…정부 무소신'	센터 DB	
648	1999~현재(재편기)	기사	조선	2000. 10. 24	기초생활보장제후…보조금 깎인 장애인 생활고 비관 자살	센터 DB	
649	1999~현재(재편기)	기사	헤럴드	2000. 10. 24	〔내경포럼〕예산안 이대로는 안 된다	센터 DB	
650	1999~현재(재편기)	기사	조선	2000. 10. 3	기초생활보장자 11만명(부산시 조사임)	센터 DB	
651	1999~현재(재편기)	기사	매경	2000. 11. 03	복지정책 YS정부 때보다 나아져	센터 DB	
652	1999~현재(재편기)	기사	동아	2000. 11. 03	〔시론〕장애인이 살기 힘든 나라	센터 DB	
653	1999~현재(재편기)	기사	한겨레	2000. 11. 08	퇴출시대(4) 생산적복지 빈곤층엔 썰렁	센터 DB	
654	1999~현재(재편기)	기사	한국	2000. 11. 09	실업대란(하) 안전망이 없다	센터 DB	
655	1999~현재(재편기)	기사	조선	2000. 11. 14	기초생활법의 허와 실	센터 DB	

번호	시기구분	자료유형	기관/인명	생성년도	제목	소장처	비고
656	1999~현재(재편기)	기사	한국	2000. 11. 15	〔한국시론〕사회안전망 그래도 성글다	센터 DB	
657	1999~현재(재편기)	기사	국민	2000. 11. 17	우리가 다시쓰는 행복일기(3) 미혼모 가족	센터 DB	
658	1999~현재(재편기)	기사	조선	2000. 11. 20	나라 빚 '눈덩이' 실태 공적자금 40조 추가 땐 이자부담 연3조 늘어	센터 DB	
659	1999~현재(재편기)	기사	세계	2000. 11. 21	극빈층 생계 보호 대책 절실	센터 DB	
660	1999~현재(재편기)	기사	세계	2000. 11. 21	서울 공공근로사업 3만명으로 확대 실시	센터 DB	
661	1999~현재(재편기)	기사	한겨레	2000. 11. 23	21세기 복지에 승부를(1) 한국의 현주소	센터 DB	
662	1999~현재(재편기)	기사	한겨레	2000. 11. 24	국민기초생활보장제 이후 일하는 저소득층 되레 빠듯	센터 DB	
663	1999~현재(재편기)	기사	뉴스피플	2000. 11. 24	실업대란 비상, 퇴출정책은 있고 실업대책은 없다	센터 DB	
664	1999~현재(재편기)	기사	데일리팜	2000. 11. 28	빈민층 거주 쪽방 의료복지 사각지대	센터 DB	
665	1999~현재(재편기)	기사	조선	2000. 11. 7	경제 이대로는 안된다(7) : 경제 외면하는 정치(과도한 수준의 복지정책을 펴고 있다는 언급)	센터 DB	
666	1999~현재(재편기)	기사	서울	2000. 12. 04	국민기초생활보장제 지상논쟁	센터 DB	
667	1999~현재(재편기)	기사	한겨레	2000. 12. 04	국정위기 해법 없나(4) 사회 갈수록 양극화 가진 자부터 개혁을	센터 DB	
668	1999~현재(재편기)	기사	경향	2000. 12. 05	〔기고〕기초생활복지법 소모적 복지 손실을	센터 DB	
669	1999~현재(재편기)	기사	조선	2000. 12. 12	〔시론〕'실업한파' 이렇게 풀자(이원덕-한국노동연구원장)	센터 DB	
670	1999~현재(재편기)	기사	조선	2000. 12. 12	쏟아지는 실업…정부대책 무방비 내년 실업예산 올해 '반토막'	센터 DB	
671	1999~현재(재편기)	기사	한겨레	2000. 12. 15	21세기 복지에 승부를(3) 시민참여 활발한 미국, 미국인 둘 중 한명 자원봉사	센터 DB	

번호	시기구분	자료유형	기관/인명	생성년도	제목	소장처	비고
672	1999~현재(재편기)	기사	조선	2000. 12. 2	4인 가구 최저생계비 내년 월95만 6000원	센터 DB	
673	1999~현재(재편기)	기사	조선	2000. 12. 21	안창마을 김철민씨의 고단한 세모: '월급 얼마 됐든 일자리만 있었으면…'	센터 DB	
674	1999~현재(재편기)	기사	서울	2000. 12. 25	1분기 공공근로 20만명까지	센터 DB	
675	1999~현재(재편기)	기사	조선	2000. 2. 17	'부양능력없음' 입증하면 자녀 있어도 생보자 선정('국민생활보장법' 사행령 내용-의미)	센터 DB	
676	1999~현재(재편기)	기사	조선	2000. 2. 17	생계비 153만명에 지급(10월부터…100만명 늘려)	센터 DB	
677	1999~현재(재편기)	기사	조선	2000. 2. 25	〔시론〕사회보험제도 수술하자(배준호)	센터 DB	
678	1999~현재(재편기)	기사	조선	2000. 3. 21	금융기관설립요건 완화(저소득층 자활의지 돕게 근로소득 공제제도 도입)	센터 DB	
679	1999~현재(재편기)	기사	조선	2000. 3. 22	(기초생활보장 수혜대상자 선정 위해) 생보자 소득 예비조사	센터 DB	
680	1999~현재(재편기)	기사	조선	2000. 5. 11	임시-일용직도 국민연금 가입	센터 DB	
681	1999~현재(재편기)	기사	조선	2000. 5. 27	'생활보호대상자' 무기한 신청접수(복지부, 기준도 완화)	센터 DB	
682	1999~현재(재편기)	기사	조선	2000. 6. 12	〔시론〕사회보험 뿌리부터 개혁을(배준호)	센터 DB	
683	1999~현재(재편기)	기사	조선	2000. 7. 1	추경예산 여야격돌	센터 DB	
684	1999~현재(재편기)	기사	조선	2000. 7. 19	저소득층 생계지원 154만명으로 확대	센터 DB	
685	1999~현재(재편기)	기사	조선	2000. 8. 25	〔기자수첩〕두마리 토끼	센터 DB	
686	1999~현재(재편기)	기사	조선	2000. 9. 10	'추석민심 잡아라' 여야 총력 홍보전(국기법 실시를 정당홍보에 활용한다는 언급)	센터 DB	
687	1999~현재(재편기)	기사	조선	2000. 9. 17	'민심 모른다니…다 듣고 있소'-김대통령, 민주당 최고위원 낙선자 위로(김희선 의원-국기법 홍보가 잘 안되고 있다고 언급)	센터 DB	

번호	시기구분	자료유형	기관/인명	생성년도	제목	소장처	비고
688	1999~현재(재편기)	기사	조선	2000. 9. 20	저소득층 지원 '기초생활보장법' 내달 시행-'대상자 기준 모호' 반발 거세	센터 DB	
689	1999~현재(재편기)	기사	조선	2000. 9. 25	기초생활보장대상자 170만명	센터 DB	
690	1999~현재(재편기)	기사	조선	2000. 9. 27	9% 팽창 예산…공적자금 이자만 7조: 내년 예산안 특징	센터 DB	
691	1999~현재(재편기)	기사	조선	2000. 9. 27	'기초생활보장제' 더 보완해야	센터 DB	
692	1999~현재(재편기)	기사	조선	2000. 9. 30	148만명 생계비 지급(내일부터) : 기초생활보장제 실시	센터 DB	
693	1999~현재(재편기)	기사	조선	2000. 9. 4	'금융, 재벌, 공공 개혁강화': 김대통령 회견내용(경제, 의료, 정치)	센터 DB	
694	1999~현재(재편기)	기사	조선	2000. 9. 4	'금융, 재벌, 공공 개혁강화': 정부, 복지비 증가분 지방 떠넘기기 시도	센터 DB	
695	1999~현재(재편기)	기사	조선	2000. 9. 5	지방교육지원 19조 투입: 예산 101조 잠정확정 오늘 당정협의	센터 DB	
696	1999~현재(재편기)	기사	한겨레	2001. 01. 01	소득불균형 실태와 대책, 벌어지는 빈부 멀어지는 평등	센터 DB	
697	1999~현재(재편기)	기사	세계	2001. 01. 06	한국경제 다시 뛰자(5) 실업대책	센터 DB	
698	1999~현재(재편기)	기사	한겨레	2001. 01. 09	실업정책, 단기 처방 급급	센터 DB	
699	1999~현재(재편기)	기사	한겨레	2001. 01. 10	근본을 세우자(7) 사회 안전망 확충을	센터 DB	
700	1999~현재(재편기)	기사	한경	2001. 01. 31	〔실업대책〕될만한 기술 콕찍어 훈련… 맞춤교육 취직율 높여	센터 DB	
701	1999~현재(재편기)	기사	동아	2001. 02. 09	표류하는 영유아 교육(5) 같아만 줘도 고마워	센터 DB	
702	1999~현재(재편기)	기사	경향	2001. 02. 15	부익부 빈익빈 심화 불평등 사회 경고등	센터 DB	
703	1999~현재(재편기)	기사	국민	2001. 03. 01	중증장애인 60만명 국민연금 사각지대	센터 DB	

번호	시기구분	자료유형	기관/인명	생성년도	제목	소장처	비고
704	1999~현재(재편기)	기사	문화	2001.03.16	실직 등으로 가족노숙 늘어	센터 DB	
705	1999~현재(재편기)	기사	데일리팜	2001.04.19	의료보호자 면세. 과세여부 국세청도 혼란	센터 DB	
706	1999~현재(재편기)	기사	서울	2001.05.04	사회복지 공무원 700명 추가 채용	센터 DB	
707	1999~현재(재편기)	기사	한겨레	2001.05.15	비탈에선 노동자, 남은자도 실직불안 일상화	센터 DB	
708	1999~현재(재편기)	기사	한겨레	2001.05.15	신자유주의로 기우는 민주적 시장경제	센터 DB	
709	1999~현재(재편기)	기사	월간조선	2001.06.01	복지정책의 이념과 갈등	센터 DB	
710	1999~현재(재편기)	기사	헤럴드	2001.07.19	정부, 서민 중산층 주거 안정에 초점	센터 DB	
711	1999~현재(재편기)	기사	동아	2001.08.02	시론. DJ정권의 정체불명 정책	센터 DB	
712	1999~현재(재편기)	기사	한겨레	2001.08.20	기초생활보장제 드러난 문제들…생계비 지원기준 도농 획일적 적용	센터 DB	
713	1999~현재(재편기)	기사	문화	2001.08.27	장애인. 극빈자 복지 겉돈다	센터 DB	
714	1999~현재(재편기)	기사	동아	2001.08.31	DJ정부 국정진단 초심과 현실(5) 사회개혁	센터 DB	
715	1999~현재(재편기)	기사	조선	2001.1.11	생활보호대상자 확대: 사회안전망 점검회의	센터 DB	
716	1999~현재(재편기)	기사	조선	2001.1.20	(현장에서)썰렁해진 도심 쪽방촌: '하루 5000원짜리 쪽방도 호사'	센터 DB	
717	1999~현재(재편기)	기사	조선	2001.1.20	20대국정쇄신과제(기초생활보호대상자155만명으로 확대를 언급)	센터 DB	
718	1999~현재(재편기)	기사	조선	2001.1.27	불어난 사회보장예산 문제없나: '과속복지' 근로의욕 해칠 우려	센터 DB	
719	1999~현재(재편기)	기사	한겨레	2001.10.04	기초생활보호법 시행1년 점검: 사회안전망 넘어 자활토대 성과	센터 DB	

번호	시기구분	자료유형	기관/인명	생성년도	제목	소장처	비고
720	1999~현재(재편기)	기사	문화	2001. 10. 06	경로연금수혜자 2배 늘린다	센터 DB	
721	1999~현재(재편기)	기사	시민의 신문	2001. 10. 10	국민기초생활보장제 당연한 사회안전망	센터 DB	
722	1999~현재(재편기)	기사	시민의 신문	2001. 10. 12	국민기초생활보장제 수급액 올려야	센터 DB	
723	1999~현재(재편기)	기사	시민의 신문	2001. 10. 12	기초생활보장법 졸속시행 우려	센터 DB	
724	1999~현재(재편기)	기사	시민의 신문	2001. 11. 30	국민기초생활보장법 시행 1년 평가 공청회	센터 DB	
725	1999~현재(재편기)	기사	매경	2001. 12. 10	극빈층 노인 8천명 넘어	센터 DB	
726	1999~현재(재편기)	기사	한국	2001. 12. 12	KDI토론회서 주장…환란이후 소득 불평등 심화	센터 DB	
727	1999~현재(재편기)	기사	조선	2001. 12. 25	〔시론〕나누는 사회가 아름답다	센터 DB	
728	1999~현재(재편기)	기사	조선	2001. 4. 17	〔미니칼럼〕안타까운 생보자 선정기준	센터 DB	
729	1999~현재(재편기)	기사	조선	2001. 4. 21	〔조선일보를 읽고〕아들 있어도 생보자 가능	센터 DB	
730	1999~현재(재편기)	기사	조선	2001. 4. 3	야 '국가재정 전면 재실사' 복지정책 실패…나라빚, 공적자금 급증 내년선거 앞두고 선심성 예산 남발 우려	센터 DB	
731	1999~현재(재편기)	기사	조선	2001. 4. 30	개혁에 대한 국민신뢰 붕괴돼(문희상 의원 강연서…"비용 적게 드는 개혁부터 했어야"	센터 DB	
732	1999~현재(재편기)	기사	조선	2001. 4. 6	부모 안 돌본 '능력 있는 자식' 찾아내 국가서 지급한 생계비 환수	센터 DB	
733	1999~현재(재편기)	기사	조선	2001. 4. 7	야 '내년 세수부족 7조 이상' 경고	센터 DB	
734	1999~현재(재편기)	기사	조선	2001. 5. 16	뛰는 월세 잡는 길은 공공임대주택 확대뿐	센터 DB	
735	1999~현재(재편기)	기사	조선	2001. 5. 19	부모공양 외면한 자녀들에 '최저생계비 반납 통보'	센터 DB	

번호	시기구분	자료유형	기관/인명	생성년도	제목	소장처	비고
736	1999~현재(재편기)	기사	조선	2001. 7. 19	〔시론〕소외된 이웃을 돌아보자	센터 DB	
737	1999~현재(재편기)	기사	조선	2001. 8. 27	'억대 생보자' 158명 적발(복지부, 생계비 환수키로)	센터 DB	
738	1999~현재(재편기)	기사	조선	2001. 8. 29	(조선일보를 읽고) 국민 빚만 늘리는 정부	센터 DB	
739	1999~현재(재편기)	기사	조선	2001. 8. 3	노숙자에도 '최저생계비'(이달부터 일정지역서 두 달 거주 땐 지급)	센터 DB	
740	1999~현재(재편기)	기사	조선	2001. 9. 1	부양 기피한 딸 가족에 '생활보장비 물어내라'	센터 DB	
741	1999~현재(재편기)	기사	조선	2001. 9. 22	억대 자산가가 기초생활보장 수급자(김홍신 의원 지적)	센터 DB	
742	1999~현재(재편기)	사설	조선	1998. 9. 10	〔사설〕어린이 손가락 자르는 세상	센터 DB	
743	1999~현재(재편기)	사설	서울	1999. 08. 11	政争에 발목잡힌 민생현안	센터 DB	
744	1999~현재(재편기)	사설	한겨레	1999. 08. 19	〔사설〕'기초생활보장제' 철저 준비를	센터 DB	
745	1999~현재(재편기)	사설	이코노미스트	1999. 08. 31	빈곤의 탈피인가, 빈곤 악순환인가	센터 DB	
746	1999~현재(재편기)	사설	동아	1999. 11. 12	〔사설〕빈곤층 1000만명	센터 DB	
747	1999~현재(재편기)	사설	서울경제	2000. 01. 12	실업대책 선심, 낭비는 없는가	센터 DB	
748	1999~현재(재편기)	사설	헤럴드 경제	2000. 02. 07	재정균형 깰 복병 많다	센터 DB	
749	1999~현재(재편기)	사설	세계	2000. 02. 23	〔논단〕기초생활보장 거품우려	센터 DB	
750	1999~현재(재편기)	사설	매경	2000. 08. 21	재정계획 시급하다	센터 DB	
751	1999~현재(재편기)	사설	서울	2000. 10. 10	〔김삼웅 칼럼〕80대20법칙의 사회학	센터 DB	

번호	시기구분	자료유형	기관/인명	생성년도	제목	소장처	비고
752	1999~현재(재편기)	사설	조선	2000. 10. 21	〔김대중 칼럼〕DJ의선택	센터 DB	
753	1999~현재(재편기)	사설	동아	2000. 12. 12	〔경제시평〕구조조정은 실업의 보약	센터 DB	
754	1999~현재(재편기)	사설	헤럴드	2000. 12. 26	퍼주기식 실업대책은 안된다	센터 DB	
755	1999~현재(재편기)	사설	신동아	2001. 06. 01	복지정책: 소화불량걸린 복지부를 확대개편하라	센터 DB	
756	1999~현재(재편기)	사설	헤럴드	2001. 07. 21	생산적 복지정책의 양날	센터 DB	
757	1999~현재(재편기)	사설	세계	2001. 12. 13	실업이 키운 불평등	센터 DB	
758	1999~현재(재편기)	서적	참여연대 사회복지위원회	2004	참여연대 사회복지운동 10년의 기록(전7권)	국립중앙도서관	국립중앙도서관
759	1999~현재(재편기)	논문	이현주	1998	국민기초생활보장법 제정 및 의의	센터 DB	보건복지포럼 통권 제37호
760	1999~현재(재편기)	논문	김미곤 김태완	1998	국민기츠생활보장법 제정에 따른 정책과제	센터 DB	보건복지포럼 통권 제35호
761	1999~현재(재편기)	논문	박능후	1998	국민기초생활보장법과 근로연계복지정책	센터 DB	보건복지포럼 통권 제37호
762	1999~현재(재편기)	논문	윤찬영	1998	빈민에 관한 사회복지법의 둔제: 생활보호법의 제문제에 대한 비판적 분석	센터 DB	사회복지정책
763	1999~현재(재편기)	논문	손건익	1999	1999년 저소득층 생활안정을 위한 주요사업: 저소득 실직자 생활안정대책을 중심으로	센터 DB	감사 통권 제62호
764	1999~현재(재편기)	논문	김미곤	1999	국민기초생활보장법 제정에 따른 향후 과제	센터 DB	보건복지포럼 통권 제37호
765	1999~현재(재편기)	논문	문진영	1999	국민기초생활보장법 제정의 쟁점과 운영방안에 관한 연구	센터 DB	한국사회복지학 제38호
766	1999~현재(재편기)	논문	손건익	1999	국민기초생활보장법과 생활보호법의 비교	센터 DB	한국사회복지학 통권 제37호
767	1999~현재(재편기)	논문	안병영	1999	국민기초생활보장법의 제정과정에 대한 연구	센터 DB	행정논총제38호, 서울대학교한국행정연구소

번호	시기구분	자료유형	기관/인명	생성년도	제목	소장처	비고
768	1999~현재(재편기)	논문	허선	1999	국민기초생활보장법의 제정의의와 정착방안	센터 DB	보건과 복지 통권 제2호, 한국보건복지학회
769	1999~현재(재편기)	논문	김미곤	1999	빈곤대책으로서의 국민기초생활보장법	센터 DB	도시연구 제5호
770	1999~현재(재편기)	논문	남준우	1999	사회복지정책의 결정과정에 대한 연구(국민기초생활보장법제정과정을 중심으로) (연세대학교 석사학위 논문)	센터 DB	연세대학교 행정대학원 석사학위 논문
771	1999~현재(재편기)	논문	김연명	1999	이익집단의 벽에 가로막힌 한국형 복지모델	센터 DB	신동아 1999년도 12월호
772	1999~현재(재편기)	논문	최창무. 고수현	1999	제6공화국 시기의 복지자본주의체제의 이행: 생활보호정책의 내재적 요인을 중심으로	센터 DB	복지행정논총 제9호
773	1999~현재(재편기)	논문	손건익	2000	국민기초생활보장법 시행 연기주장 유감	센터 DB	월간조선 2000년 8월호
774	1999~현재(재편기)	논문	허선	2000	국민기초생활보장법 시행방안의 주요쟁점과 그 대안	센터 DB	사회복지정책 제10집, 한국복지정책학회
775	1999~현재(재편기)	논문	이문국	2000	국민기초생활보장법 시행에 따른 자활급여의 쟁점과 전망: 대안모델의 구축을 중심으로	센터 DB	도시와 빈곤 제42호
776	1999~현재(재편기)	논문	이민아	2000	국민기초생활보장법 제정과정에 있어서 시민운동이 미친 영향에 관한 연구	센터 DB	중앙대학교 사회복지학과 석사학위 논문
777	1999~현재(재편기)	논문	문진영	2000	국민기초생활보장법 제정의 쟁점과 전망(계명여성학세미나 자료)	센터 DB	문진영 기증
778	1999~현재(재편기)	논문	허선	2000	국민기초생활보장제도의 전망과 과제: 기초법 연기론자의 주장에 대한 비판을 중심으로	센터 DB	문진영 기증
779	1999~현재(재편기)	논문	배기효, 이옥희	2000	국민기초생활보장제도의 효율적 시행을 위한 복지행정체계의 개선 방안	센터 DB	복지행정논총 제10집, 한국복지행정학회
780	1999~현재(재편기)	논문	조희연	2000	민주주의 이행과 제도정치, 민중정치, 시민정치	센터 DB	경제와사회제46권
781	1999~현재(재편기)	논문	문진영	2000	사회복지와 NGO(한겨레 문화센터 시민사회 리더쉽 및 국제 시민사회 리더쉽 과정)	센터 DB	
782	1999~현재(재편기)	논문	김홍일	2000	자활사업과 관련한 국민기초생활보장법 개정 및 활용방향에 대한 운동적 과제	센터 DB	도시와 빈곤 제47호
783	1999~현재(재편기)	논문	조윤철	2001	국민기초생활보장법 결정과정에 관한 연구	센터 DB	서울시립대학교 행정학과 박사학위 논문

번호	시기구분	자료유형	기관/인명	생성년도	제목	소장처	비고
784	1999~현재(재편기)	논문	정경실	2001	국민기초생활보장법의 제정과정에 대한 연구	센터 DB	서울대하교 행정대학원 석사학위 논문
785	1999~현재(재편기)	논문	한창근	2001	정치흐름에 따른 복지정책 참여자들의 대응에 관한 분석	센터 DB	서울대학교 사회복지학과 석사학위 논문
786	1999~현재(재편기)	논문	김광석	2001	최저생활보장을 위한 국제기준 및 국제협력: 국민기초생활보장법과 의료보호법을 중심으로	센터 DB	헌법학연구
787	1999~현재(재편기)	논문	함창식	2001	NGO의 정책결정과정 참여에 관한 연구: 정책의제형성과 정책대안을 중심으로	센터 DB	중앙대학교 행정학과 석사학위 논문
788	1999~현재(재편기)	논문	허선	2002	공공부조체계와 국민기초생활보장제도	센터 DB	한국사회복지학회 2002년 춘계학술대회 자료집
789	1999~현재(재편기)	논문	박윤영	2002	국민기초생활보장법 제정과정에 관한 연구	센터 DB	한국사회복지학 통권 第49호
790	1999~현재(재편기)	논문	김미곤	2002	국민기초생활보장제도 급여방식 개선을 위한 개선방안	센터 DB	보건복지포럼 통권 第67호
791	1999~현재(재편기)	논문	이현주	2002	국민기초생활보장제도 평가를 위한 시론	센터 DB	보건복지포럼 통권 第67호
792	1999~현재(재편기)	논문	박능후	2002	국민기초생활보장제도의 시행과정과 발전방안	센터 DB	보건복지포럼 통권 第74호
793	1999~현재(재편기)	논문	박능후	2002	국민기초생활보장제도의 현황과 발전방안	센터 DB	보건복지포럼 통권 第67호
794	1999~현재(재편기)	논문	김수정	2003	한국의 빈곤정책에서 부양의무자기준의 변화와 쟁점	센터 DB	경제와사회 통권59호
795	1999~현재(재편기)	논문	송형만	2004	국민기초생활보장법 제정과정 분석: 하버마스의 이론을 중심으로	센터 DB	가톨릭대학교 사회복지학과 석사학위 논문
796	1999~현재(재편기)	논문	김미곤 김태완	2004	우리나라의 빈곤현황 및 정책과제	센터 DB	사회보장연구 제 20권 3호
797	1999~현재(재편기)	논문	김영순	2005	민주화와 복지정치의 변화: 국민기초생활보장법 제정과정을 중심으로	센터 DB	한국과국제정치 통권50호(가을호)
798	1999~현재(재편기)	논문	정진경	2006	사회복지법 관련 헌법재판소 판례분석: 1987~2004년 헌법판례현황과 내용을 중심으로	센터 DB	한국사회복지학 第58호
799	1999~현재(재편기)	보고서	전경련	1998	노사정위원회및노동관계법재개정결과보고	센터 DB	

번호	시기구분	자료유형	기관/인명	생성년도	제목	소장처	비고
800	1999~현재(재편기)	보고서	전경련	2000	4·13 총선관련 주요 정당들의 공약내용	센터 DB	
801	1999~현재(재편기)	보고서	한국보건사회연구원	2000	국민기초생활보장법 시행방안에 관한 연구(1)	센터 DB	김미곤 박능후
802	1999~현재(재편기)	보고서	한국보건사회연구원	2000	국민기초생활보장법 시행방안에 관한 연구(2)	센터 DB	김미곤 박능후
803	1999~현재(재편기)	보고서	한국보건사회연구원	2000	국민기초생활보장제도 모의적용사업을 통한 제도의 개선방향	센터 DB	이현주 조홍식 외
804	1999~현재(재편기)	보고서	서울시정개발연구원	2002	쪽방 사람들	센터 DB	김수현 외
805	1999~현재(재편기)	보고서	한국보건사회연구원	2003	공공부조와 사회복지서비스의 체계분석 및 재편방안	센터 DB	이현주 강혜규 외
806	1999~현재(재편기)	보고서	한국보건사회연구원	2004	공공부조의 가치기반과 제도적 반영(국민기초생활보장제도 형성과정을 중심으로)	센터 DB	여유진 외
807	1999~현재(재편기)	보고서	한국보건사회연구원	2004	공공부조의 가치기반과 제도적 반영(국민기초생활보장제도 형성과정을 중심으로)-부록(법제비교)	센터 DB	여유진 외
808	1999~현재(재편기)	보고서	박재희	2004	중앙행정부처의 갈등관리 방안	센터 DB	한국행정연구원
809	1999~현재(재편기)	자료집	참여연대	1995	노인보호법, 생활보호법 개정 공청회 자료집	센터 DB	
810	1999~현재(재편기)	자료집	참여연대 외	1996	사회복지예산 확보운동을 위한 Workshop	센터 DB	
811	1999~현재(재편기)	자료집	한국보건사회연구원	1998	제1차 사회보장발전계획(안)에 관한 공청회	센터 DB	
812	1999~현재(재편기)	자료집	한국보건사회연구원	1999	국민기초생활보장법 시행방안에 관한 Work shop	국회도서관 DB	
813	1999~현재(재편기)	자료집	국민기초생활보장법 제정추진 연대회의	1999	국민기초생활보장법 제정의 쟁점과 전망	국회도서관 DB	
814	1999~현재(재편기)	자료집	연대회의	1999	국민기초생활보장법 제정추진 연대활동 자료집	센터 DB	
815	1999~현재(재편기)	자료집	문진영, 조홍식, 김연명 외	1999	기초생활보장과 생산적복지: 제1주제 기초생활보장과 복지국가(한국사회보장학회정책토론회)	센터 DB	한국사회보장학회

번호	시기구분	자료유형	기관/인명	생성년도	제목	소장처	비고
816	1999~현재(재편기)	자료집	참여연대 외	2000	2001년 사회보장예산(안)에 대한 시민사회단체 의견서	센터 DB	
817	1999~현재(재편기)	자료집	김희선 의원실	2000	국민기초생활보장법 상의 정보통신비에 대한 제언	국회도서관 DB	
818	1999~현재(재편기)	자료집	보건복지부 한국보건사회연구원	2000	국민기초생활보장법 시행령(안) 및 시행규칙(안)에 관한 공청회	국회도서관 DB	
819	1999~현재(재편기)	자료집	연대회의	2000	국민기초생활보장법의 정착을 위한 Work-shop	센터 DB	
820	1999~현재(재편기)	자료집	국회 사회보건복지연구회	2000	국회사회보건복지연구회 창립 및 기념강연	국회도서관 DB	
821	1999~현재(재편기)	자료집	국민기초생활보장법 추진 연대회의	2000	기초생활보장제도 급여결정방식 및 행정인프라에 관한 공청회	국회도서관 DB	
822	1999~현재(재편기)	자료집	국민기초생활보장법 추진 연대회의	2000	기초생활보장제도 급여결정방식 및 행정인프라에 관한 공청회	센터 DB	문진영 기증
823	1999~현재(재편기)	자료집	연대회의	2000	기초생활보장제도 급여결정방식 및 행정인프라에 관한 공청회	센터 DB	
824	1999~현재(재편기)	자료집	이재완, 이문국 외	2000	기초생활보장제도 정착을 위한 공공행정체계 개편에 관한 공청회	센터 DB	참여연대
825	1999~현재(재편기)	자료집	보건복지위원회 전문위원실	2000	새로운 시대의 빈곤청 건강대책	국회도서관 DB	
826	1999~현재(재편기)	자료집	국가경영전략연구원	2000	시장경제와 복지정책	국회도서관 DB	
827	1999~현재(재편기)	자료집	김동춘 외	2000	외환위기 이후 한국의 빈곤(UNDP)	센터 DB	참여연대
828	1999~현재(재편기)	자료집	서울시 노숙자 대책협의회	2000	전환기의 과제, 노숙인 지원사업의 제도화 방안	국회도서관 DB	
829	1999~현재(재편기)	자료집	보건복지위원회 수석전문위원실	2000	정책간담회 토론자료집	국회도서관 DB	
830	1999~현재(재편기)	자료집	최저생계보장과 복지기본권 확보를 위한 공동캠페인단	2001	국민기초생활보장법시행1년, 성과와 과제	센터 DB	
831	1999~현재(재편기)	자료집	국회의원엄호성정책위원회	2001	독거노인과 장애인에 대한 지원방안에 관한 토론회	국회도서관 DB	

번호	시기구분	자료유형	기관/인명	생성년도	제목	소장처	비고
832	1999~현재(재편기)	자료집	참여연대 외	2001	사회복지예산확충, 미래에 대한 현명한 투자입니다: 2002년 사회보장예산(안)에 대한 시민사회단체 의견	센터 DB	
833	1999~현재(재편기)	자료집	국회통일시대평등사회정책연구회	2002	국제결혼현황과 국적법 개정방향에 관한 연구	국회도서관 DB	
834	1999~현재(재편기)	자료집	허선, 이찬진 외	2002	기초생활보장제도 부양의무자기준 개선방향 모색을 위한 토론회	센터 DB	참여연대
835	1999~현재(재편기)	자료집	참여연대	2002	기초생활보장제도 부양의무자기준 개선방향 모색을 위한 토론회 : 빈곤층의 생계보장 누가 책임지나, 국가인가, 가족인가	국회도서관 DB	
836	1999~현재(재편기)	자료집	건강연대 및 기초법 공대위	2002	소득인정액 기준 의료급여법 후퇴의 문제점과 개선방안	센터 DB	
837	1999~현재(재편기)	자료집	국민기초생활보장제도 개악저지를 위한 공대위	2002	소득인정액 기준 의료급여법 후퇴의 문제점과 개선방안 : 국민기초생활보장제도, 더 이상 나빠질 수 있는가? (기초보장제도 개악저지를 위한 공청회)	국회도서관 DB	기초법 공대위 공편
838	1999~현재(재편기)	자료집	허선, 이찬진	2003	국민기초생활보장법 개정의 필요성과 방향	센터 DB	참여연대
839	1999~현재(재편기)	자료집	이태수 외	2003	긴급토론회: 벼랑끝사회, 사회안전망을 점검하자	센터 DB	참여연대
840	1999~현재(재편기)	자료집	참여연대	2003	노무현 정부 보건복지정책 어디로 가고 있는가: 보건복지 정책의 평가와 개선방향	센터 DB	
841	1999~현재(재편기)	자료집	이영환 외	2003	한겨레신문사, 참여연대 공동주최연속토론: 더불어 사는 사회 사회안전망 만들기	센터 DB	참여연대
842	1999~현재(재편기)	자료집	열린우리당	2005	사회경제양극화 해소를 위한 사회복지와 조세제도의 개혁방안 관련 정책토론회	센터 DB	
843	1999~현재(재편기)	자료집	한나라당	2005	촘촘한 복지, 그늘 없는 세상	센터 DB	
844	1999~현재(재편기)	녹음파일	진영곤	2007	국민기초생활보장법 정책 결정 과정 〈기획예산처의 역할〉	센터 DB	
845	1999~현재(재편기)	녹음파일	손건익	2007	국민기초생활보장법 정책 결정 과정 〈보건사회부의 역할〉	센터 DB	
846	1999~현재(재편기)	녹음파일	김미곤	2007	국민기초생활보장법 정책 결정 과정 〈보사연의 역할〉	센터 DB	
847	1999~현재(재편기)	녹음파일	신필균	2007	국민기초생활보장법 정책 결정 과정 〈청와대의 역할〉	센터 DB	

번호	시기구분	자료유형	기관/인명	생성년도	제목	소장처	비고
848	1999~현재(재편기)	녹음파일	문진영	2007	국민기초생활보장법 정책 결정 과정 〈학계 및 시민사회단체의 역할〉	센터 DB	
849	1999~현재(재편기)	녹취록	진영곤	2007	국민기초생활보장법 정책 결정 과정 〈기획예산처의 역할〉	센터 DB	
850	1999~현재(재편기)	녹취록	손건익	2007	국민기초생활보장법 정책 결정 과정 〈보건사회부의 역할〉	센터 DB	
851	1999~현재(재편기)	녹취록	김미곤	2007	국민기초생활보장법 정책 결정 과정 〈보사연의 역할〉	센터 DB	
852	1999~현재(재편기)	녹취록	신필균	2007	국민기초생활보장법 정책 결정 과정 〈청와대의 역할〉	센터 DB	
853	1999~현재(재편기)	녹취록	문진영	2007	국민기초생활보장법 정책 결정 과정 〈학계 및 시민사회단체의 역할〉	센터 DB	
854	1999~현재(재편기)	기타	참여연대	1996	〔청원서〕생활보호법 개정에 관한 청원	센터 DB	
855	1999~현재(재편기)	기타	참여연대	1998	〔청원서〕국민기초생활보호법 제정 입법 청원(법조문 제외)	센터 DB	
856	1999~현재(재편기)	기타	참여연대	1998	〔청원서〕국민기초생활보호법 제정 입법 청원(법조문)	센터 DB	
857	1999~현재(재편기)	기타	참여연대	1998	〔청원서〕생활보호법 개정 청원	센터 DB	
858	1999~현재(재편기)	기타	참여연대	1999	생활보호법 제5조2항 위반 복지부장관 직무유기 고발(고발장)	센터 DB	
859	1999~현재(재편기)	기타	참여연대	1999	생활보호법 제5조2항 위반 복지부장관 직무유기 고발(항고장)	센터 DB	
860	1999~현재(재편기)	기타	김인호 외	2000	〔좌담〕 국민기초생활보장법의 10월 실시는 미뤄야	센터 DB	월간조선 2000년 7월호
861	1999~현재(재편기)	기타	문진영	2000	월간조선 보도관련 메모	센터 DB	문진영 기증
862	1999~현재(재편기)	기타	참여연대	2003	〔청원서〕국민기초생활보장법 중 개정법률안에 관한 청원	센터 DB	

찾아보기

ㄱ

ㅎ

저자 약력

양 재 진

연세대 행정학과를 졸업하고 미국 럿거스대에서 정치학 박사를 받았다. 현재 연세대 행정학과 교수로 재직중이며, 주요 연구 분야는 복지행정과 관료제이론이다. 주요 저서로 《사회정책의 제3의 길: 한국형 사회투자정책의 모색》(공저, 백산서당, 2008), "Corporate Unionism and Labor Market Flexibility in South Korea"(*JEAS*, 2006) 등이 있다.

김 영 순

서울대 정치학과를 졸업하고 동대학원에서 박사학위를 받았다. 현재 서울과학기술대 기초교육학부 교수로 있으며, 주요 연구 분야는 복지정치와 복지정책, 복지국가와 젠더, 복지태도 등이다. 주요 저서로 《복지국가의 위기와 재편: 영국과 스웨덴의 경험》(서울대 출판부, 1996), 논문으로 "사회투자국가가 우리의 대안인가"(〈경제와 사회〉 74호, 2007년 여름), "On the Edge of Corporatism: The Role of Swedish Women's Associations in Providing Decent Work"(*International Institute for Labour Studies*, ILO, 2002) 등이 있다.

조 영 재

고려대 경제학과를 졸업하고 동대학원에서 정치학 박사를 받았다. 현재 명지대 국제한국학연구소 연구교수로 재직중이며, 주요 연구 분야는 한국의 이익정치와 복지정치이다. 주요 저서로 《한국형 사회협약국가의 모색과 복지국가》(공저, 경기개발연구원, 2006), 《민주주의 대 민주주의》(공저, 아르케, 2006) 등이 있다.

권 순 미

고려대에서 "일본사회당의 실패에 관한 연구"로 정치학 박사학위를 받았다. 현재 한국기술교육대 고용노동연수원 교수로 재직중이며, 주요 연구 분야는 복지정치와 노사관계이다. 주요 논문으로 "노동 없는 정당체제와 노동 있는 정당체제: 일본과 한국의 상이한 노동정치 발전패턴"(〈한국정치학회보〉, 2004), "금융체제, 기업지배구조, 그리고 고용체제: 한국과 일본의 비교"(〈한국정치학회보〉, 2006) 등이 있다.

우 명 숙

서울대 영어영문학 학사, 동대학원 사회학과 석사, 미국 브라운대에서 사회학 박사를 받았다. 현재 서울대 사회발전연구소 선임연구원이다. 주요 연구 분야는 복지국가, 여성노동, 비교방법론 등이다. 주요 저서 및 논문으로 *The Politics of Social Welfare Policy in South Korea: Growth and Citizenship* (UPA, 2004). "한국의 복지제도 발전에서 산재보험 도입의 의의: 복지제도 형성과 발전주의적 국가개입"(〈한국사회학〉, 2007) 등이 있다.

정 흥 모

성균관대 정치외교학과를 졸업하고 독일 베를린자유대에서 정치학 박사를 받았다. 현재 성균관대 국가경영전략연구소 객원연구원이며, 주요 연구 분야는 동유럽 체제 전환과 독일 정치 및 유럽연합 등이다. 주요 저서로 《체제전환기의 동유럽국가연구》(도서출판 오름, 2001), 《신유럽 정치입문》(역서, 성균관대 출판부, 2006) 등이 있다.

나남사회복지학총서 ②

주) 나남 | 나남의 책은 쉽게 팔리지 않고 오래 팔립니다 | 2014

45 **산업복지론**
조흥식(서울대), **김진수**(강남대), **홍경준**(성균관대) **공저**
• 신국판 / 408쪽 / 17,000원

46 **의료사회복지실천론**
윤현숙(한림대), **김연옥**(서울시립대), **황숙연**(덕성여대) **공저**
• 신국판 / 538쪽 / 22,000원

48 **사회복지 윤리와 철학**
김상균(서울대), **오정수**(충남대), **유채영**(연세대) **공저**
• 신국판 / 378쪽 / 15,000원

52 **수화의 이해와 실제: 초급과정(개정2판)**
이준우(강남대) **저**
• 4×6배판 / 224쪽 / 18,000원

53 **아동청소년복지론(개정2판)**
표갑수(청주대) **저**
• 신국판 / 688쪽 / 24,000원

54 **현대 불교사회복지론**
권경임(종교사회복지회) **저**
• 신국판 / 450쪽 / 17,000원

56 **고령화 사회의 도전(개정증보판)**
임춘식(한남대) **저**
• 신국판 / 359쪽 / 14,000원

57 **사회복지개론(개정판)**
표갑수(청주대) **저**
• 신국판 / 576쪽 / 25,000원

58 **가족과 레질리언스**
프로마 월시 저 / 양옥경 · 김미옥 · 최명민(이화여대) **공역**
• 신국판 / 496쪽 / 18,000원

59 **수화의 이해와 실제: 중급과정(개정판)**
이준우(강남대) **저**
• 4×6배판 / 260쪽 / 15,000원

60 **지역사회복지론(개정판)**
표갑수(청주대) **저**
• 신국판 / 411쪽 / 16,000원

61 **장애인복지실천론**
김미옥(전북대) **저**
• 신국판 / 504쪽 / 22,000원

62 **사회복지 질적 연구방법의 이론과 활용**
Edmund Sherman, William J. Reid / 유태균(숭실대),
이선혜(중앙대), **서진환**(성공회대) **공역**
• 4×6배판 / 544쪽 / 28,000원

63 **가족복지론**
김연옥(서울시립대), **유채영**(충남대), **이인정**(덕성여대), **최해경**(충남대) **공저**
• 신국판 / 560쪽 / 28,000원

64 **자원봉사론**
남기철(동덕여대) **저**
• 신국판 / 472쪽 / 25,000원

65 **학교와 사회복지실천**
한인영(이화여대), **홍순혜**(서울여대), **김혜란**(서울대) **공저**
• 신국판 / 328쪽 / 15,000원

66 **지역사회복지론(개정판)**
감정기(경남대), **백종만**(전북대), **김찬우**(가톨릭대) **공저**
• 신국판 / 456쪽 / 22,000원

68 **청소년복지론**
이소희(숙명여대), **도미향**(남서울대), **정익중**(덕성여대),
김민정(한남대), **변미희**(백석대) **공저**
• 신국판 / 624쪽 / 27,000원

70 **현대복지국가의 변화와 대응**
김태성(서울대), **류진석**(충남대), **안상훈**(서울대) **공저**
• 신국판 / 328쪽 / 15,000원

71 **비교빈곤정책론**
김상균 · 조흥식(서울대) **외 공저**
• 신국판 / 624쪽 / 32,000원

72 **사회복지연구조사방법론**
김환준(계명대) **저**
• 4×6배판 / 304쪽 / 18,000원

73 **사회복지조사방법론**
최성재(서울대) **저**
• 4×6배판 / 664쪽 / 28,000원

74 **수화의 이해와 실제: 고급과정**
이준우(강남대), **남기현**(나사렛대) **공저**
• 4×6배판 / 216쪽 / 15,000원

75 **사회복지실천이론의 이해와 적용**
F. 터너 / 연세사회복지실천연구회 역
• 4×6배판 / 800쪽 / 38,000원

76 **사회복지자료분석론**
최성재(서울대) **저**
• 4×6배판 / 576쪽 / 29,000원

77 **욕구조사의 이론과 실제**
서인해(한림대), **공계순**(호서대) **공저**
• 신국판 / 224쪽 / 12,000원

78 **사회복지정책론**
이태복(사) 인간의 대지 이사장), **심복자**(사) 인간의 대지 이사) **공저**
• 신국판 / 408쪽 / 20,000원

79 **사회문제와 사회복지(개정판)**
표갑수(청주대) **저**
• 신국판 / 600쪽 / 30,000원

80 **복지국가의 태동**
송호근(서울대), **홍경준**(성균관대) **저**
• 신국판 / 368쪽 / 18,000원

81 **21세기 새로운 복지국가**
에스핑앤더슨 · 갈리 · 헤머릭 · 마일즈 / 유태균(숭실대) **외 공역**
• 신국판 / 368쪽 / 15,000원

82 **복지재정과 시민참여**
윤영진(계명대) **외 공저**
• 신국판 / 440쪽 / 22,000원

83 **임파워먼트와 사회복지실천**
로버트 애덤스 / 최명민(백석대) **역**
• 신국판 /288쪽 / 12,000원

84 **한국의 복지정책 결정과정: 역사와 자료**
양재진(연세대) **외 공저**
• 크라운판 /464쪽 / 24,000원

85 **여성복지 실천과 정책**
김인숙(가톨릭대), **정재훈**(서울여대) **공저**
• 신국판 /448쪽 / 22,000원

86 **보건복지정책론**
문창진(포천중문의과대) **저**
• 신국판 /328쪽 / 17,000원

87 **다문화사회, 한국**
김은미 · 양옥경 · 이해영(이화여대) **공저**
• 신국판 /400쪽 / 18,000원

나남사회복지학총서 ③

주) 나남 　 나남의 책은 쉽게 팔리지 않고 오래 팔립니다 　 2014

88 **기초생활보장제도 현장보고서**
홍경준(성균관대), **이태진**(한국보건사회연구원) **공편**
▪ 신국판 / 456쪽 / 20,000원

89 **자원봉사론**
표갑수(청주대) **저**
▪ 신국판 / 440쪽 / 20,000원

90 **사회복지정책론**
구인회(서울대) · **손병돈**(평택대) · **안상훈**(서울대) **공저**
▪ 신국판 / 528쪽 / 20,000원

91 **한국수화회화 첫걸음**
이준우 · 김연신 · 송재순 · 한기열 · 홍유미 공저
▪ 4×6배판 / 296쪽 / 18,000원

92 **인간행동과 사회환경**
강상경(서울대) **저**
▪ 신국판 / 408쪽 / 18,000원

93 **의료사회복지실천론**
윤현숙(한림대) · **김연옥**(서울시립대) · **황숙연**(덕성여대) **공저**
▪ 신국판 / 576쪽 / 28,000원

94 **장애인소득보장론**
박은수(강남대) **저**
▪ 신국판 / 248쪽 / 14,000원

97 **장애인 복지정책과 실천**
이준우(강남대) **저**
▪ 신국판 / 472쪽 / 28,000원

99 **사회복지행정론**
이봉주(서울대) · **이선우**(인제대) · **백종만**(전북대) **공저**
▪ 신국판 / 448쪽 / 20,000원

100 **사회복지실천론**
김혜란(서울대) · **공계순**(호서대) · **박현선**(세종대) **공저**
▪ 신국판 / 372쪽 / 18,000원

101 **알고 이용하자! 성년후견제도**
박은수(강남대 특임교수 · 변호사)
▪ 신국판 / 352쪽 / 18,000원

102 **한국수어학개론**
이준우(강남대) · **남기현**(나사렛대)
▪ 크라운판 변형 / 368쪽 / 22,000원

103 **제도적 문화기술지: 사람을 위한 사회학**
도로시 스미스 / 김인숙(가톨릭대) · **우아영**(서울제일대학원대) · **조혜련**(가톨릭대) · **하지선**(가톨릭대) · **한상미**(인덕대) **옮김**
▪ 신국판 / 416쪽 / 20,000원

경기도 파주시 회동길 193 　 TEL : 031)955-4601 　 FAX : 031)955-4555 　 www.nanam.net